품질문화와 리더십

이재관 · 유한주 · 박종우 · 우무진 지음

PEARSON

품질문화와 리더십

1쇄 발행 | 2013년 3월 20일

지은이 | 이재관 · 유한주 · 박종우 · 우무진
발행인 | 유재성
발행처 | (주)피어슨에듀케이션코리아
등 록 | 제13-579호(1999. 3. 31.)

판매처 | 한티미디어
전 화 | (02)332-7993~4(주문 및 고객지원)
팩 스 | (02)332-7995
이메일 | hantee@empal.com

ISBN | 978-89-450-1104-6

값 25,000원

머리말

이 책은 어느 한 분야의 전공지식만을 다루는 기존의 교과서들과는 달리 세 가지 키워드, 즉 품질, 문화, 리더십을 함께 다루며, 궁극적으로 '리더십의 글로벌 표준'과 그에 영향력을 가진 조직문화에 초점을 둔다. 우리는 지금까지 품질과 문화, 리더십을 서로 다른 전공 분야라고 생각해 왔다. 그러나 현재 세계적으로 공인된 글로벌 표준들은 사실상 이 세 가지를 통합하는 새 패러다임과 새로운 지식체계를 기반으로 구성되어 있다.

사람들에게 감동을 주는 리더십은 품질문화 속에서 비로소 가능하다. 품질문화는 우리가 최우선으로 받아들여야 할 분명한 변화방향이다. 품질 리더십은 사회 전체가 함께 가는 공존의 네트워크 혁명을 요구한다. 정부, 기업, 교육기관, 전문가, 시민단체들이 네트워크의 주축이 되어 사회 전반의 분위기를 형성하고, 모든 리더들에게 영향을 주며, 생활 속에 스며들어 수많은 사람들, 작은 조직들까지 신나는 성공사례를 만들어야 한다. 문화도 리더십도 이제는 막연한 추상적 이야기가 아니다.

월드컵과 대통령 선거를 통해 우리는 리더십의 중요성을 재인식하게 되었다. 한국 축구 대표 팀의 히딩크 감독, 그리고 박근혜, 오바마 대통령은 승리의 결정적 요소가 바로 리더십의 차이라는 것을 극적으로 보여 주었다. 사람들은 성공한 리더들이 나올 때마다 놀라고 새 이론을 찾으려 한다. 그러나 새 이론이 그렇게 많이 필요한 것은 아니다. 우리는 특정한 사람을 보고 놀라는 대신 글로벌 표준을 보고 놀라야 한다.

우리 눈앞에 나타난 탁월한 리더들은 알고 실천했든 모르고 실천했든 결과적으로 글로벌 표준에 준하는 행동을 함으로써 빛나는 승리와 성공을 움켜쥐게 되었던 것이다. 리더십 환경은 시대나 적용영역에 따라 달라질 수 있겠지만 글로벌 표준이 말해 주는 핵심요소는 간명하다. 글로벌 표준은 많은 전문가들이 최근 수십 년간 수백 건 이상의 성공 사례를 체계적으로 세심하게 검토하여 만들어졌다.

일찍이 Tom Peters와 Robert Waterman은 62개 우량 기업을 조사하고 참다운 동기부여, 행동적 관리, 고객 밀착, 가치관 중시, 단순조직 등의 조건을 『In Search of Excellence』에 제시한 바 있다. Edwards Deming은 수십 년에 걸친 일본과 미국에서의 품질운동 지식을 『Out of the Crisis』, 『The New Economics』 등의 저서로 정리하여 새로운 리더십 패러다임을 제시하였다. 미국 정부는 전 세계 500개 조직, 900개 이상의 사례를 분석 · 정리하여 7개 영역(리더십, 전략계획, 고객초점, 인적자원, 정보 · 분석, 프로세스, 성과)의 탁월성 평가표를 작성하고 Baldridge 품질상 제도를 통해 확산시키고 있다. 유럽의 탁월성 모형과 국제표준화기구의 ISO 9000도 리더십 원칙과 리더의 역할을 구체적으로 제시하는 글로벌 표준이다.

이러한 글로벌 표준이 우리 사회에도 신속히 전파되기를 기원한다. 시대가 바뀌었는데 우리 사회에는 아직도 구태의연한 리더십 이론들이 범람하고 있다. '카리스마', '통치', '치리', '지도자' 등의 옛날 단어들이 아직도 인기를 끈다. 과거의 전통적 사회는 혈연, 학연, 지연을 중요시하고 지도자의 월등한 능력과 카리스마에 기대하는 사회였다. 전통적 사회를 과학적 관리방법으로 바꾼 사람은 100년 전의 인물, Frederick Taylor였다. 과학적 관리법, 경쟁체제, 대량생산체제는 20세기의 중요한 산물이다. 20세기는 수량적 성과와 사람에 대한 평가를 강조하고 공식화한 시대였다.

그러나 지금은 100년 전 Taylor 시대와 전혀 다르다. 측정하기 어려운 요소들도 관리해야 하며 사람보다 시스템을 평가하는 일에 힘써야 한다. 이미지, 가치, 비전을 창출 · 공유하고 재미있게 학습하고 일하는 일터가 되어야 한다. 과거에는 제품의 품질, 서비스의 품질만을 중요시하였다. 그러나 이제는 시스템 품질, 구성원 품질, 경영 품질, 교육 품질, 의료 품질, 행정 품질, 환경 품질, 모두가 품질이라는 키워드로 해석된다. TQM(total quality management) 시대가 도래한 것이다.

20세기가 생산성의 시대였다면 21세기는 모바일 산업이 주도권을 잡고 효용가치가 높은 상품에 의한 개별 소비자 사용목적의 적합성과 탁월성(excellence)을 추구하는 '품질의 시대'가 될 것이다. 이 책은 신기한 것을 말하지 않는다. 기본을 다져야 한다. 우리는 심한 진통 속에서 21세기에 서 있다. 아직도 어둡다. 사람들은 변화를 두려워하고 아직도 탁월한 영웅을 찾으며 제왕적 권력을 창출하거나 줄서기에

능하다. 20세기 아니 그 이전의 낡은 생각과 구체제를 계속 움켜잡고 있다면 우리는 정체 · 퇴보할 수밖에 없을 것이다.

인터넷은 새로운 패러다임의 구성과 확산을 촉진한다. 독자들은 이 책에서 글로벌 표준에 관한 많은 인터넷 자료를 구체적으로 접하게 될 것이다. 이 책에서는 세 가지 키워드 각각에 대한 기초, 전통적 개념, 최근의 실증적 연구, 신개념, 체크리스트 등 구체적인 각종 도구를 소개한다. 특히 품질은 ISO 9000, ISO 14000, ISO 26000, 지속적 개선, 고객 초점, Baldridge 모형, 방침관리 등 복잡한 내용을 포함하므로 다소 혼란스러운 독자도 있을 것이다. 그러나 품질을 모르면 참다운 리더가 될 수 없다는 점을 인식하고 글로벌 표준을 이해하는 데 필요한 최소한의 요점을 이해하기 바란다.

이 책에 소개된 내용은 인문학, 사회과학, 공학, 자연과학 등 전공을 불문하고 각 대학교 교양 필수과목으로서의 위치를 차지하게 될 것이다. 정교한 품질경영에 의한 조직문화와 새로운 창조적 리더십이 불확실성이 높아 가는 경영환경 변화에 능동적으로 대응하는 전략경영의 핵심요소가 될 것이라 확신한다. 일류 기업의 기업문화 사례와 리더십의 교훈은 조직의 리더가 되고자 하는 모든 이에게 반드시 필요한 지식이 될 것이다. 저자들은 이러한 점을 감안하여 복잡한 내용을 가급적 단순화하여 소개하고, 보다 깊이 있게 계속 연구하고자 하는 독자를 위해 참고문헌 목록을 각 장 끝에 제시하였다.

끝으로, 품질 분야, 조직문화 분야, 리더십 분야 등 각 분야의 여러 선후배님들의 혜안과 열정, 관심 덕분에 이러한 책이 완성될 수 있었음을 감사하게 생각한다. 그리고 어려운 여건 속에서도 출간을 도와주신 피어슨 코리아 여러분께 심심한 감사의 말씀을 드린다. 아무쪼록 이 책이 우리나라에서 21세기 품질문화 강국의 길을 밝히는 하나의 작은 이정표가 될 수 있기를 기원한다.

2013년 2월 살피재 연구실에서

이재관 · 유한주 · 박종우 · 우무진

Contents

차 / 례 /

Contents

Chapter 01

품질 사회

학습목표

① 21세기 경영환경의 주요 특징과 경쟁 개념의 변화를 학습한다.
② 고객가치 전략, 조직 시스템, 개선의 특징에서 낡은 패러다임과 신패러다임의 전환 내용에 대하여 논의한다.
③ 품질 개념의 발전 과정에 따른 내용과 최근의 품질 정의에 대하여 논의한다.
④ 목표 품질, 설계 품질, 제조 품질, 서비스 품질의 차이점과 주요 특징을 이해한다.
⑤ 외주 품질관리의 궁극적 목적과 기본방향에 대하여 논의한다.

최근 사회에서는 품질이라는 용어가 다양하게 적용되고 있다. 제품 품질, 서비스 품질, 업무 절차 품질, 근무자 품질, 시스템 품질, 교육 품질, 의료 품질, 공무원 · 정치인 품질, 환경 품질 등 모두가 품질이다. 그래서 TQM(total quality management)이라는 말이 쓰인다. 21세기는 TQM 시대이다. 경영환경의 급격한 변화 속에서 기업은 경쟁우위를 확보하고자 사업 재편과 조직 재편을 단행하며, 동시에 품질경영 시스템을 도입하여 경영성과를 극대화하고자 한다.

품질은 실질적 필요(needs)를 채워 주는 정도로 측정된다. 고품질성장은 실제 필요에 집중하면서 경제의 모든 생산 · 분배 프로세스를 개선하고 운용할 때 비로소 가능하게 된다. 누구나 품질이란 단어를 이해하는 사회, 주요 문제들에 품질가치 지향으로 접근하는 사회, 탁월성 모델에 따라 명예와 인센티브를 주는 사회, 네트워크를 통해 지속적인 학습과 품질운동이 이루어지는 사회가 고품질 사회이다. 기술만으로는 고품질 사회가 되지 못한다. 우리의 디지털 기술은 눈부시게 발전하고 있으나, 사람도 조직도 달라지고 창의성, 의사소통, 비전, 존중, 협력, 지도력이 더 빛나며 공동체가 강화되는 세상이 되어야 한다.

인터넷은 협업과 참가(collaboration and involvement)를 촉진하는 도구가 되어 근무 장소가 시간적 · 공간적으로 흩어진다. 일과 학습은 직렬이 아닌 병렬적 활동이 된다. 지적 자본의 창출과 활용에 관한 학습/관리, 새로운 컨텍스트, 콘텐츠, 구조, 프로세스가 요구된다. 미래 과업은 창의성, 복잡성, 상호 의존성 수준에 따라 인적 작업, 공정 작업, 프로젝트 작업, 팀(공동체) 작업으로 분류될 것이다.

제1장에서는 경영환경의 주요 특징과 새로운 패러다임의 내용 및 품질 사회의 특징, 품질 개념의 발전 과정에 대하여 알아본다.

1.1 20세기 경영문화에 대한 반성

1. 품질 사회를 향하여

한국이 외환 위기에 봉착했을 때, IMF 총재 Camdessus는 위기 상황에 대한 처방으로 회계 관행의 국제화와 투명성, 경쟁 확대, 조직문화적 변화를 역설했으며, 그 후 한국을 방문하여 "한국은 위기 탈출을 위해 고품질성장(high quality growth)을 추구해야 한다."고 조언한 바 있다. 당시 우리 언론매체들은 이를 '고품격성장'으로 번역하여 기사화하였다.

품격은 한국에서만 유행하는 이상한 단어이다. 세계 공통의 키워드는 품격이 아니라 품질, 즉 '등급 품(品)', '바탕 질(質)'이다. 등급과 바탕을 함께 관리해야 한다는 것이다. 포장이 화려해도 내용이 빈약하면 저품질 상품이다. 옛날에는 벼슬 등급을 품(品)으로 표시했다. 계급이 높아도 실력이 모자라면 저품질 인간일 수밖에 없다.

품질은 실질적 필요(needs)를 채워 주는 정도로 측정된다. 고품질성장은 실제 필요에 집중하면서 경제의 모든 생산 · 분배 프로세스를 개선하고 운용할 때 비로소 가능하게 된다. 그러나 우리 경제는 내실보다 외형, 무리한 내수 진작, 재정 · 가계의 부실화, 재테크와 한탕주의, 대기업과 중소기업 간의 격차, 소비 · 지출의 대형 고급화로 치닫고 있다.

품질을 모르고 품격만 따지는 풍조는 유난히 체통을 중시하는 우리 사회가 빠지기 쉬운 함정이다. 주차장이 없어서 고급 승용차를 도로에 밤새 주차하거나 영수증 주고받기도 잘 안 되는 사회가 아닌가. 엄청난 통일 비용을 계속 감당해야 하는 상황이 아닌가.

물론 고품격을 찾든 말든 그것은 소비자 각자의 자유일 것이다. 고품격의 명품 브랜드 전략도 일리가 있는 경영전략이다. 그러나 품질을 도외시하는 품격 전략은 있을 수 없다. 외화내빈(外華內貧)이 지나치면 경쟁력이 떨어지고, 사고가 계속 터지며, 브랜드 파워가 미약한 중소기업은 생존을 위협받게 될 것이다. 사회 곳곳의 실질적 필요를 과학적 방법으로 조사하고, 그 조사 결과를 바탕으로 고객 만족에 주력하고 결과를 계속 모니터링하는 품질 가치 지향적 접근방법이 사회 전반에 자리 잡아야 한다.

고품질 사회는 다음과 같이 정의할 수 있다.

① 누구나 품질이란 단어를 이해하는 사회
② 주요 문제들에 품질 어프로치를 적용하는 사회
③ 탁월성 모델에 따라 명예와 인센티브를 주는 사회
④ 사고가 예방되는 프로액티브(proactive) 체제의 사회
⑤ 전국적 네트워크를 통해 지속적 학습과 품질운동이 이루어지는 사회

미국은 1970년대 이후 무역적자와 재정적자에 계속 시달렸으나 1980년대 후반부터 새 패러다임을 찾아 위기를 벗어났다. 기업, 정부, 병원, 심지어 교육기관, 군대, 경찰, 지역단체들까지 품질운동을 하였다. 이때 유럽, 호주, 캐나다에서도 품질운동의 불길이 일어났다.

품질운동의 역사로 보면 일본과 한국은 품질 선진국이라 할 수도 있다. 그러나 제조업 외의 분야, 특히 정부와 공공기관이 품질 접근법을 실천하지 못했다. 한국의 지도층은 개혁을 외치면서도 개혁의 기본도구를 배우려고 하지 않으며 경쟁력과 품질을 연관지어 시스템화하지 못하고 있다.

월드컵 4강에 들고 음악, 바둑, 골프의 세계적 스타를 배출하는 등 한국인의 능력은 탁월하다. 세계 시장에서 최고품으로 인정받는 국산품도 많다. 의료 기술, 정보기술, 우리 청소년들의 수학 능력도 뛰어나다. 그러나 규칙이 분명한 게임에는 탁월하더라도 규칙이 애매한 영역에서는 엉뚱한 행동들을 한다. 탁월성 모델(excellence model)이 없기 때문이다.

미국은 국회 심의, 대통령 결재를 거쳐 1988년부터 볼드리지 탁월성 모델을 국가적 사업으로 시행하고, 유럽은 1991년부터 유럽 공통의 탁월성 모델을 적용하고 있다. 우리나라도 국가품질상 제도가 있기는 하나 정부는 무관심하고 국민은 국가품질상이 무엇인지 알지도 못한다. 우리 정부는 탁월성 모델보다 협상력, 기술, 법규, 경제지표를 너무 강조한다.

품질 사회를 이루기 위해 고려할 요소는 다음과 같다.

① 기술만으로는 고품질 사회가 되지 못한다. 우리의 디지털 기술은 눈부시게 발전하고 있으나, 사람도 조직도 달라지고 창의성, 의사소통, 비전, 존중, 협력, 지도력이 더 빛나며 공동체가 강화되는 세상이 되어야 한다.
② 우선 준법 사회 만들기가 급하지만 준법만으로는 선진 고품질 사회를 이룰 수 없다. 1,500명 이상을 죽음으로 몰고 간 타이타닉호 참사는 중요한 교훈을 준다. 타이타닉호에 탑재된 구명보트 수가 당시 법규로 볼 때 위법은 아니었다고

하는데, 법이나 표준은 대개 최소한의 요구 조건만을 규정한다. 따라서 법을 지키는 데 만족하지 말고 고품질을 위해 노력하는 사회가 되어야 하는 것이다.

③ 물론 경제지표도 중요하다. 그러나 경제지표를 관리한다고 경쟁력이 강화되는 것은 아니다. 경기 도중에 전광판의 스코어만 쳐다보는 축구 감독은 없다. 진정한 지도자는 선수들이 피 터지게 싸우고 있는 필드를 주시하면서 경쟁력을 점검하고 이론을 다듬고 훈련계획을 조정한다. 전광판의 스코어(경제지표)가 경쟁력의 형성 과정을 말해주지는 않는다.

한국 사회의 저력은 충분하다. 문제는 방법론이다. 품질 사회의 실체가 현재 인터넷 온라인에서 그리고 현장 오프라인에서 세계적으로 확산되고 있다. 호주품질기구가 구축한 네트워크, 미국 ASQ/CQC(Community Quality Council)의 북미 네트워크가 그 좋은 예이다. 그들은 주지사, 관청, 여당, 야당, 사회단체, 기업, 상공회의소, 학교, 도서관, 전문가들이 다수 참여하여 출판, 발표회, 지역 개발사업 등 오프라인 · 온라인 활동으로 사회 전반에 품질 마인드를 확산시키고 있다.

최근 서울시청, 울산시청, 사이버 경찰청, 각 지방 경찰청 등 우리 나라의 공공 분야 웹사이트들이 크게 달라진 것은 매우 고무적인 일이다. 시민 만족도를 적극적으로 조사하고 혁신적인 온라인 서비스를 하고 있는 모습이 정말 자랑스럽다. 그러나 아직 품질 어프로치와 기관 간 네트워킹은 미약한 실정이다.

2. 경쟁력 문제

하버드대학 M. Porter의 『경쟁전략론』(1980)은 경쟁력을 갖추기 위한 구조적 요인과 대안을 설명해 준다. 산업 내 경쟁자, 공급 및 유통경로, 구매자 등의 산업구조 요소들, 그리고 위협/기회 요소, 협상력, 규모의 경제, 진입장벽, 본원적 전략 등에 대한 설명이 매우 논리적이다. 그러나 구조조정, 합병, 빅딜, 정리해고 등 산업구조적 조정만으로 경쟁력 문제가 완결될 것인가? 1990년 전후 세계의 신조류를 보면 그 대답은 부정적이다. 거시경제 이론이나 경쟁전략 이론은 경쟁력의 작은 일부분만을 설명해 줄 뿐이다. 신조류의 증거를 몇 가지만 살펴보자.

① 경쟁방식이 달라졌다(〈그림 1-1〉 참조). 눈앞의 경쟁자를 이기는 데 목표를 두고 모든 전술을 동원하는 것은 낡은 경쟁방식이다. 탁월성 경쟁이 새로운 경

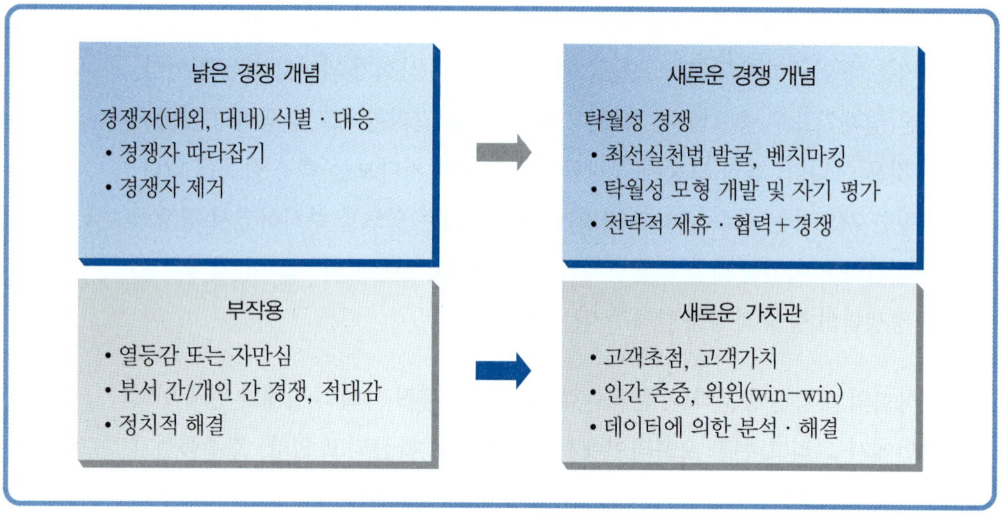

◉ **그림 1-1** 경쟁 개념의 변화

쟁 개념이다. 탁월성을 위해 제휴 · 협력 · 학습하고 지속적인 노력을 기울여야 한다. 낡은 경쟁의 부작용을 없애고 새 가치관을 심어야 한다.

② BPR(business process reengineering)과 벤치마킹(benchmarking)이 개혁의 기본도구로 등장했다. 닥치는 대로 부수는 구조조정, 벌채하듯 난도질하는 식의 다운사이징은 곤란하다. 그 때문에 반발도 많고 결국 용두사미가 된다.

③ 정보 기술의 발전으로 인한 변화를 고려해야 한다. 세계는 숨 가쁘게 변화해 왔다. 생산 시스템의 경우를 생각해 보자. 1980년대에는 도요타 시스템, 린(Lean) 생산, 1990년대에는 월드 클래스(world class), 차세대(next generation) 생산방식이 등장하였다. 또한 디지털 혁명, e-비즈니스, 공급사슬, 고객관계 관리(customer relationship management, CRM) 등이 현실화되고, 탄력적 경영, 가상기업, 고객가치, 협력적 경쟁, 유연성, 개인화, 커뮤니티, 기민성(agility) 등 신개념이 적극 도입되고 있다.

④ 총체적 품질(total quality, TQ), 최선실천법(best practice), 탁월성(excellence), 고객만족(customer satisfaction, CS), 프로세스(process), ISO 규격, 학습(learning) 등은 온 세계가 이의 없이 받아들이고 있는 글로벌 표준의 키워드이다.

품질운동은 학습 과정이고 사회 전체가 함께하는 학습 네트워킹이다. 쉬지 않고 배우는 조직이 강한 조직이고, 지도층이 앞장서서 배우는 나라가 강국이다. 예를 들면,

폴라로이드, GE 등 미국 보스턴 지역 소재 7개 유명 회사들은 1989년에 품질경영센터(CQM)라는 협력기구를 만들어 사장, 부사장들부터 공부했으며, 이어서 각 회사의 간부급 사원 360명에게 6일간 교육 과정을 8회나 실시했는데, 놀랍게도 그 강사진은 CQM 회원사의 사장, 부사장들이었다고 한다. 그들은 직접 배우고 직접 가르쳤다.

오리건주립대학 총장은 자기 대학 내의 평생교육 과정에 개설된 품질경영 강좌에 직접 출석하여 수강했다고 한다. 대부분은 품질경영 세미나에 가서 듣고 배우거나 녹음 테이프를 구입해서 듣는다. 중소기업들은 지역별로 네트워킹을 하여 공동으로 학습하고 정보를 교환하며 컨설팅도 공동으로 받는다. 품질경영 혁명은 곧 사회적 네트워킹 혁명이다.

네트워크를 통해 기업과 정부, 유관단체들은 품질문화와 지식, 경험을 나눈다. 정부가 스스로 품질경영을 실천하고 네트워크에서 핵심적 역할을 담당한다. 공무원들도 품질경영을 공부한다. 제조업, 건설업, 서비스업은 물론이고 지방자치단체, 병원, 학교, 경찰, 군대까지 품질경영을 선언하고 실천한다. 표준협회, 품질연구소, 품질학회가 각종 규격과 신지식 및 시스템을 보급한다. 지역마다 마을마다 품질협의체가 만들어진다. 이것이 품질경영이다. 우리는 인터넷 관련 자료를 통해 선진국 정부, 단체, 학교, 비영리기관들이 무엇을 하는지 확인할 수 있다.

3. 인터넷에 의한 사회 변화

오늘날 인터넷의 역할은 중세 암흑시대를 밝힌 Gutenberg 인쇄술의 역할과 유사하다. 500년 전에는 인류의 5%만이 글을 읽을 수 있었으며 불과 수만 권의 필사본 책이 있었을 뿐이다. 인쇄술이 도입되고 50년 만에 1,000만 권(종류 수 15만)의 책이 쏟아져 나왔다.

인터넷은 커뮤니케이션 속도, 커뮤니케이션 밀도, 변화 가속화를 촉진한다. 인터넷은 시간, 공간에 대한 지각 및 주변에 대한 주의력 수준을 바꾸어 놓았다. Gutenberg 인쇄술은 암흑시대를 자아실현의 시대로 변모시켰다. 이제 인터넷은 편협한 이기주의적 세계를 영적으로 연결된 글로벌 커뮤니티(global community)로 바꾸어 줄 것이다.

인터넷은 단순한 판매, 구매 이상의 일을 수행한다. 협업과 참가(collaboration and involvement)를 촉진하는 도구가 요청된다. 근무 장소는 시간적 · 공간적으로

◉ 표 1-1 Gutenberg 인쇄술 및 인터넷이 가져온 변화의 비교

구분	Gutenberg 인쇄술	인터넷
커뮤니케이션(채널)	일대일 → 일 대 다수	→ 다수 대 다수
(기술)	구전 → 인쇄물, 아날로그	→ 디지털
(미디어)	직접경험 → 간접경험	→ 가상경험, 실시간 환경
시간 · 공간 지각	과거 중심 → 현재 중심	→ 미래 중심
정신 에너지	반사적 → 의식적, 자아	→ 목적 지향
경제	농업 → 자본주의	→ 글로벌 협력
교육	비공식적 → 공식장소	→ 업무 현장, 지속적 교육

출처 : Bressler & Grantham, *Communities of Commerce*, McGraw-Hill, 2000, p.31.

흩어진다. 한 장소에 모여 일하고 교육을 받는 전통적 모델은 사라지고, 평생학습체제, 글로벌, 이동통신 기술로 연결된다. 일과 학습은 직렬이 아닌 병렬적 활동이 된다. 지적 자본의 창출과 활용에 관한 학습/관리, 새로운 컨텍스트, 콘텐츠, 구조, 프로세스가 요구된다.

McWhinney(1992)는 학습환경의 변화를 〈그림 1-2〉와 같은 네 가지 장기판에 비유하여 설명하였다. 과거 산업 사회에서의 경쟁은 고정된 게임 규칙하에 진행되며 플레이어들은 우세위치 선점을 위해 다툰다. 그러나 인터넷 시대의 플레이어들

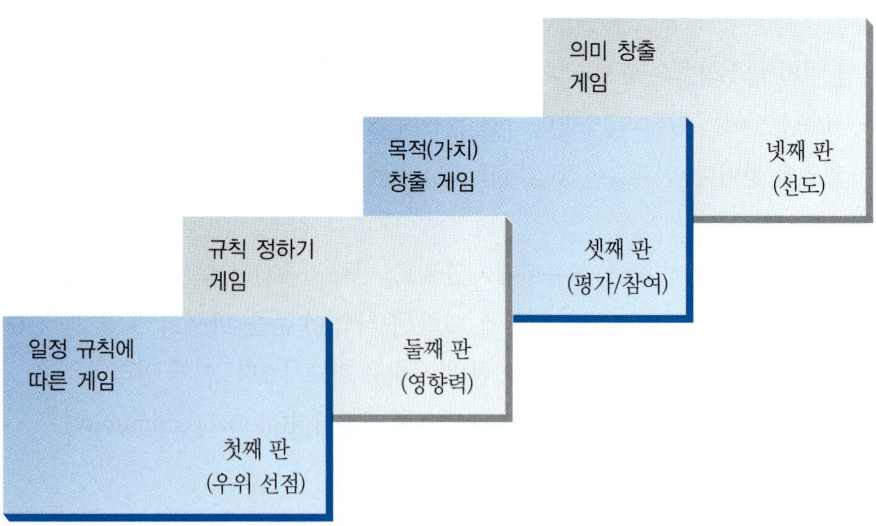

◉ 그림 1-2 McWhinney의 장기판 비유

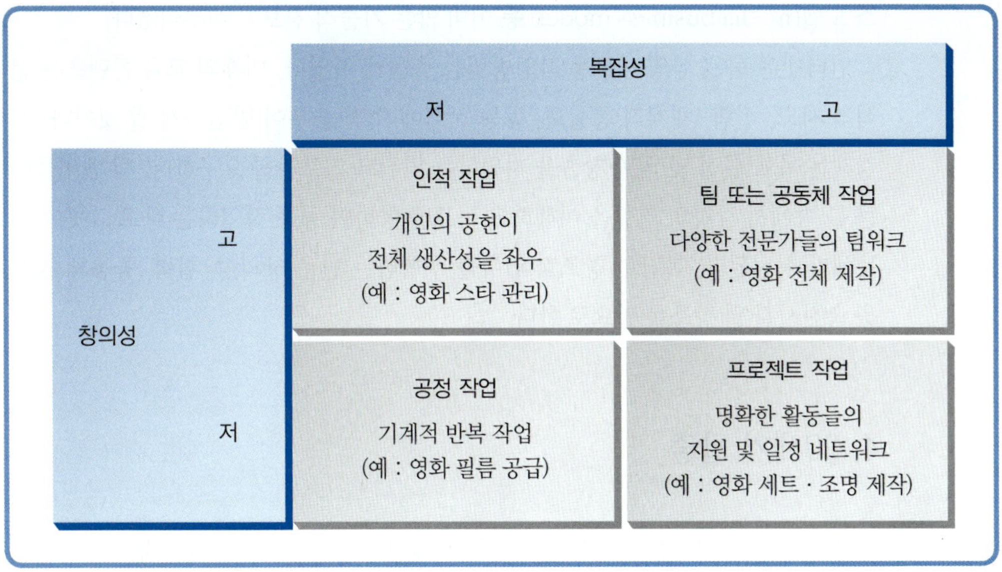

◉ **그림 1-3 미래의 작업 분류**

출처 : Bressler & Grantham, *Communities of Commerce*, McGraw-Hill, 2000, p.44.

은 새로운 가치와 의미 창출을 위해 네트워크에 참여하거나 선도하는 전혀 다른 게임을 하게 된다는 것이다.

인터넷 시대에는 보다 복잡하고 창의적이며 분산적인 업무가 다수 출현한다. 지리적으로 멀리 떨어진 수많은 복잡한 업무들을 통합하여 전체 프로세스를 대상으로 하는 개선 및 결과 평가를 강조하게 된다. 미래 과업의 특징은 창의성(즉, 혁신 요구), 복잡성(즉, 상호 의존성), 두 가지 수준에 따라 인적 작업, 공정 작업, 프로젝트 작업, 팀(공동체) 작업으로 분류될 것이다(〈그림 1-3〉 참조).

팀 또는 공동체 방식의 특징은 협업인데, 흔히 말하는 조정이나 협력과 비교하면 아래와 같은 차이가 있다.

> 조정(coordination) + 가치 공유 → 협력(cooperation)
> 협력(cooperation) + 전략적 역할 분담 → 협업(collaboration)

신경제하의 경영자들은 일의 성격 변화를 인식하고 효과적인 팀을 구축하고, ① 장소에 구애받지 않는 실시간 협업(real time collaboration), ② 공동체적 감각과 참여, ③ 탄력적 응용, ④ 인터넷 전개 · 연결의 인프라를 활용해야 한다. 보털(vortal, vertically integrated portal), 콘텐츠 총괄(content aggregation), 미디어 비즈니스 모델(media business model) 등 이미 많은 기술적 진보가 이루어졌다.

인터넷은 팀 중심의 새로운 작업방법을 출현케 하였다. 미래의 교육 콘텐츠는 분석적 사고, 실험, 체계적 통합화, 공동 작업에 초점을 두어 발전하게 될 것이다. 신경제는 목표 설정 및 의미 창출을 지원하는 팀워크 인프라를 요구한다. 팀 멤버들이 큰 틀 속에서 각자의 역할을 이해하고 목표를 향하여 공동 작업하는 바로 그곳에 공동체가 형성된다. 복잡한 창조적 업무를 수행하는 팀은 창의성, 협력, 공동체 정신을 촉진시킬 웹 장소를 필요로 한다.

4. 20세기 탈출

1990년 2월, 평생을 품질운동에 바친 90세의 노장 W. E. Deming 박사는 필라델피아 애덤스마크 호텔 컨벤션센터에서 4일간 특별강연을 했다. 40년간 Deming을 거들떠보지도 않았던 미국인들이 강연을 듣기 위해 몰려왔다. 필라델피아 탁월성 협의회와 상공회의소 후원으로 이루어진 이 강연에서 Deming은 20세기를 감옥에 비유하고 감옥 담장에 낡은 구호들이 붙어 있다고 했다(〈표 1-2〉 참조).

◉ 표 1-2 Deming이 말한 20세기 감옥의 구호

"기발한 묘책이 없나?"
"외제품 수입 결사 반대"
"오로지 최선을 다할 뿐이다"
"절대로 불량품을 만들지 말자"
"몽땅 전산화하고 사람은 줄이자"
"열심히 일하면 품질은 좋아진다"
"측정할 수 없으면 관리할 수 없다"
"확실하게 인센티브 플랜을 개발하자"
"실적을 평가하고 평균 이하는 자르자"
"우리 고객들은 가격에만 관심을 갖는다"
"목표 관리! 각자에게 목표량을 할당해 주자"
"어떻게 시행하느냐 묻지 말고 무조건 시행하라"
"문제가 생겼나? 그렇다면 프로젝트 팀을 만들게"
"회사 내에서 사람을 찾아 쓰지 왜 컨설턴트를 쓰나"
"도대체 학교에서 어떻게 가르쳤나, 직원들이 늘 문젯거리야"
"최신설비를 들여오자, 기계만 좋으면 품질은 문제가 안 된다"

출처 : W. J. Latzko & D.M. Saunders, *Four Days with Dr. Deming*, Addison-Wesley Publishing Co., 1995, p.31.

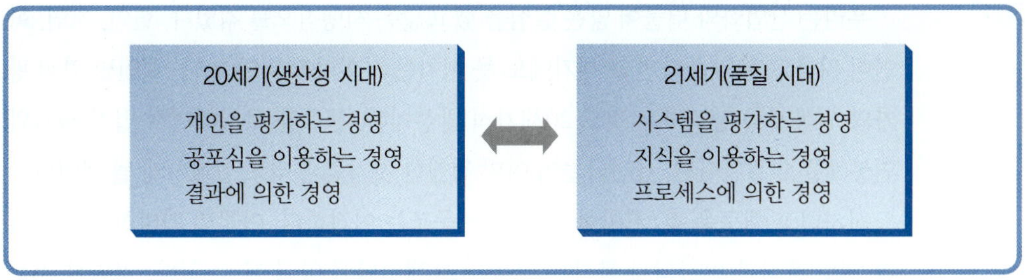

◉ 그림 1-4 20세기와 21세기의 경영문화 차이

"이런 말이 멋있게 들린다면 감옥을 벗어나기는 틀린 사람이다. 집에 가서 잠이나 자라. 최선을 다한다는 말로는 충분치 않다. 이론과 지식으로 무장하라." 하고 Deming은 외쳤다. J. M. Juran은 "20세기가 생산성 시대였다면 21세기는 품질 시대"라고 했다. 20세기와 21세기의 차이는 〈그림 1-4〉와 같이 요약할 수 있다.

우리는 인간으로서의 존엄성과 자존심과 동기를 갖고 태어난다. 아기들은 걸음마를 배우고 말을 배울 때 엄청난 노력과 에너지를 쏟지만 그것을 괴로운 노동이라고 생각하지 않는다. 새로운 것에 대한 강렬한 호기심, 작은 일의 성취감, 내적 동기에 부풀어 있다. 그것은 재미이고 흥분이다. 그런데 학교에 입학하면서 그 재미가 파괴된다. 직장에 입사할 때는 모두 포부가 크고 의욕도 강하다. 그러나 입사 후 몇 주일만 지나면 벌써 무능한 친구, 유능한 친구 하는 식으로 분류가 되어 버린다. 직장 일도 재미와는 거리가 멀다.

20세기는 사람에 대한 평가를 강조하고 공식화한 시대였다. 옛날 전통 사회에서는 능력이나 실적보다 혈연, 학연, 지연, 안면을 더 중요시했다. 이러한 전근대적 방식을 과학적 방법으로 바꾼 것이 바로 F. W. Taylor의 과학적 관리법이다. 목표량을 제시하고 각자의 실적을 평가하는 것, 그리고 측정할 수 있는 것만을 관리할 수 있다고 본 것이다. 이러한 과학적 관리법은 경쟁체제, 대량생산체제와 함께 20세기의 가장 중요한 산물이다.

그러나 측정할 수 없는 미지(未知)의 요소들도 관리해야 한다. 개인 평가보다 시스템 평가가 더 중요하다. 경영자는 사람을 평가하는 일보다 시스템을 평가하는 일에 더 힘써야 한다. 재미있게 일할 수 있는 근무환경, 재미있게 학습할 수 있는 학습환경을 만들어야 한다. 제품 품질, 서비스 품질, 업무 절차 품질, 근무자 품질, 시스템 품질, 교육 품질, 의료 품질, 공무원 품질, 환경 품질, 모두가 품질이다. 그래서 21세기는TQ 시대이다.

우리는 산업화와 더불어 많은 실험을 했고 많은 시행착오를 겪었다. 혈연, 지연, 학연이 지금도 힘을 쓴다면 20세기에도 못 미치는 사회라고 봐야 한다. 개인별 업적 평가와 연봉제를 강조하는 것도 20세기적 발상이다. 품질을 무시하면서 업적 평가와 연봉제를 연결한다면, 선진국들이 이미 경험한 것처럼 우리도 실패하게 될 것이다.

신기하고 새로운 것, 기발한 것을 찾는 풍조는 여전하다. 아무리 기발한 신기법이라 해도 품질과 연결되지 못하는 것들은 21세기의 주역이 될 수 없다. 기발한 것보다 기본을 다져야 한다. 경영자는 꾸준하게 경영의 품질을 개선하면 된다. 특히 전통 사회의 특징을 많이 지니고 있는 사람들에게는 TQ란 혁명적 전환을 요구하는 것이다.

이시카와 가오루는 품질경영을 '경영사상 혁명'이라 했다. 시바 쇼지(紫正治)는 고객초점 혁명, 지속적 개선 혁명, 총체적 참여 혁명, 사회적 네트워킹 혁명의 4대 혁명을 주장했다. 품질경영(total quality management, TQM)에도 상식적인 이야기가 나온다. 그렇지만 자세히 보면 품질경영은 단순한 상식이 아니다. '고객만족'이나 '예방'이라는 간단한 말 속에 얼마나 많은 노력과 전문지식, 사고의 전환과 팀워크가 담겨 있는가.

돌이켜 보면 전국적 · 사회적 네트워크로 전개된 우리나라의 새마을운동은 품질 네트워크로 발전하지 못하고 사라져 버렸다. TQM은 사회 전체가 함께 가는 네트워크 혁명이다. 운수 회사는 운수 회사들끼리, 병원은 병원들끼리, 대학은 대학들끼리 협력체를 만들어 TQM을 배우고 도입한다. 지역 내의 인접한 조직들이 협력체를 구성하여 TQM을 도입하고 추진하기도 한다. 정부, 연구소, 표준협회, 컨설팅 회사들이 네트워크의 연결을 지원한다. 인터넷이 동원된다. 이것이 TQM 혁명이다. 네트워크를 통한 협력체 구축(즉, 네트워킹)은 사회 분위기를 형성하고, 지도자들에게 영향을 주며 많은 시민과 단체들이 신나는 성공 사례를 만들게 해 줄 것이다.

1.2 TQM의 역사적 배경

1. 품질경영

품질경영(TQM)은 때로는 T를 빼고 QM, 또는 M을 빼고 TQ라 부르기도 한다.

M이 기업경영을 연상시키는 단어라고 생각하는 비영리기관에서는 M을 피하는 경향도 있다. 명칭이 무엇이든 본질이 더 중요할 것이다. 품질경영이란 명칭이 나오기 전에는 품질관리(quality control, QC)라는 명칭으로 알려져 있었다. 명칭이 바뀐 데에는 그만한 사연이 있다.

우리는 과거에 'quality control'을 '품질관리'라고 번역하면서 '관리'를 'control'이라 생각했던 것이다. 그러나 'control'의 정확한 번역은 '통제(또는 제어)'이다. '경영 또는 관리'라는 뜻의 'management'는 전략, 계획, 설계, 조직 및 자원 관리, 리더십, 동기부여, 실행, 통제를 모두 포함하는 보다 폭넓은 개념이고, 이런 일을 직접 책임지는 사람을 우리는 경영(관리)자라고 부른다.

P. Crosby는 "무결점 수준이 되면 통제는 불필요하다."고 역설했다. Deming도 "품질은 통제되어야 할 뿐만 아니라 관리(경영)되어야 한다."고 강조했다. 통제보다 management에 비중을 두는 선구자적 전문가들의 주장에서 벌써 TQM이라는 용어의 출현이 예고되었다고 볼 수 있다. 그런데 누가 TQM이란 용어를 처음 썼을까? 분명히 확인하기는 어려우나 미 해군 항공 시스템 사령부가 당시 일본식 품질개선관리법을 지칭하기 위해 TQM이란 단어를 1985년부터 사용했다는 주장(K. Bemowski, 1992)이 있다.

오래전에 QC를 배웠거나 현장에서 실천해 본 사람들은 "품질경영? TQM? 무엇이 다른가? 나도 옛날에 많이 배웠고 실무도 해 보았다."고 말하는 경향이 있다. 그러나 과거의 QC와 현대의 TQM은 많이 다르다. 시바 쇼지 교수는 TQM 특별강의에서 다음과 같이 말했다(S. Shiba et al., 1993, 서문).

"우선 마음을 열어야 합니다. 여러분은 세계적 명문기업의 사장, 부사장들입니다. 품질에 관한 지식, 경험, 실적이 풍부한 분들입니다. 그러나 배워야 합니다. 'IAKI(I Already Know It)', 'NIH(Not Invented Here)', 'PITM(Prove It To Me)', 세 가지는 금기사항입니다."

GE, 폴라로이드 등 세계적 기업의 전문경영자라고 하면 실력 면에서 일류라고 볼 수 있다. 그러나 그들은 TQM을 새로 도입해야 한다는 사명감으로 마치 어린 중학생처럼 겸손히 머리를 맞대고 공부했다. TQM은 그들이 이미 알고 있는 QC와는 많이 다른 것이었다. 일본인 시바 쇼지의 강의를 듣고 배운 다음 그들은 다시 미국식 TQM을 만드는 일에 일익을 담당했다. TQM은 지금도 계속 진화하고 있다.

I Already Know It

'그쯤은 나도 안다'는 자존심은 학습에 장애물이 된다. 지식이 있다는 것과 숙련을 갖추었다는 것은 전혀 다른 이야기이다. 정보에 의견을 넣으면 지식이 된다. 지식에 의사소통을 더해야 이해가 얻어진다. 이해에 아이디어, 의지, 실천을 더해야 숙련이 얻어진다. TQM은 단순한 지식이 아니라 계속 발전하는 실천적인 숙련이다.

Not Invented Here

'우리 것이 아니다'는 거부감은 학습에 장애물이다. '우리에게는 우리만의 특징이 있다'는 주장이 항상 옳은 것은 아니다. TQM 학습의 요소는 가담(commitment), 즉 종래의 사고방식, 태도, 관행을 변경 · 실천해 보는 데 있다.

Prove It To Me

'효과가 입증된 것만을 골라서 배운다'는 학습방법도 장애물이 된다. '비판적으로 들어라'고 가르쳐 온 미국식 교육은 부적절하다. '우선 공감적으로 듣고 그다음에 비판적으로 사고하라'로 바꿔야 한다. 우선 확실히 배우고 배운 것을 현장에서 실천하여 스스로 입증하라.

2. TQM은 새로운 패러다임이다

제2차 세계대전에서 승리하고 세계 경제를 석권해 온 미국의 영광은 어이없이 무너졌다. 미국은 1976년부터 적자가 매년 발생했고 1980년에는 220억, 1987년에는 1,600억 달러라는 적자 최고액을 기록했다. 자동차, 기계, 섬유, 철강, 가전제품, 신발, 반도체, 디스크, DRAM 등 거의 전 종목의 시장점유율이 급격히 떨어졌다. 제조업은 공동화(空洞化)되고 기술 개발도 역부족이었다.

1980년대 말, 미 국방성이 국가안보를 위해 특별관리를 해 온 22종의 기술 중 10종만이 리드를 지켰으며, 4종은 경합적이고 생체공학, 고압 마이크로웨이브, 기계지능 로봇, 마이크로칩, 집적광학, 슈퍼컨덕터 등 8종은 명백하게 낙후되었다. 사태 악화에 대한 미국인들의 대응은 두 가지로 구별된다.

하나는 경쟁력 약화의 원인이 외적인 것이고 거시경제적 환경 개선으로 회복 가능하다는 것이다. 다른 하나는 내적 원인을 말하는데 특히 졸렬한 경영관리를 지적하는 것이다. 우선 거시경제 환경을 위해 미국은 모든 가능한 경제정책을 총동원했다. 물가안정, 경기부양, 실업 대책, 그리고 시장개방 압력, 엔화 절상 압력 등 무역

◉ **표 1-3** 경영 패러다임 전환(paradigm shift)의 3단계

정상 단계(normalcy)	이변 단계(anomalies)	대체 단계(replacement)
현재의 패러다임으로 불편이 없다. 경영지식, 원칙이 잘 적용된다. 큰 변경 없이 전산화 등 부분적 개선 노력으로 결실을 거둔다.	경영지식/원칙이 무력해져서 설명할 수 없는 이변이 자주 발생한다. 문제를 해결하려고 합리적으로 노력하는데 어렵게 꼬인다.	변칙적 현상을 보다 잘 설명해 주는 신이론, 신법칙, 신원칙이 등장한다.

수지 개선을 위한 대응책을 강력하게 추진했다.

그러나 엔화 절상에도 불구하고 일본의 시장점유율이 계속 증가되는 등 결과는 실망스러웠다. 이변적 현상이었다. 해답은 거시경제에서 찾을 수 없었다. 반성이 시작되고 배우자는 분위기가 확산되었다. 일본의 근로정신, 경영전략(품질, 원가, 유연성, 납기준수), 기술개발 전략, 중소기업 계열화에 주목했다. 무역마찰이나 빚었던 미국이 새 패러다임을 구축하는 일대전환을 했다.

T. Kuhn(1962)에 의하면 패러다임(paradigm)은 "문제의 모형과 해답을 제시해 주는 당대의 보편적 과학적 성취"라고 정의된다. Kuhn은 과학의 발전을 설명하기 위해 패러다임이란 용어를 사용했다. 즉, 과학의 발전이란 조금씩 달라지는 점진적 발전이 아니라 이론과 법칙까지 뒤바뀌는 패러다임적 전환이라고 주장했다. 패러다임적 전환은 경영관리의 발전을 설명하는 데에도 유용한 개념이다. 경영자들은

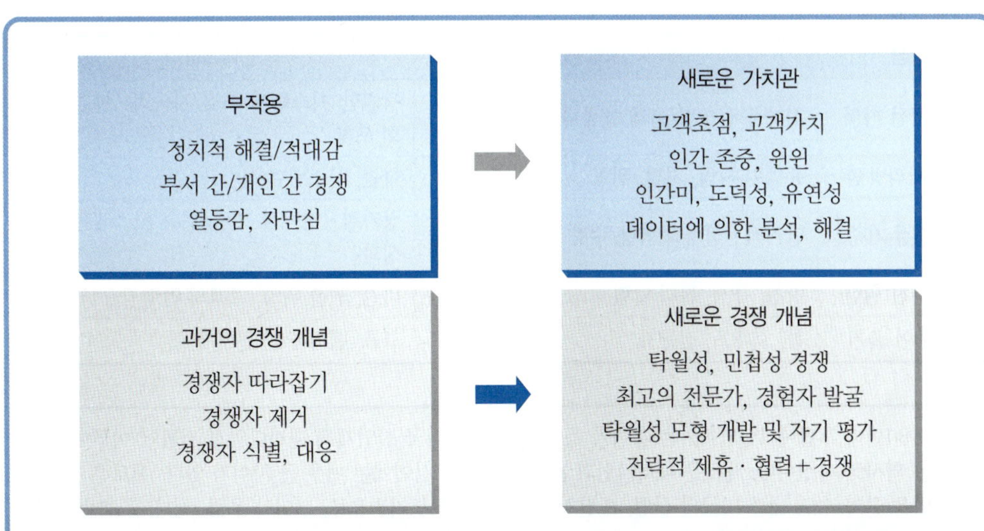

◉ **그림 1-5** 경쟁 개념의 변화

나름대로 가치관, 관행, 방법, 도구를 갖추고 있으며, 같은 사태에 대해서는 누구나 비슷하게 대응한다. 또한 상황을 설명하는 보편 이론이나 법칙이 있다. 이러한 일체를 경영 패러다임이라 한다. 1980년대 말에 등장한 신패러다임은 고객가치 전략, 조직 시스템, 개선의 세 초점을 중심으로 형성되었는데 이를 요약하면 〈표 1-4〉와 같다.

◉ 표 1-4 패러다임 전환

a. 고객가치 전략

특징	낡은 패러다임	신패러다임
품질	규격 준수, 철저한 검사	고객가치 지향, 프로세스 관리
파워 그룹	투자자, 보스	고객(모든 이해관계자는 수혜자)
제품 설계	잘 팔리는 것을 생산	다양한 고객 요구를 채워 줌

b. 조직 시스템

특징	낡은 패러다임	신패러다임
인적자원 관리	스태프의 전문영역	인적자원은 핵심적 자원
부서/기능 간	경쟁, 협상	기능연합(cross-functional)
역할 정의	엄격한 직무한계 설정	비전, 다기능, 유연성
조직구조	전문기능 강조/사다리형 계층제	통합, 팀워크 강조/평면형 조직, 자기관리 팀

c. 개선

특징	낡은 패러다임	신패러다임
주된 개선 기회	신제품에 초점/문제 발생 후 뒤처리	광범한 시스템에 초점/지속적 · 예견적 기회 포착
실수 처리방법	종업원 책임, 처벌, 위협	학습, 시스템 수정
문제해결 기준	단기적 · 정치적 역량/수량적 목표(할당)량	장기적 · 전략적 역량/우수 시스템을 통한 성과
개선 추진 권한	방침, 규정, 톱의 압력	비전, 권한 위양, 고객의 압력
아이디어 출처	톱, 스태프, 전문가	그룹, 벤치마킹, 근무자

요약 : 1980년대 후반에 TQM이라는 용어가 등장함에 따라 미국 산업계에 패러다임적 전환이 이루어진 것은 역사적 사실이다. 새로운 패러다임과 낡은 패러다임 사이에는 매우 큰 차이가 있다. 새로운 패러다임은 불과 수년 내로 미국의 산업, 보건의료, 교육계, 정부기관으로, 그리고 유럽, 캐나다, 호주 등 각국으로 신속히 확산되었다.

21세기 경영환경의 특징

전략적 사고 틀의 변화(strategic reorientation)를 요구하는 동시다발적이며 불연속적인(momentous and discontinuous) 환경 변화

- 세계화 전략(globalization strategy), 글로벌 사고 지향
- 핵심역량의 강화와 유연성 유지를 위한 자원의 외부조달
- 작고 강한 회사이면서 네트워크가 넓은 회사
- 효과적인 외부 네트워크의 관리 조정, 상호 공존의 윈윈 경쟁 개념
- 제품혁신(product innovation)의 중요성
- 분권적인 정보의 수집, 가공 및 처리, 동기부여와 조정 개념의 리더십
- 구성원의 참여를 통해 공유되는 기업 비전 및 사명의 제정
- 인적자원에 내재된 무형자산의 중요성, 다문화의 조직 구성원
- 다양성을 인식한 보상, 평가, 통제 시스템의 구축
- 전략적 사고 틀의 전환

3. 품질 개념의 발전

품질이란 무엇인가? 이 질문에 대한 대답은 간단하지 않다. 여러 가지 대답이 가능한데, 그 이유는 품질 개념 자체도 시대에 따라 달라져 왔기 때문이다. 시바 쇼지(1993)는 일본에서 1950~1980년대에 매 10년마다 품질 개념이 어떻게 변화되어 왔는지를 다음과 같이 설명한다.

■ 1950년대 : 표준 적합도(fitness to standard)가 품질이다

설계규격에 합치되고 표준적 검사 절차를 통과한 것이면 좋은 품질이라고 정의하자는 것이다. 일본에서는 Deming의 지도와 통계적 품질관리의 발전에 힘입어 1950년대 초에 이러한 정의가 보편화되었다. 품질을 정의하지 않고 품질 수준을 측정하지도 않았던 때와 비교하면 물론 이것은 혁명적 변화였다. 그러나 이러한 품질 정의에 따른다면, ① 철저한 검사로 품질이 좋아진다는 잘못된 주장이 생길 수 있고, ② 검사원과 생산라인 간에 적대관계가 형성될 수 있으며, ③ 규격품이라도 고객들이 꼭 만족한다는 보장은 없다는 등의 약점이 생길 것이다.

고객 만족 사례

일본 굴지의 세탁기 제조 회사가 고객 불평을 접수하던 중 농촌지역에서 집중적으로 불평이 쏟아진다는 것을 알게 되었다. 현지에 엔지니어를 보내어 이유를 파악하게 했다. 엔지니어가 가서 보니 농부들이 세탁기로 감자를 세척하고 있었다. 그래서 고장이 잦았던 것이다. 그 엔지니어가 고객(사용자)보다 설계/제조규격을 더 존중하는 사람이었다면 그 자리에서 고함을 질렀을 것이다. "우리 책임이 아닙니다. 우리 세탁기는 감자를 세척할 수 있도록 설계된 것이 아닙니다."라고 말하면 그만이었을 것이다. 그러나 엔지니어는 조용히 돌아와 회사에 보고했다. 회사 측은 감자를 세척해도 끄떡없는 보다 튼튼한 세탁기를 설계하기로 했다. 그래서 경쟁회사들이 따라올 수 없는 튼튼한 세탁기를 만들어 선풍적 인기를 끌게 되었다.

■ 1960년대 : 사용 적합도(fitness to use)가 품질이다

생산자가 자기 규격만 고집하기보다 고객의 다양한 요구와 요구의 변화를 수용할 수 있어야 좋은 품질이라는 관점이다. 이러한 품질 개념은 매우 진보적이고 시장지향적이다. 생산자가 아무리 품질을 자랑해도 고객 또는 사용자가 가치를 인정하지 않는다면 소용없는 일이다. 그러나 일본에서는 1970년대에 들어서면서 또 다른 품질 개념이 등장하였다. 비용 때문이다. 다양한 고객 요구를 수용하려다 보니 설계비, 검사비가 급증하면서 가격경쟁에서 밀리게 되는 애로가 있었던 것이다.

■ 1970년대 : 비용 적합도(fitness to cost)가 품질이다

품질과 비용은 왜 관계가 있는가? 첫째, 고객들은 지불할 가격과 사용할 품질을 함께 고려하여 가치를 느끼며 그 가치가 기대 이상일 때 제품을 구입한다. 따라서 아무리 품질이 좋아도 가격이 적당하지 않다면 구입하지 않을 것이고 기업은 경쟁력을 상실할 것이다.

둘째, 품질이 좋을수록 품질 비용도 낮아진다는 점이다. 여기서 말하는 비용이란 통상적인 비용 개념보다 광의의 것으로, 불량 예방비, 공정 비용, 검사 비용, 불량으로 인한 손실, 사용자 비용을 총괄하는 개념이다. 이러한 비용 총계가 최소화되게 관리하면 품질 수준도 좋아질 것이다. 가장 부담이 큰 것은 불량 손실과 검사 비용인데 이를 최소화하려면 불량 없는 생산이 요구되고, 공정의 작은 변동까지 추적 · 개선해야 할 것이다. 일본에서는 공정설계, 공정 상태의 추적, 변동 원인의 발견 · 시정에 하위직도 참여하여 많은 성과를 얻었다.

그러나 비용 적합도 개념에서도 약점이 발견되었다. 애써서 이 개념을 실천해 온

일본 기업들이 개발도상국들의 저가품 공세 때문에 고전하게 된 것이다. 여기서 다시 차원 높은 품질 개념이 출현하게 된다.

■ 1980년대 : 잠재요구 적합도(fitness to latent requirement)가 품질이다

고객이 요구를 의식하기 전에 잠재요구를 파악하여 충족시키는 것이 품질의 핵심이라는 관점이다. 폴라로이드 카메라, 소니 워크맨, 스와치 패션시계 등이 좋은 예이다. 잠재요구를 상품화할 수 있다면 고객 만족 이상의 고객 감동, 고가의 수익, 독점적 지위를 누릴 수 있겠으나 여기도 어려움이 있다. 신제품 설계에서 양산체제까지의 소요 기간을 단축하여 경쟁자를 앞지를 수 있어야 한다. 따라서 최근에는 시간단축 경쟁과 리엔지니어링 이슈가 중요한 과제로 부각되고 있다.

위의 품질 개념들은 일본에서 시대적으로 전개된 것으로 경제구조, 문화적 배경이 다른 국가에서는 다른 모습으로 나타날 수 있다. 예컨대, 일본 기업들은 CD10운동(원가를 10% 절감하자는 운동)을 벌이는 등 비용 문제를 체질적으로 중요시하나 미국 기업들은 고객 지향성을 더 강조하는 경향이 있다. 실제로 품질을 정의하고자 할 때, 반드시 위의 네 가지 품질 개념 중 어느 한 가지만을 택할 필요는 없으며 네 가지를 동시에 보완적으로 적용할 수 있다.

시계의 경우를 예로 살펴보자. 시계는 모든 부품이 정상이고 잘 조립되어 있으며(규격 적합성), 사용목적에 따라 요구되는 정밀도를 확보할 수 있고(사용자 요구 적합성), 가격 · 유지비가 저렴하고(비용 적합성), 다양한 패션시계처럼 고객들의 취향 · 멋 등 잠재된 욕구(잠재요구 적합성)도 동시에 만족시킬 수 있다.

[최근의 품질 정의]

① 품질을 '고객 요구사항의 만족(meeting customer requirements)'이라고 정의하는 것이 가장 보편적이다.

② 과거에는 품질이라고 하면 제품 또는 서비스의 품질을 가리키는 것으로 해석되었으나, 최근에는 최종제품이나 최종산출로서의 서비스보다 중간 과정(즉, 프로세스)의 질적 수준, 시스템의 질적 수준, 근무자의 질적 수준, 환경의 질적 수준까지 강조하는 경향이 있다. 그래서 TQ라는 용어가 널리 쓰인다. 요컨대 사업장 전체가 탁월해야 한다는 뜻이며, 이 경우 품질이란 '탁월성 정도(degree of excellence)'라고 해석된다.

지역 네트워킹 사례

테네시 주 동쪽에는 큰 산맥이 지나고 킹스포트, 브리스털, 존슨시티 세 도시가 정답게 인접해 있다. 인구는 각각 38,000명, 23,000명, 44,000명이다. 교통이 불편해서 지나는 여행객도 없는 외진 곳이다. 작은 세 도시에서 동시에 기적이 일어났다. 공동으로 TQM을 도입하여 많은 성공 사례를 만들어 냈고 미국 전역에 알려져 갑자기 스타로 떠올랐다. 세 쌍둥이 도시(tri-cities)라고 불릴 만큼 지역적으로 가깝지만, 아무리 거리가 가깝다고 해도 어떻게 세 도시가 그렇게 한마음이 되었을까?

이 지역에는 대단한 대기업도 없다. 킹스포트에 위치한 종업원 11,000명의 이스트맨 코닥 정도이다. 이 회사는 1970년대부터 일본식 품질관리법을 들여와 실천했다. 일본인 기술자들은 고향처럼 주민들과 가깝게 지냈는데 평소에도 주민들에게 품질 이야기를 하면서, "Why not quality?"라고 말했다. 일본에서 활약한 Deming 이야기도 마을 사람들에게 들려주었다.

세 도시의 시장들, 시의원들이 적극 가담했고 상공회의소의 노력도 컸다. 또한 전문가적 조언과 교육 프로그램의 도움을 받을 수밖에 없었다. MIT 공학연구센터의 Miron Tribus, 트라이시티(Tri-Cities) 주립기술대학, 이스트맨 코닥 지사장 M. C. Lunsford, 3자의 협력으로 그것이 가능했다. 1986년 5월 14일, 세 도시의 후원자들이 컨트리클럽에서 첫 저녁식사 모임을 가졌다. Tribus와 Lunsford도 참석했다. Tribus는 사람들이 주저하지 못하게 다그쳤다. 노련한 Lunsford는 "Miron은 틀림없는 분입니다. 그는 사람들을 동원하고 일을 해내고 원하는 것을 성취시키는 특별한 재능을 가졌습니다."라고 Tribus를 지원했다. 모임 전에 이미 몇 사람은 동의서에 사인을 한 상태였다. 그렇게 해서 참가 팀이 확정되었다. 교육은 1986년 9월 8일에 시작되었다. 시범적으로 이스트맨 측에서 3팀, 주립기술대학에서 1팀을 참가시켰고, 나머지는 지역내 사업체들인데 구성은 아래와 같다.

> 킹스포트 시청 팀(수도국, 보관소, 차량정비소, 도로관리국), 킹스포트주물회사, 스트라한잉크락카, 아카다그래픽스, AFG산업, 유니시즈주식회사, 홀스턴군수회사, 인터마운틴전화회사, 후버해리슨협회, 홀스턴밸리병원, 루니시보레, 제일아메리칸은행

'품질 제일(Quality First)'이라는 명칭의 교육 프로그램이 만들어졌다. Tribus와 수년간 함께 일한 Schwinn 부부가 작성했는데, 남편인 David는 포드자동차 품질부에서 일한 베테랑이며 부인 Carole은 잭슨커뮤니티대학 학장보로 일하면서 Tribus를 돕고 있었다. 품질 제일 프로그램의 총책임은 기술대학 교무처장이 맡았고, D. Hale 교수가 프로그램 진행 주임을 맡았다. 한 팀이 5~7명이었고 팀당 비용은 2,000달러였다. 출발 당시에는 어려움도 있었다. 소기업들은 이 돈을 아까워했고 교육 때문에 종업원의 작업시간이 줄어서 불평을 했다. 주변에서 도와주지 않았다면 실패했을 것이다. 세 도시의 지도급 인사들과 언론기관이 앞장서서 동기부여를 했다. 교육성과가 현장에서 나오는 대로 언론에서 크게 다루고 격려했다.

포기하는 팀이 생겼지만 더 많은 팀이 추가로 참가했다. 결국 작은 도시, 작은 시청, 작은 기

업, 작은 학교와 단체들이 큰일을 해냈다. 세 도시의 시청, 의회, 공공기관, 병원, 중소기업들이 합심해서 연합체를 구성하여 TQM을 배우고 품질개선을 위해 수년간 꾸준히 노력했다. 드디어 흥분된 성공담들이 튀어나왔다. 성공 사례 발표대회가 1989년 10월 20일 자 「Kingsport Times」 1면에 대서특필되었다. 이날은 세 도시 전체의 축제일 같았다. 발표회에서 쏟아져 나온 품질 스타는 킹스포트주물회사, 캡스냅사, 메코주식회사, 홀스턴밸리병원 등 모두가 작은 기관이었다.

이러한 마을 축제 식의 품질운동은 그 전에도 많은 예가 있다. 위스콘신 주 매디슨 시에서 1980년대 초, 당시 시장이었던 F. J. Sensenbrenner가 도시행정에 팀제와 통계적 수법을 도입한 것이 최초의 예라고 한다. 이 전통이 이어져서 MAQIN(Madison Area Quality Improvement Network)이 지금도 운영되고 있다.

1984년에 발족된 필라델피아지역 탁월성협의회(Philadelphia Area Council for Excellence, PACE)는 상공회의소에 본부를 두고 있는데, 정기 세미나를 개최하는 한편 원하는 기업에 강사와 팀 훈련 전문가를 파송하는 일을 했다. PACE는 수년 후 22개 사 사장단 후원회를 배경으로 4일 과정의 Deming 세미나, 프로젝트 팀 훈련, 네트워크 미팅 등의 사업으로 전국적인 명성을 날렸다. 매월 모이는 네트워크 미팅에는 TQM 초심자들이 매번 수백 명씩 모였다. 보스턴 지역은 앞에서 언급한 Tribus의 MIT 센터가 활동했고, 또한 GOAL(Growth Opportunity Alliance of Greater Lawrence)이라는 지역 협력체가 결성되어 지역 기업들에 컨설팅, 연구, 출판 서비스를 했으며, 매년 품질 발표대회를 개최했다. 1989년에 3일간 개최된 GOAL 품질 학술대회에는 무려 1,000명이 참가했다.

이와 같은 지역별 협력체들은 비록 상업적 목적으로 운영되는 경우도 없지 않지만, 대부분은 대학, 상공회의소, 정부기관이 주도하여 지역 내 중소기업들이 TQM에 공동 참가하도록 지원하는 것이 주목적이다. 대기업들도 기꺼이 돕는다. 그 파급 효과는 크다. 위스콘신 주의 MAQIN, 필라델피아의 PACE, 보스턴의 MIT 센터, GOAL 같은 지역 네트워킹 운동이 없었다면 이 작은 사례도 생겨나기 어려웠을 것이다. 네트워킹은 사회적 분위기를 형성하고, 지역 지도자들에게 영향을 주며, 많은 중소기업들이 신나는 성공 사례를 만들도록 해 줄 수 있다. 품질, 그것을 왜 안 하겠는가(Why not quality)?

③ 고객 만족보다 '고객 감동' 또는 '고객관계를 통한 충성도'여야 한다는 주장도 있다. 고객 만족은 고객이 바라는 기대를 채워 줄 때 얻어진다. 반면에 고객감동은 고객이 기대하지 않았는데 뜻밖에 받게 되어 흥분과 즐거움을 느끼는 것을 말한다. 돌발적 기술 혁신이나 잠재욕구를 자극하는 신제품들이 흔히 그러한 고객 감동과 연결된다고 볼 수 있다. 고객관계는 거래 건별로 맺는 단발성 관계가 아니라 종합적 고객경험에 바탕을 둔 장기적 관계를 말한다. 특히 고객 이탈이 용이한 인터넷 사업 분야의 기업들은 특별한 프로그램으로 이러한 관

계의 구축에 주력하여 고객을 한 식구처럼 만들려고 노력한다.

1) 품질의 이론적 정의

(1) 품질(品質, quality)이란?

- 제품과 서비스가 갖는 고유 특성, 기능
- 사용 후 실제치와 기대치의 차이
- 개별 소비자 사용목적의 적합성 : 제조자 중심이 아니라 사용자 중심 요구에의 일치
- 조직 구성원의 노력 + 능력의 산출물 / 최고 경영자의 철학
- 제조 작업자 한 사람 한 사람의 마음
- 회사의 얼굴이며, 구성원의 자화상
- 고객이 제품을 사용하는 중 나타나는 모든 유형(물적 손실), 무형(불친절)의 가치

관점별	품질의 정의	학자
생산자/기업	• 기능, 규격과의 일치(conformance with specification) • 요건에 대한 일치성(conformance to requirement)	Crosby
소비자/고객	• 사용용도의 적합성 • 사용목적을 만족시키는 성질, 성능 • 고객의 기대에 부응(충족)하는 특성 • 고객 만족(customer satisfaction)	Juran KS, JIS Feigenbaum
사회	• 요구를 만족시키는 특성 • 사회 손실을 회피하는 특성	ISO 다구치

(2) 제품과 상품의 차이

- 제품(製品) : 제조공정을 통해 만든 물품(제조업체)
  - 소비자 사용목적에 적합하지 않은 부적합품도 포함
- 상품(商品) : 상거래가 가능한 매입한 물품(유통업체)
  - 소비자 사용목적에 대한 적합성을 갖고 있는 물품

2) 품질관리의 발전 단계

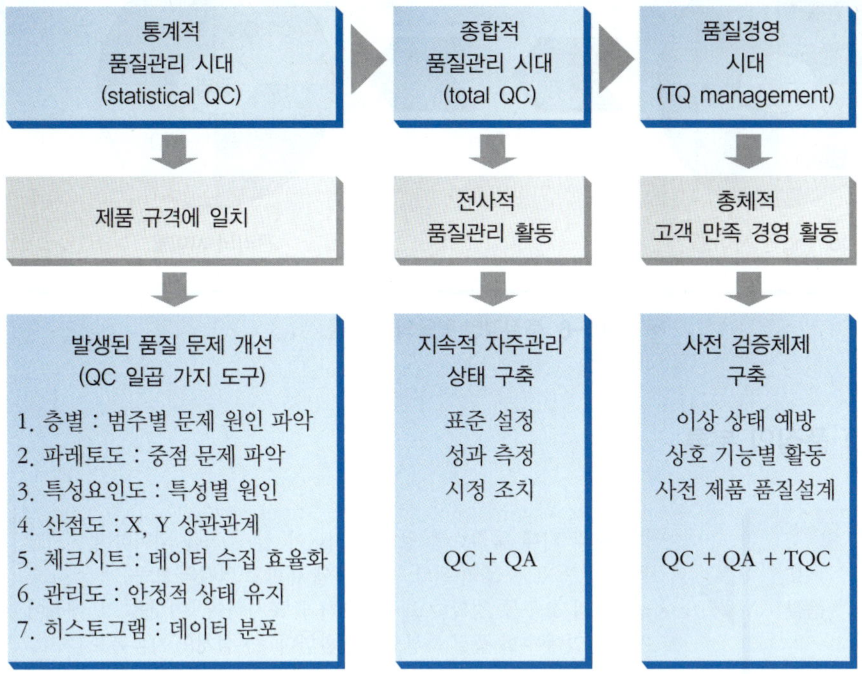
통계적
품질관리 시대
(statistical QC)
종합적
품질관리 시대
(total QC)
품질경영
시대
(TQ management)
제품 규격에 일치
전사적
품질관리 활동
총체적
고객 만족 경영 활동
발생된 품질 문제 개선
(QC 일곱 가지 도구)
1. 층별 : 범주별 문제 원인 파악
2. 파레토도 : 중점 문제 파악
3. 특성요인도 : 특성별 원인
4. 산점도 : X, Y 상관관계
5. 체크시트 : 데이터 수집 효율화
6. 관리도 : 안정적 상태 유지
7. 히스토그램 : 데이터 분포
지속적 자주관리
상태 구축
표준 설정
성과 측정
시정 조치
QC + QA
사전 검증체제
구축
이상 상태 예방
상호 기능별 활동
사전 제품 품질설계
QC + QA + TQC

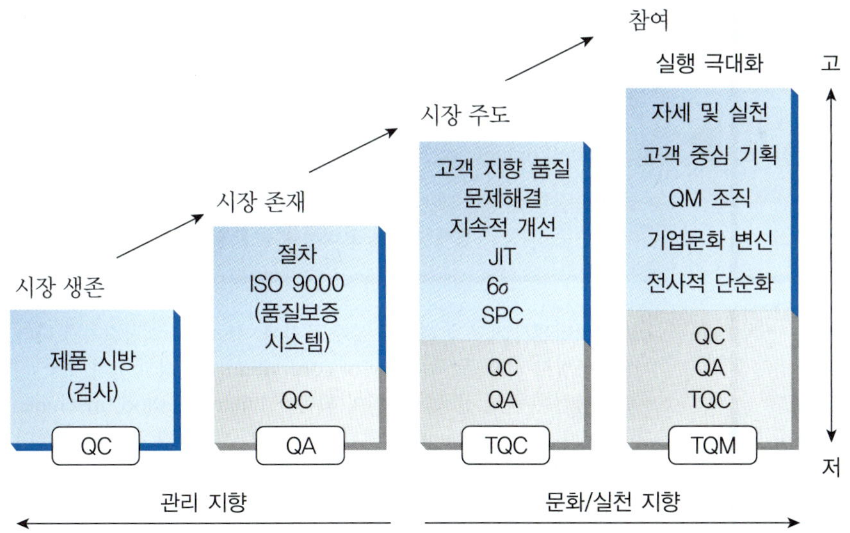
참여
실행 극대화
고
시장 주도
시장 존재
시장 생존
제품 시방
(검사)
QC
절차
ISO 9000
(품질보증
시스템)
QC
QA
고객 지향 품질
문제해결
지속적 개선
JIT
6σ
SPC
QC
QA
TQC
자세 및 실천
고객 중심 기획
QM 조직
기업문화 변신
전사적 단순화
QC
QA
TQC
TQM
저
관리 지향
문화/실천 지향

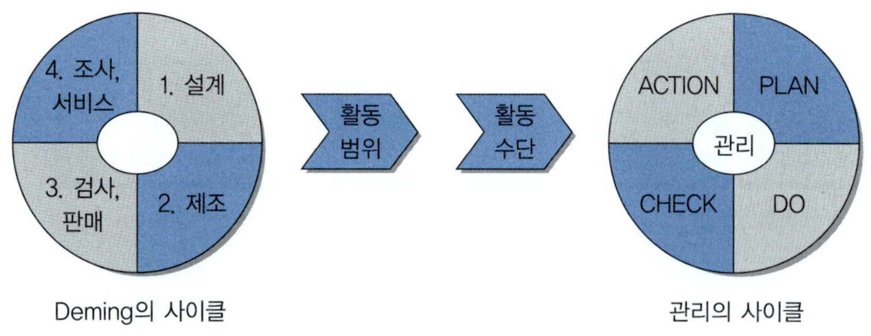

◉ **그림 1-6** 품질경영 활동의 사이클

3) 품질의 분류

목표 품질

- 소비자의 기대 품질로서 당연히 지녀야 할 품질을 의미하며, '시장 품질'이 '목표 품질'이 된다. → 제품에 대한 소비자의 요구
- 소비자의 요구를 정확하고 광범위하게 조사하여, 이것을 그 제품이 가지고 있어야 할 품질 특성으로 변환한다. → 설계의 기본목표

설계 품질

- 제품의 시방(SPEC), 성능, 외관 등을 규정 지어 주는 품질 규격을 표시한 것으로서, 최저의 비용으로 최대의 제품 기능(고객 요구 조건)을 발휘하는 것이다.

$$\text{Value Engineering(V.E)} = \frac{\text{최대 기능}}{\text{최저 비용}}$$

- 설계 품질을 결정할 때는 소비자가 요구하는 품질, 자사의 공정 능력, 기술 수준, 제품의 경제성 등을 고려하여 품질을 기획 · 설계해야 한다.

제조 품질

- 생산 과정에서 제조될 제품이 설계 품질에 어느 정도 적합한가를 나타내는 품질로 적합 품질(quality of conformance)이라고 한다.
- 제조 품질은 품질 산포의 요인이 되는 5M(man, method, machine, material, management)에 의해 결정되며, 제조현장 관리의 대상이 5M이 된다.
- 공장에서 말하는 '품질향상'이란 이 품질을 말하는 것으로, 기술적 · 경제적으로 가능한 범위 내에서 설계 품질에 일치하도록 노력하는 것이 제조 분야에서의 품질관리 활동이라 할 수 있다.

서비스 품질

- 서비스 품질이란 소비자가 제품을 올바르게 사용할 수 있도록 사용 방법을 전달해 주는 질(質)로, 고객의 심적 · 물적 손실을 보상해 준다.
- 제품 사용상 문제가 생겼을 때 AS를 제공하여 소비자가 그 제품에 대하여 만족을 느낄 수 있도록 해 주는 서비스의 질(質)이다.
- 최근에는 품질의 의미를 소비자 위주로 생각하는 경향이 짙어짐에 따라 서비스 품질이 더욱 중요한 의미를 갖게 되었다.

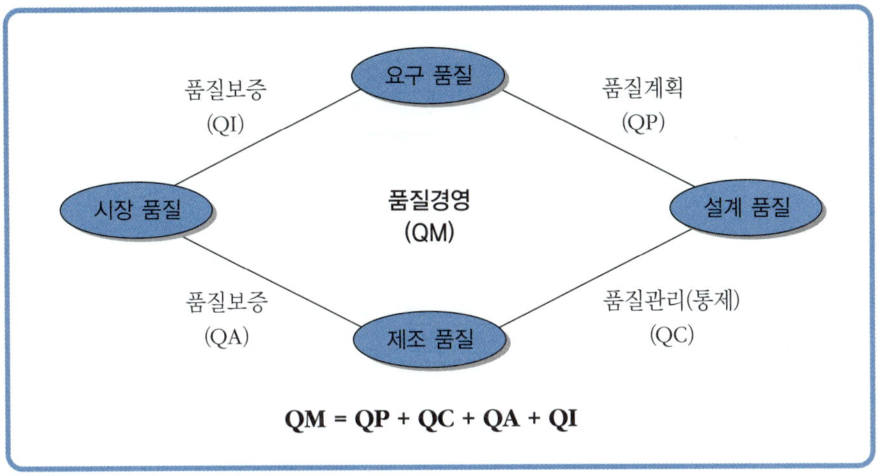

◉ **그림 1-7** 품질의 분류와 품질경영

4) 외주 품질관리의 기본방향

① 외주업체의 전문화, 핵심역량 육성

② 발주 회사의 검사 비용 절감

③ 기업 간 신뢰도 향상으로 파트너십 강화

④ 발주 회사의 생산공정 및 생산계획 안정화

⑤ 외주업체의 공급 안정화, 수주 가용성 확보

⑥ 제품의 품질 수준 향상

⑦ 전사적 품질의식 제고 및 경쟁우위 확보

- 절대로 불량품을 만들지 않는다.
- 보다 싸게 납입시킨다.

⑧ 자주품질 보증체제 확립으로 우량 기업군 육성

5) 외주 품질관리의 목적

① 거래선의 제품, 부품을 무검사로 받아들여도 공정에서 불량이 발생하지 않는다.
② 구매품에 기인하는 불량 발생이 없고 고객으로부터 클레임이 발생하지 않는다.
③ 불량 발생 시 거래선이 자력으로 그 원인을 규명하고 방지책을 취할 수 있다.
④ 품질을 데이터로 입증할 수 있는 관리체제가 행해진다.

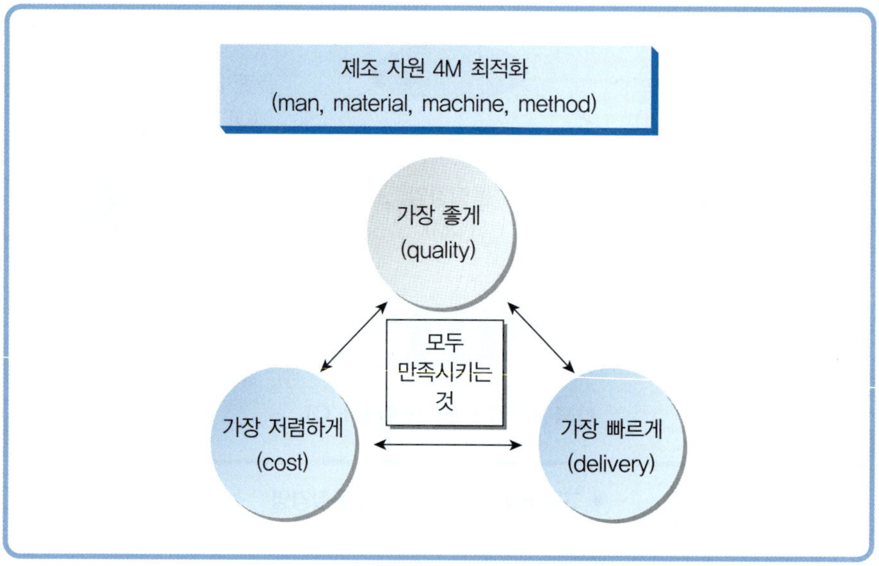

◉ 그림 1-8 외주 품질관리의 목적

6) 외주 품질관리의 유의점

① 고유 기술 수준의 향상을 위해 노력하고 협력업체 실정에 맞는 방법을 전개한다.
② 협력업체의 품질 향상 의욕을 고취시키고 장기적 안목에서 지도하는 마음가짐을 지닌다.
③ 품질관리 수법과 경영방침을 공유하고 실제 활동기준을 체크하며 시정 조치를 내린다.

연습문제

01 고품질 사회의 특성을 서술하시오.

02 21세기 경영환경의 주요 특징과 경쟁개념의 변화를 서술하시오.

03 미래 과업의 특징에 대하여 창의성과 복잡성을 구분하여 서술하시오.

04 고객가치 전략, 조직 시스템, 개선의 특징에서 낡은 패러다임과 신패러다임의 전환 내용을 비교하시오.

05 품질 개념의 발전 과정에 따른 내용과 최근의 품질 정의를 서술하시오.

06 목표 품질, 설계 품질, 제조 품질, 서비스 품질의 차이점과 주요 특징을 서술하시오.

07 외주 품질관리의 궁극적 목적과 기본방향에 대하여 서술하시오.

참고문헌

Bemowski, K., "The Quality Glossary", *Quality Progress*, 25(2), 1992, pp.18–29.

Bounds, G., Yorks, L., Adams, M., & Ranney, G., *Beyond Total Quality Management: Toward the Emerging Paradigm*, McGraw-Hill, 1994.

Camdessus, M., "The IMF and its Program in Asia", Speeches in *IMF Homepage*, http://www.imf.org, February 1998.

Kuhn, T., *The Structure of Scientific Revolutions*, Univ. of Chicago Press, 1962.

McWhinney, W., *Paths of Change: Strategic Choices for Organizations and Society*, Sage Publications, LA, 1992.

Porter, M.E., *Competitive Strategy*, The Free Press, Macmillan Publ., 1980.

Shiba, S., Graham, A., & Walden, D., *A New American TQM: Four Practical Revolutions in Management*, Productivity Press, 1993.

Walton, M., *Deming Management at Work*, Putnam Publishing Group, NY, 1990.

Chapter 02

품질경영의 철학적 배경

학습목표

① 품질경영의 기본원칙에 대하여 이해한다.

② Deming의 품질사상에 대하여 논의한다.

③ 품질과 기업경쟁력에 대하여 상호 관련성을 이해한다.

④ Crosby의 품질경영 단계별 프로그램 내용을 이해한다.

⑤ Juran의 품질경영 사상과 Feigenbaum의 품질경영 이론을 이해한다.

⑥ 전사적 품질관리(TQC)의 특징과 Tom Peters의 품질혁명의 특성을 이해한다.

품질경영을 처음 대하는 사람들은 우선 수많은 다양한 방법과 도구들이 있다는 데에 놀란다. 품질경영은 도구상자(tool-kit)처럼 보인다. 도구는 매우 중요하다. 그러나 도구에 앞서서 기본원칙과 철학적 배경에 대해 이해할 필요가 있다. 품질경영은 도구상자인 동시에 철학이다.

과학적으로 도출된 원칙, 사회적 합의로 도출된 원칙, 개인 경험에서 나온 원칙 등, 세상에는 많은 원칙이 있다. 이러한 원칙들은 사람들에게 더 좋은 판단과 행동의 방향을 제시해 주나 과학지식, 합의 내용, 경험이 달라지면 얼마든지 바뀔 수 있다. 그러나 불변의 원칙도 존재한다. 과학지식, 사회환경, 개인적 경험이 달라져도 변할 수 없는 원칙이 존재한다. 이 장에서 소개하고자 하는 것은 보다 철학적 · 사상적이며 불변하는 기본원칙이다. 이는 '어느 것이 진정한 품질경영의 길'인지를 가려 주는 기본원칙이다. 즉, 고객 중심 원칙, 전원 참가 원칙 등은 주로 품질 선구자들의 사상에서 유래된 변치 않는 원칙이며 우리가 무조건 받아들여야 할 사상적 명제이다.

제2장에서는 먼저 품질경영의 기본원칙을 다루고 이어서 철학적 배경이 되는 선구자들의 생애, 사상, 주된 이론에 관하여 설명한다. 품질경영 분야의 선구자를 'quality gurus'라고 부른다. 'guru'는 힌두교 용어로 스승, 도사(導師), 교부(敎父)를 뜻한다. 이 정도의 대접을 받을 수 있는 사람으로는 Deming, Crosby, Juran, 3인을 꼽는다. 선구자들은 공통적으로 일생을 오로지 품질에 바쳤고, 철학과 방법이 뚜렷하며 많은 사람을 가르치고 많은 컨설팅 업적과 저술을 남긴 사람들이다.

2.1 품질경영의 기본원칙

■ 고객 중심 원칙

공급자 중심의 조직을 고객 중심 조직으로 전환하라는 원칙이다. 조직 구성원 자신들의 편의, 이해관계자의 이익, 내부적 갈등과 협상, 규정 강조 등 보신에 열을 올리는 조직이 많이 있다. 이러한 조직이 공급자 중심 조직이다. 고객 중심 원칙은 흔히 값싼 상업주의라는 오해를 받는다(특히 학교, 병원, 관공서 등 비영리 공공조직에서). 그러나 이 원칙이 등장하게 된 이유를 안다면 이런 오해가 생길 수 없다. 공급자 중심 조직이야말로 비판받아 마땅할 것이다.

고객 중심 원칙은 사명 지향적이다. 즉, 모든 의사결정과 행동의 초점을 ① 조직 내부에서 외부로, 내부적 갈등의 장에서 외부적 경쟁의 장으로, ② 단기적 수량적 성과에서 장기적 질적 수월성 목표로 전환해야 함을 뜻한다. 고객 중심 원칙에 따른다면 경쟁력이 향상되고 진정한 탁월성을 얻게 되어 결과적으로 구성원들의 편의, 이해관계자들의 이익, 내부적 갈등 문제까지 해결될 것이다.

■ 전원 참가 원칙

1970년대 이후 우리 나라에서 흔히 볼 수 있었던 품질서클운동은 경영진이나 중간관리자의 직접 참여 없이 현장에만 강요하는 경우가 많아 대부분 실효를 거두지 못했다. 반면에 경영자 1인 또는 측근 몇 사람의 아이디어에만 의존하여 혁신이다 개혁이다 하고 밀어붙이는 경우도 많다. 이것도 전원 참가 원칙에 어긋난다.

계층 간, 기능 간의 불필요한 장벽을 제거할 수 있어야 진정한 전원 참가가 가능할 것이다. 기능 간 장벽에 대해서는 기능연합(cross-functional) 개념에 의한 팀워크가 유력한 해결책이 된다. 계층 간 장벽에 대해서는 하위자 또는 현장 근무자들에게 힘을 실어 주는 임파워먼트(empowerment)를 해야 한다.

임파워먼트는 무조건 파워를 넘겨주는 것이 아니라, ① 교육훈련을 포함하는 능력 개발 프로그램, ② 상호 신뢰의 분위기 조성, ③ 방침관리에 의한 정렬(alignment)의 세 요소를 갖추면서 추진해야 한다. 방침관리와 정렬에 대해서는 차후 전략계획 및 방침관리 원칙에서 설명할 것이다.

■ 지속적 개선 원칙

지속적 개선(continuous improvement, CI)은 TQM과 동의어로 쓰일 정도로 품질경영에서 핵심적 위치를 차지한다. 지속적 개선이라는 말에는 ① 현실 만족은 없으며 완전품질에 목표를 두는 꾸준한 노력, ② 대규모의 프로젝트도 중요하나 CI가 더 중요하다는 두 가지 뜻이 내포된다.

대규모 프로젝트는 몇 사람의 전문가 중심으로 팀을 짜서 추진된다. 따라서 그 밖의 사람들은 장외에서 구경만 할 수밖에 없다. 그러나 CI는 수많은 사람들이 현장에서 각자의 일과 관련된 개선사항을 찾아내고 도전하는 개선 활동이다. "이슬비에 옷 젖는다"는 말이 있다. CI는 부단한 작은 개선 노력을 쌓아서 큰일을 이루는 것이다. 작다고 깔보면 안 된다. CI는 조직문화를 일신하는 것과도 관계가 깊다. 이것은 문제가 터진 다음 뒤처리하는 식이 아니라 예방 대응하는 시스템이다. 일본에서는 '현장 개선(gemba kaizen)'이라 부르는데, CI와 가이젠은 지금 세계적으로 통용되는 세계 공통어가 되었다.

■ 리더십 원칙

경영진이 품질의 중요성을 절감하고 품질경영체제의 도입과 실행에 있어서 공식적인 결의 표명, 직접 관장, 지속적 지원을 하는 동시에 품질문화에 적합한 모범적 리더십을 발휘해야 한다. 물론 현장 근무자와 스태프들의 팀도 중요하다. 그러나 최고경영자가 직접 가담하고 관장하지 않는다면 그 어떤 품질운동도 진정한 TQM이 아니다.

■ 프로세스 어프로치 원칙

프로세스 어프로치(process approach)는 설명할 내용이 많으므로 2.3절에서 별도로 다룬다.

■ 방침 정렬 원칙

조직의 사명, 비전, 가치관, 우선순위를 전략적으로 설정하여 명시하고 이를 전 조직에 주지시켜 아이디어 제안 등, 모든 품질 개선 활동들이 방향성 있게 이루어지도록 해야 한다. 사실 품질이란 것이 조직마다 똑같은 것은 아니다. 뒷골목 설렁탕집의 경우는 분위기보다 신속한 서비스, 음식 맛, 저가격으로 경쟁한다. 술손님들이 주로 오는 식당이라면 분위기와 안주가 더 중요한 요소가 될 것이다. 따라서 각 조직의 입장에서 무엇이 현재와 미래의 품질을 결정하는 요소인가를 전략적으로 구별하고 그 품질을 어떻게 향상시켜 갈 것인지에 대한 방침을 정해야 한다. '方針'이라는 한자를 보면 '방향을 가리키는 나침판의 침'이라는 뜻이 있다. 일본에서는 이를 '호신간리(hoshin kanri)'라고 한다. 호신(방침)관리는 CI와 함께 TQM의 핵심이다. 지금은 전 세계가 'hoshin'을 통일된 전문용어로 사용할 만큼 중요한 이슈가 되었다.

이는 조직의 사명과 비전을 명시하고 연도별 중간목표를 제시함으로써 방향감각을 잃지 않게 하는 방법이다. 이런 장치가 없다면 조직 하위 단위는 물론이고 조직 상층부조차 갈팡질팡하여 산발적으로 쏟아져 나오는 다양한 아이디어들을 정렬시키지 못하게 될 것이다.

정렬(alignment)을 위해서는 조직의 사명, 비전, 방침, 중간목표를 하위 단위에도 잘 알려 주고 이해하도록 해야 한다. 그런데 사명, 비전, 방침, 중간목표를 정하지 않거나, 정했어도 고위층만 알고 있거나, 하위 단위를 무시하여 알려 주지 않는 예가 많다. 민주적 지도자임을 과시하면서 아이디어를 내라고 선심 쓰듯 요구하는 사람이 많다. 그러나 정렬 대책도 없이 무조건 아이디어를 내라고 해서 만일 아이디어들이 쏟아져 나오면 어찌할 것인가? 아이디어를 하나하나 놓고 보면 다 일리가 있다. 그러나 둘 이상의 아이디어를 동시에 놓고 보면 상호 충돌하거나 방해가 되는 경우도 있다.

정렬 대책이 없다면 아이디어들 때문에 오히려 큰 혼란이 초래될 수도 있다. 정렬은 구성원들의 사기와 임파워먼트의 중요한 요소이다. 조직에 유익한 아이디어를 말할 수 있고 유익한 결과를 얻을 수 있어야 사기도 오르고 임파워먼트도 가능할 것이다. 애써서 제안한 아이디어가 실천에 옮겨지고 그래서 보람을 느낄 수 있게 되기를 누구나 바란다. 그러나 정렬 대책이 없다면, 아무 이유도 없이 자기 아이디어가 버려지거나 심지어는 그 아이디어를 말했다는 이유로 질책을 받기도 할 것이다.

■ 사실(데이터)에 입각한 의사결정 원칙

여론이나 개인적 경험이나 감각에 의해 문제를 해결하지 말라는 원칙이다. 감각을 과시하는 카리스마적 리더십, 타협에 치중하는 정치적 리더십은 품질문화에 맞지 않는다. 사실을 나타내는 데이터를 잘 수집할 수 있는 시스템이 필요하고, 그러한 데이터에 입각해서 문제를 해결하는 풍토가 정착되어야 한다.

■ 품질문화 원칙

일시적 붐이나 유행처럼 지나가는 운동이 아니라 품질 지향의 문화적 변화를 시도하고, 품질문화를 구축하고 꽃피우는 지속적·장기적 노력이 필요하다. 이에 대해서는 제4장에서 구체적으로 논의할 것이다.

■ 파트너십 및 네트워킹 원칙

품질이 만들어지는 과정을 볼 때, 자기만 열심히 한다고 좋은 품질을 얻을 수 있는 것이 아니다. 우선 좋은 원료를 사용할 수 있어야 하기 때문에 원료 공급자와 협력해야 하며, 유통·판매·서비스 과정에서 생기는 품질 문제 역시 그 담당기구들과 협력하여 해결해야 한다. 이러한 협력관계는 제조업뿐만 아니라 운송 회사, 건설업체, 병원, 식당, 슈퍼마켓, 보험 회사, 교육기관, 경찰, 관공서, 연구소 들도 마찬가지로 필요하다. 단독으로 품질경영을 도입한다면 상당한 시간, 자금이 필요하고 정보 제한 등 어려움이 많지만, 네트워킹으로 협력관계를 구축한다면 컨설팅 비용, 경험 교환 등, 자원을 절약하고 풍부한 정보에 접할 수 있으며 시행착오를 최소화할 수 있다.

분위기나 문화적인 문제도 품질경영과 밀접한 관계가 있다. 품질경영을 장기적·지속적으로 추진하기 위해서는 사회적으로 품질문화가 성숙되어야 하는데, 이를 가능하게 하는 유력한 장치가 바로 사회적 네트워킹이다. 품질을 모르는 사회에서는 경쟁력 있는 기업이 나올 수 없다. IBM이 대학들에 IBM-TQ 프로젝트 자금을 지원하면서 품질교육 프로그램을 개발하여 대학 졸업생들이 TQM을 알도록 교육해 줄 것과 대학 행정에도 이를 도입할 것을 요구했던 것도 이런 이유 때문이다.

2.2 품질 선구자들의 생애와 사상

1. Deming

W. Edwards Deming은 1928년 예일대학에서 수학·물리학 전공으로 박사학위를 받았다. Deming은 워싱턴의 농림부에서 일하던 1927년에 W. Shewhart(Bell 전화연구소)를 만났다. Shewhart는 관리도(control chart)와 통계적 공정관리법을

처음 창안한 인물이다. Deming은 뉴저지에 위치한 Shewhart의 자택을 주말에 자주 방문하여 토론했다고 한다. Deming은 1939년부터 통계국에서 일했는데 그때 수백만 장의 센서스 데이터 키펀칭 작업에 통계적 공정관리법을 적용했다.

제2차 세계대전이 발발하자 Deming은 군 계통에서 근무했고 1942년에는 군납업체 경영자와 엔지니어들을 위한 8~10일 과정의 품질교육 프로그램을 만들었다. 그 전국 규모의 교육 과정에서 1만 명 이상의 엔지니어들이 Shewhart 관리도법을 교육받았고, 그중 스터디 그룹을 통해 계속 연구한 사람들은 후일에 ASQC(American Society for Quality Control)를 창설하는 모체가 되었다. 그로 인해 Deming은 국제적인 명성을 얻었다.

1950년, JUSE(Union of Japanese Scientists and Engineers) 초청으로 Deming은 일본에 가서 강의와 컨설팅에 힘썼다. 패전 후 일본 경제는 최악이었고 일본 제품의 품질은 매우 저급한 수준이었다. 이런 어려운 상황에서 Deming은 통계적 공정관리 및 품질개선 방법을 일본인들에게 열심히 가르쳤는데, 처음에는 의구심을 갖는 사람이 많았지만 곧 전국에 파급되고 성과가 나타나기 시작했다.

JUSE는 Deming의 공적을 기념하고 품질 붐을 조성하기 위해 1951년 Deming 상을 만들었다. Deming 상은 세계적으로 가장 전통 있고 권위 있는 품질상이다. 도요타, 닛산, 니폰스틸, 히타치 등이 수상했으며 1985년에는 텍사스인스트루먼츠가 미국 기업으로는 최초로 수상했다. 이 상을 본떠 미국 통계학회도 1980년 Deming 상을 신설했다.

Deming이 일본에서 활동하던 시기에 미국의 기업들은 Deming의 교훈을 듣지 않았다. 당시 미국은 생산물량, 품질 모든 면에서 세계를 주름잡고 있었기 때문에 종래의 경영방식을 애써 바꿀 필요가 없다고 생각했던 것이다. 그 결과는 1970~1980년대 역사에서 분명하게 드러났다. 도저히 따라잡을 수 없을 만큼 앞서가는 일본의 탁월한 품질경쟁력을 보고 미국 기업들은 뒤늦게 Deming의 교훈을 배우기 시작했다. 위기를 절감한 포드, GM 등 자동차 회사들이 먼저 Deming을 초청했다. Deming은 생애의 마지막 수년을 미국에서 저술, 강의, 컨설팅으로 장식했다. Deming이 받은 상은 다음과 같다.

1956년, 미국 품질학회 Shewhart 메달(Shewhart Medal, ASQC)
1960년, 일본 황실 2급훈장(2nd Order Medal, Sacred Treasure, Japan)
1983년, 미국 통계학회 Samuel Wilks 상(Samuel Wilks Award)

1987년, 미국 대통령이 수여하는 기술훈장(National Medal of Technology)
1988년, 국립과학원 공로상(Distinguished Career in Science Award)

Deming은 40년간 제조 회사, 전화 회사, 철도 회사, 소비자 단체, 연구소, 병원, 법률사무소, 정부, 대학 등을 위해 컨설팅으로 봉사했다. 그는 일본을 변모시켰고 미국의 TQM 운동에 불을 질렀다. 말년에 Deming 세미나(4일 과정)에 참석한 사람은 10년간 매년 1만 명 이상에 달한다. Deming은 171편의 논문을 썼고 『위기 탈출』, 『신경제학』 등 많은 책을 저술했다. 1993년 11월에는 Deming 연구소(E. Deming Institute)가 창설되었고, 그해 12월 Deming은 세상을 떠났다(http://deming.org).

품질 문제의 책임은 누구에게 있는가? 현장 근무자 과실이 품질 문제의 주원인이라는 견해도 있으나, Deming은 경영자 책임 부분이 전체 문제의 85%에 달한다고 주장하면서 경영자 책임을 강조했다. 결국 품질 문제는 시스템 문제인 것이다. Deming은 문제가 발생한 다음 이를 긴급 수습하는 식의 해결보다 장기적인 계획적 안목으로 시스템과 프로세스에 주목할 것을 강조했다. 프로세스에 관한 Deming의 설명방법은 독특하다.

① 조직 외부 고객과 공급자를 포함하는 확장된 프로세스 개념을 제시함으로써, 고객 요구사항 반영, 고객 만족, 공급자들과의 장기적인 협력적 파트너십이 필요한 이유를 보다 체계적으로 설명했다.
② 통계적 프로세스 통제법(statistical process control, SPC)의 발전과 실용화에 기여했다.
③ 프로세스 개선에 필요한 4단계 행동 절차인 PDCA를 강조했다. 본래 Shewhart 사이클이라고 알려진 것인데 1950년대에 일본인들이 이를 Deming 사이클이라고 부르기 시작했다. PDCA의 내용을 보면 사실 대단한 것이 아니다. 그러나 간단하더라도 고지식하게 실천할 수 있어야 한다.

P(plan) – 고객 또는 프로세스로부터 입수되는 데이터를 통해 문제점을 찾아내고 분석적으로 해결방안을 찾는다.
D(do) – 해결방안을 현장에서 소규모로 테스트해 본다.
C(check) – 테스트 결과를 검토한다.
A(action, adjust) – 효과가 확인된 개선안을 본격적으로 시행한다.

Deming은 생애 최후의 저서, 『신경제학』(1993)에서 '심원한 지식체계'라는 독특한 개념을 제시했다. 이것은 일생을 품질과 통계적 프로세스 관리법에 몸 바친 위대한 인물의 최후 진술이요 그 사상의 총결론이라고 볼 수 있다. 아래에 핵심 부분을 옮겨 놓았다.

> 어디서나 볼 수 있는 보편적인 것이라 할지라도 언젠가는 달라져야 할 때가 오기 마련이다. 스스로 각성하는 시스템은 없다. 외부에서 보는 시각이 필요하다. 외부에서 다른 시각으로 보는 안경과 같은 이것을 '심원한 지식체계(a system of profound knowledge)'라 부를 수 있다.
>
> 우선 각 개인이 변해야 한다. 조금씩 나아지는 연속선상의 변화가 아니라 어제와 오늘이 완전히 다른 불연속선상의 변화여야 한다. 심원한 지식체계를 통해야만 그것이 가능하다. 변화된 사람은 인생, 사건, 수치들, 대인관계의 의미를 새롭게 느끼게 된다. 변화를 경험한 사람은,
>
> - 판단의 근거, 조직 변화의 근거를 이해하게 된다.
> - 남의 말을 경청하는 사람, 그러나 쉽게 타협하지 않는 사람이 된다.
> - 사람들에게 모범이 되며 쉬지 않고 남을 가르친다.
> - 잘못된 관행이나 불신에서 벗어나도록 사람들을 돕는다.

사람을 관리하는 관리자는 우선 사람마다 다르다는 것을 이해해야 한다. 사람을 차별하라는 말이 아니다. 사람들의 실적이나 성과를 평가할 때, 전체 시스템을 이해하고 실적 데이터 등 수치들의 변동이 무엇을 의미하는가를 이해할 수 있어야 한다.

각종 수치의 변동을 생각해 보자. 예컨대, 작업장에서 검사원이 찾아내는 불량품의 수는 그 검사원에게 부과된 업무량이나 주변 상황에 따라 달라질 수 있다. 불량품이라고 판정될 때 관련자가 벌을 받게 되고, 처벌이 부당하게 이루어지는 것을 심리적으로 꺼리는 검사원이라면 불량 판정을 실제보다 적게 낼 것이다.

학교 교사도 학생을 낙제시키면 학생이 얼마나 고통 받을까 하고 생각하기 때문에 낙제 수준의 학생을 진급시키는 경우가 많다. 결국 외견상 나타나는 통계치나 실적은 이와 같은 배경을 통해 만들어지고 두려움이라는 심리적 요인 때문에 통계 수치가 달라진다.

나쁜 뉴스를 전하는 사람은 나쁜 대접을 받는다. 해고당하지 않으려면 자기 윗사람에게 항상 기쁜 소식만 전해야 한다. 회사 사장에게 임명받은 위원회 위원들은 사장이 원하는 결과를 보고해야 한다. 누가 감히 다른 내용을 보고할 수 있겠는가? 그래서 사실과 거리가 있는 통계치나 회계 수치를 가지고 중대한 결정을 내려야 한다

면 그 오류, 혼란, 오판의 책임은 누가 지겠는가? 전환기의 리더와 경영자는 개인 심리, 사회 심리, 변화의 심리학을 배울 필요가 있다. 시스템 배경 속에서 변동성이 어떻게 나타나는가, 변동 원인이 무엇인가를 이해하는 것이야말로 사람의 관리를 포함하는 전체 시스템의 관리에 가장 긴요한 일이다.

Deming의 사상은 그의 14개 항(14 Points for the Transformation of Management)에도 잘 나타나 있다. 이 14개 항은 단계별 절차가 아니라 위기 탈출 또는 경쟁력을 위해 경영자들에게 각성을 촉구하는 항목이다. 일찍이 Crosby 역시 14개 항을 제시하고 분위기 쇄신에 역점을 두어 품질경영의 도입 과정을 단계별로 설명하였다. 그러나 Deming은 현장의 열띤 분위기보다 확고한 철학에 바탕을 두는 시스템 설계, 분석, 기본기를 더 강조한다. Deming은 위기에 당면한 기업들이 위기를 벗어나기는커녕 오히려 여러 가지 중병(품질보다 수량 위주의 단기적 성과, 팀워크보다 개인 실적 평가, 과도한 검사, 부서 간 장벽, 정보 활용 미숙 등)에 걸려 있음을 지적하면서 다음과 같은 내용의 14개 항을 통해 결정적인 대응책을 제시하였다.

① 경쟁력에 역점을 두고 품질향상 목적을 항구적으로 추구해야 한다.
(Create constancy of purpose toward improvement of product/service, with the aim to become competitive and to stay in business.)
- 항구적이란 ① 장기적 안목, ② 방향성 있는 방침관리(hoshin kanri), ③ 일관적 · 지속적 노력이 필요함을 뜻한다.

② 변화의 리더십을 발휘하고 새로운 철학으로 무장해야 한다.
(Adopt the new philosophy. We must awaken to the challenge and take on leadership for change.)
- 품질의식에 투철한 자세가 필요하다.
- 불량률이 낮아도 안심하지 말고 보다 완전한 품질을 추구해야 한다.
- 바빠서 고객을 망각하는 일이 많다. 항상 고객을 생각하고 접근해야 한다.
- 변화에 대한 저항감을 극복해야 한다.

③ 검사에 의존하지 말고 처음부터 품질 좋게 만들어라.
(Cease dependence on inspection to achieve quality. Eliminate the need for inspection on a mass basis by building quality into the product in the first place.)

– 검사(감사)자들은 흔히 불신감에 젖어 있고 예방책을 생각지 않는다. 검사의 진정한 목적은 프로세스를 개선하고 예방하는 데 있다.

참고 : kp법칙(inspect-all-or-none rule)

$p > (k_1/k_2)$이면 100% 검사를 하라.

$p < (k_1/k_2)$이면 검사를 생략하라.

p = 로트 불량률, k_1 = 단위당 검사비, k_2 = 불량품의 수리, 재작업, 재검사비

④ 최저가 낙찰제는 비용을 최소화해 주지 못한다. 공급자와 신의성실의 장기적 관계를 맺도록 하라.
(End the practice of awarding business on the basis of price tag. Instead, minimize total cost. Move toward single supplier for any one item on a long–term relationship of loyalty and trust.)

– 품질이 같아야 최저가 낙찰제가 의미를 갖는다. 실제는 그렇지 못하다. 똑같이 규격한계 내에 있는 제품이라고 해도 한계선 근처의 제품은 기능적으로 문제가 있고 값이 싸다. 품질 면에서 믿을 만한 업체인가를 고려하는 것이 중요하다. 최저가 낙찰제를 적용하면 구입 시기에 따라 서로 다른 업체들로부터 납품받게 된다. 출처(생산지)가 상이한 품목들이 뒤섞여서 프로세스에 투입되므로 품질 수준의 변동 폭이 커지게 된다는 문제점도 있다.

⑤ 시스템을 지속적으로 개선함으로써 품질, 생산성, 비용을 개선할 수 있다.
(Improve constantly and forever the system of production and service, to improve quality and productivity, and thus constantly decrease costs.)

⑥ 직무/직장 훈련을 제도화하라.
(Institute training on the job.)

⑦ 감독이란 부하의 업무 수행을 실질적으로 돕는 것이다.
(Institute leadership. The aim of supervision should be to help people to do a better job.)

⑧ 불필요한 공포심을 제거하여 모두 진심으로 일하도록 해야 한다.
(Drive out fear, so that everyone may work effectively.)

- 제일 먼저 해야 할 일은 신뢰감 조성이다. 해고 위협 등 공포정치는 품질경영 도입의 최대 장애물이다.
- 제안제도가 특효약은 아니다. 회사와 고객을 위한 것보다 상사를 즐겁게 하는 아이디어가 인정받거나, 접수 후 제안처리 절차가 공식적이지 않으면 오히려 불안감이 조성될 것이다.

⑨ 부서 간 장벽을 제거하라. 각 부서가 팀이 되어 일해야 한다.
(Break down barriers between departments. People in research, design, sales, and production must work as a team.)

- 3대 장벽 : 부서 간 장벽, 계층 간 장벽, 외부(고객, 공급자, 주주, 사회) 장벽

⑩ 슬로건, 설교, 현장 목표치를 없애라. 대부분 문제의 원인이 현장 근무자로서 어쩔 수 없는 시스템의 문제인데 잔소리나 한다면 적대감만 커질 뿐이다.
(Eliminate slogans, exhortations, and targets for the work force asking for zero defects and new levels of productivity. Such exhortations only create adversarial relationships, as the bulk of the causes of low quality and low productivity belong to the system and thus lie beyond the power of the work force.)

⑪ 할당량, 개인별 목표량 같은 것을 제거하라. 역시 리더십이다.
(Eliminate work standards/quotas and management by objectives. Substitute leadership.)

⑫ 워크맨십의 즐거움을 빼앗지 말라.
(Remove barriers that rob the worker of his right to joy of workmanship. The responsibility of supervisors must be changed from sheer numbers to quality. This means abolishment of annual merit rating and of management by objectives.)

- 직원의 프라이드를 손상시키는 원인 : 시스템 결함 때문인데 직원만 야단치는 일, 회사의 방침 · 계획을 직원은 알 필요가 없다고 무시하는 태도, 인간적 존엄성을 무시하는 언행, 수량 위주의 잘못된 업적 평가방법

⑬ 교육/자율개선을 위한 활기찬 프로그램을 구비하라.
(Institute a vigorous program of education and self-improvement.)

⑭ 대전환은 전원이 감당할 기본과업이다.
(Put everybody in the company to work to accomplish the transformation. The transformation is everybody's job.)

2. Crosby

Philip B. Crosby는 1926년 6월 18일 미국 웨스트버지니아에서 태어났다. 제2차 세계대전 및 한국전쟁에 참전한 후 제조업체의 조립선 근무자로 취업했고 바로 품질 전문가로 변신했다.

1952~1955년에는 크로슬리, 1957~1965년에는 마틴, 1965~1979년에는 ITT에서 근무했다. 마틴의 품질관리자로 근무하던 때, Crosby는 무결점운동을 창안·주도했다. ITT 부사장 시절의 14년간 그는 다른 회사들과 공동 노력하여 자신의 품질철학과 방법이 효과적임을 입증했다. 1979년 그는 PCA라는 컨설팅 회사를 창업했는데, 10년도 안 되어 종업원 300명, 수익 8,000만 달러를 돌파하는 국제적 컨설팅 회사가 되었다. 1991년 Crosby는 PCA에서 은퇴하여 Career Ⅳ를 창설했고, 1997년에 PCA를 합병시켜 PCA Ⅱ를 설립했다. '품질대학(Quality College)'은 그가 세계 20여 개국에서 운영한 세계적 교육훈련 프로그램이다.

Crosby는 Deming, Juran과 함께 품질경영의 3대 선구자로 알려져 있다. 그는 총 13권의 책을 집필했는데 모두 베스트셀러였다. 『품질은 공짜(Quality is Free)』(1979)라는 특이한 이름의 책은 250만 권이나 팔렸고 15개 언어로 번역되었으며, 이 책 때문에 미국과 유럽에서 품질혁명이 시작되었다는 평을 듣는다. 최근 작품은 『아직도 품질은 공짜다』(1996)와 『리더십의 절대 조건』(1996)이다(http://www.philipcrosby.com/home.htm 참조).

Crosby의 사상을 요약하면 다음과 같다.

1) 무결점 개념

Crosby가 1960년대에 마틴에서 시작한 ZD(zero defects, 무결점)운동은 결점의 원인이 되는 모든 에러를 사전 예방할 수 있다는 전제하에 에러 원인 제거 제안(error cause removal suggestion)제도를 근간으로 하는 현장개선운동이었다. ZD운동은 한때 전 세계의 주목을 받았다. 무결점은 완벽성을 지향하는 매우 고상한 목표임에 틀림없다. 그러나 같은 시기에 일본에서 시작된 품질서클운동은 크게 각광을 받고 전 세계에 보급되었는데 ZD운동은 별로 호응을 얻지 못했다. 여러 가지 이유가 제시되었는데, Juran 등은 '모든 에러를 예방할 수 있다는 전제'에 대해 의문을 제기하면서 이론적으로 비판했다.

현장 의식 개혁을 너무 강조하여 Crosby는 통계 분석이나 합리성을 더 강조하는 Deming 등으로부터 '치어리더(cheerleader) 스타일'이라는 비판을 받기도 했다. Deming은 무결점 목표나 슬로건을 없애야 한다고 했다. 그러나 Crosby의 무결점 주장은 최근 다시 진가를 발휘하고 있다. 1980년대 후반, 세계적으로 TQM이 태동하고 식스시그마 프로그램이 등장함에 따라 Crosby의 철학은 가이젠(kaizen), 지속적 개선정신, 그리고 고객 만족보다 고객 감동, ppm(parts per million) 단위로 상징되는 품질 완벽주의와 같은 맥락의 것이라고 인정받게 된 것이다.

2) 품질경영의 성숙 과정 및 추진 프로그램

Crosby가 현장 근무자들만 몰아세우는 '치어리더 스타일'이라는 비판은 오해라고 생각된다. Crosby는 누구보다도 경영층 역할, 품질 부서 역할, 조직 시스템의 중요성을 강조했다. 그가 제시한 성숙도 그리드(quality management maturity grid)에는 그의 사상이 잘 나타나 있다. Crosby는 품질경영의 성숙 수준을, ① 의심하는 단계(uncertainty), ② 눈뜨는 단계(awakening), ③ 아는 단계(enlightening), ④ 지혜로운 단계(wisdom), ⑤ 확신 단계(certainty)로 구분하고 각각의 특징을 〈표 2-1〉과 같은 그리드(석쇠 또는 격자) 모양으로 제시하고, 아울러 14단계 프로그램을 구상했다.

3) 품질경영 도입의 절대적 조건

Crosby는 품질경영이냐 아니냐를 구별하는 최소한의 기준으로 네 가지 조건과 각각에 대한 자신의 견해를 아래와 같이 제시했다.

① 품질 정의 : '고객 요구 조건에 대한 적합도'라는 정의가 바람직하다.

◉ 표 2-1 품질경영(QM) 성숙도 그리드

측정범주	1. 의심 단계	2. 눈뜨는 단계	3. 아는 단계	4. 지혜 단계	5. 확신 단계
경영자의 이해와 태도	품질 중요성 몰이해/품질 문제를 현장 부서 탓으로 돌림	QM의 가치를 알지만 돈과 시간을 투자하지 않음	개선 프로그램을 행하면서 QM에 대해 많이 알게 되고 지원을 잘함	QM의 절대 조건을 이해함/강조하고 참여해야 하는 역할을 인식함	QM이 회사의 가장 긴요한 부분이라고 생각함
품질 부서의 지위	작업 부서에서만 품질 걱정/검사 책임자가 없음/불량품 가려내기에 치중	현장작업 부서 내에 품질 담당자 임명/불량품 가려내기에 치중	품질 부서가 톱에게 직접 보고/종합평가체제/경영자 역할 가시화	품질 담당자가 간부급으로/고객 문제, 특별과제 포함/예방 행동 가능	품질 담당자가 이사급으로 정착/예방활동에 주력/품질 부서가 브레인 역할
문제처리	발생 후 처리/고함 · 질책/진상이 애매함/해결책 없음	주요 과제를 위한 팀 구성/장기적 해결책을 생각 못함	대책에 대한 의사소통/문제점 공개/조직적 해결	초기 단계에 문제 발견/제안 개선에 각 부서 공동 참여	예외적 경우를 제외하고 모든 문제가 사전 예방됨
품질비용 (매출 %)	보고 : 미지 실제 : 20%	보고 : 3% 실제 : 18%	보고 : 8% 실제 : 12%	보고 : 6.5% 실제 : 8%	보고 : 2.5% 실제 : 2.5%
품질개선 활동	조직적 품질개선 활동이 없고 필요성을 모름	단기적인 상식선의 동기부여 대책만을 추진	14단계 실천/각 단계에 대한 충분한 이해	14단계 계속 실천/완벽성 추구	품질개선이 일상화되고 지속화됨
특징 요약	"왜 품질 문제라는 것이 생기는지 모르겠다."	"품질 문제가 늘 존재한다는 말이 잘 이해되지 않는다."	"경영자 관심과 품질개선 노력으로 모든 문제를 찾아 해결하고 있다."	"우리 조직에서 결점 예방은 이미 정례화된 일이다."	"왜 우리가 품질 문제를 갖지 않는지 우리는 안다."

② 품질 시스템 구축 : 예방 중심. ["처음부터 바르게 시작하라(Do It Right First Time)"]

③ 궁극적 활동목표 : 무결점을 지향하는 지속적인 개선 노력이 있어야 한다.

④ 품질 측정방법 : 불량률 등 통계 수치보다 부적합 품질로 인한 코스트로 측정해야 한다.

4) 품질 코스트에 의한 품질 수준 측정

과거의 사고방식은 "품질향상에는 돈이 많이 든다"는 것이었다. 이에 대해 Crosby는 "품질에 돈을 쓰면 총비용이 절약된다"고 설명했다. 즉, 예방비용을 증가시킴으로써 부적격품의 발생을 줄일 수 있고, 따라서 부적격품으로 인한 비용을 크게 절감할 수 있다는 것이다.

품질 코스트에 관한 Crosby의 사상을 잘 표현해 주는 그의 칼럼 한 편을 소개한다. 참고 자료는 그의 홈페이지에 수록된 칼럼, 「경영자 도전 : 품질과 경쟁력(The Management Challenge : Quality and Competitiveness)」이다.

참고 Crosby 칼럼

경영자 도전 : 품질과 경쟁력

사후 뒤처리보다 처음부터 예방하여 잘한다는 것은 매우 훌륭한 생각이다. 두세 번 손질하는 것보다 한 번에 완벽하게 처리하는 것이 비용도 적게 든다. 더구나 고객들이 만족한다면 그것이야말로 조직이 바라는 목표가 아니겠는가.

그러나 전통적 경영방법은 이런 이야기와는 거리가 멀다. 경영은 아무 검증 없이 받아들여진 공자님 말씀 같은 것들로 가득 차 있다. 경영자는 자신의 안건에 몰두한다. 그러나 대개 눈앞에 당면한 문제인 경우가 많다. "모든 일을 완벽하게 처리하라."고 조언하면 경영자들은 "그러다간 회사가 파산할 것."이라고 대답한다.

그들은 단계별로 몇 번씩 검사하고 테스트하는 방식으로 기어가듯이 천천히 일을 진행시키는 데 익숙하다. 그들은 고객의 응석을 받아 주는 것이 얼마나 위험한 일인가에 대해서 자주 이야기한다. 그들은 판매 후 문제되는 제품이 생긴다면 이를 사후 처리해 준다는 식의 판매 조건이 통용되기를 원한다.

옛날이 좋았다고 생각하며 버릇을 못 고치는 사람들은 대개 선택적 추억을 가지고 있다. "처음부터 옳게 만든다."는 말은 과거에 들어 본 적이 없고 '잘못된 것은 고치면 되지.' 하고 생각한다. 사후 시정 자체를 계획의 일부로 보는 것이다. 경영자는 근로자들이 문제라고 생각하여 가급적 근로자 책임 부분을 축소시키려고 한다.

그래서 근로자 사기가 저하되었고 심지어는 근로자들로 하여금 '우리는 우리가 다루는 제품/서비스의 품질과 아무 상관도 없다.'고 생각하게 만들었다. 품질 담당 엔지니어로 근무하던 시절 어느 날, 나는 월례 경영평가 회의에 출석하여 품질에 관해 잠깐 발언하라는 요청을 받았다. 나는 좋은 복장으로 차려입고 정시에 출석해서 뒷자리에 앉았다. 회의가 시작되자 감사역이 나서서 제품별 수익액을 제시했으며 특히 목표 미달 품목들에 대한 활발한 토의가 이어졌다.

수익성, 재고량, 구매, 외상매출, 부채, 종업원 보수 등을 나타내는 각종 차트가 발표되고 이어서 3시간에 걸친 토론이 진행되었다. 뒤이어 인사 부서장의 새로운 보건의료계획이 제안되고, 노사관계 담당자의 단체협상 경과 및 파업 가능성에 관한 보고가 있었다. 이제 모두 끝났는가, 잠시 침묵이 흐르자 전무이사가 시계를 보면서 말했다.

"여러분, Philip Crosby가 참석했으니 품질에 대해 어디 한마디 들어 봅시다."

"Philip, 시간이 거의 다 되었어요. 5분 이내로 발언할 수 있겠어요?"

주위를 살펴보니 모두들 서류를 챙겨 넣기 바빴고 서로 귓속말을 나누는 등 어수선했다. 내 말에 주의를 기울여 줄 사람들이 아니었다. 그렇지만 나는 발언을 수락하고 자리에서 일어섰다. 조용해지자 미소 지으며 이야기를 시작했다.

"품질도 역시 돈입니다. 처음부터 일을 잘하지 못하면 과다한 재작업, 고객 서비스, 검사 부담, 그리고 재고 과잉, 계획에 없는 야근, 과다한 외상매출, 설계 변경 요청, 구매 변경 요청 등으로 총수익의 20%를 초과하는 낭비가 발생합니다. 이것은 경리과의 도움 없이 대략 추산한 수치입니다. 만일 보다 정확하게 계산해 본다면 더 큰 수치가 될 것이라 확신합니다. 부적격품질 대가(the price of nonconformance, PONC)라고 부를 수 있는 이러한 비용의 총계는 대체로 세금공제 전 총이익의 5배라는 보고가 있습니다. 감사합니다."

내가 자리에 앉자 모두들 나를 멀거니 바라만 보고 있었다. 전무이사가 감사역에게 몸을 돌렸다.

"세금공제 전 이익액의 5배라고요?"

감사역이 대답했다.

"여하튼 나도 전에 그런 말을 한 적이 있지요."

회의가 1시간 더 계속되었고, 결국 앞으로는 PONC를 회계 및 보고 과정의 정규 항목으로 채택한다는 결의를 했다. 그 이후로 품질에 관한 경영진의 관심은 초점을 갖게 되었다. 근거 없는 이론들이 사라지고 진정으로 경영적인 것에 주의를 돌렸다.

단지 그들의 태도를 변경함으로써 그리고 중요한 몇 가지의 문제를 집중 공략함으로써 불과 1년 내로 PONC 지출을 50% 절감했다. 그들은 이제 종업원들에게 말을 걸기 시작했다. 품질은 나와 상관없는 통계 수치, 그런 것이 아니다. 품질을 돈이라고 생각해 보라. 그러면 더욱 현실적인 시야를 갖게 될 것이다.

5) Crosby의 14단계 프로그램

■ 단계 1 : 경영자의 직접 관장(commitment of management)

최고경영자 자신이 모든 구성원에게 품질의 중요성에 대해서, 그리고 품질 문제 색출 해결에 동참해야 할 필요성에 대해서 올바른 신호를 보내고 직접 관장해야 한다.

■ 단계 2 : 품질개선 팀(quality improvement team) 결성

뒷수습이 아니라 예방적 태도, 그리고 절차의 변화를 위해 각 부서의 영향력 있는 인재들로 팀을 구성할 필요가 있다. 팀 활동을 조정하고 지원하는 조정 담당자(coordinator)가 필요하다.

■ 단계 3 : 품질 수준을 측정할 척도(quality measurements) 제작

현재 상태와 개선 후의 상태가 어떻게 다른지를 나타낼 수 있는 측정척도가 필요하다. 품질을 가장 잘 나타내는 척도를 찾아야 한다. 비제조업, 서비스업의 경우에도 많은 척도가 가용하다.

예 전산 작업 : 에러 발생률, 에러로 인한 다운타임, 원상 복구시간
회계 업무 : 보고서 지연율, 부정확한 자료 입력, 청구서 에러
구매 업무 : 에러로 인한 주문 변경, 자재 도착 지연, 규격 차이로 인한 반품
호텔 프런트 : 청소되지 않은 룸에 고객 입실 안내, 예약 누락
마케팅 : 계약 에러, 수주 기록 에러

■ 단계 4 : 품질 코스트(cost of quality) 추정

품질 코스트는 운영 전반을 측정하기 위한 중요한 척도이다. 초기의 측정에서는 포함해야 할 항목이 많이 누락되어 저수준인 것처럼 보일 것이다. 그러나 품질 프로그램을 시작하는 단계라면 실제로는 매출액의 15~20% 수준의 품질 코스트가 발생하는 것이 보통이다.

■ 단계 5 : 품질 의식을 확산시켜라(Spread quality awareness).

앞으로 사용할 품질 측정척도가 무엇이고 품질 코스트 구성 항목이 무엇인지를 명확히 알려 주는 것이 중요하다.

■ 단계 6 : 문제점 시정에 노력하도록 격려하라(Encourage corrective action).

부하 직원들이 각자 품질 문제를 상사에게 들고 와서 이야기할 수 있는 분위기가 중요하다. 그것이 가능하며 유익한 기회라는 것을 체험하게 해야 한다. 이런 일이 잘되어야 차후 예방 문제까지 다룰 수 있게 된다.

■ 단계 7 : 무결점 프로그램 담당 특별위원회를 설치하라(Establish an ad hoc committee for the zero-defects program).

이 위원회에서는 무결점의 개념을 정의하고 의미를 명확히 하며 이를 품질 팀에 전달한다. 무결점일을 지정하고 운영하는 일도 이 위원회의 소관이다.

■ 단계 8 : 감독층을 훈련시켜라(Train supervisors).

■ 단계 9 : 무결점일을 정해 놓아라(Have a zero-defects day).
하루 동안 무결점(무사고)의 표준을 각자 준수하는 것이다.

■ 단계 10 : 작업 집단의 목표를 정해 주어라(Set goals).
감독자 지도하에 작업 집단별로 품질개선 목표를 설정하게 한다.

■ 단계 11 : 근무자 오류의 원인을 추적 · 제거하라(Remove the causes of errors).

■ 단계 12 : 집단 또는 개인의 성취를 인정해 주어라(Recognize achievement).

■ 단계 13 : 품질협의회를 설치하라(Establish a quality council).

■ 단계 14 : 쉬지 말고 재도전하라(Do it over again).

이상 14단계는 Crosby가 1979년에 발표한 것인데, 그 후 세월이 지나면서 용어의 의미 자체가 바뀐 것이 있다. 품질협의회(quality council)라는 용어가 그렇다. Crosby는 이를 14단계 프로그램의 마지막 부분인 13단계에 놓았다. 품질 담당자들이 프로그램에 대해 의견을 교환하고 대내외 의사소통을 하기 위한 기구라고 생각했기 때문이다. 쉽게 말해서 품질 전문가들의 반상회 정도로 생각했던 것이다.

그러나 오늘날 품질협의회는 정책 수준을 다루는 고위급 기구이다. 따라서 13단계가 아니라 2단계 정도로 앞당겨 위치시켜야 한다. 무엇보다 앞서서 품질협의회부터 구성할 필요가 있다. 품질협의회의 구성과 기능에 대해서 좀 더 알아보자.

품질협의회는 일반적으로 사장, 부사장, 직능별(설계, 마케팅, 재무, 생산, 품질) 책임자들, 조정 담당자, 컨설턴트들로 구성되는 고위급 기구이다. 노동조합 대표를 참가시키는 예도 있다. 물론 기업 규모에 따라서 차이가 있다.

부사장이 여러 명 있지 않은 중소기업의 경우는 품질협의회 구성원 수가 적다. 조정 담당자를 별도로 선임하지 않고 외부 컨설턴트에게 그 일을 맡기는 경우도 많다. 초대형 대기업의 경우에는 품질협의회가 최고위층보다 한 단계 낮은 계층에 설치되는 예도 있다.

조정 담당자는 사장에게 직접 보고한다. 조정 담당자는 품질개선 팀들과 협의회 간의 교량 역할을 한다. 즉, 협의회에 출석하여 각 팀의 진도를 보고하고 지원사항을 요청하는 일, 협의회의 방침이나 요구사항을 각 팀에 전달하고 이해시키는 일 등이다.

조정 담당자는 팀 리더들의 정기 모임을 주선하며, 다른 팀에서 생긴, 교훈이 될 만한 사항을 알려 주는 등 팀 리더들을 돕는다. Crosby가 14단계를 발표한 그 시절과는 달리, 오늘날에는 품질협의회의 일반적 기능을 다음과 같이 규정하는 것이 보통이다(D. H. Besterfield et al., 1995, pp.20-21 참조).

■ 품질협의회의 기능

① 가치관, 비전, 사명서(mission statement), 품질방침서 개발
② 전략계획, 목표, 연도별 품질개선 프로그램 개발
③ 교육훈련 계획 수립
④ 품질 결함으로 인한 비용 부분 추적
⑤ 성과 측정척도 승인
⑥ 개선 프로젝트 선정
⑦ 팀 구성 관련 업무
⑧ 공적 심사 및 보상 시스템 구축, 운영

3. Juran

Joseph Moses Juran은 1904년 12월 24일 루마니아의 브레일라에서 태어났다. 아버지 Jakob은 마을의 구둣방 주인이었다. 1909년 아버지 혼자 미국으로 떠났고 1912년에 나머지 가족들도 합류하여 미니애폴리스 숲 속 오두막집에 자리를 잡았다.

미국에 왔어도 생활은 조금도 나아지지 않았다. Juran은 어린 나이에 마부, 구두 판매원, 구두닦이, 식품점 점원, 얼음창고 수위 등 닥치는 대로 일했다. 학교 공부는 월등히 잘했다. 3년이나 월반해서 졸업하고 1920년 미네소타대학에 입학했다. 장기(체스)에 재능이 있어서 대학 챔피언과 주 대표선수가 되었다. 그때 비로소 그는 이민 온 시골 사람 티를 벗고 사람들과 어울릴 수 있었다고 한다.

1924년에 전자공학 학사학위를 받고 웨스턴일렉트릭에 취업했다. 그는 시카고 호손 공장에 배치되었는데 당시 4만 명 종업원 중 5,000명 이상이 품질검사 업무를 맡고 있었다. 그 엄청난 공장이 그에게는 거대한 장기판처럼 생각되었다. 그는 공장 전체, 시설, 사람들을 백과사전처럼 상세히 머리에 넣었고 빠른 속도로 승진했다.

1926년, Bell 연구소(Bell Laboratory) 팀이 호손 공장을 방문했다. 그 팀에 W. Shewhart, H. Dodge 등 통계적 품질관리의 원조급 인물들이 포함되어 있었다. 방문 팀의 목적은 자신들이 개발한 방법과 도구를 공장에서 실제로 적용해 보려는 것이었다. 시카고대학의 W. Bartky 교수가 공동 연구차 합류했고 공장 실무자들에 대한 교육이 시작되었다.

20명의 훈련 대상자 중에 Juran이 포함되어 있었고, 그는 미국 기업 최초로 신설된 검사통계과 담당 엔지니어가 되었다. 이 일로 Juran은 일생을 품질에 바치는 첫발을 내딛게 된 것이다. 1928년, Juran은 샘플링 방법을 품질관리에 활용하기 위한 훈련용 팸플릿, 『제조 문제를 위한 통계적 방법 응용』이라는 책을 저술했는데, 품질에 관한 그의 첫 작품이었다. 이 책의 내용은 지금도 출판되고 있는 유명한 『AT&T 통계적 품질관리 핸드북』에 포함되었다.

1937년, Juran은 웨스턴일렉트릭 뉴욕 본사의 산업공학 책임자가 되었다. 이때부터 Juran은 개인적으로 시간을 내어 많은 기업들을 찾아 다니며 산업공학 컨설팅을 했는데, 디트로이트의 GM 공장 방문 중에 그 유명한 Pareto 법칙의 유용성을 발견하고 개념화했다.

1941년, Juran은 회사를 임시휴직하고 워싱턴으로 불려가 우방국으로 보내는 무기대여 선적관리 부서의 부책임자가 되었다. 이때 그의 팀은 선적 과정을 개선하고 선적에 필요한 막대한 양의 서류를 대폭 축소하여 오늘날 비즈니스 프로세스 리엔지니어링이라 불리는 방법을 처음 실험해 보았다고 한다. 1945년, Juran은 워싱턴을 떠나 본격적으로 품질에 관한 저술, 강연, 컨설팅에 자신의 인생을 걸었다. 1951년, 『품질관리 핸드북』을 출판하자 이 분야의 기본 참고서적으로 인정받고 곧 세계적 명성을 얻게 되었다.

1954년, Juran은 일본 JUSE 및 게이단렌(經團連)으로부터 특별강사로 초청을 받았고 Deming과 더불어 일본의 품질경쟁력을 획기적으로 향상시키는 데 크게 공헌했다. Juran은 일본에서의 공적에 대해 별로 자랑하지 않았다. 그러나 일본 첫 방문 30년 후 다시 일본에 갔을 때 히로히토가 그에게 일본 최고 훈장을 수여하면서, '일본의 품질관리 발전과 양국의 우호관계에 기여한 공로'를 치하했다.

1964년, 『경영자적 현상 돌파(Managerial Breakthrough)』를 출판함으로써 그의 행동반경과 영향력은 더욱 확대되었다. 그 이전에는 상대하는 사람들이 품질 업무 담당자 위주였으나 이때부터 고위 경영층까지 상대하게 되었다.

1966년 초, 그는 "일본인들이 향후 20년 내에 품질로 세계를 석권하게 될 것"이라고 경고했다. 1969년에는 품질관리를 통해 대형 사고 등을 예방해야 한다고 과학 기술 전문가들에게 경고했다.

1970년, 브래들리대학 F. M. Gryna, Jr. 교수와 함께 『품질계획 및 분석(Quality Planning and Analysis)』을 출판했다. 여기서 품질의 정의를 '사용 적합도(fitness for use)'로 규정하고 계획, 설계, 실험의 중요성을 강조하는 등 새로운 시각을 보여 주었다.

1979년에는 Juran 연구소(Juran Institute)를 창설하여 그동안의 개인적 활동에서 보다 조직적인 사업으로 변신했다. 이 연구소가 제작한 비디오테이프는 최고의 히트작이 되었다. 1986년 『품질 3부작(Quality Trilogy)』 출판을 통해 Juran은 경영자 역할을 보다 명쾌하게 해설하고 이론 면에서 신선한 충격을 주었으며, 같은 해에 볼드리지 국가품질상 제도를 신설하는 데 자문역으로 미 국회에 출석 증언하는 등 중요한 역할을 했다.

1987년, Juran 연구소 경영 일선에서 물러나고 모든 공직을 사퇴한 그는 말년을 개인적인 저술을 하고 가사일을 도우며 보내고 있다. Juran이야말로 경영 이론 발전에 기여한 '핵심소수(vital few)'의 한 사람임에 틀림없을 것이다. 지금도 그는 "나에게는 끝이라는 것이 없다. 나는 언제나 지식의 한 분과를 향하는 프론티어일 뿐이다."라고 말한다. 그는 큰 기회와 특별한 성공을 안겨 준 국가에 감사하는 마음으로 Juran 재단(The Juran Foundation)을 설립했는데, 이 재단의 표어는 "사회에 대한 품질 충격(Impact of Quality on Society)"이다. 미네소타대학은 졸업생인 Juran의 명예와 공적을 기리기 위해 연구소의 명칭을 Juran 품질 리더십 센터(Juran Center for Leadership in Quality)라 부르고 있다(http://www.juran.com/drjuran/bio-jmj.html).

품질 선구자 Deming, Crosby, Juran, 이 세 사람의 품질철학이나 프로그램에서 우리는 많은 공통점을 발견할 수 있다. 그러나 스타일은 서로 다르다고 평하는 사람들도 있다. 이를테면, Deming의 접근법은 때때로 독단적이고 통계적 수법을 너무 강조하는 면이 있는 반면에, Crosby는 열띤 분위기의 치어리더 스타일로 흐르며 수법 활용에 약하다는 평을 듣는다. 이에 비해 Juran은 중간 절충형이라고 한다(R. W. Schmenner, 1990, p.557).

Juran의 사상과 방법론은 그의 대표적 저서, 『품질계획 및 분석』과 『품질 3부작』에 잘 집약되어 있다. 앞의 저서는 내용 면에서 몇 가지 중요한 특징을 갖고 있다. 즉, 이 분야의 전통적 구성인 공정관리와 샘플링 검사법 외에도 다음과 같은 참신한 내용이 포함되어 있다.

① 품질 문제의 대부분이 경영자 책임에 속한다고 주장하면서 시스템적 종합적 접근을 강조한다.
② 품질을 '사용적합도'라 정의하고 고객 요구 조사, 품질계획 및 설계, 사용현장 서비스, 고객관계를 깊이 있게 설명했다.
③ 품질개선 과제를 경영자 책임 과제와 종업원 책임 과제로 나누어 대응책을 제시했으며, 경영자 책임 문제를 다시 돌발적 문제와 만성적 문제로 분류하고 만성적 문제의 중요성을 강조하면서 그 대응방법을 단계별로 설명했다.
④ 공급자 조사, 평가, 선정, 검사의 방법과 공급자관계를 설명했다.
⑤ 종합적으로 품질조직, 방침 및 목표, 품질정보 시스템을 논했다.

Juran의 설명은 매우 광범하고 종합적이면서도 추상적 이론으로 흐르지 않고 곳곳에서, 특히 위의 ②~④항에서도 구체적인 통계적 방법과 사례를 제시하는 식으로 진행된다. 그가 Deming과 Crosby의 중간 절충형이라는 평을 듣는 것도 바로 이러한 스타일 때문일 것이다. 한편, 1986년에 출판된 『품질 3부작』은 보다 체계적이다.

'3부작(Trilogy)'이라는 말은 문학작품, 연극, 드라마, 음악에서 흔히 쓰이는 개념이다. 전체가 1부, 2부, 3부로 구성되었는데 각 부분은 나름대로 주제가 있고 분위기가 다르다. 그러나 전체를 연결하는 흐름이 있고 통합성을 생명으로 한다.

『품질 3부작』은 품질계획, 품질통제, 품질개선으로 구성되었는데 이 세 가지가 각각 독특한 방법론으로 진행된다. 분위기도 다르다. 계획은 주로 본부의 경영진이 담당한다. 통제는 주로 현장에서 이루어진다. 개선은 모두의 몫이다. 그러나 서로 독립적이면 안 되고 세 가지가 하나로 통합되어야 한다.

제1부, 품질계획은 계층별로 이루어지는데 고위 계층의 경우는 전략계획, 중간층의 경우는 전략계획에 입각한 운영계획, 하위 계층(작업 집단)의 경우는 과업 배분 계획이 된다. 최종적으로 한 사람 한 사람이 각자에게 배정되는 과업을 어떻게 수행하여 부서 운영에 기여하게 되는지를 알도록 해야 한다.

제2부, 품질통제는 프로세스를 동작시키고 계획대로 움직이는지를 살피는 것이다. 계획 자체에 잘못이 있다면 상당한 만성적 낭비가 발생할 것이다. 만성적 낭비는 제1부(계획)의 책임이다. 제2부의 역할은 매우 중요하다. 즉, 품질통제를 함으로써 점점 더 나빠지는 일이 없도록 방지하는 일, 그리고 돌발적으로 나타나는 심각한

증상을 즉시 탐지하여 원인을 밝히고 대책을 세우는 일이다.

제3부는 지속적인 노력으로 제품과 프로세스를 개선해 나가는 품질개선이다. Juran은 제3부를 '품질돌파 연쇄(quality breakthrough sequence)'라는 특별한 명칭으로 부르는데, 이 과정은 주로 고위층과 중간관리층의 책임이다. 설계 변경, 절차/방법 변경, 장비 교체 등의 결정이 수반되어야 하기 때문이다.

일단 개선이 이루어지면 품질 관련 비용이 감소되고 낭비가 제거될 것이며, 개선된 프로세스는 더 우수한 수준으로 다시 안정 상태에 들어가게 될 것이다. Juran은 제1, 2, 3부의 실천방법을 각각 단계별로 설명하고 있다. 제1부는 6단계, 제2부는 7단계, 제3부는 8단계로 구성되는데 각 단계의 제목만 소개하면 다음과 같다.

■ 제1부 품질계획

1. 고객(내부 고객, 외부 고객)을 식별하라.
2. 고객 요구사항을 파악하라.
3. 고객 요구사항에 대응되는 제품 특징을 개발하라.
4. 부서 중심의 목표보다는 고객 요구, 공급자 요구에 맞출 수 있는 품질목표를 정하되 부서 입장에서 최소 비용이 되도록 하라.
5. 바라는 제품 특징을 만들어 낼 수 있는 프로세스를 개발하라.
6. 프로세스의 품질 능력을 검증하라.

■ 제2부 품질통제

1. 중요도를 고려하여 통제 대상이 될 주제를 선정하라.
2. 측정 단위를 정하라.
3. 측정방법(절차, 장비, 측정 담당자, 샘플링방법 등)을 정하라.
4. 고객 만족과 관련지어 성과표준을 결정하라.
5. 실제 성과를 측정하라.
6. 표준과 실제의 차이를 확인하고 그 의미를 해석하라.
7. 차이가 생기지 않도록 시정 조치하라.

■ 제3부 품질개선

1. 경영자가 개선의 필요성을 확신할 수 있도록 설명하고 입증하라.
2. 파레토 분석 등의 방법으로 우선적으로 수행할 과제를 선정하라.

3. 과제 담당 조직(또는 프로젝트 팀)을 구성하고 지도체제를 구축하라.
4. 문제의 원인을 규명하기 위한 진단 과정을 조직적으로 추진하라.
5. 관련 데이터의 수집 · 분석을 통해 진정한 원인이 무엇인가를 찾아라.
6. 가능한 대책을 제시하라.
7. 제시된 대책이 실제 운영 조건에서 얼마나 유효한가를 테스트하라.
8. 개선 수준의 효과가 지속되도록 통제하기 위해 통제수단을 강구하라.

4. Feigenbaum

A. V. Feigenbaum은 MIT대학 박사 과정 시절에 TQC 개념을 처음 정립하고 저서 『Total Quality Control』 초판을 완성했다. 그의 TQC 이론은 1950년대 Juran이 일본을 처음 방문한 때와 거의 같은 시기에 일본에 전파되었다. 당시 GE의 품질 책임자로 있었던 그가 일본의 히타치, 도시바와 자주 교류했기 때문이다.

그의 책과 논문은 즉시 일본어로 번역되었다. Feigenbaum은 품질에 대한 체계적 · 총합적 접근을 강조했고, 제조 부문에 국한된 과거의 접근법을 수정, 모든 기능의 총동원으로 확대 해석했다. 공정관리, 검사 등 사후적 수습보다 초기 단계부터 품질을 만들어 가야 한다는 것이다.

Feigenbaum은 1968년까지 GE 생산 책임자로 일한 다음 General Systems 사장, 국제품질아카데미(International Academy for Quality) 창업 회장, ASQC 학회장을 역임했다. 그는 품질과 생산성 분야에서 큰 국제적 공훈을 세운 공로로 Edward 메달과 Lancaster 상을 수상했다. 1988년에는 미국 국가품질상 검토위원으로 지명받았다.

Feigenbaum의 주장을 요약하면 다음과 같다.

① 품질이란 '최선'이 아니라 '고객 용도와 판매가격 면에서 최선'이어야 한다.
② QC의 4대 영역 : 신설계 컨트롤, 구입자재 컨트롤, 제품 컨트롤, 특수공정 연구
③ QC 조직은 제품과 품질정보의 커뮤니케이션 채널이다.
④ 품질은 마케팅, 재무 등과 마찬가지로 경영의 기본적 기능이다.
⑤ 품질원가는 예방비용, 평가비용, 내적 실패비용, 외적 실패비용으로 구분된다.

Feigenbaum의 TQ 이론은 1990년대에 들어서자 더욱 확장되었으며, 그가 발표

한 다음과 같은 내용의 'TQ 벤치마크'에 잘 요약되어 있다.

① 품질은 전사적 프로세스이다.
② 품질은 고객이 인정하는 것, 그 자체이다.
③ 품질과 원가는 별개가 아니라 한 덩어리이다.
④ 품질은 개인과 팀의 열광적 행동(zealotry)을 필요로 한다.
⑤ 품질은 하나의 경영방법이다.
⑥ 품질과 혁신은 상호 연관적이다.
⑦ 품질은 하나의 윤리이다.
⑧ 품질은 지속적 개선을 요구한다.
⑨ 품질은 생산성에 이르는 가장 저렴한 자본 절약적 접근경로이다.
⑩ 품질은 고객, 공급자와 연계된 총체적 시스템으로 실천된다.

5. 이시카와 가오루

이시카와 가오루(1915~1989)는 도쿄대학 공학부에서 응용화학을 전공했으며 1947년에 조교수가 되었다. 1960년에 공학박사 학위를 취득하고 교수로 승진했다. 1968년에는 「현장 QC」라는 잡지의 편집위원회장을 맡아 일본 전역의 품질서클을 위한 교과서 역할을 했으며, 그의 저서 『QC 입문』은 1971년에 영어로 번역되었다. 『TQC란 무엇인가?』, 『일본적 방법』 등 후속 저서도 많다.

Deming 상, 일본경제신문상, 미국 ASQC의 그랜트상을 수상한 이시카와는 품질서클(분임조) 개척자로 알려져 있으며, 특히 품질서클 활동을 도울 수 있는 통계적 수법, 예컨대 데이터 수집, 정리, 파레토 도표 활용, 이시카와 도표(특성요인도)의 개발 및 보급에 힘썼다. 이시카와는 전사적 품질관리(CWQC)체제의 구축에도 절대적인 공헌을 했다. 그가 말하는 전사적 품질관리의 특징은 다음과 같다.

① 품질이 개선되고 동질적이며 결점이 감소된다.
② 기술이 향상되고 제품 신뢰성이 개선된다.
③ 낭비적 작업, 재작업, 검사비용, 원가가 줄어든다.
④ 생산량이 증대되고 합리적 생산일정계획이 실현된다.
⑤ 공급자관계가 합리화된다.

⑥ 판매 시장이 확장된다.
⑦ 부서 간의 관계가 좋아진다.
⑧ 틀린 데이터/보고서가 줄어든다.
⑨ 자유롭고 민주적인 토론이 가능해진다.
⑩ 회의 진행이 원활해진다.
⑪ 장비/설비의 수리 · 설치가 합리적으로 개선된다.
⑫ 인간관계가 개선된다.

품질서클은 1962년에 시작되어(최초 등록은 일본전신전화공사의 서클) 지금은 은행, 소매업, 전 세계로 파급되었다. 일본의 경우는 대개 5~10명의 같은 작업장 근무자들로 구성되고 정기적으로 회합을 가지며 리더는 통상 직반장이 맡지만 일반 근로자도 리더가 될 수 있다. 서구의 팀들과는 달리 일본의 품질서클은 다음과 같은 보다 확대된 목표를 추구한다.

① 통계수법에 능통하고,
② 인간관계, 직무 만족, 능력 계발을 강조하며,
③ 회사 발전에 공헌한다.

그들은 어떤 직접적인 금전적 보상을 바라지 않는다. 따라서 서구인들은 이와 같은 일본식 품질서클 철학을 이해할 수 없어 '일중독증(workaholic)'이라고 비평하기도 하였다. 물론 일본에도 실패한 서클이 많다. 경영자의 무관심 또는 지나친 관심(간섭)이 주된 실패 이유이다. 그러나 대부분은 잘 돌아가며 전국적으로 1,000만명의 서클 인구가 있다고 한다.

6. 다구치 겐이치

다구치 겐이치(1924~)는 전쟁 중에 일본 해군 항해연구소에서 근무했고, 전쟁 후 보건후생성 및 교육성 통계수학연구소에서 일했다. 보건후생성에 근무할 때 그는 통계학의 권위자 마수야마 마토사부로에게 실험설계법을 배웠고, 모리나가제약회사를 위해 컨설팅을 했다.

1950년, 일본전신전화회사에 신설된 전기통신연구소로 옮겨 12년간 일하면서 그는 새로운 방법인 다구치 방법을 개발했다. 도요타 등 많은 일본 기업들이 1950년대부터 다구치 방법을 적용했다. 직교배열법 소개가 포함된 그의 첫 저서는 1951년에 출판되었다. 그는 1954년에 인도 통계연구소 방문교수로 가서 통계학자 R. A. Fisher와 W. A. Shewhart를 만났다.

1957년부터 8년간 『실험설계법』 1, 2권을 펴냈으며 1960년에는 Deming 응용상을 수상했다. 1962년에는 프린스턴대학 방문연구원 자격으로 미국을 처음 방문하고, 통계학자 John Tukey의 주선으로 AT&T Bell 연구소 산업통계 연구원들과 교류했다. 다구치는 1962년에 큐슈대학에서 박사학위를 취득하고 1964~1982년 동안 아오야마가쿠인대학에서 교수 생활을 했다. 1966년 공저로 출판한 『총합 결과에 의한 관리』는 Y. Wu에 의해 중국어로 번역되었다. 그의 방법은 1970년대까지는 생산공정 중심이었으나 그 후 제품설계 분야로 전환되었다. 그는 1970년대 초에 손실함수 개념을 개발하고, 이어서 2권의 저서를 출판했다.

다구치는 1980년, 먼저 이민을 간 Y. Wu의 초청을 받아 미국 회사에서 강의했으며, 자기 비용으로 Bell 연구소에 재방문하여 비록 언어소통에 어려움이 있었지만 자신의 실험방법을 성공적으로 보여 주었다. 비로소 다구치 방법이 미국에 널리 전파되었다. 미국 통계학계의 비판에도 불구하고 제록스, 포드, ITT 등이 다구치 방법을 받아들였고, 비판 때문에 더 널리 알려졌다.

1982년, 다구치는 일본표준협회 자문위원이 되고 1984년에 다시 Deming 상을 받았다. 런던에서 다구치 방법에 관한 첫 학술회의(1987년)가 개최된 후로 유럽에도 본격적으로 전파되었다. 다구치 방법을 요약하면 다음과 같다.

① 다구치 방법에서는 검사, 제조 단계 이전의 제품/공정의 최적화 절차에 초점을 둔다. 본래 품질과 신뢰성은 설계 단계에서 이미 형성되는 것이다.
② 품질 손실(quality loss) = 품질로 인한 해당 기업의 손실(재작업, 스크랩, 장비 수리, 클레임 등)과 사회의 손실. 품질 손실은 품질 특성의 목표치상에서 최소, 목표치에서 멀어지면 2차 함수에 따라 증가한다. 즉, 허용된 규격 내에서도 품질 손실이 발생한다.
③ 오프라인(off-line) QC : ① 시스템 설계, ② 파라미터 설계, ③ 공차 설계
④ Signal-to-Noise Ratio : 목표치 조준과 변동량 줄이기, 두 가지 과제에 대한 명확한 방법론을 제시하였다.

7. 신고 시게오

신고 시게오(新鄕重夫, 1909~1990)는 1930년 야마나시공과대학 기계공학과를 졸업하고 대만 타이페이 철도 공장에 입사하여 과학적 관리법의 적용을 시도했다. 전쟁이 끝난 1945년 이후 일본능률협회 컨설턴트, 교육부장, 지사장으로 일했는데, 그가 통계적 품질관리에 대해서 처음 알게 된 것은 교육부장 시절(1951년)이었다. 1955년에는 도요타자동차 직원 및 공급업체(약 100개 사)를 위한 산업공학/공장 개선 연수 프로그램 책임자로 일했다.

1956~1958년에는 나가사키의 미쓰비시중공업에서 6만 5,000톤 초대형 탱커의 선체 조립시간을 4개월에서 2개월로 단축시키는 세계적 기록을 수립했다. 1959년 일본능률협회를 떠나 관리개선연구소를 창설했다. 1962년에는 마쓰시타전기에서 산업공학/공장 개선 훈련 프로그램을 시작하여 7,000명을 훈련시켰다. 그의 유명한 '포카요케', '실수 방지', '결점 제로' 아이디어가 등장한 것도 바로 1961~1962년간의 일이다. 이러한 그의 독특한 방법들은 불과 2년 내에 많은 공장들에 보급되었다.

1960년대 후반에는 오토메이션 및 JIT 시스템과 연계된 공장 혁신방법을 계속 고안하여 보급했다. JIT에서는 작업 준비(setup)시간을 줄이는 것이 매우 중요한데, 이를 수분 이내로 줄일 수 있는 도요타자동차의 SMED(Single Minute Exchange of Die)라는 방법도 신고가 고안했다고 한다.

1970년대에 신고는 주로 해외에서 활동했다. 독일, 스위스, 미국, 프랑스 등에서 훈련과 컨설팅을 담당했는데 그와 관계를 맺은 회사들은 독일의 다임러벤츠 · 터너, 미국의 페드럴모걸, 프랑스의 시트로엥 · 푸조, 일본의 야마하 · 마쓰다 · 샤프 · 후지 · 니폰 · 히타치 · 소니 · 올림푸스 등이다.

신고는 가는 곳마다 생산성 향상과 재고 및 불량률 감소의 개가를 올렸다. 그는 모두 14권의 책을 저술했으며 그중 『도요타 생산 시스템』 등 여러 권이 외국어로 번역되었다. 신고의 대표적인 업적은 포카요케 및 근원검사체제라고 볼 수 있는데, 종래의 통계적 품질관리로 해결하기 어려운 근원적 문제에 대한 대책이었다. 이 아이디어는 결점이 발견되는 즉시 라인을 정지시키고 결점의 원인을 추적해 들어가 원인을 근원적으로 처리하는 것이다.

예를 들어서, 그는 1961년 야마다전기회사의 조립선에 아주 간단한 기계적 장치를 부착했다. 작업자들이 실수로 어느 부품을 뺀 채로 조립하면 즉시 경보가 울리는 장치였다. 이 실수 방지(mistake-proofing, poka-yoke) 장치는 결점을 줄이는 효과적인 대책이었다. 1967년, 신고는 예방적 성격이 가미된 보다 완벽한 포카요케 방식을 개발했다. 실수를 완벽하게 방지할 수 있다면 샘플링 검사를 할 필요가 없어지게 된다. 신고는 미국과 유럽에서 흔히 하는 연설, 슬로건, 품질 캠페인 대신에 철저한 공학적 검토를 통한 무결점 성취를 강조했다.

8. Peters

Tom Peters는 학생 시절에 공학, 경영학을 전공했고 해군에 복무한 경력이 있다. 맥킨지에 근무하면서 그는 후일 『탁월성 탐구(In Search of Excellence)』(1982)라는 베스트셀러를 통해 세상에 널리 알려질 연구를 했고, 1981년 자신의 회사, Peters그룹을 창설했다. 『탁월성 탐구』에서 그는 미국의 43개 대기업을 심층분석하고 그 탁월성의 이유를 개괄적으로 스케치했다.

그러나 그가 처음부터 품질에 관심을 가진 것은 아니었다. 그의 품질개선 철학은 판매 지향적 관점의 경험에서 우러나온 것이다. 그는 1985년에 두 번째 책, 『탁월성에 대한 열정(A Passion for Excellence)』을, 1988년에는 세 번째 책, 『혼돈 위의 번영(Thriving on Chaos)』을 펴냈다.

1980년대까지 Peters는 탁월성 추구의 세 영역(고객, 혁신, 사람)을 삼각형의 세 변으로 보고 그 중심에 리더십을 위치시켜 설명했다. 그는 리더십이 품질개선 프로세스의 중심이라고 보았으며, MBWA(managing by wandering about)와 경청, 대면교육, 현장촉진을 강조했다. 그러나 최근에는 고객, 혁신, 사람, 리더십, 네 가지를 동등하게 다루며 고객 부분을 더욱 강조하는 경향이 있다. Peters가 말하는 '품질혁명의 특성 열두 가지'는 다음과 같다.

① 경영자가 오매불망 품질에 몰두한다(Management obsession with quality).
② 열정 없는 시스템, 시스템 없는 열정은 실패한다(Passionate systems).
③ 품질을 측정한다(Measurement of quality).
④ 품질을 기준으로 보상한다(Quality is rewarded).
⑤ 품질을 위해 훈련한다(Everyone is trained for quality).
⑥ 다기능적 팀을 운영한다(Multi-function teams).

⑦ 작은 개선처럼 아름다운 것은 없다(Small is beautiful).

⑧ 프로젝트가 끝나도 쉬면 안 된다. 흥분이 식지 않도록 계속 새 일을 꾸며야 한다(Create endless 'Hawthorne Effects').

⑨ 별도의 품질 전담조직을 만들어 맡기지 말라(Parallel organization devoted to quality improvement).

⑩ 공급자, 고객, 중간 유통, 모두를 포함한다(Everyone is involved).

⑪ 품질향상과 동시에 비용 절감(When quality goes up, costs go down).

⑫ 품질개선은 종착점 없는 여행(Quality improvement is a neverending journey).

2.3 프로세스 어프로치

프로세스를 바르게 선정하고 바르게 관리하는 방법(how to choose the right process and to get the process right)을 프로세스 어프로치라고 한다. 선정이 잘못되면 별로 긴요하지 않은 일에 매달리고 자원을 낭비하게 될 것이다. 선정은 잘했지만 프로세스 관리(설계, 통제, 개선) 면에서 미흡하면 아무리 시설, 인원, 재료, 검사방법이 우수해도 좋은 품질을 얻을 수 없을 것이다. TQM에서는 프로세스 어프로치를 다음과 같이 확장 · 적용한다.

① 제조업, 비제조업, 서비스업 등 모든 조직에 프로세스 어프로치를 적용한다.

② 중간 과정만을 강조하지 않고 외부의 산업, 공급자, 고객을 포함하는 확장된 프로세스 개념을 적용한다.

③ 고객가치 향상 및 경쟁력 강화에 초점을 두고 개선 프로젝트를 추진한다. BPR(business process reengineering)은 전략적 품질경영의 주요 도구이다.

1. 프로세스의 정의와 분류

제조업과 건설업에서는 주로 '공정'이란 용어를 사용한다. 그러나 모든 업종과 비영리조직, 공공기관까지 확대하여 적용할 수 있도록 '프로세스'라고 통일하여 부르기로 한다. 프로세스는 업무흐름(process as a workflow)인 동시에 업무조정 과정(process as the coordination of works)이다.

프로세스를 지나치게 업무흐름 중심으로 정의하는 것은 바람직하지 않다. 예를 들면, BPR의 효과를 거론하면서 Hall, Rosenthal, Wade(1993)는 "한 컴퓨터 회사는 재무 프로세스 비용을 34%나 절감했는데 영업수익은 제자리 걸음이며, 한 보험회사는 프로세스 소요시간을 44%나 단축했는데 이익은 오히려 감소했다."고 지적한 바 있다.

프로세스의 정의에서 업무흐름만을 생각하면, 투입 · 활동 · 산출이 모두 명확히 정의되는 업무부터 BPR을 우선 적용하게 되고, 방법론에 있어서도 낭비 제거, 원활한 흐름으로의 재구성, 비용 절감, 서류 작업 축소 등의 기술적 측면에 편중하기 쉽다. 그래서 많은 개선이 이루어졌는데도 불구하고 조직 전체는 이렇다 할 실익을 얻지 못하게 되는 것이다.

이러한 역설적 현상을 P. Keen(1999, www.peterkeen.com)은 '프로세스 패러독스(process paradox)'라고 부른다. 사실 최신의 정보 기술을 활용하는 탁월한 BPR 노력을 기울여도 그 성과는 지지부진한 경우가 많다. Keen은 다음 네 가지 사항을 포함하여 비즈니스 프로세스를 폭넓게 정의한다.

① 조직화된 작업 활동
② 관련자들의 조정 과정
③ 고유자산(또는 핵심역량)으로서의 프로세스
④ 프로세스의 경쟁력을 창출 · 유지하는 주체로서의 관리자

"모든 프로세스가 평등하게 태어난 것은 아니다(All processes are not created equal)."라는 격언이 있다. 프로세스는 중요한 자산(또는 부채)이기 때문에 전략적으로 고려하여 투자해야 한다. 프로세스가 조직에 플러스 가치를 제공하면 자산(asset), 마이너스를 가져오면 부채(liability)라고 분류한다. 또한 그 중요성에 따라 법적으로 필수적인 프로세스, 백그라운드 프로세스, 정체성 프로세스, 핵심 프로세스 등으로 구분할 수 있다.

대개 일상 업무나 사무 작업을 백그라운드 프로세스(background process)라 한다. 물론 그 구분은 조직에 따라 다를 수 있다. 예를 들면, 유통은 제약 회사의 경우 하나의 백그라운드 프로세스로 취급될 수 있으나 소매업자의 경우는 전략적으로 최우선의 프로세스가 될 것이다.

백그라운드 프로세스의 좋은 예는 봉급 계산 프로세스이다. 만일 어느 조직의 기관장이 전 직원을 모아 놓고 "우리 역사상 이번 달의 봉급 계산이 가장 훌륭했습니다." 하고 칭찬을 한다면 우스운 일일 것이다. 백그라운드는 말 그대로 뒤에서 하는 일이며 조직의 비전, 전략, 경쟁력과 직결되는 요소를 갖지 못한다. 따라서 백그라운드 프로세스의 개선에 많은 투자를 해도 기업의 수익이나 판매량이 증가한다는 보장은 없다.

그럼에도 불구하고 많은 조직들은 '업무를 개선하자'고 하면서 백그라운드에 초점을 둔다. 왜냐하면 백그라운드 프로세스는 투입, 활동, 산출이 명확하며 데이터가 많고 측정하기도 쉽기 때문이다. 그러나 실상 백그라운드 업무는 조직의 통제 메커니즘, 관료주의, 서류 작업, 기능주의와 깊이 관련되어 고객가치나 경쟁력은 뒷전이 되고 뜯어고치기가 쉽지 않다. 첨단 정보 기술까지 동원하지만 모처럼 시도한 BPR이 실패하는 이유도 이 때문이다. 따라서 조직에게 부채가 되는 백그라운드 프로세스를 선별하여 외부에 아웃소싱을 하는 BPO(business process outsourcing)가 최근 크게 유행하고 있다.

핵심 프로세스(core process)는 전략적 의지 및 핵심역량과 연결되어 해당 조직에 매우 중요한 의미를 주는 프로세스이다. 어떤 보험 회사는 클레임 처리를 백그라운드 프로세스로 보나 어떤 보험 회사는 핵심 프로세스로 간주한다.

장애자 보험 전문업체인 UNUM은 리스크 평가와 가격결정을 핵심 프로세스로 자랑한다. 그들은 뉴욕에 거주하고 볼보 자동차를 운전하는 왼손잡이 의사의 사고 위험까지 정확히 평가한다. 프로그레시브 보험사는 신속한 현장처리를 위해 컴퓨터 워크스테이션과 이동통신기를 갖춘 이동 서비스 팀을 밴에 태워 항상 지역 내 곳곳을 순회한다. 교통사고 연락이 오면 그들은 경찰보다 먼저 사고현장에 달려가 클레임을 처리한다. 그들은 종종 사고차량이 견인되기 전에 수표를 지급할 정도로 신속하다.

핵심 프로세스의 구성은 산업별로 다르다. 그러나 최근에는 업종의 경계선을 뛰어넘는 예도 많아졌다. 많은 항공사들이 호텔 산업의 핵심 프로세스인 호텔 예약 업무를 맡고 있다. 포드와 GM은 자동차 업종이지만 자동차 구매 고객이든 비고객이든 구별하지 않고 신용카드 서비스를 제공하고 많은 이익을 남긴다. 본래 신용카드 회사의 핵심 프로세스인데 자동차 회사가 자신의 핵심 프로세스로 삼고 있는 것이다.

자기 자신이 어떤 존재인가를 말해 주는 대표적인 프로세스를 정체성 프로세스(identity process)라고 한다. 예컨대, FedEx의 정시배달 프로세스, 노드스트롬의 고객 서비스 프로세스, 3M의 제품 혁신 프로세스, 모토롤라의 식스시그마 품질 프로세스, 도요타의 린(Lean) 생산 프로세스는 각각 그 회사의 간판과 같은 정체성 프로세스이다.

정체성 프로세스는 조직이 비축해 온 핵심역량, 투자, 지속적 개선의 노력으로 차별화된 자산이기 때문에, 남의 것을 복사하거나 'me too' 식으로는 따라가기 어렵다. 일단 차별화된 정체성 프로세스를 구비했다고 해도 그것이 자산으로 계속 지속되는 것은 아니다. 예컨대, 1970년대 IBM의 마케팅 · 문화 프로세스는 타의 추종을 불허할 만한 것이었으나 오늘날 그것은 경쟁자들의 추월로 많이 퇴색되었다. 따라서 지속적 개선으로 정체성 프로세스를 방어해야 한다.

2. 프로세스 혁신방법

프로세스 혁신을 위한 유일 최선의 방법(the one best way)은 없다. 프로세스 혁신방법의 대부분은 IT, BPR, TQM, 마케팅, 전략경영, 산업공학 등 여러 분야에서 개발되었으며, 이것들을 통칭하여 가치구축 도구(value builder)라고 부르기도 한다. 즉, 조직에게 마이너스로 작용하는 부채 프로세스를 자산 프로세스로 바꾸고 가치를 증대시키는 일에 동원되는 도구라는 뜻이다.

품질 분야에서는 전통적으로 '일곱 가지 QC 도구', '일곱 가지 신 QC 도구', QFD, 통계적 방법 등 제품 개발과 제조 프로세스의 지속적 개선에 초점을 두어 도구를 발전시켜 왔다. 그러나 제조업이 아닌 서비스업, 비영리기관, 공공기관까지 확장하여 프로세스 혁신을 시도할 때는 이러한 품질 도구들과 함께 BPR, IT, 마케팅, 전략경영 도구도 필요하다.

대표적인 예를 들면, 낭비 요소를 제거하고 활동 간 연결을 조여 주는 스트림라인(streamline), 은행의 ATM, 식당의 샐러드바 등과 같이 고객이 스스로 할 수 있는 부분을 프로세스에 삽입하는 셀프소스(self-source), 프로세스를 외부 전문기관에 위탁하는 아웃소스(outsource), 다른 산업의 프로세스 인프라를 도입하는 임포트(import), 컴퓨터 워크스테이션 등을 장비하여 고객접촉 지점을 강화하는 프론트엔드(front-end), 프로세스 내의 모든 업무와 정보를 고객접촉점에 모으는 허브(hub), 개인 · 집단 · 기업 간 협력, 훈련, 팀 지원, 조정을 위한 커뮤니케이션 인프라 워크넷(worknet), 항공사의 호텔 예약 시스템처럼 타 산업의 전통적 고객관리 프로세스 인프라를 활용하는 선매권(preempt), 프로세스 마케팅으로 점포를 확장하는 프랜차이즈(franchise), 상호 의존적 업무 간의 상호작용을 조정하고 협력 풍토를 개발해 주는 협업(collaborate) 등이 있다.

정보 기술의 발달로 이러한 프로세스 혁신방법도 계속 다양해지고 있다. 요컨대, 프로세스 혁신은 '프로세스가 경쟁력과 핵심역량을 보여 주는 자산이어야 한다'는 관점에서 보다 전략적으로 추진되어야 한다. 도구도 중요하나 프로세스 관리자의 역할, 책임, 권한을 조정하는 일도 긴요하다.

예컨대, 많은 회사들이 중하위 계층의 젊은 직원에게 품질 업무를 전담하게 하는데, 그 전담 직원이 회사 전체의 품질 업무를 총괄하기는 하나 아무런 권한과 책임을 갖지 못하는 예가 많다. 모든 부서가 기능별로 분업화되어 있다면 프로세스 관리자 역시 해당 프로세스의 시작부터 끝까지 전체를 관리할 권한과 책임을 부여받기 어렵다.

그래서 프로세스 오너(process owner)라는 특수한 용어가 등장하게 되었다. 프로세스 오너는 해당 프로세스를 설계 · 관리하기 위해 필요한 모든 정보를 직접 처리할 수 있고 프로세스 내의 모든 사람과 부서들을 조정할 수 있는 권한과 책임을 갖는다. 케이스 매니저(case manager)도 이와 비슷한데, 각 고객의 모든 사항, 즉 케이스 하나하나를 총괄하여 관리하는 사람이란 뜻이다. 케이스 매니저는 어떤 고객이든 즉각 서비스할 수 있어야 하므로 워크스테이션에서 고객정보 등 관련 정보를 직접 꺼내어 쓸 수 있고 업데이트도 할 수 있다. 케이스 매니저는 각 부서에 일일이 협조 요청을 하지 않으며 허브의 중심에 위치하는 것이 보통이다.

연습문제

01 품질경영의 아홉 가지 기본원칙에 대하여 서술하시오.

02 Deming의 사상 14개 항목에 대하여 서술하시오.

03 품질과 기업경쟁력에 대하여 상호 관련성을 서술하시오.

04 무결점(zero defect)의 개념을 서술하시오.

05 Crosby의 품질경영 14단계 프로그램 내용은 무엇인가?

06 Juran의 품질경영 사상의 중요한 특징은 무엇인가?

07 Feigenbaum의 품질경영 이론 열 가지 내용은 무엇인가?

08 이시카와 가오루의 전사적 품질관리(TQC)의 특징 열두 가지는 무엇인가?

09 다구치 방법에 대하여 네 가지로 요약하시오.

10 Peters의 품질혁명의 특성 열두 가지는 무엇인가?

참고문헌

Anjard, R.P., "Understanding and Applying Deming's Primary Concept of Profound Knowledge", *Training for Quality*, 3(3), 1995, pp.8-12.

Besterfield, D.H. et al., *Total Quality Management*, Prentice-Hall, 1995.

Choppin, J., "TQM-What Isn't It?", *Training for Quality*, 3(1), 1995, pp.5-8.

Hall, G., Rosenthal, J., & Wade, J., "How to Make Reengineering Really Work", *Harvard Business Review*, November-December 1993, p.119.

Keen, P., *Every Manager's Guide to Business Process*, Keen Innovations, 1999. http://www.peterkeen.com.

Latzko, W.J. & Saunders, D.M., *Four Days with Dr. Deming*, Addison-Wesley, 1995.

Mitra, A., *Fundamentals of Quality Control and Improvement*, Macmillan, 1993.

Schmenner, R.W., *Production/Operations Management*, 4th ed., Macmillan, 1990.

Chapter 03

시스템 접근과 글로벌 표준

학습목표

① 시스템 정의와 시스템 사고방식에 대하여 논의한다.

② 국제표준화기구의 ISO 9001:2000의 주요 내용을 이해한다.

③ ISO 14001 시스템의 의미와 시스템 인증의 기대 효과를 논의한다.

④ TS 16949:2000 및 TL 9000의 주요 특징을 이해한다.

⑤ 표준과 표준화의 개념, 표준의 중요성에 대하여 이해한다.

⑥ ISO 26000 시스템의 의의와 핵심주제에 대하여 논의한다.

시스템적 사고란 부분들 간의 상호 의존성에 주목하는 사고방식이다. 시스템적 사고의 출발은 부분에 치우치지 않고 전체를 주목하는 데 있다. 시스템 전체의 존재 이유나 목적을 이루기 위해 모든 부분(하위 시스템)이 존재한다. 시스템 접근법은 조직 이론, 관리 시스템, 자동화/전산화, 생태환경 관련 연구에도 큰 영향을 주었다. 시스템 접근법을 응용하기 위해서는 무엇보다도 시스템적 사고방식을 배우는 것이 중요하다.

표준의 역할이 호환성, 최저 품질 유지, 복잡성 저감, 기술정보 등의 기능 중심에서 교역촉진, 기업경영, 환경보호, 경제사회 통합 등의 무역, 산업, 사회정책의 주요 수단으로 부각되고 있다. 국제표준의 초점은 제품 인증이 아니라 시스템 인증이다. 조기 경보–측정–분석–개선에 효과적인 시스템이어야 한다는 것이다.

ISO 규격은 시장의 요구에 따라 그리고 각국 전문가들의 국제적 합의를 통해 개발되고 있다. ISO 14000의 주제는 품질경영이 아니라 환경보호, 에너지 절약에 초점을 두는 환경경영시스템(environmental management system, EMS)이다. 이러한 주제들은 품질이나 생산 과정과 분리해서 생각하기 어려울 만큼 이미 중요한 요소로 등장했다. 상품 및 서비스 시장이 확대되고, 노동과 자본의 흐름이 자유로워진 이른바 세계화 시대가 도래하면서 노동, 인권, 환경, 이해관계자 등 기업의 사회적 책임(corporate social responsibility, CSR)에 관한 관심이 확대되고 있다. 국제표준화기구(ISO)에서는 2011년 ISO 26000(사회적 책임경영) 시스템을 제정하였다.

제3장에서는 시스템의 본질과 국제규격 품질경영 시스템의 표준을 이해하고 국제표준화기구(International Standardization Organization, ISO)의 국제표준 인증 시스템의 구성 내용과 특징에 대하여 알아보자.

3.1 시스템 도입의 의의

1. 시스템의 본질

시스템이란 말은 공학, 생물학, 사회과학 등 다양한 분야에서 공통적으로 쓰이고 있다. 1940년대에 시스템 이론을 처음 발표한 사람은 생물학자 L. von Bertalanffy 였다. 그는 일반 시스템 이론(general systems theory)이라는 명칭의 연구방법을 제시하면서 다음과 같이 주장했다.

"일반 시스템 이론은 모든 과학에 공통적으로 적용될 수 있는 일반적인 접근방법이다. 유기체는 개방적 시스템(open system)이다. 개방적 시스템은 환경의 영향하에서 보존과 균형을 추구한다."

1950년대에는 N. Wiener, C. Shannon, K. E. Boulding 등이 시스템 이론 발전에 공헌했는데 여기서는 Boulding의 시스템 분류법만을 소개하겠다(〈표 3-1〉 참조). 표를 보면 등급이 높아질수록 더 복잡한 시스템이며 기업이나 조직은 매우 복잡한 시스템이라고 볼 수 있다.

1960년대, 미국 국방성은 국방계획에 시스템 이론을 응용했는데, 특히 시스템 개념은 무기 시스템 개발, 대체안 평가, 예산편성 분야에서 유력한 분석 틀이 되었다. 이때부터 시스템 접근법, 시스템 분석법 같은 용어가 등장하여 널리 쓰이기 시작했다.

시스템 접근법은 조직 이론, 관리 시스템, 자동화/전산화, 생태환경 관련 연구에

◉ 표 3-1 Boulding의 시스템 등급 분류

등급	수준을 나타내는 대표적 명칭	간단한 설명 예
1	체계적 틀(frameworks)	지도
2	단순동태 시스템(clockworks)	시계
3	사이버네틱 시스템(cybernetic systems)	자동제어 온도조절기
4	가장 단순한 개방 시스템(open systems)	세포
5	유전사회적 시스템(genetic societal level systems)	식물
6	동물 시스템(animal level systems)	동물
7	인간 시스템(human being level systems)	사람
8	사회 시스템(social systems)	기업
9	초월적 시스템(transcendental systems)	그 이상

도 큰 영향을 주었다. 시스템 접근법을 응용하기 위해서는 무엇보다도 시스템적 사고방식을 배우는 것이 중요하다. 우선 몇 가지 기본 용어를 정리했다.

① 시스템이란 '부분들로 이루어진 전체'를 뜻한다. (예 : 인체 시스템)
② 부분이란 시스템의 구성 단위이며 하위 시스템(subsystem)이라 부르기도 한다. (예 : 소화기관)
③ 전체는 부분들의 총합보다 크다. 전체란 목적과 존재 이유를 정의하는 데 필요한 최소한의 덩어리를 말한다.
④ 부분 간에 계층관계가 있다. 하위 시스템은 차하위 시스템(sub-subsystem)들로 구성되고 차하위 시스템은 차차하위 시스템(sub-sub subsystem)들로 구성된다. (예 : 위, 간, 장, 입, 치아, 침)
⑤ 각 부분은 각자 기능을 갖는다. 〈표 3-1〉의 등급처럼 시스템의 등급이 고급화되면 수행할 기능도 많아지고 각 기능을 담당할 하위 시스템도 많이 필요하게 된다. 하나의 시스템이 다수의 부분(즉, 하위 시스템)들로 나누어지는 것을 분화라고 한다.
⑥ 각 부분은 서로 의존적인 상호작용관계 속에서 전체 목적을 달성하는 데 공헌한다. (예 : 소화기관과 신경, 순환, 배설기관과의 관계)
⑦ 경계선 외부에는 환경이 있는데, 경계선상의 접촉면에서 환경과의 접촉이 이루어진다. Boulding의 분류법에 의하면 4등급(개방 시스템) 이상의 고등 시스템들만이 환경과 접촉하며 등급이 높을수록 접촉이 더 활발히 이루어진다.
⑧ 부분별 기능도 중요하나 전체를 위한 특수기능, 예컨대 피드백, 환경 적응, 성장, 특성 보존, 경영관리 등의 기능도 필요하다.
⑨ 피드백(feedback)은 자동제어(또는 통제)를 위해 산출 결과로부터 인식된 정보를 다시 투입 과정에 보내 주는 기능인데, 이러한 피드백은 3등급 이상의 시스템에서 가능하다.
⑩ 환경 적응, 성장, 특성 보존은 5등급 이상의 고등급 시스템에서만 가능하다.
⑪ 경영관리는 상황을 예측하고 계획하여 장래 행동을 선택하며, 가용한 자원을 동원하여 적절히 배분하고, 조직적으로 협력체제를 구축하고 추진하며, 결과를 평가하면서 보다 나은 결과를 지향하는 고도한 정신적 · 조직적 과정이다. 이러한 경영관리 기능은 최소한 7등급 이상, 특히 8등급(사회 시스템)에서 뚜렷하게 나타난다.

이러한 기본용어와 개념을 우리 주변의 사물, 현상, 사건, 조직 활동에 적용한다면 우리는 매우 유용하고 탁월한 시각과 사고방식을 얻을 수 있다. 세상을 보는 눈이 달라지고 생각하는 방법이 달라지는 것이다. 시스템적 사고방식이란 무엇인지 아래에 정리했다.

① 시스템적 사고의 출발은 부분에 치우치지 않고 전체를 주목하는 데 있다. 시스템 전체의 존재 이유나 목적을 이루기 위해 모든 부분(즉, 하위 시스템)이 존재한다. 시스템 관리자는 항상 전체 목적이 무엇인가를 정의하고 이를 하위 단위에 알려 주며 협력할 수 있도록 지도해야 한다.
② 시스템 전체를 설계할 수 있는 체계적 사고이다. 중요한 부분을 빠트리지 않고 각 부분이 제자리에 정확히 위치해야 한다. 〈표 3-1〉의 '체계적 틀'은 어느 시스템에나 공통적으로 필요한 기본요건이다. 이를 위해 부분들의 계층관계, 기능적 관계를 파악할 필요가 있다.
③ 시스템적 사고란 부분들 간의 상호 의존성에 주목하는 사고방식이다. 시스템 내에서는 어떤 부분도 독불장군이 될 수 없다. 성서에 이르기를, "지체는 많으나 몸은 하나라 눈이 손더러 쓸 데 없다 하거나 머리가 발더러 쓸 데 없다 하지 못하리라.… 만일 한 지체가 고통을 받으면 모든 지체도 함께 고통을 받고 한 지체가 영광을 얻으면 모든 지체도 함께 즐거워한다."(고린도전서 12 : 20-26)라고 했다. 예컨대, 제품설계 부서가 생산현장을 전혀 고려하지 않고 설계도를 작성할 수 있겠는가? 각 부분은 긴밀히 의존함으로써 큰 성과를 얻을 수 있다. "전체는 부분들의 총합보다 크다."는 유명한 말도 바로 이 때문이다.

2. 품질경영 시스템의 발전 과정

시스템적 시각에서 살펴볼 때, 오늘날의 품질경영은 다음과 같은 5단계의 진화 과정을 거쳐 발전해 왔다고 볼 수 있다.

1) 검사 기능의 분화와 피드백 시스템의 출현

수공업 시대에는 작업자가 작업량이나 품질 수준을 임의로 정하여 작업하고 책임지는 식으로 일했다. 과학적 관리법을 제시한 F. W. Taylor는 일정, 작업속도, 작업량을 각각 책임지는 기능별 감독자를 둠으로써 기능별 감독방식을 제도화했다. 이는 관리 부재의 시대를 마감하고 관리 기능을 부각시키는 역사적 개혁이었다.

그러나 Taylor 시대에는 수량검사가 있었지만 품질검사는 별도의 기능으로 인정받지 못했다. 본격적인 품질검사가 시작된 것은 1940년대이다. 1930년대 이후 본격화된 통계적 품질관리방법의 발전, 그리고 제2차 세계대전 중 군수품 품질관리 요구 등 여건 조성으로 통계적 방법을 이용할 수 있는 전문인력이 많이 배출되었고, 산업계에 품질검사 기능이 정착되어 검사 부서를 설치한 회사가 많이 생겨났다.

나중에 검사 기능은 다시 세분되어 수입검사, 공정검사, 제품검사, 실험실 테스트 등으로 분화되었다. 시스템 개념을 제조공정의 품질검사에 적용해 보면 품질검사 기능의 의미를 보다 간명하게 설명할 수 있다. 〈그림 3-1〉은 간단한 제조공정의 예이다. 검사란 공정으로부터 나오는 산출(제품)의 품질 수준을 측정하는 것이다. 그런데 그 검사(측정) 결과는 피드백되어야 의미가 있다. 즉, 검사 결과를 통해 공정의 품질 능력을 평가하고 표준과의 차이를 발견하며 그 원인을 밝혀 다시 그런 차이가 나오지 않도록 투입 과정에 피드백해야 한다.

이러한 피드백 시스템은 Boulding이 말하는 사이버네틱 시스템에 해당한다. 다시 말해서 냉장고나 에어컨에 부착되어 있는 자동 온도조절기와 유사한 기능인 것이다.

2) 설계 기능 분화 및 고객 접근 시대의 개막

1950년대 이후 각종 전자제품, 항공우주 산업 제품, 컴퓨터, 무기 시스템 들이 등장하면서 전문적 설계 기술이 강조되고 엔지니어들이 품질 분야에서 생산라인의 작업자와 더불어 또 하나의 주역으로 등장하게 되었다. 1960년대에는 소비자운동과

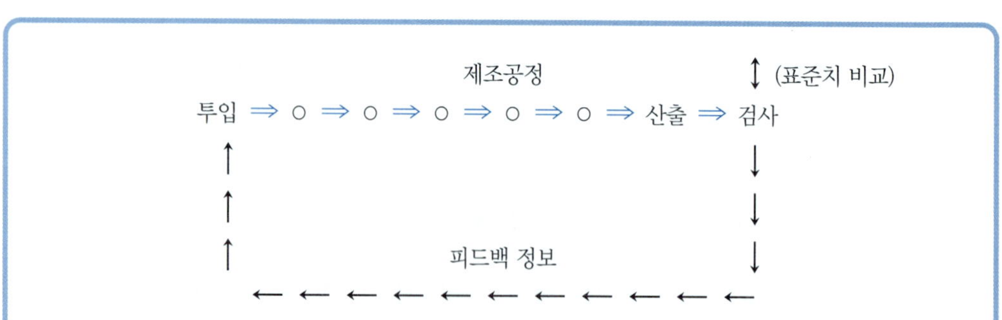

◉ 그림 3-1 피드백 시스템으로서의 검사 기능

마케팅 붐이 시작되어 품질 분야에 많은 영향을 주었다.

종래의 생산라인 중심 관리는 고객 접촉, 설계 기능 강화, 제품 신뢰성 향상, 애프터서비스 등 다양한 영역으로 확장되어야 했다. 이제 〈그림 3-1〉과 같은 피드백 시스템만으로는 대처하기 어렵게 된 것이다. 고객들의 취향이 변하고 신기술이 출현함에 따라 제품설계도 자주 변경된다. 이러한 변경은 환경과의 원활한 접촉을 통해서만 적절히 이루어질 수 있다.

〈그림 3-1〉은 일단 외부 환경과의 접촉을 고려하지 않고 만들어진 폐쇄 시스템(closed system)이다. 필요한 것은 고객, 정부, 기술, 사회 등 환경과 부단히 접촉하고 그 변화된 품질 요건을 설계에 잘 반영하여 피드백할 수 있는 개방적 시스템이다.

3) 총체적 품질관리로 종합화

'Total Quality Control(TQC)'은 1956년 「Harvard Business Review」에 게재된 Feigenbaum의 논문 제목이었는데, 여기서 새로운 차원의 품질관리가 태동되었다. TQC는 1970년대에 일본에서 먼저 실천되었다. 일본인들은 TQC 또는 전사적(全社的) 품질관리라는 명칭을 애용한다. 이는 종래의 QC 영역이 주로 제조, 검사, 설계에 집중된 것을 비판하면서 기업 전체 수준의 QC를 하자는 것이다.

TQC의 특징은 모든 필요한 요소들이 포괄적으로 갖추어지고 통합되는 종합적 시스템이라는 점이다. 즉, 품질보증, 교육훈련, 품질계획 및 설계, 검사, 품질감사 등 중요한 하위 시스템들이 갖추어져 유기적으로 연결된다. 가령 품질보증은 검사에 의한 보증, 규격표시에 의한 보증, 애프터서비스 계약에 의한 보증, 고장 · 사고에 대한 변상 책임 등 다양한 방법으로 실천되며, 이를 위해 기업 내 모든 부서의 관련 활동들이 품질보증 프로그램을 중심으로 재구성되는 것이다.

4) 국제규격 품질경영 시스템의 출현

사람들은 TQC야말로 글자 그대로 모든 것을 통합(total)하는 가장 완벽한 시스템이라고 믿어 왔으나, 1980년대 후반에 다시 큰 변화가 찾아왔다. 국제규격 ISO 9000 시리즈가 출현한 것이다. 이러한 국제규격의 시스템이 출현함으로써 종래의 TQC 체제는 다음과 같은 점에서 새로운 전기를 맞이했다.

① 종래의 TQC에는 이렇다 할 시스템 모형이 없었으나 ISO 9000 시리즈는 도입

추진할 모형을 제시한다.

② 경영자 책임, 품질목표와 방침, 품질 시스템 규격, 품질정보 처리, 문서화 등 전에는 크게 강조되지 않던 요건들이 명시적으로 강요된다.

③ 그 명칭이 품질관리에서 품질경영으로 바뀌면서 개념, 기본용어부터 각종 절차에 이르기까지 모든 것이 달라지고 국제화되었다. 예컨대, 과거에는 품질이라고 하면 당연히 제품이나 서비스의 품질을 뜻했다. 그러나 이제는 시스템 또는 기업 전반의 질적 수준을 더 문제 삼는 것이다.

5) 성숙된 품질경영 시대를 향하여

ISO의 품질경영 시스템을 도입하고 인증을 획득하는 것은 종착점이 아니라 출발점이다. 지금은 성숙된 품질경영 시대로 향하는 길목에 서 있다. 품질문화가 사회 전반에 파급되고 기업은 물론 정부, 교육기관, 의료기관, 지역사회 모두가 품질경영을 도입하고 학습해야 한다.

사명과 비전을 다듬어 조직 내외에 효과적으로 전파해야 하고, 리엔지니어링, 벤치마킹 등 구조적 개혁을 동시에 추진하며, 지속적 현장개선, 인적자원 개발, 고객만족, 종업원 만족에도 힘써야 한다. 요컨대 탁월성(excellence)을 얻어야 한다. 일부 선진국들은 이미 이 길을 앞서서 달려가고 있다. 우리는 이제 이 길에 대해서 많이 토론하고 많이 생각해야 한다.

3.2 글로벌 표준의 이해

1. 표준과 표준화

> 표준화란 일상적이고 반복적으로 일어나는
> 실제 또는 가능성이 있는 문제에 대해 주어진 여건하에서
> 최적의 질서를 달성하기 위한 목적을 확립하려는 일련의 활동
> – ISO/IEC 가이드 2

표준은 과학, 기술 및 경험에 대한 총괄적인 발견사항에 근거해야 하며, 공동체의 이익에의 최적화 촉진을 목표로 해야 한다.

표준이란 합의에 의해 제정되고,
인정된 기관에 의해 승인되었으며,
주어진 여건하에서 최적의 질서를 확립할 목적으로
공통적이고 반복적인 사용을 위한 규정
– ISO/IEC 가이드 2

1) 표준의 분류

(1) 표준 제정 주체에 따른 분류

① 사내표준 : 기업 내에서 자체적으로 사용(사규)

② 단체표준 : 국가 내의 표준화 단체가 합의한 표준(ASTM, UL)

③ 국가표준 : 국가 표준화기관이 채택한 규격(KS, JIS)

④ 지역표준 : 특정지역의 국가 간 합의 표준(EN)

⑤ 국제표준 : 국제표준화기관에서의 제정 규격(ISO, IEC, ITU)

(2) 표준의 성립 과정에 따른 분류

① 공적 표준(de jure standards) : 공식 표준화 기관에서 제정된 표준(KS, ISO, IEC 등)

② 사실적 표준(de facto standards) : 표준을 둘러싼 경쟁이 시장에서 이루어지고, 그 결과 표준이 사실상 결정된 것(Windows 등)

③ 국제표준(ISO, IEC 등), 국가표준(KS, JIS, DIN 등)에 대응하는 개념으로 단체표준(ASTM, ASME 등)을 사실적 표준이라 하기도 한다.

(3) 과학기술적 분류

① 측정표준(measurement standards) : SI 국제 기본단위(kg, m, sec, mole, cd, A, K), 유도 단위(m/s, m^3, N/mm^2 등)

⇨ 법정계량 단위, 표준기준물질, 국제단위계, 현시용 표준

② 성분표준(documentary standards) : ISO 9000, 한국산업규격(KS), 전기용품 안전기준 등

⇨ 산업표준, 기술기준, 규정, 지침

③ 참조표준(reference standards) : 물리화학 상수, 인체 유전자 지도, 표준체위 자료, 색상표준 등

⇨ 표준 참고 자료(standard reference data, SRD)

2) 표준의 기능과 역할 변화

① 표준의 역할이 기능 중심에서 정책수단(tool)으로 확장

- 전통적 기능 : 호환성, 최저 품질 유지, 복잡성 저감, 기술정보 제공
- 새로운 기능 : 교역촉진, 기업경영, 환경보호, 경제 · 사회 통합

⇨ 무역 · 산업 · 사회정책의 주요 수단으로 부각

② 표준의 수요구조(stakeholder)가 다양

- 소비자 : 제품(quality), 안전성(safety) 평가기준
- 기업 : 능률(effectiveness), 효율(efficiency) 향상 도구
- 정부 : 정책목표 집행(implementation)을 위한 강력한 수단

⇨ 이해 상충을 종합 · 조정할 국가 조정 기능 증대

③ 표준의 시장연계를 위한 표준 제정 원칙이 강화

- 과거 : 합의성, 절차의 정당성, 투명성, 공개성 중시

산업 생산성 및 품질 향상	• 부품, 소재의 호환성 확보 및 규모의 경제 실현 • 제조 및 공정표준화로 품질향상
사회 · 경제적 효율 증대	• 자동요금징수 등 교통정보 시스템(ITS), 물류용 IC 태그 분야 • 비상구 · 장애인 표시 등 공공안내 그림표지(pictogram), 전자상거래용 상품분류 코드, 신용카드 넘버링 체계 등
산업과 기술의 인프라	• 과학 · 기술의 기본용어, 설계기준, 시험방법 및 산업용 기본 데이터(reference data) • 나노 · 정보통신 · 생명과학 등 관련 기술의 선행표준

◉ 그림 3-2 표준의 중요성

- 현재 : 시장연계성, 제정 신속성(speed) 등 추가
  ⇨ 시장수요, 소비자 지향적 표준정책의 추진 필요

④ 규제정책과 연계된 표준의 법적 구속력 강화
- 자발적 표준이 법령에 근거한 기술기준과 접목됨으로써 표준의 법적 기능이 강화되고 있는 추세
- EU에서는 표준과 기술기준(technical regulation)의 부합화 추세

2. ISO

ISO는 스위스 제네바에 본부를 둔 민간기구로서 국제표준화기구의 공식명칭이다. 영어로 International Organization for Standardization이지만 IOS라 하지 않는다. 그렇게 약자를 쓰자면 프랑스어로는 Organisation Internationale de Normalisation이므로 ION이 되어야 할 것이다. 이런 불편을 없애기 위해 ISO로 통일하고 있다. ISO는 약자가 아니라 그 자체가 하나의 단어이다. 그리스어 'isos'는 'equal', 즉 '동등하다, 똑같다'는 뜻인데 여기서 'iso-'라는 접두어가 생겼다.

ISO(www.iso.ch)에는 현재 약 140개국 회원이 있는데, 각국 정부기관 대표가 아니라 각국의 표준협회가 참가하고 1국 1기관 원칙으로 모여 ISO를 구성한다. ISO의 모든 규격은 강제적인 것이 아니다. 물론 각국이 필요에 따라 법규로 강제이행을 하는 경우는 있으나 ISO 자체는 어떤 법적 강제력도 갖지 않는다. ISO 규격은 시장의 요구에 따라 그리고 각국 전문가들의 국제적 합의를 통해 개발된다. 약 3,000개의 전문위원회(technical group)가 있고 3만 명의 전문인력이 참가하는데 연중 쉬지 않고 매일 15건의 회의가 개최되는 셈이라고 한다. 추가적으로 많은 실험연구소와 독립적 감사기관, 즉 제3자(third party)들이 있다.

제3자라고 부르는 데에는 상당한 이유가 있다. 본래 규격이행의 감독은 ISO의 임무가 아니다. ISO 규격에 따르는 인증이나 평가 업무는 기본적으로 생산자와 수요자 간의 문제이다. 그러나 현실적으로는 독립적인 제3자가 감사기관으로 그 인증이나 평가를 담당하게 된다. 국가별로 법제화된 부분은 해당국 정부가 개입할 수도 있다. ISO 회원들이 평가 업무 등에 참여하는 경우도 있으나 ISO 자체는 이런 활동을 통제할 권한을 갖지 않는다.

ISO가 하는 일은 규격 개발이다. ISO는 어떤 평가도 시상도 하지 않는다. 'ISO 인

증'이라는 말은 부정확한 표현이다. 이를테면 'ISO 9000 인증'이라고 말해야 정확한 표현에 가깝다고 할 수 있다. 인증서는 ISO와 독립적인 인증기관들이 발행한다.

3. ISO 9000 시리즈

ISO 9000 시리즈는 품질경영 시스템의 요구 조건을 규정한 규격이다. ISO는 이를 정기적으로 개정하는데, 1994년 개정판은 그 이전의 것에 비해 TQ 성격이 많이 가미되어 고객 조사 및 고객 만족, 지속적 품질개선, 경영층의 지원, 교육훈련, 커뮤니케이션 등이 보다 강조되나, 이러한 신조류는 주로 가이드라인에 제시되는 정도로 미흡하였다. ISO 9001(품질경영 시스템 요구사항)의 내용을 요약하면 아래와 같다.

■ 1994년판 ISO 9001의 내용(20개 영역)

① 경영자 책임(management responsibility)
② 품질 시스템(quality system)
③ 계약 검토(contract review)
④ 설계 통제(design control)
⑤ 문서 및 데이터 통제(document and data control)
⑥ 구매(purchasing)
⑦ 고객 공급품 통제(control of customer-supplied product)
⑧ 제품 식별 및 추적 가능성(product identification and traceability)
⑨ 프로세스 통제(process control)
⑩ 검사 및 테스트(inspection and testing)
⑪ 검사, 측정, 테스트 장비의 통제(control of inspection, measuring and test equipment)
⑫ 검사 및 테스트 상태(inspection and test status)
⑬ 불일치품 통제(control of non-conforming product)
⑭ 시정 및 예방 조치(corrective and preventive action)
⑮ 취급, 저장, 포장, 보존, 배달(handling, storage, packaging, preservation, and delivery)
⑯ 품질 기록 통제(control of quality records)

⑰ 내부 품질감사(internal quality audits)
⑱ 훈련(training)
⑲ 서비스(servicing)
⑳ 통계적 수법(statistical techniques)

이 20개 항(1994년 개정판)의 공통점은 문서화된 절차(documented procedure)를 만들라는 것이다. 그러나 절차를 만든 다음 그것을 문서화하는 것이 옳은 순서일 것이다. 문서화에만 신경을 쓰다 보면 정작 중요한 일인 절차 개발 과정을 소홀히 다루기 쉽다. ISO 9002의 내용은 앞의 20개 항 중에서 4번과 19번이 제외된 나머지 18개 항으로 구성된다. 그리고 ISO 9003의 내용은 3, 4, 6, 7, 9, 14, 17, 19번을 제외한 나머지 12개 항으로 구성된다. 그 이유는 3자 간의 관계가 〈표 3-2〉와 같기 때문이다.

ISO는 21세기를 향한 의욕적인 개정안 ISO 9001:2000을 발표하였다. ISO는 오랜 작업 · 검토 기간을 거쳐 1999년 말에 초안을 발표하고 2000년에 완전한 형태로 출판하여 2001년부터 시행에 들어갔다. 2000년 개정판의 주요 내용은 다음과 같다.

■ ISO 9001 : 2000의 주요 내용

서문

–프로세스 접근방법

1. 적용 범위
2. 인용 규격
3. 용어 및 정의
4. 품질경영 시스템(quality management system)

◉ 표 3-2 ISO 9000 시리즈의 비교

구분	ISO 9001	ISO 9002	ISO 9003
시스템 요소	검사, 생산, 설치, 설계, 서비스	검사, 생산, 설치	검사
해당 항목	20개 모두 포함	18개 설계와 서비스 관련 항목 제외	12개 설계, 서비스, 생산, 설치 관련 항목 제외

4.1 일반 요구사항

4.2 문서화 요구사항

품질 매뉴얼, 문서 관리, 기록 관리

5. 경영자 책임(management responsibility)

5.1 경영자 직접 관장(management commitment)

최고경영자는 품질경영 시스템의 개발, 실행, 개선에 대한 아래 사항을 통해 자신이 직접 관장하고 있다는 증거를 제시해야 한다.

(a) 고객 요구사항, 법규정 요구사항의 충족이 중요함을 항상 강조

(b) 품질방침과 품질목표 설정

(c) 경영자의 검토

(d) 소요자원의 가용성 보장

5.2 고객 초점(customer focus)

최고경영자는 고객의 요구와 기대를 조사하고 요구사항으로 전환시키며 고객 만족이 성취되도록 확인해야 한다.

5.3 품질방침(quality policy)

최고경영자는 품질방침이 (a) 조직목적에 비추어 적절하고, (b) 요구사항 충족과 지속적 개선을 포함하고, (c) 품질목표 설정 · 검토의 틀을 제공하고, (d) 조직 내 관련자들에게 충분히 전달되고 이해되며, (e) 계속 적절한 방침이 되도록 검토해야 한다.

5.4 기획

품질목표, 품질경영 시스템 계획

5.5 책임, 권한 및 의사소통(responsibility, authority and communication)

책임 및 권한, 품질경영 업무 대리인, 내부 커뮤니케이션

5.6 경영자 검토(management review)

6. 자원 관리(resource management)

6.1 자원 확보(provision of resources)

6.2 인적자원(human resources)

6.2.2 교육훈련, 의식 및 자격

조직은 (a) 품질에 영향을 주는 활동 담당자들의 요건을 정하고, (b) 요건을 만족시킬 수 있도록 훈련하고, (c) 훈련의 효과를 평가하고, (d) 직원 각자의 활동이 품질목표에 얼마나 기여하는지, 얼마나 중요

한지를 늘 의식하도록 하며, (e) 교육, 훈련, 자격, 경험에 관한 적절한 기록을 유지해야 한다.

6.3 기반구조(infrastructure)

건물, 업무 장소, 유틸리티, 프로세스 장비, 지원 서비스

6.4 업무환경(work environment)

7. 제품 실현(product realization)

7.1 제품 실현 계획(planning of product realization)

7.2 고객 관련 프로세스(customer-related processes)

7.2.1 요구사항 파악

(a) 고객이 명시한 제품/서비스 요구사항

(b) 고객이 명시하지 않았으나 의도된 또는 명시된 사용에 필요한 요구사항

(c) 제품/서비스에 관련된 의무사항(규제, 법적 요구사항 포함)

7.2.2 고객 요구사항 검토

7.2.3 고객과의 커뮤니케이션

(a) 제품/서비스 정보

(b) 문의 및 계약 또는 주문처리(수정사항 포함)

(c) 고객 피드백(고객 불평 포함)

7.3 설계 및 개발(design and development)

설계 및 개발 계획, 입력, 출력, 설계 및 개발 검토, 검증, 변경 통제

7.4 구매(purchasing)

구매 프로세스, 구매정보, 구매 제품/서비스의 검증

7.5 생산 및 서비스 제공(production and service provision)

운영 통제, 프로세스의 타당성 확인, 식별 및 추적성, 고객 재산 · 제품 보존

7.6 모니터링 · 측정 장치 관리(control of monitoring and measuring devices)

8. 측정, 분석, 개선(measurement, analysis, and improvement)

8.1 일반사항

8.2 모니터링 및 측정(monitoring and measurement)

8.2.1 고객 만족

8.2.2 내부 감사

8.2.3 프로세스 모니터링 및 측정

8.2.4 제품 모니터링 및 측정

8.3 부적합 제품 관리(control of nonconformity)

8.4 데이터 분석(analysis of data)

8.5 개선(improvement)

8.5.1 지속적 개선

조직은 품질방침, 목표, 감사 결과, 데이터 분석, 사후 시정 및 예방 조치, 경영자 검토를 통해 품질경영 시스템의 효과를 지속적으로 개선해야 한다.

8.5.2 시정 조치

조직은 재발 방지를 위하여 부적합의 원인을 제거하는 시정 조치 절차를 문서화해야 한다. 시정 조치는 지적된 문제의 크기와 영향에 대해 적절해야 한다. 포함할 내용은 다음과 같다.

(a) 부적합 내용의 식별(고객 불평 포함)

(b) 부적합의 원인 규명

(c) 부적합이 재발하지 않도록 하는 보증 행동의 필요성 평가

(d) 필요한 시정 조치의 결정 및 실행

(e) 수행된 시정 조치에 대한 검토

8.5.3 예방적 조치

조직은 잠재적 부적합의 제 원인을 제거할 예방 조치의 절차를 문서화해야 한다. 예방 조치는 해당 문제의 크기와 영향에 대응하여 적절해야 한다.

ISO 9001:2000의 목적과 개정안으로서의 주요 특징은 다음과 같다.

① 1994년 판에서는 '품질보증'이라는 단어가 주로 사용되었으나 2000년 판부터 '품질경영'으로 바뀌었다.

② ISO 9002, 9003을 없애고 9001 하나로 통일했다. 인증을 받고자 하는 조직이 자기 해당사항만을 선택해서 실천하게 한다면 9001 하나만으로도 충분할 것이기 때문이다. 앞으로는 모든 종류의 조직 규모, 업종, 영역에도 두루 적용될 수 있는 보다 유연성 있는 시스템이 등장하게 될 것이다.

③ 자원 관리, 고객 관련 프로세스, 지속적 개선 등의 주요 항목이 추가되었다.
④ ISO 14000과 9000을 통합할 수 있도록 한다.
⑤ 가장 큰 변화는 비즈니스 프로세스(business process) 개념의 도입이다. 이 개념을 도입함으로써 예컨대 은행, 교육기관, 병원에도 ISO 규격이 무리 없이 적용될 수 있을 것이다.

즉, 21세기에 대비하는 시안이므로 상당히 파격적이라 느껴진다. 예를 들면, 요즘 우리는 고객 만족을 강조하는데 앞으로는 고객 만족은 당연시되고 이해관계자 만족까지 요구된다고 보는 것이다. 이해관계자란 조직 운영 및 성과에 영향력을 행사하는 사람(집단)들을 가리킨다. 그 구성은 조직의 종류나 상황에 따라 다르겠지만 고객, 주주, 경영층, 근로자, 정부, 지역사회 등이 포함될 수 있다.

4. ISO 14000

ISO 9000 시리즈는 역사상 가장 크게 성공한 국제규격이라고 할 수 있다. 그 뒤를 이어 ISO 14000이 등장했고 이를 처음 소개한 것은 ISO 9000 관련 서적이나 연수기관들이었다. 그 때문인지 ISO 14000을 ISO 9000의 후속 시리즈라고 오해하거나 '14000은 9000보다 월등한 것'이라고 오해하는 사람도 있다. 품질경영을 논할 때 반드시 ISO 14000을 다룰 필요는 없다. ISO 9000 인증과 관련된 문제들, 나아가 ISO 9000 시리즈의 요구사항을 준수하는 데 만족하지 않고, 더 성숙된 '진정한 품질경영'이 무엇이며 어떻게 그 경지에 이를 수 있는가를 논하는 일이 더욱 중요하다. 그러나 이러한 이유와는 별도로 ISO 14000에 대해 알아 두는 것은 필요한 일이다.

ISO 14000의 주제는 품질경영이 아니라 환경보호, 에너지 절약에 초점을 두는 환경경영 시스템(environmental management system, EMS)이다. 이러한 주제들은 품질이나 생산 과정과 분리해서 생각하기 어려울 만큼 이미 중요한 요소로 등장했다. ISO 9000:2000에서도 역시 그러한 이유로 양자의 통합적 개정안을 추구하고 있는 것이다.

1992년 브라질에서 열린 지구환경 정상회담 이래 환경 문제에 대한 각국의 관심이 가속화되었고, 국제연합의 환경기구가 ISO에 환경 규격 제정을 의뢰하여 1993년 ISO는 환경경영에 관한 전문위원회(TC 207) 및 6개 분과위원회를 설치하게 되었다. ISO 9000이 BS 5750을 모형으로 하여 만들어졌듯이 ISO 14000도 그 모형은 BS 7750(영국표준 환경경영 시스템)이다.

BS 7750은 1992년에 처음 발표되었고 1994년에 1차 개정된 바 있다. ISO 14000도 역시 규격 문서들의 시리즈인데, 이행 규정을 담은 문서는 ISO 14001이며 나머지는 가이드라인이다. 14001의 내용은 5개 시스템 요소(system element)로 구성되어 있는데 설명은 생략하고 항목만 열거하겠다.

■ ISO 14001의 시스템 요소

1. 환경방침
2. 계획
   - 2.1 환경 측면
   - 2.2 법규정 및 기타 요구 조건
   - 2.3 목표
   - 2.4 환경경영 프로그램
3. 실행 및 운영
   - 3.1 구조 및 책임
   - 3.2 훈련, 의식 확산, 자격기준
   - 3.3 커뮤니케이션
   - 3.4 환경경영 시스템 문서
   - 3.5 문서 통제
   - 3.6 운영 통제
   - 3.7 비상대기 및 처리
4. 점검 및 시정 조치
   - 4.1 추적 및 측정
   - 4.2 부적합사항, 시정, 예방
   - 4.3 데이터 관리
   - 4.4 환경경영 시스템 감사
5. 경영자 검토

ISO 14000은 ISO 9000을 대체하기 위해 만들어진 것이 아니라 둘은 별개이다. 그러나 시스템 요소 중 문서 통제, 데이터 관리, 감사 등 공통 부분이 많다. 또한 ISO

9000 등록 과정에서 얻는 시스템 구축의 경험이 14000에도 활용될 수 있기 때문에, ISO 9000 등록을 필한 업체는 14000 인증을 추가로 획득하기 용이할 것이다.

인증 등록 과정도 비슷하다. ISO 14000에서는 예방, 지속적 개선, 커뮤니케이션 등이 ISO 9000의 경우보다 더 강조되고 있다. 이와 같은 경향은 품질경영의 발전 방향과도 일치되는 것이므로 장차 ISO 9000 개정안에도 마찬가지로 반영되리라 예상된다. ISO 14001 인증을 받는다면 다음과 같은 이점이 있다.

① 업체의 환경경영 수준, 법규 이행 수준을 대외적으로 과시할 수 있고,
② 계약 요건을 갖춤으로써 시장 지배력을 강화할 수 있으며,
③ 환경감사 등 별도의 평가 대비 노력이 절약되고,
④ 자원 활용도가 개선되어 경제적 이득이 발생한다.

그 밖에도 환경 관련 거래(부동산, 금융 등)가 원활해지고 환경 변화에 대한 적응력이 높아지는 등의 이점이 있다. 물론 등록을 받지 않고 그저 자체적으로 ISO 14001에 따라 시스템을 개선할 수도 있는데 그래도 상당한 이점을 체험하게 될 것이다.

5. QS 9000

미국품질학회(ASQ) 웹사이트에 소개된 QS 9000에 관한 설명을 아래에 정리했다.

1) 소개

QS 9000은 'Quality System Requirements QS 9000'의 약칭이며 크라이슬러, 포드, 제너럴모터스, 3개 자동차 회사의 공통적 품질표준이다. QS 9000은 1994년판 ISO 9001을 토대로 작성된 것이지만 자동차 산업의 특수요구를 추가로 포함하고 있다.

ISO의 공인기관과 등록기구들은 이러한 추가사항을 '자동차 산업적 해석'이라고 본다. QS 9000은 재료, 부품, 열처리, 도장, 판금, 기타 서비스 등의 공급업체들에 적용된다. 따라서 빅스리(big three)에 납품하는 공급업체 모두에게 적용되는 것은 아니다(http://www.asqc.org/QS 9000/).

2) QS 9000에 관한 일문일답

문 QS 9000은 무엇인가? QS 9000은 누구에게 적용되는가?

답 앞의 내용 참조

문 그 밖의 다른 조직들도 QS 9000을 도입한 예가 있는가?

답 여러 중장비 · 트럭 회사들, 예컨대 Navistar International Transportation Corp., PACCAR, Inc. 등이 QS 9000의 정식 가맹 회원이 되었다. 자동차 산업의 타 회사들도 공급자 품질 요구 조건으로 QS 9000을 채택하고 있으며 자동차 산업 외의 다른 산업에서도 QS 9000 채택을 검토 중이다. 그들은 이미 시행 중인 ISO 9001을 더 발전시킬 수 있는 모형으로 QS 9000 이용을 고려하고 있다.

문 QS 9000을 발전시키고 유지하는 책임은 누구에게 있는가?

답 QS 9000을 총괄하는 책임기관은 SQRTF이다. 이 태스크포스는 빅스리 3개 사의 대표자들과 관련 조직의 연락자들로 구성된다. QS 9000은 ISO 9001 표준 실천의 신접근법이기 때문에 1995년 초에 빅스리와 공인된 인증 등록기관들이 협력하여 IASG를 발족시켰다. 이 그룹은 QS 9000 관련 제3자 등록 업무 절차, QS 9000의 개정, 유권해석, 확장에 대한 공식해석을 발간한다. 이러한 「재가된 공식해석(Sanctioned Interpretations)」 자료는 ASQ에 비치되어 있다.

문 'TE-9000'이란 문서는 무엇인가?

답 TE-9000은 과거 QS 9000의 부록을 준비하기 위한 내부적 속기록이었다. 정확한 명칭은 '공구 및 장비 부록'이며 현재 개발 중이다. 이것은 공구, 장비, 관련 제품의 공급업체들이 QS 9000을 적용받을 때 필요하다. 이 문서가 발간되면 크라이슬러 TESQA(Tooling and Equipment Supplier QA) 매뉴얼을 대신하게 될 것이다.

문 QS 9000은 외부 공급업체에만 적용되는가, 빅스리 자신들도 이행하는가?

답 QS 9000은 앞에서 지적한 제품/서비스를 공급하는 모든 외부 및 내부 공급자들에게 적용된다. 외부 공급자란 빅스리가 소유하지 않은 타 회사들을 가리킨다. 공급기지란 표현을 쓰는 경우, 그 공급기지의 대부분이 포함된다고 생각하면 된다. 그러나 빅 스리의 많은 사내 부서들도 자사 내의 공장들과 경쟁회사에 납품을 한다. 예컨대, 포드 공장이 부분 조립품 등 자기 제품을 포드, 크라이슬러,

GM에 판매하는 것은 흔히 있는 일이다. 이런 경우, 빅스리 각 회사는 타 회사의 외부 공급자가 되어 QS 9000을 적용받게 된다. 아울러 빅스리 회사들 내부에서도 부서 간 공급에 대해 QS 9000의 이행을 요구받게 된다.

문 QS 9000은 세계적인 표준인가?

답 그렇다. QS 9000은 사실상 세계적인 공급자 품질 조건이다. 북미 전체, 그리고 남미, 유럽, 호주의 여러 나라에서 통용된다. 장차 아시아 연안국들과 빅스리 공급자들이 위치한 세계 각국에서 통용될 것이다.

문 QS 9000을 이행하는 방법은 무엇인가?

답 포드에 대한 납품업체는 내부 감사, 고객(second-party, 당사자)감사, 그리고 ISO 9001 유자격 등록기관에 의한 제3자 감사에 의해 이행을 확인받는다. 크라이슬러와 GM의 납품업체는 ISO 9001 유자격 등록기관에 의한 제3자 감사에 의해 그 이행을 확인받는다.

문 유자격 등록기관이란?

답 RAB, RvA, UKAS 등 공인된 인증기관에 의해 승인된 ISO 9001 등록기관들이다. 단, QS 9000 등록기관 실천헌장 준수에 동의하고 소정의 자격시험 과정을 통과해야 한다. ISO 9000 시리즈 등록기관이라고 해서 모두가 QS 9000의 제3자 감사 자격을 보유한 것은 아니다. 유자격 등록기관의 명단은 ASQ QS 9000 웹사이트에 있다. 테스트 내용은 IASG의 「재가된 공식해석」 매호에 수록되고 갱신된다. QS 9000 인증을 원하는 회사는 공인된 인증을 얻기 위해 QS 9000 유자격 등록기관과 접촉해야 한다.

문 공인된 인증기관이란?

답 등록기관이라고 해서 모두 QS 9000 감사 자격을 가진 것은 아니다. 마찬가지로 인증기관도 빅스리에 의해 승인된 경우만 공인된 인증기관(recognized accreditation body)이 된다. QS 9000에는 '인증기관 실천 요구 조건'이 포함되어 있다. 공인된 인증기관의 명단은 ASQ QS 9000 웹사이트에 있으며 「IASG Sanctioned QS 9000 Interpretations」 매호에 수록된다.

(참고 : http://www.asqc.org/standcert/QS 9000/faq.html)

QS 9000의 장점은, 이제까지 공급자들이 빅스리로부터 각각의 인증심사를 따로 받아야 했으나, 단일화된 표준에 의거하여 한 번에 빅스리, 3사의 인증을 동시에 획득하게 되어 심사 비용의 대폭적인 절감 효과가 있다는 것이다. 즉, 빅스리의 납품업체로 선정받기 위하여 종전에는 각 회사별로 16단계에 걸쳐 2년이 걸렸으나, QS 9000 인증 획득 시 전체 회사에 대하여 8단계가 생략되어 1년이면 자격을 획득할 수 있게 되었다. 그리고 부품 제조의 공용화가 가능하여 스크랩의 대폭 감소 등 재료 낭비가 제거될 수 있기 때문에 궁극적으로 QS 9000 인증 획득은 자동차 산업의 경쟁력 강화에 크게 기여하게 된다.

(1) ISO/TS 16949:2000의 주요 특징

최근에는 QS 9000 규격에 대응하여 ISO에서 ISO/TS 16949 규격을 별도로 개발하여 사용하고 있는데 ISO/TS 16949:2000 규격의 주요 특징은 다음과 같다.

① 프로세스 접근방식 : 프로세스 접근방식이란 조직이 기능을 효과적으로 발휘하기 위해 수많은 연결된 활동을 파악하고 관리해야 한다는 것으로, 이를 통해 프로세스의 결합 및 상호작용 파악이 용이하고 시스템 내에서 개별 프로세스 간의 연결이 명확해진다는 이점이 있다.
② 고객 지향적 : 고객 접점 중시, 고객 만족 중시
③ 성과관리 : 가치의 부가, 이익 지향, 각종 성과지표의 균형적 관리
④ 지속적 개선
⑤ PDCA 사이클 강조
⑥ 경영자 책임/의지 강조
⑦ 고객과의 의사소통 강조 : 내부 고객, 외부 고객

(2) QS 9000 관련 기관

■ SQRTF(Supplier Quality Requirements Task Force)

크라이슬러, 포드, 제너럴모터스, 3사의 공급자 품질 요건 태스크포스(SQRTF)는 QS 9000의 감독 책임기관이다. 1988년 가을에 신설되었으며 빅스리의 대표자들로 구성되었다. SQRTF 멤버는 크라이슬러의 W. Norrid, 포드의 Steve Walsh, 제너럴모터스의 R. Dan Reid이다. SQRTF의 임무는 아래와 같다.

① 품질 시스템 요구 조건의 저작권 및 감독
② 3사의 QS 9000 관련 문서(번역 포함) 감독
③ QS 9000 프로그램의 감독(타국에서는 해당 지역 각사 멤버가 연락 처리)

④ 인증기관, 등록기관, 공급업체 대표들로 구성되는 IASG에 참가

■ IASG(International Automotive Sector Group)

IASG는 국제적 특별작업 그룹으로, 빅스리가 공인하는 인증기관, QS 9000 유자격 등록기관, SQRTF 측 대표자, 계층 1(tier 1)의 공급업체들로 구성된다. QS 9000 기준과 등록에 관련된 해석 문제들을 토의 · 해결하기 위해 정기적으로 그룹 회의를 개최한다. IASG는 최신판의 QS 9000 해석을 정기적으로 출판하여 관심을 가진 모든 집단들에 제공한다.

■ AIAG(Automotive Industry Action Group)

AIAG는 비영리 단체로서, 북미주 지역의 자동차 제조업자와 자재 공급업자들을 위해 의사소통을 촉진하기 위한 포럼 운영, 실천 관행의 통일, 교육 제공을 목적으로 설치되었다. 중소기업이나 대기업이나 AIAG에 의견을 제시할 수 있다. AIAG의 사명은 '회원사 및 북미주 자동차 산업의 생산성 향상을 성취함'에 있다.

6. TL 9000

TL 9000은 'Telecommunication Leader 9000'의 약자로 정보통신업계의 품질보증 규격을 의미한다. TL 9000은 자동차 산업 부문의 규격인 QS 9000과 마찬가지로 ISO 9000을 근간으로 정보통신 업계의 요구사항 83개를 추가하여, 1997년 10월 미국의 SBC, 벨애틀랜틱, 벨사우스, 루슨트테크놀로지스, 모토롤라, 알카텔 등의 대기업을 포함한 정보통신 기기 공급자 및 서비스 제공자들(TSPs)로 구성된 QuEST Forum(Quality Excellence for Suppliers of Telecommunication)에 의해서 1999년 11월 제정되었다. 정보통신 산업 분야의 품질 시스템 규격인 TL 9000으로 인해 전 세계적으로 관련 산업의 품질개선을 통한 비용 절감이 기대되고 약 1만 개 이상의 기업이 이 새로운 규격의 영향을 받을 것으로 예상된다. TL 9000과 QS 9000의 차이점은 품질보증 시스템 능력을 구체적으로 정량화하여 성과지표로 파악할 수 있다는 것이다.

자동차, 항공, 건설, 정보통신, 서비스업 등 각 산업 분야의 특성을 구현할 수 있는 전문화되고 발전된 품질 시스템 표준에 대한 필요성이 선진국을 중심으로 대두

되었으며, 이러한 필요성을 바탕으로 1997년 10월 세계 일류 정보통신 회사들이 주축이 되어 품질 시스템 표준 제정과 품질향상의 실현을 위한 목적으로 QuEST Forum을 결성하였다. TL 9000은 시스템 요구사항을 정보통신 산업 제품군의 성격에 따라 하드웨어, 소프트웨어, 서비스 분야로 나누어 경영 시스템 요소를 다루었으며, 특히 이 표준은 핵심품질을 측정할 수 있는 메트릭스(성과 측정표)를 규정하고 있다.

TL 9000의 제정 목표는 제품 및 서비스의 설계, 개발, 인도 및 유지 · 보수를 위한 정보통신 산업의 품질 시스템 요구사항을 규정하는 데 있다고 할 수 있다. 또한 TL 9000에는 제품 및 서비스의 신뢰도 및 품질성과(quality performance)를 평가할 수 있는 비용, 성과에 근거한 성과지표를 포함한다.

이러한 TL 9000은 ISO 9000 요구사항을 바탕으로 정보통신 산업의 제품군(하드웨어, 소프트웨어, 서비스)에 적용되는 시스템 요소와 시스템의 효율성을 측정 · 평가하는 메트릭스 요구사항을 포함한 5개 층으로 구성되어 있다.

- Layer 1 : 품질 시스템 요구사항(총 21개 조항)
  - ISO 9001의 20개 조항
  - 고객 만족
- Layer 2 : 하드웨어, 소프트웨어, 서비스에 적용되는 공통의 통신 산업 요구사항
- Layer 3 : 하드웨어, 소프트웨어, 서비스에 특정되는 요구사항
- Layer 4 : 하드웨어, 소프트웨어, 서비스에 적용되는 공통의 통신 산업 메트릭스
- Layer 5 : 하드웨어, 소프트웨어, 서비스에 특정되는 메트릭스

TL 9000이 여타 규격과 차별화되는 점은 그 품질성과 및 비용에 기초한 성과지표, 즉 메트릭스가 있다는 점인데, 하드웨어, 소프트웨어, 서비스 부문에서 각각 다른 지표에 의해 산출된 자료는 텍사스대학(댈러스)에서 관리하고 그 데이터베이스는 동종업계 평균을 제공하므로 기업 간 비교가 가능해 지속적인 시스템의 발전을 가능하게 한다. 이 밖에도 요구사항이 ISO 9000보다 구체적이고 계획 부문(품질계획, 프로젝트계획, 생산계획 등)을 강조하며 제품수명주기 관리 및 고객 만족도 측정 등이 새로 추가되었다는 것이 기존 ISO 9000과는 다른 점이라 할 수 있다.

TL 9000 개발 · 보급 기관인 QuEST Forum에는 현재 미국, 유럽 등 세계 각국의 주요 통신 서비스 제공자 및 공급자, 그리고 품질 시스템 규격 운용과 관련한 주요 이해 당사자(국가 인정기관, 인증기관 포함) 100여 개 이상이 회원으로 가입되어 있

다. 다른 산업과 마찬가지로 QuEST Forum의 회원들은 제품과 서비스의 품질향상을 목표로 하고 있지만, QuEST Forum은 회원사가 QuEST Forum 운영자에게 제품의 품질 데이터를 제공해 줄 것을 요구한다는 점에서 매우 독특하다. 이러한 데이터는 품질의 다양한 측면, 즉 시스템 고장 횟수, 청구상의 실수, 납기 문제 등을 보여주기 때문에 성과지표 데이터(metrics data)라고 일컫는다.

1996년 4월 대표적 정보통신 서비스 제공자들(TSPs)이 정보통신 산업에서의 보다 나은 품질 요구사항 규정을 제안한 것을 계기로 1997년 10월에 QuEST가 설립되었으며, 1998년 1월 창립총회 이후부터 공식적인 활동이 시작되었다. QuEST Forum의 임무는 정보통신 서비스의 품질과 신뢰성의 지속적인 개선을 촉진하는 것이며, 전 세계 정보통신 산업에 적용될 품질 시스템 요구사항을 개발하고 유지하는 데 그 목적이 있다. QuEST Forum은 현재 ISO 9000 기술위원회(TC 176)에서 협의 대상 지위(liaison status)를 부여받아 정보통신업계를 대표하고 있다.

7. 글로벌 표준의 신경향

각종 국제규격은 서로 이해가 다른 회원국들의 70~90%가 합의하는 선에서 결정되는 경향이 있고, 따라서 '최소 요구 조건' 수준으로 규정되는 것이 보통이다. 따라서 강경파나 특수 산업분야에서는 국제표준보다 앞서 나가는 경향이 있다. 우리는 국제규격에 대하여 "너무 엄격하다"고 불평하면 안될 것이다. 오히려 국제규격보다 앞서 나가야 국제 무대에서 인정을 받을 수 있을 것이다.

국제규격 사례

「USA Today」(2000년 9월 8일 자)에 "650만 개의 타이어를 리콜한 브리지스톤-파이어스톤 사례는 ISO 9000이 너무 강한 규정이라는 증거가 된다. QS 9000이나 TL 9000은 더 엄격하다. 그래서 자동차 제조 회사들이 독일의 품질표준으로 전환하는 경향이 있다. 이러다가는 시멘트로 벽을 쳐야 겨우 인증을 받게 될 것이다."라는 기사가 게재되었다. 이 신문기사는 옳지 못하다. 국제규격은 최소 요구 조건이며, 고객들이 시멘트 벽을 원할 경우에만 맞는 이야기일 것이다.

국제표준의 초점은 제품 인증이 아니라 시스템 인증이다. 조기 경보, 측정-분석-개선에 효과적인 시스템이어야 한다는 것이다. 〈표 3-3〉과 같은 개념의 변화를 이해할 필요가 있다. TQ 개념은 최근 국제표준의 중요한 준거 틀이 된다.

표준 개발은 하나의 진화적 과정이다. ISO 9000:2000 개정판에도 사실 일부만 추가되었다. 팀워크, 품질문화, 네트워킹, 커뮤니케이션 등의 요소는 앞으로도 더욱 강화될 것이다. ISO의 공식 정의를 보면 품질이란 "고객의 필요와 기대를 맞춰줄 수 있는 능력이며, 명시적 니즈와 암시적 니즈를 모두 포함한다."고 규정되어 있다. 따라서 앞으로는 결국 암시적 니즈를 어떻게 얼마나 고려하는가로 선두 그룹이 형성될 것이다.

미국의 볼드리지 품질상 평가 항목은 매년 수정된다. 2001년 기준에서는 '정보관리'와 '비즈니스 프로세스', 2개 항목이 추가되었는데, 이는 대통령 선거에서 플로리다 주의 정보관리와 하드웨어, 소프트웨어 품질 문제가 부각되었기 때문이라는 뒷이야기도 있다. 신뢰도와 안전도가 더 많이 요구되는 하이테크 산업에서는 이미 앞질러 시행되고 있다. 이제는 남보다 앞서 나가는 것이 오히려 경제적이고 홍보 효과도 크다는 것이 중론이다.

> 品 : 官級格(벼슬차례 품), 等級(등급 품), 批評(평판할 품), 物件(가지 품)
>
> 質 : 主(바탕 질), 成(이룰 질), 朴(질박할 질), 信(믿을 질), 正(바를 질)
>
> 품질 : 물건, 사람, 조직, 시스템, 경영, 환경, 모두에 적용 가능
>
> ➡ '등급의 믿을 만한 바탕'

동업자들이 협력하여 공동 표준을 개발하는 것도 최근의 새로운 추세라고 볼 수 있다. 미국의 자동차 빅스리는 QS 9000을 공동 개발하였고, 그 후 독일, 프랑스, 이탈리아의 자동차 산업표준을 통합하여 ISO/TS 16949가 탄생하였다. 또한 빅파이

◉ **표 3-3 품질평가의 세 가지 차원**

누가 평가하는가?	무엇을 평가하는가?	품질평가의 기준은?
공급자, 검사자	제품, 서비스	주어진 규격에 일치되는 정도
고객, 사용자	제품, 서비스	고객 요구 또는 기대의 만족 수준
제3자 평가기관 및 정기적 자체 평가	프로세스, 시스템, 인간, 조직, 환경까지 포함	품질(TQ), 탁월성(excellence)

브(제너럴모터스, 포드, 다임러크라이슬러, 도요타, 르노)의 공동 기술표준 개발 선언이 있었다. 여기서 메이커에 관계없이 동일 규격품 사용, 차량 내 인터넷 설치, 이동통신, 오락기기 장착 등의 합의가 이루어졌으며 빅파이브에 국한하지 않고 추가 가입을 환영한다는 발표가 있었다. 한편 품질경영, 환경경영, 안전보건경영, 3자의 통합화, 노동과학(ergonomics) 표준의 개발[직업안전보건국(OSHA, http://www.osha.gov)], 서류 없는 문서 관리 등의 노력도 글로벌 표준의 미래 모습을 짐작하게 하는 신경향이다.

남보다 먼저 간다는 것은 그만큼 중요하다. 일찍이 3M은 1975년부터 '오염 방지 지불(Pollution Prevention Pays)' 프로그램을 시작하여 8억 달러를 절약했다고 한다. ISO 14001이 등장한 1996년, 첫 1년간 미국의 17개 회사가 등록했는데 최초의 도입 동기는 홍보목적, 모기업 압력, 체면 등 매우 소극적인 것이었다. 그러나 차후에 밝혀진 실익은 매우 컸다.

ISO 14001 등록 사례

캐넌버지니아(Canon Virginia Inc.)

프린터 토너 카트리지 등을 생산하는 업체로, 모기업의 강요로 14001에 등록했으나 그로 인해 작업시간 손실과 불량률이 크게 감소되었다. 생산 쓰레기의 대부분이 기계 고장 때문에 발생한다는 것을 알고 예방 정비에 주력, 고장수리 작업 지시 비율이 1998년 6월 85%에서 동년 12월 28%로 떨어졌고 예방 정비와 프로세스 개선 업무에 더 많은 노력을 기울일 수 있게 된 것이다. 불량률은 6개월 동안 60%나 감소되었다.

유나이티드 케미컨(United Chemi-Con Inc.)

일본계 모기업의 강요로 14001에 등록했으나 공장 운영비 절감, 유해물질 배출 사고 감소, 신기술(수질관리, 난방) 도입으로 충분한 보상을 받았다고 자평한다.

타이텍스(Tytex Inc.)

전기 사용량 26%, 가스 사용량 24%, 용수 21%를 절감했고, 쓰레기 재활용 30% 증가, 생산량은 21% 증가했다. 1996년 14001 등록 후 에너지와 용수 비용이 25% 감소했다. 투자회수 기간은 3.5년이었다.

포드자동차의 환경경영 도전

1996년에 14001을 최초로 도입했는데 '우리는 경영을 잘한다, 기업 시민정신이 투철하다'는 것을 과시하기 위해 시작했다고 한다. 그러나 실제로 나타난 실익은 대단한 것이었다. 그래서 1999년까지 26개국 140개 자사 공장에 등록 확대를 선언했다.

실적 : 미시간 주의 트럭 공장은 1일 100만 갤런의 용수 소비량 감소/10개 공장에서 1995년 이후 누계 1만 7,000톤의 폐기 페인트 재활용화/1억 6,000만 파운드의 포장재 쓰레기 감소(카드보드와 합판 상자를 재활용 플라스틱과 금속 컨테이너로 교체)

파급 : "2003년까지 포드의 모든 협력업체(제조/비제조 망라)에 ISO 14001 등록을 요구한다." (1999년 9월 9일 발표) 포드가 이렇게 선언하자 2주일 후 GM도 2002년 말 시한으로 모든 공급업체에 요구했으며, 혼다 미국 지사는 2001년까지 주요 공급업체에 14001 등록을 요구했고 IBM, 제록스 등 다른 대기업들도 뒤를 따랐다.

8. ISO 26000

1) 의의

상품 및 서비스 시장이 확대되고 노동과 자본의 흐름이 자유로워진 이른바 세계화 시대가 도래하면서 노동, 인권, 환경 등 기업의 사회적 책임(corporate social responsibility, CSR)에 관한 관심이 확대되고 있다. 기업의 목표도 주주 혹은 내부자의 이익만이 최우선되는 시대에서 모든 이해관계자의 요구를 균형 있게 수용하고 기업 활동에 반영하는 CSR 경영 시대가 도래하였다. UN 등 국제기구와 서구를 중심으로 한 각국의 NGO 및 기업관계자 사이에서 CSR에 관한 논의가 확산되고 있으며, 동시에 기업 행동을 감시 · 평가하는 조직과 NGO가 다국적 기업의 행동규범이나 기준 제정에 적극적으로 개입하고 있다.

국제표준화기구(ISO)는 6개의 이해관계자 그룹(기업관계자, 각국 정부관계자, 소비자 단체, 노동자, NGO, 전문가 그룹)과 함께 2010년 ISO 26000을 제정하였다. ISO는 '사회적 책임에 대한 자발적인 지침'을 제공하기 위해 ISO 26000을 개발했으며, ISO 26000은 선진국과 개발도상국, 공공기관과 민간 부문에 대한 구분 없이 전 영역에 걸쳐 적용되기 때문에 사회적 책임의 중요성에 힘을 실어 줄 것이다.

ISO 26000은 미래의 국제표준을 의미하고, 모든 국가의 모든 조직이 그 대상이 되며, 계속적으로 증가하는 사회적 요구에 모든 조직들이 책임 있게 행동할 수 있도록 도움을 주는 데 그 목적이 있다. 기업의 지속 가능 경영 측면에서도 기업이 재화와 용역을 고객에 제공함에 있어 환경에 해를 끼치지 않아야 한다는 소극적인 개념보다는 사회적 책임을 다해야 한다는 적극적인 책임의식이 필요하다. 이러한 사회적 요구는 고객, 소비자, 정부, 연합, 대중으로부터 받게 되며, 중 · 장기적인 비전을 가진 경영자라면 회계 부정이나 노동 착취와 같은 행위를 방지하고, 신뢰할 만한 기업 관행의 근간이 있어야 지속적인 경영성과가 가능하다는 것을 인지하고 있다. ISO 26000은 두 가지 측면(이해관계자 측면, ISO 네트워크를 통한 국가단위 측면)에서 접근을 시도하고 있으며, 이러한 ISO의 축적된 전문지식과 네트워크를 활용한다면 글로벌 시각에서의 SR과 SR 경영을 토대로 한 국제기준이 될 것으로 기대된다.

2) ISO 26000 관련 용어

조직 (organization)	책임, 권한과 관계, 식별 가능한 목표를 갖춘 가진 독립체 또는 사람과 시설 집단 * 주 : 이 국제표준의 목적을 위해, 법을 만들고 집행하며 사법 당국을 운영하고 공공이익을 위한 정책을 수립하는 의무를 수행하거나, 국가의 국제 의무를 지키는 독립적 역할을 하는 정부를 포함하지 않음
환경 (environment)	공기, 물, 토지, 천연자원, 식물, 동물, 인간, 우주 공간 및 그들의 상호관계를 포함하여 조직이 운영하고 있는 자연환경 * 주 : 여기서 '자연환경'이란 조직 내부에서부터 전 세계적 시스템까지 아우르는 개념임
영향 (impact)	조직의 과거와 현재 결정과 활동의 결과, 전체 또는 부분적으로 사회, 경제, 또는 환경에 미치는 긍정적 또는 부정적 변화
영향권 (sphere of influence)	조직이 개인이나 조직의 결정 또는 활동에 영향을 줄 수 있는 능력을 통한 정치적, 계약적, 경제적 또는 기타 관계의 범위/정도
국제 행동규범 (international norms of behavior)	국제관습법, 보편적으로 수용되는 국제법의 원칙, 또는 세계적으로나 거의 세계적으로 인식된 정부 간 협정에서 나온 사회적으로 책임 있는 조직 행동에 대한 기대
조직 거버넌스 (organizational governance)	조직이 목표를 추구함에 있어 결정을 내리고 실행하는 시스템
이해관계(stakeholder)	조직의 결정 또는 활동에 이해관계가 있는 개인 또는 단체
이해관계자 참여 (stakeholder engagement)	조직의 결정을 위한 정보 제공을 목적으로, 조직과 1명 또는 다수의 이해관계자 간 대화의 기회를 만들기 위해 수행되는 활동
공급사슬 (supply chain)	조직에 제품 또는 서비스를 제공하는 일련의 활동 또는 당사자
가치사슬 (value chain)	제품 또는 서비스의 형태에 가치를 제공하거나 받는 전체 연속된 활동 또는 당사자
피고용인(employee)	국내법이나 관행상 '고용관계'로 인지되는 관계 속에 있는 개인
근로자(worker)	피고용인이나 자영업자, 또는 근로를 하는 모든 사람

3) ISO 26000 체크리스트 구성체계

프로세스 진단(8단계)

- 1단계 — **사회적 책임 인식**
  경영자의 의지를 바탕으로 조직의 현 상황 검토
- 2단계 — **이해관계자 식별과 참여**
  이해관계자의 관심과 요구사항 검토, 참여전략을 수립
- 3단계 — **핵심주제와 쟁점 분석**
  쟁점 검토와 조직 내부 역량 분석을 통해 쟁점 목록 작성
- 4단계 — **우선순위와 실행전략 수립**
  조직 역량을 고려해 개선·관리해야 할 쟁점의 우선순위, 목표와 실행계획 수립
- 5단계 — **실행**
  전략과 비전, 목표와 실행계획을 실행하고 사회적 책임성과를 주기적으로 모니터링
- 6단계 — **의사소통**
  성과 보고서를 작성하여 이해관계자와 의사소통
- 7단계 — **검증**
  성과의 신뢰성을 제고하기 위한 활동과 보고
- 8단계 — **개선**
  성과를 주기적으로 검토하여 지속적 개선으로 연결

조직 전반에 사회적 책임을 통합

성과 진단(7대 핵심주제)

- **조직 거버넌스**
  사회적 책임 원칙을 존중하고 이를 기존의 시스템, 정책과 관행에 통합하는 활동
- **인권**
  조직 내와 조직 영향권 내의 인권을 존중하고 보호하고 준수하며 실현하는 활동
- **노동 관행**
  조직 내와 협력업체를 대상으로 근로자의 노동환경에 영향을 미치는 정책과 관행
- **환경**
  환경에 미치는 조직의 영향을 줄이기 위해 조직의 결정과 활동의 의미를 고려하여 통합적으로 접근하는 활동
- **공정 운영 관행**
  조직과 파트너, 공급자 등 조직과 타 조직 간 거래의 윤리적 행동에 관심을 두는 활동
- **소비자 이슈**
  소비자 교육, 공정하고 투명한 마케팅 정보와 계약, 지속 가능 소비 촉진 등 소비자 권리보호 활동
- **지역사회 참여와 발전**
  지역사회의 권리를 인식하고 존중하며 그 자원과 기회를 극대화하려고 노력하는 활동

지속가능발전에 기여

3.3 ISO 관련 과제와 대책

기업 규모를 고려하지 않고 일반론적으로 ISO 9000 도입의 준비 과정을 설명한 문헌은 많다. C. Fung(1998)은 품질 시스템의 구축 단계를 ① 최고경영자의 결의 표명, 관장, ② 추진 팀 구성, ③ 현 시스템 상태 평가, ④ 실천계획서 작성, ⑤ 교육훈련 실시, ⑥ 각종 문서 준비, ⑦ 문서 관리, ⑧ 진도 추적 파악, ⑨ 장애요인 파악 및 전면적 검토의 9단계로 설명한다. 물론 이러한 일반론적인 설명도 필요하지만 여기서는 중소기업에 초점을 둔 토론에 국한하겠다. 중소기업은 대기업에 비해 자금, 인력, 기술 면에서 취약한 경우가 많아 품질 시스템을 구축하기가 상대적으로 어렵기 때문이다.

앞 절에서 살펴본 바와 같이 중소기업의 ISO 9000 인증 관련 과제는 매우 복합적이고 난해하나, 이 분야의 연구자들이 지금까지 연구해 놓은 결과를 정리해 본다면 분명한 방향을 찾을 수 있다. 문제의 초점은 다음과 같은 과제로 집약된다.

① 중소기업의 특수 사정을 감안하여 ISO 9000 인증을 위한 준비 과정, 등록 과정을 재구성하는 일
② 중소기업이 적은 부담으로 쉽게 접근, 도입할 수 있고 그로부터 많은 실익을 경험할 수 있도록 지원하는 일
③ 등록 후에도 ISO 9000 시스템에 만족하거나 퇴보하지 않고 계속해서 성숙된 품질경영과 탁월성을 지향할 수 있도록 연결 장치를 만들어 주는 일

문제의 초점을 등록업체 수의 증가나 통계적 실적에 두어서는 안 된다. 중요한 것은 통계가 아니라 어떻게(how)의 문제일 것이다. ISO 규격의 도입은 품질경영으로 가는 출발점일 뿐이다. 중소기업은 이 출발점에 서기도 어렵다. 출발점에 서기도 어렵다면 곤란한 일이다. 많은 중소기업이 그 출발점에 서고, 계속 품질경영체제를 성숙시켜서 탁월한 중소기업이 많이 나오게 하는 것은 우리 모두의 중차대한 과제일 것이다.

물론 중소기업을 위한다는 이유로 우리가 ISO 규격을 자유롭게 수정할 수는 없을 것이다. 그러나 기존의 연구자들은 이 문제에 대해서 보다 유연한 낙관적 견해를 갖고 있다. 우선 준비 및 등록 과정을 직접 체험한 소기업 사장 R. Collyer(1996)의 글을 인용해 보겠다.

"우리 회사는 5인 가족으로 구성된 소기업이다. 1988년, 나는 ISO 9000에 도전함으로써 회사를 전면적으로 검토하고 평가해 볼 기회를 가졌다. 제3자가 객관적으로 회사를 평가해 준다니 그것만 해도 충분히 흥분할 만한 일이었다. 그러나 일은 쉽지 않았다. ISO 9000의 요구 조건은 대기업에나 알맞을 매우 복잡한 것이었다. 나는 그 요구사항을 앞에 놓고 참고하면서 내 사업에 필요한 것부터 골라서 내 스타일로 준비했다.

외부 컨설턴트의 도움을 받았다. 그러나 그에게 모두 맡기지 않고 내가 직접 챙겼다. 품질 매뉴얼, 작업 절차, 그리고 고객 요구사항을 정리해서 기록부를 비치했다. ISO의 요구사항이 아니라 우리 회사 고객들의 요구사항을 더 중요시했다.

회사의 주요 프로세스를 식별하고 개선하고 개선된 내용을 문서화하는 일이 가장 어려웠는데, 이때 컨설턴트의 도움을 많이 받았다. 평가 준비 문서는 총 20~30쪽 정도이다. 요구사항 전체를 빠짐없이 문서화할 필요는 없다. 중복적인 문서나 절차가 많다. 문서 작업은 전 사원이 분담했고 나는 편집을 책임졌다. 목록을 만들고 꼭 필요한 것인가를 확인하여 편집했다. 요컨대, 그것은 남에게 보여 주기 위해 만든 문서가 아니라 내 사업에 필요해서 만든 문서였던 것이다. '단순하게, 실용적으로, 사용자 중심으로 작성하라(Make it simple, practical, and user-friendly).' 이것이 문서화의 교훈이다.

교육훈련도 그렇다. 나는 훈련기관에서 하라는 대로 수강하지 않았다. 그들이 제공하는 훈련 프로그램은 아무래도 대기업용인 듯하다. 나는 다른 전문기관과 의논해서 이론과 실무가 균형을 이루도록 과목을 취사선택했다. 결국 ISO 9000 시스템 도입에 성공했다. 이 성공과 함께 나는 두 가지를 더 얻었다고 생각한다.

첫째, 중소기업 유경험자인 훈련관, 평가자들과 접촉하면서 다른 소기업의 사례를 많이 들어 견문을 넓힐 수 있었다. 그들은 나를 괴롭히기 위해 온 사람들이 아니라 유익을 준 큰손님들이었다.

둘째는 자신감이다. 바쁜 일과 중에 이 일을 해냈다는 성취감을 느낀다. 프로세스 차트 작성, 문서의 책자화, 기록유지와 보관 등 세세하게 파악했고 앞으로 더 개선할 사항을 알게 되었다.

혼자 도맡으려고 하면 안 된다. 분담하고 팀워크로 하되 결국 사장이 직접 챙기면 된다. 중소기업에 대한 경험이 많은 컨설턴트, 훈련관, 평가자들의 조언이 중요하나 사장이 스스로 해야 한다. ISO 규격은 하나의 틀(framework)일 뿐이다. 우리는 우리 자신의 시스템을 만들어야 한다. 금언은 이것이다. 당신이 행하는 바를 기록하라(Write what you do), 그리고 당신이 기록한 대로 행하라(Do what you have written)."

Collyer 사장은 ISO 9000의 그 수많은 요구사항 전체를 그대로 이행하려고 덤벼들지 않았다. 자기에게 필요한 부분만 골라서 이행했으며 주변 고객들의 요구사항을 더 중요시했다. 이러한 자세는 특히 중소기업에 중요하다.

중소기업은 자금, 인력, 시간의 여력이 부족한 반면에 사업범위가 비교적 좁고 단순하며 조직구조도 단순하고 관리해야 할 프로세스의 종류도 많지 않다. 따라서 대기업처럼 광범한 시스템을 갖출 수 없으며 그렇게 할 필요도 없다. 사장이 챙길 수 있는 범위 내에서 시스템을 단순하게 구축하고 문서화해야 한다. ISO 9000 규격은 이렇게 선택적으로 적용해도 되는 융통성 있는 규격이다.

예를 들어, 원자재의 대부분을 독점공급하는 공급자(대기업)에게 원자재를 구매할 수밖에 없는 중소기업이 있다고 하자. 이 경우, 그 중소기업에 공급자 평가, 선정, 원자재 품질평가 과정을 개선하고 시스템화하라고 강요하는 것은 무의미한 일일 것이다.

앞의 소기업 사장의 체험담은 많은 것을 시사한다. 이미 지적된 바와 같이 중소기업에 적합한 시스템 모형을 만드는 일, 중소기업형 문서 목록과 각 문서의 내용 구성, 중소기업형 교육훈련 프로그램 등 시급한 연구과제가 많이 있다.

이러한 과제가 해결되면 중소기업들이 불필요한 시간과 경비를 줄일 수 있고 규격 도입의 이점을 더 많이 즐길 수 있게 될 것이다. 이제부터 소개하는 중소기업 집단도전(group scheme) 전략도 역시 이러한 연구과제 중의 하나이다.

E. Kelly(1998)의 집단도전 전략에 관한 논문은 유럽 품질경영재단(European Foundation for Quality Management)의 1998년 논문상 후보작으로 EFQM 사이트에 올라 있다. Kelly는 종업원 50인 미만의 아일랜드 소기업들을 집단화하여 ISO 9000 등록에 도전케 하는 프로젝트에 직접 참가했고, 대성공을 거둔 후 그 결과를 정리하여 논문을 작성했다.

아일랜드는 농업 분야 외 기업 총 16만 개 중 98%가 중소기업이고, 85% 이상이 종업원 10인 미만의 소기업이다. 아일랜드에서는 최근 대기업의 압력 때문에 중소기업들이 ISO 9000 등록을 서두르고 있다. 특히 소기업들은 고객(대기업) 압력에 대해 다른 대안이 없기 때문에, ISO 9000 도입을 준비하는 과정에서 ISO 규격에 대한 지식 부족, 비용 부담, 서류 작업 부담, 시간 부족 등 고충을 겪고 있다. 이러한 상황에서 우선 생각할 수 있는 대책은 다음의 네 가지라고 Kelly는 지적한다.

① 경험 있고 자격증을 소지한 전임 직원(품질관리자) 채용 : 유경험 자격증 소지자는 구하기 어렵고 고수준의 봉급을 지불해야 하므로 중소기업에는 현실적 대안이 되지 못한다. 단, 대학 졸업자들에게 단기간 연수를 시키고 경험을 쌓게 하여 배치하면 좋은 결과를 얻을 수 있을 것이다.

② 중소기업 직원 교육훈련 : 중소기업 현직 사원들은 각자 업무에 바빠서 곤란한 경우가 많다.

③ 컨설턴트 이용 : 중소기업을 위한 유경험자가 많지 않고 비용 문제가 있다.

④ 집단도전 전략 : 여러 중소기업들이 힘을 합쳐 비용을 분담하고 경험을 교환하는 방법이다. 이 방법은 1994년부터 네덜란드, 영국, 아일랜드에서 실시된 바 있는데, 10개 정도의 중소기업들을 하나의 그룹으로 묶어서 ISO 9000에 집단적으로 도전하게 하는 것이다.

아일랜드의 PLATO 프로그램은 네트워크 연결을 통한 중소기업 지도와 지원, 그리고 중소기업 경영자(주로 소유경영자)들의 숙련 개발을 목표로 1994년에 시작되었다. 시작 당시에는 5개 지역, 총 60개 중소기업들이 참가했는데 월 1회 모임을 갖고 초청연사의 특강, 품질 세미나, 정보 교환에 주력했다. PLATO 주최 측은 중소기업협회와 컨설팅 회사의 지원하에 각 그룹 내 10~12개 중소기업들에 대해서 공동 컨설팅 서비스를 제공함과 아울러 특수과제에 대해서는 가상적인 모기업 역할을 하면서 실제 상황을 모의적으로 풀어 나가는 연습을 했다.

1994년 9월부터 ISO 9000의 필요성, 내용 등을 설명하는 품질 세미나를 시작했고 1개 그룹 10개 사가 선정되어 본격적으로 ISO 9000 인증을 얻기 위한 준비 작업에 들어갔다. 준비 기간 중 첫 6개월은 월 1회 사장단 세미나를 계속하는 한편 컨설턴트가 기업현장을 방문하여 기업별 특성과 상황을 파악했다. 6개월간의 세미나가 끝난 후에도 월 1회 방문지도를 하여 회원사의 담당자를 접촉 · 지도하고 타 회사의 진도를 알려 주는 등 중소기업 특유의 고립감을 해소토록 했다.

시작 후 16개월이 지난 1996년 1월, 드디어 10개 회원사 모두가 ISO 9000 인증서를 획득하는 대성공을 거두었다. 업종은 인쇄소, 유통업, 금속공업, 엔지니어링 회사, 인력고용 대행사, 전문 서비스업 등 다양했고 종업원 수는 4~50명, 평균 12명이었다. 시작 당시에는 10개 회사 중 단 한 곳만이 품질 업무 유경험자 단 1명을 보유하고 있었다.

Kelly는 PLATO의 성공요인으로 두 가지를 꼽는다. 하나는 집단도전 전략이고 다른 하나는 McTeer-Dale 모형이다.

■ McTeer-Dale 모형

맨체스터 과학기술원의 McTeer와 Dale(1995)이 발표한 모형은 중소기업의 ISO 9000 등록을 위한 개발 과정을 설명해 주는 모형이다. 그들은 ISO 등록에 도전하여 빠르게 성취한 기업, 등록까지 시간이 많이 걸린 기업, 중도 포기한 기업, 이 셋을 비교함으로써 동기부여, 자원, 정보, 기획의 4요소를 찾아냈다.

① 동기부여(motivation) : 고객 요구, 경영자 요구에 대한 종업원들의 태도를 좌우하는 요소
② 자원(resource) : 품질 시스템의 도입 준비에 필요한 시간, 자금, 인력
③ 정보(information) : 품질경영, ISO 9000 시스템, 그리고 준비 등록 과정에 관한 지식
④ 기획(planning) : 이상 세 가지 요소를 한 덩어리로 묶어 주는 요소

이러한 4요소가 말해 주는 교훈은 다음과 같다.

① 조직은 동기화되어야 한다.
② 필요한 자원을 동원해서 쓸 수 있어야 한다.
③ 경영자, 종업원들 모두가 정보화되어야 한다.
④ 앞의 3요소가 긍정적으로 작용하도록 시스템 구축 과정을 계획화해야 한다.

Kelly는 McTeer-Dale의 타당성이 PLATO 프로그램에 의해 입증되었다고 다음과 같이 주장한다.

① 정보 요소 : 세미나와 컨설턴트 방문을 통해 잘 만족되었다.
② 자원 요소 : 컨설팅 비용과 교육훈련비의 공동 부담, 추진본부 측의 지원을 통해 해결되었다.
③ 동기 요소 : 세미나를 통해 충분히 강조되었고 그 후에도 회원사 간의 정보 교환, 그리고 '우리만 탈락되면 어쩌나?' 하는 경쟁심리의 상호 자극으로 효과가 있었다.
④ 기획 요소 : PLATO 주최 측이 회원사의 가용시간을 충분히 참작하여 세미나 일정과 방문 일정을 짜고 품질정책서 작성을 지원하는 등의 노력으로 기획 요소를 측면에서 지원해 주었다.

"품질은 대기업보다 중소기업의 경우에 더 중요하다. 소기업은 도움을 받아야 한다. 집단도전이 필요하다. … 그러나 품질은 세미나실에서 습득되지 않는다. 품질 시스템은 기업마다 자기 특징을 통해 손때 묻은 작품, 손으로 빚어진 작품이어야 한다."

—Emer E. Kelly

연습문제

01 시스템의 정의와 시스템 사고방식에 대하여 서술하시오.

02 국제표준화기구의 ISO 9001:2000의 주요 내용을 크게 여덟 가지로 서술하시오.

03 ISO 9001:2000의 주요 내용에서 고객 관련 프로세스 내용을 서술하시오.

04 ISO 14001 시스템의 의미와 시스템 인증의 기대 효과는 무엇인가?

05 TS 16949:2000의 주요 특징 및 TL 9000의 제정목표는 무엇인가?

06 표준과 표준화의 개념 및 표준의 중요성에 대하여 서술하시오.

07 ISO 26000 시스템 의의에 대하여 서술하시오.

08 ISO 26000 체크리스트 구성체계에서 성과 진단 7대 핵심주제는 무엇인가?

참고문헌

이재관 · 유한주, 「수원여자대학 TQE 실행 모델 개발에 관한 연구」, 수원여자대학 위탁과제 보고서, 품질경영시스템연구소, 2002. 2.

Brown, A., van der Wiele, T., & Loughton, K., "Smaller Enterprises' Experiences with ISO 9000", *International Journal of Quality & Reliability*, 15(3), 1998, pp.273-285.

Chan, A. & Jeganathan, S., "The Critical Factors Inhibiting Victorian Small Businesses from Participating Fully in ISO 9000 Certification", *Proceedings of the First International Research Conference on Quality Management*, Melbourne, February 1996, pp.136-144.

Collyer, R., "Small Firms and ISO 9000", *Training for Quality*, 4(1), 1996, pp.37-39.

Fung, C., "TQM: An Integrated Approach Internet System", http://www.dmu.ac.uk/&dept/schools/business/corporate/tqmex/content.htm, 1998.

Kelly, E.E., "Quality in Small Firms", http://www.efqm.org/more.htm, 1998.

McTeer, M.M. & Dale, B.G., "Are the ISO 9000 Series of Quality Management System Standards of Value to Small Companies?", *European Journal of Purchasing and Supply Management*,

1(4), 1994, pp.227–235.

McTeer, M.M. & Dale, B.G., "How to Achieve ISO 9000 Series Registration: A Model for Small Companies", *Quality Management Journal*, 3(1), 1995.

Mo, J.P.T. & Chan, A.M.S., "Strategy for Successful Implementation of ISO 9000 in Small and Medium Manufacturers", *The TQM Magazine*, 9(2), 1997, pp.135–145.

O' Brien, T., "Special Report", *Quality Certification News*, 24 February 1995.

Chapter 04

제품책임과 TQM 방침관리

학습목표

① 제품책임과 대책 활동에 대하여 논의한다.
② 경영 방침관리의 관리 사이클을 이해한다.
③ 전사적 품질경영(TQM)의 추진 단계를 이해한다.
④ 사명서의 구성요소와 비전의 특징을 논의한다.
⑤ 국내외 초일류 기업 중에서 기업의 사명과 비전을 이해한다.
⑥ 프로젝트 선정 시 고려할 사항을 논의한다.
⑦ Malcom Baldridge 국가품질상의 핵심가치와 평가기준을 이해한다.

제품책임이란 상품의 생산, 유통, 판매 등 일련의 과정에 관여한 자가 그 상품의 결함으로 인해 야기된 생명, 신체, 재산 및 기타 권리에 대한 침해로 발생하는 손해를 최종 소비자나 사용자 또는 제3자에 대하여 배상할 의무를 부담하는 것을 말한다. 제품책임 문제는 대부분 법률 문제를 수반한다.

경영이란 조직의 경영이념을 토대로 경영목표를 설정하고 그 목표를 달성하기 위한 전략과 세부계획을 수립하여 이를 추진해 나가는 활동이다. 따라서 경영목표가 시대적 환경에 부합하지 않거나 혹은 목표 달성을 위한 전략과 세부계획이 적절하지 않다면 경영이 부실한 것이며 높은 성과를 기대할 수 없게 된다. 품질경영(TQM) 활동의 경우에도 추구하는 목표 내지 방침이 뚜렷이 제시되고 그에 따라 각 부문의 활동이 지속적으로 관리되어야 한다.

방침관리란 기업의 목적, 경영이념, 경영정책, 중 · 장기 경영계획 등을 토대로 해서 수립된 연도 경영방침을 달성하기 위해 실행계획을 세워서 이를 실시한 다음, 그 결과를 검토하여 필요한 조처를 취하는 조직적인 관리 활동이다. 경영 기본방침은 사시(社是), 사훈, 경영이념 등의 명칭으로 나타내는 경우가 많은데, 방침관리의 특징은 전략적 계획 과정에 초점을 둔다는 것이다. 이는 결과보다 그 결과를 창출하는 과정에 초점을 맞추어야 한다는 품질경영방침의 철학과 일맥상통한다.

제4장에서는 제품책임의 개념, 제품책임의 법률적 근거와 대책 활동, 방침관리와 목표관리, 기업의 사명, 비전의 특징을 살펴보고 전사적 품질경영의 추진 단계, 탁월성 모형의 국가품질상에 대해 설명한다.

4.1 제품책임과 대책

1994년 9월 3일 미국 앨라배마 주 버밍엄의 연방지방법원에서는 유방 성형수술을 받은 여성들에게 42억 5,000만 달러(약 3조 4,000억 원)의 배상금을 지불하라는 제품책임 배상 판결이 내려졌다. 이에 따라 가슴을 돋보이게 하려고 실리콘 삽입 수술을 받은 여성들은 부작용이 있건 없건 1인당 최고 140만 달러에 달하는 배상금을 받게 되었다. 수술 후 부작용이 발생했다는 사실을 입증하지 않고서도 손해배상을 받게 된 것은 제품책임법이 있기 때문이다. 이와 같이 제품책임법은 제품의 결함으로 소비자가 피해를 보았을 경우 피해 소비자가 제조업체의 고의성이나 과실을 증명하지 않더라도 보상을 받을 수 있는 제도이다.

제품책임법은 1960년대에 미국에서 판례로 형성된 후 1980년대에 접어들면서 유럽 지역, 호주와 일본 등 경제적으로 일정 수준에 도달한 세계 각국에 확산되고 있으며, 우리나라에서는 2002년 하반기부터 시행되고 있다.

1. 제품책임의 개념

제품책임(product liability, PL)이란 상품의 생산, 유통, 판매 등 일련의 과정에 관여한 자가 그 상품의 결함으로 인해 야기된 생명, 신체, 재산 및 기타 권리에 대한 침해로 발생하는 손해를 최종 소비자나 사용자 또는 제3자에 대하여 배상할 의무를 부담하는 것을 말하며, 제조물책임(법률관계), 생산물배상책임(보험관계)이라고도 한다. 즉, 제품책임은 제품 결함으로 인해 발생한 피해에 대한 생산자, 판매자 등의 손해배상 책임을 말한다.

2. 제품책임의 법률적 근거

제품책임 문제는 대부분 법률 문제를 수반한다. 제품책임은 〈그림 4-1〉과 같이 법 이론에 따라 과실책임(negligence), 보증/담보책임(warranties), 불법행위 엄격책임(strict liability in tort)으로 나눌 수 있다.

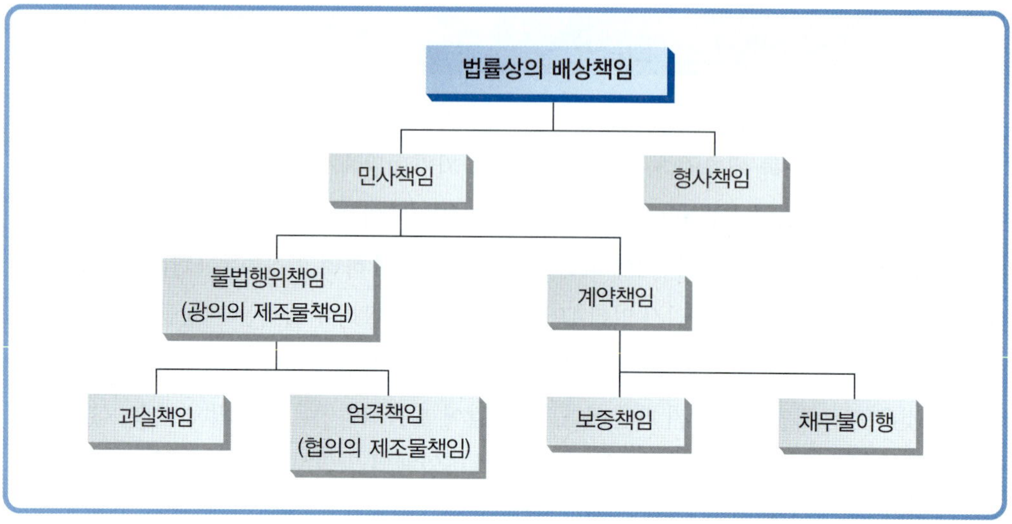

◉ **그림 4-1** 제품책임의 법적 구성

1) 과실책임

과실책임이 따르는 제품의 결함은 〈그림 4-2〉와 같이 구분할 수 있다.

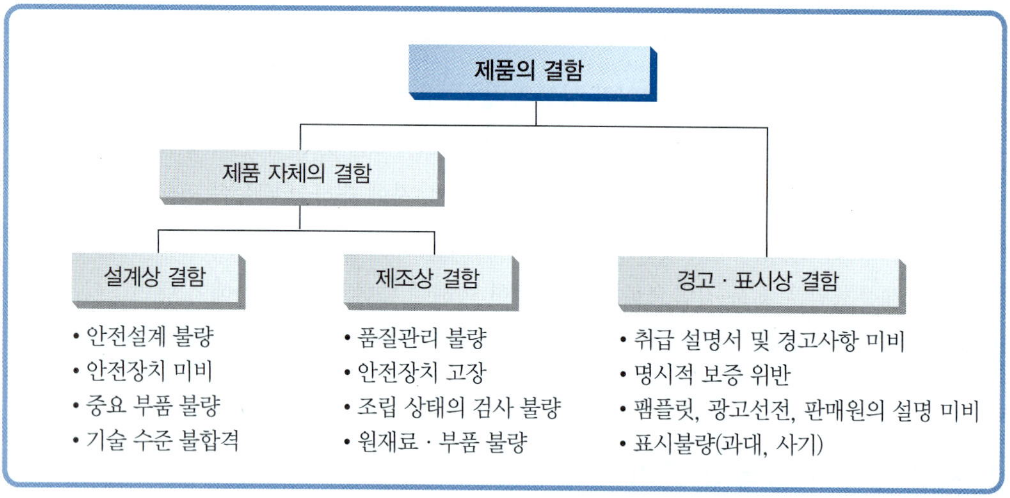

◉ **그림 4-2** 제품 결함의 유형

제품책임 사례

1995년 크라이슬러 미니밴 자동차로 고속도로를 주행하다가 RR 브레이크가 동작하지 않아 부인과 자녀가 사망한 사건이 있었다. 이에 피해자는 자동차 회사가 자동차의 개발 중 브레이크에 결함이 있음을 알고 있었으나 아무런 조치도 하지 않고 판매했다고 주장했다. 결국 배심원이 원고의 주장을 인정하여 크라이슬러에게 1,900만 달러를 지불하라는 판결이 났다.

2) 보증책임

계약상의 책임을 추궁하는 것으로 생산자나 판매자가 보증을 위반했을 경우에는 책임을 져야 한다. 보증은 〈표 4-1〉과 같이 두 가지로 나눌 수 있다.

◉ 표 4-1 보증의 종류

명시보증 (express warranties)	설명서, 카탈로그, 라벨, 광고 등의 전달수단에 의해서 명시된 사항을 위반한 경우의 부당표시에 대한 책임
묵시보증 (implied warranties)	상품으로서 기능을 발휘하지 못한 경우, 사용 적합성이 없는 경우 등(표시의 유무와 관계없이 보증 위반)

제품책임 사례

1997년 미국 뉴저지 주의 한 공원에서 한국 D사에서 만든 텐트를 치고 잠자던 남녀가 등불에서 새어 나온 가스에 질식해 사망한 사고가 있었다. 유족들은 이 텐트가 선전문구와는 달리 통풍이 잘되지 않는 불량품이어서 질식사했다고 주장했다. 결국 D사는 미국 제조물책임법에 따라 텐트의 결함을 인정하고 80만 달러의 보험금을 지불했다.

3) 불법행위 엄격책임

불합리하게 위험한 상태로 제품을 판매했을 경우 계약 요건에 없더라도 과실 존재 입증만으로도 배상청구를 가능하게 하는 것으로, 이 경우 피해자는 다음 사항만 입증하면 된다.

① 판매자가 결함상품을 판매했다는 사실

② 결함상품에 위해(危害)의 원인이 있다는 사실

③ 결함상품이 손해에 대해서 법률적 관련성을 갖는다는 사실

④ 손해가 발생했다는 사실

제품책임 사례

캘리포니아 주 최고재판소는 부인이 크리스마스 선물로 보낸 전동공구 키트를 조작하던 중 나무 조각이 튀어 올라 앞머리를 다쳤다는 원고의 소송에 대해 원고가 제품의 결함만을 입증하면 제조업자의 책임을 물을 수 있다고 판결하였다.

위와 같이 결함의 증명이 보다 쉬워짐으로써 피해자가 소송을 용이하게 할 수 있게 되어 생산자와 공급자는 더욱 엄격한 제품책임의 부담을 지게 되었다.

3. 제품책임 대책 활동

제품책임 대책은 소송에 지지 않기 위한 방어(PL defence, PLD)와 결함제품을 만들지 않기 위한 예방(PL prevention, PLP)으로 구분된다. 전자는 주로 법률적인 문제이고, 후자는 제품안전 기술과 제품의 안전사용법, 보전법에 대한 문제이다. 그러나 양자를 포괄하여 광의의 제품책임 예방(PLP) 개념으로 다루는 것이 일반적이다. 세부적인 내용은 〈그림 4-3〉과 같다.

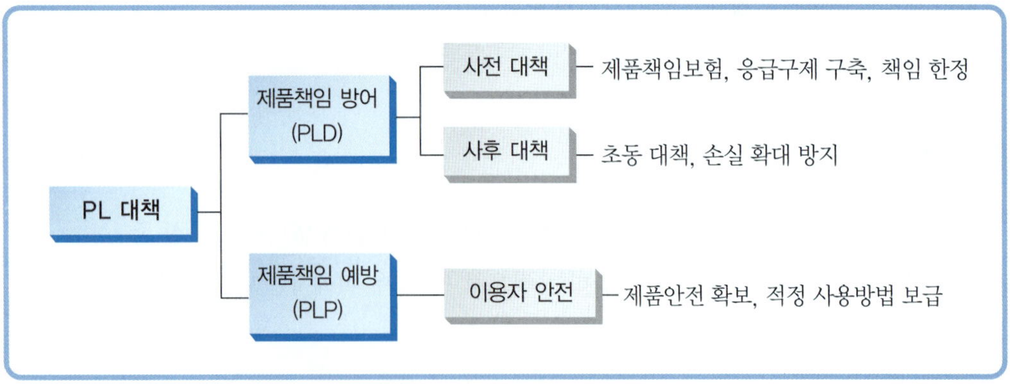

◉ **그림 4-3** 제품책임 대책 활동

제품책임 예방(PLP) 활동은 제품의 설계에서 판매에 이르기까지 전사적인 품질 보증 활동이 필요한 것으로 기업에서 제품의 품질이나 그 책임과 관련 있는 부서는 설계, 기술, 구매, 생산, 품질 관리 · 보증, 판매 등 여러 부서들과 관계가 있다. 관계 부서별로 제품책임 예방 활동을 보면 다음과 같다.

1) 개발 · 설계 부문의 예방 활동

제품의 품질을 결정짓는 가장 중요한 단계는 개발 · 설계로서 결함의 발생 가능성도 가장 많은 단계이다. 이러한 설계 결함을 미리 예방하기 위해서는 다음과 같은 활동이 수행되어야 한다.

① 기획 · 조사 단계에서 제품의 안정성에 대해서 철저히 조사해야 한다(업계 전반의 수준, 자사의 수준, 경합제품 수준, 사회 요구, 관련 법규, 소송 동향 등).
② 제품이 사용되는 환경에 대해서 개발 시부터 충분히 고려해야 한다.
③ 위험을 발견해 내기 위한 조사와 확인 시험을 한다.
④ PL에 관계되는 중요 구성품에 대해서 신뢰성 예측, 고장 해석 등을 제품수명의 입장에서 검토한다.
⑤ 위험이 예측되는 것에 대해서 그 사실 내용을 사용자에게 명확히 알려야 한다.
⑥ 각종 시험의 실시와 시험 자료를 정리 · 보관한다.

2) 생산(제조) 부문의 예방 활동

효과적인 제조기법을 사용하여 일정 수준의 안정된 제품을 생산해야 한다. 그리고 작업자들의 높은 품질의식도 무엇보다 중요하다. 아무리 설계를 잘하고 좋은 자재를 사용하더라도 작업자들의 품질의식이 없으면 좋은 제품을 생산하기 힘들다.

3) 판매 부문의 예방 활동

제품의 기능 · 품질 · 사용방법 등을 정확히 표시하여 사용자에게 알려야 한다. 또한 제품의 고유 위험에 대해 경고가 명확하게 잘 보이도록 표시해야 한다. 판매 후 생기는 여러 가지 고객의 불만을 수집하여 장차 발생할지 모르는 소송에 대비하고, 품질개선을 할 수 있도록 해당 부문에 수집된 자료를 통보한다. 판매 과정에서 품질이나 성능을 과대 선전하는 ‘절대안전’, ‘완전유효’, ‘안전보장’ 등의 문구를 사용하여 소송을 제기받지 않도록 해야 한다.

4) 자재조달 부문의 예방 활동

외주자재로 구성되는 제품을 조립하는 업체에서는 우수 외주업체를 선정하고 구매계약을 체결할 때 위험의 분담을 명확히 결정하고, 요구 품질 수준을 명확히 하여 책임범위를 확실하게 정해야 한다. 그리고 지속적인 품질 유지 및 향상을 위하여 제조 · 관리 능력에 대한 조사를 실시하고, 정기적인 기술 지도와 감사도 실시해야 한다.

5) 품질관리(품질보증) 부문의 예방 활동

PL 예방의 대책은 부문별로 품질관리를 충분히 행하면서 품질보증체제를 확립하는 것이다. 이를 위해서 PL 예방 시스템을 포함한 QA 시스템을 확립해야 한다. PL에서는 종래 QC에서의 재발 방지에 중점을 두기보다는 불량 예방에 중점을 둔다. 그리고 제품의 안정성 내지 신뢰성 향상을 위하여 작업표준, 기술표준, 시험표준, 안전표준 등 제조상 적용되는 각종 표준류를 설정하여 적용해야 한다.

이상과 같은 제품책임에 대한 예방 활동들이 있지만, 사고 발생을 미연에 방지하기 위해 아무리 노력한다고 해도 사고가 발생하는 경우가 있으며, 이때 기업으로서는 엄청난 비용이 소요될 가능성이 있다. 이러한 상황에 처했을 때 기업의 배상책임과 위험을 줄이기 위해서는 생산물배상책임보험(product liability insurance)에 가입해 둘 필요가 있다. 책임보험에 가입하면 배상금을 계약된 범위 내에서 부담하는 것 외에도 소송에 대한 조사와 방어에 대해 전문적인 자문을 받을 수 있다.

4.2 리더십과 방침관리

1. 방침관리의 개념

경영이란 조직의 경영이념을 토대로 경영목표를 설정하고 그 목표를 달성하기 위한 전략과 세부계획을 수립하여 이를 추진해 나가는 활동이다. 따라서 경영목표가 시대적 환경에 부합하지 않거나 혹은 목표 달성을 위한 전략과 세부계획이 적절하지 않다면 경영이 부실한 것이며 높은 성과를 기대할 수 없게 된다.

고객 만족을 위해 기업의 전체 구성원이 참여하는 품질경영 활동의 경우에도 이들이 추구하는 목표 내지 방침이 뚜렷이 제시되고 이에 따라 각 부문의 활동이 지속적으로 관리되어야 한다. 즉, 여러 부문의 활동을 전체적으로 종합하고 이 부문 활동들이 전체 시스템의 목표 달성을 효율적으로 이루기 위해서는 목표나 방침에 의한 관리가 필요하다.

그러나 현실적으로 최고경영층의 방침이 뚜렷하게 제시되지 못하거나 조직 말단까지 전달되지 못하기 때문에 조직 상하 간 · 부문 간에 유기적으로 관련을 맺지 못하면서 업무가 부분적으로 행해지는 경우가 많다. 또한 형식적이고 추상적인 방침의 제시나 전년도 문제점의 규명 내지 개선 조처가 불충분한 경우도 있다. 최고경영자가 훌륭한 품질방침을 수립하더라도 그것이 하부 관리자와 현장 근로자에게까지 올바로 전달되지 않아 결국은 무용지물이 되는 경우도 있다.

이와 같이 품질에 대한 조직 구성원들의 공통된 인식의 필요성에 관한 개념으로 M. H. Carlsson은 품질일관성(quality consistency)을 제시하였다. 품질일관성이란 조직 내의 각 구성원이 조직의 품질방침에 대해 동일한 관점을 공유하고 있는 정도라고 정의할 수 있다.

그는 TQM을 추진하고 있는 스웨덴의 20여 개 회사를 조사한 결과, 최고경영자가 품질 프로그램에 관한 취지와 내용을 커뮤니케이션하는 데 성공적이지 못하다는 것을 발견하였다. 특히 그는 품질일관성을 지수화하여 조사한 결과 사례 분석 대상 기업의 품질일관성 지수는 0.47, 품질방침에 대한 인지도는 50%에도 미치지 않을 정도로 낮다는 것을 지적하였다. 이러한 관점에서 품질방침과 품질에 관한 지식을 일관성 있게 구성원에게 습득시키는 교육적 노력이 필요하다고 할 수 있다.

이상의 문제점을 해결하기 위해서는 사업방침 혹은 품질방침이 제시되고 이에 따라 전사적으로 품질경영 활동이 전개되며, PDCA 사이클을 반복하여 목표 달성을 도모하고 점진적으로 경영 활동을 개선해 나가야 한다. 이를 위한 가장 효율적인 관리수단이 방침관리이다. 방침관리(方針管理)란 기업의 목적, 경영이념, 경영정책, 중 · 장기 경영계획 등을 토대로 해서 수립된 연도 경영방침(사장 방침)을 달성하기 위해 계층별로 방침을 전개 · 책정, 즉 실행계획을 세워서 이를 실시한 다음, 그 결과를 검토하여 필요한 조처를 취하는 조직적인 관리 활동이다. 일본 'TQM 용어검토 소위원회'는 방침관리를 "경영 기본방침을 토대로 중 · 장기 경영계획과 단기 경영방침을 정하고 이를 효율적으로 달성하기 위해 기업조직 전체가 행하는 활동"이라 정의하였다.

경영 기본방침은 사시(社是) · 사훈 · 경영이념 등의 명칭으로 나타내는 경우가 많은데, 그 기업의 경영이념과 이의 실현을 위한 기본지침, 단기 경영방침을 정해 놓을 필요가 있다. 장기 경영계획은 보통 3~10년으로 정하고 단기 경영방침은 1년이나 반년으로 정하는 것이 보통이다. 장기 경영계획의 수립에 있어서는 경영자원의 실태 파악 및 경영환경 변화 예측을 행하여 고객 만족을 지향하는 경영전략을 수립해야 한다.

단기 경영방침은 구체적인 경영목표(이익, 생산, 매출액, 원가, 품질, 납기 등)와 이를 달성하기 위한 중점시책을 제시한다. 경영목표는 장래에 달성하려는 결과이며, 시책은 목표 달성을 위한 수단이다. 단기 경영방침의 설정에서는 중 · 장기 경영계획에 근거하여 전기까지의 실적에 대한 차이 분석 등을 행하여 계획 미달 원인을 밝히고 이에 대한 조처를 취하며, 또한 기능별 관리와의 융합이 중시된다. 아울러 중간관리층이 방침을 세울 경우 상위직 방침과의 연계성이 요구된다.

단기 경영방침에 따라 실행계획을 수립할 때에는 목표의 세분화만이 아니라 그 목표 달성을 위한 중점시책의 전개도 행할 필요가 있다. 실행계획에 근거하여 실시상황 및 실시 결과에 대한 검토는 기말 외에 필요에 따라서 월차 내지 미리 정한 시점에 행한다. 이 검토에서는 결과만이 아닌 요인계통에 대해서도 행하여 그 과정에 대해서 조처를 취할 필요가 있다.

우리나라에서 방침관리는 1974년에 S사가 도입한 이래 품질관리상 수상을 목적으로 일부 기업에서 1970년대 후반에 도입하기 시작하였다. 그러나 당시 품질관리상을 수상한 기업들 대다수가 1980년대에 들어서 방침관리를 도입한 것으로 나타나 당시에는 수상 준비를 위한 형식적인 도입에 그쳤음을 짐작케 한다. 1980년대 이후 내부적 필요성에 의해 방침관리가 확산되고 방침관리 내실화에 힘쓰고 있으나 이 제도의 운영 및 성과가 흡족한 수준에는 이르지 못하고 있다.

2. 방침관리와 목표관리의 차이

일본 기업의 경우 1961년에 '통합관리 시스템(integrated management

system)'이라는 명칭으로 니혼덴소가 처음 도입하였으며, 1962년에는 스미토모(住友)전자산업이 '방침과 관리 항목의 조사(the policy and probing into its control points)'라는 명칭으로 방침관리의 개념을 처음 도입하여 실시하였다. 그러나 방침관리를 PDCA 사이클에 적용하여 실시한 최초의 기업은 1963년의 니혼가야쿠(日本火藥)이다. 이 회사가 실시한 방침관리의 절차는 다음과 같다.

① 최고경영자의 방침을 토대로 각 부문별 계획의 수립
② 경영계획위원회에 의한 전반적 수정 및 토론
③ 실행 보고서의 작성
④ 계획과 실행 결과의 차이 분석
⑤ 진행 상황의 검토
⑥ 검토 결과의 피드백(차기 계획 수립 시)

그 후 1964년에는 코마츠(小松), 1966년에는 마쓰시타(松下)전자산업의 전자부품 사업부가 방침관리를 성공적으로 도입하였다. 특히 마쓰시타 전자부품 사업부의 경우 방침전개(policy deployment)라는 용어를 처음으로 사용하여 주목을 받았다. 또한 방침관리라는 용어를 직접 사용하고 체계화한 회사는 1968년의 브리지스톤타이어(Bridgestone Tire)이다. 따라서 오늘날 방침관리라고 불리는 관리 시스템의 골격은 니혼가야쿠, 코마츠, 그리고 마쓰시타전자산업의 전자부품 사업부 등 세 기업에 의해 형성되었으며, 종합적인 체계화는 브리지스톤타이어에 의해 이루어졌다.

방침관리는 미국의 경영자들이 일본적 품질관리의 특성 중에서 가장 관심을 갖는 부분 중 하나이다. 이것은 방침관리가 목표관리(management by objective)를 대체할 수 있는 효율적 관리 시스템으로 미국 경영자들에게 인식되었기 때문이다. 방침관리는 결과보다는 그렇게 되기까지의 과정을 중요시하며 그다음으로 좋은 결과를 낳는 것을 중요시한다는 점에서, 결과를 중요시하는 목표관리와 구별된다.

목표관리는 목표를 직위별로 세분화하고 각 부문 책임자(관리 · 감독자 중점)에게 최대한 자유재량권을 부여하는 데 특징이 있으며 '동기부여 중시의 행동과학'에 근거를 둔 것처럼 보였다. 그러나 목표관리는 분명히 데카르트적이며 힘에 바탕을 둔 통제구조를 만들어 내어 전체적 조직 활동을 분해시킬 우려가 있다.

노미(能見時助)는 이런 점에 의구심을 품고 〈그림 4-4〉와 같은 관리체계를 제시하고 이를 '방침관리'라 명명하였다. 이는 조직 내부에 존재하는 'plan-do-see'의

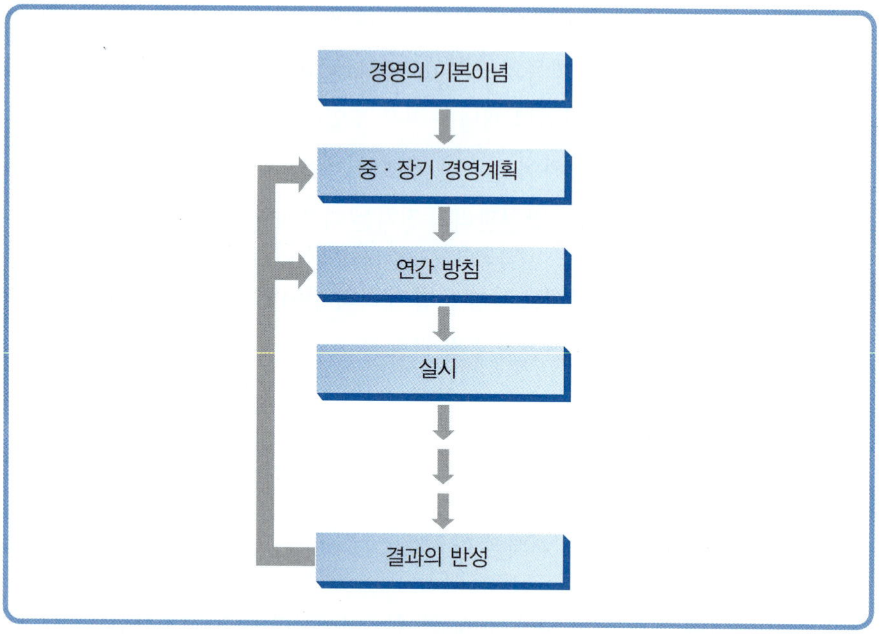

◉ **그림 4-4 방침의 관리 과정**

관리 과정에 초점을 맞추고 Deming의 'PDCA 사이클'을 도입하여 경영 활동의 '차원 전개에 의한 발전'을 강조한 것이다.

1960년대에 방침관리가 체계화되기 이전에는 목표 달성을 위해 직선적이며 약간 통제 색채가 강한 활동이 이루어지고 있었다. 차원 전개란 이와 같은 사고방식 가운데 프로세스 활동의 중시, 품질관리적 접근방식에 의한 문제해결, 제일주의에 입각한 Deming 사이클식 사상을 도입하여 차원 높은 조직 활동을 전개하는 것을 말한다. 이는 수직조직과 수평조직을 통합한 2차원적인 조직 활동에 중 · 장기 경영계획을 수단으로 하여 기업에 미래 지향을 도입한 3차원적 방향 설정을 하려는 것이다.

노미의 방침관리 개념은 당시까지 터부시되어 왔던 '정책(policy)이 최고경영자의 전유물'이라는 관념을 깨고 방침의 전개를 관리계층에 확대시켰으며, 방침의 수립(plan), 시행(do), 검토(see) 과정에 피드백 기능을 도입한 관리 과정(management process)의 개념을 방침관리에 도입하였다는 점에서 긍정적으로 평가받을 만하다. 이상의 내용을 토대로 방침관리와 목표관리의 차이를 요약하면 〈표 4-2〉와 같다.

최근에는 이미 미국의 상당수 기업이 방침관리를 도입하여 실시하고 있으며, 특히 TQM의 확산 보급을 위하여 Malcom Baldridge 상을 실시함에 따라 방침관리를 도입하는 기업이 날로 증가하고 있다.

◉ 표 4-2 방침관리와 목표관리

	방침관리	목표관리
목표	• 품질 접근법에 의한 기업의 업적 향상	• 기업의 업적 향상 • 자기개발, 동기부여, 조직의 활성화
관리 대상	• 관리자 포함 • 조직 전반	• 관리자 이하 • 개인 위주
목표의 설정	• 톱다운에 의한 방침전개 • 조직의 계층에 따른 계통적인 방침전개 (계통도, 매트릭스도의 적용) • 상사와 부하의 합의에 의한 결정	• 방침 부재 • 부하의 자주성 존중 • 상사와 부하의 합의에 의한 결정
목표의 종류	• 우선순위 • 목표와 방책을 대비하여 방침 구성	• 수량적 업무목표 위주
목표의 달성방법	• QC적 문제해결방법(QC 수법, QC 스토리)의 적용	• 기본적으로는 부하에게 일임하고 상사는 지도와 지원을 함 • 달성방법은 규정되어 있지 않음, 종래의 고유 기술과 경험에 의하여 달성
성과의 측정과 평가	• 목표의 달성도 확인. 특히 톱에 의한 진단으로 정기적(1~2회/년)으로 평가 • 달성도는 데이터로 평가함 • PDCA 사이클에 따라 원인 분석을 한 후 개선이 이루어짐	• 목표 달성도의 평가를 정기적(2회/년 정도)으로 본인과 상사가 동시에 행함 • 목표가 미달성된 경우 원인 분석을 하고 차기의 계획에 반영 • 평가 결과는 인사부에 제출되어 인사고과의 보완 자료로 활용됨 • 개인의 육성계획에 반영

단, '방침관리'를 영어로 옮기는 문제로 인하여 미국 기업에서 약간의 혼란이 있었다는 점은 주목해야 한다. 즉, 일본품질관리학회에서 '방침관리'의 영어 표현을 'management by policy'로 결정하여 일부 미국 기업에서 사용하였으나 '방침관리'에서의 '방침'과 영어 'policy'는 의미가 달랐던 것이다. 왜냐하면 'policy'의 의미에는 영속성의 개념이 내포되어 있으나 '방침관리'에서의 '방침'은 수시 변경도 가능한 전략적 방향 제시의 성격이 더 강하다는 차이가 있기 때문이다. 이러한 혼란 때문에 휴렛팩커드의 경우에는 'policy'라는 용어 대신 'hoshin'이라는 용어를 그대로 사용하고 있으며 어떤 회사는 'policy deployment' 혹은 'hoshin process'라는 용어를 사용하기도 한다.

전사적 품질관리의 종합관리를 위해서 실시되는 방침관리는 PDCA 사이클에 따른 관리 활동의 전개를 중요시한다. 즉, 방침 내지 계획을 세우고(plan), 그에 의해서 실시하며(do), 그 결과를 검토하여(check), 방침이나 계획대로 이루어지지 않았다면 그 원인을 추구하여 개선 · 조처하고 다음 계획에 반영한다(action). 방침관리를 효과적으로 전개하기 위해서는 다음의 네 가지 과정이 유기적으로 수행되어야 한다.

① 방침의 명시 : 톱의 방침이 뚜렷이 제시되어 이것이 각 부문, 각 계층까지 연쇄적으로 전개될 수 있어야 한다.
② 실시계획의 작성 : 톱의 방침이 틀림없이 달성될 수 있도록 구체적인 실시계획을 작성하고 중점관리 항목을 설정한다.
③ 실시 결과의 검토 : 실시 결과를 정기적으로 평가 · 검토한다.
④ 통제 : ③단계에서 문제점이 밝혀지면 원인 조처를 하고, 이를 차기의 방침에 반영하는 이른바 방침의 통제를 행한다.

3. 방침의 전개

방침은 ① 목표(달성할 목표를 나타낸 것), ② 시책(목표를 달성하기 위한 방법을 나타낸 것)으로 구성되며, 이것들이 전개되어 구체적인 실시계획이 된다. 즉, 방침관리는 경영목표를 달성함에 있어서 중점이 되는 과제와 이를 달성하기 위한 시책으로 전개하여 실행함으로써 기업목표를 보다 효율적으로 달성할 수 있게 한다.

이러한 방침의 개념에 PDCA의 개념을 추가하면 방침관리의 의미를 이해할 수 있다. 즉, 방침관리는 기업경영의 목표 · 시책(계획)을 통해 말단 구성원에 이르기까지 전달 · 전개해서(plan), 각 계층이 계획을 토대로 활동하고(do), 실시 결과를 평가 · 검토(check)한 것을 피드백시키는(action) PDCA 사이클을 계속함으로써 계획적인 경영 개선을 지속적으로 도모하는 것이다. 따라서 방침관리를 추진할 때 ① 방침의 책정, ② 전개(계획화), ③ 실시 결과의 검토, ④ 검토 결과를 차기 방침에 피드백하는 추진 과정을 적절히 수행해야만 효과를 높일 수 있다.

방침관리의 특징은 전략적 계획 과정에 초점을 둔다는 것이다. 이는 결과보다 그 결과를 창출하는 과정에 초점을 맞추어야 한다는 품질경영의 철학과 일맥상통한다. 이를 위한 과정은 최고경영자가 기업의 주요 목표를 제시하는 데서 비롯되어 차츰 하부층으로 목적과 수단의 고리(end-means chain)를 이어서 전개되어 결국 실행계획이 작업현장에 내려지게 된다. 그래서 서구에서는 일본의 방침관리를 방침 전개라 부르기도 한다.

기업 방침을 사장 방침으로, 그리고 사장 방침을 사업부장 및 담당부장 방침으로 전개함으로써 중점 문제를 이해함과 더불어 서로의 의사소통을 원활히 하여 상하 계층과 부문 간에 유기적인 유대관계가 보다 긴밀해질 수 있다. 따라서 품질경영 활동을 전사적으로 전개하고 종합화하는 데 방침관리는 주요 방편이 된다.

1) 사장의 방침관리 추진

방침의 원류는 기업의 목적인 경영이념이나 사시를 배경으로 하는 기본방침에서 비롯되지만, 방침의 설정은 경영의 톱인 사장의 방침으로 이루어진다. 그 아래 계층인 부서장 방침 내지 부장 방침은 사장 방침에 입각해서 책정되고, 이에 따라 그 밑의 과장은 실행계획을 작성한다. 부장의 입장에서 '사장 방침'을 목적으로 보면 목적의 달성수단은 '부장 방침'이 되며, 이것이 과장에게는 목적이 되고 그가 작성하는 '실시계획'은 수단이 된다.

2) 부장의 방침관리 추진

(1) 방침의 책정(plan)

① 전기(前期) 활동 실적을 분석 · 검토하여 해당 부서의 문제점을 파악한다.
② 연도 경영계획의 상위 방침과 내외환경의 정보를 토대로 하여 당기에 해당 부문에서 다룰 방침의 주제(대상 항목)를 선정한다. 이때 해결할 수 있는 주제를 10항목 이내로 선정한다.
③ 선정된 주제와 상위 방침을 토대로 해당 부문의 방침을 정한다.
④ 실시 결과를 평가하기 위한 '관리 항목'에 대한 목표치, 확인방법, 조처를 취할 판단기준 등도 정한다.
⑤ 상위직, 과장 및 관련 부문과 의견 교환을 거쳐 관리 항목의 내용을 조정한다.
⑥ 부장 방침을 확정하는 '실시계획서'의 작성 단계로 들어간다.

(2) 방침의 실시(do)

① 부장은 과장에게, 과장은 계장이나 주임에게 실시계획을 명시하여 이해시킨다.
② 과장은 실시 담당자에게 필요한 지원을 해 준다.

③ 실시 담당자는 실시계획에 따라서 실시한다.

④ PDCA의 상황을 기록하여 실시 과정과 결과를 기록으로 남긴다.

(3) 실시 결과의 확인과 검토(check)

① 방침별로 목표치와 실적치의 차이 및 실시 상황 파악을 월별로 행한다. 방침별로 목표 달성도, 실시 정도, 진척도를 체크하는데 목표의 달성도는 관리 항목별로 그래프를 작성하여 검토한다.

② 책정된 방침의 목표치와 실적치의 차이가 있을 때에는 목표 미달 원인을 추구한다.

③ 목표치와 실적치 간에 차이가 생긴 원인을 찾아 규명하고 대책을 세운다. 목표와 실적 간의 차이가 발생된 과정, 즉 작업방법 · 설비 · 재료 · 사람 · 환경 등의 계획이나 실시 과정에서 차질이 없었는가를 조사하여 그 원인을 규명하고 중요한 것부터 대책을 세운다.

(4) 조처(action)

① 계획 미달분을 만회할 조처를 취한다. 월별 체크 시 목표치와 실시 항목의 예정에 대한 미달성분이 발생한 경우에는 미달성분을 다음 달에 만회할 수 있는 조처를 취하여 기간목표가 달성되도록 한다.

② 목표와 실적의 차이를 분석하고 그 원인을 추구하여 대책을 강구함으로써 재발 방지를 도모한다.

③ 업무의 수행방법을 개선한다.

지금까지 방침관리의 추진방법에 대해서 설명했는데, 방침관리에 관한 사이클은 연 1회 또는 2회(상반기와 하반기) 정도 진행되기 때문에 자칫 형식적으로 되기 쉽다. 그러나 방침 관리로 톱의 리더십이 발휘되고 계획적 · 조직적인 활동이 전개될 수 있으므로 효율적인 관리수단이 될 수 있다.

4. 방침관리의 평가

방침관리에서는 목표 달성의 프로세스(방책)를 중시한다. 만약 목표치를 달성하지 못한다면 그 프로세스에 문제가 있다는 것이며, 이를 개선하지 않으면 안 되는 것이다. 이러한 관점에서 프로세스에 영향을 미치는 항목을 관리 항목이라 하여 프로세스의 양부(良否)를 판단하는 기준으로 삼고 있다. 즉, 관리 항목은 부문(개인)이 담당하는 업무가 목적대로 실시되고 있는가를 판단하여 필요한 조처를 취하기 위해서 정해 둔 항목이다.

관리 항목은 일본 데이진(帝人)(1961년 Deming 상 수상업체)에 의해서 제안된 이래 오늘에 이르기까지 방침관리에서 일본의 품질경영 추진에 커다란 역할을 해 왔다. 방침관리를 추진하는 데 있어서 유의할 사항은 다음과 같다.

① 도전적인 목표의 설정
② 일상관리를 기본으로 한 방침관리의 추진
③ 품질관리적 문제해결기법을 기반으로 할 것
④ 계층 간 및 부문 간 조정
⑤ 정기적인 PDCA

최근에는 전략적 방침관리를 보다 효과적으로 추진하기 위하여 평가방법에 관한 연구가 이루어지고 있다. 기존의 방침관리로는 무엇을 얼마만큼 해야 할지, 그리고 현재 실시하고 있는 방침관리가 어느 정도의 수준인지를 파악하기 힘들었기 때문이다. 즉, 평가의 기준을 명확히 한 표준화된 절차를 구축할 필요성이 제기되었던 것이다.

전략적 방침관리에서의 평가는 전년도에 대한 반성, 방침의 책정, 방침의 전개, 실시 및 체크와 같은 방침관리의 프로세스별로 이루어진다. 즉, 각 프로세스별 투입, 과정, 산출의 타당성을 평가함으로써 실시 상황의 효율성과 효과성을 평가하는 것이다. 예를 들어, 방침의 책정 프로세스에서는 투입으로는 전년도의 반성점, 경영환경의 조사 결과, 과정으로는 상하 간 및 부서 간의 조정, 업무계획의 작성, 산출로는 목표와 방책의 설정, 중점과제의 명시, 관리 항목 등에 관해 평가하는 것이다. 각 프로세스별 타당성을 평가하기 위한 체크리스트를 정리하면 〈표 4-3〉, 〈표 4-4〉와 같다.

〈표 4-3〉, 〈표 4-4〉는 방침관리의 요소 프로세스를 종축, 각 요소 프로세스의 수준을 횡축으로 하여 매트릭스 형태로 작성된 것이다. 종축은 반성과 활동계획 같은 방침의 책정, 관리 항목의 설정, 실행 등으로 구성되어 있으며, 횡축은 초보 단계인 제1단계의 특성부터 발전 단계인 제5단계로 구성되어 있다. 이러한 평가표를 활용하면 종래에 막연하게 적용되던 방침관리의 추진방법이 구체화될 수 있다는 장점이 있다. 예를 들면, 4단계를 목표로 할 경우 어떠한 점을 개선해야 할지 명확해질 수 있는 것이다.

◉ 표 4-3 방침관리 수준평가 체크리스트(1)

구분		제1단계(초보)	제2단계(도입 추진)
수준평가 항목		• 전년도에 대한 반성이 없고, 방침도 슬로건에 지나지 않음 • 상하위직 간의 조정이 없으며 방침과 계획의 일관성이 결여됨 • 관리 항목이 설정되어 있지 않고 과제 설정의 계획성이 결여됨 • 계획의 진척 상황에 대한 확인과 후속 조처가 이루어지지 않음	• 전년도에 대한 반성에 의거하여 방침을 세우고, 과 단위의 목표와 방책을 설정함 • 상하위직 간의 조정이 이루어지고 각 직위별 관리 항목을 설정하고 있음 • 목표에 대한 현상 파악을 하지 않고 방책을 책정하여 중점과제가 도출되지 않음
일상관리		• 담당자에게 업무를 맡긴 후 관리가 이루어지지 않음 • 무엇을 관리할 것인가를 모름	• 표준이 설정되어 있음 • 표준의 수정이 이루어지지 않고 준수되지도 않음 • 관습에 따라 업무를 행함
방침 책정	반성	• 전년도에 대한 반성이 이루어지지 않음	• 전년도에 대한 반성이 이루어짐 • 중요 문제점과 그 원인이 파악되어 있지 않음
	활동계획 책정 (방침서)	• 방침이 슬로건에 지나지 않아 추상적임 • 목표는 있으나 방침은 책정되어 있지 않음	• 달성목표를 명확히 한 방침이 설정되어 있음 • 금년도의 중점과제가 도출되어 있지 않음 • 계획(목표와 방책)이 책정되어 있음 • 현상 파악을 하지 않고 방책을 책정하고 있음
조정 및 전개 (활동계획, 관리 항목)		• 상하위직 간의 조정이 없음 • 상하위직의 방침, 계획, 관리 항목을 따르지 않고 멋대로 설정함	• 상하위직 간의 조정이 이루어짐 • 타 부서와의 조정이 이루어지지 않음
관리 항목의 설정		• 관리 항목이 설정되어 있지 않음 • 관리 항목의 의의를 모름	• 각 직위별로 관리 항목 일람표를 설정하고 있음 • 관리 항목의 관리치가 설정되어 있지 않고 추상적임 • 상하위직 간의 관리 항목이 동일함 • 프로세스 중시의 사고방식이 부족함
실행 (해석력, 문제해결 능력)		• 임기응변식으로 계획성이 없음 • 주제 설정이 임기응변식임	• 중요과제를 명확히 하여 활동함 • 목표는 명확히 설정되어 있으나 설정 근거가 모호함 • 현상 파악이 충분치 않음
진단 (검토 및 조치)		• 방침, 계획의 진척 상황을 검토하지 않음 • 이상에 대한 조치가 주먹구구식으로 이루어짐	• 목표와 실적의 차이 파악이 이루어짐 • 차이에 대한 요인 분석은 이루어지지 않음 • 진단이 정기적으로 이루어지지 않음
상위직의 솔선수범 · 참여도		• 방침관리에 대한 상위직의 이해가 부족하고 소극적임	• 상위직에서 적극적인 자세가 보임

◉ 표 4-4 방침관리 수준평가 체크리스트(2)

제3단계(추진, 부분 완성)	제4단계(완성)	제5단계(발전)
• 회사방침이 계층별로 전개되고 상위직 방침의 반성에 의하여 계획이 책정되고 있음 • 관리 항목과 관리치가 설정되어 있지만 목표와 방책 간의 연결이 명확치 않음 • 방책의 설정이 QC적이지 못함 • 톱의 진단은 이루어지고 있으나 형식적임	• 일상관리를 기반으로 조직의 주요 부분에서 PDCA 사이클이 순환되어 방침관리에 의한 개선이 이루어짐 • QC 기법에 의하여 방침과 계획이 책정되며 톱 진단에 의하여 확인됨 • 관련 부문과 방책의 체계적인 조정과 원류에서의 검토 및 조처가 이루어지기 시작함	• 일상관리를 기반으로 조직 전체에서의 PDCA가 원활히 실시됨 • 방침관리에 의한 개선이 계속적으로 이루어짐 • 톱 진단에서 실시 상황의 확인 및 시정이 이루어짐 • 활동성과가 업적에 현저하게 나타남
• 역할을 명확히 하고 부적합에 대한 조처가 이루어짐 • 대책은 결과에 대한 처치만으로 그침	• 전사적으로 체계화된 표준에 의거하여 관리 상황이 일목요연하게 진행됨 • 현상 파악 및 해석이 충분하며 프로세스의 개선이 이루어짐	• 책임, 권한이 명확하며 자주적인 활동이 이루어짐 • 구성원이 바뀌더라도 관리 수준의 변화가 없음
• 전년도의 반성이 정량적으로 이루어져 중요 문제점과 그 요인이 파악되고 있음	• 전년도의 반성, 특히 해석이 QC 스토리에 따라서 이루어지며 QC 기법도 활용되어 정확한 원인이 파악되고 있음	• 전년도의 반성에 기초하여 방침과 계획이 책정되며 책정 절차도 각 부서별로 공식화되어 실천되고 있음
• 연도의 중점과제가 도출되어 달성목표가 명확히 설정됨 • 연도방침과 중기 계획의 연결이 불충분함 • 목표에 대한 현상 파악을 하지 않은 방책을 책정함 • 요인 분석을 하지 않고 경험과 감으로 방책을 결정함	• 전년도의 반성을 기초로 중요 문제를 도출하여 방침을 책정함 • 연도방침과 중기 계획의 연결이 이루어짐 • 목표에 대한 현상 파악과 해석에 QC 기법을 활용하며 그 결과에 의거하여 방책을 책정함 • 방침과 계획의 책정 절차를 공식화함	• 중기 계획에 관련된 연도방침이 책정되어 있음 • QC 기법을 활용하여 목표에 대한 현상 파악과 해석이 이루어지며 요인 분석과 검증에 의하여 기여율을 측정함 • 계획의 수정이 적절히 이루어지고 있음
• 타 부서와의 조정이 이루어지기 시작함 • 관련된 타 부서와의 연결에 관한 검토 및 조정이 불충분함	• 상위직의 방침, 계획, 관리 항목을 설정하기 위하여 관련 부서와의 연결이 검토되고 있음 • 관련된 타 부서와의 방책에 대한 조정이 이루어지고 있음 • 조정과 전개가 체계적으로 이루어지고 있음	• 관련 부서와 방책에 대한 조정이 이루어짐 • 방책, 계획, 관리 항목의 전개 상황에 일관성이 있음 • 방침계획의 책정 및 관리 항목의 설정을 위하여 '조정의 절차'와 관리 항목의 '전개절차'가 공식화되어 있음

◉ 표 4-4 (계속)

제3단계(추진, 부분 완성)	제4단계(완성)	제5단계(발전)
• 관리 항목의 목표치를 설정하고 있음 • 관리 항목의 조치한계/관리 수준이 표시되어 있지 않음 • 목표/방책과 관리 항목의 연결이 불충분함 • 방책의 구체적인 실시 항목이 명확하지 않음	• 관리 항목의 조치한계/관리 수준/관리방법이 명확히 설정되어 있음 • 계획과 관리 항목의 연결이 잘 되어 있음 • 방책의 구체적인 실시 항목을 일람표로 정리하여 관리하고 있음	• 방침관리의 관리점 및 일상관리의 관리 항목을 설정하는 절차가 각 계층별로 공식화되어 있으며 양자의 관련성도 명확함 • 필요에 따라 개정이 적절히 이루어지고 있음
• 전년도에 대한 반성을 할 때 주제 수집과 그 해석을 실시하고 있음 • 현상 파악을 하고 문제점을 도출하여 활동하고 있음 • QC에 의한 해석 능력이 아직 미약함 • 공정 해석이 약하여 과제해결이 되지 않음	• 전년도의 반성/계획(목표와 방책)이 QC 스토리에 의하여 이루어지며 QC 기법을 활용하여 해석이 이루어짐 • 현상 파악, 해석, 검증에 QC 기법을 활용하여 문제를 해결하며 목표의 달성도가 높음	• 현상의 중요 문제점을 파악하고 그 결과를 해석하여 중기 계획이 책정되고 있음 • 변화에 대응하여 방침, 계획의 수정이 적시에 적절히 이루어지고 있음 • 장기적인 중요과제를 명확히 하고 QC 기법을 활용하여 개선하고 있음
• 목표/실적의 차이 분석을 QC 기법으로 행함 • 정기적으로 진단을 실시하며 진단 결과에 따라 연초 방침 및 계획을 수정하고 있음 • 진단 결과의 차년도 계획에의 피드백이 불충분함	• 방침, 계획의 검토와 차년도에의 피드백이 이루어지고 있음 • 관리 항목이 활용되고 이상에 대한 조처가 이루어지고 있음 • 프로세스에 관한 진단과 지도가 행해지고 있음	• 프로세스에 관한 진단을 실시하여 구체적인 대책을 수립함 • 원류관리에 입각한 검토 및 조처가 이루어지고 있음 • 방침, 계획의 검토 및 조처 절차가 각 계층에서 공식화되어 있음
• 상위직이 리더십을 발휘하여 방침과 계획을 책정하고 관리 항목을 설정하고 있음 • 방침관리를 업적 달성에 활용하려는 자세가 불충분함	• 상위직이 자발적으로 방침관리를 업적 달성에 활용하려 함 • 프로세스 중시의 사고방식이 정착되어 있음 • 부하를 격려함	• 방침관리에 있어서 상위직의 역할이 공식화되어 실천되고 있음

4.3 TQM의 추진

TQM의 추진방법을 일반화하거나 유일 최선의 방법을 제시하기란 쉬운 일이 아니다. 따라서 많은 전문가들이 점진적 전략을 제안한다. 이와 관련된 기존의 연구 중 대학에서의 TQM 추진 단계론으로 Holmes의 14단계, Motwani와 Kumar의 5단계, Kaufman과 Zahn의 9단계, Goetsch와 Davis의 20단계를 재구성한 이재관 교수의 10단계 등을 간략하게 정리했다. TQM은 대학이든 기업이든 조직 전체가 함께 움직여야 하는 혁신운동이기 때문에 좋은 절차와 방법을 적용하여 차근차근 접근해야 한다.

1. Holmes의 TQM 추진 단계

Holmes(1996)는 문헌 연구, TQM 전문가와의 토론, 조사표본 대학들에 대한 서베이 또는 인터뷰를 통해 〈그림 4-5〉와 같은 TQM 추진 14단계를 작성하였다. 이는 커뮤니티컬리지를 위하여 구상한 추진 단계로서 세부적인 내용은 다음과 같다.

① 대학 비전의 개발 → ② 초기 조직화 → ③ 품질협의회 운영 → ④ 품질설계 팀 운영 → ⑤ 대학의 자체평가 → ⑥ 품질설계 팀의 결과 보고 → ⑦ 조직화 → ⑧ 품질 선언서 발표 → ⑨ 품질 교육훈련 → ⑩ 품질 문제에 도전 → ⑪ 강의실 TQM → ⑫ 전략적 품질계획 → ⑬ 품질 프로그램 프로모션과 인정 · 보상 → ⑭ 추진력 유지

◉ 그림 4-5 Holmes의 TQM 추진 14단계

출처 : Holms, T.J.(1996), "TQM in Higher Education: Implementation within the Virginia Community College system", *Doctoral Dissertation*, George Mason University.

■ 단계 1 : 대학 비전의 개발

품질 프로그램의 비전이 아니라 대학의 비전을 말한다. 사명서(mission statement, MS)를 가이드로 하여 비전을 개발한다.

■ 단계 2 : 초기 조직화

품질협의회(quality council), 품질관리자, 품질설계 팀이 우선 필요하다. 초기에는 전원 참가가 아니라 대학의 사명과 비전을 잘 이해하는 소수의 핵심인사로 시작한다.

■ 단계 3 : 품질협의회 운영

최초 모임에서는 품질 프로그램의 필요성 인식, 공감대 형성에 주안점을 둔다. 캠퍼스와 강의실이 어떻게 달라질 것인지 명확히 이해한다. 그다음, 정기회의 일정을 정하고 품질관리자를 임명한다. 가급적 풀타임 전문직을 채용하되, TQM 전문지식/경험뿐만 아니라 리더십, 커뮤니케이션 능력, 복잡한 프로젝트를 수행해 본 경험 등을 고려한다. 그리고 품질협의회 규정, 품질관리자 업무 분장, 품질설계 팀 운영 규정을 만들고 사명을 명시한다.

■ 단계 4 : 품질설계 팀 운영

교수와 직원(중간관리자) 6~10명으로 구성하며 품질관리자가 팀장을 맡고 정기회합을 갖는다. 약 6개월 정도의 준비 기간이 필요하며 팀워크가 가장 중요하므로 교외 단합행사 등 팀워크를 다진 다음, 바로 품질 프로그램 성공 사례, 세미나 등 관련 지식을 충분히 학습한다. 교내에 적당한 품질 전문가가 없으면 교외의 컨설턴트를 활용한다. 품질 담당자는 품질협의회에 진척사항을 보고하고 필요한 지침을 받는다.

■ 단계 5 : 대학의 자체평가

장래의 발전계획을 위해 현재의 품질 수준을 진단하는 단계이다. 대학 구성원들의 태도, 내외 고객들의 평가를 포함한다. 조사에 관한 전문적 지식을 보유한 대학 내의 인력을 동원하여 수행할 수 있으나 품질 분야 컨설턴트의 도움을 받을 필요가 있다.

■ 단계 6 : 품질설계 팀의 결과 보고

품질설계 팀(팀장 : 품질관리자)의 준비 작업 결과를 품질협의회에 보고하고 향후의 추진을 확정해야 한다. 1단계 시작 후 6~8개월 사이에 보고를 완료하는 것이 바람직하다. 품질설계 팀이 전면적 추진을 지지하고 이를 품질협의회가 받아들이면 7단계로 들어갈 수 있다.

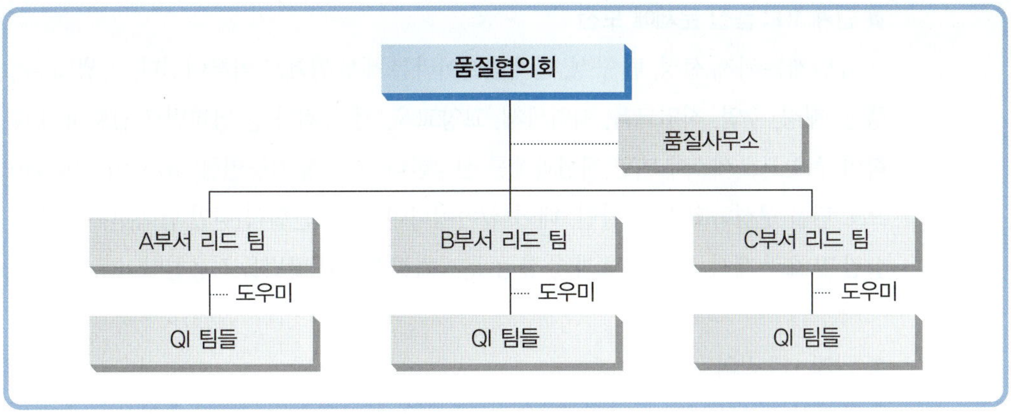

◉ 그림 4-6 품질조직도

■ 단계 7 : 조직화 – 품질 사무소, 부서별 리드 팀, QI 팀

품질조직은 〈그림 4-6〉과 같이 품질협의회를 최고위 기구로 그 산하에 부서별(주요 부속기구, 학부, 학과) 리드 팀을 설치하고 각 리드 팀 산하에 품질개선(QI) 팀들을 두는 3계층 형태로 구성한다. 이러한 품질조직의 가동과 함께 품질설계 팀은 해체한다.

■ 단계 8 : 품질선언서 발표(품질방침)

교육 품질에 관한 강조와 고객 만족 · 고객 충성도 중시, 고등학교 · 타 대학 · 학생 · 학부모 · 지역 내 기업 · 지역 공동체 등과의 파트너십 구축 등을 내용으로 하는 품질선언서를 발표한다.

■ 단계 9 : 품질 교육훈련

품질 교육훈련은 두 가지 이유에서 매우 중요하다. 첫째, 품질개선운동은 대부분의 사람들에게 생소한 것이고 품질철학과 기법을 모르는 사람이 많다. 둘째, 품질을 개선하기 위해서는 각자가 전혀 새로운 방법으로 사고하고 행동해야 하기 때문이다. 교육훈련의 상당 부분은 교내 강사진을 활용하여 가능하나 외부 컨설턴트의 훈련 프로그램을 이용하는 것도 바람직하다.

■ 단계 10 : 품질 문제에 도전

이 단계는 과제 선정, 팀 구성, 문제해결이라는 세부 단계로 이루어진다. 학생, 교수, 행정, 재정, 수업, 직업교육, 지역과제, 교양교육, 전학/전과 등 영역별로 검토하여 대학의 주요 프로세스에 대한 개선과제를 선정한다. 가급적 기능연합(cross-functional)으로 팀을 구성하고 문제 확인, 데이터/아이디어 수집, 근원적 원인 탐색, 대안 제시, 실험 및 효과 제시, 장기적 효과 추정 등 문제해결 절차와 방법을 적용한다.

■ 단계 11 : 강의실 TQM

강의실 TQM(TQM in the classroom) 응용은 전체 TQM 사업의 일부이지만 그 특징과 중요성에 비추어 별도의 단계로 추진할 필요가 있다. 강의실 문제는 기업이나 정부기관에서 볼 수 없는 특수한 과제이다.

■ 단계 12 : 전략적 품질계획

대학, 학과, 부서들의 모든 기능과 발전계획을 품질 접근법으로 통합한다.

■ 단계 13 : 품질 프로그램 프로모션과 인정 · 보상

■ 단계 14 : 추진력 유지

2. Motwani와 Kumar의 TQM 추진 단계

Motwani와 Kumar(1997)는 교육기관이 TQM을 추진할 때 고려해야 할 과제를 〈그림 4-7〉과 같이 제시하였다. 각 과제는 문헌 연구에 의하여 정리한 것이다.

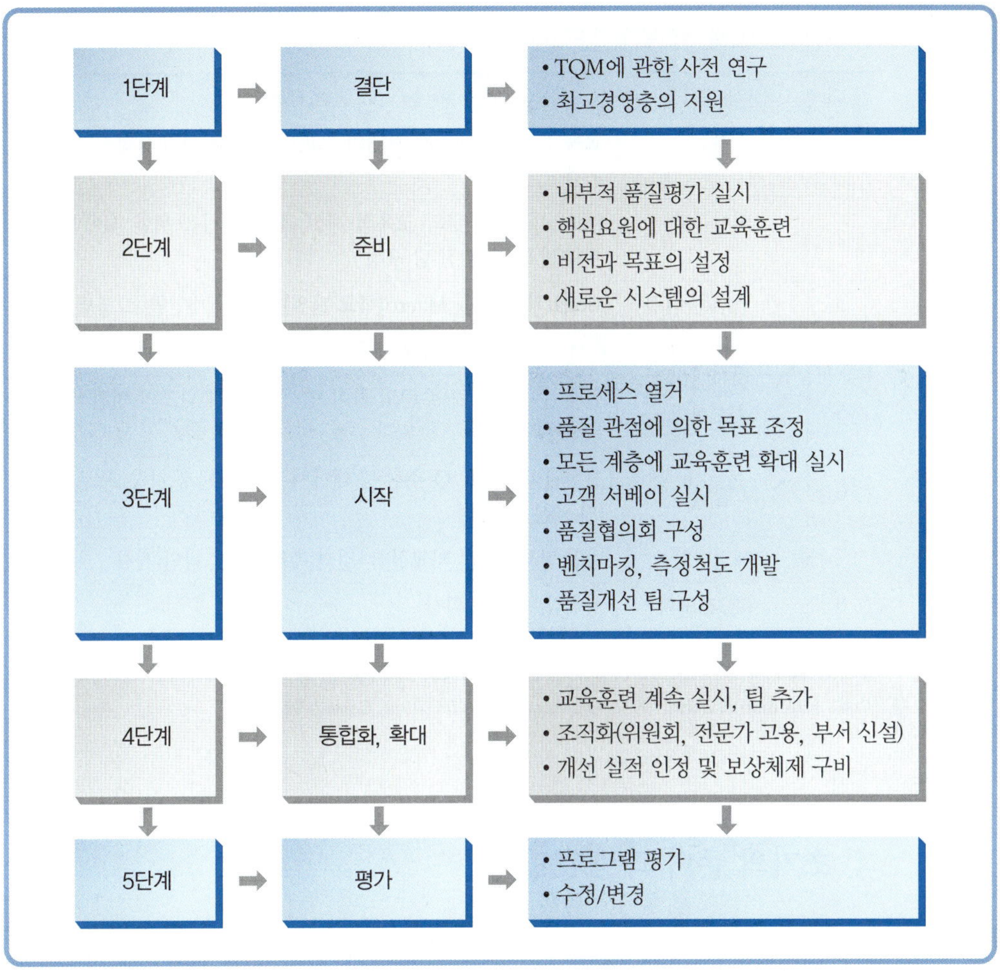

◉ **그림 4-7** 교육기관의 TQM 추진 단계

출처 : Motwani & Kumar(1997), "The Need for Implementing TQM in Education", *Intl. Jr. of Educational Management*, 11(3), pp.131-135.

3. Kaufman과 Zahn의 TQM 추진 단계

Kaufman과 Zahn(1993)은 대학이 TQM을 추진할 때 적용할 단계를 〈표 4-5〉와 같이 9단계로 제시하였다.

◉ 표 4-5 TQM 추진을 위한 9단계

단계	단계명	활동 내용
1	결심	교육 품질 개선 각오, 교내외 오피니언 리더 동원(설명회), 필요성 공감
2	뛰어들기	Deming 14개 항의 교육적 해석, 성과 개선을 위한 데이터 수집 계획 발표, Q 추진 팀 구성
3	품질 수준 선정	Mega(지역사회), Macro(학교 단위), Micro(개인별, 그룹별)
4	비전 개발	QM 사업의 비전, 학교/교육 시스템의 비전
5	니즈 파악	현재 수준과 요구 수준의 차이 명시, 비전과 니즈의 연관적 검토, 우선순위 결정
6	할당	선정된 니즈별로 Q 추진 팀 내에서 해결 담당자 지정, 프로젝트화(팀 세분)
7	해결방안	방안 탐색, 구성, 비교실험, 결과 측정, 조정, 방안 제시
8	시행/제도화	성취감, 경험의 확산
9	계속 전진	지속적 개선체제 구축

출처 : Kaufman & Zahn(1993), *QM Plus CI of Education*, Corwin Press.

4. 초기의 준비 과정 10단계

Goetsch와 Davis(1995)는 도입 준비, 실행계획, 실행, 심화 과정을 20단계로 세분하여 설명한 바 있으나 이와 같은 20단계는 매우 복잡하다. 따라서 이재관(2000)은 이를 재구성하여 초기의 준비 과정을 중심으로 〈그림 4-8〉과 같이 10단계로 설명하였다. 이와 같은 10단계를 성공적으로 수행하면 이어서 심화 과정으로 들어갈 수 있을 것이다.

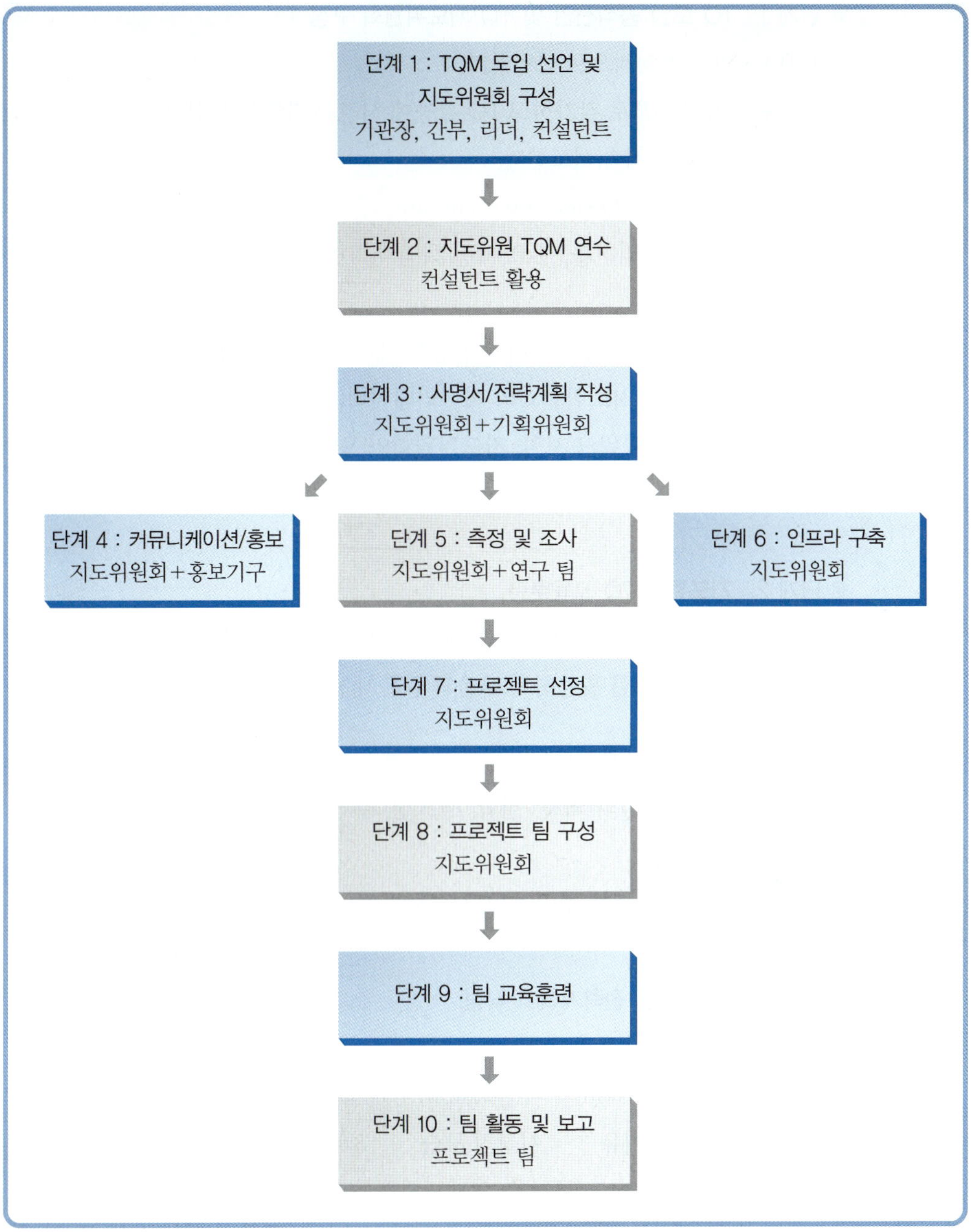

◉ **그림 4-8** TQM 도입 초기의 10단계 절차

출처 : 이재관(2000, p.20). Goetsch & Davis(1995, pp.30-269)의 20단계를 참고하여 재구성함.

■ 단계 1 : TQ 도입 공식선언 및 TQ 지도위원회 구성

① TQ 도입을 공식적으로 선언한다.

② 기관장이 행동으로 참가하고 TQ 활동에 시간과 자원을 투입한다.

③ 문화적 변화를 계속 시도한다.

④ TQ 지도위원회(TQ steering committee)를 구성한다.

- 기관장, 고위 리더들, 주요 기능 책임자, TQ 전문가(또는 컨설턴트)로 구성한다.
- 각자 부서의 이익을 대변하는 입장이 아니라 하나의 팀으로 협력한다.
- TQ 전문가는 지도위원회의 퍼실리테이터(facilitator)로서 자료, 방법/도구를 제시하고, 팀워크 지원, 지도위원회와 프로젝트 팀 간의 연락 업무를 담당한다.

■ 단계 2 : 지도위원 TQ 교육훈련

① 기관장과 지도위원들부터 TQ 교육을 받아야 한다.

② 유능한 컨설턴트를 활용하되 다음과 같은 내용과 방법을 택한다.

[지도위원 교육 프로그램]

- 교육 내용 : TQ의 역사, 철학, 필요성, 추진방법, 도구, 비전, 방침, 문화적 변화관리
- 교육 일정 : off-site, full-day, 15~30시간(1일 8시간 수강 및 토론)

■ 단계 3 : 사명서 및 전략계획서 작성

① 사명서의 구성 및 유의사항

MV^2 = 사명(mission) + 비전(vision) + 가치관(values)

	존재 이유	이상적 모습	지도원리
	(왜?)	(무엇을, 언제까지?)	(어떻게?)

- 백화점식 나열 : 모든 사람이 만족하는 MS를 작성하고자 하면 초점이 없고 장황해진다. 이러한 MS는 결국 활용되지 못하고 누구도 만족시키지 못하게 될 것이다.
- 애매한 추상적 표현 : 구체성이 결여된 용어를 피하고, 진정한 미션을 나타내 주는 표현을 찾아야 한다. 대용변수(surrogate parameter)를 찾아, '품

질', '탁월성' 등의 용어를 명확히 정의 · 측정하고자 노력해야 한다.

- 수백 년 변치 않을 사명과 비전을 생각하면 안 된다. 발전의 진도를 평가할 수 있어야 하며, 경쟁과 도전의식을 고취할 수 있는 것이어야 한다. 도전, 경쟁, 시간개념(time frame)의 세 가지 요소가 필요하다. 잘 작성된 비전의 특징은 다음과 같다.
  - 모두가 쉽게 이해할 수 있도록 난해한 문장을 피한다.
  - 간명하되 의도하는 의미가 충분히 포함되게 한다.
  - 도전적이지만 달성 가능한 것, 고상하지만 가시적인 것으로 한다.
  - 시선을 끌고 흥분시키고 공통의 표적이 될 만한 것으로 한다.
  - 수치적 목표보다 행동 방향과 우선순위에 초점을 둔다.

② 사명서 작성방법

- 위탁자 식별 및 대응 : TQ 실천을 위해서는 톱다운 리더십이 중요하므로 톱에게 영향을 주는 위탁자(stakeholder)들에 대한 배려가 MS 작성에 필요하다. 위탁자는 조직의 종류와 상황에 따라 다르나, 예컨대 교육기관의 경우 재정 관련 위탁자로 정부기관, 재단, 기부금 헌납자, 학부모, 교육 추진 주체로 교수, 직원, 행정부서장, 기타 영향 집단으로 지역사회, 노동조합, 종교 단체, 졸업생 채용기관 등을 들 수 있다.
- 작성자 및 작성방법 : 이해 당사자 전체가 모여서 합의하여 MS를 작성해야 한다는 견해도 있으나 가치관 문제를 합의로 도출하기는 어렵다. TQ 지도위원회가 태스크포스에 위촉하여 작성하는 것이 일반적인 방법이다. 태스크포스는 주된 위탁자 집단들을 염두에 두고 작업해야 한다. 개방적 토의로 아이디어를 수렴하되 경영자 초안(draft), 퍼실리테이터의 조언을 참고한다.

③ 전략계획서 작성

장기계획(long-range planning)은 전략계획 이론이 출현하기 전에 유행하던 계획방법이다. 계획 기간을 단기, 중기, 장기로 나누어 계획하는 것은 자연스러운 발상이다. 그러나 장기계획은 5~10년의 장기적 예측이 매우 어렵고, 구성원의 이해 · 공감을 얻지 못하기 때문에 실패하는 사례가 많다. 장기계획의 주된 내용(장기 예측, 장기적 목표 설정, 구조조정)은 전문성, 보안, 고위층 판단을 요구하므로 기획 전문가에 의해 장기계획서를 작성하는 것이 일반적 관행이 되었고, 따라서 조직적 이해와 공감을 얻기 어려웠다.

1970년대 이후 많은 조직들이 장기계획을 전략계획(strategic planning)으로

핵심역량 이론(core competency theory)

"먼저 외부 환경을 분석하고 그다음에 내부 능력을 조절하는 조직들이 많다. 그러나 그 사이에 환경은 또 변한다. 자체 핵심역량부터 키우고 그다음에 환경을 보라."

대체하였다. 전략계획은 경쟁력에 초점을 두고 조직 전반을 통합화하며 전략적으로 변화에 대응하는 계획방식이다. 특히 경쟁전략론(competitive strategy)은 전략계획 수립에 긴요한 틀과 도구를 제공한다. 즉, 산업구조의 분석, 주요 경쟁자의 강점 · 약점 파악, 원가 · 품질 · 서비스 등 주요 변수의 경쟁 격차 측정, 전략적 사업 단위에 대한 포트폴리오 관리 등이다. 그러나 경쟁전략론에는 다음과 같은 약점이 있다.

- 과거 데이터에 의해 경쟁자를 따라잡는 데 목표를 둔다.
- 어떻게 격차를 극복하고 탁월성을 얻을 수 있는가에 대한 답을 주지 못한다.
- 1개 산업에 국한되어 시야가 좁으며, 경쟁자에 대한 정보는 대개 낡고 부정확하다. 더구나 경쟁자의 사업범위가 상이하다면 직접 비교는 더욱 무의미할 것이다.
- 외부 환경, 경쟁 분석법에 치우치며 혁신, 현장 개선, 탁월성 과제, 역량 구축에 소홀하므로 핵심역량 이론에 맞지 않는다.
- 계획 과정과 실천 과정의 분리로 구성원 참여 부족 등 실천적 문제가 있다.

TQ와 전략계획은 조직적 학습 과정(organizational learning process) 개념으로 통합화된다. TQ 기반 전략계획에는 일반적으로 MV^2(사명, 비전, 가치관), 학생/위탁자 니즈를 포함하는 각종 요구사항, 그 요구사항과 MV^2에 따르는 중점목표 및 중점사업(프로젝트) 선정, 중점사업 해결을 위한 행동계획(action plans), 계획의 전개(deployment) 대책 등이 포함된다.

전략계획의 초점은 변화 촉진, 고성과 추구, 현장의 지속적 개선을 고무시키는 데에 있다. 조직 전체가 MV^2와 위탁자 요구사항에 따라 정렬되어야 한다. 원활한 커뮤니케이션으로 전개하는 것이 중요하다. 결과는 목표량 할당으로 얻어지는 것이 아니라 프로세스 개선에 의해서만 얻어진다. 어떤 프로세스를 어떻게 개선할 것인가에 초점을 두어야 한다. 전략계획의 절차를 설명하는 일반 모형은 대부

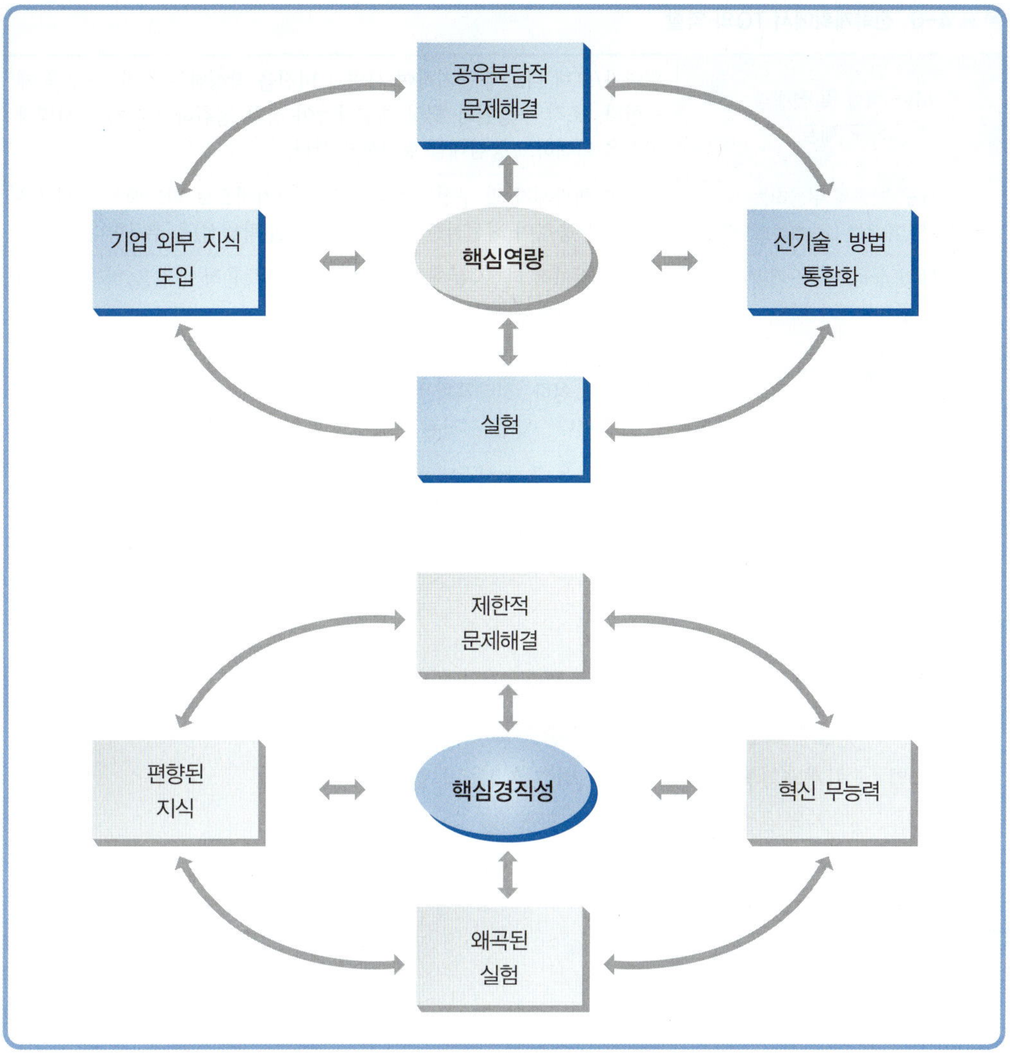

◉ **그림 4-9 핵심역량과 핵심경직성**

출처 : D. Leonard-Barton, *Wellsprings of Knowledge*, Harvard Business School Press, 1995, p.9, 36.

분의 전략경영 교과서들에서 찾아볼 수 있다(〈그림 4-10〉 참조). 여기에 TQ 요소를 가미하면 TQ 기반 전략계획 모형이 된다.

TQ 기반 전략계획 모형의 사례로, 미국 펜실베이니아주립대학 품질기획센터(Center for Quality & Planning)가 작성 · 적용한 바 있는 QPA(quality, planning, and assessment) 모형을 〈그림 4-11〉에 간단히 소개했다. 여기서는 〈그림 4-10〉과 달리 환경에 앞서서 내적 요인을 먼저 검토한다. 그리고 전략계획

◉ 표 4-6 전략계획에서 TQ의 역할

MV² 작성 및 전개의 도구 제공	위탁자/고객 니드에 근거하여 사명과 비전을 작성하는 절차, 도구를 제공한다. 조직 구성원과 행정 책임자들이 장차 성취하고자 하는 사명과 비전을 이해하고 공감대를 형성하게 한다.
요구 변화에 부응하는 최선실천법(best practices) 추구	주요 이해관계자 및 구성원들의 의견을 정기적으로 피드백하고 새로운 요구에 부응하며 최선실천법 도입으로 품질(탁월성)을 추구한다.
데이터/정보에 근거한 문제해결과 혁신	종래의 정치적 타협, 문제 발생 후의 수습, 즉흥적 행정을 버리고 사실 정보에 근거한 전략적 혁신을 시도하게 한다.
프로세스 초점 및 전략적 · 지속적 개선	기관의 핵심적 프로세스들을 식별하고 프로세스에 초점을 두는 개선 노력을 기울인다. 전략계획은 프로세스들의 우선순위, 해결 시기를 정하는 계획이다. TQ는 선정된 프로세스의 개선을 가능하게 한다.
팀워크와 팀 의사결정의 활성화	품질 팀들은 조직 시스템에 대한 공통 이해와 상호 신뢰를 바탕으로 지속적 개선에 동참하고, 지식/숙련/능력을 공유한다.

TQ를 건물 건축에 비유하여 설명할 수도 있다

청사진 : 자체 평가 및 진단(조직 상태, 외부 환경)

건축방법 : 전략계획(향후 3~5년) = 사명, 비전, 지도원리, 중점목표, 중점사업

지붕 : 최고경영자의 품질철학, 주도적 역할, 지원

대들보 : 방침(hoshin) = 연간목표(targets) + 수단(means)

기둥 : 혁신 + 개선 + 유지

벽체 : 제 기능연합 관리

기초 : 개인 및 팀별 활동(일일관리)

과정이 4단계의 기획(planning) 모형과 5단계의 평가(assessment) 모형, 두 부분으로 구성되어 있다는 점도 특징이다. 기획 모형에 의한 분석 결과는 평가 모형에 입력되고, 평가 모형의 결과는 다시 기획 모형으로 피드백된다. 계속적 사이클의 전략계획 과정에 이어서 바로 현장의 프로세스 개선 과정이 연결된다. 이와 같이 '기획-평가-실행'이 긴밀하게 연결된다는 것이 TQ 기반 전략계획의 특징이다. 전략계획 입안자들은 각 단계에서 다음과 같은 질문을 던지고 최선의 대답을 찾게 된다.

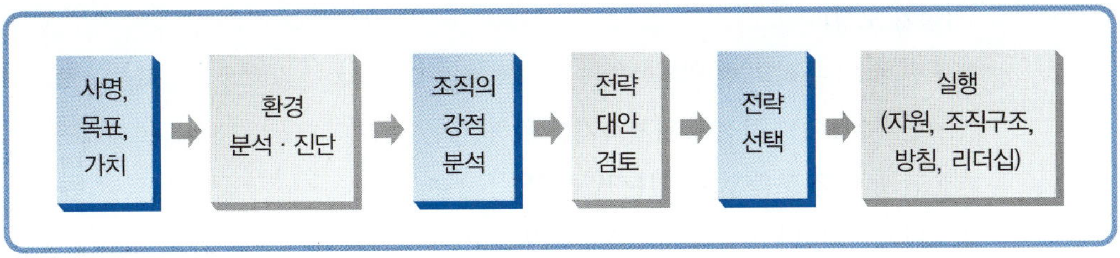

◉ 그림 4-10 과거의 전략계획 모형

[기획 모형]

- 단계 1 : 우리의 사명과 비전은 무엇인가?
- 단계 2 : 주요 내적 요인, 그리고 개선이 필요한 곳은?
- 단계 3 : 주요 외적 요인은?
- 단계 4 : 우리의 비전과 대(對)위탁자 사명을 달성하게 하는 목표는?

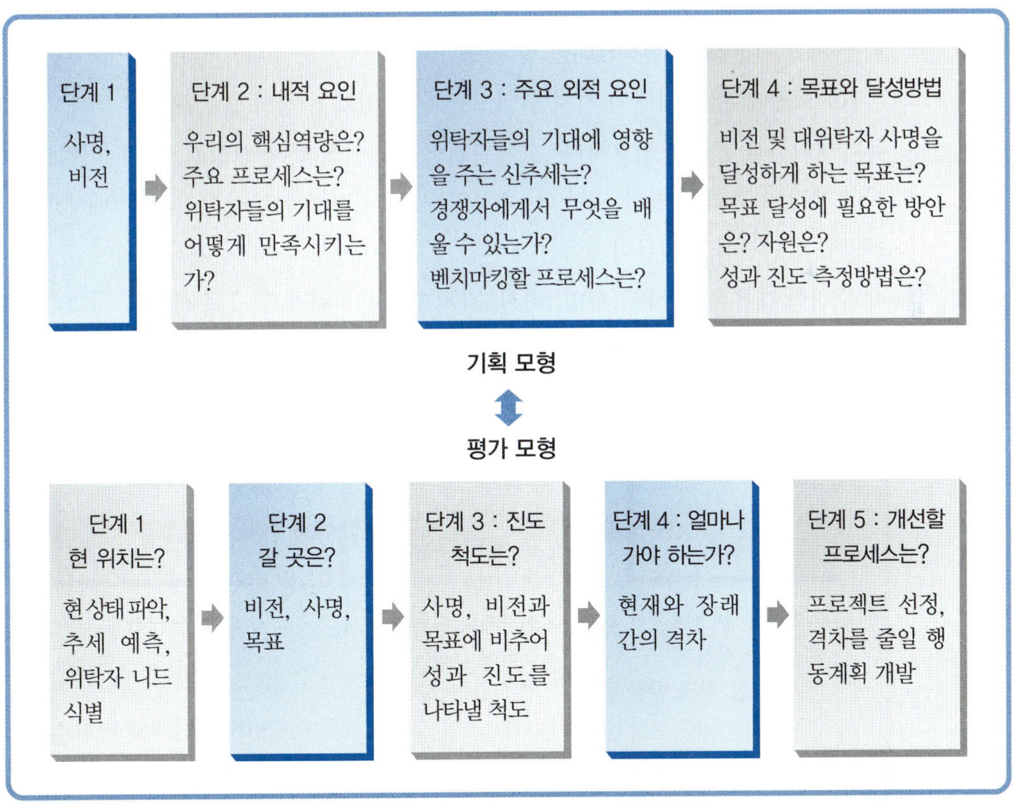

◉ 그림 4-11 TQ 기반 전략계획 모형

[평가 모형]

- 단계 1 : 우리의 현 위치는?
- 단계 2 : 어느 지점에 위치하기를 원하는가?
- 단계 3 : 진도를 알 수 있는 방법은?
- 단계 4 : 얼마나 멀리 가야 하는가?
- 단계 5 : 어떤 프로세스를 개선하는가?

앞에서 설명한 방침관리방식은 기본에 해당하며 여기서 설명한 TQ 기반 전략계획과 내용적으로 일맥상통한다. 그러나 미국의 Baldridge 모형에서는 전략계획 및 전략전개 영역으로 방침관리의 재구성을 시도하고 있으며, 또한 최근에는 식스시그마에 의한 프로젝트 경영체제, 학습조직론 또는 핵심역량 이론, BSC(Balanced Scorecard) 방식 등이 활발히 응용되고 있어 장차 차세대 방침관리의 출현을 예고한다. 따라서 〈그림 4-12〉와 같은 전망을 여기서 생각해 볼 수도 있을 것이다.

■ 단계 4 : 대내외 커뮤니케이션 및 홍보

TQ 도입에 관한 대내외 지지를 얻고 방향성 있게 추진하기 위해서는 대내외 커뮤니케이션과 홍보가 필요하다. 지도위원회는 대인접촉, 공개강좌, 회의, 비디오테이프 제작, 뉴스레터 발간, 포스터, 게시판, 세미나, 발표논문집 등 다양한 매체의 활용방법을 연구하고 커뮤니케이션이 원활히 이루어지도록 한다. 커뮤니케이션/홍보에 주력할 내용은 ① MV^2(사명, 비전, 가치관), ② 전략계획 및 중점목표, ③ TQ 지식 및 TQ의 중요성, ④ TQ 추진 일정, ⑤ 각자에게 미칠 변화와 그 영향 등이다.

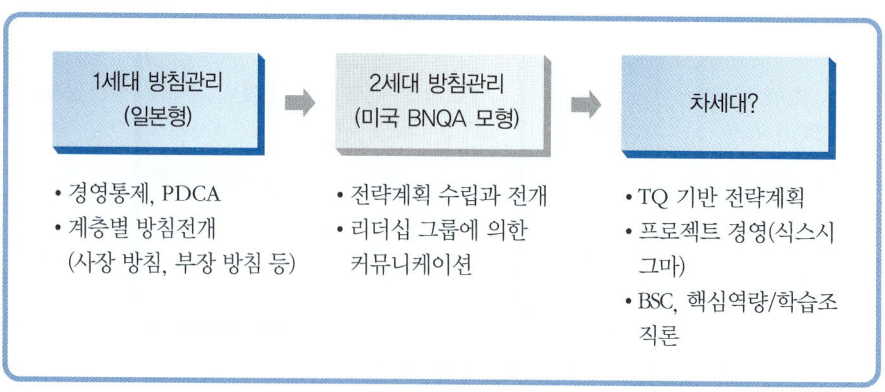

◉ 그림 4-12 방침관리의 발전 전망

■ 단계 5 : 측정 및 조사(구성원, 고객)

TQ 도입은 경영진의 주도적 역할과 리더십으로 시작되나, 도입 후의 확산과 계속 추진을 위해서는 조직 구성원 참가, 고객정보 피드백이라는 장치가 미리 준비되어야 한다. 구성원과 고객에게 관심이 없는 관료적 조직으로는 TQ를 추진하기 어렵다. 구성원의 태도/만족도, 고객 만족도의 현 상태를 측정 · 조사하는 일은 TQ 지도위원회의 기본과업이다. 이 과업을 위해 해당 분야 전문가, 컨설턴트, 연구 팀을 활용할 필요가 있다.

① 조직 구성원 태도 · 만족도 조사

외부 용역, 자체 조사, 인터뷰, 설문, 전문가 초청 토의 등 조사방법은 다양하다. 직무에 대한 느낌, 조직에서 자기 역할의 중요도 인식, 커뮤니케이션, 업적 인정, 근무환경, 조직 운영 스타일, 참여도 등 광범한 내용이 포함될 수 있다. 〈표 4-7〉은 전형적인 설문지 양식의 예이다. 지도위원회는 이러한 조사를 통해 현 상태를 파악할 뿐만 아니라 취약점을 찾아 대책을 수립해야 한다. 예를 들면, 〈표 4-7〉의 5, 23, 24항이 특히 저조한 경우, 이는 업무 절차나 근무 요령이 엉성하다는 것을 의미하므로 대책 팀을 통해 주요 프로세스에 대한 재설계를 시도해야 한다. 프로세스 개선에 초점을 두는 것이 TQ의 특징이므로, 이러한 프로세스 재설계 노력은 당연히 TQ 과업의 핵심이 된다. 프로세스의 변화는 근무자들에게 직접 영향을 주게 된다. 따라서 TQ 도입 후 상당 기간은 〈표 4-7〉과 같은 태도 · 만족도 조사를 매년 정기적으로 실시하여 변화의 영향을 추적할 필요가 있다. TQ를 도입하면 태도 · 만족도는 향상되는 것이 보통이지만, 지도위원회는 혹시 TQ 도입 후에도 향상이 없거나 악화되는 항목이 있는지 주시하고 대응하는 일을 계속해야 한다.

② 고객 만족도 조사

품질이란, 즉 고객 만족도 수준이다. 품질향상을 원한다면, 현재 고객 만족도 상태가 어떤지, 불만요인이 무엇인지 등을 우선 알아야 한다. 이때 외부 고객, 내부 고객이 모두 조사 대상이 된다. 지도위원회는 조직의 품질(또는 탁월성)을 측정하기 위해 내부적으로 통용될 수 있는 척도를 개발해야 한다. 내부적 척도는 부서와 영역에 따라 다를 수 있으므로 이해 당사자들의 광범한 의견수렴 과정을 거쳐 품질/탁월성 척도와 측정방법을 개발해야 한다. 구체적으로 다음과 같은 절차를 밟으면 좋을 것이다.

◉ 표 4-7 조직 구성원 태도 · 만족도 조사용 설문지

문 항	부동의			동의	
	1	2	3	4	5
1. 나는 맡은 일을 기분 좋게 수행하고 있다.					
2. 나는 내 직무가 중요하다는 것을 느낀다.					
3. 맡은 일을 탁월하게 해낸다면 나를 인정해 줄 것이다.					
4. 직무 수행에 필요한 장비 · 도구가 충분히 지급된다.					
5. 직무 수행에 필요한 정보가 공식적으로 제공된다.					
6. 상급 관리자들은 조력과 지원을 잘 해 준다.					
7. 우리가 하고 있는 일에 대해서 자부심을 느낀다.					
8. 내가 할 말이 있을 때 상급 관리자들은 경청해 준다.					
9. 조직 전반의 최근 상황에 대해 상급 관리자들이 말해 준다.					
10. 나의 근무환경은 좋은 편이다.					
11. 상급 관리자들은 우호적이고 개방적이다.					
12. 상급 관리자들은 업무 수행에 능력이 있는 사람들이다.					
13. 직무상 어려운 문제를 상급자와 터놓고 말할 수 있다.					
14. 상급자는 자기가 몰랐던 문제를 말하면 쉽게 인정한다.					
15. 나는 공평한 봉급을 받고 있다고 생각한다.					
16. 우리 조직의 관리자들은 특별한 대우를 받고 있다.					
17. 나는 자유롭게 내 아이디어를 제안할 수 있다.					
18. 말단 근무자들의 제안도 신중하게 처리된다.					
19. 고위 경영진은 우리가 사고하도록 격려한다.					
20. 우리 모두는 고객을 기쁘게 하는 일에 매우 열심이다.					
21. 우리 직장에서는 팀워크를 강조하고 있다.					
22. 내가 혹시 실수를 해도 처벌받지는 않는다.					
23. 직무 수행의 절차와 방법이 문서화되어 있다.					
24. 업무 절차가 우수하다.					

- 조사 전문가가 포함되는 확대지도위원회를 구성하고,
- 확대지도위원회의 소위원회(연구 팀)에서 아이디어를 정리하고,
- 설문조사 등 조사방법을 적용하여 분석하고,
- 조사 결과를 집약하여 백서(초안)를 만들고,

• 백서(초안)를 각 기관에 배부하여 검토하게 하고,
• 품질/탁월성 척도와 측정법을 최종적으로 지도위원회에서 확정한다.

이러한 의견수렴 과정에서 품질의식도 높아지고 차후 집행 과정에서의 갈등을 예방하는 효과도 크다. 동일한 문제에 대해 서로 다른 척도를 적용하는 혼란이 생기면 안 된다. 고객 만족도 조사에서 주의할 점은 다음과 같다.

• 조직 내외의 생생한 고객 소리(voice of customer, VOC)와 요구를 경청한다.
• 조직 특성에 일치되고 구성원의 개선 행동과 연결되는 척도를 찾는다. VOC와 MV^2를 강조한 후 의견을 수렴하여 척도를 선정한다.
• 정기적으로 조사하고 피드백을 한다.

■ 단계 6 : 인프라 구축

인프라(infrastructure)란 본래 건물, 냉난방, 도로, 네트워크 등 기반시설을 지칭하나, TQ 도입 추진을 위한 '조직 인프라'의 경우는 조직, 경영 시스템, 프로세스, 절차, 규정, 업적 평가 및 보상체계까지 포함하여 광의로 정의된다. TQ를 도입하면 기존의 인프라 중 많은 것들이 부적당하거나 장애요인으로 작용할 수 있다. 지나치게 층이 많은 계층구조나 기능별 · 부서별 장벽 등이 좋은 예이다. 인프라를 구축하기 위해 사전에 예상되는 문제를 점검해 보는 것도 필요한 일이다. 앞에서 언급한 '실패요인'을 포함하여 ① 리더십 및 톱의 지원, ② 관리계층의 TQ 역할 가능성, ③ 명확한 실행 절차, ④ TQ 인적자원 확보, ⑤ TQ 반대 세력, 변화 저항적 문화, ⑥ 네트워킹, ⑦ 업적 인정 및 보상체제, ⑧ 데이터 측정 · 수집과 데이터베이스, ⑨ TQ 교육훈련체제, ⑩ 정보 시스템 등의 체크리스트로 광범하게 점검해 볼 필요가 있다.

TQ를 지속적으로 추진하기 위해 장애가 되는 인프라를 찾아 개선하고 인프라 전반의 취약 부분을 변경 또는 구축하는 것은 TQ 지도위원회의 기본적 기능이다. 성역은 없다. 가령 고위계층만을 위한 호화 식당이나 특권 같은 것들까지도 재검토할 수 있는 것이다. 조직 구성원 전체에 대한 공정한 업적 평가체계, 보상체계를 구축하는 것도 중요한 인프라 문제이다.

■ 단계 7 : 프로젝트 선정

도입 초기의 프로젝트 선정은 중요한 의미를 갖는다. 이미 TQ 도입을 공식선언하고 홍보까지 했기 때문에 많은 사람이 주목하고 있을 것이다. 좋은 결과가 나오지 않으면 실망이 크고 TQ를 계속 추진할 명분도 잃게 될 것이다. 따라서 가급적 단기

간에 명확한 결과를 얻을 가능성이 높은 프로젝트를 선정하는 것이 바람직하다. 이를 위해 지도위원회는 단계 3에서 정한 MV^2를 고려하고, 단계 5에서 얻은 조사 결과를 토대로 다수의 프로젝트를 발굴하여 그중에서 몇 가지를 선택한다.

프로젝트 선정 시 고려할 사항은 대체로 아래와 같다.

① 조직의 취약점이 되는 프로세스 개선
② 비전과 전략계획에서 지적된 중점사업
③ 프로젝트 팀에 참가할 수 있는 인적자원 구성
④ 빠른 시일 내에 좋은 결과를 낼 수 있는 사업
⑤ 그러나 '홈런'보다는 단타 중심의 높은 성공 가능성

■ 단계 8 : 프로젝트 팀 구성

(제6장에서 자세히 설명할 것이다.)

인프라 사례

제너럴일렉트릭(GE)은 1995년부터 '식스시그마', 즉 100만 개 중 3.4개의 결점을 목표로 하는 품질운동을 시작했다. 식스시그마로의 전환은 많은 노력을 필요로 한다. 많은 사람들이 직접 참가하며 많은 지원 시스템이 원활한 진행을 위해 배치된다. GE는 그 후 3년 내에 전면적인 인적자원 인프라를 구축했고 성과는 급상승했다. 인적자원 인프라와 함께 측정장치와 데이터 통제 시스템도 중요한 인프라가 된다. 인프라 구축 폭은 정보 기술 자원의 가용 정도에 따라 달라진다. GE는 지금 비정보 기술 분야의 사람들이 쉽게 접근할 수 있도록 데이터베이스를 재설치하고 있다.

식스시그마의 기본은 고객들로 하여금 결점을 정의하게 하는 것인데, GE는 제품과 서비스의 중요한 핵심 품질 특성을 확인하기 위해 1,000명 이상 주요 고객들의 의견을 청취하는 인트라넷인 고객 대시보드(dashboard)를 개발하고 이를 통해 결점의 판정기준을 정의한다. 예컨대, 고객이 신속한 배달을 핵심 품질 특성으로 보고 '5일 이내'를 요구한다면 5일보다 늦은 배달은 '결점'이 된다. 고객들은 그때그때 평가치를 추세선에 기록함으로써 GE의 품질 수준이 어떻게 달라지고 있는지를 피드백하기 위해 이 계기판을 사용한다. 또한 GE는 모든 직원들이 식스시그마 업무에 집중할 수 있도록 돕는 인트라넷 사이트를 개발했다. 이를 통해 모든 프로젝트에 대한 정보와 보고서를 제공하며 6,000명의 블랙벨트, 3만 명의 그린벨트가 상호 간 사례 정보를 함께 공유토록 했다.

■ 단계 9 : 팀 교육훈련

① TQ에 관한 기본지식, ② 팀 활동에 필요한 숙련(team skill), ③ 문제해결에 필요한 도구(problem-solving tools)를 중심으로 교육훈련한다. 식스시그마운동에서는 〈표 4-8〉과 같은 블랙벨트 교육 프로그램을 적용한다.

■ 단계 10 : 팀 활동 및 보고

① 로드맵(road map) 장치

자동차 운전자에게 도로지도가 필요한 것처럼 TQ 팀에도 매 순간 행동 방향을 제시해 주는 도로지도 같은 것이 필요하다. Shewhart와 Deming은 PDCA 사이클을 고안하여 보급했고, 최근 식스시그마운동에서는 MAIC를 주문처럼 항상 암기하고 익숙하게 실천하도록 한다. MAIC는 프로젝트를 다루는 4단계로서 측정(measure), 분석(analyze), 개선(improve), 통제(control)이다. 때로는 정의(define) 단계가 추가되기도 한다.

- 정의
  - 문제를 파악하고 범위를 정한다.
  - 반응변수와 CCR(critical customer requirements)을 정의한다.

◉ 표 4-8 전형적인 블랙벨트 교육 프로그램

첫째 주	둘째 주
• 식스시그마 소개 및 MAIC 절차 • 프로세스 매핑(mapping) • 품질기능 전개법(QFD) • 고장유형 · 영향 분석(FMEA) • 조직 유효성 개념 • 미니탭(minitab)을 이용하는 기초 통계학 • 공정 능력 • 측정 시스템	• 첫째 주 내용 복습 • 통계적 사고 • 가설검정, 신뢰구간(F, t 등) • 상관도분석 • 다변량분석, 회귀분석 • 팀 평가법
셋째 주	**넷째 주**
• 분산분석(ANOVA) • 실험설계법(factorial experiments, fractional factorials, balanced block designs, response surface designs) • 다중회귀분석 • 팀 업무촉진 도구	• 컨트롤 계획 • 착오 방지책(mistake-proofing) • 팀워크 개발 • 특수 프로세스(병렬, 이산, 연속) 관리와 설계 트랙 • 최종시험

- 측정
  - 제품 트리(product tree), 프로세스 맵(process map)을 그린다.
  - 신뢰성 있는 데이터 수집체제를 갖춘다.
  - 현재 상태를 측정하고 차후의 개선 정도를 계속 측정한다.
- 분석
  - 데이터를 분석하여 결점 원인(독립변수 X)과 그 영향을 식별한다.
  - 소수의 핵심적 원인들을 찾아내고 이에 집중한다.
- 개선
  - 실험설계(design of experiments)를 위해 관련 데이터를 수집한다.
  - 원인변수와 반응변수 관계 모델을 개발한다.
  - 가능성이 높은 원인을 중심으로 최적 해결방안을 찾는다.
- 통제 : 시스템이 계속 개선 수준을 유지하도록 SPC 방법으로 모니터링한다.

② 지도위원회와 프로젝트 팀의 연석회의

팀 구성은 일반적으로 매우 다양하다. 계급, 기능, 성격, 경험이 다양한 사람들이 모여 성과를 얻기란 쉽지 않은 일이다. 팀 현장만으로는 지도위원회의 의도가 팀에 충분히 전달되기 어렵다. 따라서 지도위원회는 연석회의를 통해 헌장을 해설함과 아울러 아래 사항을 팀에게 설명해 줄 필요가 있다.

- 해결할 문제, 조직목표와의 연관성, 팀에 대한 기대, 팀 편성 의도
- 보고방법(시기, 내용) 및 활동 일정 제시
- 팀장 임명(또는 선출 요구), 퍼실리테이터 지원사항 설명
- 팀과 기존 조직의 관계 : 팀 가동을 전 부서에 알리고 협조 요청

[팀 퍼실리테이터의 역할]

- TQ 도입 초기에는 모든 팀에 전문 퍼실리테이터를 배정한다.
- 퍼실리테이터는 리더가 아니라 리더를 돕는 사람이다.
- 안건, 토론, 결론 도출, 시간 준수 등 원활한 회의가 되도록 돕는다.
- 필요한 문제해결 도구를 제공하고 사용법을 조언한다.

③ 지도위원회에 대한 팀 보고와 조정

각 팀에 상당한 자율성을 부여하고 창의적 노력과 팀워크를 고취해야 한다. 그러나 방치하면 안 된다. 최종 책임은 경영진(지도위원회)에게 있으므로, 지도위원회

◉ 표 4-9 지도위원회용 PDCA

P(plan)	프로젝트 선정, 팀 구성 및 훈련, 지도지침 개발
D(do)	팀 가동, 팀 헌장 제시
C(check)	보고회 등을 통한 팀 진행 상황 파악
A(adjust)	방향 수정, 원활한 팀 활동을 위한 각종 조치

는 진행 상황을 파악하여 팀 활동과 결과가 비전과 목표에 일치되는지 확인하고, 지원할 것은 지원하고 조정할 것은 조정해야 한다. 이를 위해 지도위원회는 〈표 4-9〉와 같은 PDCA 사이클을 적용할 필요가 있다. 본래 PDCA 사이클은 프로젝트 팀에 필요한 것이나 지도위원회도 이를 활용할 수 있다.

4.4 탁월성 모형으로서의 국가품질상

1. NQI-PEP

NQI-PEP(National Quality Institute-Progressive Excellence Program)는 기초 작업부터 완전한 통합 단계까지 네 실행 단계로 구성되어 있다. NQI-PEP와 ISO의 관계는 〈그림 4-13〉과 같이 나타낼 수 있다. 즉, ISO 9000은 시스템의 안정화에 초점을 두나 NQI-PEP는 시스템의 안정화를 기반으로 조직의 탁월성을 추구하는 데 목표를 두고 있다. NQI-PEP의 네 단계는 각각 NQI로부터 인증을 받게 되어 있으며, ISO 9000 인증을 취득한 조직도 NQI-PEP에 참여함으로써 개선의 효과를 증대시킬 수 있다.

'보증에의 초점'과 NQI 심사기준에 반영된 '탁월성에의 초점' 간에는 상호 의존성이 있다. 즉, 시스템을 개선하는 능력은 시스템의 안정화에 달려 있는 것이다. 불안정한 시스템을 개선하는 것은 불가능하기 때문이다. 여기서 규격을 위주로 하는 안정화라는 것은 시스템 내의 프로세스가 좋고 나쁨을 의미하는 것이 아니라 시스템 내부의 프로세스가 안정되게 구축되어 있는지를 말하는 것이다. 한편, 탁월성에서 강조하는 개선이란 프로세스 혹은 절차의 변경을 의미한다. NQI-PEP는 다음과

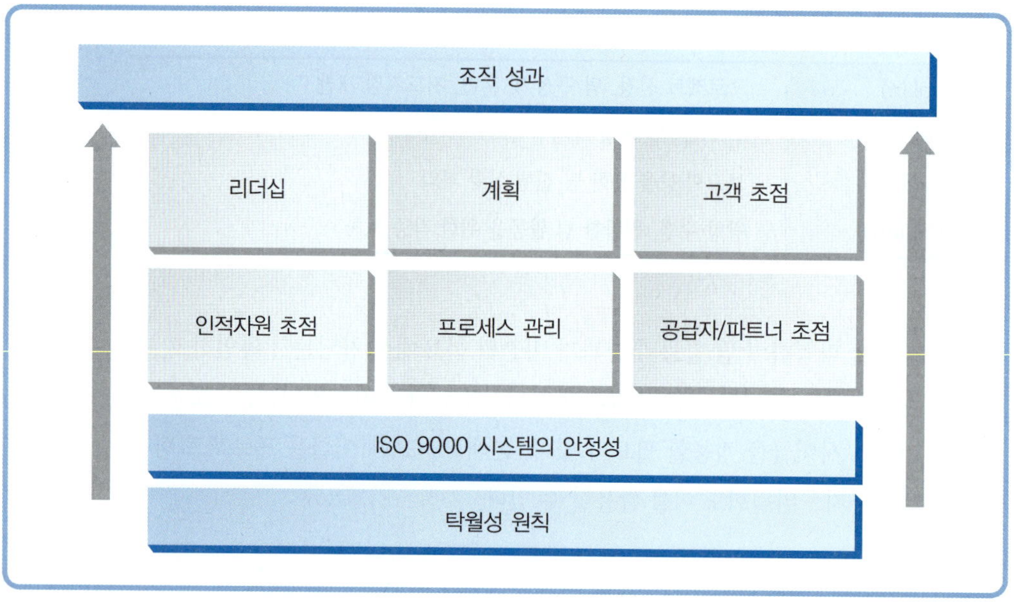

◉ **그림 4-13** ISO Plus-캐나다 NQI의 탁월성 모형

같은 점에서 품질보증 능력을 향상시키는 데 도움을 줄 수 있다.

① 경영자 책임 : 경영자의 몰입보다 한 차원 높은 것으로 경영자 몰입을 전달하고 지속적인 개선에 참여하는 데 활용하는 방법론을 다룬다. 또한 리더십의 효과성을 평가하는 방법과 기능 간의 장애물을 제거하며 프로세스 관리의 최선의 실천방안에 대해 검토하는 것을 강조한다.

② 고객초점 : 고객 만족을 위한 종업원의 일관성, 고객접점 관리, 고객 충성도와 고객 유지율 및 고객초점을 위한 전반적인 접근방법의 평가 등을 다룬다.

③ 품질목표와 계획 : 계획 실행의 검토와 경영계획의 효과성 측정을 위한 방법론을 다룬다.

④ 자원 관리 : 조직 내부의 지식 전달, 교육훈련 프로세스, 건강한 작업환경 유지, 종업원 복지에 관련된 추세 자료를 다룬다.

2. Baldridge 국가품질상

대일 경쟁력 저하 등 심각한 경제위기에 빠져 있던 미국이 대역전 드라마를 이끌어 낸 비결 중 하나로 꼽히는 Malcom Baldridge 국가품질상(MB상)은 1987년 Reagan 행정부와 의회가 1970년대 이후 미국 기업들이 점차 상실해 가던 자신감을 회복시키고, 소위 미국병에 빠진 기업들에 강력한 위기의식 고취와 함께 차별적 경쟁력 제고의 방향을 제시하기 위해 제정되었다. 그 탄생은 전사적 품질경영(TQM)을 촉진시키기 위해 '국가품질개선법(Public Law 100-107)'에 의거하여 1987년 8월 20일 Reagan 대통령이 '볼드리지 국가품질증진법(Malcolm Baldrige National Quality Improvement Act)'에 서명을 함으로써 이루어졌다.

MB상은 1988년 제조 부문에서 모토로라, 웨스팅하우스 핵연료사업부(Westinghouse Electric Corporation-Commercial Nuclear Fuel Division), 중소기업 부문에서는 글로브메틀러지컬(Globe Metallurgical)의 3개 업체를 최초의 수상 기업으로 선정한 이래 매년 미국 내 전 산업 분야의 최우수 기업을 선정하여 수여하고 있다. 이 상은 불의의 사고로 고인이 된 당시 미국 상무장관 Malcom Baldridge의 이름을 따서 명명되었다.

1) MB상 주관기관

MB상의 가장 큰 특징은 민간과 정부의 강력한 협력관계 구축에 있다. 이는 국가경쟁력을 강화하기 위해 도입된 국가품질상의 가장 중요한 성공 요소인 것으로 평가된다. 특히 민간의 역할은 운용기금 마련, 자원자 봉사, 정보 확산을 위한 참여 등의 분야에서 매년 증가하고 있다. MB상을 움직이는 기관들의 주요 역할을 살펴보자.

(1) 국립표준기술원(National Institute of Standard and Technology, NIST)

MB상의 운영 책임은 상무부에 있다. NIST는 1901년에 출발한 상무부 기술청 산하의 연구기관이다. NIST의 설립목적은 국가적 표준 및 측정 기반 구축과 이에 필요한 측정 능력을 확보하기 위한 기술적 리더십을 제공하고, 기술 혁신을 가속화하고 미래 경제성장의 기반이 되는 신기술을 개발함으로써 미국의 국제 경쟁력 강화를 촉진시키는 것이다. NIST가 수행하는 대부분의 업무는 물리학과 공학 분야의 기초연구 및 응용연구이지만, MB상을 관리하기 위한 별도의 소규모 전담조직인 NQP(National Quality Program)를 두고 있다.

(2) MB상 재단(Foundation for the MBNQA)

1988년에 설립된 MB상 재단의 기본목적은 국가품질상 프로그램을 육성하고, 영구적으로 운영하기 위한 기금을 마련하는 것이다. 미국 산업계의 유명한 지도자들이 이 재단의 이사로 참여하여 재단의 설립목적이 성취될 수 있도록 봉사하고 있다. 그동안 재단이사들의 헌신적 노력에 힘입어 각종 산업 및 사업 단체의 대표적 선도 조직으로부터 1,000만 달러 이상의 기금이 모금되었다. 그러나 이 재단은 MB상 선정 과정의 독립성과 투명성이 보장될 수 있도록 NIST 내의 NQP와는 별도로 운영되고 있다.

(3) 미국품질협회(American Society for Quality, ASQ)

미국품질협회는 NIST와의 계약에 따라 MB상의 행정적 업무를 보조하고 있다. 미국품질협회는 1946년에 설립된 세계적인 품질 단체로서 1997년 말 현재 1,000여 개의 단체 회원과 13만 명의 개인 회원을 확보하고 200여 명의 상근 직원이 근무하고 있다. 미국품질협회는 품질의 개념과 원칙 및 기법을 지속적으로 개발하고 보급하는 일을 하고 있다. 미국품질협회는 미국의 제품과 서비스가 세계 시장에서 보다 유리한 위치를 차지하기 위해서는 지속적으로 품질개선을 해야 한다는 믿음하에, 품질에 관련된 것이라면 어떤 주제에 대해서도 세계 최고의 권위를 인정받는 조직이 되기 위해 적극적인 노력을 기울이고 있다.

(4) 감독위원회(Board of Overseers)

감독위원회는 미국 상무부의 MB상 프로그램에 대한 자문조직이다. 이 위원회의 위원들은 상무부 장관이 지명하는데, 이들은 미국 경제계 각 부문의 저명한 지도자이다. 감독위원회는 MB상의 심사기준과 수상업체의 선정 과정에 개선할 점이 없는가를 포함하여 품질상 프로그램의 모든 측면을 평가한다. MB상이 국가적 차원의 관심사를 얼마나 잘 수행하고 있는지 평가하는 것은 이 위원회의 중요한 책임 중 하나이다. 따라서 이 위원회는 MB상 프로그램의 변경과 개선에 관해 상무부 장관과 NIST원장에게 건의하는 일을 맡고 있다.

(5) 심사위원회(Board of Examiners)

심사위원회는 MB상을 신청한 기업들의 신청서를 평가하고 피드백 리포트를 작성하며, NIST 원장에게 MB상 심사 운영과 관련된 건의를 한다. 이 위원회는 주로 민간 부문의 경영 및 품질 전문가들로 구성되는데, 희망자들의 신청을 받아 NIST 선정위원회가 신청자들의 개인적 능력과 역량을 기준으로 선발한다. 따라서 특별한 학력이나 경력 등을 자격 조건으로 내세우지는 않는다. 이들의 선발 시 경험의 폭과 다양성, 리더십과 대외 활동, 경영지식과 전문 분야 등을 고려한다.

심사위원회의 위원은 심사원(examiner), 선임심사원(senior examiner), 심판관(judge)으로 분류된다. 1997년 심사위원회 위원의 수는 약 350명이었는데 이들 중 심판관은 9명(이들은 상무부 장관이 지명하며 심판단을 구성함), 선임심사원은 약 50명, 나머지는 모두 심사원으로 활동했다. 심사위원회의 모든 위원은 NIST가 주관하는 심사원 준비 과정에 참여해야 한다. 심판관의 임기는 3년, 선임심사원 및 심사원의 임기는 1년으로 정해져 있으며, 계속 활동하고 싶은 사람은 매년 심사원 지원 신청서를 다시 제출해야 한다.

(6) 수상업체(Award Recipients)

수상업체에 부과되는 요구사항은 유명한 MB상 수상 행사인 Quest for Excellence 회의에서 이루어지는 공식발표를 포함해서 일정 기간 외부 기업이나 단체에 그들의 경험과 성공 사례를 공개하는 것이다. 이에 따라 지금까지 수상업체들은 수십만 개의 기업, 교육기관 및 정부기관 등에서 자신들의 경험과 정보를 소개하고 공유하였다. 2002년까지 MB상을 받은 조직은 두 번 수상한 솔렉트론(1991, 1997년 수상)과 리츠칼튼 호텔(1992, 1999년 수상)을 감안하면 모두 49개 사이다.

2) MB상 포상 부문

MB상의 포상 부문은 크게 세 가지로 나뉘는데 주로 대기업인 제조업, 서비스, 중소기업 각 부문에서 최대 2개 업체를 수상한다. 1999년부터는 1995년부터 파일럿으로 참가했던 교육 및 의료 분야도 추가하여 수상한다고 발표하였다. 이와 관련하여 교육기관이 최초로 2001년 수상기관에 포함되었으며 2002년에는 의료기관이 포함되었다.

3) MB상 수상 심사기준

MB상의 평가기준은 수상업체를 선정하고 피드백 리포트를 작성하기 위한 토대가 되지만 또 다른 중요한 역할을 한다. 그것은 미국 내 모든 유형의 조직들의 경영성과와 실행 능력 향상을 도와주고, 최고의 경영관행에 관한 정보를 공유할 수 있도록 지원해 줌으로써 궁극적으로 국가 경쟁력을 높이자는 것이다. MB상 평가기준은 다음과 같은 두 가지 성과 중심의 목표에 초점을 맞춤으로써 기업의 경쟁력 강화에 도움이 될 수 있도록 설계되어 있다.

① 고객에게 보다 개선된 가치를 제공해 줌으로써 시장에서 성공한다.
② 기업의 전반적인 성과와 능력을 향상시킨다.

이러한 MB기준은 몇 가지의 핵심가치와 개념을 기반으로 하는데, 이는 성과 중심적 평가기준의 구조 내에서 사업의 중요한 요구사항들을 통합시킬 수 있는 토대가 된다. MB상의 기본철학이라 할 수 있는 열한 가지 핵심가치는 다음과 같다.

① 고객 주도의 품질
② 리더십
③ 지속적 개선과 학습
④ 종업원 참여와 개발
⑤ 신속한 대응
⑥ 설계 품질과 원류관리
⑦ 미래를 생각하는 장기적 관점
⑧ 사실에 근거한 관리
⑨ 협력관계의 발전
⑩ 기업 책임과 시민의식
⑪ 성과 중시

이러한 핵심가치와 개념은 다시 총 일곱 가지 범주로 구체화된다. MB 평가기준의 일곱 가지 범주는 다음과 같다.

① 리더십
② 전략계획
③ 고객 및 시장 초점
④ 정보와 분석
⑤ 인적자원 초점
⑥ 프로세스 관리
⑦ 사업성과

이러한 범주들을 연결하고 통합하는 구조는 〈그림 4-14〉와 같다. 그림의 상단에

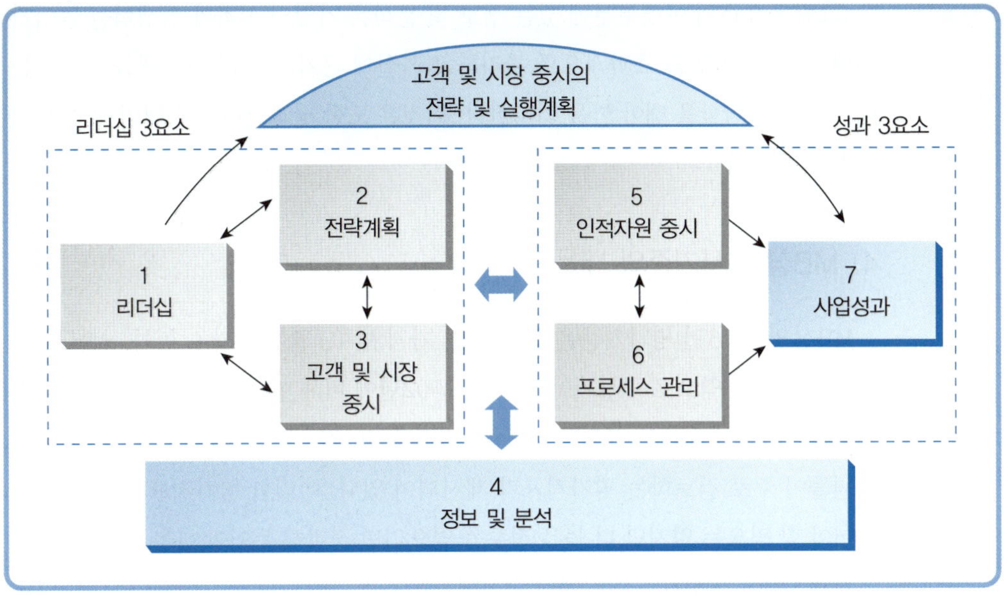

◉ **그림 4-14** MB 평가기준의 일곱 가지 범주

있는 고객 및 시장 중시의 전략 및 실행계획은 자사의 전략을 성공시키기 위해 기업이 효과적으로 수행해야 하는 것으로서, 고객과 시장에 초점을 맞춘 평가기준이다. 이것은 모든 업무조직이 고객 만족을 구현케 함과 아울러 시장에서 성공할 수 있도록 자원에 대한 전반적인 의사결정을 지원하며, 또한 측정지표들의 방향을 정렬시키는 원동력이 된다. 시스템이란 〈그림 4-12〉의 중앙에 있는 여섯 가지 범주를 가리키는데, 이는 결국 조직-운영-성과 간의 유기적 관계를 나타낸다. 이 중 왼쪽에 있는 리더십, 전략계획, 고객 및 시장 중시의 세 가지 범주는 리더십 3요소로서 전략과 고객에 초점을 맞춘 리더십의 중요성을 강조하는 평가기준이다. 또한 오른쪽에 있는 인적자원 중시, 프로세스 관리, 사업성과를 성과 3요소라고 하는데, 이는 기업의 구성원들과 핵심 업무 프로세스가 사업성과를 얻기 위해 체계적으로 진행되는지를 평가하는 중요한 기준이다.

기업의 모든 활동은 사업성과를 지향하고 있다. 중앙의 큰 화살표는 리더십 3요소와 성과 3요소를 이어 주는, 기업의 성공을 위한 핵심적 연결고리이다. 더욱이 이 화살표는 조직을 움직이는 추진 원동력(driver)이라고 할 수 있는 리더십(범주 1)과 최종 목적지라고 볼 수 있는 사업성과(범주 7) 간의 핵심적 관계를 나타낸다. 개선과 향상을 이루기 위해서 리더십은 언제나 성과를 주시하고 있어야 한다는 의미이다.

〈그림 4-14〉의 아랫부분에 있는 정보 및 분석은 기업의 성과와 경쟁력을 높이기 위해, 그리고 기업을 효과적으로 관리하고 사실에 근거한 관리 시스템을 구축하는 데 핵심적인 역할을 해야 함을 의미한다. 이것은 또한 성과관리 시스템의 구축을 위한 토대가 된다.

4) MB상 심사기준의 내용

MB상의 2003년 평가기준은 모두 일곱 가지 범주, 열아홉 가지 항목, 서른두 가지 세부 평가영역으로 구성되어 있는데, 2002년에 비해 항목과 세부 평가영역이 늘어난 것이다. 이 내용과 배점은 〈표 4-10〉과 같다. 각 세부 평가영역에는 MB상 심사원들이 주로 검토하는 평가지표가 제시되어 있다. 이러한 평가지표는 반드시 갖추어야 할 필요는 없지만 더 높은 점수를 얻으려면 정비해 두어야 하는 것이다.

한편 MB상의 평가기준은 매년 수정되고 있는데, 평가기준의 기본적 범주는 일곱 가지로 고정되어 있으나 평가 항목 및 세부 평가영역의 수는 계속 변화하는 경향을 나타낸다. 이는 MB상의 기준이 기업의 업종과 규모에 관계없이 적용되는 심사기준이므로 기준의 보편성을 높이고 심사원이 심사 과정에서 심사 대상업체의 특성을 고려할 수 있도록 유연성을 부여하기 위한 것으로 여겨진다.

◉ 표 4-10 MB상 심사기준의 내용과 배점

범주	항목	세부 평가영역
1. 리더십 (120점)	1.1 조직적 리더십(70점)	a. 시니어 리더십 b. 조직 지배구조 c. 성과 검토
	1.2 사회적 책임(50점)	a. 사회에 대한 책임 b. 윤리적 행위 c. 지역사회에 대한 지원
2. 전략계획 (85점)	2.1 전략 개발(40점)	a. 전략 개발 과정 b. 전략적 목표
	2.2 전략 전개(45점)	a. 실행계획 개발과 전개 b. 성과 추정
3. 고객 및 시장 초점 (85점)	3.1 고객과 시장지식(40점)	a. 고객과 시장지식
	3.2 고객관계와 고객 만족(45점)	a. 고객관계 구축 b. 고객 만족 결정
4. 측정, 분석 및 지식경영 (90점)	4.1 조직성과의 측정과 분석(45점)	a. 성과 측정 b. 성과 분석
	4.2 정보와 지식경영(45점)	a. 데이터와 정보의 가용성 b. 조직적 지식
5. 인적자원 초점 (85점)	5.1 업무 시스템(35점)	a. 조직과 업무관리 b. 종업원 성과관리 시스템 c. 고용 및 경력 향상
	5.2 종업원 학습 및 동기부여(25점)	a. 종업원 교육, 훈련 및 개발 b. 동기부여 및 경력 개발
	5.3 종업원 복지 및 만족(25점)	a. 업무환경 b. 종업원 지원 및 만족
6. 프로세스 관리 (85점)	6.1 가치 창조 프로세스(50점)	a. 가치 창조 프로세스
	6.2 지원 프로세스(35점)	a. 지원 프로세스
7. 사업성과 (450점)	7.1 고객초점 성과(75점)	a. 고객초점 성과
	7.2 제품 및 서비스 성과(75점)	a. 제품 및 서비스 성과
	7.3 재무 및 시장 성과(75점)	a. 재무 및 시장 성과
	7.4 인적자원 성과(75점)	a. 인적자원 성과
	7.5 조직 효과성 성과(75점)	a. 조직 효과성 성과
	7.6 지배구조 및 사회적 책임 성과(75점)	a. 지배구조 및 사회적 책임 성과
총 1,000점		

연습문제

01 제품책임이란 무엇인가? 제품의 결함을 세 가지로 구분하여 서술하시오.

02 제품책임의 대책 활동에서 개발설계, 생산, 판매, 자재조달, 품질관리 부문의 각 관계 부서별 예방 활동에 대하여 서술하시오.

03 경영 방침관리의 네 가지 관리 사이클을 서술하시오.

04 Holmes의 TQM 추진 14단계를 서술하시오.

05 Kaufman과 Zahn의 TQM 추진 9단계를 서술하시오.

06 사명서의 구성요소와 잘 작성된 비전의 특징은 무엇인가?

07 국내외 초일류 기업 중에서 기업의 사명과 비전을 학습, 정리해 보시오.

08 TQ 기반 전략계획 모형에서 기획 4단계와 평가 5단계의 내용을 서술하시오.

09 프로젝트 선정 시 고려할 다섯 가지 내용은 무엇인가?

10 Malcom Baldridge 국가품질상의 열한 가지 핵심가치와 평가기준 일곱 가지 범주는 무엇인가?

참고문헌

김연성 외 5인, 『경영품질의 세계기준-말콤 볼드리지』, 한언, 2002.

유한주, "전략경영 평가 시스템의 국가별 특성분석", 「품질경영학회지」, 제27권 제3호, 1999. 9, pp.40-50.

유한주, 「TQM에 의한 경영혁신」, 한국생산성본부, 1994.

이재관, 「교육기관 TQ 도입 준비를 위한 핸드북」, 품질경영시스템 연구소, 2000. 3.

이재관 · 유한주, 「수원여자대학 TQE 실행 모델 개발에 관한 연구」, 수원여자대학 위탁과제 보고서, 품질경영시스템연구소, 2002. 2.

長田洋, 「TQM時代の戦略的方針管理」, 日科技連, 1996.

TQM 委員會, 「TQM 21世紀の總合「質」經營」, 日科技連, 1998.

Fung, C., "TQM: An Integrated Approach Internet System", http://www.dmu.ac.uk/&dept/schools/business/corporate/tqmex/content.htm, 1998.

Kelly, E.E., "Quality in Small Firms", http://www.efqm.org/more.htm, 1998.

O' Brien, T., "Special Report", *Quality Certification News*, 24 February 1995.

Chapter 05

품질문화

학습목표

① 문화의 여러 가지 개념과 문화의 구성 요소를 이해한다.

② 조직문화에 큰 영향을 주는 요인과 주된 메커니즘 내용을 이해한다.

③ 품질문화의 특징에 대하여 논의한다.

④ 변화 과정에서 경영자의 역할과 변화 시의 고려사항에 대하여 논의한다.

⑤ 변화관리에 성공적인 조직의 특징을 학습한다.

제3, 4장에서는 ISO 9000 시리즈와 경영 방침관리, TQM 추진 단계를 중심으로 전사적 품질경영(TQM) 시스템의 도입 문제를 논하였다. 품질경영에 관한 국제규격을 이해하고 이에 따라 객관적으로 평가받고 인증을 받는다는 것은 중요한 일이다. 그러나 그것으로 품질경영이 완성되는 것은 아니다. 품질경영은 보다 범위가 넓고 수준이 높다.

품질경영의 성숙화라는 과제를 앞에 놓고 우선 품질경영의 범위를 생각해 볼 필요가 있다. 그 범위 내에 많은 과제들이 있는데, 성숙된 품질경영을 지향하기 위해서는 모든 과제를 빠짐없이 챙기고 높은 수준에 도달하도록 노력해야 한다.

TQM은 "품질의 문제는 결국 품질을 만들어 내는 인간의 문제이며 '처음부터 바르게 하라(Do it right the first time)'는 결함 미연 방지가 무엇보다 중요하다."라고 한 Crosby의 철학이 가미된 것이다. 문화는 하나의 사회적 구축물로 조직 및 인간 행동의 가이드가 되고 문화의 요소인 가치, 신념, 이해 등은 구성원들의 지지를 받아 구축되기 때문에 이 장에서는 품질문화라고 강조한다. 품질문화는 사람들이 품질을 어떻게 인식하고, 말하며, 해석하는가와 관련된 것이다.

제5장에서는 특히 문화적 변화 문제에 초점을 두어 학습하겠다. 이것은 품질경영을 처음 도입할 때도 중요하고 도입 후 성숙화로 가는 긴 여정에서도 중요한 요소이다. 품질문화를 심어 주고 리더십을 발전시키는 일은 알고 보면 그리 어려운 과제가 아닌 듯한데, 우리 사회의 경우는 이것이 아킬레스건으로 작용하는 경우가 많다.

5.1 품질경영의 범위

앞에서 설명한 바와 같이, 1980년대 말부터 서구에서는 고객 위주의 경영철학이자 통합적 관리 시스템인 전사적 품질경영(TQM)이라는 개념을 도입하여 추진하고 있다. TQM은 "품질의 문제는 결국 품질을 만들어 내는 인간의 문제이며 '처음부터 바르게 하라(Do it right the first time)'는 결함 미연 방지가 무엇보다 중요하다."라고 한 Crosby의 철학이 가미된 것이다. 그러나 일본적 품질관리의 철학과 실천방법이 TQM에 영향을 미쳤다는 것도 명백한 사실이다. 이 점에 대해 이시카와(石川 馨)는 "TQM의 역사를 1940년대와 1950년대의 일본에서 찾을 수 있다."고 말한 바 있다.

한편 모토로라(Motorola), 제록스(Xerox), 리츠칼튼호텔 등의 미국 기업은 TQM을 성공적으로 도입하여 괄목할 만한 성과를 거둔 대표적인 예이다. 1987년에 제정된 Baldridge 국가품질상(Baldridge National Quality Award) 수상업체인 이들을 통해서 TQM이 더욱 확산되었던 것이다. 이와 같이 TQM이라는 말이 세상에 처음 나온 것이 1980년대 후반이니 TQM의 정의, 개념, 기본용어, 범위, 내용이 아직 정리되지 못한 것도 무리는 아니다. ISO는 기본용어를 정의하고 그 정의에 따라 세계적으로 통일된 개념과 용어가 사용되도록 하기 위해 1994년에 ISO 8402를 발표한 바 있다. 그러나 ISO 8402와는 다른 다양한 견해가 아직도 상존한다. 품질경영의 범위는? 어디서 어디까지가 품질경영인가? 쉽지 않은 질문인데 우리는 그 대답을 여러 가지 방법으로 생각해 볼 수 있다. 최소한 다음과 같은 네 가지 방향의 대답이 가능하다.

■ 품질경영에 관한 국제규격에서 그 범위를 찾을 수 있다

ISO 9000 시리즈는 품질경영 능력을 갖추게 하기 위한 국제규격이다. 따라서 이 규격의 시스템 요소가 결국 품질경영의 범위가 된다고 볼 수도 있다. 그러나 이러한 관점에는 다소간 문제가 있다. 규격이란 일반적으로 최소한의 요구 조건을 표시하는 것이기 때문이다. 다시 말해서, 규격 자체를 품질경영과 동일한 것으로 보기는 어렵다.

■ 대표적인 품질상들의 평가 항목에서 그 범위를 찾을 수 있다

일본의 Deming상, 미국의 Baldridge 국가품질상, 유럽품질상, 한국의 품질경영

상 또는 품질대상 등 전통과 권위를 자랑하는 품질상 시상제도가 많이 있다. 물론 품질경영의 모든 면에서 탁월해야만 이러한 품질상을 받을 수 있다.

대부분의 품질상 주최 측은 응모하고자 하는 조직들에 일정한 내용의 자체 평가 체크리스트를 미리 알려 주고 그 범위 내에서 자체적으로 평가해 보라고 한다. 따라서 우리는 대표적인 품질상들의 평가 항목을 통해 품질경영의 범위에 대한 아이디어를 얻을 수 있다.

그러나 이 방법에도 문제가 있다. 품질상의 종류에 따라 평가 항목이 다르기 때문에 "어떤 품질상을 표준으로 볼 것인가?"라는 문제가 생긴다. 품질상을 운영하는 주최 측의 주관적 성향이나 적용지역의 상황이 많이 작용하고 평가기준이 연도별로 자주 변경된다는 문제도 있다.

■ 품질 선구자들의 철학에서 답을 찾을 수 있다

품질경영은 평생을 바쳐 산업현장에서 컨설팅, 교육, 저술에 힘썼던 Deming, Juran, 이시카와, Feigenbaum, Crosby 등 선구자들의 공적으로 탄생한 것이라고 말할 수 있다. 따라서 그들의 철학이나 방법론을 분석하고 비교해 보면 품질경영의 핵심적인 범위를 파악할 수 있을 것이다. 5인의 선구자들이 공통적으로 관심을 가졌던 내용은, 예를 들면 최고경영자 지원, 고객관계, 공급자관계, 품질 부서의 역할, 프로세스 관리, 인력관리, 동기부여, 품질정보 등이다. 그러나 이러한 선구자들의 주장에서도 서로 의견이 다른 부분이 많이 발견된다.

■ 실증적 연구를 통한 범위 탐색

설문조사, 면담 등의 조사방법과 요인 분석법(factor analysis) 등 통계적 방법을 적용함으로써 품질경영의 범위와 내용을 객관적으로 파악하고자 하는 실증적 연구가 최근에 많이 발표되었다. 이러한 연구들은 귀납적, 객관적이라는 점에서 의의가 있다.

Saraph 등(1989), Dale 등(1994), Flynn 등(1994), Ahire 등(1996)의 4편은 품질경영의 요인이 무엇인가를 실증적으로 규명한 대표적인 연구문헌이다. 이들의 연구 결과를 〈표 4-1〉에 비교 · 요약했다.

〈표 5-1〉을 보면 연구문헌별로 각 요인의 명칭에 차이가 있으나 내용적으로는 유사하며 요인들의 구성도 공통점이 많음을 알 수 있다. 그러나 Dale은 품질경영과 문화적 변화의 떼어 놓을 수 없는 긴밀한 관계를 강조한다. 공통점을 살펴보면 톱의

지원, 공급자관계, 인력관리, 프로세스 관리, 품질 데이터 관리의 5요소는 모든 연구문헌에서 공통적으로 지적된다.

한편 고객관계, 종업원 태도, 제품설계 과정은 3개 문헌에 공통적으로 포함되며, 품질 부서의 역할, 벤치마킹은 1개 문헌에서만 언급된다. 〈표 5-1〉의 TQM 요인 10개 항 중 1개 문헌에서만 언급된 2개 항을 제외하면 8개 항이 된다. 이 8개 항을 공통

◉ **표 5-1 문헌에서 도출된 품질경영 요인(차원)**

문헌상의 요인 구성				공통 요인	내용 요약
Saraph	Dale	Flynn	Ahire		
부서장 역할 및 품질정책	경영자 관장, 리더십	톱의 지원	톱의 직접 관장	톱의 지원	• 톱의 관장은 TQM 추진의 주된 성공요인이다. • 동기부여에 필요한 리더십을 과시해야 한다.
–	문화적 변화	고객 포함	고객초점	고객관계	• 고객 니즈와 만족을 전 사원이 항상 명심한다. • 니즈 파악, 만족도 측정
공급자의 품질경영	문화적 변화	공급자 포함	공급자의 품질경영	공급자관계	• 가격보다 품질, 장기적 관계, 품질개선 협력
훈련, 종업원 관계	문화적 변화, 팀워크 교육훈련	인력관리	임파워먼트 훈련	인력관리	• 훈련, 임파워먼트, 팀워크의 원칙에 따른 인력관리 • 채용/훈련계획, 숙련 연마
–	참가	품질개선	참가	종업원 태도/행동	• 긍정적 근무 태도 조성 • 충성심, 프라이드, 목표에 초점 • 제기능 연합의 팀워크
제품설계	–	제품설계	설계 품질의 관리	제품설계 과정	• 설계 과정에 전 부서 참여 • 고객 요구사항에 충실 • 기술적 · 비용적 제약 고려
프로세스 관리, 운영 절차	도구수법 이용	프로세스 관리	통계적 공정 관리 수법 이용	프로세스 관리	• 통계적 · 비통계적 수법에 의한 개선, 과오 방지 장치, 지침에 의한 자율검사, 관리 상태 유지, 정리 정돈
품질 데이터 및 보고	측정 및 피드백	피드백	내부적 품질 정보 활용	품질 데이터 및 보고	• 가용 품질정보의 활용 • 시각적 관리 • 스크랩, 품질 코스트 등 품질지표 기록
품질 부서 역할	–	–	–	품질 부서 역할	• 품질 부서의 톱 근접도, 자율성, 타부서들과의 긴밀한 협력
–	–	–	벤치마킹	벤치마킹	• 핵심 프로세스에 대한 벤치마킹

요인이라고 보면 무난할 것이다.

품질경영이라는 분야는 비교적 역사가 짧고 지금도 계속 발전해 나가는 중이기 때문에, 이와 같이 기존의 실증적 연구문헌들을 검토하고 또한 스스로 실증적 연구 노력을 기울여 품질경영의 범위와 구성 요소를 탐색하고 선정하는 것이 바람직한 방법이라고 볼 수 있다.

5.2 품질문화를 통한 성숙화

어떤 학생이 미국 유학 중 저녁식사 초대를 받았다. 초대에 응하기는 했는데 걱정이 되었다. 초대에 감사하는 방법이 무엇인지 다른 학생에게 물었더니 술병을 들고 가라는 대답이었다. 그 학생은 매우 감사하다는 뜻으로 큰 술통 2개를 양손에 들고 갔다고 한다.

우리는 언어와 관습이 다른 나라에서 어색한 경험을 하는 경우가 많다. 문화의 차이를 생각해야 한다. 문화는 사람들의 행동에 강력한 영향을 주는 다이내믹한 요소이다. 만일 품질문화라는 것이 존재하고 그것을 성공적으로 도입 · 유지해 나갈 수 있다면 우리는 품질경영을 더욱 성숙하게 지속적으로 추진할 수 있을 것이다.

1. 문화의 의의와 구성요소

"문화란 무엇인가?"라는 질문에 대한 대답은 매우 다양하다. 흔한 문화의 정의들을 살펴보면 대체로 ① 외형적 문물과 행동, ② 내면적 가치관이나 신념, 이 대조적인 두 가지로 집약된다. 그러나 외형보다는 내면적 요소를 더 강조하는 사람들이 많다.

문화 개념의 차이는 문화를 외형적 관점에서 보느냐, 내면적 관점에서 보느냐에 따라 달라진다. 외형적 관점이란 행동, 언어 표현, 법규, 문물 등 문화의 가시적 요소를 주로 보는 것이며, 내면적 관점이란 학습 과정, 아이디어, 신념, 상징, 평가기준 등 문화의 내면을 보는 것이다. E. Schein은 ① 외형적 요소, ② 내면적 요소 중 가치 · 신념, ③ 내면적 요소 중 기초가정의 세 계층으로 나누고 이를 종합적으로 통찰하는 전체적 시각의 필요성을 주장했다(〈표 5-2〉 참조). 우리는 문화를 다음과 같

◉ 표 5-2 문화의 구성 요소(세 가지 수준)

외형적 요소	1. 인공산물(artifacts) 제품, 행동 쉽게 관찰되지만 해석하기가 어렵다.	물체(배치), 전설, 예술, 의식, 영웅, 습관, 방언, 언어, 관행, 규범, 심벌, 전통, 미신, 예식, 커뮤니케이션
내면적 요소	2. 가치와 신념(values & beliefs) 직접 관찰하기 어려우나 사람들이 자기 행동을 어떻게 설명 · 변명하는지 들어 보면 그 요점을 파악할 수 있다.	윤리, 이데올로기, 지식, 철학, 사고, 목적, 사고 틀(mind-set), 비전, 지식, 가치관, 세계관, 정서, 이해, 인지적 과정(cognitive process), 헌신과 몰입(commitment)
	3. 가정(assumptions) 문화의 토대가 된다. 광범하게 공유되어 있기 때문에 대부분 무의식 속에 잠재되어 있다.	의문의 여지가 없는 기본가정

이 쉽게 정의해 볼 수 있다.

① 문화는 하나의 사회적 구축물이다. 문화의 요소인 가치, 신념, 이해 등은 구성원들의 지지를 받아 구축된다.
② 문화는 구성원들이 사물을 보는 방법을 제공한다.
③ 문화는 관습과 전통을 포함한다.
④ 하나의 문화 속에서 가치, 신념, 기대, 이해, 행동의 패턴이 출현 · 진화한다.
⑤ 문화는 행동의 가이드가 된다.
⑥ 조직마다 독특한 문화가 존재한다.

요컨대, 문화란 사회 집단이 내외적으로 부딪히는 생존, 번영의 문제들을 통해 학습하면서 발전시켜 온 가시적 외형(물), 행동, 가치, 신념, 가정의 패턴이라고 정의할 수 있다. 조직 내에 하나의 문화가 생성되는 이유는 다음 두 가지이다.

1) 외부적 적응을 위해

환경에 적응하고 원활한 관계를 유지하는 것은 생존과 번영에 매우 중요하다. 적응을 위한 문화적 대책(cultural solutions for adapting)의 내용을 열거하면 다음과 같다.

① 조직의 존재 이유(미션), 목적

② 미션을 성취하기 위한 여러 가지 목표와 수단
③ 얼마나 잘 달성되었는지를 평가하기 위한 측정
④ 방향 변경, 수정을 위한 절차

2) 내적 통합성(응집력)을 위해

사회조직, 집단들은 자체 내 응집력을 위해 노력한다. 이를 위한 문화적 대책에는 다음과 같은 것들이 있다.

① 공통 언어
② 외부와의 배타적 경계선
③ 파워, 지위 상징
④ 우정, 친근감, 사랑
⑤ 상벌
⑥ 이데올로기와 종교

어떤 패턴의 문화가 한 번 정착되면 매우 오랜 기간 그대로 지속되는 것이 보통이다. 이러한 지속성 때문에 우리는 문화의 위력을 인정하고 그것이 바른 방향으로 정착되기를 희망한다. 그러나 패러다임 전환기에는 문화도 흔들린다. 문화는 어떤 방법으로 변화 또는 발전되는가? 많은 요인이 있겠으나, 조직의 입장에서 본다면 조직문화에 큰 영향을 주는 세 가지 주된 요인은 리더(leader), 학습(learning), 메커니즘(mechanism)이다.

(1) 리더의 역할

문화적 변화의 필요성을 리더가 남보다 먼저 인식하고 설득하면서 변화를 주도할 수 있다면 문화적 변화는 그만큼 촉진될 것이다. 리더는 변화된 태도나 행동의 모범이 되고 지속적으로 노력함으로써 문화 정착에 기여해야 한다.

(2) 학습 과정으로서의 문화 발전

구성원이 개인적으로 학습할 뿐만 아니라 조직적으로도 학습이 이루어지는 그러한 학습조직이 될 수 있다면 문화적 변화도 빠르게 진척될 것이다. J. Peters(1996)는 "학습조직이 학습해야 할 것은?"이라는 질문에 대한 대답으로 다음과 같은 항목을 열거한 바 있다. 이 항목들을 보면 학습 과정이 문화 발전과 깊은 관계가 있다는 것을 알 수 있다.

① 각자 직무에 관한 학습
② 조직목표와 사명에 정렬하는 학습
③ 미래 대응에 관한 학습
④ 고객, 제품가치, 관련 환경 학습
⑤ 패러다임 전환에 관한 학습
⑥ 조직의 기억 능력 계발

여기서 말하는 학습이란 우리가 통상적으로 말하는 '공부'보다는 훨씬 차원이 높은 것이다. 단순히 지식을 많이 얻기 위해 공부하는 것은 진정한 학습이 아니다. 일과 숙련에 초점을 두어야 한다. 조직이 학습하는 조직으로 바뀐다는 것도 마찬가지로 조직의 일과 숙련에 초점을 둔다는 뜻이다.

(3) 메커니즘에 의한 문화 발전

리더들은 다음과 같은 다양한 수단을 활용한다. 물론 활용이 아니라 이를 악용하는 리더도 있을 수 있다. 그래서 이러한 메커니즘은 긍정적 또는 부정적으로 문화에 영향을 준다.

① 주된 메커니즘
- 통제방법 선택
- 중요한 사건에 대한 대응방법
- 역할 모형
- 교습(teaching and coaching)
- 보상 및 지위의 배분
- 모집, 선발, 승진, 재배치, 해고

② 보조적 메커니즘
- 조직구조 조정, 공간 재배치
- 업무 절차, 시스템
- 전설, 신화, 전승
- 헌장, 신조, 사명서의 명문화

2. 품질문화의 특징

M. Maccoby(1993)는 "품질을 창출하기 위해서는 먼저 문화를 창출해야 한다."고 말했다. 예컨대 어떤 큰 문제가 발생했을 때, 전통적 관행에 젖어 있는 조직에서는 문제를 감추거나 책임자 문책에 급급하겠지만 잘하는 조직에서는 그 근본 원인을 찾아낼 때까지 어떤 대가를 치르더라도 모두가 매달릴 것이다. 문제가 된 부분의 담당자에게 책임을 묻기보다 시스템 전체의 문제요 리더들의 책임이라고 생각하는 것이다. 다시 말해서 시스템 전체에 대한 이해, 분석 능력, 상하 간의 신뢰, 그리고 무엇보다도 예방을 강조하는 것이다. 이것은 바로 문화적 차이라고 볼 수 있다.

문화에도 우수한 문화가 있고 열등한 문화가 있다. 열등한 문화는 악순환에 빠지는 문화이다. 우수한 문화는 유익한 선순환(virtuous circle)을 촉진한다. 능력, 윤리, 혁신정신, 팀워크로 뭉친 근무자들이 열심히 봉사함으로써 고객에게 부가적 가치를 제공하고, 그로부터 이익을 얻고, 이익으로 투자하여 더 훌륭한 봉사의 기회를 얻고, 다시 고객들에게 더 큰 가치를 부가해 주고, 다시 더 많이 이익을 증대시키는 순환을 하는 것이다.

R. Fox(1991)는 "품질문화란 사람들이 품질을 어떻게 인식하고, 말하며, 해석하는가와 관련된 것"이라고 말한다. P. W. Bowen(1996)의 설명은 보다 구체적이다. Bowen은 무엇이 품질문화이고 무엇이 품질문화가 아닌지를 다음과 같이 설명했다.

■ 품질문화가 아닌 것

① 숙련 축소(deskilling)

- 분업을 통해 모든 직무를 단순반복적으로 바꾼다.
- 숙련이나 교육훈련이 불필요한 것이라고 생각한다.

② 불신 조성(mistrust)

- 승진 직무에 대한 준비나 숙련이 없는 사람들이 승진된다.
- 승진 후 방어와 몸조심에 급급하게 되며 파워게임에 휩쓸린다.

③ 자원 낭비(wasted resources)

- 할 일도 없는데 상사의 눈치를 보느라 퇴근을 못 하는 경우
- 여러 부서를 통과하면서 통계수치가 변조되는 것

- 불필요한 감독, 피드백 없는 통제

④ 변화 거부(fear of change)

- 자기가 제일이라고 생각하는 사람일수록 공부도 하지 않는다.
- 리더들은 공포심을 이용하여 부하를 어린아이 다루듯 한다.
- 어린아이 다루듯 하는 방법은 가장 전통적인 리더십 요령이다.
- 그러나 공포심은 변화 거부로 이어진다.

■ 품질문화인 것

① 숙련 재생(reskilling)

- 적절한 교육훈련 및 인적자원 개념의 도입으로 직무 만족도를 높인다. 동기부여, 소속감, 신뢰감을 회복한다.

② 항존성(sustainability)

- 단기적 성과(생존과 유지)는 물론 장기적 · 전략적 면에서도 앞서 간다.

③ 시각 전환(reframing)

- 실패를 두려워하고 변화를 거부하는 방어적 사고에서 탈피한다.
- 상황, 사물, 사람을 보는 방법이 달라진다.
- 수평적 사고와 학습하는 자세의 열린 마음을 갖는다.

④ 사고 전환(upside-down thinking)

- 불신에서 오는 경직된 통제에서 자율적 · 탄력적 통제로 전환한다.
- 적절한 자율성 및 책임의식을 통해 숙련과 지식을 고도로 개발한다.

⑤ 현실주의(realism)

- 현실적 · 구체적인 표준과 목표를 갖도록 격려한다.
- 경영자, 감독자가 가시적인 모범이 된다.

이러한 Bowen의 설명은 물론 절대적인 것은 아니지만 품질문화의 성격을 대략 파악하는 데 도움이 된다. '품질문화가 아닌 것'과 '품질문화인 것'을 비교해 보면 둘이 매우 큰 차이가 있다. 그런데 이러한 차이를 논할 때 그저 차이의 크기에만 주목하면 안 된다. 이는 단순한 문화적 차이가 아니라 경영관리의 패러다임적 전환을 말해 준다. 품질문화는 패러다임적 차이를 통해서만 설명이 가능하다. 문화적 차이를 말할 때 단순한 차이와 패러다임적 차이를 구별하는 것은 매우 중요하다.

간단한 예를 들어 보겠다. 글로벌 시대인 요즘 외국인과 함께하는 행사가 아주 흔하다. 그런데 자세히 보면 회의장에서 영국인과 프랑스인이 취하는 태도가 대조적이라고 한다. 이에 관한 M. Berger(1998)의 설명을 아래에 인용했다.

- 회의에 대한 영국인의 태도
  - "모임의 목적은 합의하고 결정하기 위한 것이다. 정해진 안건(의제)에 충실해야 한다. 변경이 필요하면 별도로 안건 우선순위에 대한 토의를 거쳐야 한다."
  - "정시에 출석하여 끝까지 참석해야 한다. 시간관념이 중요하다."
  - "회의 결과를 처리하는 방법에 대해서도 대체적 합의가 필요하다."

- 회의에 대한 프랑스인의 태도
  - "모임의 목적은 좋은 생각을 찾아내거나 알리는 데 있다. 꼭 무엇을 결정해야 하는 것은 아니다. 토의하다 보면 안건에서 벗어난 이야기도 나올 수 있다."
  - "회의장 밖 로비에서의 대화도 중요하다. 회의 도중 자리를 뜨는 것은 나쁜 일이 아니다. 융통성 있는 시간관념이 필요하다."
  - "진정한 결정권자가 회의장에 없을 때 그에게 도전하는 식의 회의를 한다는 것은 무의미하다."

이러한 영국인과 프랑스인의 차이를 통해 어느 편이 옳다든지 어느 편이 더 우수하다든지 하는 결론을 내리기는 어렵다. 이는 단순한 문화적 차이이기 때문이다. 그러나 패러다임적 차이는 다르다. 예를 들어 다음과 같은 (A)와 (B)의 차이를 생각해 보자. (B)의 표현이 보다 품질문화적이며 (B)는 (A)에 비해 월등한 문화라고 말할 수 있다.

(A) "실수는 있을 수 없다. 책임져라."	(B) "실수를 통해 학습한다."
(A) "이대로가 좋다. 조용히 살자."	(B) "원인을 파헤쳐야 발전 가능하다."
(A) "모두가 사람 탓이다."	(B) "프로세스와 시스템을 개선해야 한다."
(A) "내가 중요하다고 판단한 것을 한다."	(B) "고객 기대에 맞춘다."

단순한 문화적 차이와 패러다임적 차이를 혼동하면 안 된다. 심지어 품질 분야 전문서적을 저술한 전문가들까지도 이 부분을 혼동한 사례가 있다. 예컨대 H. J.

Harrington과 D. D. Mathers(1997, p.278)를 보면 "문화는 문제가 되지 않는다(Culture is not the problem)"라는 소제목이 나오고 이어서,

> "문화적 변화를 주장하는 사람이 많으나 문화적 변화에 초점을 두는 것은 잘못이다. 문화는 당신의 배경이고 역사이고 전통이고 종교요 신념이다. 어느 조직이든 자기 고유의 문화가 있고 그것을 보존하려고 한다. 문화를 문제 삼지 말고 경영자와 종업원들의 인성을 문제 삼아야 한다."

라는 말이 나온다. 그럴듯한 이야기지만 이것은 문화를 패러다임적으로 보지 않고 단순한 차이로 보는 관점이다. 우리는 프랑스인이 그들의 문화적 전통을 버리고 영국인처럼 되기를 바라는 것이 아니다. 한국인은 한국 고유의 문화를 지키고 가꾸고 더욱 한국적으로 발전시켜야 한다. 그렇게 하면서도 얼마든지 패러다임 전환을 통해 품질문화를 받아들일 수 있다. 교육기관의 경우도 마찬가지로 해석할 수 있다. 대학의 경우, 품질문화가 도입되면 조직 운영상 가치, 규범, 구조, 프로세스 전반이 변화될 것이다. 그러나 이러한 변화 때문에 대학의 본질적 전통과 가치가 손상될 것이라고 걱정할 필요는 없다. 대학에 품질문화가 들어온다고 해서 학문의 자유, 진리탐구 정신, 지성적 자세 등 대학의 전통적 가치가 무너지는 것은 아니다. 역사, 전통, 정신문화적 유산을 잘 지키고 빛내기 위해서는 패러다임적 전환이 필요하다.

품질경영이 잘 이루어질 수 있는 문화가 곧 품질문화이다. 품질문화가 구축되기 위해서는 10년, 20년, 오랜 시간이 필요하다. 그러나 그 위력은 대단하다. 품질경영을 외국에서 온 하나의 유행이라고 비판적으로 말하는 사람도 있다. 그러나 품질경영은 일시적 유행도 아니고 단순한 테크닉도 아니다. 이것은 패러다임적 전환과 사고 틀을 바꾸는 문화적 변화를 의미한다.

3. 품질문화에 관한 실증적 연구

품질경영을 제대로 하기 위해서는 문화적 변화가 필요하다는 것을 인정하지 않으면 안 된다. 그러나 구체적으로 어떤 변화가 품질경영과 어떤 관계를 갖는지에 대해 보다 심도 있게 연구할 필요가 있다. 아직은 이에 관한 연구문헌이 많지 않지만 몇 편을 살펴보자.

1) F. Bilston & A. S. Sohal(1995)

TQM을 '계속적 변화 메커니즘(ongoing change mechanism)'이라 정의하고 TQM의 도입 과정을 하나의 학습 과정이라고 보았다. 특히 중소기업 사례를 관찰함으로써 Bilston과 Sohal이 얻은 결론은 다음과 같다.

① 기업 규모에 관계없이 TQM 도입 추진의 최대 난점은 태도 변화이다. 중소기업들은 대부분 외부 압력에 의해 TQM을 도입하기 때문에 태도 변화가 더 힘든 과제이다.

② 대기업은 자기 경험을 중소기업들에 강요한다. 그러나 중소기업의 실제 경험은 대기업의 경우와 다르다. ISO 9000 등록도 소기업에는 실익이 되지 못하는 사례가 많다. 품질상제도 역시 초우량 기업을 목표로 하기 때문에 중소기업들과 거리가 있다.

③ 주 고객인 대기업의 관심, 지원, 중소기업형 TQM 접근방법, 그리고 중소기업 근무자들의 태도 변화가 중요하다.

④ 변화를 기피하거나 변화에 저항하는 부류는 고학력 남성 고령자와 지시복종형의 사람들이었다. 이들은 지시복종형 문화 배경의 가정생활과 관계가 있거나 변화에 대해 깊은 의구심을 가진 사람들이다. 그 반발 심리는 직무관계 때문이거나 경제난으로 인한 조기 퇴직 강요의 분위기 때문인 것으로 추측된다.

⑤ 전통적 관행, 불가피한 나쁜 습관에 젖어 있는 조직들은 품질문화로의 전환이 어렵고 TQM 추진속도가 지지부진하다. 변화의 필요성에 대해 의구심을 가진 중소기업은 더 어렵다. 따라서 TQM을 학습 과정으로 인식하고 태도와 행동의 변화를 점검하면서 TQM을 장기적 · 지속적으로 추진하는 세심한 학습 과정의 설계가 필요하다.

우리나라에서도 지금 많은 회사들이 ISO 품질 시스템을 도입하고 추진하지만 진정한 품질경영을 이룩하고 성공하는 기업은 드물다. 품질문화 개발을 위한 숙련이 부족하기 때문이다. 품질을 생활화 · 체질화할 수 있는 새 문화를 창조해야 한다. 각자 일들의 질적 변화를 위해 품질의식부터 바꾸고, 일터마다 '더 잘할 수 있는 길이 있다'는 확신을 보여 줄 수 있어야 한다. 품질경영은 모든 문제의 근본 원인을 밝히고, 두려움을 없애고, 창의성을 자극하고, 품질 접근법으로 문제를 해결하고, 성공의 기회를 찾아 나가는, 전원 참가의 작업조직이고 탁월한 경영 스타일이다.

2) W. Vermeulen(1997)

품질문화에 관한 풍부한 문헌 연구와 함께 대학조직에서의 품질문화 수준을 설문방법으로 평가한 논문이다. Vermeulen은 우선 다음의 기존 연구들을 인용하여 개념을 설명한 바 있다.

- 사람들이 변화에 저항하는 이유(P. E. Atkinson, 1990)
  - 최악의 시나리오나 루머의 출현으로 인한 공포심
  - 기득권층의 통제력 약화 우려
  - 신지식, 새로운 행동방법에 대한 학습량 부담
  - 장래의 불확실성에 대한 개인적 기피 성향
  - 신체제하의 과도한 업무량 예상
  - 노력에 대한 이득/손실 계산

- 구성원 태도 변화 과정에서의 경영자 역할(D. Ciampa, 1991)
  - 주변 여건을 개선할 권리와 책임의 인식
  - 고객에게 인도되는 제품/서비스에 대한 주인의식
  - 변화와 개선을 향한 강한 동기
  - 상부상조 정신
  - 공감적 비전에의 몰입
  - 구성원 능력과 시스템을 통해 가치 있는 것을 창출, 혁신할 수 있다는 자신감

- 변화 도전 시의 고려사항(T. E. Deal & A. A. Kennedy, 1988)
  - 집단적 합의 여부는 변화 수용에 큰 영향을 준다.
  - 변화와 관련된 모든 문제에 대해서 쌍방 신뢰가 전제되어야 한다.
  - 변화는 일종의 숙련 문제이고 훈련은 변화 과정의 일부이다.
  - 변화에 충분한 시간을 허용해야 한다.
  - 사람들이 변화의 개념을 현실감각에 맞춰 수용토록 격려해야 한다.

- 품질문화의 전환 과정 9단계(D. Carr & I. Littman, 1990)
  - 문화적 변화를 위한 계획
  - 현 품질문화 수준의 평가
  - 관리자, 직원의 훈련

- 경영진의 신행동 수용 및 모델 형성
- 품질 지향 행동을 지원하는 조직적 · 규정적 변경
- TQM 원칙을 반영하는 업적평가, 보상방법 재설계
- 예산편성 관행 변경
- 적극적 변화에 대한 인정과 시상
- TQM 원칙을 강화하기 위한 커뮤니케이션 수단 동원

이상과 같은 각종 문헌 고찰과 함께, Vermeulen은 남아프리카의 대학을 대상으로 6개 영역 31개 문항의 설문을 만들어 조사를 했다. 조사목적은 이 대학의 품질문화 수준을 측정하고, 품질문화로의 이행 과정에서 교수들이 경험한 문제점 및 건의사항을 파악하며, 향후의 TQM 지향 전략을 찾는 데 있었다. 대학의 품질문화라는 것이 아직 우리나라의 경우는 생소한 이야기이지만, 품질문화를 어떻게 측정했는가에 관심을 가지고 참고하면 좋을 것이다. Vermeulen의 조사 항목은 다음과 같다. 각 항은 5점 척도로 '확실히 적용됨'을 1점, '확실히 적용되지 않음'을 5점으로 하여 측정되었다.

① 근무환경

- 품질 측정척도 사용, 개인의 권리와 다양성 인정, 톱의 근무자 지원
- 공통 비전의 존재와 공감되는 정도, 직무상의 각자 능력 발휘 정도
- 민주적 절차와 분위기

② 학생에 대한 서비스

- 학생들의 니즈에 근거한 서비스, 니즈 · 기대의 만족도, 정기적 만족도 측정

③ 질적 개선방법

- 성공/실패 경험을 학습하는가?
- 주요 프로세스의 질적 수준에 대한 구체적 정의, 근무자(교수)의 소리를 경청하는가?
- 커뮤니케이션 경로가 잘 개발되어 있는가?

④ 교수영역

- 교수들의 소속감 정도, 직무 관련 훈련, 교수직에 대한 프라이드, 지속적 자기 개발, 팀 활동, 장래 연구/교육 수요에 대한 비전의 공유, 노출된 문제의

신속한 해결, 프로세스 개선방법에 관한 훈련, 학교 전략계획에의 참여도

⑤ 조직구조

- 각자 책임 부분 인식, 조직적 협력, 창의성, 혁신 조장 분위기, 권한, 책임의 위임

⑥ 총체적 품질(TQ) 사고방식

- TQ가 무엇인지를 아는 사람이 없다.
- TQ를 위한 교육훈련이 없다.
- 품질개선에 대한 보상이 없다.
- 톱이 품질문화/환경을 조성하는 일에 앞장서지 않는다.
- 품질 이슈에 관한 정기적인 커뮤니케이션이 없다.

위의 TQ 사고방식 5개 항은 문장이 부정문이므로 점수가 높을수록 나쁜 결과이다. 이 설문조사는 대학을 조사 대상으로 한 것이지만, 만일 학생을 고객, 교수를 근무자로 바꿔 놓고 조금만 수정하면 기업체에도 적용될 수 있을 것이다. Vermeulen은 "공통의 비전, 책임감, 팀 활동 등 일부 문항에 대한 응답은 긍정적이지만 톱의 지원, 경청, 참여 등 취약한 부분들이 품질문화로 가는 길을 방해한다."고 지적하면서, 문화에 대한 경영자의 관심과 리더십, 전면적 · 지속적인 교육훈련, 참여, 보상책을 그 대책으로 제시했다.

3) Abraham, Fisher & Crawford(1997)

Abraham, Fisher, Crawford는 호주의 품질상 수상 기업들을 대상으로 품질문화와 관련된 연구를 했다. 편의상 세 사람의 이름 첫 자를 이어서 AFC의 연구라 부르기로 하자. 호주 품질상의 평가영역은 리더십, 정책/계획, 정보/분석, 인력관리, 고객초점, 프로세스/제품/서비스의 품질, 경영성과의 7개 영역이지만, AFC는 이 평가영역과는 별도로 품질문화적 변화 과정을 추적할 수 있는 조사 항목을 개발하여 적용했는데, 다음의 57개 항, 6개 영역을 작성할 때 참고한 것은 D. A. Nadler(1989)의 변화관리 원칙이다. Nadler의 원칙은 설명분량이 많으므로 차후에 별도로 소개하겠다(8.4절 참조).

여기서 영역 5를 제외한 모든 문항의 측정척도는 5점 척도로서 1(강한 긍정),

2(긍정), 3(중립), 4(부정), 5(강한 부정), 그리고 '모른다'라는 항을 포함시켰다. 영역 5는 정도를 묻는 문항들이므로 1~5점 중간에 눈금척도(sliding scale)를 사용했으며 역시 '모른다'를 택할 수 있게 했다.

■ 영역 1 : 비전(품질 개념의 도입으로 다음 사항이 확실하게 되었는가?)

① 품질을 왜 강조하는지에 대한 명확한 이유 제시
② 조직 내외 각 집단(종업원, 경영자, 노조, 고객 등)의 이점 설명
③ 구조 시스템, 인사관행 등이 어떻게 달라지는가에 대한 토의
④ 성공적 변화를 위해 필요한 핵심적 가치관, 신조의 내용
⑤ 향후의 변화 단계들에 대한 세부계획
⑥ 변화가 각자의 직무에 어떤 영향을 주는가에 대한 명확한 설명

■ 영역 2 : 경영진의 실제 행동

⑦ 톱이 확고한 자세로 과거의 방법에 대한 불만사항을 지적했다.
⑧ 경영진이 품질 비전에 공감하고 진두에서 분명한 태도를 취했다.
⑨ 변화를 추진하는 주체적 세력의 존재가 분명하다.
⑩ 비전에 대한 전폭 지원을 뜻하는 경영진 내 일대 변혁이 발생했다.
⑪ 장애요인 발생 시 경영진이 시간, 인내, 지원을 아끼지 않았다.

■ 영역 3 : 시스템 지원

⑫ 품질문화로의 전환에서 쉽게 접근할 수 있고 나에게 정답과 행동 방향을 제시해 주는 효과적 네트워크가 있었다.
⑬ 변화 추진 소요자금이 적절히 지원되었다.
⑭ 변화 추진 소요인력이 적절히 지원되었다.
⑮ 변화의 각 단계에 대한 일정계획이 명확했다.
⑯ 새로운 방법으로 근무할 수 있도록 적절한 훈련 기회가 주어졌다.
⑰ 인사채용 절차에서 품질의식과 업적이 강조된다.
⑱ 모집 홍보에서 높은 수준의 품질표준이 강조된다.

■ 영역 4 : 동기유발과 보상(품질문화가 지지를 받는 이유는?)

⑲ 직무 수행에 대한 만족도가 높아진다.

⑳ 순종하지 않으면 처벌을 받게 될 것이다.
㉑ 각자의 소득이 많아진다.
㉒ 팀 구성원들이 품질 중심으로 행동하도록 내게 기대하고 있다.
㉓ 품질원칙이 구현되지 못하면 우리 조직은 발전할 가능성이 없다.
㉔ 나는 게임 플레이하듯 할 뿐이다. 내심으로는 비웃는다.
㉕ 경영자들은 본받을 만한 모범적 행동을 하고 있다.
㉖ 톱이 품질을 강조하지 않는다면 즉시 전처럼 되어 버릴 것이다.
㉗ 사람은 본래 품질 지향 심리를 갖고 있기 때문에 전시적 쇼와 관계없이 각자 일을 하게 되어 있다.
㉘ 변화가 추진될 때 동참할 충분한 기회가 사람들에게 주어졌다.
㉙ 경영자는 개선을 위한 제안이 들어오면 기뻐했다.
㉚ 제안이 접수된 후 즉시 그 결과를 피드백 받았다.
㉛ 경영자는 제안에 대한 조치를 취할 준비 자세가 되어 있었다.
㉜ 나는 품질문화 속에서 주인의식을 느낀다.
㉝ 높은 품질표준을 과시한 사람은 가시적 방법으로 인정을 받는다.
㉞ 품질표준에서 벗어난 사람은 가시적 방법으로 불이익을 받는다.
㉟ 업적평가제도에 의해서 높은 품질표준의 성취도가 평가된다.

■ 영역 5 : 커뮤니케이션(다음의 커뮤니케이션 방법이 활용된 바 있는가? 효과는?)

활용도	효과
㊱	㊹ 게시판이나 공개석상에서 정기적인 품질 메시지 제공
㊲	㊺ 품질에 관한 슬로건 이용
㊳	㊻ 품질 문제에 대한 자원 배정 등 경영자 관심
㊴	㊼ 뉴스레터 등에 정기적이고 특별한 품질 커뮤니케이션
㊵	㊽ 요구되는 변화에 관한 의사소통을 위한 회의, 모임
㊶	㊾ 품질을 강조하는 특별한 단어나 심벌의 사용 (예 : 팀워크, 멀티스킬링, 리엔지니어링, 벤치마킹 등)
㊷	㊿ 경영자들이 말과 행동으로 가시적인 변화 지원
㊸	(51) 모범 사원에 대한 인정 및 보상

* 활용도를 묻는 ㊱~㊸과 효과를 묻는 ㊹~(51)은 문항 내용이 동일하다.

■ 영역 6 : 품질 지향적 변화의 결과

(52) 문화적 변화를 통해 고객 중심 가치관이 크게 달라졌다.
(53) 문화적 변화를 통해 시장경쟁에 관한 가치관이 크게 달라졌다.
(54) 문화적 변화를 통해 제품에 관한 가치관이 크게 달라졌다.
(55) 품질을 강조한 결과, 제품/서비스가 개선되었다.
(56) 품질을 강조한 결과, 생산성이 향상되었다.
(57) 매출성장, 이익성장, 투자 회수율, 주가, 기타 목표들이 개선되었다.

일반적으로 문화는 정의하기 어려운 것이고 문화의 범위나 내용을 규정한다는 것은 더욱 어려운 일이다. 그러나 우리는 지금 일반적인 문화를 논하는 것이 아니라 품질문화를 논하고 있다. 위의 항목들을 보면 품질문화가 매우 구체적인 것임을 알 수 있다. AFC의 연구는 품질문화에 초점을 두는 문화적 변화 과정에 대한 구체적 관찰 도구를 제공했다는 점에서 의의가 있다.

AFC의 조사 결과를 보면 대부분이 2점(긍정) 주변에 몰려 있다. 아마도 조사 대상으로 품질상 수상 기업들을 선정했기 때문일 것이다. 이 정도의 기업들이라면 품질상을 받을 만하다고 생각된다. 만일 우리 주변에 있는 평범한 기업들에 동일한 설문지를 돌린다면 평균 몇 점 정도로 나올까 궁금하다. AFC의 연구에서는 변화관리에 성공적인 조직들의 공통 특징을 여러 각도에서 논의하고 있다. 즉, ① 외부적 요구를 내부적 비전으로 바꿀 수 있고 이를 다시 구성원의 행동으로 바꿀 수 있는 리더십, ② 프로세스와 시스템을 가지고 통합할 수 있는 정렬 능력, ③ 고객가치, 구성원 가치에 충실할 수 있는 능력을 강조했고, 조사 결과를 토대로 성공적 조직의 특징을 다음과 같이 제시했다.

① 변화관리에 성공적인 조직들은 전략적으로 장래 비전을 개발한다.
② 성공적 조직에서는 변화와 비전에 관한 커뮤니케이션이 활발하다.
③ 성공적 리더는 팀워크로 변화를 추구하며 구성원에게 모범이 되고 프로세스, 자원, 구조 면에서 실질적으로 지원하는 리더십을 발휘한다.
④ 세밀한 계획이 있고 계획 밖의 기회에 대해서도 민첩하게 대응한다.
⑤ 정보 시스템, 보상, 업적평가, 자원 할당, 교육훈련 등 각종 수단을 총동원하여 변화 과정을 촉진한다.
⑥ 변화 과정을 투자 과정으로 보고 시간, 자금, 에너지를 투자한다.

4) C. Noronha(2002)

ISO 9000 인증 후 3년 이상 경과된 기업으로 중국인이 경영하는 회사(홍콩 77개, 대만 189개, 광둥 성 71개 기업)를 조사한 연구이다. 우선 중국 문화의 특징을 나타내는 45개의 격언을 가지고 조사표를 만들어 조사하고 요인 분석법에 의해 분석한 결과, 그중 관계가 깊은 30개 격언이 다음과 같이 7개 요인으로 묶였다고 한다.

■ 요인 1 : 중용

- 오만한 자는 망하고 겸손한 자는 흥한다.
- 잠깐 쉬는 동안에도 반성하라.
- 다른 시간, 다른 장소에서 우리는 다시 만날 것이다.
- 인내하면 만사형통, 물러서면 복을 받는다.
- 남을 비판하기 전에 먼저 자신을 비판하라.
- 남에게 신세 진 일을 절대로 잊지 말라.

■ 요인 2 : 적응

- 변화에 대한 최선의 전략은 전혀 변화하지 않는 것이다.
- 로마에서는 로마식으로 행동하라.
- 선행을 하는 가정에 복이 온다.
- 국가에 법이 있는 것처럼 가정에도 규율이 있다.
- 역경을 이겨 낸 자가 진정한 대장부이다.
- 꺾이지 말고 굽혀라.

■ 요인 3 : 인간 조화

- 가화만사성
- 가능한 한 용서하라.
- 상대방의 언어로 말하라.
- 집안일을 밖에 나가 말하지 말라.
- 나를 해롭게 하지 않은 사람에게는 나도 해롭게 하지 않는다.
- 모든 일에 너무 앞질러 가지 말라.
- 상부상조

■ 요인 4 : 우주와의 조화

- 운명에 따라 살아간다.
- 순천자는 흥하고 역천자는 망한다.
- 운은 정해져 있다.
- 사람은 자연과 교류하고 그 조화 속에 존재한다.

■ 요인 5 : 상호 의존성

- 집안에서는 부모에게 순종한다.
- 한 걸음 베풀면 열 걸음 갚는다.

■ 요인 6 : 존경

- 하루를 가르쳐도 부모처럼 스승을 대한다.
- 아이들은 부모의 결정을 존중해야 한다.
- 집에서 모시는 노부모는 보물과 같다.

■ 요인 7 : 성실

- 과도한 예절은 속임수이다.
- 이유 없이 남을 칭찬하는 것은 불순한 일이다.

Noronha는 위와 같은 일곱 가지 요인이 품질문화와 어떻게 관계되는지를 알아보기 위해 미국 국방부에서 개발한 '품질/생산성 자체 평가 가이드'의 네 영역(풍토, 프로세스, 관리 도구, 결과) 73개 문항 중 풍토(climate) 30개 항을 이용하여 역시 요인 분석을 하였다. 그 결과로 얻어진 요인의 구성은 다음과 같다.

■ 요인 1 : 조직적 참가

- 내 부서 사람들은 품질과 생산성 향상이 자기 책임이라고 생각한다.
- 내 부서 사람들은 품질 강조가 어떻게 자원의 생산적 활용으로 이어지는지를 이해한다.
- 조직의 모든 구성원들이 품질의 중요성에 관심을 갖는다.
- 이 조직에서 우리가 일하는 방식은 품질원칙과 일치된다.
- 내 부서 사람들은 자기 일이 조직 성공에 중요하다고 생각한다.

- 내 부서 감독자는 품질에 대한 고객 반응을 정기적으로 조사한다.
- 이 조직에는 협력과 팀워크 정신이 존재한다.
- 이 조직의 사람들은 처음부터 바르게 일할 것을 강조한다.
- 내 부서 사람들은 서비스/제품/작업의 개선 활동에 동참한다.
- 우리는 다른 협력회사들과 좋은 관계를 맺고 있다.
- 이 조직에서는 창의성 발휘를 적극 격려한다.

■ 요인 2 : 커뮤니케이션

- 내 부서 사람들은 감독계층과 충분한 정보 교환 기회를 갖는다.
- 내 부서는 동료 간에 사이가 좋다.
- 내 부서 사람들은 업무에 필요한 사실과 정보를 획득하고 있다.
- 이 조직의 부서 간에는 효과적인 커뮤니케이션 채널이 구비되어 있다.
- 내 부서 사람들은 고객들의 애로에 주의를 기울인다.
- 내 부서에서는 일을 잘하는 사람이 승진되는 경향이 있다.

■ 요인 3 : 목적의 통일성

- 조직 구성원들은 각자 부서의 사명이 상위계층의 목표, 사명에 어떻게 기여하는지를 이해하고 있다.
- 구성원들은 조직 전반의 사명을 의식하고 있다.
- 구성원들은 미래를 위한 계획 수립에 정규적으로 동참한다.
- 모든 구성원들은 각자 일의 품질이 어떻게 정의되는지를 알고 있다.
- 이 조직의 모든 사람들은 지속적 개선이 매우 중요하다는 것을 알고 있다.

■ 요인 4 : 경영계층의 비전

- 내 부서 사람들은 당면 문제에 대한 해답을 얻기 위해 감독계층이 어떻게 도와줄 수 있는지를 알고 있다.
- 내 부서의 감독자들은 업무의 지속적 개선을 최우선으로 한다.
- 이 조직의 리더들은 최고 품질의 서비스/제품/작품 공급에 몰두한다.
- 이 조직의 리더들은 미달된 목표에 대한 이유를 규명하고자 노력한다.
- 내 부서는 업무 수행을 위해 적절하게 조직화되어 있다.
- 내 부서는 업무 수행에 적절한 도구, 장비, 재료를 보유하고 있다.

• 내 부서의 감독자들은 작업 기대치를 잘 설정한다.

Noronha의 분석에서는 5개 문화요인(중용, 적응, 인간 조화, 상호 의존, 존경)이 품질문화요인들과 상당한 정(+)의 상관관계가 있으며, 다른 2개 요인(우주 조화, 성실)은 상관관계가 없는 것으로 나타났다. '우주와의 조화'는 무의식 속에 깊이 잠재되어 직접적인 작용을 하지 않았다고 볼 수 있으며, '성실'은 그 반대의 의미인 '의구심'을 표현하는 것으로 응답자들에게 혼동을 주었기 때문이다. 조사된 데이터는 독립적 잠재변수(문화요인) 및 종속변수(품질풍토) 간의 구조방정식 모형과 통계적으로 유의하게 일치되었다.

요컨대, 중국의 문화적 가치관은 중국 기업들의 품질풍토에 긍정적으로 영향을 준다고 말할 수 있다. 국가별 문화적 특징이 품질풍토에 영향을 주고 품질풍토는 TQM 프로그램의 실천 여부에 영향을 준다는 것이다. 따라서 종업원 훈련, 신입사원 교육 등 적절하게 TQM 프로그램을 수정할 필요가 있을 것이다. 중국의 '존경' 문화는 경영층의 참여와 비전에 활용될 수 있다. 개인적 노력보다 집단적 노력을 고취하고 순수한 혁신보다 적응적 협력을 꾀하는 일도 문화적으로 중국 기업들이 시도할 수 있는 적절한 전략이 될 것이다.

5.3 문화와 공동체 네트워킹

사람들은 수천 년 동안 공동체를 직접 인식하기보다 그 심벌이나 사인에 의해 간접적으로 인식해 왔다. 공동체는 이용자들의 정신 맵(mental map)에 적합한 이미지를 줄 수 있어야 한다. 장차 온라인 공동체(커뮤니티)는 기본적 비즈니스 모델로 자리 잡을 것이며, 글로벌 경제와 인터넷이 확산되면서 그 중요성이 더 증대될 것이다. 〈표 5-3〉은 인터넷, 분산적 컴퓨팅, 개방적 표준(XML, Linux 등)의 등장으로 컴퓨터의 역할이 데이터 처리(컴퓨팅) 역할에서 커뮤니케이션 도구로 변화되어 왔음을 잘 보여 준다.

미래의 주된 비즈니스 모델은 미디어 모델이 될 것이다. 조직들은 공동체를 통해 표적시장과 고객 니즈를 확인할 수 있으며, 현재의 온라인 쇼핑몰들이 갖지 못한 요소(브랜딩과 커뮤니티)를 갖춘 메가스토어(megastore)들이 등장하게 될 것이다. 종

◉ 표 5-3 컴퓨터 역할의 변화

단계	시기	목적	원칙	뿌리(비유)
1	1950년대	문제해결	월등한 기계적 능력	뒷방의 마법사
2	1960년대	수치처리	중앙통제	데이터 센터
3	1970년대	자동화	작업 능률	창고
4	1980년대	부문 운영	정보관리	PC 데스크톱
5	1990년대	연결	인터넷, 분산 컴퓨팅	파트너십
6	2000~	분산 자원의 관리	협업	공동체

출처 : Bressler & Grantham(2000, p.283).

래의 온라인 몰들은 회원 회사나 고객의 쇼핑 경험에 대해서 아무 책임도 지지 않았다. 몰들은 공동체 개념이 없는 판매 회사 사이트들을 연결하면서 자기 몰에 대한 고객 충성도가 높아지기를 희망했다. 메가스토어 개념은 다르다. 특정 고객 그룹을 표적으로 하는 브랜드(예 : 아마존)의 구축이 그 기본이다. 서적 소매업자들은 월 10달러를 내고 아마존에 들어가 아마존 공동체의 엄청난 구매력을 이용할 수 있다. 아마존의 zShops 프로그램은 탁월한 주문처리와 거래 서비스 능력을 과시한다.

미디어 모델의 가장 좋은 예는 MarthaStewart.com이다. 이 웹사이트는 전자우편, 매거진, MarthasFlowers, 브랜드 전략을 이용한다. 유명 상표의 소매업자를 연결하여 지명도를 높이는 예도 있으나, 마사 스튜어트는 소매업자 지명도에 의존하지 않는다. 아마존은 소매업자들을 하나의 우산 아래 집어넣지만, 마사 스튜어트 모델의 경우 모든 제품과 서비스를 마사 스튜어트 브랜드에 의해 재구성한다. 아마존은 장소를 구축하고 마사 스튜어트는 퍼스낼리티를 구축한다. 이 두 가지는 미디어 모델을 활용하는 공동체 형성의 대표적 사례이다.

공동체는 우리 생활영역의 '정신 맵(mental map)'이다. 사이버 공간에 들어가면서 우리는 기존의 심벌, 예식, 신화 등을 가상현실에 맞도록 고친다. 펜실베이니아대학의 인류학자 Margaret King, Jamie O'Boyle 등의 다음과 같은 설명을 참고하면서 인터넷 시대에 공동체 아이디어의 의미를 문화적으로 음미해 보자.

■ 공동체는 우리의 의사결정방법에 어떤 영향을 주는가?

미국인은 자신들이 사실에 근거한 논리적 인간이라고 생각한다. 이것이 사실이라면 「TV Guide」보다는 「Consumer Reports」가 제일 잘 팔리는 잡지가 되어야 할 것이다. 그러나 사람들은 「Consumer Reports」의 논리적 체크리스트에 따라 결정을 하지 않는다. 중요한 결정일수록 의식적 논리를 덜 사용하는 경향도 있다. 오히려 잠재의식, 가치관, 문화적 가정이 더 작용한다. 두뇌는 친숙한 패턴에 신속하게 따른다. 전자우편 마케터들은 "3초 내에 소비자 주의를 환기시킬 수 있도록 패키징하라."고 말한다. 그것은 너무 낙관적인 추정치이다. UC어바인비전그룹은 패턴인식-결정 과정이 50밀리세컨드(1/20초)에 끝난다고 말한다.

이와 같은 무의식적 과정 속의 정신적 구성이 바로 공동체이다. 사람들은 옛날 크로마뇽인이 그랬던 것처럼 동일한 멘탈 맵에 따름으로써 공동체를 형성하고 인식한다. 성공적 온라인 공동체를 개발하기 위해서는 공동체가 어떻게 만들어지고 인식되고 가치를 인정받게 되는지 알아야 한다.

① 어떤 지각 메커니즘이 작동하는가?
② 어떻게 가치가 인식되는가?
③ 이용자들이 공동체를 바라보면서 무엇을 느끼는가?
④ 문화적 차이가 이러한 대답에 어떤 영향을 주는가?
⑤ 가상공간을 통해서 사람들이 어떻게 이동하는가?

■ 문화적 차이는 상거래에 어떻게 관련되는가?

공동체는 창조되는 것이 아니라 자연적으로 진화된다(Communities aren' t be created; they evolve in a natural progression). 사람이 태어나서 공동체 관계를 맺는 과정을 보자. 동심원 중심에 자기가 있다. 처음 맺는 관계는 엄마이고 아빠, 가족, 친구, 동료, 그룹, 단체 등 바깥쪽 동심원으로 나아간다. 자기가 머무는 현 위치의 동심원 바깥에는 항상 낯선 자(stranger)들이 있다.

공동체를 단결시키는 접착제는 혈연이나 지리적 근접성이 아니라 공유적 가치(shared value)이다. 일관된 방향성을 가진 이 공유적 가치는 구성원들의 선호 경향에서 대략 나타난다. 무의식적으로 적용되므로 구체화되지는 않지만, 위반 사례를 적발하는 경우에는 순간적으로 인지되기도 한다. 미국인들이 'should' 라고 표현하는 공감대의 예를 들면 다음과 같다.

① 모든 사람은 자기 운명을 스스로 결정해야 한다.
② 모든 사람은 사회적 · 물리적 환경을 스스로 통제해야 한다.
③ 행동은 도덕적 기준에 따라 판단되어야 한다.

④ 권위나 거대성(bigness)은 절대적인 것이 아니다.
⑤ 우리는 가급적 많은 선택의 여지를 가져야 한다.
⑥ 무엇이든 개선될 수 있고 또 개선되어야만 한다.
⑦ 미래는 과거보다 더 좋아져야 한다.

기업의 경우도, 제품 특징보다 가치관에 초점을 둠으로써 공동체를 유인할 수 있다. 애플의 전설적인 광고 '1984'가 그러했다. 디즈니(가족), QVC(이웃) 등의 가치 기반 기업(value-based company)들도 인터넷에서 인스턴트 공동체를 형성하고 있다. 사람들은 이를 브랜딩(branding)이라 부른다. 그러나 그것은 제품 중심의 브랜드 파워가 아니라 고객들의 가치 집합(value set)에 토대를 둔 브랜드 파워이다.

■ 인터넷에서 가치 집합을 브랜드 구축으로 전환하는 방법은?

기술에 대한 고객들의 가치 지각 과정을 이해함으로써 이점을 얻을 수 있다. 가치란 기술 그 자체는 아니다. 온라인 보안 문제가 좋은 예이다. 보안은 공동체의 핵심 개념이다. 그리스어의 '도시'는 'polis'이고 이는 '안전한 장소'를 의미한다. 오늘날 미국인들은 도시를 '위험한 곳', 농촌을 '안전한 곳'으로 보는 경향이 있지만 이는 하나의 스타일 전환일 뿐이다. 공동체의 안전성 요건은 지금도 불변이다. 안전성이 보장되지 않는 곳에서는 사적 대화나 중요한 커뮤니케이션이 이루어질 수 없다.

온라인 마케팅 세계는 이러한 동태적 상황을 오래전에 알았다. 기술적 안전성(encoding, password, 방화벽 등)에 대한 확신을 심어 주어야 대중이 온라인 판매에 호응한다는 것이다. 그러나 안전성에 대한 가치 인식은 매우 미묘하다. '보안장치가 많은 회사는 어딘가 불안하다'는 것이다. 디즈니, QVC 등 고신뢰 기업(high-trust company)의 기술은 그리 완벽하지 않고 단지 good enough 수준이다. 거래액의 크기는 결정적 요소가 아니다. 그 회사가 어느 회사들과 거래하느냐가 오히려 중요하다. 사람들은 은행과 은행, 회사와 회사 간의 거래 상황 및 경험을 토대로 안전과 신뢰를 평가하는 것이다. 결국 그것은 기술이 아니라 공동체를 의미한다.

■ 공동체, 상거래, 콘텐츠 간의 상호 관계는?

상거래와 콘텐츠가 인터넷의 왕이라는 토론이 많고, 이런 경우 공동체의 존재는 흔히 경시되는 경향이 있다. 사실 상거래는 문헌적으로 4,000년 이상의 역사를 갖고 있다. "나는 당신이 원하는 물건을 갖고 있다. 당신은 내가 원하는 물건을 갖고 있다. 그러니 서로 바꾸자."는 식의 상거래가 옛날부터 있었다. 글로벌이라는 특징도 별로 새로운 것이 아니다. 옛날에도 글로벌 상거래는 엄연히 존재했었다. 상거래가 이루어지면 콘텐츠가 뒤따른다.

Leonardo da Vinci 이전에는 주로 교회가 예술작품을 구입 · 이용했다. 예술가들은 그리스도와 성자들의 일생을 표현하여 도덕적 교훈을 전달하는 매체로서의 작품을 공급했다. 그러나 da Vinci 시대가 되자 대중생활의 표현, 모나리자의 이미지 등과 같이 예술의 역할이 달라졌다. da Vinci는 기술자요 발명가이기도 했다. 그는 구매자들을 위해 그림을 그렸다. 그들은 성자의 그림이 아니라 자신과 아내의 초상화를 원했다. 결국 da Vinci가 르네상스를 시작한 것이 아니라 상거래가 르네상스를 시작했던 것이다. 예술작품, 즉 콘텐츠는 돈이었다.

오늘날에도 똑같은 현상이 반복되고 있다. 10년 전만 해도 미술관에 대형 그림들이 많이 진열되어 있었다. 상거래가 작품을 정의하는 시대에는 돈이 될 만한 추상화나 대형 작품을 선호한다. 부자들이 엄청난 빌딩을 짓고 큰 그림을 사들여 진열한다. 그러나 요즘의 화랑은 미술학교들의 진출로 보다 이론적 · 실험적이고 아카데미즘의 작은 작품들로 채워진다. 상거래의 경우와 마찬가지로 콘텐츠 분야에도 대전환이 도래했다.

공동체는 항상 시장 주변에 형성되었다. 성공적인 온라인 공동체를 형성하기 위해서는 가치 측면을 변경해야 한다. 돈에 대한 이용자 문화의 관계성을 이해할 필요가 있다. 미국인들은 주로 개인 정체성의 상향 이동을 위해 돈을 이용한다(일본인들은 집단 이득에 초점을 둔다). 우리는 이상적 자아의식을 반사 · 향상시키기 위해 구매한다. 제품의 파생가치("재킷을 입으니 내가 멋있네.")보다 자기 반사("내가 입었기 때문에 재킷이 멋있네.") 때문에 제품을 구매한다. 가치의 향상은 제품 때문이 아니라 자아 향상감 덕분이다.

■ 적절한 공동체 크기는?

주관적 한계가 있다. 150가지 관계(친한 관계부터 먼 관계까지)를 넘지 말아야 한다. 150은 두뇌처리의 한계이며 수천 년을 내려온 마을 규모의 크기이다. 도시의 경우, 네 블록 정도의 이웃 구획과 유사한 크기이다. 그러나 인터넷의 기술적 용량 때문에 사람들은 '공동체 키우기' 유혹을 받는다. 이를 'Big Swiss Army Knife Syndrome'이라 한다. 거의 이용되지 않는 칼이 무려 70종이나 부착된 스위스 아미 나이프처럼 어색한 공동체를 만들 필요는 없다. 150도 많다. 공동체의 핵심적 관계는 고신뢰의 내부적 서클을 중심으로 구축된다.

■ 인터넷은 심벌과 캠프파이어의 현대판 동의어인가?

인간은 시각적 존재이다. 우리가 받아들이는 정보의 절반 이상이 '어떻게 생겼는가'에 관한 시각적 정보들이다. 심벌은 상인들의 속임수도 무의미한 잔재주도 아니다. 강력한 단축정보이다. 공동체는 공유적 가치를 함축하는 심벌 주위에서 형성된다. 사회가 발전하면 심벌 역시 발전한다(토템 → 성채 → 교회 → 기업 타워 등).

솔트레이크시티의 스카이라인은 모몬태버네클이 다른 종류의 가치를 거부한다는 자세로 압도하고 있다. 에펠탑은 파리를 상징한다. 디즈니랜드의 중심은 신데렐라 성채이다. 모든 성공적인 공동체들은 실제든 가상이든 중심적 심벌을 갖고 있다. 그것은 제품 특징이 아니라 이용자 가치를 반영하는 것이다.

드디어 신뢰적 가치가 자리 잡으면 심벌보다 캠프파이어가 더 강력한 매력을 발휘한다. 캠프파이어는 가장 오래된 정보 공유 환경이다. 원주민들이 한자리에 모여 안심하고 어둠 속에서 서로의 등을 보이며 음식을 나누고 역사 이야기를 경청한다.

캠프파이어는 가치의 공유, 상호 지지, 육체와 영혼에 영양을 공급하는 장소의 상징이다. 주술, 뉴스, 신발견의 흥분을 나누고 집단 전체가 똑같이 이해할 수 있는 해석과 의미를 부여하는 장소이다. 커뮤니케이션이 강한 신뢰를 필요로 할 때, 우리는 본능적으로 빛, 열기, 음식 등 캠프파이어 환경의 문화 창출 요소를 찾는다. 가족의 저녁 식탁, 멋진 레스트랑에서의 첫 데이트, 매일 아침 맥도날드에서 모여 신문을 읽고 정담을 나누는 은퇴자 그룹, 젊은 직장인들로 가득 찬 커피숍, 모두가 캠프파이어에 다름 아니다. 가정의 TV나 컴퓨터도 캠프파이어 역할을 보충해 준다. TV는 빛, 열기, 이야기를 제공한다. 음식(팝콘, 오징어 등)까지 추가하면 TV 디너파티가 된다. 사람들은 본능적으로 음식을 캠프파이어에 들고 온다.

■ 어떤 종류의 정신 맵이 가상공간 여행에 도움이 되는가?

남자와 여자는 입력되는 정보단서의 형상화, 처리, 적용을 서로 다르게 한다. 이는 문화적 차이라기보다 적성 패턴(pattern of aptitude)의 차이라고 볼 수 있다. 남자가 우수하냐, 여자가 우수하냐 우열을 논할 수는 없다.

로체스터대학 심리학자 Thomas Bever는 고전적 행동과학 도구인 미로실험을 이용하여 남자와 여자가 물리적 공간의 이동을 어떻게 달리하는지 실험하였다. 여성은 카펫의 착색, 바닥의 이음 부분, 페인트 반점 등 개별적 단서를 참고하여 정신

맵을 구성하고 미로를 항해하는 경향이 있다. 만일 단서를 제거하거나 가리면 여성은 갑자기 길을 잃는다. 남성은 방향, 속도, 시간에 대한 짐작과 막다른 골목의 경험 등을 참고하여 정신 맵을 그린다. 여성이 길을 잃었다고 생각하는 바로 그 지점에서 남성은 대개 자기가 길을 잃었다고 생각하지 않는다. 여성은 제대로 가고 있으면서도 길을 잃었다고 느끼는 경우가 많고, 남성보다 먼저 길을 잃었다는 느낌을 갖는다.

현실 세계에서도 남녀 차이를 말해 주는 좋은 예가 있다. 대부분의 여성은 백화점에서 즐겁게 쇼핑을 한다. 그러나 남성은 백화점 쇼핑을 불안하게 생각하는 경향이 있다(백화점들은 여성을 대상으로 디자인되어 있다).

가상공간의 항해도 비슷하다. 가치의 교환 · 거래가 공동체의 핵심이기 때문에 '길 찾기'는 중요한 문제이다. 위치를 확인할 수 있는 단서를 곳곳에 설치하고 방향을 안내하는 등 항해를 격려하지 않는다면, 즉 조직화된 공간의 관계 모형(relational model)에 따르지 않는다면 공동체 웹사이트는 경쟁에서 탈락할 수밖에 없을 것이다. 실제공간에서 만일 길을 잃는다면 잠시 멈춰서 다른 사람에게 길을 묻는다. 그러나 가상공간에서 길을 잃었다고 느끼면 즉시 클릭 한 번으로 달아나 엉뚱한 사이트로 들어갈 것이다.

연습문제

01 문헌에서 도출되는 품질경영 차원의 공통 요인 열 가지는 무엇인가?

02 문화란 무엇인가? 세 가지 이상 정의해 보시오.

03 문화의 구성 요소 세 가지 수준은 무엇인가?

04 내적 통합성(응집력)을 위해 사회조직, 집단들의 문화적 대책은 무엇인가?

05 조직문화에 큰 영향을 주는 세 가지 주된 요인은 무엇인가? 주된 메커니즘과 보조적 메커니즘의 내용을 서술하시오.

06 품질문화가 아닌 것에 대한 내용을 서술하시오.

07 품질문화인 것에 대한 내용을 서술하시오.

08 조직에서 사람들이 변화에 저항하는 이유는 무엇인가?

09 변화 과정에서 경영자의 역할과 변화 도전 시의 고려사항은 무엇인가?

10 변화관리에 성공적인 조직의 특징은 무엇인가?

참고문헌

Abraham, M., Fisher, T., & Crawford, J., "Quality Culture and the Management of Organization Change", *International Journal of Quality & Reliability Management*, 14(6), 1997, pp.616–636.

Ahire, S.L., Golhar, D.Y.J., & Waller, M.A., "Development and Validation of TQM Implementation Constructs", *Decision Sciences*, 27(1), 1996, pp.23–56.

Baron, A., "Going Public with Studies on Culture Management", *Personnel Management*, 1(19), 1995.

Bilston, F. & Sohal, A.S., "Learning About Quality: Small Business Perspective", *The Learning*

Organization, 2(3), 1995.

Bounds, G., Yorks, L., Adams, M., & G. Ranney, *Beyond Quality Management: Toward the Emerging Paradigm*, McGraw-Hill, 1994.

Bowen, P.W., "The Need for Quality Cultures", *Training for Quality*, 4(2), 1996, pp.14-18.

Bressler, S.E. & Grantham, C.E., *Communities of Commerce: Building Internet Business Communities to Accelerate Growth, Minimize Risk, and Increase Customer Loyalty*, McGraw-Hill, 2000.

Dale, B.G., Boaden, R.J., & Lascelles, D.M., "Total Quality Management: An Over view", in Dale(ed.), *Managing Quality*, Prentice-Hall, 1994, pp.3-40.

Flynn, B.B., Schroeder, R.G., & S. Sakakibara, "A Framework for TQM Research and an Associated Measurement Instrument", *Journal of Operations Management*, 11(4), 1994, pp.339-366.

Fox, R., *Six Steps to Total Quality Management*, McGraw-Hill, 1991.

Harrington, H.J. & Mathers, D.D., *ISO 9000 and Beyond*, McGraw-Hill, 1997.

Maccoby, M., "To Create Quality, First Create the Culture", *Research/Technology Management*, September-October 1993, pp.49-51.

Peters, J., "A Learning Organization's Syllabus", *The Learning Organization*, 3(1), 1996, pp.4-10.

Saraph, J.V., Benson, P.G., & Schroeder, R.G., "An Instrument for Measuring the Critical Factors of TQM", *Decision Sciences*, 20(4), 1989, pp.810-829.

Schein, E.H., *Organizational Culture and Leadership*, Jossey-Bass, San Francisco, 1985.

Senge, P., Ross, R., Smith, B., Roberts, C., & Kleiner, A., *The Fifth Discipline Fieldbook: Strategies and Tools for Building a Learning Organization*, Doubleday, 1994.

Vermeulen, W., "Cultural Change: Crucial for the Implementation TQM", *Training for Quality*, 5(1), 1997, pp.40-45.

Chapter 06

문화의 특징과 다양성

학습목표

① 고전적 문화와 현대적 문화의 정의를 비교 · 이해한다.

② 문화의 특징과 문화의 속성에 대하여 이해한다.

③ 문화의 촉진 요소와 하위문화의 유형에 대하여 논의한다.

④ 조직문화의 개념과 조직문화의 특성을 이해한다.

⑤ 조직문화의 중요한 기능을 이해한다.

⑥ 한국, 중국, 미국, 일본의 조직문화를 비교 · 논의한다.

문화의 개념 정의를 처음으로 시도한 인류학자는 Edward B. Taylor(1958)로, 그의 저서 『원시의 문화(Primitive Culture)』에서 문화란 "지식, 신앙, 예술, 법률, 도덕, 관습, 그리고 사회 구성원으로서의 인간이 가진 모든 능력이나 관습을 포함하는 복합적 총체"라고 정의하였다. 인간의 삶과 문화는 본질적인 면에서 상호 의존적인 관계가 있다. 인간 삶의 집단적인 형태가 사회라면, 사회를 구성하고 있는 개인이 엮어 내는 사회적 삶의 총체적 양태가 곧 문화인 것이다. 문화는 인간의 세대나 환경, 혹은 인간의 다양한 행위가 가져다줄 수 있는 여러 가지 이해관계를 내포한다. 문화는 공유 · 학습 · 축적되며, 문화는 하나의 전체를 이루고 항상 변한다는 속성을 갖고 있다.

문화의 주요 특징은, 문화는 사회적 유산(social heritage)이고, 인간의 성취(human achievement)이며, 인간의 가치 세계(world of values)의 산물이라는 것이다. 여기에는 인간이 만들어 놓은 언어, 교육, 전통, 신화, 과학, 예술, 학문, 정치, 법률, 신앙, 발명 기술 등이 포함된다. 문화의 다양성 속에 공동체의 일치를 이루기 위해서는 수없이 선하고 참된 것을 성취하여 보존해 온 모든 것을 충돌 없이 결속하려는 노력이 필요하다. 최근에는 고달픈 삶을 위로하던 문화가 세상을 움직이는 힘으로 부상했다. 오늘날은 이성적인 설득보다 감성적인 매혹을 선호하는 시대로, 마음을 사로잡는 힘을 지닌 쪽으로 사람들이 몰려든다. 권력의 조력자였던 문화의 힘은 권력을 능동적으로 창출해 내는 기획자로 변신하여, 정치 지도자의 선거 기획도 문화 재능인들의 몫이다. 이제는 문화유통 권력이 확장되고 있어 '문화권력'이라는 말이 어색하지 않은 사회이다.

조직문화는 조직의 성공과 실패를 간주하는 기준을 설정하는 데 가장 중요한 역할을 하고, 조직이 지닌 자원의 활용 방향을 결정짓는다. 조직문화는 보상과 처벌의 성격을 결정짓게 하고, 구성원들로 하여금 외부 환경을 어떻게 다루어야 하는지 조력해 준다.

제6장에서는 문화의 여러 가지 구성 개념을 살펴보고 문화의 촉진 요소와 특징, 가치, 조직문화의 개념과 특성, 기능을 학습하며, 문화의 다양성과 문화의 차이를 비교하여 집단적인 사고체계를 설명한다.

6.1 문화의 개념

문화는 넓고 복잡하며 역동적인 이해가 필요한 분야이다. 시시각각 변화하는 문화적 트렌드를 포착해야 됨은 물론, 미래의 문화적 흐름을 주도할 문화적 비밀 코드를 해석해 내야 한다. 기업문화가 내부 구성원의 삶을 지배하는 사고방식이나 가치판단의 기준을 의미한다면, 문화는 소비자들의 삶에 지배적인 영향력을 행사하는 공유된 믿음체계나 집단적인 사고체계와 생활양식이다.

기업의 궁극적 역할은 소비자들의 삶을 변화시켜 아름다운 세상으로 창조해 내는 데 있으므로 기업은 문화적 트렌드를 주도할 수 있다. 문화는 오랜 기간 동안 한 시대의 흐름을 관통하는 공통적인 현상이나 사람들의 공유된 가치체계가 사회적인 영향력을 행사할 때 진정한 의미를 갖는다.

'스마트폰'은 네트워크 사회 시스템에서 하나의 문화적 트렌드로 애플의 아이폰, 아이패드, 삼성의 애니콜, 갤럭시는 소비자들의 일상적인 삶을 지배하는 문화적 아이콘이 되어 새로운 디지털 문화를 주도해 나가고 있다. 그러나 스마트폰 사회의 문화 속성은 '검색은 있으나 사색은 없는 사회문화'이다.

'문화'란 오랜 세월을 거치는 동안 한 민족이 함께 생활하면서 축적해 온 경험과 지식의 총체이며, 민족 전체가 공유하고 있는, 오랜 시간에 걸쳐 발전되어 온 생활양식이다. 이러한 문화의 개념 정의를 처음으로 시도한 인류학자는 Edward B. Taylor(1958)로, 그의 저서 『원시의 문화(Primitive Culture)』에서 문화란 "지식, 신앙, 예술, 법률, 도덕, 관습, 그리고 사회 구성원으로서의 인간이 가진 모든 능력이나 관습을 포함하는 복합적 총체"라고 정의한 데 이어, "문화는 하나의 추상(abstraction)이다", "문화는 하나의 정신적인 현상이다"라고 말하면서 '물질문화'란 개념을 배격하였다. 그 후 많은 인류학자들은 문화를 인간에게 고유한(unique) 학습을 통해 습득되며(learned), 사회적인 여러 메커니즘을 통해 한 개인, 집단, 세대에서 다른 데로 전승되는(transmitted) 행위로 정의하였다.

인간의 삶과 문화는 본질적인 면에서 상호 의존적인 관계가 있다. 인간 삶의 집단적인 형태가 사회라면, 사회를 구성하고 있는 개인이 엮어 내는 사회적 삶의 총체적 양태가 곧 문화인 것이다. 문화는 인간의 세대나 환경, 혹은 인간의 다양한 행위가 가져다줄 수 있는 여러 가지 이해관계를 내포한다.

문화의 개념에 대한 견해는 학자 간, 학파 간, 인류학의 다른 영역 간 그 논쟁이 무성하지만 그중에서도 가장 일반적으로 용인되는 문화에 대한 정의는 Rebuck과 Simmonnds(1989)의 정의이다. "문화란 한 사회의 인간 행동을 규정하는 사회적 규범과 양식의 총체적인 체계이다." 즉, 한 사회를 다른 사회와 구별해 주고, 각 사회마다 그 고유의 특성을 지니게 하는 것이 문화라는 것이다. 이처럼 시대적 · 지역적 · 사회적 전통에 따라 각기 다르게 사용되던 문화의 개념이 로마 시대 때부터는 도덕적 정신을 함양하는 활동으로 여겨지기 시작했으며, 18세기 후반에서 19세기 중반에 이르러서는 봉건사회가 무너지고 새로운 시민계급이 형성되면서 '문명화된 시민'이라는 단어에 예절 바른 혹은 세련된 '문명'이라는 의미가 첨부되었다. 따라서 오늘날 문화의 개념은 더욱 다양한 측면의 의미를 지니게 되었는데 그 범주를 요약하면 다음과 같다.

① 인간적 완성의 이념과 관련한 정신의 일반적 상태, 관습(도야의 이념)
② 사회 전체에서 지적 · 도덕적 발전의 일반적 형태(문명의 이념)
③ 한 사회의 물질적 · 정신적인 전 삶의 양식
④ 창조적 작업의 구현체
⑤ 대중문화

문화는 "사회 구성원에 의하여 습득, 공유, 전달되는 행동양식이나 생활양식의 과정 및 그 과정에서 이룩해 낸 물질적 · 정신적 소득을 통틀어 이르는 말"로 정의된다. 문화는 한순간에 탄생하는 것이 아니라 특정 사회가 오랫동안 공유하고 실천하면서 형성된 역사적 산물이다. 문화는 사회 구성원들이 습득한 관습을 포함하는 총체적인 것이다(Benedict, 1998). 따라서 문화란 도구, 생활용품, 다양한 사회 집단을 위한 헌장, 인간의 아이디어와 기술, 신념 및 관습 등의 총합적 전체로서, '한 집단의 모든 생활영역을 포괄하는 총체적 생활양식'이다.

문화는 인류에 의해서 개발되어 수 세대를 이어 온 전통적 행위의 총체이다. 문화는 일반적으로 가치, 규범, 의미, 상징, 또는 기본전제들의 체계라고 규정할 수 있을 것이다. 결과적으로 문화는 겉으로 드러난 구체적 행위의 수준이 아니라 인간의 의식 혹은 무의식의 차원이다. 문화는 인간이 자연이라는 제1차적 환경 위에 인위적인 노력으로 새롭게 만들어 낸 '제2차적 환경'을 의미한다. 이것은 언어, 관습, 이념, 전통, 사회조직, 공예품, 예술, 기술의 향상과 진보, 그리고 새로운 삶의 가치 등을 포함하고 있다. 문화는 한 사회의 삶의 방식으로서 개인이 다양한 상황에서 행동하는 방법을 말해 주는 안내자이다. 또한 문화는 학습된 행동과 행동 결과의 구성으로서 사회적 가치와 태도, 일반적 세상의 지식을 의미하기도 한다. 문화의 중요한 요소는 인간의 가치체계이며, 사람들의 행동, 사고, 일의 방식을 이해할 수 있는 축적된 지식의 총체로 볼 수 있다.

C. Ellis Nelson(1998)은 문화의 실재를 다음과 같이 언급하였다.

① 문화는 지속되는 실재이다.
② 문화는 자아를 형성한다.
③ 문화는 개인을 가르친다.
④ 문화는 사회의 목적과 방법을 규정한다.

문화의 특징에 대한 견해는 크게 V. Terpstra, K. David의 견해와 Edward T. Hall의 견해, 두 가지로 나누어 살펴볼 수 있다.

V. Terpstra와 K. David(1985)는 "문화란 사회 구성원들의 특성을 나타내는, 학습되고 공유되며 또한 강제되는 상호 관련된 일련의 상징(symbol)으로서, 구성원들의 생존에 관련된 문제의 해결책을 제공해 주기 때문에 그 문제의 해결책을 실천하는 영리 단체인 기업의 존속과 성장에 지대한 영향을 미친다."라고 문화의 특징을 기업과 연관시켜 경영학적인 해석을 내리고 있다.

한편 Edward T. Hall(1977)은 문화는 선천적으로 유전되는 것이 아니라 학습을 통해 습득하는 것, 즉 한 세대에서 다른 세대로 문화를 전하는 사회 구성원들이 시행착오를 겪으면서 축적되는 것이라고 한다. 문화에는 여러 가지 요소가 상호 관련을 맺으며 내재되어 있으며, 문화는 확산에 의해 그 사회에 속해 있는 공동체 구성원이 공유하는 것이다. 이렇게 공유된 문화는 다른 사회의 구성원이 가진 문화와 확연히 구별된다고 문화의 특징을 설명하고 있다. 글로벌 경영이 심화될수록 국가 간 문화 차이로 인한 갈등과 마찰이 더욱 발생하게 될 것이므로, 글로벌 기업들은 다양한 문화 간의 차이에 대한 폭넓은 이해를 기반으로 문화의 다양성을 감안한 글로벌 기업경영을 실행함으로써 성공적인 기업으로 거듭나야 할 것이다.

우리가 이해하고 있는 문화는 어떤 특수한 현상을 말하는 것이 아니라, 인간 생활의 모든 형태에서 발생하는 일반적인 현상이자 '삶의 이야기'를 의미한다. 문화는 종교나 국가와 달리 비권위주의적인 성격을 가지고 있으며, 물질생활의 향상과 정신 · 도덕 생활의 한 표현으로서 자발적으로 일어난 인간 생활의 모든 이야기를 포함한다. 이와 같은 삶의 이야기의 가장 유용한 전달수단은 언어이며, 언어를 매개로 표현된 인간 정신의 문화적 형상은 예술에서 발견된다. 다양한 사회적 관계와 교류,

기술, 예술, 문학, 과학, 교육, 종교 등이 문화의 내용이 된다. 문화는 인간 정신의 모든 가치를 개발하여 삶의 도구로 활용되는 문명을 포함하고 있다. 물론 문명을 문화와 구별해서 말한다면, 문명은 더욱 진보한 문화의 형태로서 더욱 외형적이며, 기술적이고 개화된 사람들의 사회생활의 형식으로 나타난 것이다.

이와 같은 문화의 개념을 요약 · 정리하면 다음과 같다.

① 고전적 정의 : 지식, 신앙, 예술, 법률, 도덕, 관습, 그리고 사회의 한 구성원으로서의 인간에 의해 얻어진 다른 모든 능력이나 관습들을 포함하는 복합총체로 인간 고유의 소유물(Taylor, 1958)

② 현대적 정의 : 환경에 적응하는 과정에서 축적된 지식으로서의 도구, 기술, 사회조직, 언어, 관습, 신앙 등의 총합체(적응 메커니즘으로서 문화의 기능적인 중요성을 강조)

③ 문화란 사회 구성원들의 공통된 가치와 관습, 생활양식이며 사회 구성원들에 의해 학습되고 공유되는 것이다.

- 한 사회 구성원들의 생활양식이 기초하는 관념체계 또는 개념체계
- 사회 구성원들의 특성을 나타내는, 학습되고 공유되며 또한 강제되는 상호 관련된 일련의 상징(Terpstra & David, 1985)
- 한 사회의 인간 행동을 규정하는 사회적 규범과 양식의 총체적인 체계(Rebuck & Simmonnds, 1989)
- 사회를 구성하고 있는 개인이 엮어 내는 사회적 삶의 총체적 양태이며, 인간의 세대나 환경, 혹은 인간의 다양한 행위가 가져다줄 수 있는 여러 가지 이해관계를 내포한다(Benedict, 1993).
- 사회 구성원들이 습득한 관습을 포함하는 총체적인 것(Benedict, 1998)
- 한 사회 구성원들 간에 찾아볼 수 있는 관습적인 행위, 그런 행위의 산물(문화인, 문화계, 문화민족, 문화유산, 대중문화, 고급문화, 한류문화, 동양문화)
- 행위를 구제하는 규칙의 체계(Goodenough)
- 행동을 규제하고 그런 행동에 이르게 하는 기준, 표준, 규칙
- 한 세대에서 다음 세대로 이어지는 가치, 개념, 태도 및 인간 행동과 그 행동 요소를 형성하기 위해 인간이 만들어 내는 그 밖의 의미 있는 상징
- 학습된 행동과 행동 결과의 집합체로 사회 구성원들에 의해 공유되고 전달되는 것(Linton)

- 한 집단의 독특한 생활방식이며, 그 집단의 완전한 생활설계(Kluckhohn)
- 사회 내에서 수용 가능한 행동의 이해와 일체감을 제공하는 것
- 한 사회의 삶의 방식으로서 개인이 다양한 상황에서 행동하는 방법을 말해주는 안내자
- 학습된 행동과 행동 결과의 구성으로서 사회적 가치와 태도, 일반적 세상의 지식

6.2 문화의 특징과 가치

1. 문화의 특징과 의미

문화에 대한 다양한 견해에도 불구하고 제2차적 환경을 의미하는 문화의 '본질'을 정확하게 정의한다는 것은 용이한 일이 아니다. 그러므로 문화의 특징들을 세분하여 이해함으로써 문화의 의미를 구체적으로 설명할 수 있을 것이다.

첫째, 문화는 사회적 유산(social heritage)이다. 문화를 형성하는 모든 요소들은 사회 안에서 사람들이 살아가는 일상생활 속에 불가피하게 얽혀 있기 때문에 언제나 사회적 성격을 지니고 있다. 인간이 살아가면서 경험하는 일들과 과학적으로 관찰된 결과에 의하면 문화의 본질적인 요소들은 짝을 이루어 집단으로 살아가는 인간에 의하여 형성된다. 여기서 "본질적으로 서로 아무런 관계성이 없거나 역사적으로도 각자 독립적인 문화의 특성들이 결합하여 새로운 행동이 일어날 수 있는 좋은 기회를 제공하게 된다."

인간 집단에서 각 개인들은 문화를 각자의 방식대로 사용할 수도 있고, 문화의 요소를 변화 혹은 변경할 수도 있을 것이다. 그러나 그들이 문화의 요소를 사용하거나 변경하는 것은 개인적으로서가 아니라 사회적으로 이루어지는 것이기 때문에, 이와 같은 변증적인 과정을 통해 형성된 또 다른 문화의 요소들을 다음 세대로 전수하게 된다. 따라서 문화는 사람들이 물려받고 또한 물려주는 사회적 유산으로 계승되어 발전해 가는 것이다.

둘째, 문화는 인간의 성취(human achievement)이다. 사람들은 어떤 목적을 가지고, 자연의 모든 소재를 활용하여 이루어 왔던 그 결과들을 본래적인 자연의 것들

과 구별하고 있다. 다시 말해 자연의 모든 것을 활용하여 인간의 생활을 편리하게 하거나 새롭게 만들어 가는 노력을 쉼 없이 계속하고 있다. 예를 들면, 강은 자연 그대로의 것이지만, 사람들의 노력으로 강을 막아 항로로 사용하는 운하는 문화에 해당되는 것이다. 또한 고함을 지르는 사람의 목소리는 자연적인 것이지만, 생각을 표현하는 언어는 문화적인 것이다. 이와 같이 문화는 인간의 마음과 손이 만든 인위적인 성취이며, 인간을 진실로 한데 결합시켜 주는 공동적인 생각과 기준이다. 문화는 인간이 만들어 놓은 언어, 교육, 전통, 신화, 과학, 예술, 학문, 정치, 법률, 신앙, 발명 기술 등을 포함하고 있다.

그런데 문화가 이렇게 과거에 살았던 사람들의 경험과 노력의 결정체로 주어진 것이라면, 이것을 유산으로 물려받는 현재의 사람들도 자신의 노력과 성취 없이는 결코 문화를 차지할 수 없다는 것을 알게 될 것이다. 자연의 모든 선물과 혜택은 소유하고자 하는 인간의 의도나 의식적인 노력이 없이는 수용할 수 없는 것이다. 문화도 역시 받는 사람들의 편에서 성취를 위한 노력이 없이는 결코 소유할 수 없게 된다. 따라서 사람들은 일정한 목적을 가지고 이미 성취한 것과 현재 이룰 수 있는 것, 그리고 미래의 지향을 위하여 의도적으로 부단히 노력하고 있다. 이와 같이 사람들이 의도하는 세계는 곧 문화의 세계이며, 그것은 성취된 노력의 결실을 의미한다.

셋째, 문화는 인간의 가치 세계(world of values)의 산물이다. 이미 언급한 바와 같이 문화가 사람들의 노력의 결실이자 성취라고 할 때, 그것은 일정한 목적을 위하여 고안된 것이다. 사람들이 보다 좋은 환경이나 사회를 위하여 무엇을 만들었거나, 또는 무엇을 만들어 가는 것은 예외 없이 어떤 일정한 목적을 위한 것이다. 그것은 사람들마다 어떤 선(善)을 위해 봉사하려는 의도와 가치를 나타낸다. 또한 사람들이 이루어 놓은 문화적 산물과 성취를 의도된 가치체계와 분리하여 생각할 수 없다는 것을 의미한다. 인간의 성취와 관련되는 문화의 가치는 주로 인간을 위한 선을 추구하는 가치인 것이다.

사람마다 문화에서 실현하려는 자기 활동의 목적을 규정할 때, 무엇보다 자기 자신을 최고의 가치로 간주하며, 또한 그것을 다른 모든 가치들의 근원으로 생각하면서 그 일을 시작하는 것이 사실이다. 문화의 가치는 사람들이 함께 살아가는 사회 공동체의 번영과 복리를 지향하고 있기 때문에 그것이 인간 존재를 초월하는 가치체계에 그 근거를 두고 있는 것도 사실이다. 따라서 문화는 인간 중심적인 것을 위한 것이 아니라, 초월적 존재와의 관계성에서 사람들의 고상한 생활과 정신을 추구해 가는 것이다. 이러한 관점에서 문화를 물질적인 것만을 추구하는 것으로 생각할 때 모든 문화적 활동이 다만 사람들의 육체적 · 감정적 만족을 위한 성취로 간주될 수 있는데, 이는 실로 매우 위험한 생각이다. 문화는 인간의 육체적 생활과 생존을 위한 의식주 문제 이상의 초월적 가치를 추구하는 일에 보다 큰 관심을 가지고 있다.

넷째, 모든 문화는 다원주의(pluralism)를 지향하고 있다. 사람들이 추구하는 문화의 가치는 한 가지 형태나 특성을 지향하는 것이 아니다. 사람들이 함께 살아가는 사회는 다양한 가능성과 목적을 실현하려고 노력하기 때문에 한 사회를 형성하고 있는 사람들과 그들이 추구하는 목적이 다양할 수 있다. 그들이 소속된 집단과 조직이 각기 다르기 때문에 여기서 생성되는 문화는 고도로 복잡하고 다양한 성격을 띤다. 다시 말하면, 문화란 사람들이 선하고 좋은 것을 성취하여 공유하려고 할 때, 각기 다른 사람들의 목적과 가치를 항상 고려해야 한다는 사실을 간과할 수 없는 것이다.

한 집단에서 하나의 특정한 것을 선하고 고상하게 생각하는 것도 특별한 계층 혹은 집단의 목적과 전통 및 관습에 따라 달라질 수 있다. 뿐만 아니라 사람들마다 자기 자신과 다른 사람들, 나아가서 자연과 초자연적 존재에 대하여 복합적인 관심을 가질 수 있다. 일정한 문화 안에서 살고 있는 사람들의 경험으로 비추어 볼 때, 특별한 문화의 통일성을 기대할 수는 없다. 그 이유는 '문화에는 독자적인 목적이 있는데, 다른 형태의 사회에서 이것이 반드시 공유되는 것이 아니기' 때문이다. 사회의 다양한 제도와 전통에서 추구하며 얻는 가치는 실제로 다양할 수밖에 없다.

문화의 다양성 속에 공동체의 일치를 이루기 위해서는 수없이 선하고 참된 것을 성취하여 보존해 온 모든 것을 충돌 없이 결속하려는 노력이 필요하다. 왜냐하면 문화는 언제나 평화의 번영, 정의와 질서, 자유와 공동 복리, 진리와 아름다움, 과학적 진리와 도덕적 선, 기술적 숙련과 실천적 지혜 등을 일상생활과의 관계성에서 추구하고 있기 때문이다.

2. 문화의 구성 개념

① 가치와 신념 : 가치는 개인이 추종해야 할 삶의 종류에 대한 합의된 관점이고, 신념은 사회 구성원들에 의해 공유된 가치를 설명하는 것이다.

② 관습과 의례 : 관습은 특별한 상황에서 문화적으로 수용 가능한 일상적인 행동 패턴이고, 의례는 어느 정도 일정한 순서에 따라 진행되면 정기적으로 반복되어 발생하는 상징적 행동들의 집합을 말한다.

③ 법률 : 규칙과 법규로 성문화되고 공권력이 배경이 되는 가치, 관습, 의식이다.

3. 문화의 가치

① 문화의 조직화되고 집중된 속성에 있어서 중요하다.
② 문화적 가치(cultural value)는 어떤 활동, 관계, 감정이나 목표가 지역사회의 정체나 복지에 중요하다고 여러 사람들이 믿는 것 혹은 그것에 대한 감성으로 정의된다.
③ 문화적 가치는 사회 구성원들이 공동으로 보유하고 있으며, 사회 구성원들에게 광범위하게 수용되는 핵심적 가치이다.
④ 개인적 가치는 어떤 구체적인 행동양식이나 최종 존재 상태를 다른 행동양식이나 최종 존재 상태보다 개인적으로나 사회적으로 보다 선호하는 지속적인 신념으로 정의된다.
⑤ 소비자는 어떤 가치를 달성하기 위한 행동을 하려고 할 때, 어떤 가치 상태의 달성을 방해하는 것으로 인식되는 행동을 회피하려 한다.

4. 문화의 속성

① 문화는 공유된다. → 집단 구성원들에 의해서 공유된 것이다.
② 문화는 학습된다. → 비유전적인 수단에 의해서 습득된다.
③ 문화는 축적된다. → 경험적 지식과 상징적인 수단인 언어를 통해 축적된다.
④ 문화는 하나의 전체를 이루고 있다. → 지식, 신앙, 예술, 도덕, 법, 관습 등 상호 긴밀한 관계를 유지하고 하나의 전체 또는 체계를 이룬다.
⑤ 문화는 항상 변한다. → 매일 상이한 문화에서 점진적으로 변화되고 소멸되기도 하며, 문화의 연속성은 집단의 사회적 균형을 유지한다.

5. 문화 촉진 요소

① 문화 특질(cultural trait) : 한 문화의 가장 적고, 가장 기본적인 요소로 더 이상

쪼갤 수 없는 요소들에만 적용하는 것

- 특질의 범위는 객관적인 속성보다 특정 시기에 그것의 맥락에 의해 좌우된다.
- 문화 변동 촉진요인은 '발명과 발견'이다.

② 문화 복합(cultural complex) : 특질 복합으로 자동산업의 경우 제조업, 정비업, 판매업, 보험업, 관광산업 등 관련된 여러 영역 부분을 포함하는 문화 복합의 한 부분

③ 하위문화(subculture) : 한 사회 집단의 특수 부분이나 영역에서 다른 것과 구분되는 특이한 생활양식(청소년문화, 대학문화, 노인문화, 양반문화)

④ 문화의 다양성 : 개인, 사회구조에 따른 일상생활에서의 문제해결 차이

⑤ 문화의 상대성 : 사회, 국가 간의 문화 차이로 한 사회의 관습이나 관념을 포함한 문화는 그 사회의 맥락에서 이해되고 평가된다(문화 상대주의).

- 문화의 상대성은 긍정적 태도로 다른 문화를 동경하는 것(문화 사대주의) 또는 '자민족 중심주의'로 남의 문화를 비도덕적 태도로 평가하는 것(프랑스인이 보는 한국의 보신탕), 두 가지 형식으로 나타난다.

⑥ 문화 전파 : 한 사회의 문화 요소들이 다른 사회로 전해져서 그 사회의 문화 과정에 통합되어 정착하는 현상(불교는 인도, 유교는 중국에서 전파되어 나감)

⑦ 자극 전파 : 전파와 발명이 복합되어, 한 문화의 어떤 요소가 다른 문화에 알려지면서 상호작용하여 후자에 새로운 발명이 일어나도록 자극한 경우

⑧ 문화 접변(acculturation) : 상이한 두 사회의 구성원들이 장기간에 걸쳐 제1차적 혹은 직접적인 접촉관계 진입의 결과로 어느 한쪽 또는 양쪽 사회의 문화에 변동이 일어나는 것, 곧 '문화들 간의 접촉적인 변화'이다.

- 문화 간의 접촉은 문화 전파를 수반한다.
- 문화 접변은 '문화 변동'(포괄적 개념)의 한 측면으로 식민지나 정복 상황에서 지배 집단이 강제적 힘으로 문화 변동을 유도한다.

⑨ 문화 해체 : 피지배 집단이 문화 해체 과정을 겪음으로써 문화의 융합현상(제3문화체계 형성) 또는 문화의 동화현상(다른 문화에 접근해 일방적으로 흡수됨)이 발생한다.

- 대중운동으로 전통문화를 되찾고 종교운동으로 지배 사회에 대항한다.

6. 하위문화

1) 하위문화의 의의

하위문화는 한 문화권에 속해 있으면서 인종별, 종교별, 지역별로 타 집단과 구별되는 특성을 가진 소비자 집단을 말한다. 즉, 특정 하위문화의 구성원들은 같은 사회 내에서 다른 구성원들과 구별되는 신념, 가치, 관습 등을 공유한다. 하위문화의 특수성, 동질성, 배타성은 일반적 문화와 구분되는 하위문화의 동질성을 유지하기 위해 상호작용한다.

① 특수성 : 독립된 동질성을 유지하려고 할수록 하위문화의 잠재적 영향력이 커진다.
② 동질성 : 동일한 가치를 가진 하위문화는 그 구성원들에 대해 영향력을 발휘할 가능성이 크다. 개인은 독특한 하위문화의 동질성 유지와 일반적 사회로의 통합 사이에서 갈등을 느낀다.
③ 배타성 : 사회로부터 배타적이거나 또는 사회에 대해 배타적이 된다.

2) 하위문화의 유형

① 성 : 남성과 여성의 생리학적 차이로, 예컨대 건강과 미용 보조제에 대한 관심이 남녀 간에 서로 상이하다.
② 연령 : 나이에 따라 식습관, 가치관이 변화하며 행동 과정과 구매결정도 변화한다.
③ 지역 : 연령 집단처럼 지역적 단위명은 특정한 지역이 동질적인 욕구와 가치를 가진 것으로 확인되지 않는다면 너무 다양해서 하위문화로 명명하기 곤란하다.
④ 인종 : 미국과 같이 다인종으로 구성된 나라에서 가장 중요한 하위문화는 인종의 기원이 될 수 있다. 특정한 인종 집단 내의 소비자들은 그들이 가치와 구매행동에 영향을 미치는 공통적인 유산이나 환경을 가질 때 하위문화의 일원으로 간주된다.

6.3 조직문화

1. 조직문화의 개념

조직이란 무엇인가에 관해서는 수많은 학자들의 다양한 관점에서의 정의가 있으나, 여기에서는 Etzioni의 정의에 따라 "조직이란 특정한 목표를 추구하며, 이를 위한 일정한 구조를 지닌 사회적 단위"(Etzioni,1964)로 이해한다. 이러한 거시적인 사회제도상의 문화 개념을 미시적인 조직이나 기업체 수준에 적용한 것이 바로 조직문화의 개념이다. 조직문화와 같은 맥락으로 특정 기업이라는 조직이 가진 문화인 기업문화는 '기업의 구성원이 공유하는 가치관, 행동양식, 사고방식의 전체'라고 볼 수 있으며, 회사의 분위기, 사풍이라고 표현되다가 조직문화, 경영문화라는 전문용어로 정착되었다. 사회가 아니라 특정 집단이 가진 문화를 조직문화라고 볼 수 있으며, 조직풍토와 동의어로 인식된다.

조직문화에 대한 여러 학자들의 개념을 살펴보면 다음과 같다.

① 상징, 언어, 신념, 의식, 전통 등의 조직가치체계의 원천이다(Pettigrew, 1979).
② 조직환경하에서 어떻게 행동해야 되고 어떤 과업과 목적이 중요한지에 대하여 대부분의 구성원들이 공유하고 있는 상호 관련된 신념의 총체이다(Baker, 1980).
③ 특정 조직 구성원들이 속해 있는 국가 · 사회 문화의 영향을 받아 최고경영자와 일반 조직 구성원들의 이미지체계에 작용하여 조직체의 이미지로서 구체화되어 있는 조직의 공유된 가치의식이다(Borrns & Gahmberg, 1983).
④ 조직의 동일성을 창조하고 조직 구성원의 행동을 규정하여 그들을 사회적 종합체로 통합시키는 조직의 기본전제와 신념, 가치관이다(Johns, 1983).
⑤ 특정 조직 구성원들이 공유하고 있는 가치관, 이념, 신념, 관습, 지식, 기술, 상징물 등을 포괄하는 종합적인 개념이다(Hofstede,1984).
⑥ 조직의 사회적 환경의 집합적인 의미이며, 조직의 특정한 행동유형을 결정짓는 공유된 가치와 여러 가정이다(Jowell, 1998).

조직문화란?

■ 한 집단이 외적 적응과 내적 통합의 문제를 극복하기 위해 학습해 나가면서 발견되고 개발된 일련의 가설유형이다(E. H. Schein, 1989).
■ 조직 구성원들에 의해 공유된 가치관, 태도, 신념, 활동, 상호작용, 규범 및 감정의 지배적인 패턴이다(R. E. Callahan & C. P. Fleenor).

기업문화란?

광의적으로는 '각 기업의 특징적인 존재와 활동의 양식'이고 협의적으로는 '기업이 내포하고 있는 소프트웨어의 요소에 따른 개념의 규정'으로 '고유의 사유체계와 독자적인 행동양식'을 의미한다.

기업문화의 역할

■ 기업문화를 경영자원으로 인식한다.
■ 환경 적응과 변화 적응에 필요한 것이다.

기업문화의 기능

■ 구성원에게 조직의 일체감을 마련해 준다.
■ 자신보다 더 큰 조직에의 몰입을 촉진시켜 준다.
■ 사회적 시스템의 안정성을 증진시킨다.
■ 구성원의 행동을 안내하고 형성시키는 감지 도구로 작용한다.
■ 기업의 사상에 대해 구성원들에게 공유된 해석을 부여한다.
■ 직업생활에 대한 흥분감을 부여하는 감정적 효과가 있다.
■ 내집단, 외집단 한계를 만들어 그것을 유지한다.
■ 기업의 통제 메커니즘으로서의 역할을 다한다.
■ 강력한 인간주의적 문화는 생산성이나 이윤의 증가에 연결된다.

2. 조직문화의 특성

조직문화는 살아 있는 생물과 마찬가지로 조직이 처한 외부 환경의 변화, 구성원의 진입과 퇴출에 따라 진화한다. 조직문화는 조직 활동에서 의사전달, 의사소통의 원활화, 조직원의 협력, 조직의 일체감을 강화시키는 역할을 한다.

조직문화는 '좋은 조직문화'와 '나쁜 조직문화'가 있다. 나쁜 조직문화는 조직이 급변하는 비즈니스 환경에 적응하기 위해 변화하려는 노력을 방해한다. 조직 내부 저항 세력의 힘이 셀수록 조직문화의 혁신이 어려워진다.

조직문화는 조직이 직면하는 두 가지 문제, 즉 특정 조직이 외부 환경에 적응하고 내부 통합 문제를 해결하는 과정에서 형성된다. 조직문화는 다음과 같은 특성이 있다.

① 조직문화는 학습된다. 문화란 사회 구성원들이 그들의 사회적 · 역사적 · 물질적 환경 속에서 생활하면서 학습하고 전승하며 창조해 가는 것이다.
② 조직문화는 집단적으로 공유된다. 그것은 사회를 구성하는 개인적인 특성이나 인류 전체에 보편적인 현상이 아니라 민족, 종족, 특정한 사회의 구성원들이 집합적으로 가진 현상이다. 말하자면 개인들이 특유의 개성을 지녔듯 사회와 집단은 문화를 갖는다. 문화란 사회와 집단이 그들의 환경에 영향을 미치는 공통적인 특정의 상호작용적 집합이다. 따라서 문화란 조직이나 집단의 정체 혹은 주체가 무엇인가를 뚜렷하게 하는 하나의 요소이다(Hofstede, 1981).
③ 조직문화는 계승된다.
④ 조직문화는 조직원의 인식 및 행동에 영향을 미치게 된다. 문화는 사회의 경험적 사실을 규정하며 가치와 윤리기준을 결정한다.
⑤ 조직문화는 외부 환경에 적응한다.
⑥ 조직문화는 수준과 차원을 갖는다.
⑦ 조직문화 형성의 핵심은 리더이다.

2010년 말 67개 계열사에 임직원이 275,000명, 연간 매출액이 220조 원에 달하여 대한민국 GDP의 20%가 넘는 거대 기업인 삼성그룹의 기업(조직)문화는 다양한 개별 기업이나 사업장 단위의 별개 하위문화를 가지고 있어 주요 특징을 한마디로 정리하기는 어렵지만 업무에 대한 열정, 업무 규정의 준수, 엄격한 위계질서, 공평한 인사정책, 충분한 성과 배분 등은 조직 구성원의 행동기준과 자율적인 통제의 메커니즘으로 작용하고 있다.

이러한 특성을 가진 조직문화는 특정 집단의 구성원들에게만 공유된 것으로 다른 집단과 구별되는 집합적 심리 프로그램으로 규정할 수 있으며, 구체적인 특성을 지적하면 이는 개인적인 고유 특성(개인적인 성격이나 인격)으로 타인과 공유되지 않으며, 특정 집단의 구성원들에게 공유된 것으로 다른 집단과 구별되고, 모든 사람에게 공유되어 있는 인체의 생물학적 행동 시스템으로 정의할 수 있다(Hofstede, 1980). 조직문화는 인력, 자본, 물자, 정보 등과 같은 경영의 제5자원으로서 조직 구성원의 정체성, 조직의 형태와 성과, 구성원의 만족감 등을 통해 경영 전반에 영향을 미친다. 이러한 조직문화는 조직 구성원들의 사고와 행태에 영향을 미치는 기본

요소이다.

이러한 조직문화의 기능은 모든 기업, 교육조직에서 매우 중요하다. Seyfarth (1999)는 조직문화의 기능을 다음과 같이 제시하였다.

① 문화는 조직의 성공과 실패를 간주하는 기준을 설정하는 데 가장 중요한 역할을 한다.
② 문화는 조직이 지닌 자원의 활용 방향을 결정짓는다.
③ 문화는 서로에 대한 기대를 갖게 한다.
④ 문화는 보상과 처벌의 성격을 결정짓는다.
⑤ 문화는 대인관계의 형태를 결정짓는다.
⑥ 문화는 구성원들로 하여금 외부 환경을 어떻게 다루어야 하는지 조력해 준다.

Harrison(1972)은 조직문화가 조직의 이미지와 성격, 조직 구성원의 가치관, 규범, 신념, 행동양식뿐만 아니라 조직이 지향할 목표를 규정하는 기준을 함축하는 기능을 갖는다고 하였다. 조직문화는 조직과 개인 간의 적절한 관계를 규정하고, 조직 내에서의 어떤 행동을 기대하는가, 어떤 종류의 통제가 정당한가를 제시한다. 조직 생활에 있어서 문화는 강력한 동시에 침투적인 역할을 하기 때문에 문화적 요소가 조직성과에 영향을 미칠 것이라는 관측은 어쩌면 당연하다(Safford, 1988). 결국 조직문화의 중요한 기능은 우리로 하여금 주변 환경을 이해하게 하고 그것에 어떻게 반응할 것인지를 알게 함으로써 불안, 불확실성, 혼란을 줄여 준다.

이러한 조직문화는 조직 구성원들의 의식하는 수준에 따라 달라질 수 있다. Schein(1985)은 조직 구성원들이 조직문화를 의식하는 수준에 따라 조직문화의 수준을 다음과 같이 제시하였다.

① 제1수준 : 표면적으로 나타나서 눈으로 볼 수 있는 '가시적 수준'으로 물질적 · 상징적 · 행동적 인공 창조물이다. 조직의 방침과 규율, 기술, 전통과 일화, 의례, 의식, 예술적 작품, 구성원들의 행동 패턴 등이 여기에 속한다.
② 제2수준 : 구성원들이 일반적으로 인식하고 있는 '의식적 수준'의 가치들로서, 행동의 지침으로 타당성이 증명되었을 때 인정된다. 조직의 목표, 물리적 환경에서나 사회적 합의에 의해 검증된 것 등이 이에 속한다.
③ 제3수준 : 기본적 가정으로 가치와 관련된 개념의 '잠재적 수준'으로 현실, 시간, 공간의 본질, 인간의 본성, 인간 활동의 본질, 인간관계의 본질 등 조직 구

성원들의 지각과 느낌 및 사고방식에 영향을 주며, 구성원들이 당연히 받아들이는 가정으로 문화의 핵심을 이룬다.

조직문화와 '성과관계'에 대한 논지를 세 가지로 압축하면 다음과 같다.

① 조직문화는 조직 자체와 구성원들이 공유하고 있는 가치체계에 근거한다. 이 가치체계는 조직의 목적, 전략 및 제반 행동에 관한 방향과 지표를 제공한다(Wiener, 1988). 특정 조직이 자신의 진로를 명확히 인지하고, 조직 구성원들 또한 자신의 방향이나 행동을 명확히 알고 한결같이 나아간다면 기업의 성과는 자연 향상될 것임은 자명하다. 다시 말해 조직문화가 지닌 속성 그 자체가 구성원들의 공감대를 형성시키고, 이로 인해 자연스럽게 동기가 부여됨으로써 조직의 성과가 제고된다는 논리이다.
② 조직문화는 통제수단의 하나이며, 이 통제를 통해 성과를 향상시킬 수 있다는 논지이다. 예를 들면, 신화나 의례 등의 문화적 관리로 조직과 조직목표에 애착심을 유도하고 이를 통해 생산성을 향상시킬 수 있다는 것이다(Ray, 1986).
③ 조직문화는 조직이 목표 수행을 위해 취하는 제반 교환과 거래 시 정보를 제공한다는 점이다(Jones, 1983). 즉, 조직문화는 조직의 사회적인 집단 구성원들 사이에 이루어지는 교환이나 거래에 대한 규제를 제도화한다. 조직문화는 교환이나 거래에 관한 규제를 제도화함으로써 기업의 성과에 영향을 미친다.

Denison(1984)은 조직의 문화와 성과에 관해 미국 기업 34개에 대해 정량적인 분석을 시도한 결과 참여적 문화유형을 지닌 기업조직들이 그렇지 못한 기업들에 비해 수익성 등 재무지표상 약 2배에 가까운 성과를 거두었음을 발견하였다. 기업문화를 혁신하기 위해서는 기업문화를 구성하는 5-DNA, 즉 비전(vision), 사업(business), 성과(performance), 조직(organization), 시스템(system)의 혁신이 필요하다. 5-DNA의 비전은 목표와 책임, 사업은 제품과 시장, 성과는 이익과 위험, 조직은 일과 사람, 시스템은 방법론과 운영으로 구성되어 있다.

3. 국가별 조직문화의 특성

최근 선진국의 글로벌 기업문화의 특징은 환경경영, 지속가능경영이다. 끊임없는 과학 기술의 발전으로 고도의 산업화와 도시화를 추구하는 인류는 오늘날 풍요와 편익을 누리고 있지만, 자원의 고갈과 기후 변화에 의한 환경 파괴가 누적되면서 지구는 자정 능력을 상실하고 있다. 환경 문제는 인류의 생존과 번영을 위한 중요한 이슈이다. 지속가능경영은 경제 · 환경 · 사회적 이슈로 인한 경영상의 위험을 최소화할 뿐 아니라, 사회적 책임과 환경의 가치를 우선 중시하여 새로운 사업 기회를 발굴하는 경영전략이 되고 있다.

'미래 세대가 그들의 필요를 충족시킬 수 있는 가능성을 훼손시키지 않는 범위에서 현재 세대의 필요를 충족시키는 개발'로 정의되는 '지속가능한 발전(sustainable development)'이 세계의 새로운 패러다임으로 등장하였다. 글로벌 일류 기업들은 생태주의 철학과 자연의 철학을 합친 반환경적 의식, 오염을 비판적으로 다루는 '녹색문화'를 통해 환경 문제가 곧 사회 문제이고, 환경 위기가 곧 인간 위기라고 생각하여 '너와 내가 함께 산다'는 공동체의식, 사회적 책임경영을 강조하고 있다는 점이 공통적 특성이다.

국가별 문화를 연구한 Hofstede에 의하면 한국의 문화는 권력차가 크고, 장기 지향적이며, 일본이나 다른 아시아 국가에 비해 집단적이다. 여성적이기보다는 남성적이고, 불확실성에 대한 회피도가 낮아 위험을 적극적으로 선택하는 경향이 있다. 폐쇄적인 일본이나 중국과 달리 한국은 서양문화를 적극적으로 받아들여서이다. 최근 일본, 중국, 동남아, 유럽 등지에서 한국의 드라마나 영화가 인기를 얻는 이유도 한국 문화가 동양문화와 서양문화가 절묘하게 어우러져 있기 때문이라는 의견이 지배적이다. 〈표 6-1〉에서는 한국의 기업문화를 알아보기 위해 일본, 중국, 미국의 기업문화를 비교했다.

◉ 표 6-1 일본, 중국, 한국, 미국의 조직문화 비교

구분	일본	중국	한국	미국
경영이념	사원 존중 고객 만족 조직 집단	기업성장 고객에의 도전 개인성과	기업성장 고객에의 변혁 가족 집단	주주 중시 고객 만족 환경관계 중시
경영자원관	인본주의	인민 자본주의	기업일가 가족주의	자본주의
조직 집단관	집단 지향(협조)	개인 지향(성과)	가족 지향(성과)	개인 지향(경쟁)
경영관리 스타일	비공식적 분권화 조직	비공식적 집권화 조직	비공식적 집권화 조직	공식적 집권화 조직
경영환경관	자연 숭배(장기 지향)	유교적(중기 지향)	유교적(중기 지향)	기독교적(단기 지향)

출처 : 민진규, 『삼성문화 4.0 어떻게 진화할 것인가』, 글로세움, 2011, p.36.

6.4 문화의 다양성과 문화 차이 비교

Geert Hofstede(1980), Prahalad와 Dox(1987), Kogut과 Sing(1988), Li와 Guisiner(1992) 등의 주장에 따르면, 글로벌 기업이 현지 시장에 진출하여 경험하게 되는 이질적인 환경요인 중에서 기업의 현지 경영전략에 가장 큰 영향을 미치는 요인은 현지의 사회·문화 환경이다. 전략적 경영의 현지화를 위해서는 각국의 문화가 어떻게 다른지를 설명하고 그 문화의 유사성을 분석하는 방법적 틀, 즉 문화의 비교분석 모형에 대한 이해가 필요하다.

1. F. Kluckhohn의 비교분석 모형

문화 인류학자인 Kluckhohn 부부(1961)는 서로 다른 사회의 문화 지향성(cultural orientation)을 비교하기 위해 미국, 일본, 독일, 멕시코 등의 4개국을 대상으로 다음과 같은 여섯 가지 차원의 기본적인 질문을 하고, 이에 대해 사회의 주류가 어떻게 답변하느냐를 기준으로 그 사회의 문화를 구분하였다.

F. Kluckhohn 모형의 여섯 가지 질문유형은 다음과 같다.

① 인간의 본성 : 인간의 본성은 기본적으로 선한가, 악한가, 또 인간의 본성은 변할 수 있는가, 아니면 절대 불변하는 것인가?
② 인간과 자연의 관계 : 사람들은 인간과 자연의 관계를 어떻게 인식하는가? 사람이 자연과 조화를 이루고 복종하는가, 혹은 사람들이 자연을 지배하는가?
③ 인간관계 : 인간관계는 개인주의적인가, 집단주의적인가, 또는 권위주의적인가?
④ 활동양식 : 사람의 활동양식은 정적인가, 동적인가?
⑤ 시간 지향적 : 사람의 시간 지향성은 과거인가, 현재인가, 미래인가?
⑥ 공간 지향적 : 사람은 물리적 공간을 사적으로 이용하는가, 공적으로 이용하는가?

위의 여섯 가지 질문에 대한 답변의 범위는 〈표 6-2〉와 같다. 이 표를 이용하여 한국인의 행위와 사고유형을 살펴보면 '선과 악의 혼합, 자연과의 조화, 미래 지향적, 동적, 권위/집단주의적' 식의 지그재그형으로 요약됨을 알 수 있다.

또한 관리행위의 비교문화적 관점에서는 F. Kluckhohn의 문화적 특성에 대한 여섯 가지 요소들을 〈표 6-3〉과 같이 설명할 수 있다.

◉ 표 6-2 F. Kluckhohn의 모형(가치 지향 유형)

기준	행위 및 사고 유형		
인간의 본성	기본적으로 선함	선과 악이 혼합됨	기본적으로 선함
인간과 자연의 관계	자연을 숭배	자연과의 조화	자연에 복종
인간관계	개인주의적	집단주의적 (수형관계 중시)	집단주의적 (수직적 권위 중시)
생활양식	동적	통제적	정적
시간 지향성	미래 지향적	현재 지향적	과거 지향적
공간 지향성	사적	공사 혼합	공적

출처 : F.R. Kluckhohn & F. Strodtbeck(1961), *Variations in Value Orientations*, Westport, CT.: Greenwood Press, p.12.

◉ 표 6-3 문화 지향성과 관리행위

문화 요소	미국의 문화 지향성	대조적 문화 지향성
① 인간의 본성	• 선과 악의 혼합 • 변화가 가능함 • 관리행위의 예 : 종업원의 훈련을 강조하고, 직무 학습 기회를 제공한다.	• 기본적으로 선 또는 악 • 변화는 불가능함 • 관리행위의 예 : 종업원의 올바른 선택을 강조하고, 변화나 발전을 기대하지 않는다.
② 인간과 자연의 관계	• 인간이 자연을 지배 • 관리행위의 예 : 정책결정은 인간의 욕구에 따라 자연을 변화시키기 위해 행해진다.	• 자연에 조화 또는 복종 • 관리행위의 예 : 정책결정은 인간의 욕구에 따라 자연을 보호하는 차원에서 행해진다.
③ 인간관계	• 개인주의적 • 관리행위의 예 : 인사 담당자는 최적임자를 선발하기 위해 지원자의 학력과 경력을 중시한다.	• 집단주의적 • 관리행위의 예 : 인사 담당자는 최적임자를 선발하는 데 있어서 지원자와 기업 내 주요 인물과의 관계를 중시한다.
④ 활동양식	• 동적(행위) • 관리행위의 예 : 종업원은 목표를 달성하기 위해, 즉 업무의 극대화를 위해 노력한다.	• 정적(통제적) • 관리행위의 예 : 종업원들은 생활에 필요한 만큼만 일하려 하므로 업무를 극소화하려고 노력한다.
⑤ 공간 지향성	• 사적 • 관리행위의 예 : 경영자는 통상 중요한 회의를 폐쇄적인 장소에서 방해받지 않고 은밀히 진행시킨다.	• 공적 • 관리행위의 예 : 경영자는 통상 개방적인 장소에서 회의를 개최하며, 될 수 있는 한 많은 종업원을 참여시킨다.
⑥ 시간 지향성	• 미래 지향성 • 관리행위의 예 : 정책은 5년, 10년, 15년, 20년 주기의 목표에 중점을 두고 융통성과 미래의 변화를 강조한다.	• 과거 지향성(현재 지향적) • 관리행위의 예 : 현재의 정책은 과거의 정책을 기준으로 하며, 미래에도 과거와 같이 이행되기를 기대한다.

출처 : Nancy J. Adler(1984), *Women as Androgynous Manager: A Conceptualization of the Potential for American Women in International Management*, Pergamon Press, Ltd.

2. G. Hofstede의 문화 비교

Geert Hofstede의 개인주의와 집단주의 (〈표 6-4〉 참조) 및 권력이 불평등하게 분산된 정도에 따른 대·소 권력 간격 관점(〈표 6-5〉 참조), 불확실성의 회피〈표 6-6〉, 남성다움과 여성다움 관점(〈표 6-7〉 참조)에서의 문화 비교는 아래와 같이 설명할 수 있다.

1) 대·소 권력 간격(권위주의)

대·소 권력 간격(권위주의)은 사회가 어떤 기관이나 조직의 권력이 불평등하게 분산되어 있다는 사실을 받아들이는 정도를 의미한다. 불평등 문화권의 나라에서는 어떤 경우이건 위계질서를 무시하는 것을 일종의 반항행위로 간주한다. 반면에

◉ 표 6-4 개인주의와 집단주의

집단주의	개인주의
사회에서 사람들은 확대된 가족이나 종족의 일원으로 가족이나 종족에 충성함으로써 보호받는다.	사회에서 사람들은 자기 자신과 가족을 돌보는 것만으로도 충분하다고 생각한다.
'우리'라는 생각이 지배적이다.	'나'라는 생각이 지배적이다.
동일성의 인식이 전체 사회체제에 기초를 둔다.	동일성의 인식이 개인에 기초를 둔다.
개인은 조직과 제도에 대해 보다 의존적이다.	개인은 조직과 제도에 대해 보다 독립적이다.
조직에 대한 공헌은 도덕적이다.	일하기 위해서 산다.
조직에서 강조되는 것은 소속감이다. 따라서 멤버십이 가장 이상적이다.	돈과 일을 중요시한다.
사생활은 조직과 자기가 속해 있는 종족에 의해 침해되고, 의견은 미리 결정된다.	독립성을 중요시한다.
전문기술, 질서, 의무, 안전 등은 조직과 종족에 의해 보호된다.	개인적 야망이 동기를 유발시킨다.
이러한 사회적 관계를 유지하기 위해서는 명망이나 위신이 필요하다.	사람들은 성공과 성취자를 찬양한다.
집단에 의한 결정을 신뢰한다.	크고 빠른 것을 아름답게 생각한다.
가치기준이 각 집단에 따라 다르게 나타난다(배타주의).	남성다움을 고시하는 것을 이상적으로 생각한다.
인도네시아 > 대만 > 한국 > 태국 > 싱가포르 > 말레이시아 > 필리핀 > 일본	미국 > 호주 > 영국 > 캐나다 > 네덜란드 > 프랑스 > 독일

출처 : Geert Hofstede(1991), *Cultures and Organizations: Software of the Mind*, London: McGraw-Hill Book Company.

평등 문화권의 나라에서는 일을 제대로 하기 위해서라면 위계질서를 무시할 수도 있다고 생각하는 경향이 있다. 이러한 특징을 종합해 보면 〈표 6-5〉와 같다.

2) 불확실성에 대한 회피성의 강 · 약

불확실성의 회피가 약한 사회에서는 미래에 대해 별로 위협을 느끼지 않는다. 따라서 일을 그렇게 열심히 하지 않게 되고 다른 사람의 의견이 자기의 것과 달라도 별

◉ 표 6-5 대 · 소 권력 간격

작은 권력 간격	큰 권력 간격
사회에서 불평등은 최소화되어야 한다.	각자의 합법적 신분으로 이루어진 사회에서 불평등에 대한 질서가 존재해야 하며, 신분의 높고 낮음은 보호되어야 한다.
모든 사람은 상호 의존적이어야 한다.	소수의 독립적인 사람들과 다수의 의존적인 사람들이 존재해야 한다.
계급은 편의상 존재하는 역할의 불평등을 의미한다.	계급은 본질적인 불평등을 의미한다.
상급자는 사람들이 자기를 좋아하는 것과 같이 하급자를 돌봐야 한다.	상급자는 하급자를 자기와는 다른 부류의 사람으로 생각해야 한다.
하급자는 사람들이 자기를 좋아하는 것과 같이 상급자를 따라야 한다.	하급자는 상급자를 자기와는 다른 부류의 사람으로 생각해야 한다.
상급자는 자연스럽게 대할 수 있는 사람이다.	상급자는 자연스럽게 대할 수 없는 사람이다.
권력의 행사는 합법적이어야 하며, 행사하기 이전에 그것이 선인지 악인지에 대한 판단이 전제되어야 한다.	권력은 선과 악을 따지기 이전에 사회의 기본적인 사실이며, 합법성 여부와는 무관한 것이다.
사람은 누구나 평등한 권리를 가져야 한다.	권력자에게는 특권이 주어져야 한다.
권력자는 그들이 가지고 있는 실제의 권력보다 가능한 한 적은 권력을 행사해야 한다.	권력자는 가능한 한 많은 권력을 행사해야 한다.
체제는 항상 비난을 받게 된다.	사회적 패배자는 당연히 비난을 받아야 한다.
사회체제를 변화시키기 위해서는 권력의 재분배가 필요하다.	사회체제를 변화시킬 수 있는 유일한 방법은 권력자들을 권좌에서 끌어내리는 것이다.
다양한 권력계층이 존재할 때 사람들은 위협을 덜 느끼고 사람들을 더 믿게 된다.	권력을 가진 자와 권력이 없는 자 사이에는 항상 보이지 않는 갈등이 존재한다.
권력이 없는 자들 간의 협동은 큰 힘을 발휘할 수 있다.	힘없는 자들은 그들 사이에 내재한 불신 때문에 서로 협력하기가 어려워진다.
뉴질랜드>영국>독일>호주>네덜란드>캐나다>미국	말레이시아>필리핀>인도네시아>싱가포르>태국>한국>대만>일본

출처 : Geert Hofstede(1991), *Cultures and Organizations: Software of the Mind*, London: McGraw-Hill Book Company.

로 신경을 쓰지 않는다. 반면에 불확실성의 회피가 강한 사회에서는 초조, 불안 등이 뚜렷하게 나타나며, 이에 따라 각종 법적 · 규범적 제도장치를 마련하여 리스크를 줄이고 안정을 기하기 위해 온갖 노력을 기울인다. 〈표 6-6〉은 강한 불확실성에 대한 회피와 약한 불확실성에 대한 회피의 문화적 특징을 보여 준다.

〈그림 6-1〉은 개인주의와 권력 차이의 두 측면에서 주요 국가들의 분포를 나타낸 것이다. 한국은 개인주의 성향이 낮고 권력 간의 차이가 큰 것을 용인하는 문화

◉ 표 6-6 불확실성에 대한 회피성의 강 · 약

약한 불확실성의 회피	강한 불확실성의 회피
어려서부터 경험하는 불확실성은 좀 더 쉽게 수용할 수 있으며, 항상 존재하는 것이다.	어려서부터 경험하는 불확실성을 꾸준히 투쟁해야만 하는 계속적인 위협으로 느낀다.
긴장감이나 스트레스를 별로 느끼지 못한다.	깊은 고뇌와 번민을 경험한다.
언제든지 시간이 있다.	시간은 곧 돈이다.
열심히 일하는 것은 미덕이 될 수 없다.	항상 열심히 일해야 한다는 강박감이 있다.
공격적인 행동은 곤란하다.	자신과 타인의 공격적인 행동이 용인된다.
자기의 감정을 덜 나타내는 것이 미덕이다.	적극적인 자기의 감정 표현이 미덕이다.
갈등과 경쟁은 공정한 상태에서 이루어져야 하며, 건설적으로 사용되어야 한다.	갈등과 경쟁은 공격적이 되기 쉬우므로 가급적 피해야 한다.
의견의 불일치가 많이 야기될 수 있다.	의견 일치에 대한 강한 욕구가 존재한다.
의견의 불일치는 심각한 위험이 아니고 인내와 관용으로 해결할 수 있다.	의견이 맞지 않는 사람이나 생각은 위험하므로 관용을 보일 필요가 있다.
민족주의가 비교적 약한 편이다.	민족주의가 매우 강한 편이다.
젊은 층에 대한 감정이 보다 긍정적이다.	젊은 층에 대해서는 일단 의심한다.
삶에서 위험을 기꺼이 수용하는 편이다.	삶에서 안정이 무엇보다 중요한 관심사이다.
상호주의, 경험주의를 강조한다.	절대적 진실과 가치, 그리고 궁극적인 것을 추구한다.
규칙은 가능한 한 적을수록 바람직하다.	명문화된 규칙과 규범은 필요한 것이다.
지켜질 수 없는 규칙은 개정해야 한다.	규칙이 지켜지지 않으면 죄인이 되고 후회해야 한다.
신념은 일반 사람들의 생각 속에 공통적으로 존재하는 것이다.	신념은 전문가들의 지식 속에 존재하는 것이다.
권위는 시민에 봉사하기 위해 존재한다.	시민은 통상 권위에 대해 무능력하다.
싱가포르 > 영국 > 말레이시아 > 필리핀 > 미국 > 인도네시아 > 호주 > 네덜란드	일본 > 프랑스 > 한국 > 대만 > 독일 > 태국

출처 : Geert Hofstede(1991), *Cultures and Organizations: Software of the Mind*, London: McGraw-Hill Book Company.

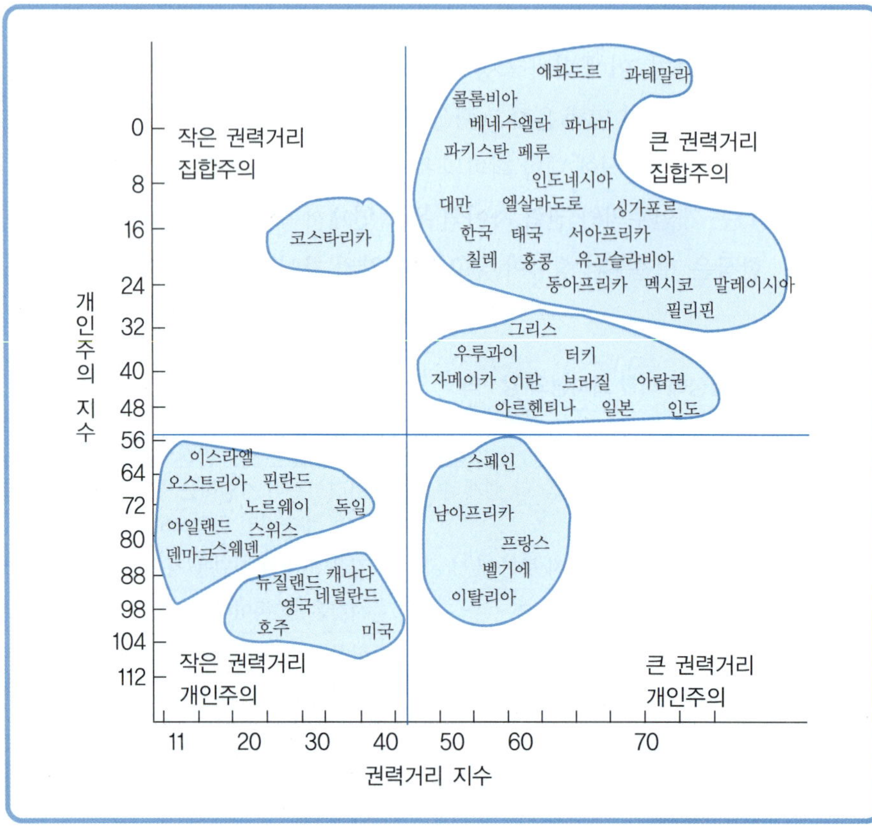

◉ **그림 6-1 개인주의와 권력 간격에서 본 각국의 문화적 차이**

출처 : Geert Hofstede(1983), "The Cultural Relativity of Organizational Practices and Theories", *Journal of International Business Studies 14*, Fall, pp.75-89.

로 나타난 반면, 미국은 권력 간의 차이가 작고 개인주의적인 성향이 높은 것으로 나타나 있다.

3) 남성다움 대 여성다움

남성과 여성의 역할을 구분하는 데 있어서 사회적 성역할의 구분을 극대화하는 사회를 남성다운 것으로 보고, 상대적으로 그것을 작게 하는 사회를 여성다운 것으로 본다. 다음 〈표 6-7〉은 남성다움과 여성다움의 문화적 특징을 나타낸다.

◉ **표 6-7 남성다움 대 여성다움**

여성다움	남성다움
온순함, 조용함, 깔끔함, 재치가 있음, 감정에 민감함, 예술과 문화를 이해함, 안전의 욕구가 강함, 종교적, 겉모습에 관심, 친밀성, 언어적, 감성적, 수동성, 섬세함	독립적, 경쟁적, 공격적, 현실적, 직접적, 능동적, 지배적, 모험적, 쉽게 결정함, 생각과 감정이 분리 안 됨, 야심적, 활동적, 객관적, 감정을 숨김, 수학과 과학을 좋아함, 작은 일에 흥분하지 않음
남성은 독단적일 필요가 없으며, 여성과 마찬가지로 양육의 역할을 담당할 수 있다.	남성은 독단적이어야 하며, 양육의 역할은 여성이 담당해야 한다.
남녀의 사회적 역할은 유동적이다.	남녀의 사회적 역할은 구분되어야 한다.
남성과 여성은 평등해야 한다.	남성은 사회에서 지배적이어야 한다.
생활의 질이 중요하다.	중요한 것은 성과와 성장이다.
살기 위해서 일한다.	일하기 위해서 산다.
사람과 환경을 중요시한다.	돈과 일을 중요시한다.
상호 의존관계를 중요시한다.	독립성을 중요시한다.
충고나 조언이 동기를 유발시킨다.	개인적 야망이 동기를 유발시킨다.
사람들의 불행에 대해 동정적이다.	사람들은 성공과 성취자를 찬양한다.
작고 느린 것을 아름답게 생각한다.	크고 빠른 것을 아름답게 생각한다.
남녀 공용이거나 중성적인 것을 이상적으로 생각한다.	남성다움을 과시하는 것을 이상적으로 생각한다.
네덜란드 > 태국 > 한국 > 프랑스 > 대만 > 인도네시아 > 싱가포르	일본 > 독일 > 영국 > 필리핀 > 미국 > 호주

출처 : Geert Hofstede(1991), *Cultures and Organizations: Software of the Mind*, London: McGraw-Hill Book Company.

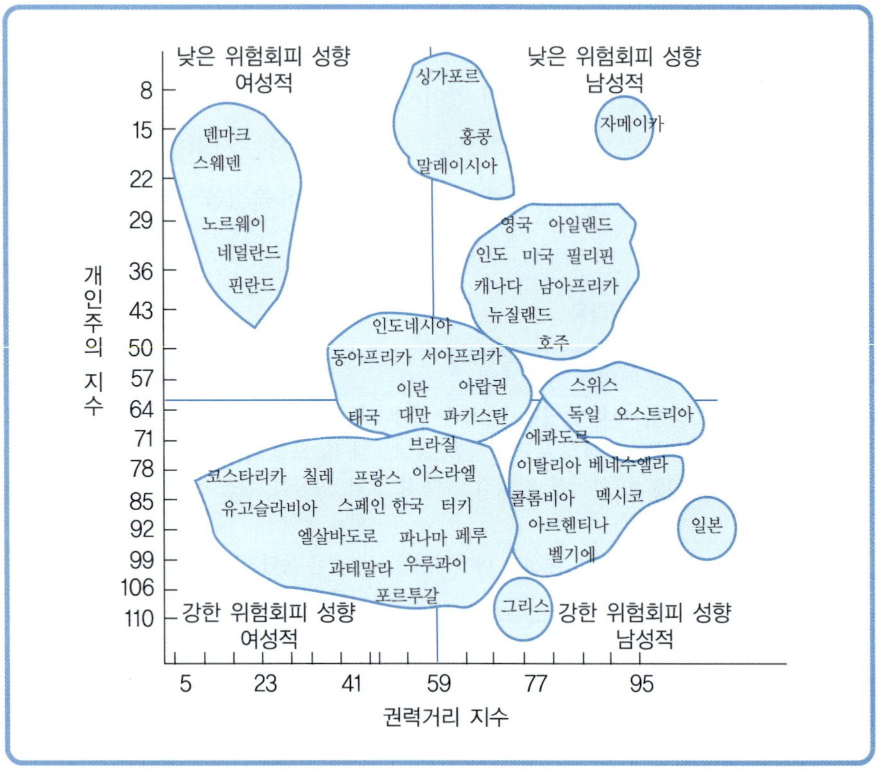

◉ **그림 6-2** 위험회피 성향과 남성적 성향에서 본 각국의 문화적 차이

출처 : Geert Hofstede(1983), "The Cultural Relativity of Organizational Practices and Theories", *Journal of International Business Studies* 14, Fall, pp.75-89.

연습문제

01 C. Ellis Nelson이 주장한 문화의 실재를 네 가지로 서술하시오.

02 고전적 문화와 현대적 문화의 정의를 구분하여 정리하고, 스스로 자신 있게 주장할 수 있는 문화의 개념과 그러한 이유, 배경에 대하여 논의하시오.

03 문화의 특징을 네 가지로 구분하여 각 항목별 의미를 서술하시오.

04 문화의 속성에 대하여 서술하시오.

05 문화의 촉진 요소 아홉 가지는 무엇인가?

06 하위문화의 유형은 무엇인가?

07 조직문화의 개념에 대하여 세 가지 이상 서술하시오.

08 기업문화의 중요한 기능 아홉 가지는 무엇인가?

09 조직문화의 일곱 가지 특성을 서술하시오.

10 한국, 중국, 미국, 일본의 기업문화를 비교해 보시오.

11 F. Kluckhohn의 가치 지향 문화적 특성 여섯 가지 요소는 무엇인가?

12 남성문화와 여성문화의 특성을 비교해 보시오.

참고문헌

민진규, 『삼성문화 4.0 어떻게 진화할 것인가』, 글로세움, 2011.

성균관대학교 산업심리학과 편저, 『산업 및 조직심리학』, 박영사, 2003.

한국철학사상연구회 저, 『철학, 문화를 읽다』, 도서출판 동녘, 2012.

Clotaire Rapaille 저, 김상철 · 김정수 역, 『컬처 코드』, 리더스북, 2007.

Grant McCracken 저, 유영만 역, 『최고 문화경영자 CCO』, 김영사, 2011.

Wendy Hall 저, 육현표 역, 『기업의 문화적 충돌』, 도서출판 자작, 2001.

Edward, B. Taylor., *Primitive Culture*, Vol. 1 (New York: Harper & Row, 1958, p.1.

Edward, T. Hall., *Beyond Culture*, Garden City, New York: Anchor Books, 1977, p.16.

Hofstede, G., *Culture's Consequences*, Beverly Hills: Sage Publication, 1980.

Hofstede, G., "The Cultural Relativity of Organizational Practices and Theories", *Journal of International Business Studies* 14, Fall, 1983, pp.75-89.

Hofstede, G., *Culture' s and Organizations: Software of the Mind.* London: McGraw-Hill Book Company, 1991.

Kluckhohn, F.R, Strodtbeck. F.L., *Variations in Value Orientations*(Westport, CT.: Greenwood Press), 1961, p.12.

Nancy J. Adler., *Women as Androgynous Manager: A Conceptualization of the Potential for American Women in international Management*(Pergamon Press, Ltd.,), 1984.

Terpstra, V., David, K., *The Cultural Environment of International Business,* Vol.2, Cincinnati Ohio: South-Western Publishing CO., 1985, pp.5-15.

Chapter 07

청년문화와 문화경영, 기업문화

학습목표

① 청년문화의 유형에서 X세대, Z세대, N세대, i세대의 특징을 이해한다.

② 대중문화에 대한 정의와 대중문화의 진정성에 대하여 논의한다.

③ 문화의 ABC와 상생문화의 조건을 논의한다.

④ 북방 · 남방문화, 서방 · 동방문화의 장점, 단점에 대하여 논의한다.

⑤ 융합과 수렴의 문화에서 우리의 바람직한 대응 자세에 대하여 논의한다.

⑥ 기업문화의 의미와 구성 요소, 경영과제를 학습 · 이해한다.

⑦ 일류기업의 기업문화 특성을 비교 · 분석하고 시사점을 도출한다.

20세기가 이데올로기의 시대였다면, 21세기는 상이한 문화의 상호작용, 문화 간의 갈등이 최대 현안으로 떠오르는 '문화의 시대'라 할 수 있다. 세계 도처에서 근대의 합리적인 가치체계와 문화의 다양성을 조화시키려는 욕구가 분출하고 있다. 그것은 현대인들이 지금까지 전통적인 가치로 유지해 왔던 정치적 · 사회적 권리 외에 문화적 권리도 요구하고 있다는 것을 의미한다. 한국의 '소녀시대'를 중심으로 K-POP 가수들의 열풍에 이어 가수 '싸이'는 〈강남 스타일〉을 들고 나와 말춤 등 다양한 퍼포먼스를 선보여 전 세계 사람들을 열광시키고 유튜브 검색 1위에 올라 새로운 문화의 파괴적 힘을 드러냈다.

현대 사회에서 청년문화는 '새 문화' 혹은 '신세대 문화'로 달리 표현할 수 있다. 신세대는 그들의 연령적 차이보다 관심이 있는 상품의 선호도와 문화적 유형에 따라 다양하게 부를 수 있다. 실제로 새 문화는 현대인의 인격과 인간성을 형성시켜 왔던 현대 교육의 의미와 지식의 급격한 변화에 의해 발생하였다. 청년문화의 성격으로 1990년대에 'X세대'가 등장하였다. 젊은 세대의 감각적 개인주의의 현상을 규정하는 것으로 이해할 수 있다. 최근의 'N세대'는 1980년대 이후 태어난 사람들로 어려서부터 네트워크 환경에서 인터넷을 통한 오락, 교육, 쇼핑, 친교가 가능한 '정보통신 세대'로 등장하였다. 정보화 산업 사회가 도래함에 따라 자연스럽게 도래한 세대인 것이다.

제7장에서는 청년문화의 특징과 유형, 새 문화의 발생 배경, 대중문화의 개념, 문화식견, 문화 스타일, 빠른 문화에서의 문화경영 및 급변하는 다양한 분산문화의 특성과 기업문화의 의미, 경영과제를 설명한다.

7.1 청년문화

현대 사회에서 일찍부터 기성 사회와 전통문화에 대한 반항아인 '청년문화' 혹은 '반문화(counter-culture)' 운동이 등장하였다. 새 문화의 전형인 청년문화는 현대 사회의 산물인 비인간화의 현상으로부터 새로운 인간성의 회복을 위한 청소년들의 순수한 이성적 문화 창조 운동으로 발전하였다. 청소년들은 전통적인 가치와 규범에서 벗어나 그들의 세계관과 가치에 의해 이해하고 해석하려 하였다.

1. 청년문화의 특징

1960년대를 전후하여 서구 사회에서 태동하기 시작한 청년운동은 독특한 문화의 형태로 발전해 왔다. 전통적 사회와 문화로부터 변형된 청년문화는 청소년들의 극단적 이기주의 형태로 나타났다. 청소년들은 성인 세계의 언어, 명칭, 습관, 태도 등에 강력한 제약을 느껴 왔으며, 변화하는 사회 속에서 상이한 문제로 대두되었던 정체성의 위기에 직면하게 되었다. 따라서 그들은 자신들의 독특한 언어, 상징, 태도, 의식(儀式)을 창조하면서 기성 사회의 간섭과 통제로부터의 해방을 시도하였다. 청소년들은 성인문화 및 도덕성과 대칭되는 새로운 문화를 모색하여 전통 사회의 상징적 모체인 가정, 공동체, 학교와의 관계를 단절하며, 그들을 위한 '보다 좋은 사회'의 실현을 희망한다.

'보다 새로운 사회'는 기본적인 가치 패턴과 병행하는 조정이 없이 사회의 구조 속에서 발생한 집단적 변화의 산물로서 현대 사회의 긴장에 대한 반응으로 해석되었다. 현대 사회에서 정치 · 사회적 안정과 번영을 증진하려는 기성세대의 노력은 실제로 청소년들에게는 한갓 몽롱한 낭만적인 열정에 불과해 보였다. 바꿔 말하면, 그들에게 성인 사회의 개인적 일상생활과 가치관은 다양한 사회적 변화를 통해 상이하게 비쳐졌다. 예를 들면, 청소년들의 자존심과 정체성은 동류 집단(peer group) 속에서 우정과 인기, 매혹적인 외모, 신체적인 성숙, 유행하는 의상과 음악, 특수한 재능의 소유로 확보될 수 있었다.

서구 사회에서 청소년들을 소재로 한 많은 영화와 음악, 춤을 통해 묘사된 새 문화는 전통 사회의 가치들을 거부하면서 자기 규정(self-definition)과 자아정체성이라는 새로운 관계를 추구하고 있었다. 고도로 채색된 개성이 있는 언어와 행동으로 표현되는 그들의 이데올로기는 반항의 동기와 결과를 정당화하고 있었다. 또한 이러한 청소년들의 표현은 현실 세계를 부정하는 그들의 도덕적 가치를 허위와 위선으로 특징짓는다.

청소년들은 실제로 자신들이 희망하는 바가 무엇인지를 명백하게 알고 있었으며, 우아한 자기표현과 자존심에 깊은 관심을 가지고 있었다. 그들에게는 현실적인 모든 복합적 사회제도로부터 탈출하려는 기대가 증대하고, 이를 성취하기 위한 반항의식이 그들의 정신세계를 지배하고 있었다. 기성세대에 대한 그들의 노골적인 갈등과 좌절감은 사회적으로 용납될 수 없는 변이한 다양한 행동과 행위로 표현되었다. 고도로 산업화된 현대 사회의 필연적인 산물로 등장한 청소년문화는 가정 기능이 분산되면서 이로 인해 청소년들이 동일한 연령의 동류 집단을 중심으로 상호간의 밀접한 관계성을 중요시하는 사회를 형성하여 성인 사회와의 전통적인 관계를 단절하려고 하였다.

새 문화의 공통적인 요소들은 심리적으로 공동체의식을 정립하지 못한 청소년들의 고독, 고립, 공허감 등의 표현으로 나타났다. 그들 자신만의 독특한 문화를 향유하고 있었던 대다수의 청소년들은 외형적으로 행복해 보이는 것 같았지만, 오히려 그들의 내면세계의 좌절감과 불확실성, 소속감의 결여로 새로운 불행을 경험하고 있었다. 새 문화가 청소년들의 정신적 안정감에 끼친 해악과 불안은 전통 문화의 가치와 신념을 전도(顚倒)하는 상황을 제공하기 시작하였다. 그리고 전통문화의 특징이었던 건설적이고 합리적이며 사려 깊은 초월적인 요소보다는 비관적이며 비판적인, 도착적이며 감각적인, 그리고 물질 중심적인 특징을 나타냈다. 현대 사회의 새 문화 현상을 고찰해 볼 때, 그것은 전통 사회의 구조 및 체제와의 단절과 불연속성을 나타내는 반문화현상, 탈현대적인 것과 동일한 것으로 이해될 수 있다. 그리고 청년문화는 청소년들이 지성적이며 도덕적 · 영적인 욕구 대신에 자기 향상과 자기 관심과 자기 과시를 추구하는 경향을 나타낸다.

현대 사회의 새 문화와 그 특징은 현대 기술 문명의 창조와 발전의 매개로서 지대한 역할을 수행해 왔던 현대 교육에 심대한 영향과 변화를 주었다. 새 문화의 세속적 영향은 현대 교육에서 인간 실존에 결정적 요소가 되는 초월적인 의미와 가치체계의 구성 요소들을 상실하게 하였던 것이다. 실제로 새 문화의 범위와 영향권에서 벗어나지 못하고 있는 청소년들이 군집생활을 영위하고 있는 학교 공동체는 그들이 소속되어 있는 독특하고 다양한 사회에서 표출되는 정신적 욕구와 문제들을 치유할 수 있는 기능을 상실하고 말았다. 현대 사회에서 학교의 존재 가치와 실제적 기능은 청소년들의 정신적 타락과 비도덕성의 위기에 적절하게 대처하기에는 이미 무기력하고 무의미한 공론이 되어 버렸다. 더욱이 학교 교육은 청소년들의 권리와 자아를 보호하는 인성 계발을 위한 본래적 기능에 반기를 들고 한계성을 드러내고 말았으며, 오히려 그들의 영적이며 초월적인 속성을 마비시키면서 세속적인 자아 중심적 인본주의를 장려하고 있었다.

새 문화의 영향을 받고 있었던 학교 교육은 개인의 새로운 인간의 계발을 위한 교육의 본질적 수단과 기능을 상실한 일종의 집단 교육(mass education) 현상을 초래하였다. 현대 사회의 집단 교육에서는 각 개인의 인격적 성숙과 본래적 인간성의 발달에 관심을 집중할 수 없을 뿐만 아니라, 사회 공동체 생활에 필수적인 요소가 되는 책임성과 공동의 선을 배양하는 전인 교육을 수행할 수 없었다.

새 문화가 확산되어 있는 사회적 상황에서 청소년들의 종교 신앙과 영성은 그들의 물질 중심적이며 세속적인 생활로 인하여 결코 궁극적인 문제로 관심의 대상이 되지 못했다. 왜냐하면 새 문화의 한 현상으로 등장하게 된 다양한 대중매체와 영상매체가 그들의 영적 세계를 놀라운 속도로 지배하고 있기 때문이다. 현대 과학 기술 문명의 결합체인 대중매체와 영상문화는 청소년들로 하여금 전통 사회의 유산이었던 종교 신앙과 도덕성에 회의를 갖게 하였을 뿐만 아니라, 진지한 종교적 질문과 실존적 문제에 무관심하게 하였다. John Dewey는 이와 같은 현대 사회와 문화를 다음과 같이 비판하였다.

> "우리는 적합한 대중적 행위에 이르는 통로로서 충성과 복종과 선함의 가치들을 나타내며 이기적인 것과 구별되는 공동체의식과 공동의 대중성을 상실하고 말았다."

불확실한 세계에서 이미 전통적 가치관이나 종교는 선악을 구별하는 유일하고 확실한 준거로서의 역할을 상당 부분 상실하였다. 도덕에 의한 사회적 통합의 방식 역시 변화를 강요받을 수밖에 없다. 청소년들의 새로운 도덕성은 "종교보다 인간의 경험과 사고의 구조가 더욱 확실하며 안전하다."는 사실을 강조하고 있다. 따라서 그들의 도덕성의 절대적 규범과 원리가 자기 사랑과 자기 관심으로 표현되고 말았다.

청년문화가 심리학적 전망에서 현대 사회의 '새 나르시시즘(new narcissism)', 즉 '자기도취'의 산물이라면, 새 나르시시즘은 현대 사회의 모든 위기의 소산이 될 수 있다. 현대 사회에 살고 있는 청소년들은 다양한 나르시시즘적인 영향을 받아 왔기 때문에 그들의 중요한 관심은 불합리한 사회적 모든 증후를 파괴하고 사회적 통제와 간섭으로부터 해방과 자유를 추구하는 일이었다. 그들은 사회적 전통, 도덕적 관습, 조직들을 의식 밖의 문제로, 그들의 실제적 생활의 기대와는 무관한 것으로 간주하였다. 따라서 그들은 과거와의 연속성과 미래에 대한 책임의식을 상실하였다. 청년문화는 '자아'와 '사회' 그리고 '욕망'과 '의무'를 일치하여, '자아'를 도덕적 성찰을 강요하는 절대적 억압으로부터 해방시키려고 시도하고 있다.

2. 청년문화의 유형

현대 사회에서 청년문화를 '새 문화' 혹은 '신세대 문화'로 달리 표현할 수 있다. 물론 '신세대'란 말은 학문적으로 정의된 용어가 아니지만, 청년기에 해당되는 세대로서 기성세대와 구분하여 일컬어 왔다. 신세대의 연령은 생물학적인 '연령 개념' 이기보다 사회적 기능에서 본 '태도 개념'이다. 신세대는 연령 개념을 구분하지 않고 전통적 가치관과 세계에 대한 기성세대와의 의식 차이, 그리고 휴머니즘을 신세대라 한다. 따라서 신세대는 그들의 연령적 차이보다 관심이 있는 상품의 선호도와 문화적 유형에 따라 다양하게 부를 수 있다.

1) X세대

1950년대에 들어오면서 미국에서 기성문화에 반항하는 하위문화의 영향으로 인간의 이성보다 감성적 행동을 추구하는 '비트족'이 생겨나기 시작하였다. 그들은 전통 사회의 의상문화에 환멸을 느끼면서 무릎 아래까지 내려오는 후줄근한 코트를 걸치고 낡은 청바지와 샌들을 신고 다니며 청년문화를 주도하였다. 1960년대에 등장한 '히피족'은 마약과 환각제를 상용하면서 공동체생활과 자유로운 성애, 자아의 확대를 추구하였다. 그 이후에 비트족과 히피족에 싫증을 느낀 스킨헤드족이 쇼비니즘적인 성향을 나타내면서 머리를 짧게 깎고 멜빵 달린 작업복 바지에 징 박은 부츠 차림으로 공격적인 태도를 보였다. 이러한 신세대 족(族)의 등장과 때를 같이하며 한국에서는 대학가를 중심으로 소위 '아더매치족'이나 '오렌지족'이 등장하였다. 이처럼 다양한 족은 청년 하위문화의 상징이 되었다.

그 이후 1990년대에 X세대가 등장하기 시작하였다. 'X세대'라는 용어는 1990년대 캐나다의 Douglas Coupland가 쓴 『X세대(X Generation)』라는 소설에서 최초로 등장하였다. 소설에서 사용된 후 일반 사회 매스컴에서 X세대를 신세대의 대표적인 명칭으로 열광적으로 사용해 왔다. 물론 X세대가 무엇을 표현하는지 정확하게 그 의미를 알 수는 없으나, 젊은 세대의 감각적 개인주의의 현상을 규정하는 것으로 이해할 수 있다.

X세대는 무엇보다 혼돈을 의미하는 카오스적인 사고방식을 가진 개인주의적이고 흥미 본위적인 특징을 지니며, 또한 자연스러움을 좋아하고 나아가서 성별 구분이 모호한 특징이 있다. 그러나 X세대는 상업주의적 대중문화에 함몰되어 낭비와 사치 풍조로 올바른 가치관을 정립하지 못한 채 자신들만의 세계를 향유하고 있을 뿐이다. 또한 이들은 일상생활에서 향락과 쾌락을 쉽게 느끼기 위해 약물 복용에 의한 환각 상태에서 생명의 소중함을 상실한 채 자살 충동을 느끼면서 살아가고 있다. 그리고 대리 만족을 위해 인기 있는 배우나 가수, 코미디언 등을 우상화하여 즐거움의 대상으로 삼아 만족감을 느낀다.

2) Z세대

1980~1990년대에 X세대와 동시에 새로운 세대의 양상이 등장하여 또 다른 젊은 세대의 특징을 선보였다. 그것은 미국에서 한창 관심이 고조되던 'Z세대'의 등장이었다. 특히 마케팅에서 X세대와 Y세대의 뒤를 이어 등장한 Z세대를 겨냥한 판촉 활동이 활발하였다. Z세대는 일명 '트인(between의 준말)' 세대라 불리며 8~14세의 어린이와 청소년 연령층을 일컫는다. 이 연령에 속한 청소년들은 경제 호황기에 성장하여 컴퓨터와 인터넷에 능숙하며 시장에서 어느 세대보다 왕성한 구매력을 가지고 있다. 이들은 힙합 음악을 듣고 컴퓨터 게임을 즐기며 자랐기 때문에 유행에 민감하며, 부모에게 받은 풍족한 용돈을 외모 치장과 스낵류 구입에 소비해 버린다. 이들은 또한 부모가 자가용이나 가전제품 등을 구매할 때 의사결정에 영향을 끼치면서 전체 소비시장에 실제로 막대한 영향력을 행사하고 있다.

미국의 저명한 일간지인 「뉴욕타임스」는 최근 호에서 Z세대가 주로 애용하는 제품에 알파벳 Z를 사용해 이름을 짓는 것이 새로운 마케팅 기법으로 각광받고 있다고 보도했다. 이러한 Z 마케팅은 은어와 속어를 사용해 랩 음악을 노래하는 힙합 그룹을 통해 유행하기 시작했다. 특히 미국에서 Z세대를 대표하는 팝 그룹들이 인기를 얻으며 이들을 숭배하는 'Z족'들이 우후죽순처럼 생겨나기 시작하였으며, 발 빠른 상인들이 이러한 흐름에 맞춰 'Z'를 상품명에 활용하여 큰 수익을 얻고 있다.

Z세대의 특징은 인터넷을 기본으로 작동할 수 있기 때문에 전자우편과 장시간 채팅으로 친구들과 대화를 나누고, 음악은 랩과 힙합을 즐기면서 헐렁한 힙합 의상과 성적 매력을 풍기는 롤리타 룩을 즐겨 입는다. 이들은 또한 스포츠를 좋아하여 야구, 농구, 스케이트보드를 비롯해 인터넷 게임 등을 매우 즐긴다.

3) N세대

N세대는 net의 'N'에서 유래한 용어로, 개인용 컴퓨터를 모든 생활의 중심적 가치로 생각하는 새로운 세대를 의미한다. N세대는 현대 사회의 정보화, 세계화 물결과 함께 청소년들의 가치관이 인터넷 중심으로 변화하면서 기성세대와는 차별성을 두고 그들만의 독특한 세상을 형성하게 되었다. 이들은 자신의 기호나 감정에 맞지 않는 분야에 대해서는 철저하게 외면하는 한편, 자신과 자기만의 생활을 제일의 가치로 생각하는 자기중심적 세대라 할 수 있다. 이들은 일상적인 기성 사회의 다양한 직업이나 가족관계보다 장래의 전문적인 직업과 자신과 동일시하는 이성과의 교제에 깊은 관심을 가지고 있다.

N세대는 1977년 이후 태어난 사람들로 어려서부터 네트워크 환경에서 인터넷을 통한 오락, 교육, 쇼핑, 친교가 가능한 '정보통신 세대'로 등장하였다. 정보화 산업사회가 도래함에 따라 자연스럽게 도래한 세대인 것이다. 이 세대는 경험과 지식보다는 정보에, 이성보다는 감성에 따라 움직이는, 과거의 기성세대와 전혀 다른 세대이다. N세대는 접속을 중시하는 네트워크 세대인 만큼 노트북 PC나 스마트폰을 필수품으로 휴대하고 있으며, 이 두 가지는 이 세대에 속한 청소년들을 시간과 장소의 제약으로부터 해방시켜 준다.

N세대는 인터넷에 접속하여 전 세계 어디에서든지 정보를 주고받으며, 사이버 공간에서의 만남을 생활의 주요한 부분으로 여긴다. 청소년들은 종전에 인간성과 학력에 의해 평가되었던 인간의 가치를 정보통신수단과 디지털 기술에 의존하고 있다. 따라서 그들은 디지털 기술에 의한 채팅과 인터넷 중독, 음란물에의 노출, 가상과 현실 세계의 혼동과 같은 부정적인 영향하에 성장하고 있다. 이들은 부모 세대와는 다른 방식으로 놀고, 공부하고, 작업하고, 의사소통을 하며, 집단을 형성하는 특징을 가지고 있다. 그들은 정보혁명에 쉽게 적응함으로써 새로운 시대를 이끌어 갈 충분한 영향력을 가지고 있기 때문에 미래 지향적, 실력 중시, 강한 탐구력 등 긍정적인 특성도 함께 나타낸다.

4) i세대

현대 사회에서 1994년 이후 태어난 아이들을 'i세대(internet generation)'라고 부른다. i세대로 부르게 된 것은 미국의 마이크로소프트가 PC 세대인 N세대와 구분 짓기 위해 i세대라는 말을 사용했다. 전 세계적으로 인터넷이 보편화되기 시작한 1994년 이후에 태어난 아이들이 i세대에 속하게 된다. 이 시기에 태어난 아이들은 인지 능력이 생길 때부터 인터넷에 익숙하였기 때문에 모든 것을 종이 위에 잉크나 볼펜으로 쓰지 않고, 책가방 대신에 휴대하기 간편한 전자책(e-book)에 보통 책 수십 권 내지 수백 권 분량의 정보를 담아 가지고 다닌다. 또한 이들은 스마트폰이나 컴퓨터의 키보드, 마우스를 만지고 놀면서 자랐기 때문에 키보드에 쓰인 한글의 자모음이나 영어의 알파벳에 익숙하다.

이 세대에 태어난 청소년들은 태어날 때부터 인터넷 세계에서 생활을 시작하였기 때문에 앞으로 21세기를 이끌어 갈 신세대로 떠오른다. 이들은 앞으로 완벽한 사이버 네트워크를 바탕으로 시간과 공간을 초월한 인터넷 공간의 중핵적인 역할을 담당할 것이며, 기성세대는 서둘러서 이들의 성공적인 세상 진입을 위한 준비를 해야 할 것이다.

i세대의 미래에는 인공지능을 갖춘 집이나 방에서 낮과 밤의 구별이 없이 생활할 것이며, 낮과 밤을 인위적으로 만들어 스스로 원할 때 잠을 자거나 일을 할 것이다. 그들이 잠을 자고 있을 때에도 인터넷 홈페이지에서는 갖가지 업무가 자동적으로 처리되기 때문에 몸은 하나이지만 몇 가지 일을 동시에 처리할 수 있게 된다. 최근의 i세대는 소녀시대 노래에 잠을 깨고, 스마트폰으로 인터넷 포털 기사를 검색하고, 메신저 앱으로 친구와 실시간으로 약속을 잡고, 영화관에서 영화를 보며 하루를 마무리하기도 한다.

한편, 기성세대는 일반적으로 기존 생활에 안주하며 변화를 거부하는 경향이 있기 때문에, 이로 인해 앞으로 생존 자체를 위협받게 될 것이다. 따라서 기성세대는 무엇보다 인터넷에 대한 인식과 마음의 자세부터 새롭게 가다듬고, 인터넷이 일부 사람들만이 이용하는 사치품이 아니라 현대 생활의 기본적인 도구라는 생각을 가져야 생존할 수 있다. 가정생활의 영위, 부모로서 새로운 세대의 돌봄과 교육에 전념하며 투자하는 것도 중요하지만, 그들과 함께 미래 사회를 살아갈 새로운 준비에 집중적인 관심과 노력이 필요하다.

그러나 인터넷을 통한 정보 교환과 디지털 교육의 가치가 현대 사회의 생활을 지배하는 추세에서 인간의 본질적인 문제를 숙고하며 해결하는 능력을 배양하는 전통적인 인간 교육을 간과하지 말아야 한다. 인간성을 존중하는 전통 교육과 정보통신의 가치를 강조하는 디지털 교육에서 i세대 아이들이 또래들과 바람직한 인간관계를 유지하기 위해 기본적인 규범과 충동 조절 능력을 배우는 것이 무엇보다 중요하다. 따라서 그들이 또래문화를 공유하지 못하고 대화가 결핍되어 불완전한 인간성의 성장을 극복하기 위한 방법이 함께 강구되어야 할 것이다.

신세대의 문화유형을 살펴보면 공통적인 특징 몇 가지를 발견할 수 있다. 다양한 청년문화를 대변하는 신세대는 일상생활과 태도에서 '감각적 개인주의'를 표방하고 있다. 그것은 기성세대의 이성 중심 문화적 특징에서 감성 중심의 '비트문화'를 창조하면서 살아가고 있다는 것을 의미한다. 또한 청년문화의 가치관은 내면세계를 중심으로 하는 내적이며 초월적인 것보다 외적이며 현세적인 가치관을 추구하고 있다. 이러한 신세대문화의 공통적인 특징은 다음과 같이 요약할 수 있다.

① 신세대는 개인적이다.
② 신세대는 흥미 본위적이다.
③ 신세대는 자연스러움을 좋아한다.
④ 신세대는 성별 구분이 모호하다.
⑤ 신세대는 자기 사랑을 최고의 가치로 생각한다.

신세대는 그들만의 고유한 '방 문화(room culture)'를 향유하고 있다. 그들은 가정에서나 혹은 가정 밖 어디에서든지 삶의 공간이 되는 방에서 그들의 생활을 즐기며 살아가고 있다. 예를 들면, 집 안에서는 자신이 사용하는 컴퓨터와 전화, 오디오 · 비디오 세트 등이 갖춰진 '공부방'에서, 밖에서는 '노래방', '만화방', '전화방', '게임방', 'PC방'에서 대부분의 시간을 보낸다. 그들의 일상생활을 점유하는 방 문화에 익숙한 청소년들은 다른 사람들이나 다른 사회환경과 단절되어 있기 때문에 매우 고립적이며 폐쇄적인 생활에 길들어 있기도 하다.

이러한 신세대문화의 특징을 기성세대의 관점에서 볼 때, 오늘날 청소년들은 영적이며 정신적인 공백을 각종 불건전한 기계적 신비주의로 채우고 있는가 하면, 또한 지적인 공백과 정신적인 혼돈을 감각적 혹은 비이성적 놀이문화로 대체하고 있다. 따라서 그들은 정신적 · 영적인 혼돈 상태를 나타내는 '카오스적' 생활을 중심으로 그들만의 세계를 펼쳐 가고 있다. 이는 외형적으로는 현대 과학 기술의 일정한 법칙과 변화에 따라 순응하는 반면에, 내면적으로는 매우 복잡하고 불규칙적인 갈등과 혼동 같은 예측할 수 없는 이중적 삶의 양태를 경험한다는 것을 의미한다.

현대 사회에서 청년문화에 대응하기 위해 창의력을 가진 새로운 문화 창조와 문화적 정체성의 회복운동이 확산되어야 한다. 지금까지 과학 기술의 개발과 그 활용에 정치적 · 경제적인 모든 동력을 집중시켜 온 결과의 반작용으로 등장한 청년문화의 그늘에서 본래적 인간성을 상실해 가는 신세대들을 보호하며, 나아가 기성세대의 문화와 조화를 이룰 수 있는 제3의 길을 모색할 새 문화운동과 문화적 정체성을 갖는 데 현대인의 관심이 집중되어야 한다. 현대 사회는 그런 의미에서 갈수록 심화되고 이질화된 기계 · 기술 문명과 청년문화의 정신생활 격차를 줄이고 인간이 균형을 이루며 삶을 영위할 수 있는 새로운 역할을 찾아야 할 것이다.

7.2 새 문화와 문화경영자

1. 새 문화의 발생

20세기가 이데올로기의 시대였다면, 21세기는 상이한 문화의 상호작용, 문화 간의 갈등이 최대 현안으로 떠오르는 '문화의 시대'라 할 수 있다. 왜냐하면 21세기는 그 어느 때보다 문화의 중요성이 강조되고 있을 뿐만 아니라, 지금까지 근대화와 산업화를 주도해 온 소위 선진 국가들의 영향력이 점점 작아지고 있기 때문이다. 전 세계 지구촌 어디에서나 자동차, 컴퓨터, 시장경제가 보편화되는 반면에 문화적 차별성이 더욱 심화되는 현실에서 문화의 중요성이 점점 크게 부각되고 있을 뿐만 아니라 현대인들 사이에 문화에 대한 새로운 이해와 인식이 증대되고 있다.

특히 유럽의 선진 산업 국가들을 비롯해 아시아 및 아프리카 등의 개발도상국가들 사이에서 문화의 중요성과 함께 보편 윤리의 정립도 중요한 과제로 등장하고 있다. 과거에는 이처럼 특정 국가의 이념, 가치, 제도도 보편성을 확보하는 데 어렵지 않았으나, 점점 도구화되어 가는 현대 사회에서 사람들은 첨단 기술의 세계화와 함께 자신의 고유한 문화 세계를 동시에 추구하려는 욕망을 나타내고 있다. 이때의 문화란 전통문화만이 아니라, 이것을 재해석하려는 새로운 민족적 정체성(new ethnicity), 혹은 성적(性的)인 정체성 등과 같은 전혀 새로운 것일 수도 있다.

세계 도처에서 근대의 합리적인 가치체계와 문화의 다양성을 조화시키려는 욕구가 분출하고 있다. 오늘날 보편적인 것이 있다면 그것은 근대화된 산업 사회의 합리성과 각 개인이나 공동체의 가치관을 조화시킬 수 있는 권리이다. 이는 현대인들이 지금까지 전통적인 가치로 유지해 왔던 정치적 · 사회적 권리 외에 문화적 권리도 요구하고 있다는 것을 의미한다. 따라서 세계 여러 나라들은 문화적 권리와 함께 문화 간 교류의 중요성과 필요성을 공유해야 할 것이다. 그 이유는 '합리성과 보편성을 기반으로 하는 세계관은 그 절실성을 급격하게 상실해 가는 반면, 문화적이며 동시에 경제적인 삶이 그것을 대체하기' 때문이다.

현대인은 실제로 각자의 인생 이야기를 만들어 내는 작업을 통해 자신에게 의미 있는 세계관을 구축할 권리가 있다. 그러나 서구 이데올로기의 주제가 되었던 신, 합리성, 자연은 더 이상 모든 현대인에게 의미 있는 세계를 제공해 줄 수 없게 되었다. 현대인들은 문화를 통해 그리고 문화 속에서 자신의 세계관을 발견하기 위해 부단히 노력하면서, 지금까지 그들의 일상생활과 정신세계를 지배해 왔던 돈, 기술, 지식을 공유하는 것과 동시에 문화적 정체성을 확립하고 향유하는 새 문화의 추구에 적극성을 나타내고 있다.

실제로 새 문화는 현대인의 인격과 인간성을 형성시켜 왔던 현대 교육의 의미와 지식의 급격한 변화에 의해 발생하였다. 그러나 현대 교육의 변화는 그 역기능으로 청소년들로 하여금 기성 사회의 전통적인 권위와 책임성을 회피하고, 도덕성과 영성을 파괴하며, 자아정체성과 소속감을 상실하고, 삶의 가치와 의미를 발견할 수 없게 하였다. 이러한 시대적 배경에서 새 문화의 주류를 형성하고 있는 청소년들은 그들만의 새로운 가치와 의식을 발전시켜 왔다. 그들의 새로운 가치와 의식은 자신의 경험에 근거하여 결단하며, 자신의 정신세계에 내면화된 가치들과 관계하여 정당하다는 사실에 따라 행동하는 것을 특징으로 한다.

20세기 중엽부터 현대 사회의 청소년들은 전통 사회와 문화에 격렬한 반기를 들기 시작하였다. 그들은 스스로 전통적인 문화와 사회적 인습, 태도에 의해 살아왔던 기성 사회와의 분리현상을 보였다. 이러한 정황에서 청소년들의 특수한 속성을 표현하는 문화, 즉 반항적인 태도를 나타내는 소위 '문화적 전위현상(a cultural avant-garde)'이 태동하기 시작하였다. 그 실례를 살펴보면, 1968년 5월에 프랑스 소르본대학에서 시작된 학생운동은 서구 국가들의 정치적 혁명과 격변으로 기성 사회제도와 경향에 반대하는 운동으로 발전하였다. 학생운동은 경제적 풍요와 소비사회에서 청소년들의 상상력을 억압하는 낡은 제도와 관행에 대한 젊은 세대의 거부로 나타났다.

"68학생운동은 유럽의 낡은 틀이 사회적 상상력을 질곡하는 상황을 치고 나오면서 이미 변화되어 있는 상황을 현실화한 것이었다."

서구의 학생운동은 마침내 반문화의 발생에 결정적인 전환점을 제공하였으며, 또한 서구 민주주의와 자본주의의 다양한 사회적 경향과 문제에 이르기까지 새로운 변화를 가져왔다. 학생운동은 '새로운 현대적' 혹은 '탈현대적(post-modern)' 문화, 즉 청소년들이 새로운 예술의 형태와 음악, 의상을 통해 자신을 새롭게 표현하고 자랑하며 과시하는 문화의 특징을 나타냈다. '탈현대적' 문화운동은 기성 사회의 전통적인 도덕적 기준과 가치 및 태도와 일치할 수 없었던 신세대의 문화로 등장하였다. 신세대 문화운동은 '사회에 만연해 있는 전통주의적이며 권위주의적인 인간관계를 보다 평등한 인간관계로 바꾸어 놓았다.'

새 문화는 젊은 세대들의 전위 문화운동으로서 그 자체가 기성문화에 대한 반항과 적대적인 형태로 나타난 반문화운동이자 문화혁명이었다. 새로운 문화현상은 기성문화와 사회에 대한 외면화가 아니라 내면화현상이라는 점에서, 곧 '문화란 전반적으로 외형적으로 형성되는 것이 아니라, 지속적으로 그 자체를 형성하고 재형성하는 유기체적인 구조'라는 것을 반증하고 있었다.

청소년들이 즐기는 음악은 기존의 어떤 음악과도 섞을 수 있고, 심지어 기계음이나 소음과도 결합할 수 있는 테크노 특유의 음악으로 국가와 인종, 계급과 성(性)의 구분을 무너뜨리고 젊은이들을 하나로 묶는 직접적인 역할을 해 왔다. 이러한 음악은 주류문화인 기성문화를 거역하는 특정 세대나 청년층 범주에만 적용되는 하위문화를 대변한다. 하위문화는 청소년들의 복장과 제스처를 통한 '스타일의 문화'라고 할 수 있으며, 텔레비전과 영화의 영향 아래 시각에 민감한 세대에 의해 탄생한 문화이다. 하위문화는 시대에 따라 외연과 내포의 형태가 바뀌면서도 사회 주변에 있는 소수에 의한 그리고 소수를 위한 문화라는 특징을 지니고 있다.

새 문화에 몰입하여 그것을 수용해 온 청소년들은 옛 문화, 전통과의 관계를 과감하게 단절하고 새로운 사회적 동력의 가능성을 전개하면서 그들만이 향유할 수 있는 사회적 공간을 만들어 가기 시작했다. 그들은 스스로 새로운 언어와 동작을 창조하여 그들 자신의 삶의 방식을 정립하고, 그들 자신의 담론과 대화의 척도를 만들어 가면서 혁신적인 기술매체의 도움으로 감성의 지평이 확장되었으나, 전달되는 내용 자체가 삶의 진실성을 깨닫게 해 주거나 인생 자체를 아름답게 만들어 주는 것은 아니었다. 오히려 감성 사회의 다양한 문화상품들은 자아 중심적인 생활방식을 강화하는 메커니즘으로 작용하는 경향을 나타냈다.

2. 대중문화

영어권에서 대중문화는 대량문화(mass culture), 민중문화(folk culture), 통속문화(popular culture)로 구분된다. 대중문화는 대량으로 생산 · 유통된다는 맥락에서 상품의 일종으로 보는 대량문화로 이해되며, 상류층과 대비되는 중 · 하위 집단의 문화를 의미하는 민중문화로 표현되기도 한다. 고대의 노예, 중세의 농노, 근대의 노동자 집단, 현대의 주변화 집단은 그 시대의 민중에 해당되고, 그들이 향유하는 문화를 민중문화라고 한다. 통속문화의 통속성은 '많은 사람들이 좋아한다'는 의미로 신분이나 계층을 넘어 누구나 향유할 수 있는 문화적 '시민권'을 전제로 말한다. 통속문화는 고급문화가 가진 심오한 주제, 예술적 창작을 중시하는 진지성과 달리 깊이가 얕고 감각적이며 재미만 추구한다는 비판이 있다. 한편, 대중문화는 확산속도는 빠르지만 그 생명력이 짧고, 주류사회를 움직이기는 힘들다는 한계가 있다. 이제 한국은 대중문화와 함께 노벨문학상 같은 고급문화를 성장시켜 세계에 심어 놓아야 한다. 그러나 TV 드라마, 대중음악도 모두 저급한 것은 아니다. 전 세계적 돌풍을 일으킨 〈강남 스타일〉, K-POP 등의 '대중문화'는 스스로가 삶의 주인이 되고자 하는 우리의 보편적 심경을 잘 반영하는 것이다. K-POP을 넘어 K-컬처로 끊임없이 계속 진화하여야 한다. 이처럼 대중문화는 자기답고자 함을 의미하는 진정성(authenticity)을 반영하고 실현하는 친근한 매체가 된다. 그러나 대중문화를 통한 진정성의 실현을 방해하는 요인으로 대중문화 현상 속에는 미학적 단순화, 상업적 동질화, 정치적 이데올로기, 시장의 논리, 장사의 논리가 작용하기도 한다. 대중문화의 진정성 추구는 자신이 좋아하는 영화를 보기 위해 왜 주말의 황금시간을 보내는지, 자신이 좋아하는 노래를 왜 컬러링으로 들려주는지, 왜 어른이 되어서도 자신이 좋아하는 가수의 팬임을 자부하는지, 왜 동호회 활동을 하는지 등을 설명하는 단서가 된다.

3. 성장을 위한 존재가치의 문화 속성

① 전체성 : 일체성, 통합, 상호관계성, 이분법의 초월, 질서, 통합성
② 완전성 : 의로움, 당연함, 필연성, 적합성, 정의, 절대적 의미의 정적 요소
③ 완성 : 종료, 최종, 종결과 완결, 운명, 죽음

◉ 표 7-1 문화의 ABC

Artifacts	문화유산	예의범절같이 표면적이고 눈에 잘 보임
Behavior	행동	문화 스타일로 양식화되고 눈에 보임
Core Value	핵심가치	신념, 윤리 등 복잡하고 눈에 잘 보이지 않음

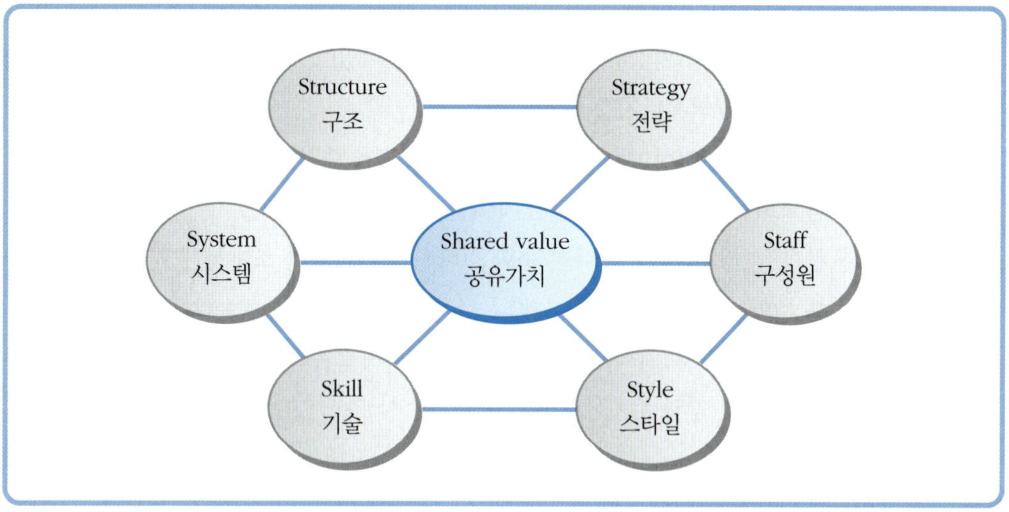

◉ 그림 7-1 상생문화의 조건 : 7S

④ 정의 : 공평함, 질서정연함, 합법성, 당위성

⑤ 생동감 : 자발성, 동적 요소, 자기 조절, 완전한 기능, 죽지 않음, 즉각적 반응

⑥ 단순성 : 정직함, 솔직함, 본질적, 자연스러움, 복잡하지 않음

⑦ 아름다움 : 생동감, 의로움, 독특함, 선함, 의로움, 자비, 바람직함, 이타적

⑧ 독특성 : 특이성, 개인성, 비교할 수 없음, 새로움

⑨ 애쓰지 않음 : 편안함, 긴장하지 않음, 경쟁 또는 어려움의 결여, 우아함

⑩ 놀이 : 재미, 기쁨, 즐거움, 쾌활함, 유머, 애쓰지 않음, 풍부함, 여유로움

⑪ 정직함 : 진실함, 솔직함, 당위성, 아름다움, 순수성, 깨끗함, 때묻지 않음, 순박함, 천진함, 순진함, 꾸밈없음, 경계하지 않음, 방어하지 않음, 변함없음, 평온함, 자유롭게 표현함, 확실성, 사실과 가치의 융합

4. 문화적 식견, 문화 스타일

① 우리의 방식은 X이고 그들의 방식은 Y이다(고정관념과 지각 사이에서 차이점을 인정하는 것).

② 그들의 방식과 우리의 방식은 나름대로 모두 강점과 약점을 가지고 있다(의식적인 노력이 필요함).

③ 문화적인 시너지 : 우리는 그들에게 배울 수 있고, 그들은 우리에게 배울 수 있다(시너지/역시너지를 낳기도 함).

④ 문화적인 유연성 : 독단성과 수용성의 강도를 증감시킨다. 우리의 행동을 조정함으로써 상호작용하는 동안 차이를 조화시킬 수 있다.

⑤ 문화적인 식견 : 서로 다른 문화 스타일의 회사들과 조화롭게 지내는 능력, 다른 문화를 이해할 수 있는 능력

⑥ 문화적인 중재 : 우리는 갈등을 방지, 희석시킬 수도, 첨예해지는 것을 막을 수도 있으며, 만일 존재한다면 갈등을 해소할 수도 있다.

◉ 표 7-2 문화 스타일별 장점, 단점

문화 스타일	장점	단점
북방문화	• 객관적이고 현실에 뿌리를 내리고 있다. • 정의하고 비판하고 시험한다. • 규율이 엄격하고, 표준을 유지하며, 포괄적이다.	• 지나치게 비판적이고 우유부단하다. • 고루하고 혁신성이 없다. • 가혹하다.
남방문화	• 창조적이며 일을 즐긴다. • 움직임이 신속하고 활력이 있다. • 적극적으로 일을 떠맡는다. • 타인에게 동기를 유발시킨다. • 관계를 주도한다.	• 극적이고 허풍이 심하다. • 흥분하기 쉽다. • 과도하게 반응한다. • 규율이 없고, 편리대로 조직화한다.
서방문화	• 독립적이고 의사결정이 확고하다. • 리더십이 강하고 앞을 내다본다. • 결과에 중점을 두고 목표경영을 한다. • 경쟁이 치열하다.	• 경쟁으로 업무환경이 냉혹하다. • 사람보다 업무 중심이다. • 편 가르기를 하고 단기수익을 올린다. • 적자생존의 분위기이다.
동방문화	• 조정에 능하고, 회사를 신뢰한다. • 인내심이 강하다. • 감정이입이 잘된다. • 기존 질서를 지지한다. • 성실하고 조화를 유지한다. • 훌륭한 추종자를 따르고, 가족적이다.	• 열등의식이 있고, 감정적 · 의존적이다. • 지나치게 상대 반응에 예민하다. • 대세에 영합한다. • 느리다. • 비판적이고, 건설적인 피드백이 없다.

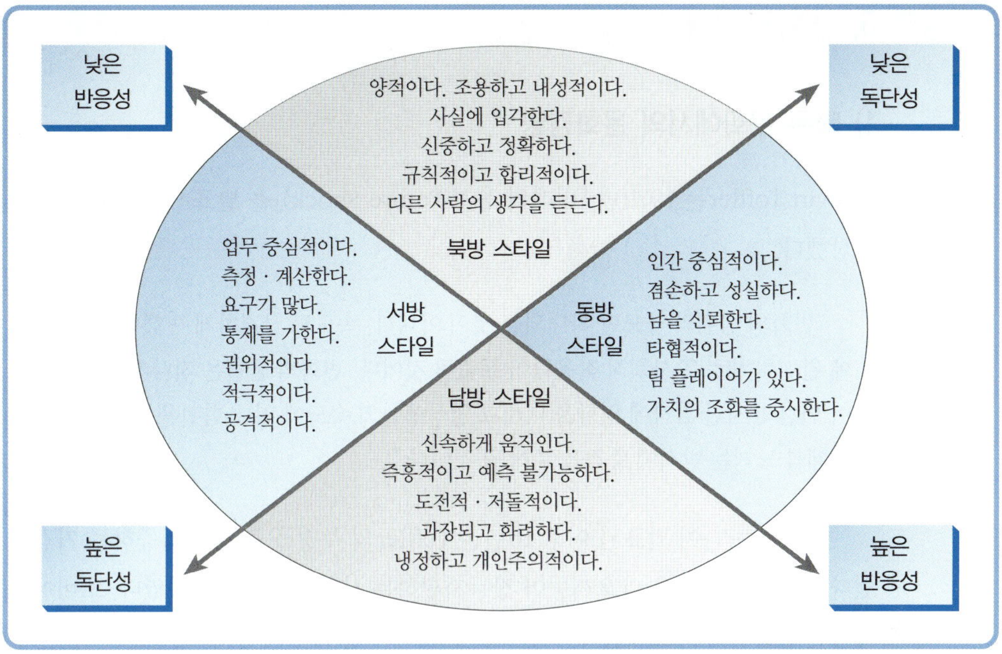

◉ **그림 7-2** 문화 스타일–나침반 모델

자료 : Wendy Hall 저, 육현표 역, 『기업의 문화적 충돌』, 도서출판 자작, 2001, 수정 · 보완.

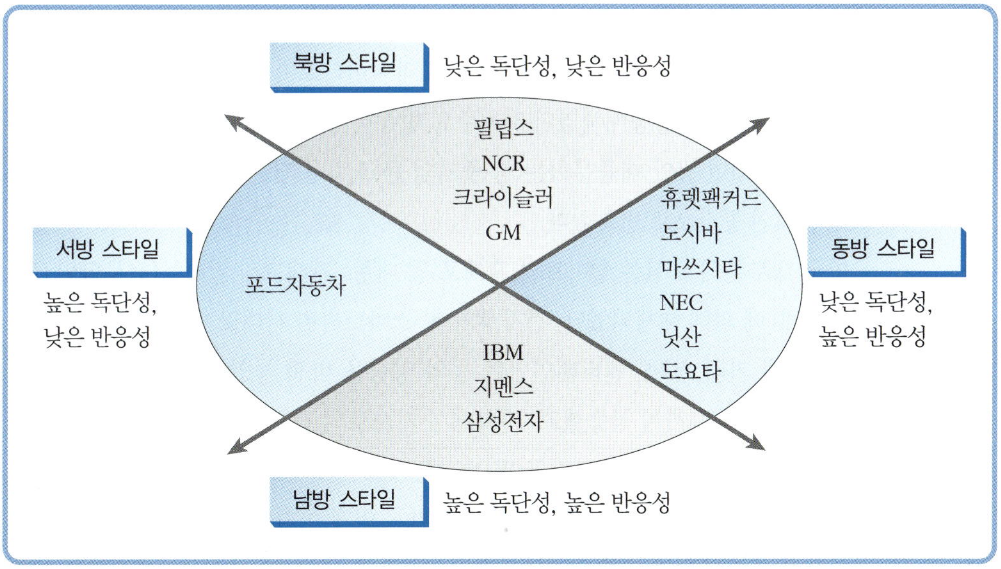

◉ **그림 7-3** 전자 · 자동차 회사의 기업문화 스타일

자료 : Wendy Hall 저, 육현표 역, 『기업의 문화적 충돌』, 도서출판 자작, 2001, 수정 · 보완.

5. 문화경영자

1) 빠른 문화에서의 문화경영

Alvin Toffler는 1970년 『미래의 충격(Future Shock)』을 발표하며 다음과 같이 주장했다.

> "변화의 범위와 규모만 확대되는 것이 아니다. 속도도 급격하게 변했다. 우리 세대에 완전히 새로운 사회적 작용력이 표출될 것이다. 변화의 물결은 지나치게 가속화되어 인간의 시간 감각에 영향을 미치고 일상생활의 속도에 일대 혁신을 일으키며 주변 세계를 느끼는 방식에 충격을 주게 될 것이다."

『미래의 충격』이 발표된 이후 10년은 Toffler의 주장을 충분히 입증하는 기간이었다. 1970년, 중국은 마오쩌둥이 진두지휘하는 사회주의 경제체제였다. 소비에트 제국은 난공불락의 요새였다.

기술에 대해서는 Toffler가 첫 신호탄을 격발한 것이나 다름없었다. 1971년 인텔은 최초의 마이크로프로세서를 공개했다. 1972년 필립스는 VCR을 생산하였고, 코닝글래스에서는 광섬유가 나왔다. Bell 연구소는 최초의 상업용 이동통신망을 설치했다. 10년 만에 컴퓨터는 대규모 사업용에서 소형 데스크톱으로 바뀌었다.

1970년에는 가족 시트콤이나 서부극, 버라이어티쇼가 대중문화에 뿌리를 내렸다. 한때는 유일한 방송매체였던 3대 주요 방송국이 이제는 전파를 케이블과 나누게 되었다. 10년 동안 대중문화는 한 줄기의 큰 오락을 담는 그릇에서 더욱 다양하고 복합적인 공간으로 변화했다.

미국 대부분의 도심은 월마트와 홈데포 등 대형 '카테고리 킬러들(전문할인점의 유통업체)'에 의해 해체되었다. 전자상거래, 스마트파워 시대로 디지털 기술은 은행업무, 소매 거래, 각종 엔터테인먼트 등의 양상을 바꿔 놓았다. 과학연구 성과가 1988년 이래 40%까지 상승했고, 과학에서 기술로의 전환이 더욱 신속하게 이루어지고 있다. 세계지적재산권기구(WIPO)는 1997~2002년 특허건이 680건에서 5,359건으로 700%가량 증가했다고 보고했다. 언제 어디서나 즉시 9만 3,000테라바이트의 데이터를 유포할 수 있는 인터넷이 콘텐츠와 지식, 여론을 제공하는 새로운 세상을 활짝 열어젖혔다. 헤일로 같은 컴퓨터 게임과 세컨드라이프 등의 가상세계는 말 그대로 신세계를 창조했다. 마이스페이스와 페이스북 등의 소셜 네트워크는 사회집단의 성격 자체를 변화시켰다.

소비자들의 취향과 선호(경제학자들이 사용하고 싶어 하는 단어)도 요동을 치고 있다. 패스트푸드 시장이 사양길을 걸으면서 맥도날드에는 샐러드 재고가 쌓이기 시작했다. 가공식품의 인기는 점점 더 추락했다. 금연을 시작하는 사람이 줄을 이었다. 비즈니스는 변화라는 존재 자체와 그 힘에 민감한 법이다. 최근에 출간된 비즈니스 서적들의 제목만 봐도 이러한 근심의 조짐을 발견할 수 있다. 『더 빨리(Faster)』, 『변화의 충격(Blur)』, 『생각의 속도(Speed of Thought)』, 『불확실성의 시대(The Age of Unreason)』, 『상식 밖의 경제학(Predictably Irrational)』 등등. 「비즈니스 위크」는 혁신경제의 도래를 선포했다. '창조적 파괴'라는 말은 유럽의 한 무명 경제학자가 사용했던 난해한 용어에서 탈바꿈해 이제는 미국 컨설팅 회사 사장이 자신의 책 제목으로 차용하기까지 했다.

문화는 이러한 변화를 구성하는 주요 요소이다. 힙합이 음악의 한 형태로 발생했지만 결국 옷과 남성성, 영화, 연예인, 정치의 한 양식으로 발전한 것처럼 문화는 때로 변화의 원인으로 작용한다. 문화는 종종 결과이기도 하다. 1990년대 댄스, 마약 등 사회적 경험을 완전히 뒤바꿔 놓은 광란의 레이브 파티 문화는 부분적으로는 신기술의 도입으로 촉발된 결과이다. 1960년대의 반체제적 문화를 낳은 배경에는 인구통계학적으로 볼 때 베이비붐 세대의 급증이 하나의 원인으로 작용했다. 문화가 전 세계적으로 규모가 작고 독립적으로 움직이는 대상이라면 문화경영자(CCO)의 역할은 좀 더 쉬웠을 것이다. 하지만 문화는 잠시도 가만히 있지 못하고 언제나 움직이는 존재이다. 특별한 일이나 사건이 없다 해도 서로 다른 요소와 어지럽게 얽혀 있는 탓에 문화의 영향을 받지 않는 일이란 없다. 얽히고설킨 것을 잘 풀어내면 그나마 다행이다. 문화경영자는 복합성을 잘 이해해야 한다. 복합성이야말로 우리가 논의하고 있는 문화의 변할 수 없는 본질이기 때문이다.

빠른 문화는 급속히 퍼진다. 문화의 외딴 구석구석까지도 스며든다. 흰색 페인트를 사려 할 때 과거에는 두 종류를 제시해 주었다. 완전한 흰색과 덜 하얀색. 하지만 오늘날 홈 인테리어 회사인 셔윈윌리엄스는 200종 이상의 흰색을 판매한다. 빠른 문화는 필수이다. 우리는 시대감각이 떨어지는 사람들에게 불친절한 경향이 있다.

빠른 문화는 두렵다. 지식인들은 빠른 문화가 얼마나 위험한지에 대해 이미 경고해 왔다. 변화는 이 세상에 대한 지식의 토대를 무너뜨릴 것이다. 빠른 문화는 이제 경영진에게는 엄청난 도전이다. 기업이란 먼 바다에 떠 있는, 물결이 조타실로 끊임없이 들고나는 낚싯배와도 같다.

빠른 문화를 구성하는 혈통은 다양한데 문화경영자라면 이 모두를 주시해야 한다. 새로운 문화는 요리와 스포츠, 음악과 패션, 영화, 웹사이트 등 뉴 미디어 영역 그 어디에서도 탄생할 수 있다. 요리사, 포인트가드, 엔지니어, 인디밴드, 할리우드 영화 제작자, 블로거, 신임 CEO 등 그 누구라도 결정적인 영향력을 행사할 수 있다. 따라서 모니터링해야 할 대상이 많다. 더 까다로운 일은 그들 가운데 아주 유명한 인물들만 모니터링하는 것만으로는 어림도 없다는 것이다. 신기술은 무명 선수들의 영향력을 바깥에서 안으로 불러들일 수 있게 한다. 빠른 문화는 블루오션이라는 기회를 활짝 열 수도 있고 게임의 판을 바꾸는 발전을 이뤄 낼 수도 있다. 하지만 또한 사각지대에 남아 타격을 입을 수도 있다. 빠른 문화를 잘 통제하고 관리할 수 있는 문화경영자가 필요한 시대이다.

2) 급변하는 분산문화

20여 년 전 우리 문화는 중심을 잃은 듯 사방으로 튕겨 나가기 시작했다. 여기저기로 퍼져 나간 것이다. 아이디어가 철철 흘러넘쳤고 더 많은 사람들이 아이디어를 생산해 냈다. 생활양식의 가짓수가 늘어나고 사고방식도 더 많아졌다. 현대문화의 진정한 다양성은 인종이나 성별에 있지 않다. 이러저러한 것들이 모두 포함된다. 지속적으로 유지되는 중심이란 존재하지 않는다.

수중발레, 페이스북, 중국의 청량음료, 그래미상, SNL, 유튜브, 구찌, 애플, 프랜시스 베이컨, 사우스웨스트, 나이키, 조시 프리드먼, 베로니카 마스, 못 말리는 패밀리, 할리우드 힐즈, 리얼리티 TV, 트위터, 데이비드 사이먼, 아이폰, 갤럭시3, 일본만화영화, 힙합, 알리, 컷 앤드 페이스트, 엔터테인먼트 위클리, 야후, 동기방식, 레드 대 블루.

브랜드, 영화배우, 건축가, 디자이너, 스마트폰, 컴퓨터 게임, 포괄적 범주 등을 질서 없이 나열해 놓았다. 하지만 여기에 포함된 문화적 다양성이야말로 아주 시끌벅적하다. 이보다 더 단순한 사례가 있다. 5명 중 1명의 미국인은 지금까지 단 한 통의 이메일도 보내 본 적이 없다. 우리는 그들의 생활을 상상할 수 없으며, 마찬가지로 그들 역시 우리의 생활을 그려 볼 수 없다. 양쪽의 문화는 서로 분산되어 있다.

10대라는 범주 자체는 비교적 최근에 생겨났으며 한동안은 어떤 선택지도 거의 들어 있지 않은, 구조적으로 단순한 개념이었다. 예를 들어 1950년대에는 오직 두 범주의 10대밖에 존재하지 않았다. 요즘 아이들은 하나가 아니라 여러 모임에 가입되어 있다. 그들은 다양한 모임을 자유롭게 드나들었다. 그들은 어디에나 정박할 수 있고 어디로든 출항할 수 있는 배처럼 보였다. 새로운 세기로 접어들면서 또 다른 변화가 감지된다. 아이들은 많은 모임의 회원으로 활동하지만, 내면에 잠재된 자아의 모습만큼 많지는 않다. 한 아이의 내면에는 많은 자아가 동시에 존재한다.

청소년들은 네트워크에 소속되어 있고, 이 연결망이 자아의 새로운 중심으로 작용한다. 이러한 청소년들은 사회적 세계와 문화적 세계 전반에 분포되어 있다. 사회계층이 분명히 정의되던 시대는 지나갔다. 고정 회원 시대도 가고 없다. 세대라는 발상 자체도 당연히 끝났다. 젊은이들 사이에서뿐 아니라 그 맞은편에 있는 어르신들 사이에서도 조용한 혁명이 일어나고 있다. 많은 이들이 나이에 대한 고정관념에 항거하고 있다. 한때 70대의 문턱을 넘으면서 자아를 포기했지만 이제는 나이에 관계없이 자신의 개성을 유지하고자 한다. 언젠가는 노인들도 중년들처럼 다종다양해질 것이다.

우리는 빅토리아 시대로부터 불과 한 세기 떨어져 있을 뿐이다. 100년 전에 존재했던 세상은 수직적이었으며 몇 개의 계층으로 엄격하게 나뉘어 있었고 정치, 종교, 사회의 엘리트가 온 세상을 지배했다. 그러다가 언제부턴가 우리는 사실상 이 모든 속성을 훌훌 벗어던지고 여기까지 왔다.

문화 창조에 종사하는 사람들이 늘어났다. 브랜드를 시작하는 사람, 대본을 쓰는 사람, 영화를 찍는 사람, 블로그를 만드는 사람들이 즐비하다. 문화 생산자 대 문화 소비자의 비율이 예전에는 1:10,000이었다면 지금은 1:100에 가깝다. 새로 합류한 문화 생산자들은 감시 감독을 받지 않고 작업한다. 스튜디오나 편집자, 비평가들에게 일일이 설명할 필요가 없다. 주류문화에 편입하려는 목적을 가지고 있지도 않다. 타협할 필요도 없다. 우리 문화는 지금 넓게 확산되고 있다. 더욱 많은 사람들이 새로운 동기를 바탕으로 늘어나는 기술을 이용해 어떤 제약도 없는 상황에서 다양한 문화를 생산하고 있기 때문이다.

분산문화의 징후는 도처에 존재한다. 사회와 생활양식의 유형을 분류하는 일은 점점 힘들어지고 있으며 범주 또한 꾸준히 증가하고 있다. 예전에는 9개 범주면 많은 것이었다. 그러다가 12개의 범주가 필요했다. 그 후에는 포기할 수밖에 없었다. 어떤 유형 분류체계도 우리가 처한 모든 상황을 포착할 수는 없었다.

문화의 이러한 변화는 상업의 변화를 가져온다. 스와스모어칼리지의 Barry Schwartz 교수는 선택할 사항이 많으면, 뭔가 선택해야만 하는 우리는 덜 행복하다고 믿는다. 이베이, 아마존, 크레이그스리스트, 넷플릭스, 아이튠즈와 같이 새롭게 등장한 거대 파이프들은 상업적인 면에서 강렬한 자극이 된다. 우리는 극도로 분산된 문화에 살고 있기 때문이다. 인터넷의 구루인 Clay Shirky, David Weinberger, Don Tapscott이 경고하는 바와 같이 기술의 분산 효과는 이제 겨우 시작일 뿐이다.

미국의 공영방송 PBS는 미국 전역에 전파를 송출한다. 이 시스템의 콘텐츠 대부분을 생산하는 대규모 방송국은 5개이다. 또한 이 콘텐츠를 방송으로 내보내는 역할을 하는 소규모 방송국은 약 350개이다. 이제는 소규모 위성방송국들도 직접 프로그램 제작을 하고 있는 것과 같은 변화였다. 이러한 혼돈 상태에서 정형화된 패턴을 찾는 것이 문화경영자의 임무이다. 분산은 지속되고 심화될 것이다. 우리 문화에서 작동하는 분산가속 엔진은 더 많은 색다른 것들을 계속 들춰낼 것이다.

3) 융합과 수렴의 문화

이러저러한 다양성에도 불구하고 세상을 보는 방식과 자신을 정의하는 방식은 동일하다. 옷, 말투, 음악, 예술, 문체 따위에 특징적인 스타일이 갑자기 생겨난다. 이러한 융합과 수렴현상(convergence)이 물론 오래 지속되지는 않는다. 하지만 이러한 현상은 기업의 시장으로서는 환상적인 기회요, 상승하는 온난기류라 할 수 있다.

문화는 갑자기 완전히 새롭게 구성된 환경으로 접어든다. 음악, 산문, 언어, 패션에서 특정한 한 지점으로 순간 이동한다. 작지만 강력한 문화가 다가온다. 이 문화는 2~3년쯤 반짝 유행할 수도 있고, 10년 이상 지속될 수도 있다. 어쨌든 이때가 바로 다양한 의견이 하나로 일치되는 합의(consensus)의 순간이다. 이러한 상황은 대개 세대마다 또는 10년마다 전개된다.

한국의 '소녀시대'를 중심으로 K-POP 가수들의 열풍에 이어 가수 '싸이'는 〈강남 스타일〉을 들고 나와 말춤 등 다양한 퍼포먼스를 선보여 전 세계 사람들을 열광시키고 유튜브 검색 1위에 올라 새로운 문화의 파괴적 힘을 드러냈다. 이러한 수렴현상은 가히 기적이라 할 만하다. 다행히도 수렴현상은 판독이 가능하다. 새로운 현상이 다가오고 있음을 감지할 수 있다. 여론에 귀를 기울이며 희미한 신호라도 포착하려고 준비한다면 특히 더 그렇다.

수렴현상은 사생활뿐 아니라 공적인 생활에서도 두드러졌다. 건축양식으로 보나 교직원들로 보나 도저히 입학 허가를 내주지 않을 것처럼 보이는 딱딱하고 보수적인 하버드 캠퍼스가 느닷없이 온통 엘엘빈에서 새로 만들어 낸 털조끼와 노르웨이 스웨터, 보트 슈즈 차림의 화려한 10대들로 가득 찼다. 그중에는 아이비리그 출신의 성공한 부모를 둔 학생들도 더러 있었다. 하지만 대부분은 하버드를 다니는 것이 인생에서 훨씬 더 멋있고 유리하다고 생각한 보스턴 대학 출신 부모들의 자녀였다. 수렴현상은 격렬하게 이루어지기 시작했다. 수렴현상의 하나로 크라이슬러의 지프차가 날개 돋친 듯 팔렸다. 결국에는 모든 차종별로 SUV 스타일이 많이 팔렸다. 롤렉스와 BMW도 많이 팔렸다. 마침내 이 현상은 마사 스튜어트가 권유하는 고품격 브랜드의 토대를 형성했다. 수렴문화는 순식간에 지나간다. 하지만 질서를 부여한다. 문화경영자에게 이 질서는 하늘이 준 선물이다. 대규모 군중을 향해 하나의 언어로 말할 수 있는 기회이기 때문이다. 수렴문화는 모두 엄청난 기회, 즉 블루오션을 제공한다. 하지만 일찍 그곳에 도착할 때만 블루오션일 수 있다.

오늘날 경제자본과 대조적으로 문화가 누리게 되는 경제적 가치인 '문화자본'이란 말이 통용되고 있다. 우리가 입는 것, 듣는 것, 보고 먹는 것, 다른 사람과의 연관 속에서 우리 자신을 살피는 것, 음식 만들기, 쇼핑하기 등 일상생활의 이 모든 것이 문화의 관심을 끌고 있다. 이 평범성과 일상성 때문에 오늘의 문화는 문화자본이 될 수 있는 것이다. 문화의 사회적인 권력화와 더불어 그것을 손아귀에 휘어잡게 된 헤게모니에 대해서도 눈짓하고 있다. 이제 문화는 교양이나 미학의 테두리에서 멈추지 않고 산업이고 재화이며, 상품이고 권력이다.

일관성, 통합성, 중심 잡기 등 오랜 세월에 걸쳐 문화의 특권을 누려 온 말들은 디지털 사회, 열린 커뮤니케이션 사회에서는 다층화, 다변화된 사회의 분화와 맞물려 문화의 극심한 분화현상으로 부차적 문화(subculture)가 존립한다. 곧 문화라는 명제는 분열성, 일탈성, 공격성, 항의, 저항에 의한 문화의 역동성이 정보화 사회 문화의 중요한 징표이다. 청소년문화, 거리의 문화, 지하문화, 대학문화, 여성문화, 지역문화, 국지적인 문화 등은 서로 횡단하고 서로 작용하고 서로 공유하면서 상호 간의 경계와 영역을 서로 접하면서 한 국가, 한 민족의 문화를 형성한다.

7.3 기업문화와 경영전략

1. 기업문화의 의의와 경영과제

1) 경영자원으로서의 기업문화

기업문화란 용어가 조직심리학계나 경영학 분야에서 사용되기 시작한 것은 기업문화가 조직의 효율성에 지대한 영향을 준다는 Deal과 Kennedy, Kotter와 Heskett 등의 저서가 출판되면서부터이다.

기업문화가 기업경영의 중요한 자원으로서 작용할 수 있다는 것은 첫째로 기업목표를 위해 모든 종업원의 힘을 수렴할 수 있다는 것이다. 둘째는 종업원의 동기를 높여 준다는 것이다. 기업에서 추구하는 가치나 이념이 기업문화 속에 포함된 경우에 이러한 이념이나 가치를 조직 구성원도 받아들여서 자기의 가치와 이념으로 소화하고 있다면, 구성원이 기업조직에서 열심히 노력하는 것은 기업조직을 위해서라기보다는 구성원 스스로의 이상을 추구하고 실현하는 의미가 되는 것이다. 셋째는 종업원의 행동을 명령이나 지시에 의해 규정이나 절차에 따라 관리하고 통제하는 것이 아니라, 각자가 갖고 있는 기업문화란 '가치관'에 의해서 각자의 행동방향을 찾아낼 수 있고 자기 스스로를 규제할 수 있게 한다는 것이다. 넷째는 기업문화를 통해 조직 구성원의 행동에 지침을 마련함으로써 또는 틀을 마련해 줌으로써 불확실한 상황에서의 행동을 불안감 없이 나타낼 수 있게 된다는 것이다. 다섯째는 조직 내에 있는 구성원들의 행동양식, 사고방식이 문화에 의해 정리되어 있어서 타인의 행동이나 결과를 예측할 수 있게 해 준다는 것이다. 인간이 가장 싫어하는 것 중의 하나가 불확실성이라고 할 때, 이러한 예측 가능성을 기업문화를 통해 얻을 수 있다는 것은 집단마다 자기의 문화를 형성시키게 해 주는 것이다.

기업문화가 경영자원으로 중요하게 작용할 수 있다는 주장이 나타나면서부터 기업문화의 일부만 가지고 기업문화를 운운하는 경우가 있었다. 예를 들어 기업의 명칭, 상징 마크, 로고, 혹은 기업의 전체 디자인 시스템을 현대감각에 새로 맞추어 기업의 아이덴터티(corporate identity)를 명확히 해서 기업의 이미지를 높이는 것을 기업문화를 만드는 것으로 생각하는 사람도 있고, 기업의 문화사업을 지원하거나 문화사업 자체가 기업의 이윤을 높이는 데 도움이 된다는 생각으로 기업문화를 이야기하는 경우도 있다.

한편, 우리말 국어사전에는 문화가 "어떠한 민족이나 국민들의 집단이 형성되어 세대에서 세대로 전승되는 사고, 습관, 생활양식의 총체"라는 것과 "인류가 본래 소유하고 있는 이상을 실현해 가는 인간 활동의 과정으로서 예술, 도덕, 종교를 비롯해서 국가, 경제, 법제 모두가 그 소산이다"라는 것, 두 가지로 되어 있다.

기업문화는 어떠한 기업이 사업을 해 가면서 또는 창업자가 추구하는 것으로서, 가치 있다고 생각되거나 지켜야 하고 필요하다고 여겨지는 행동양식 또는 사고방식이며, 기업을 운영하는 동안에 그러한 행동양식이나 사고방식이 효과를 발휘하여 조직 구성원 간에 서로 교환되고 학습되어 정착되어 간 것이라고 할 수 있다. 이상과 같은 관점에서 기업문화가 기업을 운영하는 데 필요한 경영자원이 될 수 있는 근거는 이렇다. 즉, 기업문화가 동일 문화권 내 사람들의 생각, 행동, 관습을 규정한다는 의미에서, 그리고 기업 내의 사람들이 추구해야 할 이념이나 가치를 밝혀 준다는 의미에서, 기업의 정체성을 나타낸다는 의미에서 경영자원이 될 수 있다.

기업문화가 형성되었다 하더라도 다음 세 가지 차원에서 관계성이 일관성을 나타내야 하지만, 경우에 따라서 세월이 경과함에 따라 일부가 변질되기도 하고 일관성이 나타나지 않을 때도 있다.

① 어느 기업이 갖고 있는 기업철학, 경영이념, 조직가치 등 관념체계로서의 문화
② 전통, 관습, 관행과 같은 불문율의 사회규범을 포함한 제도체계로서의 문화
③ 경영과 조직에 관련된 행동의 형태 또는 사원들에게 공유되는 행위의 양식으로서의 문화

2) 기업문화의 구성 요소

Deal과 Kennedy(1982)는 기업문화를 관념적, 제도적, 행동적, 시청각적, 네 가지 요소로 나누고 이러한 요소들이 전체로 통합된 것을 기업문화로 보았다. 관념문화란 기업철학이나 경영이념을 의미하고 조직가치나 경영신조를 포함할 수도 있다. 기업에 따라서는 사시(社示), 사훈(社訓), 또는 경영강령이란 표현을 쓰는 경우도 있다. 결국 유기적 조직체로서 기업의 기본적인 가치의식이나 가치관을 말한다.

제도문화에는 회사의 규칙, 규정, 업무 절차, 관행, 관습, 전통, 행상, 인습, 도덕, 예의범절, 금기 등 여러 가지 사회적 규범이 총망라되어 있다. 이러한 규범은 명문화된 것과 묵시적인 것으로 나누어질 수 있다. 기업에서는 선배들의 일화, 성공, 실

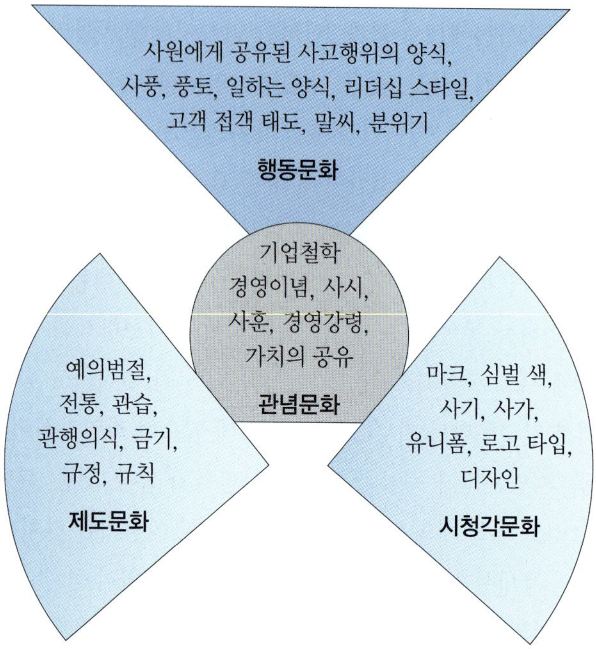

◉ 그림 7-4 기업문화의 구조

패 사례, 창업자의 어록이나 휘호, 윗사람의 취미 등이 눈에 보이지는 않으나 사원들과 직장에 크게 영향을 미친다. 행동문화는 기업 활동의 특성이나 개성 그 자체이며, 조직 구성원들이 공유하는 행동양식으로 의사소통양식과 사풍, 풍토, 일하는 양식, 리더십 스타일, 고객 접객 태도, 말씨 등이다. 시청각문화에는 회사의 마크, 심벌 색, 사기, 사가, 유니폼, 로고 타입, 디자인 등이 해당된다. 기업문화는 기업의 고유한 사고와 행동양식이기 때문에 관념문화가 중심적인 위치를 차지한다.

3) 기업문화의 경영과제

기업문화가 중요한 경영자원으로 기능하려면 문화라고 해서 그대로 방치할 것이 아니라 기업의 경영과제로 전환시켜 이를 실천해야 한다. 경영이념이나 경영철학이 올바로 효과를 발휘하기 위해서는 첫째, 기업경영의 여러 가지 국면에서 가치관이 상호 연관되어야 하며, 전체로서 체계화되어 있을 때만 조직의 통일성을 유지할 수 있다. 둘째, 조직의 가치관이나 이념이 명확하고 조직 구성원들에게 공유되는 정도가 클수록 기업 활동은 일관성을 가지며, 기업의 독자적인 성격을 명확히 할 수 있다. 셋째, 가치체계가 확립되고 경영이념이 명확하게 제시됨으로써 조직 구성원의 생활이나 행동에 일관성을 기대할 수 있으며, 조직 속에서 자신감을 가지고 행동하며 신념을 가지고 대외 활동을 할 수 있다. 넷째, 의사결정이나 의사소통 등 기업의 기본적인 활동에 있어서 일하는 방법이나 접근이 통일되어 조직 구성원 간에 안심하고 상호작용을 할 수 있다.

이와 같이 경영이념이 기업의 경영과제가 되기 위해서는 첫째, 기업이념이 조직 구성원에게 어느 정도 공감을 얻을 수 있는가? 둘째, 조직에서 수행하고 있는 '업종'의 특성과 어느 정도 부합하는가? 셋째, 기업조직을 둘러싼 사회가 그 기업의 경영이념을 어느 정도 공감하고 수용하는가? 넷째, 기업조직은 조직 구성원, 업종, 사회 집단에 대해 충분히 고려하는가? 다섯째, 설정된 경영이념 간의 갈등이나 모순이 존재하지 않는가? 등을 고려해서 경영이념이 만들어져야 하고, 시대에 따라 이념에 대한 새로운 재해석을 통해 사원, 이해관계자, 사회 집단에 이해시키는 것이 필요한 경영과제이다.

따라서 경영이념을 경영과제로 만들어 실천하기 위해서는 경영목표, 경영전략, 관리 시스템을 어떻게 운영해야 하는가를 명확히 해야만 한다. 경영이념이 구체화되고 구현되기 위해서는 제도에 의해 뒷받침되어야 하고, 제도의 원래 취지나 목적이 기업이념과 조화되는 정도를 규명하는 작업이 필요하다. 급변하는 경영환경에 대응하기 위한 기업문화의 전략과제는 다음과 같다.

① 권한 위양과 새로운 리더십
② 컴퓨터와 정보통신 기술의 발전에 따른 정보의 양과 복잡성의 폭발적 증가
③ 중앙집권화된 정보 수집 및 처리 시스템의 한계
④ 정보의 양산에 따른 지휘 · 통제개념의 리더십 과제
⑤ 상사와 부하 간의 정보 비대칭 축소
⑥ 권한 위양에 따른 동기부여와 부서 간, 사업부 간의 조정이 리더십의 핵심
⑦ 지식경영을 위한 동기부여
⑧ 지휘 · 통제의 역할은 조직 구성원이 공유할 수 있는 기업의 비전과 사명, 전략 수립으로 대체되어야 함
⑨ 인적자원의 교육 수준 향상과 인적자원에 내재된 무형자산(지식, 정보, 기술, 서비스)의 중요성 증대
⑩ 조직 구성원의 국적과 문화, 가치관의 다양성 증대, 다양성을 감안한 인사제도

필요

⑪ 조직 구성원 모두가 공유하는 기업의 비전, 사명, 전략의 중요성 증대

2. 경영전략과 기업문화의 확립

기업이 새로운 사업을 착수할 경우에는 새로운 사업을 성공시키는 데 가장 중요한 요인을 찾고, 이러한 요인들이 포함된 조직문화는 어떠한 것인가를 찾아내는 작업을 해야 한다. 그리고 이러한 문화 특성에 맞는 사업이 어떠한 것인지를 찾는 작업이 중요하다.

즉, 어떠한 경영전략을 수행하려고 할 때에는 기존의 기업문화와 어느 정도 일치하는가를 검토한 후에 양자가 서로 잘 조화될 수 있도록 할 필요가 있다. 현실적으로 사업 다각화를 추진할 때 기존의 문화체계에 합치될 수 있는 적합성이 높은 사업을 찾는 것이 용이하다. 문화라는 것은 기업의 존립에 대한 기본 철학적 의미를 부여하기 때문이다. 기업문화가 기업경영의 지도이념으로 되어 있기 때문에 기업문화에 합치되는 경영전략을 찾는 것이 정도(正道)이다.

사업영역의 변화와 사회 · 경제적 여건의 변화가 종래의 기업문화로는 문제점을 해결할 수 없게 만들고, 결과적으로 기업문화를 변질시킨다. 기업문화가 변질되거나 약화되었다고 느낄 때 조직 구성원은 성취 지향적인 면이 약해지며, 형식주의나 권위주의가 만연하고 적당주의와 서로가 서로를 눈감아 주는 현상이 생기며 현상유지에만 급급한 기업의 경우 기업문화에 문제가 발생한다.

기업문화가 어떤 기업조직 내에 확립되었다는 것은 조직 내에 '정신적 가치'가 충만해 있다는 것이며, 이러한 정신적 가치가 모든 조직 활동의 주춧돌이 되었다는 것을 의미한다. 정신적 가치는 여러 가지가 있을 수 있으며 해당 기업이 선택할 것이다. 일반적으로는 진 · 선 · 미로 표현될 수 있는 것과 완전, 개성, 정의, 질서, 단순, 풍부, 즐거움, 의미, 인화, 협조, 활력, 신뢰, 창조, 도전 등을 열거할 수 있다.

어떤 가치를 받아들이느냐는 조직 구성원의 특성이 무엇이며, 그 기업조직에서 추구하는 것이 무엇인가에 의해서 결정되고, 기업조직을 위해 바람직한 것과 지향하는 바에 의해서 결정된다. 가치가 지나치게 구체적이면 규범이나 행동지침이 되기 쉽다. 어쨌든 조직이 추구하는 가치가 무엇인지를 확정하고 명시해서 조직 구성원들이 그 가치를 공유하고 실천하는 것이 조직문화 확립을 위한 첫걸음이다.

조직의 구조나 제도, 조직 활동과 시책 등 모든 측면을 조직가치와 연관시켜서 조직가치 준거의 틀이 되도록 해야 한다. 즉, 문화의 핵심은 가치이며, 이러한 가치는 제도에 의해서 구체화되고, 구성원의 행동을 통해 실현된다. 조직가치는 조직의 활동과 이로 인해 나타난 결과에 의해서 실현된다. 예를 들어 의사소통과 의사결정, 리더십 양식이나 동기부여 전략은 조직원들을 어떻게 행동시키느냐를 결정하게 되고 이러한 조직 활동을 통해 조직가치가 구현된다. 이로 인해 시대를 이끄는 비전을 가짐으로써 사회에 필요한 조직으로서의 존재 의의를 보장받게 되는 것이다. 결론적으로 기업문화의 '이상 추구'라는 측면이 조직의 가치가 되고, 이것이 조직의 제도와 활동으로 나타났을 때, 그 조직의 기업문화가 확립되었다고 말할 수 있다.

최근 우리나라의 기업들이 기업문화 연구에 대한 관심이 급격히 증가되고 있는데 그 이유는 다음과 같다.

① 전반적인 사회의 변동으로 인하여 새로운 전략경영을 위한 관리모형에 대한 필요성이 증대되었기 때문이다.
② 기업문화 연구에 대한 실무적인 요청 때문이다. 미국, 일본식 경영의 퇴조에 직면하여 그에 대한 해결책으로 우리나라 고유의 문화 또는 개별기업의 하위문화에 맞는 기업문화를 구축해야 하기 때문이다.
③ 기업경영 시스템이 진화하고 있고, 점점 국제화 · 세계화되어 감에 따라 세계적인 다국적기업이 등장하고 다국적기업의 문화적 특징에 관심이 높아지게 되었다.
④ 불확실성이 높아 예측하기 어려운 경영환경에서 탁월성을 추구하는 우수기업으로 계속 성장 · 발전하기 위함이다.

그동안 우리나라의 상당수 기업은 과업 중심의 기업문화 아래에서 원가중심 전략을 구사하면서 어느 정도의 성과를 달성해 온 것이 사실이다. 최적의 기업문화와

◉ **표 7-3 기업문화와 기업전략의 결합 매트릭스**

구분		기업전략		
		원가중심 전략	차별화 전략	집중화 전략
기업문화	인간 중심 문화	적합?	가장 적합? (바람직함)	적합?
	과업 중심 문화	적합?	적합?	적합?

기업전략의 결합은 특정 기업의 산업에 따라 구분되지만, 향후 인간 중심의 기업문화와 차별화 전략의 결합이 가장 바람직한 결과를 가져올 것으로 기대된다. 기업문화와 기업전략의 최적 결합을 나타내는 매트릭스를 통해 특정기업의 기업문화와 기업전략의 위치를 찾아내 얻을 수 있는 의미는 다음과 같다.

① 기업문화 연구는 경영학 연구에 상징적 접근 방법(symbolic approach)이라는 새로운 패러다임을 제공한다.
② 기업 규모나 성장 정도에 따라 차이가 있겠지만 기업의 발전 단계상 초기부터 기업의 경영자는 기업문화와 기업전략 개발에 관심을 두어야 하고, 적극 지원해 줄 수 있는 최고경영자의 이해가 필수적이다.
③ 우수기업을 창출하기 위하여 우선 경영자는 창조적인 통찰력(creative insight)과 민감성(sensitivity), 분명한 비전(vision) 제시, 미래의 변화를 예견할 수 있는 융통성(flexibility)과 변화를 실행할 수 있는 집중력(focus)을 길러야 하고, 자사의 장기적 목적을 충분히 달성할 수 있을 때까지 인내심(patience)을 갖고 노력하는 끈기와 의지가 필요하다.

3. 일류기업의 기업문화 특성

1) 삼성과 애플

한국 경제의 대표주자인 '삼성'은 1997년 IMF 외환위기 이후 빠르게 혁신하여 글로벌 일류 기업으로 변신하는 데 성공하였다. 최근 삼성의 총매출은 한국 GDP의 20% 정도를 차지하는데 2020년경에는 40%까지 끌어올린다고 한다. TV사업은 2006년 경쟁업체인 일본의 소니를 제치고 전 세계 시장점유율 1위에 오른 이후 7년 연속 세계 1위를 지키면서 확고부동한 세계 No.1 브랜드 명성을 이어 가고 있다. 그 외에 D램 반도체, 모니터용 LED, 와이브로 통신, 휴대전화, 드럼세탁기 분야에서 세계 1등 위치를 차지하고 있다.

2012년 주식시가 총액 기준 글로벌 100대 기업을 보면, 1위가 미국의 에너지 기업인 엑슨모빌, 2위가 애플, 3위가 중국 에너지 기업인 페트로차이나, 4위가 마이크로소프트, 5위가 IBM, 21위가 삼성전자, 29위가 도요타이다.

애플은 '아이폰' 이라는 스마트폰 시리즈를 출시하여 전 세계에 스마트폰 열풍을

삼성 2020 기업문화

- 삼성의 경영이념 : 인재와 기술을 바탕으로 최고의 제품과 서비스를 창출하여 인류사회에 공헌한다.
- 삼성정신 : 創造精神, 第一主義, 道德精神, 完全主義, 共存共榮
- 핵심가치 : 인재제일(people), 최고지향(excellence), 변화선도(change), 정도경영(integrity), 상생추구(co-prosperily)
- 경영원칙 : 1. 법과 윤리를 준수한다.
  2. 깨끗한 조직문화를 유지한다.
  3. 고객, 주주, 종업원을 존중한다.
  4. 환경, 안전, 건강을 중시한다.
  5. 글로벌 기업시민으로서 사회적 책임을 다한다.
- 초일류 7대 인자 : 1. 꿈, 비전, 목표(dream, vision & goal)
  2. 통찰력, 분별력(insight & good sense)
  3. 변화, 혁신(change & innovation)
  4. 창의, 도전(creativity & challenge)
  5. 스피드, 속도(speed & velocity)
  6. 신뢰, 믿음(trust & credibility)
  7. 기술, 정보(technology & information)

불러일으켰으며, 삼성이 후발주자로 스마트폰 개발에 뛰어들어 '갤럭시S'라는 이름의 스마트폰 시리즈를 출시하고 있다. 애플은 2011년 말에 아이폰4S를 출시하였고, 삼성은 바로 얼마 전인 2012년 5월 3일에 영국에서 갤럭시S3를 발표하기도 하였다. 이처럼 두 기업은 최고의 기술력으로 최신 기능을 집약시켜 서로 다투듯 스마트폰을 출시하고 있다.

(1) 경영철학 비교

삼성은 고 이병철 회장이 설립하여 현재는 이건희 회장이 대표를 맡고 있다. 삼성은 사업보국, 인재제일, 합리추구를 경영이념으로 삼아 설립되었다.

① 사업보국 : 사업보국은 사업이 국가와 사회 발전에 크게 기여할 수 있어야 한다는 초심이 바탕이 되어 수립했다. 일본의 침략으로 인한 실국과 6 · 25 전쟁으로 인한 국민들의 생활고를 보며 더 확신을 갖고 제일제당과 제일모직을 창

립했다.

② 인재제일 : 인재제일은 인간을 존중하고 개인의 능력을 최대로 발휘할 수 있는 여건을 만들어 개인과 사회의 원동력이 되게 하는 정신이다. 고 이병철 회장은 일찍부터 "기업은 사람이다."라는 말을 강조해 왔다. 뛰어난 경영이념은 그것을 실천으로 뒷받침하는 사람이 있어야 한다는 것이다.

③ 합리추구 : 합리추구는 사업보국과 인재제일을 뒷받침하는 개념이다. 사업보국과 인재제일의 뜻이 아무리 훌륭하다 하더라도 그것이 합리성의 바탕에서 이루어지지 않는다면 그 본질마저도 훼손될 수 있다는 것이다.

■ 고 이병철 회장의 경영 15계명

① 행하는 자 이루고, 가는 자 닿는다.
② 신용을 금쪽같이 지켜라.
③ 사람을 온전히 믿고 맡겨라.
④ 업의 개념을 알아라.
⑤ 판단은 신중하게, 결정은 신속하게.
⑥ 근검절약을 솔선수범하라.
⑦ 메모광이 되라.
⑧ 세심하게 일하라.
⑨ 신상필벌을 정확하게 지켜라.
⑩ 전문가의 말을 경청하라.
⑪ 사원들을 일류로 대접하라.
⑫ 부정부패를 엄히 다스려라.
⑬ 사원교육은 회사의 힘을 기르는 것이다.
⑭ 목계의 마음을 가져라.
⑮ 정상에 올랐을 때 변신하라.

애플의 최고경영자(CEO)였던 Steve Jobs는 「월스트리트 저널」 주최 컨퍼런스에서 신생기업 같은 기업문화가 애플의 성공비결이라고 밝혔다. '세계에서 가장 큰 신생기업'이라 했고 위원회 같은 조직이 하나도 없다고 했다. 신생기업은 인원이 적어 최고경영자와 말단사원 간에도 커뮤니케이션에 문제가 없고 두려움을 모르고 혁신을 추진한다. 그는 능률을 극대화할 수 있는 기업문화를 만드는 데 힘을 쏟았다. 핵심은 세 가지이다.

① 전략을 바꿔 한 가지에 집중했다. 잘나가는 사업도 죽였다. 서버 관리도 그랬다. 일부 사람들은 Jobs가 미쳤다고 생각했다. 그러나 그는 명확했다. 자신이 추구하는 바를 달성하기 위해 다른 많은 옵션을 버렸다.

② Jobs는 새로운 아이디어를 만들어 나갈 때 '방어적인 공격성'을 배척하고 토론을 북돋았다. 똑똑한 사람들이 어려운 문제를 놓고 토론하다 보면 이견이 많이 나오게 마련이다. 이렇게 창의적인 생각이 팽팽하게 맞부딪힐 때 새로운 아

이디어가 탄생하고 바라보는 시각이 달라지고 위험을 줄일 수 있다. 함께 생각한다는 것은 이견을 드러내 놓고 합의점을 찾는 것을 의미한다.

③ Jobs는 제품 콘셉트를 기획 단계부터 생산, 판매에 이르기까지 각 부문을 결집하였다. 애플에서는 소매전략도 제품을 사용하기 편하게 하자(ease of use)는 전체 목표의 한 부분이다. Jobs가 동료들한테 존경받는 이유가 바로 이것이다. 그는 기업문화를 바꿔 회사의 모든 부문이 신생기업처럼 움직이게 했다. 'Steve Jobs'라는 존재 자체는 하나의 기업문화가 되었다.

Steve Jobs의 경영 10계명

① 완벽하라.
② 전문가를 활용하라.
③ 냉혹한 판단을 내려라.
④ 외부 전문가에게만 의존하지 말라.
⑤ 연구를 멈추지 말라.
⑥ 간결하라.
⑦ 비밀을 지켜라.
⑧ 팀을 작게 운영하라.
⑨ 채찍보다 당근을 앞세워라.
⑩ 견본품을 최선을 다해 만들라.

Steven Jobs의 업무방식

- 공부하라
- 단순화하라
- 정보를 얻어라
- 바쁘게 움직여라
- 잘하는 일을 하라
- 마감시한을 정하라
- 어려운 결정에 정면으로 맞서라
- 여러 가지 대안을 만들어 최고를 뽑아라
- 처음부터 시작하는 것을 두려워하지 말라
- 아이디어에 관한 것이라면 무엇이든 시도하라
- 기회를 놓쳤다면 열심히 노력해서 따라잡아라
- 제품에 집중하라
- 만든 후 검증하라
- 최고안을 모색하라
- 유연성을 발휘하라
- 지적 전투를 즐겨라
- 창의성으로 연결하라
- 시장과 업계를 연구하라
- 일에 대한 열정을 찾아라
- 동기가 차이를 만들어 낸다
- 고객에게서 눈을 떼지 말라
- 시행착오를 두려워하지 말라
- 불가능해 보이는 것들을 고집하라

이건희 회장 경영어록

■ 강소국론

"네덜란드, 핀란드 등 유럽 국가들은 규모는 작지만 세계적인 대기업들이 국제 경쟁력을 갖추면서 강국의 위치를 확보했다. 이들처럼 대기업들이 국가경제에 대한 사명감을 갖고 경영에 힘써야 한다."(2001년 5월 전자계열사 사장단 회의)

■ 천재경영론

"빌 게이츠 같은 인재가 서너 명 있으면 우리의 1인당 국민소득도 2만 달러, 3만 달러로 늘어날 수 있다. 불투명한 미래를 위한 준비경영은 설비투자에 있는 것이 아니라 세상이 어떻게 변하고 시장이 어떻게 변하든 미래를 책임질 수 있는 천재급 인재의 확보에 있다."(2003년 6월 경영지침)

■ 디자인경영

"한눈에 삼성 제품이라는 것을 알 수 있도록 독창적인 '삼성 디자인'을 만들어야 한다. 최고경영진부터 현장사원까지 디자인의 의미와 중요성을 새롭게 인식해 세계 일류에 진입한 삼성 제품을 '품격 높은 명품'으로 만들어라."(2005년 4월 이탈리아 밀라노 디자인전략회의)

■ 창조경영

"잘 나간다고 자만하지 말고 항상 위기의식을 갖고 변화의 흐름을 잘 파악해야 한다. 과거에 해오던 대로 하거나 남의 것을 베껴서는 절대로 독자성이 생기지 않기 때문에 모든 것을 원점에서 보고 새로운 것을 찾아내는 창조성이 필요하다."(2006년 6월 계열사 사장단 회의)

■ 인재경영

"핵심 인재를 몇 명이나 뽑았고 이를 뽑기 위해 사장이 얼마나 챙기고 있으며, 확보한 핵심 인재를 성장시키는 데 얼마나 노력하고 있는지를 시장 평가항목에 반영하겠다."(2002년 5월 전자사장단 회의에서)

■ 인센티브

"인센티브란 인간이 만든 위대한 발명품 중 하나며 자본주의가 공산주의와 대결해서 승리한 요인이다."(이건희 회장이 자주 강조하는 지론)

2) 도요타와 현대자동차

(1) 도요타 창업자 기이치로의 경영철학

"무엇보다 연구 · 개발이 중요하며 항상 시대에 앞서 가야 한다."

① Smile for Tomorrow : 도요타 자동차는 사람과 자동차를 시작으로 누구보다 먼저 사람들이 함께 살아가는 사회는 물론 나아가 지구 전체의 미래까지 생각

한다. 이를 통해 모든 사람들의 입가에 행복한 미소가 가득한 내일을 만드는 것이 도요타 자동차의 소망이다.

② Smile for Driving : 운전의 즐거움, 드라이빙 시스템 개발

③ Smile for People : 신뢰로 성장하는 기업

④ Smile for Nature : 환경을 위한 기술

비전 : 제품, 서비스, 사회공헌 활동을 통해 지역사회에서 고객에게 가장 사랑받는 브랜드 도요타

■ 도요타의 기업문화

① Quality Experience : 고객이 도요타를 만나는 곳 어디서라도 수준 높은 제품과 판매, 서비스를 제공한다.

② Joy for Owning : 자동차를 통해 고객이 추구하는 가치를 이해하고 공감하여 제품에 최대한 반영함으로써 고객에게 보유의 만족 및 즐거움을 제공한다.

③ True to Society : 지구촌의 가족과 훌륭한 기업시민의 일원으로서 인간의 안전과 지구의 깨끗함을 보존한다.

④ Beyond Expectation : 다양한 제품라인업과 고품질의 서비스로 고객의 기대, 그 이상의 서비스를 제공한다.

⑤ The Next Standard : 첨단 기술 개발뿐만 아니라 판매와 서비스에서도 혁신적인 아이디어를 창조해 내어 다양한 분야에서 최대한 활용한다.

(2) 현대자동차 창업자 정주영 회장의 경영철학

① 창조적 예지 : 미래 지향적인 사고로 고객과 사회가 원하는 바에 부응하기 위하여 항상 새롭고 신선함을 추구하는 지혜(창의와 혁신)

② 적극의지 : 현대자동차 그룹인으로서 철저한 주인의식과 매사에 능동적으로 대응하고자 하는 자세

③ 강인한 추진력 : '하면 된다'라는 정신을 갖고 목표를 달성하기 위하여 온 힘을 기울이는 자세

■ 현대자동차의 경영이념

창의적 도전정신을 바탕으로	• 현대 정신의 발전적 계승 : 오늘의 현대자동차를 이끌어 온 원동력이며, 선진업체와 경쟁하기 위해 지속적으로 요구되는 기본정신 • 경영환경 변화에 능동적으로 대응할 수 있는 창의적이고 자기 혁신적인 조직을 지향함
인류의 (인류를 위하여)	• 국내 시장에 머물지 않고 세계로 진출하려는 의지
풍요로운 자동차 생활을 창조하고	• 자동차 및 차와 관련된 각종 서비스를 종합적으로 제공함으로써 인류 생활 전반을 풍요롭게 하는 데 기여 ➜ 사업영역의 차 관련 다각화를 암시
이해관계자와의 조화와 공영에 이바지함	• 주주, 고객, 종업원, 협력업체, 딜러, 지역사회 등 모든 이해관계자들과의 상호 신뢰를 기반으로 동반 발전 추구

■ 현대자동차의 경영방침

신뢰경영	인간 존중의 정신을 토대로 고객 및 사업 파트너의 기대와 믿음에 부응하는 동시에 생산적 노사관계와 상하 간 신뢰를 더욱 공고히 하는 것 • 언행일치 • 노사 신뢰 • 상하 신뢰 • 고객 신뢰
현장경영	고객의 만족과 종업원의 일하는 즐거움을 배가시키기 위하여 경영역량을 생산과 판매현장에 집중하고, 현장 중시의 풍토를 정착시키며, 품질과 서비스 최우선의 정신을 구현하는 것 • 현장역량 강화 • 현장 중심 의사결정 • 현장 기반 연구 · 개발 • 현장 커뮤니케이션 강화 • 3現주의 : ① 현장에서 보고 배운다. ② 현장에서 느낀다. ③ 현장에서 해결한 뒤 확인한다.
투명경영	모든 업무를 투명한 기준에 따라 처리하고 사업 파트너와는 상호 공정한 거래관계를 유지함으로써 존경받는 기업으로서 자부심을 높이는 것 • 전 부문 업무 추진상 투명성 확립 • 공정거래 유지 • 윤리의식 고취 및 윤리체제 구축

■ 현대자동차의 중 · 장기 비전 달성을 위한 주요 과업

① 글로벌 지향	글로벌 사회에 믿음을 주고 영원히 사랑받는 세계 일류 자동차 기업이 된다.
② 인간 존중	친환경 기술을 주도하여 인류 공영에 이바지하는 기업이 된다.
③ 고객 감동	고객이 우선하는 가치 창조를 통해 고객 감동을 창출한다.
④ 기술 혁신	인간이 중심이 되는 첨단 기술을 위해 끊임없이 노력한다.
⑤ 문화 창조	사람을 존중하고 사람이 중심이 되는 자동차 문화를 창조한다.

3) 홈플러스

(1) 창업자의 경영철학

이승한 회장은 홈플러스의 실질적인 창업회장이나 마찬가지인 전문경영인이다. 그는 경영도 예술의 경지에 이를 수 있다고 말한다. 그는 '착한 기업'이라는 슬로건을 내세우며, "기업의 성장과 사회에 대한 기여가 조화를 이뤄야 존경받는 기업이 될 수 있다."고 말한다. 성장과 사회 기여가 조화를 이룬 '착한 기업가 정신'이 지속가능성장 기업의 필수덕목이라는 것이다.

(2) CEO의 경영이념

"생각의 흐름을 타라(Ride on flow of thoughts)."는 사고방식에 따라, 기업을 경영해 나가는 과정을 집을 건축하는 요소들의 흐름으로 표현한다. 집의 지중에 해당하는 홈플러스그룹의 비전, 지반에 해당하는 사명, 말뚝에 해당하는 가치, 바닥에 해당하는 기업문화, 주춧돌에 해당하는 원칙, 기둥에 해당하는 전략, 대들보에 해당하는 목표과업으로 연결된다. 그는 큰 바위 얼굴론(great stone face)을 제시하면서 ① 환경 사랑, ② 이웃 사랑, ③ 지역 사랑, ④ 가족 사랑을 중심으로 한 경영방침을 강조한다.

(3) 핵심적 가치

① 고객 가치(customer value) : 고객들이 좋은 품질의 제품을 싸게 구입하면서 편리하고 좋은 서비스를 받을 수 있고, 쾌적한 쇼핑환경을 즐김으로써 최고의 가치를 느낄 수 있는 점포를 말한다.

② 직원 가치(people value) : 인간 중시 경영사고를 바탕으로 임직원 개개인의 인권을 존중하고 있다. 강제노동 · 아동노동 금지, 학력, 출신지역, 성별, 연령, 종교, 인종 등에 따른 차별을 금지하고, 직원의 정년을 55세에서 60세로 5년 연장하기로 했다. 2012년에 정년을 앞둔 200여 명의 직원이 5년간 더 일할 수 있게 되었다.

③ 협력회사 가치(supplier value) : 협력회사와 비전을 공유하고 미래를 함께 창조하는 경영철학을 가지고 있다.

④ 지역사회 가치(community value) : 농협중앙회와의 전략적 제휴를 통해 업계 최초로 전 품목을 산지 직거래하고 있다. 이러한 직거래방식을 통해 생산 농가와 소비자 모두에게 많은 이익을 제공한다.

⑤ 국가 가치(country value) : 저비용 운영구조를 통해 이익을 고객에게 환원함으로써 소비자의 실질소득 증대에 기여한다.

⑥ 주주 가치(shareholder value) : 유통업계에서 유례가 없는 초고속성장을 지속해 온 홈플러스는 끊임없는 경영 혁신과 가치 창출을 통해 안정적인 재무성과를 거두어 주주 가치 극대화를 도모한다. 이를 위해 기업 회계원칙을 준수하고 투명경영을 실천하고 있다.

(4) 비전

정량적 비전은 '2012년까지 한국에서 일등 대형마트가 되는 것(No.1 Hypermarket in Korea by 2012)'이었고, 정성적 비전은 '세계 최고의 가치 소매상(World Best Value Retailer)'이었다. 그러나 올해 들어 '고객에게 가장 사랑받는 기업(Most Highly Loved by Customers)' 으로 비전을 미세하게 수정하였다.

◉ 표 7-4 세계적 일류기업의 기업문화와 리더의 역할

기업	기업문화(이미지)	리더의 역할
마이크로소프트	글로벌 사회적 공헌 기업 기술혁신의 시장기회 창출	팀 프로젝트 조직에 의한 의사소통을 자유롭게 하는 리더 지역사회의 사회문제해결에 의한 기업시민 활동 전개 도덕적이고 책임경영 강조
GE	열린 경영, 지식경영 최고, 일등주의 경영	경쟁력 관점의 철저한 사업구조 혁신 인재 제일주의, 학습조직의 지식경영
월마트	언제나 저렴한 가격 (everyday low price)	가격 효율성 추구 항상 제시간에 고객에게 상품 제공
맥킨지	CEO에게 항상 신뢰받는 조언자	기업의 문제해결을 위한 최상의 팀조직 운영
애플	혁신과 디자인	기존 사업의 규칙을 깰 만한 새로운 제품과 서비스 창조
펩시콜라	젊고 신선함	재능 있는 젊은 임직원을 발굴해 참신한 아이디어 수용
삼성	smart & soft 기술경영 완전주의, 관리의 삼성	독창적 디자인의 창조경영, 한방향 정신 시장 선점 스피드 경영, 지속적 혁신 추구 천재경영론에 의한 인재 제일주의 강조

연습문제

01 청년문화의 유형에서 X세대, Z세대, N세대, i세대의 특징은 무엇인가?

02 새 문화의 발생 배경에 대하여 서술하시오.

03 대중문화에 대한 정의와 대중문화의 진정성에 대한 실현이 방해받는 요인은 무엇인가?

04 문화의 ABC와 상생문화의 조건 7S에 대하여 서술하시오.

05 성장을 위한 존재가치의 문화 속성에 대하여 서술하시오.

06 북방 · 남방문화, 서방 · 동방문화의 장점, 단점에 대하여 서술하시오.

07 빠른 문화와 분산문화에 대한 문화경영자의 역할에 대하여 서술하시오.

08 융합과 수렴의 문화에서 우리가 대응해야 할 바람직한 자세는 무엇인가?

09 기업문화의 구성 요소를 관념문화, 제도문화, 행동문화, 시청각문화로 구분하여 정리하시오.

10 삼성그룹 창업자(이병철 회장)의 경영철학이 주는 시사점에 대하여 논의해 보고, 삼성의 핵심가치 및 초일류 7대 인자는 무엇인지 설명하시오.

11 Steve Jobs의 경영 10계명에 대하여 서술하시오.

12 도요타자동차의 기업문화에 대하여 서술하시오.

13 현대자동차그룹의 경영방침에 대하여 논의하시오.

14 홈플러스의 여섯 가지 핵심적 가치를 서술하시오.

참고문헌

민진규, 『삼성문화 4.0 어떻게 진화할 것인가』, 글로세움, 2011.

성균관대학교 산업심리학과 편저, 『산업 및 조직심리학』, 박영사, 2003.

우윤식, "세계 문화시대의 국제화", 외대논총 제23호, 2001, p.178.

원승룡 · 김종현, 『문화이론과 문화읽기』, 서광사, 2001, p.27.

이관응, 『신뢰경영과 서번트 리더십』, (주)엘테크, 2001.

이병진, 『교육 리더십』, 학지사, 2010.

이숙종, 『현대사회와 기독교 교육』, 대한기독교서회, 2001.

장세진, 『글로벌경영-글로벌 경쟁시대의 국제경영』, 박영사, 2003, pp.151-152.

한국경제신문사, 「서강 하버드 비즈니스」, 제9권 제4호, 1991.

한국철학사상연구회 저, 『철학, 문화를 읽다』, 도서출판 동녘, 2012.

Clotaire Rapaille 저, 김상철 · 김정수 역, 『컬처 코드』, 리더스북, 2007.

Grant McCracken 저, 유영만 역, 『최고 문화경영자 CCO』, 김영사, 2011.

Robert Slater 저, 이진주 · 박기호 역, 『잭 웰치의 31가지 리더십 비밀』, 명진출판, 1995.

Ronald A. Heifetz 저, 김충선 역, 『하버드 케네디스쿨의 리더십 수업』, 더난출판사, 2008.

Ruth Benedict 저, 김열규 역, 『문화의 패턴』, 도서출판 까치, 1993.

Wendy Hall 저, 육현표 역, 『기업의 문화적 충돌』, 도서출판 자작, 2001.

Adler, Nancy J., "Women as Androgynous Manager", *A Conceptualization of the Potential for American Women in International Management*, Pergamon Press, Ltd., 1984.

Deal, T.E. & Kennedy, A.A., *Corporate, Cultures, Reading,* MA: Addison-Wesley, 1982.

Hall, Edward T. "Beyond Culture", *Garden City,* New York: Anchor Books, 1977, p.16.

Hofstede, Geert, "The Cultural Relativity of Organizational Practices and Theories", *Journal of International Business Studies* 14, Fall, 1983, pp.75-89.

Hofstede, Geert, *Cultures and Organizations: Software of the Mind,* London: McGraw-Hill Book Company, 1991.

Kluckhohn, F.R. & Strodtbeck, F., *Variations in Value Orientations,* Westport, CT.: Greenwood Press, 1961, p.12.

Kotter, J.P. & Heskett, J.L., *Corporate, Cultures, & Performance,* The Free Press, 1992.

Li, Jiatao & Guisinger, Stephen, The Globalization of Service Multinational in the Triad Resgions: Japan Western Europe and North America", *Journal of International Business Studies,* Vol. 23 (No.4), 1992.

Taylor, Edward B. *Primitive Culture,* Vol.1, New York: Harper & Row, 1958, p.1.

Terpstra, V. & David, K., *The Cultural Environment of International Business,* 2nd ed., Cincinnati Ohio: South-Western Publishing Co., 1985, pp.5-15.

Chapter 08

리더십 이론과 실제

학습목표

① 리더십 이론의 변천과정, 리더십과 권력의 원천 및 선행연구이론을 학습한다.

② Hersey와 Blanchard의 리더십 스타일에 대하여 학습 · 이해한다.

③ 변환적 리더십과 중요성에 대하여 논의한다.

④ 팀을 이끄는 데 필요한 행동과 민주적 운영에 필요한 내용을 학습한다.

⑤ 변화관리 원칙과 리더십 시스템의 개념을 이해한다.

⑥ 조직 활성화를 위하여 동기유발을 시키는 효과적인 방법에 대하여 논의한다.

⑦ Maxwell의 리더십 법칙에 대하여 이해한다.

⑧ 성공적이고 효과적인 팀조직의 특성을 이해한다.

리더십 연구의 유형은 "도대체 어떤 사람이길래, 어떻게 행동하길래 그런 탁월한 리더가 되었는가?"라는 질문에 대한 답을 찾아보자는 것이다. 여기서는 리더의 행동과 아울러 리더가 활동하는 조직의 여러 변수들을 함께 관찰한다. 선행 연구에서 얻은 결론은 종업원 중심의 배려(consideration)와 과업 중심의 구조적 지도(initiation of structure)라는 두 요인이 중요하다는 것이다. 최근 리더십 연구 동향은 문화적 리더십 연구, 거래적/변환적 리더십 이론, 리더십 과정론, 공동체 팀 리더십 연구 등으로 다양하게 전개되고 있다. 이러한 연구의 기본은 동기부여(motivation)에 있다. Baron(1995)에 따르면 리더가 예견적 기회를 잘 활용해야만 문화적 변화에 성공적으로 대처할 수 있다. 리더십은 구성원들이 계속 앞으로 나아가게 하는 방법을 찾아내는 예술이라고 정의되기도 한다.

사실 한 사람의 리더, 하나의 상황에 국한해서 리더십을 논하기는 어렵다. Manz와 Sims(1991)는 슈퍼리더십(super leadership)이라는 용어를 사용하면서, "최적의 리더는 사람들이 스스로 리드하도록 리드해 주는 사람"이라고 말한 바 있다. 리더십은 모든 사람들의 참여를 통해 의미를 창출하고 그 의미에 입각한 행위를 창출하는 과정인 것이다. 리더십 시스템은 다수의 리더들이 서로 조정하고 협력하는 시스템이며, 비전을 정하고 공유하고 이를 달성할 수 있도록 조직을 이끌어 가는 프로세스가 갖추어진 시스템이다.

제8장에서는 리더십의 특성과 리더의 행동에 관한 선행 연구 결과를 학습하고 최근의 리더십 연구 동향과 조직 활성화를 위한 리더십의 효과적인 방법, 성공적이고 효과적인 팀조직의 특성, 기업문화와 리더십의 상호작용 효과를 설명한다.

누군가에게 '당신은 리더이길 바라는가 아니면 리더를 따라가는 팔로워가 되길 바라는가?'라고 질문을 하면 대부분이 '리더'라고 답한다고 한다. 이는 각자가 생각하는 '리더'라는 단어에 자신의 가치관과 도덕적 원칙이 담겨 있기 때문이다. 하지만 일반적으로 리더란 권한을 가지고 사람들을 이끄는 것을 넘어서 사람들의 가치 있는 목표를 이루게 하기 위한 역할을 해야 하며, 공동체로 하여금 비전을 수용토록 설득한다. 또한 리더는 사람들이 문제를 직면할 수 있도록 이끌고, 공동체는 리더의 안내와 도전을 받아 문제를 해소한다.

리더십을 바라보는 시각은 특정한 상황에서 그에 맞게 행동할 수 있는 리더의 대처능력으로 보는 우발상황 이론, 리더가 되기 위해서는 사회에 미치는 파급효과가 있어야 한다고 보는 위인 접근 이론 등이 있다. 하지만 각각의 가치를 고려하지 않는다면 리더십은 고위 관직에 올라 큰 영향력을 행사하는 것으로 왜곡될 수 있다.

누구나 리더로서의 자질이 있다고 한다. 하지만 그 자질만을 믿고 개인에 집중한 리더십은 매우 위험하다. 자기 착각에 빠지고 무책임한 사람을 만들어 내기 때문이다. 하지만 이와는 반대로 자신은 리더십이 없다고 생각하는 사람은 자신이 한 행동이 아니기 때문에 책임을 회피한다. 그러므로 리더십은 다른 사람의 마음을 움직일 수 있고, 이해관계에 놓인 당사자들뿐만 아니라 조직 내외의 관계자들의 갈등을 조화롭게 조정하는 활동이다.

즉 리더십이란 집단 또는 조직의 방향을 정하고 구성원의 목표 지향적 과업행동을 촉진시키며, 집단의 유지와 조직문화의 창출에 영향을 미치는 과정이다.

8.1 리더십 이론의 변천

리더십에 대한 연구자들의 시각은 다양하다. 리더십에 관한 이론들을 체계적으로 정리한 Stogdill(1974)의 분류에 따라 각각의 연구유형을 간단히 소개하겠다.

① 리더십의 특성추구 이론

리더십에 대한 초기의 연구에서는 효과적인 리더에게는 남과 다른 개인적인 특성(신체적 특징, 성격상의 특징, 능력 등)이 있다고 생각하고 그 특성을 찾아내려고 노력하였다. 이를 리더십의 특성추구 이론(trait theory)이라고 한다.

② 리더십의 행위이론과 집단이론

- 리더십의 행위이론 : 특성추구에 실패한 리더십 연구는 밖으로 드러나는 리더의 행위를 관찰하는 방향으로 진행되었다. 성과와 리더십 스타일 간의 관계를 구명하는 연구들이 이루어지게 되었는데, 이러한 연구방향을 리더십의 행위이론(behavioral theory)이라고 부른다.
- 리더십의 집단이론 : 리더십 행위이론의 전개과정 중에, 리더에 못지않게 리더가 이끄는 집단이나 추종자들이 리더십의 발현에 중요한 영향을 미친다는 주장이 등장해 리더십의 집단이론(group theory) 또는 추종자 중심이론(follower theory)이 전개되기도 하였다.

③ 리더십의 상황이론

최근 들어 리더십이란 추종자와 리더가 맡은 과업을 포함하는 상황의 산물이라는 주장이 호응을 얻고 있다. 이를 리더십의 상황이론(contingency theory)이라고 부른다. 상황이론에 따르면 상황이 리더를 만드는 것이어서 가장 효과적인 리더란 상황의 요구에 가장 부합되는 리더라는 것이다.

④ 현대적 리더십 이론

최근의 급격한 기업경영환경의 변화에 직면하여 조직 구성원들의 조직에 대한 강한 일체감과 적극적인 참여를 유발할 수 있는 새로운 리더십이 요구되고 있다. 이런 상황에서 등장한 현대적 리더십 이론은 어떤 상황에서도 효과적인 리더십에 초점을 두고 있는데, 그러한 이론으로는 리더를 중심으로 하는 변혁적 리더십과 부하를 중심으로 하는 자율적 리더십이 있다.

1. 리더십과 권력

① 리더십의 의의

리더십(leadership)은 일정한 상황에서 목표달성을 위해 개인이나 집단의 행위에 영향력을 행사하려는 과정으로 정의된다. 즉 리더십이란 개인이나 집단에 대한 영향력 행사의 과정이라고 할 수 있는데, 리더(leader)가 영향력을 행사할 수 있는 것은 권력을 지니기 때문에 가능하다.

② 권력의 의의

권력(power)이란 한 개인(또는 집단)이 다른 개인으로 하여금 어떤 행동을 하도록 시킬 수 있는 능력을 가지는 개인 간의 관계를 뜻한다. 즉 권력이란 다른 사람으로 하여금 권력보유자가 원하는 어떤 것을 하도록 시키거나, 원하는 방향으로 행동이 일어나게 만들 수 있는 능력을 가리킨다.

③ 권력의 원천

J. R. P. French와 B. H. Raven은 개인이 갖는 권력의 원천을 다섯 가지로 분류한다. 후에 정보적 권력을 추가하였다(〈표 8-1〉 참조).

◉ 표 8-1 권력의 원천

권력의 원천	내용
보상적 권력	• 보상적 권력(reward power)은 권력 행사자가 권력 수용자에게 보상을 줄 수 있다는 인식에 기초한 권력이다. • 관리자들은 봉급인상 · 승진 · 과업배당과 같은 조직이 주는 보상의 분배를 통제할 수 있기 때문에 권력을 가지게 된다. • 조직의 업무활동을 직접 담당하는 관리자는 스태프 관리자보다 더 큰 보상적 권력을 행사할 수 있다.
강압적 권력	• 강압적 권력(coercive power)은 권력 행사자가 권력 수용자에게 벌을 줄 수 있다고 인식하는 데 기초를 두고 있다. • 해고나 징계, 작업시간의 단축 등을 지시할 수 있는 능력에서 기인하는 권력을 말한다. • 강압적 권력과 보상적 권력은 상호 관련성을 가지고 있다. 어느 작업자가 상급자의 벌이 두려워 그 지시에 따랐다면 강압적 권력이고, 또 어떤 작업자가 미래의 보상을 기대하고 지시를 따랐다면 이는 보상적 권력이 된다.
합법적 권력	• 합법적 권력(legitimate power)은 권력 수용자가 권력 행사자의 정당한 영향력 행사권을 인정하고, 추종해야 할 의무가 있다는 사고에 기초한 권력이다. 이를 권한(authority)이라고 한다. • 이는 공식적 지위에서 나오는 것이지만, 우리나라나 일본에서 연장자가 가지는 권력처럼 문화적 가치나 일반적으로 인정된 사회구조로부터 나오기도 한다.
준거적 권력	• 준거적 권력(referent power)은 어떤 사람이 특별한 자질을 가지고 있어서 다른 사람들이 그를 닮으려고 할 때 생기는 권력이다. • 이러한 자질에는 웅변술, 인간관계 능력, 높은 도덕적 자질 등이 포함된다.
전문적 권력	• 전문적 권력(expert power)은 권력 행사자가 특정 분야나 상황에 대해서 높은 지식을 가지고 있다고 느낄 때 발생한다. • 관리자들은 하급자들보다 많은 직무경험과 지식을 갖추었다는 점에서 전문적 권력을 행사할 수 있다.

조직에서 확인할 수 있는 이들 다섯 가지 권력의 원천 또는 기초 가운데 보상적·강압적·합법적 권력은 조직의 직위에서 나온 것이기 때문에 직위권력이라고 하며, 준거적·전문적 권력은 개인에게서 나오는 것이기 때문에 개인적 권력이라고 한다. 이 다섯 가지 권력의 원천은 독립적인 것이 아니라 복합적으로 존재한다. 더욱이 어느 한 종류의 권력을 이용하는 것은 다른 권력에 크게 영향을 미친다.

또한 강압적 권력을 이용하게 되면 준거적 권력은 크게 줄어든다. 즉 사람들은 자기에게 벌을 주는 사람을 싫어한다. 마찬가지로 인간은 지위가 높은 사람에게 매력을 느낄 때가 많고, 따라서 합법적 권력은 준거적 권력을 증대시키기도 한다.

2. 행위이론

1) 행위이론의 의의

리더십 행위이론(behavioral theory)은 특정 리더들이 나타내 보이는 리더의 행위(행동스타일)에 관심을 두고 어떤 특별한 점이 있는가를 연구하였다. 예컨대, 민주적인 행위를 하는 리더와 독재적인 행위를 하는 리더를 비교하여 어느 리더가 더 효과적인가를 연구하는 것이다. 리더십을 리더의 특성이 아닌 행위를 통하여 연구함으로써 효과적인 리더의 행위가 밝혀진다면 훈련을 통해 효과적인 리더를 만들 수 있고 리더와 부하의 교환관계를 파악할 수 있다는 이점이 있다.

2) Lewin 등의 연구

Lewin 등(Kurt Lewin, Lippitt, White)은 독재형, 민주형, 방임형 등 세 가지 기본적인 리더십 스타일을 제시하였다. 이러한 구분은 무엇보다도 의사결정의 위치가 주요한 기준이 된다.

- 독재형 리더(autocratic style) : 직무환경을 운영하는 데 있어서 규칙과 규제를 사용한다.
- 민주형 리더(democratic style) : 협조적이고 감각적이며 양방향적인 모습을 보이고, 독재형 리더보다 규칙과 규제를 덜 강조한다.
- 방임형 리더(laissez-faire style) : 지위에서 나오는 권한과 책임감을 포기하기 때문에, 방임형 리더가 있는 조직은 종종 혼란에 휩싸인다.

3) 오하이오주립대학의 연구

이들은 리더의 행동을 크게 종업원에 대한 배려(consideration)의 많고 적음과 구조주도(initiating structure)의 많고 적음으로 분류하여 네 가지 형태의 리더십 유형을 제시하고 있다.

■ 분류기준

① 배려 또는 고려란 상호 신뢰, 부하의 아이디어 존중, 부하의 감정에 대한 배려 등을 의미한다. 배려가 많은 리더는 부하의 복지와 신분, 만족 등에 지대한 관심을 보이고 모든 부하들을 공평하게 대한다.

② 구조주도란 리더가 집단의 목표를 달성하기 위해 부하의 역할을 규정하고 구조화하는 정도를 가리킨다. 부하들을 특정 과업에 배치 할당하고, 부하들에게 일정한 업적목표를 달성하도록 독려하며 마감시간의 준수를 강조한다.

■ 네 가지 유형의 리더행위

배려와 구조주도의 양 차원에서 많고 적음에 따라 네 가지 유형의 리더행위를 이끌어 낼 수 있다. 연구결과를 살펴보면 다음과 같다.

① 배려와 구조주도 양쪽에서 높은 수준의 행위를 보이는 리더는 그렇지 못한 리더보다 더 자주 부하의 높은 업적과 높은 만족과 관련이 있었다.

② 두 차원에서 높은 수준을 나타내는 리더가 어떤 상황에서나 항상 긍정적인 결과를 나타낸 것은 아니었다. 즉, 높은 구조주도의 행위를 보이는 리더 밑에서 일하는 집단에서는 결근율, 이직률, 고충 발생률이 높았고 부하들의 직무 만족도 낮았다.

③ 리더의 높은 수준의 배려행위는 집단의 성과와는 부정적 상관관계를 나타냈다.

■ 오하이오주립대학 연구의 의의

이들 연구에서 주목할 만한 것은 고려와 구조주도라는 것이 별개의 독특한 차원이라는 것을 밝혀냈다는 점이다. 이전의 리더십 연구, 즉 전제적 · 민주적 리더십의 유형이나 미시간대학의 초기 연구, Likert의 연구[1]에서는 리더십의 유형을 양 극단

1) R. Likert는 리더십의 유형을 종업원 중심적 리더십과 직무 중심적 리더십으로 구분하고 가장 이상적이

으로 나누어 생각하는 것이 일반적이었다. 그러나 오하이오주립대학의 연구에서는 처음으로 리더의 행위를 단일선상이 아닌 두 가지의 다른 축 위에서 표시하였다.

4) 미시간대학의 연구

■ 리더십의 두 가지 차원

미시간대학의 연구에서는 리더십의 두 가지 행위차원으로 종업원 지향적(employee-centered)과 생산 지향적(product-centered)인 행위로 구분하고 있다. 종업원 지향적인 행위를 하는 리더는 개인 간의 관계를 강조하는 리더로서 부하들의 욕구에 대한 개인적인 관심을 나타내 보이며, 부하들의 개인차를 인정한다. 생산 지향적인 행위를 하는 리더는 직무의 기술적 측면과 과업적 측면을 강조하여 집단의 과업 완성을 리더의 주된 관심사로 생각하고 부하들을 그 목적달성의 수단으로 생각한다.

■ 미시간대학 연구의 의의

미시간 대학교의 초기 연구에서는 특정 행위의 리더십 스타일과 유효성 간에 어떤 일관적인 관계를 발견하지 못했다. 그러나 이후의 연구결과에 의하면 생산 지향적인 리더십과 종업원 지향적인 리더십 모두가 종업원의 생산성에 긍정적인 영향을 미치는 것으로 밝혀졌고, 종업원의 만족은 생산 지향적인 감독을 하는 집단보다는 종업원 지향적인 감독을 하는 집단에서 더 높게 나타나고 있다.

5) 매니지리얼 그리드(관리격자이론)

■ 매니지리얼 그리드의 의미

매니지리얼 그리드(managerial grid)는 미국 텍사스대학의 Robert R. Blake와 Jane S. Mouton에 의해 개발된 것으로 리더의 행위를 생산에 대한 관심(concern for production)과 사람에 대한 관심(concern for people) 두 차원으로 격자를 구성하였다.

며 동시에 가장 생산적인 리더십은 종업원 중심적이라고 주장한다. 한편 Likert가 연구의 발판으로 삼았던 미국 미시간대학의 리더십 연구에서는, 서로 관련이 있어 보이는 특징들의 군(group)을 잡아내어 유효성을 알아내려는 방식으로 접근한 결과, 종업원 지향성과 생산 지향성이라는 두 가지 개념을 정립하였다.

〈그림 8-1〉에서와 같이 생산에 대한 관심과 사람에 대한 관심 각각의 차원을 9개의 눈금으로 나누어 이론상으로는 81개의 리더십 유형이 있을 수 있으나 Blake와 Mouton은 다섯 가지의 리더십 유형을 제시하고 있다.

■ 다섯 가지 리더십 유형

① (1, 1)무관심형(impoverished) : 주어진 리더의 역할을 수행하는 데 최소한의 노력을 기울이는 유형으로서 과업달성 및 인간관계의 유지에 모두 관심을 보이지 않는다.

② (9, 1)과업형(task) : 인간관계의 유지에는 낮은 관심을 보이지만 생산에 대해서는 높은 관심을 보이는 유형이다.

③ (1, 9)컨트리클럽형(country club) : 생산에 대한 관심은 낮지만 인간관계에 대해서는 높은 관심을 보이는 유형으로서 인간관계를 만족스럽게 유지하는 노력만 한다면 과업도 잘되어 간다.

④ (5, 5)중간형(middle of the road) : 생산과 인간관계의 유지 모두에 적당한 정도의 관심을 보이는 유형으로 조직의 성과는 사기와 과업수행의 필요성 간의 상호 균형에 있다.

⑤ (9, 9)팀형(team) : 생산과 인간관계의 유지 모두에 높은 관심을 보이는 이상형

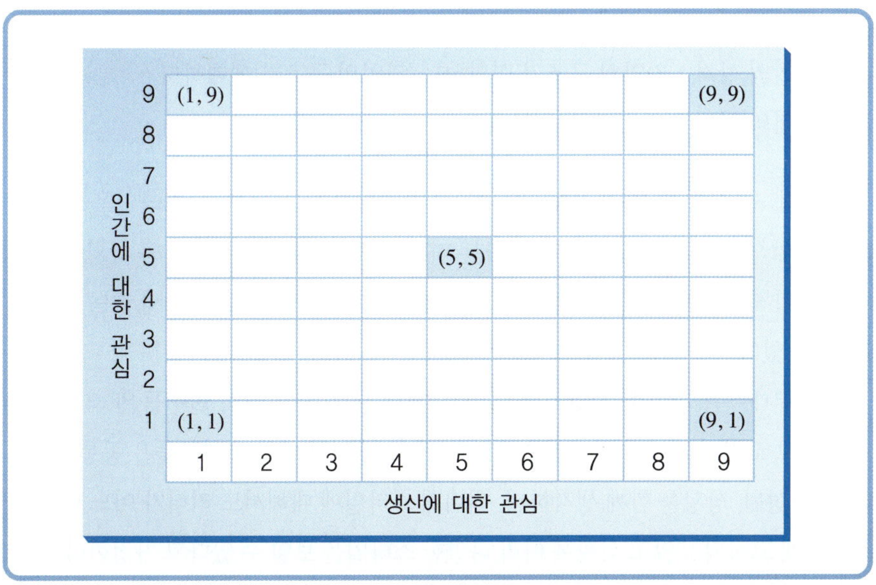

◉ 그림 8-1 매니지리얼 그리드

또는 팀형으로서 공통된 이해관계를 통하여 신뢰와 존경의 인간관계를 낳게 하고 더불어 과업달성을 강조한다.

■ 바람직한 리더십 유형

가장 이상적인 형태는 (9, 9)형이지만 도달하기 어려우므로 (7, 7)형이나 (7, 8)형을 가장 실제적인 것으로 간주한다.

3. 정황 이론

정황 이론(contingency theory)은 리더의 특성, 행동, 그리고 상황까지 동시에 고려하는 연구방법이다. 여기서 말하는 정황(情況, contingency)이란 ① 리더십에 영향을 주는 상황적 요인이 여러 가지 있으며, ② 어느 한 요인의 영향은 다른 요인들의 상태에 따라 달라진다는 의미로 쓰인다.

Fiedler(1967)는 다음과 같이 세 요인을 각각 두 가지 상태로 나누어 모두 8개의 경우를 식별하고, 각 경우에 유효한 리더십 스타일이 무엇인가를 조사하여 제시한 바 있다. Fiedler는 리더십 스타일도 과업 지향적 리더와 관계 지향적 리더의 두 종류로 국한했다.

① 리더와 구성원의 관계 : 좋다/나쁘다
② 과업의 성격 : 과업의 구조가 명확하다/과업의 구조가 애매하다
③ 리더의 직위 권한 : 강하다/약하다

이처럼 세 요인에 따라 8개 경우를 구별하고 2개의 리더십 스타일을 비교한 Fiedler의 연구는 너무 단순한 논리라는 비판을 받는다. 그러나 리더와 상황을 연결지어 정황적으로 연구했다는 점에서 Fiedler는 리더십 이론 분야에 새 장을 열었다고 볼 수 있다.

1970년대에는 다양한 정황 이론들이 쏟아져 나왔다. 종래의 연구들은 리더에 초점을 두고 고정된 리더십 스타일을 생각해 왔으나, 정황 이론적 연구들은 공통적으로 리더, 구성원, 상황을 함께 생각하며, 리더십 스타일에 대해서도 리더가 어느 한 가지 스타일에 고정되지 않고 상황에 따라 다양한 스타일을 보일 수 있다고 가정한다.

Hersey와 Blanchard(1969)는 구성원들의 성숙도를 주된 상황변수로 보고 리더

의 행동유형을 2개 척도(관계 지향성, 과업 지향성)에 따라 유형화함으로써 각 상황(성숙도)에서 어떤 리더십 스타일이 효과적인가를 제시했다. 여기서 말하는 성숙도란 성취에 대한 열망, 자발적 책임의식, 과업 수행 능력, 경험 등을 의미한다. Hersey와 Blanchard는 성숙도 수준을 최저, 중하, 중상, 최고의 4단계로 구별하고 각 수준에서의 효과적인 리더십 스타일을 다음과 같이 설명했다.

① 성숙도가 최저 수준일 때는 관계 지향 행동을 최소한으로 하고 과업 지향 행동을 최대한으로 하는 교시형(telling)이 효과적이다.
② 성숙도가 조금 나아지면 앞의 경우보다 과업 지향 행동을 줄이고 그 대신 관계 지향 행동을 최대한으로 하는 설득형(selling)이 효과적이다.
③ 성숙도가 중상 수준으로 좋아지면 관계 지향 행동은 계속 최대한으로 하고 과업 지향 행동은 앞 경우보다 축소해야 효과적이며, 이러한 스타일을 참가형(participating)이라 한다.
④ 성숙도가 최고 수준이 되면 과업 지향, 관계 지향, 두 가지 행동을 모두 최소한으로 유지하는 위임형(delegating)이 효과적이다.

결국 구성원의 성숙도가 최하에서 최상으로 발전함에 따라 리더는 과업 지향 행동을 최대에서 최소로 점차 축소하는 동시에 관계 지향 행동은 최소에서 최대, 다시 최대에서 최소로 조정하게 된다. 이러한 조정을 그래프로 나타내면 하나의 사이클 형태가 된다. 그래서 Hersey와 Blanchard의 이론을 라이프 사이클 이론(life-cycle theory)이라 부른다. 구성원의 성숙도를 논하고 리더의 대응책을 제시했다는 점에서 이 이론은 오랫동안 인기를 끌 수 있었다.

한편, 경로-목표 이론(path-goal theory)이 여러 학자들의 관심을 끌기도 했다. 여기서는 구성원 각자가 목표를 잘 달성할 수 있도록 구성원을 돕는 것이 리더의 임무라고 본다. 구성원들은 리더의 행동이 자기만족과 직결되거나 만족을 얻기 위한 수단이 된다고 판단할 때 비로소 리더의 행동을 받아들인다는 것이다. 경로-목표 이론이 리더들에게 주는 처방은 다음과 같이 구체적이다.

① 조직성과와 관련된 구성원의 욕구를 파악한다.
② 목표 달성을 위한 보상방법을 활용한다.
③ 쉽게 보상받을 수 있도록 접근방법과 경로를 만들어 준다.
④ 구성원들이 확신을 가지고 기대할 수 있도록 도와준다.

⑤ 좌절을 초래하는 장애물을 제거한다.
⑥ 조직성과와 개인 만족 간의 결합을 다양하게 구축한다.

앞에서 간단히 살펴본 바와 같이, 정황 이론은 이론의 초점을 리더의 특성이나 행동에 국한하지 않고 과업의 종류, 목표, 수단, 구성원과의 관계까지 고려하는 복잡한 상황을 전제한다. 따라서 상황을 어떻게 정의하고, 리더십 스타일을 어떻게 규정하며, 리더십의 효과를 어떻게 측정하느냐에 따라 많은 종류의 이론이 출현하게 된 것이다.

최근 15년간의 리더십 연구 동향은 ① 문화적 리더십 연구, ② 거래적/변환적 리더십 이론, ③ 리더십 과정론, ④ 공동체 팀 리더십 연구 등으로 다양하게 전개되고 있다. 이와 같은 최근의 연구 동향에 대해서는 M. Horner(1997)의 문헌 연구가 좋은 참고가 되므로 이를 통해 다음 절에서 정리해 보겠다.

4. 경로–목표이론

1) 경로–목표이론의 의의

Robert House의 경로–목표이론(path-goal theory)은 기대이론을 리더십에 접목시킨 이론으로, 리더의 행동이 부하의 직무만족과 동기화 정도에 어떤 영향을 미치는가를 설명하고 있다.

경로–목표이론은 Fiedler의 상황이론과는 다르게 리더가 자신의 리더십 스타일을 상황에 부합되게 변화시킬 수 있고 또한 변화시켜야 한다고 보고 있다.

2) 리더의 역할

경로–목표이론에서는 리더의 역할을 부하들에게 기대를 높여 주는 것으로 보고 있다. 즉, 효과적인 리더는 다음과 같다.

① 부하들에게 리더가 통제권을 쥐고 있는 결과에 대한 바람을 높여 주는 리더
② 성과가 좋으면 그에 따른 보상은 확실히 주어진다는 것을 확신시켜 주는 리더
③ 부하를 성공적인 성과의 길로 이끄는 리더

3) 리더십 유형

경로-목표이론에서는 지시적 리더십, 후원적 리더십, 참여적 리더십, 성취 지향적 리더십 등 네 가지 유형의 리더십을 제시하고 있다.

① 지시적 리더십(directive leadership) : 지시적 리더십에서 리더는 권위주의적이다. 부하들이 자신에게 무엇이 기대되는지 정확하게 알고 있다. 리더는 부하에게 구체적인 지시를 한다. 부하들은 의사결정과정에 참여하지 않는다.
② 후원적 리더십(supportive leadership) : 이 리더십에서 리더는 우호적이고 가까이하기 쉽다. 그리고 부하들에게 진정으로 관심을 보인다.
③ 참여적 리더십(participative leadership) : 부하들에게 자문을 구하며 제안을 이끌어 낸다. 그리고 부하들의 제안을 진지하게 받아들인다.
④ 성취 지향적 리더십(achievement-oriented leadership) : 리더는 부하들에게 도전적인 목표를 설정해 주며, 그들이 그러한 목표를 달성할 것이라는 자신감을 심어 준다.

4) 적합한 리더십 유형의 선택

경로-목표이론에서는 적합한 리더십 유형을 선택하는 데 있어 부하와 상황적 특성이 중요하다고 제안하고 있다.

고려하여야 할 부하의 특성으로는 권위주의, 통제의 위치, 능력의 수준, 성취동기 수준 등이다. 과업에 비해 자신의 능력이 뛰어나다고 느끼고 있는 부하는 지시적 리더십은 받아들이려 하지 않는다. 부하가 권위주의적일수록 지시적 리더십을 받아들일 가능성이 높다. 한편, 내적 통제위치의 부하는 외적 통제위치의 부하보다 참여적 리더십에 만족할 것이다. 또한 성취동기가 높은 부하들에게는 성취 지향 리더십은 적합할지 모르지만 나머지 리더십은 적합하지 않다.

또한 고려해야 할 상황변수로는 과업의 특성을 들 수 있다. 과업이 구조화되어 있지 않고 모호할수록 지시적 리더십이 적합하며, 과업이 구조화되어 있고 명확할수록 지원적 리더십이 적합하다.

8.2 최근의 리더십 연구 동향

1. 문화적 리더십 연구

Schein(1985)은 리더십의 효과를 논함에 있어서 조직문화와 연관되는 부분을 명확히 해야 한다고 주장했다. 즉, 리더는 환경이 변할 때 변화를 수용함으로써 긍정적 성과를 얻을 수 있도록 앞장서는 위치에 놓이게 된다. 그런데 변화를 시도할 때는 불가피하게 문화적 측면이 문제가 된다. 따라서 리더는 조직문화를 이해할 줄 알아야 하고 문화적 변화관리의 능력을 갖추어야 한다는 것이다. 환경 변화에 대해 수동적으로 대응하는 것도 쉽지 않지만, 환경이 변하기 전에 미리 변화를 예견하고 대처하는 예견적 대응이 더욱 중요하다고 한다.

최근에 Baron(1995)은 이와 같은 예견적 기회를 잘 활용해야만 문화적 변화에 성공적으로 대처할 수 있다는 실증적 증거를 조사하여 발표했다. 특히 Baron은 현대 사회에서 전문경영자들이 기업을 책임지는 경우가 증가함에 따라 리더십 이론 분야에서도 효과적 문화관리의 중요성이 점점 커지고 있다고 주장한다. 예전에는 별로 중요시되지 않았던 조직문화 관련 문제들, 예컨대 전략방향 설정, 조직의 비전과 가치관, 자율성 허용, 커뮤니케이션 등 여러 가지가 오늘날 경영자들에게 가해지는 추가적인 요구사항이라고 한다.

2. 변환적 리더십에 관한 연구

최근에 관심을 끄는 또 하나의 리더십 연구 경향으로 거래적 리더십과 변환적 리더십을 비교하는 연구를 들 수 있다. 이 연구의 기본은 동기부여(motivation)에 있다.

거래적(transactional) 리더십은 전통적 조직 개념에 따르는 리더십 스타일을 말하는데, 이 경우 리더는 과업 달성을 위해 구성원을 이용한다고 생각하며, 그 효과적 이용을 위해 직권(position power)에 토대를 둔 리더십을 행사한다.

반면에 변환적(transformational) 리더십은 구성원의 고차 욕구를 만족시키고 업무 프로세스에 보다 깊숙히 동참시킴으로써 동기유발이 잘되게 할 수 있는 방법을 탐색해 나가는 리더십을 말한다. 변환적 리더는 변화를 도입하고 처리하며, 낡은 것에서 새로운 것을 창출하고자 노력한다. 조직과 구성원의 발전을 도울 뿐만 아니라 자신도 진보한다. 또한 개인의 발전을 지원하고 격려하는 동시에 사람들과의 관계를 공고히 구축해 나간다. 리더와 리더십에 관한 새로운 시각이 여기서 필요하다.

예컨대, Gardner(1990)는 "리더십이란 효과적 리더일 뿐만 아니라 혁신가요, 기업가요, 사상가인 리더에 의한 집단목표의 성취를 뜻하는데, 그 성취는 가용자원에 의해서, 그리고 가치와 사회적 응집성에 의문을 제기함으로써 이룩되는 것이기도 하다."고 했다. 사실 한 사람의 리더, 하나의 상황에 국한해서 리더십을 논하기는 어렵다. 동원할 수 있는 자원, 리더를 돕는 사람, 집단의 사회적 구성, 심지어는 사상가의 영향까지 관련되는 것이다.

리더가 별도로 있고 따르기만 하는 사람들이 별도로 있다는 생각도 바꿔 볼 필요가 있다. 좋은 리더는 구성원들 각자가 스스로 리드하고 능력을 발휘할 수 있도록 격려하며 조성한다. 같은 맥락에서 Manz와 Sims(1991)는 슈퍼 리더십(super leadership)이라는 용어를 사용하면서, "최적의 리더는 사람들이 스스로 리드하도록 리드해 주는 사람"이라고 말한 바 있다.

■ 변환적 리더십의 특징

- 카리스마(charisma) : 변혁적 리더는 조직에 대하여 강한 비전과 사명감을 제공한다.
- 지적 자극 : 변혁적 리더는 구성원들이 문제를 인식하고, 그 해결책을 만들어 내는 것을 돕는다.
- 개인별 자상한 배려(individualized consideration) : 변혁적 리더는 구성원들이 일을 잘 수행하는 데 필요한 지원, 격려, 관심을 준다.
- 영감적 동기부여(inspiration) : 고취능력이라고도 하는데 변혁적 리더는 조직사명의 중요성을 분명히 전달하고, 리더의 노력에 초점을 맞추는 데 도움이 되는 상징에 의존한다.

3. 과정으로서의 리더십

리더십에 관한 가장 최근의 관점은 리더십을 과정(process)으로 보는 것이다.

Drath와 Palus(1994)는 종래의 리더십 이론들이 리더, 구성원, 지배, 동기부여, 영향력 같은 아이디어에 토대를 두고 전개되어 왔다고 평하면서, "리더십은 하나의 과정이며 리더 자신도 실천 사회의 한 구성원으로 보아야 한다."고 주장한다.

다시 말해서, 리더십의 초점이 리더냐 구성원이냐를 따질 것 없이 함께 노력하고 팀워크를 이루어 나가는 과정으로서의 리더십을 연구한다는 것인데, 이렇게 되면 지배라든지 동기부여라든지 하는 전통적 이론의 주된 내용이 크게 달라지게 된다. 지배하는 자, 지배를 받는 자, 동기부여 수단을 행사하는 자, 동기부여되는 자를 구별할 필요가 없고, 활동에 동참하는 사람은 누구나 리더십의 적극적 역할을 담당하게 되는 것이다.

Drath와 Palus가 말하는 실천 사회(community of practice)란 역사, 가치관, 신조, 언어 표현, 행동방법을 공유하는 사회를 말한다. 이는 조직문화라는 말을 달리 표현한 것이라고 볼 수도 있다. 실천 사회의 모든 구성원들(리더 포함)은 각자와 주변 세계에 대한 지식을 계속 구축하고 함께 일하면서 공감적 해석을 개발하여 하나의 집단으로서의 성공을 추구해 나간다. 이와 같은 노력은 해석, 예견, 계획으로 이어진다. 요컨대, 리더십은 모든 사람들의 참여를 통해 의미를 창출하고, 그 의미에 입각한 행위를 창출하는 과정인 것이다.

이와 같은 과정 이론을 적용하면 팀조직의 리더십 상황을 더 잘 설명할 수 있다. 최근에는 팀 중심의 자율적 운영을 강조하면서 감독자, 보스, 리더의 필요성에 의문을 제기하는 사람들도 있다. 물론 아직은 이러한 견해를 단정적으로 말할 단계가 아니다. 팀조직에서도 사람들을 안내하고 코치하고 외부 환경에 대한 주의를 환기하고 외부와의 관계를 유지하는 역할을 누군가가 해야 할 것이다. 여하튼 오늘날 팀조직에서의 리더십 문제는 새로운 연구과제로 등장하고 있다.

1) 자율적 리더십의 의의

팀의 리더를 포함하여 팀 구성원 모두가 자율적으로 스스로 관리하고 이끌어 가는 리더십을 발휘하는 것에 관한 이론으로서 자율적 리더십 이론이 등장하였다. 자율적 리더십(self-management leadership) 또는 자기 리더십이란 문자 그대로 자기가 스스로 자신을 리드하는 리더십을 가리키는 것이다.

자율적 리더십은 부하들의 입장에서는 자기규제와 자기통제에 의해 스스로 자신을 이끌어 나가는 것을 말하며, 리더의 입장에서는 부하들이 그러한 능력을 갖도록 촉진하고 지원하는 과정을 말한다. 즉 "나를 따르라."와 같은 식의 리더십이 아니라 "자율적으로 하라."는 식의 리더십이다.

2) 자율적 리더십의 특징

자율적 리더십은 기업에서 자율경영이 가능하도록 부하를 개발하는 데 초점을 두고 있다. 즉, 리더는 부하들이 잠재능력을 최대한 발휘할 수 있도록 자극을 주고 스스로 모범을 보이며, 궁극적으로는 관리가 필요 없는 수준으로까지 조직의 힘을 키우는 것이다.

자율적 리더십은 지금까지의 리더십 이론과 동기부여 이론의 통합이론을 구축하는 데 유용한 개념적인 기초를 제공한다.

3) 슈퍼 리더십

특히 리더가 구성원들을 스스로 판단하고 행동에 옮기며, 그 결과도 책임질 수 있는 셀프리더로 만드는 리더십을 슈퍼 리더십(super leadership)이라고 한다. 이러한 슈퍼 리더십은 세 가지 역할을 수행한다.

■ 슈퍼 리더십의 역할

① 조직에서 리더가 먼저 셀프리더가 되어 행동으로 모범을 보임으로써 부하의 대리학습(vicarious learning)을 촉진할 수 있는 모델 역할을 한다.
② 부하의 장래 비전과 목표의 설정을 지원하는 코치로서의 역할을 하며 구성원 개개인이 스스로 이끌어 나갈 수 있는 셀프리더가 되도록 한다.
③ 집단을 자율적으로 운영되는 체제로 전환시키는 변화 담당자로서의 역할을 한다.

■ 리더가 갖추어야 할 역량

리더는 다른 사람들이 자신을 따르도록 만드는 영향력이 있다. 성공적인 리더는 다음과 같은 특징을 보인다.

① 현재와 미래에 영향을 줄 수 있는 비전을 제시한다.
② 장기적인 안목을 가진다.

③ 조직 전체에 이익이 되는 다양한 활동에 주력한다.

④ 상황적 변수를 이해할 수 있는 능력으로 비전달성을 돕는 프로세스와 구조를 만들어 낸다.

⑤ 다양성을 인정한다.

⑥ 자기계발을 적극적으로 지원한다.

⑦ 공통의 이익에 기여하는 태도와 행위를 장려한다.

⑧ 자신의 윤리의식을 보여 주고, 개인적인 신뢰감을 구축한다.

항목	리더십 성격
개인적 리더십	개인 위주의 리더십, 개인만의 시각에서 세상을 바라봄
집단적 리더십	지도자–추종자 사이에 개개인의 목표와 비전이 모여 집단이 같은 목표, 같은 비전을 가지고 그것을 달성하기 위한 목표 지향적 마음을 가지는 것
지속적 리더십	목표와 비전을 이루고자 하는 초창기의 리더십을 쉽게 단념 · 포기하지 않고 변혁을 위해 체계적인 노력을 지속하는 것
창조적 리더십	실수로부터의 학습을 환영하고, 비판과 부정보다는 긍정으로써 현실을 판단하여 예술적인 열린 시각으로써 이끄는 것

4. 리더십의 귀인모형

1) 귀인모형의 의의

리더십의 귀인모형(attribution model of leadership)은 부하에 대한 리더의 판단과 행동은 부하의 성과를 어떻게 해석하느냐에 달려 있다는 전제하에 귀인이론(attribution theory)을 리더의 행동에 적용하는 이론이다.[2] 이 모형은 주어진 상황의 특이성과 일관성, 일치성을 중심으로 리더십 상황을 파악하고 부하의 행동원인을 규명한다. 그리고 그에 따라 리더행동(상, 벌, 작업개선 등)을 결정한다.

2) 귀인이론은 자신이나 타인의 성공이나 실패와 관련한 행동 원인을 설명하는 방식에 대한 이론이다. 귀인이론을 체계화한 B. Weiner는 사람들이 성공이나 실패의 원인을 귀인할 때 늘 비슷한 방식으로 반응하려는 경향을 가지며, 성공이나 실패의 원인을 무엇으로 인지하느냐에 따라 개인의 행동양식이 결정된다고 가정한다.

2) 리더와 부하의 귀인적 행동경향[3)]

① 부하는 자신의 저조한 성과를 외적 요인에 귀인시키는 반면, 리더는 부하 자신의 내적 요인에 귀인시키는 경향이 있다.
② 리더가 부하의 저조한 성과를 그의 내적 요인에 귀인시키는 경우에는 부하를 직접 질책하고, 부하의 성과가 크게 저조할수록 그 원인을 외적 요인보다는 부하 자신의 내적 요인에 귀인시키고, 부하를 개인적으로 질책한다.
③ 부하의 성과를 그의 노력에 귀인시키는 경우, 리더는 자신의 능력에 귀인시키는 경우에 비하여 더 극단적인 평가를 하는 경향이 있다.
④ 리더는 여성의 높은 성과는 외적 요소에 귀인시키고 낮은 성과는 내적 요소에 귀인시키는 반면, 남성의 높은 성과는 그의 내적 요소에 귀인시키고 낮은 성과는 외적 요소에 귀인시키는 차별 경향이 있다.

5. 카리스마적 리더십

1) 카리스마적 리더십의 의의

조직이 매우 어려운 시기에 어떤 리더들은 구성원들(followers)의 신념, 지각, 가치관, 행동들의 심각한 변화를 만들어 내는 데 성공적이다. 이러한 리더들을 카리스마적 리더(charismatic leaders)라 부른다.

2) 카리스마적 리더의 특징

카리스마적 리더를 그렇지 못한 리더와 구분하는 다섯 가지 요인은 다음과 같다.

① 자신감 : 카리스마적 리더는 그들의 능력과 판단에 고도의 확신을 갖고, 다른 사람들이 곧 이를 알아차린다.
② 비전 : 카리스마적 리더는 기존 조건이 어떻게 개선될 것인가를 제안하는 비전을 가지며, 이 비전을 구성원들에게 분명하게 전달하고 이해시킨다. 또한 그

3) 이학종 · 박헌준, 『조직행동론』, 법문사, 2004, pp. 374~375에서 정리

비전에 대한 강한 확신을 나타내며, 개인적인 자기희생을 통해서라도 그 비전의 실천에 힘쓴다.

③ 비범한 행동 : 카리스마적 리더는 관습에 얽매이지 않는다. 그들의 기이한 방법이 성공하는 경우에는 경탄을 자아낸다.

④ 변화 담당자로서의 역할 인식 : 현상유지는 카리스마적 리더들의 적이다. 그들은 일이 되도록 만들어 간다.

⑤ 환경적 감수성 : 카리스마적 리더는 그들에게 부과된 제약조건들이나 변화에 필요한 자원에 대하여 지극히 현실적이다. 즉, 그들은 그들이 할 수 있는 일과 할 수 없는 일을 알고 있다.

John Maxwell의 리더십의 핵심

1. 정상에 있다고 외롭다면 당신이 뭔가를 잘못하고 있다는 증거이다.
2. 올바른 길로 인도하기에 가장 힘든 사람은 언제나 리더 자신이다.
3. 결정적 순간에 당신의 리더십이 결정된다.
4. 뒤를 걷어차이면 앞서고 있다는 증거이다.
5. 평생 단 하루도 일하지 마라. 그저 일을 즐겨라.
6. 최고의 리더는 잘 듣는 사람이다.

   좋은 리더십을 발휘하기 위해 경청해야 하는 이유
   - 상대를 이끌기 전에 먼저 이해해야 한다.
   - 경청은 최고의 학습법이다.
   - 경청은 문제의 악화를 막는 비결이다.
   - 경청에서 신뢰가 싹튼다.
   - 경청은 조직의 발전을 위한 밑거름이다.

7. 강점을 찾아 강점에 집중하라.
8. 리더의 첫 책임은 현실을 직시하는 데 있다.
9. 조직원들을 보면 리더의 됨됨이가 보인다.
10. 오리를 독수리학교에 보내지 마라 : 적절한 인재를 그에 맞는 적절한 자리에 배치해야 한다는 의미다.
11. 중요한 것에 집중하라.
12. 가장 큰 잘못은 어떤 잘못을 하고 있는지 묻지 않는 것이다.

13. 시간을 관리하지 말고 삶 자체를 관리하라.
14. 리더의 역할을 유지하기 위해서는 계속 배워야 한다.
15. 유능한 리더는 힘든 시기에 더욱 빛난다.
16. 사람은 사람을 떠나는 것일 뿐, 회사를 떠나는 것은 아니다.
17. 경험이 최고의 스승이 아니다 : 경험을 토대로 되새겨 보고 교훈을 찾는 작업을 하지 않는다면 경험은 그저 과거일 뿐이다.
18. 회의를 효율적으로 끌어가는 비결은 회의 전 회의에 있다.
19. 수직적 관계만이 아니라 수평적 관계도 생각하라.
20. 어떤 결정을 내리느냐에 따라 우리 미래가 달라진다.
21. 영향력은 빌리는 것이지 거저 받는 것은 아니다.
22. 모든 것을 가질 수는 없다, 포기할 줄 알아야 한다.
23. 여행을 함께 시작한 사람들이 다 함께 여행을 끝내지는 않는다.
24. 많은 사람이 성공을 바라지 않는데 성공한 리더는 없다.
25. 묻지 않은 질문에는 누구도 답해 주지 않는다.
26. 결국 당신의 삶은 한 문장으로 정리된다.

8.3 팀 리더십의 개념과 숙련

팀이라는 말과 리더십이라는 말을 결합하면 팀 리더십(team leadership)이라 말할 수 있는데 이것은 비교적 새로운 개념의 연구 분야이다. 팀 중에서 특히 자율팀(self-directed team)의 문제가 어렵다.

Fisher(1993)는 자율팀을 "최소한의 감독으로 업무를 수행하고 하루하루 자기 관리를 할 책임을 가진 종업원들의 집단"이라고 정의했다. 고도의 협동이 필요한 자율팀에서는 1인의 리더가 책임진다는 종래의 리더십 개념이 적용되지 않는다. 물론 자율팀에도 공식적 리더가 지명될 수 있다. 그러나 공식적이라고 해서 리더의 역할이 항상 일정하게 규정되는 것은 아니다. 요즘에는 공식적 리더가 회의 진행 등 국한된 역할만 담당하고 실제의 팀 리더십은 다른 원천에서 나오는 경우를 흔히 볼 수 있다.

팀 구성원들이 교대로 리더를 맡는다든지, 업무별로 리더를 둔다든지, 비공식적 리더가 중요한 역할을 하는 경우도 있다. 팀 리더십에 관한 연구에서 가장 어려운 점은 누가 리더인가를 식별하기 어렵다는 사실이다. 따라서 리더에 초점을 두지 말고 팀의 리더십 과정(leadership process)에 초점을 둘 필요가 있다. 실제로 리더십 행동은 팀 내의 1인, 다수, 또는 팀 외부 인물에게서 나올 수도 있다. 자율관리를 계속 실천하면 팀 구성원들은 결과에 대한 책임의식이 높아지고 성과 개선에 힘쓰게 되며, 때로는 각자가 리더처럼 리더십에 공헌하는 현상까지 발견할 수 있다고 한다. 이런 여건에서는 리더를 구별하기가 더 어려울 것이다.

조직이 전통적 계층제에서 팀구조(team-based structure)로 전환되면 리더십의 역할과 기능도 변화될 수밖에 없다. 지휘 · 통제형의 리더십은 새로운 모습으로 설계된 권한위양형 조직에는 맞지 않는다. 과거의 성공적 리더가 미래에도 여전히 성공적일 것이라는 보장은 없다.

Fisher(1993)는 "자율팀 책임자는 전통적 경영자들이 구사했던 것과는 아주 다른 리더십 기술을 필요로 한다."고 했다. 사실상 '유효한 리더(effective leader)'라는 개념 자체가 불필요하게 될지도 모른다. 행동 변화도 생각해야 한다. 그러나 행동이 어떻게 달라지는가에 대한 명쾌한 대답은 아직 없다. 그 이유는 성공에 이르는 과정 및 행동에 대한 경험적 · 실증적 연구가 아직 부족하기 때문이다. 성공적인 팀 리더십을 위해 무엇이 필요한가를 이해하려면 오늘날 조직 상황에서의 동기부여에 관한 지식이 더 많이 필요할 것이다.

윗사람이 아랫사람에게 일방적으로 베푸는 식의 지난날 동기부여 개념도 이제는 달리 생각해야 하겠지만, 여하튼 동기부여는 팀조직이나 팀 리더십을 이해하는 데에도 긴요한 요소임에 틀림없다. 최근 많은 관심을 끌고 있는 학습조직과의 관계, 즉 학습조직, 동기부여, 리더십, 3자 간의 관계는 어떤 것일까?

Senge 등(1994)은 학습조직이야말로 가장 생산적인 조직이고 학습조직 존재의 필수 조건은 공동목표에 대한 자각과 동기부여라고 한다. 진정한 학습조직은 아직 우리 주변에서 찾아보기 어렵다. 그러나 우수한 조직들은 학습조직이 되려고 열심히 노력하고 있다. 학습조직에서는 리더뿐만 아니라 모든 구성원이 가치관, 동기, 목표에 대해 투철한 의식을 갖는다. 모두가 공동목표를 위해 동참하고 주인의식을 지니며 생산적으로 조직을 전진시키는 일에 동기부여가 되어 있다. 각자 일의 성격과 내용도 달라진다. 혁신, 창의성, 사고, 이니셔티브가 매우 필요하다.

종래 리더십 이론들의 처방은 학습조직이나 자율팀에는 잘 맞지 않는다. 최근에는 다른 종류의 처방이 등장하고 있다. M. Horner(1997)는 "미래의 리더들은 새로운 조직 개념에 적합한 비전, 가치관, 가정, 패러다임에 충실해야 성공적일 수 있을 것"이라고 주장한다. 공통의 비전이나 방침을 명확히 하지 못한다면 사람들이 각자 임의로 판단하게 되고, 결국 조직 전체의 방침이나 패러다임에 일치되는 정렬이 안 될 것이기 때문이다.

지금 우리에게 필요한 것은 보다 구체적인 팀 리더십 행동방안이다. 아직은 탐색 단계이지만 대표적인 연구 결과 몇 가지를 소개하겠다.

■ 팀을 이끄는 데 필요한 행동(Kozlowski et al., 1995)

① 공유지식 개발
② 멘토(mentor) 역할
③ 해설 능력
④ 집단적 과정의 원활화
⑤ 정보 제공
⑥ 성과 추적
⑦ 커뮤니케이션 개방화
⑧ 목표 제시
⑨ 능률적 자원 할당

■ 팀의 민주적 운영에 필요한 숙련(Dew, 1995)

① 참가적 회의 진행 능력
② 경청
③ 갈등처리 능력
④ 측정 기술
⑤ 집단 중심의 의사결정 숙련
⑥ 남을 가르치는 능력
⑦ 팀 구축 능력

■ 전술적 숙련과 전략적 숙련(Wilson & Wellins, 1995)

① 전술적 숙련
- 커뮤니케이션 숙련
- 업적 관리
- 분석 및 판단

- 코칭
- 지속적 개선 및 임파워먼트

② 전략적 숙련
- 비전과 가치관으로 이끌기
- 신뢰감 구축
- 학습 분위기 조성 및 지원
- 타 부서와의 파트너십

■ 팀 외부 환경과의 관계(Frohman, 1995)

팀과 최고경영층 간의 과업 조정, 자원 획득, 멤버 교체, 또는 시간 여유에 관한 협상 등 최고경영층과의 가교 역할이 팀 운영에 긴요하다.

8.4 Nadler의 변화관리 원칙

Nadler(1989)의 원칙은 변화관리를 위한 가이드라인이다. Nadler는 변화의 종류를 ① 부분적 변화와 전면적 변화, ② 사후 대응적 변화와 예견적 변화로 나누고, 특히 예견적 변화 중에서 전면적인 변화를 가리켜 '리오리엔테이션(reorientation)'이라고 불렀다. 리오리엔테이션은 변화의 종류 중 가장 변화 폭이 크며 계획적이고 전략적인 변화이다. 우리가 지금 관심을 갖는 품질문화적 변화도 바로 이러한 리오리엔테이션에 해당한다.

Nadler는 다른 변화보다 특히 리오리엔테이션 변화에 주목하고 이에 대비하기 위한 변화관리 원칙을 제시했다. 9개의 원칙을 정리해 보면 다음과 같다.

■ 비전 원칙(vision principle)

바라는 미래 상태에 대한 명확한 비전을 만들고 비전에 관한 커뮤니케이션에 노력하는 것이 가장 중요한 첫 단계이다. 앞으로 어떻게 달라지고 그 변화가 각자에게 어떤 영향을 주게 될 것인지 사람들이 알아야 한다. 효과적인 리오리엔테이션을 하기 위해서는 비전의 재개발이 필요하다. 비전 개발에서 고려할 사항은 다음과 같다.

① 왜 그러한 비전과 변화가 필요한지에 대한 당위성 설명
② 이해관계자들 간의 토의
③ 핵심적 가치관과 신념을 토대로 하는 성과목표
④ 비전 성취를 위한 조직구조 및 운영 스타일

■ 에너지 원칙(energy principle)

조직에는 기존 질서와 가치관을 보존 · 유지하는 힘이 존재하여 변화에 대한 저항력으로 작용한다. 따라서 변화를 시도하기 위해서는 그 힘에 대응할 상당한 에너지가 필요하다. 리더의 설득력도 그러한 에너지의 일부이다. 만일 기존체제의 문제점이 분명하고 그 때문에 많은 사람이 고통을 받고 있다면 변화에 필요한 에너지가 자발적으로 형성될 수도 있을 것이다.

물론 그 반대의 경우도 있을 수 있다. 즉, 고통을 변화의 계기로 보지 않고 오히려 방어적으로 행동하는 것이다. 이런 경우는 대개 정서적 반발심 때문이다. 따라서 변화에 필요한 에너지를 창출하기 위해서는 변화의 불가피성을 강조함과 아울러 관용과 인내심도 요구된다.

■ 중심 원칙(centrality principle)

핵심적이고 전략적인 과제를 우선 명확히 하고 이에 충실하도록 해야만 성공적 변화가 가능하다.

■ 3주제 원칙(three-theme principle)

Nadler는 특정 기간 중 추진할 주제의 수를 제한하여 3개 정도로 하라고 주장한다. 작은 변화도 사람들을 혼란에 빠뜨릴 수 있다. 주제가 너무 다양하면 구성원들이 소화할 수 없고 혼란만 가중될 것이다. 중요한 것은 주제의 수가 아니라 소화시킬 수 있는 주제에 대한 일관성 있는 노력이다.

■ 매직 리더 원칙(magic leader principle)

가시적 · 행동적 리더십이 요구된다. Nadler는 매직 리더십이라는 특수한 명칭을 도입하고 다음과 같이 설명한다.

① 비전을 제시하는 리더

② 높은 표준치 설정, 상벌의 관장, 또는 혼신의 에너지를 과시함으로써 변화의 에너지를 창출하는 리더
③ 구성원의 능력 발휘와 동기부여가 가능하도록 업무 프로세스, 자원, 구조를 설계하는 리더

위와 같은 리더를 가리켜 매직 리더라 지칭한다. 이 세 요소는 대규모적 변화에 성공한 리더들의 공통된 특징이다.

■ 지지기반 원칙(leadership is not enough principle)

리더 혼자의 힘으로 대규모 변화를 추진할 수는 없다. 처음에는 단순한 추종자(follower)였던 사람도 후에 동역자(helper)가 되고 궁극적으로 변화의 공동주체(co-owner of the change)가 됨으로써 지지기반을 확장해 주어야 한다. 이를 가능하게 하기 위해 다음과 같은 방법이 필요하다.

① 비전을 공유하는 강력한 추진 팀 개발
② 조직 전반의 참여체제 구축

■ 계획 · 기회 믹스 원칙(planning and opportunism principle)

변화의 수순을 치밀하게 계획하는 것도 중요하고, 계획에 없는 어떤 기회가 생겼을 때 그 기회를 이용하는 것도 중요하다. 리오리엔테이션은 불확실성이 큰 변화 과정이다. 따라서 계획과 기회 포착, 어느 한쪽에만 치우치지 말고 양자를 잘 믹스 할 줄 알아야 한다.

■ 동시다발적 수단 활용 원칙(many bullets principle)

변화를 추구하면서 동시적으로 계획체제, 정보 시스템, 보상체제, 업적 평가 및 표준, 예산, 자원 할당 등 각종 수단을 변화의 지렛대(points of leverage)로 이용해야 한다. 변화가 이루어진 후에 이러한 것들을 개혁하겠다고 생각하는 것은 잘못이다. 다수단적 지렛대 활용은 변화를 촉진하고 지원하는 데 매우 중요하다. 예컨대, 새로운 비전을 추구할 때에도 그저 비전만을 생각할 것이 아니라 팀 빌딩, 교육훈련, 전략계획, 구조조정을 동시에 추진하는 것이 바람직하다.

■ 투자 · 회수 원칙(investment-and-returns principle)

고위급 경영자들의 시간은 항상 여유가 없는 중요한 자원인데, 변화를 추진하기 위해서는 회의, 교육훈련, 발표회 등에 고위급 경영자들이 참석하지 않으면 안 된다. 일반적으로 변화를 추진하는 데에는 상당한 시간, 자금, 에너지가 소요된다. 따라서 이를 인정하고 투자함으로써 회수한다는 사고방식이 필요하다.

8.5 리더십 시스템

1. 리더십 시스템의 개념

리더십은 구성원들이 계속 앞으로 나아가게 하는 방법을 찾아내는 예술이라고 정의되기도 한다. 리더는 리더십을 발휘하여 조직의 가치, 성과의 기대 수준, 그리고 고객과 기타 이해관계자를 위한 가치의 창출과 균형이 달성되도록 한다. 리더는 구성원의 능력을 계발하고 동기부여를 함으로써 혁신을 위한 여건을 마련하고 조직의 방향을 올바르게 정하여 미래의 기회를 추구해야 한다. 리더십은 지속적인 개선을 위한 핵심요소이다. 바람직한 리더십의 부재는 곧 경영 품질의 낙제를 의미하는 것이다.

누가 리더인가? 리더는 무엇을 하는 사람인가? 이에 대한 적절한 대답은 Baldridge 국가품질상(BNQA)의 평가기준에서 찾아볼 수 있다. BNQA의 평가기준 중 첫 영역은 '리더십 시스템'이다. 다소 생소한 표현이지만 우리는 리더십을 시스템으로 이해해야 한다.

리더십 시스템의 개념은 첫째, 한 조직에 한 사람의 리더만 있는 것은 아님을 강조한다. 리더십 시스템은 다수의 리더들이 서로 조정하고 협력하는 시스템이다. 둘째, 리더십이란 비전을 정하고 공유하고 이를 달성할 수 있도록 조직을 이끌어 가는 프로세스가 갖추어진 시스템이어야 한다.

예컨대 M. Zairi(1999)는 리더십 프로세스 평가표를 제시하여 그 프로세스를 구체적으로 보여 준 바 있다(〈표 8-2〉 참조). 이 표에는 비전 작성, 방침 전개 등의 요소가 누락되어 있으나, 리더가 리더십을 프로세스 또는 시스템으로 이해하고 서로 조정 · 협력해야 할 내용이 예시되어 있다. 이러한 리더십 프로세스를 구체적으로

◉ 표 8-2 리더십 프로세스 평가표

최선 실천기준	1	2	3	4	5
1. 모든 고위 리더들이 성과 개선에 참여한다.	☐	☐	☐	☐	☐
2. 고위 리더들이 품질 및 성과 개선 활동에 상당한 시간을 투입한다.	☐	☐	☐	☐	☐
3. 고위 리더들이 많은 가시적 활동을 수행한다(예 : 성과/프로세스 개선에 관한 목표 선정, 계획, 인정 및 보상체제 구축 등).	☐	☐	☐	☐	☐
4. 고위 리더들이 협력회사 및 고객과 접촉한다.	☐	☐	☐	☐	☐
5. 고위 리더들이 승진기준에 조직 가치관이 반영되도록 하고 이를 관리자들에게 주지시킨다.	☐	☐	☐	☐	☐
6. 고위 리더들이 타 조직의 성공 사례를 연구한다.	☐	☐	☐	☐	☐
7. 고위 리더들이 고객 초점, 고객 만족, 전원 참가, 모범적 리더십, 지속적 개선, 성과 최적화 등 주요 가치를 조직 전반에 걸쳐 명확하고 일관되게 실현한다.	☐	☐	☐	☐	☐
8. 고객, 프로세스, 종업원 성과/만족에 관한 객관적 데이터와 사실에 근거하여 결정한다.	☐	☐	☐	☐	☐
9. 성과 평가, 문제점, 개선방법을 토의하기 위해 고위 리더들이 정기적으로 회의를 한다.	☐	☐	☐	☐	☐
10. 리더십 개선을 위한 변화 수용 증거가 있다.	☐	☐	☐	☐	☐
11. 개선의 우선순위는 고객, 성과, 재무 데이터에 의해 정해진다.	☐	☐	☐	☐	☐

인식하고 적용하기 위해서는 무엇보다 품질 지향적 접근방법에 익숙해야 한다. 기업이 처한 환경에 따라 다를 수 있으나 오늘날과 같이 경쟁이 치열한 기업환경하에서는 품질 지향적인 리더십이 특히 요구된다. Deming 박사는 "높은 수준의 품질을 달성하고 싶다면 경영진이 품질 문제를 직접 관장하지 않으면 안 된다."고 하면서 품질에 대한 리더의 솔선수범이 중요함을 언급하였다.

이러한 정신은 식스시그마를 도입한 시티은행에서 찾아볼 수 있다. 즉, 은행장이 경영전략 회의에서 제일 먼저 품질지표에 대해서만 발표를 듣고 나머지 이슈에 대해서는 임원들끼리 알아서 하라고 말하고 회의장을 빠져나간 것이다. 그것도 한 번으로 그치지 않고 여러 번 그렇게 하였다. 품질에 대한 최고경영자의 이러한 열정은 시티은행의 은행장뿐만 아니라 Baldridge 상을 수상한 많은 기업의 최고경영진이 보여 준 공통된 사항이다.

조직의 리더십이란 조직 내부 차원에서 리더가 리더십을 발휘하여 다른 조직 구성원들이 석유를 지고 불구덩이에라도 뛰어 들어갈 수 있도록 하는 능력이다. 이것은 W. Ouchi가 제시한 리더십의 정의(Leadership is the ability to cause others to follow into areas of uncertainty)와 유사하다.

여기서 반드시 지켜야 할 일은 리더십의 방향이나 리더의 역할이 제대로 되었는지를 점검해 보는 것이다. 즉, 기업의 성과가 리더십 발휘와 어떤 관계가 있는지를 체계적으로 분석하고 측정하여 피드백하는 시스템을 구축해야 하는 것이다. 만약 이런 시스템이 없다면 그저 주먹구구식인 경험과 직관 아니면 오만과 편견에 의존하여 의사결정을 하게 되기 때문이다. 리더십은 개인이 가진 특성이기도 하므로 리더의 특성을 연구하여 그러한 특성을 모방하는 것도 의미가 있으나, 그보다는 리더십의 발휘 시스템을 체계적으로 구축하는 것이 초우량 서비스 기업의 수준에 도달하는 지름길이 될 수 있을 것이다.

2. 리더십 발휘의 구조

리더가 경영환경의 변화를 잘 읽고 명확한 비전을 제시한다고 하더라도, 조직 규모가 커질수록 비전 실현을 위한 경영구조의 좋고 나쁨이 조직의 성패를 결정짓게 된다. 리더십 발휘의 구조란 비전과 그것을 실현하기 위한 경영의 구조, 구체적 추진 대책, 실효성의 확인방법 등을 의미한다. 리더십을 발휘하기 위한 구조가 좋은지 나쁜지를 결정하는 요인으로 몇 가지를 생각할 수 있다.

첫째, 패러다임 전환 중의 위기와 눈앞의 환경 변화에 대하여 경영자가 적절한 판단을 신속하게 할 수 있는가, 둘째, 위기에 대해서 철수전략을 포함한 결단이 가능한가, 셋째, 경영자의 고도의 통찰력이나 판단을 사원과 함께 공유하고 경영 비전을 조직 전체에 확실하게 침투시킬 수 있는가 등이다. 이러한 사항을 염두에 두고 구체적인 중점시책을 실행할 수 있는 구조를 구축해야 한다.

다음은 리더십 발휘의 구조에 관련된 사례이다. 일본 세븐일레븐은 일본경제신문사가 발표한 1998년 우량기업 순위 전년도 11위에서 2위로 약진하였다. 이 순위는 1998년 7월 1일의 시점에 2,190개 사를 대상으로 규모, 수익성, 안전성, 성장력의 네 항목으로 평가한 결과이다. 일본 세븐일레븐이 우량기업 순위에서 2위가 된 최대의 요인은 스피드를 신조로 한 스즈키 도시후미 회장의 리더십에 있다고 할 수 있다. 즉, 고객과 시장의 필요를 이해한 후, 전략을 책정하고 그 전략에 근거한 중점시책을 신속히 전개해 가는 리더십 발휘의 구조가 효과적으로 구축된 결과이다. 스즈키 회장의 고객 지향적 리더십은 철저하다. 예를 들면 회의는 1시간으로 끝낸다.

환경 변화에 대응하기 위해 임원들이 과거의 성공 사례를 예로 인용하면 "과거보다는 현재와 미래의 고객이 어떠한 필요를 가지고 있는지가 더 중요하다."고 질책한다. 격변하는 환경에 적절히 대응하기 위해 항상 고객을 관찰하는 자세를 언제나 유지하려는 것이다.

이 회사는 1975년에 24시간 영업을 개시하여 1976년에는 일일 상품의 공동 배송을 시작하였다. 그리고 1982년에는 POS 시스템을 가동하였으며, 1987년에는 전 점포에서 문고판의 판매를 시작하였다. 더욱이 1988년부터는 도쿄가스의 요금수납 업무를 취급하였으며, 1994년에는 아이스크림업계 대기업 5개 회사와 제판(製販) 동맹을 결성하였고, 1996년 게임 소프트를 취급하기 시작하였다. 리더십 발휘의 구조를 지원하는 다른 하나는 사람의 인프라이다. 세븐일레븐의 사풍으로 직무 이외의 경우에는 회사의 인간관계를 끌어들이지 않고 직함이나 직위로 사람을 부르지 않는다는 기업풍토가 있다.

8.6 조직 활성화를 위한 리더십

1. 조직 활성화를 위한 리더의 역할

경계가 없는 기업환경에서 경영자의 역할은 기준을 설정하고, 그 기준 내에서 직원들이 자발적으로 움직이도록 독려하며, 회사와 고객과의 문제점의 매듭을 풀어주고, 직원들과 목표 설정부터 함께 하고, 공동체의 목표 달성을 위하여 협상하는 것이다. 경영자는 최종결정이나 건의사항이 애초에 염두에 두었던 것과는 다를 수 있다는 사실을 인정해야 한다. 기업에서 일선에 근무하는 조직원들이 회사 성공의 열쇠라는 사실을 인식한다면, 경영자의 역할이란 직원들과 그들이 봉사하는 고객을 도와주는 것임을 쉽게 알 수 있다. 기업을 통제하는 것은 권력을 장악한 경영자가 아니고 '기업의 이념'이다.

활력이 충만한 조직에서 경영자의 또 다른 임무는, 거대한 조직이면 조직이 원하는 목표와 실제로 실행되는 것의 차이가 발생하므로 어디에나 있게 마련인 효과적인 업무 수행의 장애요인을 제거하는 것이다. 또한 언행일치가 이루어지지 않으면 리더십에 대한 신뢰가 저하되고 행동이 뒤따르지 않게 된다.

경영자가 언행 불일치의 괴리를 좁힐수록 사원들의 에너지가 회사목표 달성에 더 많이 분출될 것이다. 그러한 힘을 분출하기 위하여 경영자는 사원들의 솔직하고 단도직입적인 대화를 중요시하고 사원들에게 반대 의견을 개진할 권리를 부여해야 한다. 경영자가 추구하는 새로운 가치와 행동에 모범을 보이고 솔선수범하지 않으면 사원들이 가치를 실행하려 하지 않을 것이다.

리더의 가장 중요한 일 중 하나는 '일을 잘할 수 있도록 조직 구성원의 마음을 동기유발시키는 것'이다. 이를 위한 전형화된 정답은 존재하지 않는다. 그러나 동기유발을 시키기 위한 효과적인 방법은 다음 몇 가지로 설명할 수 있다.

① 부작용, 반작용이 없도록 미리 생각해 보고 행동하여 조직과 개인을 조화시킴
② 조직 분위기를 개방적으로 유지하고 인간적 갈등을 해소하며, 전문성을 키울 수 있는 기회를 제공하는 등 조직에 활력을 줌
③ 객관적인 기준을 제시하고 공정하게 평가하며 평과 결과에 대해 주기적으로 피드백을 잘함
④ 조직원의 적성, 희망, 재능, 핵심역량을 고려하여 직무를 할당하고 직무의 중요성과 공감대를 형성하며 새로운 가치 창조를 위한 핵심적인 역할과 특성을 고려함
⑤ 조직원의 핵심역량을 최대한 존중하고, 적합한 대우와 독특한, 차별화된 핵심역량을 발휘하도록 새로운 도전 기회를 제공함

훌륭한 관리자는 부하 직원이나 동료 또는 고객의 재능을 계발하여 조직의 목표 달성에 활용할 줄 아는 사람이다. 경영자는 평가와 보상을 기업의 핵심역량 향상을 위한 '기업문화의 핵심가치'와 고객 요구의 '효용가치'에 바탕을 두고, 조직원들이 돈 때문이 아니라 자신의 일에 대한 신념에 의해 움직이도록 분위기를 조성해 주어야 한다. GE의 Jack Welch 회장은 현대 리더십의 필수요소 4E를 Energy(조직 구성원에게 활력 제공), Energize(조직원에게 동기부여), Edgy(경영환경 불확실성에 대한 결단력), Execute(목표에 대한 추진 실행력)로 강조하였다.

1) 변화의 순환 과정에서 리더의 네 가지 특성

MIT의 「슬론 매니지먼트 리뷰」(2006년 여름 호)는 '어떤 변화에도 살아남는 기업의 조건(The Underlying Structure of Continuous Change)'에서 기업의 변화

는 대체로 4단계 순환구조를 갖는다고 설명했다. 4단계 순환구조는 단계별 주역과 특성을 지니며 다음으로 이루어진다.

① 아이디어 퍼뜨리기(전도자)
② 권위를 동원해 실행하기(군주)
③ 아이디어 정착을 위한 시스템 변화(건축가)
④ 변화 지속을 위한 기업문화 조성(교육자)

변화는 새로운 아이디어와 함께 시작된다. 적절한 의문과 효과적인 표현이 결합된 아이디어는 변화의 출발점이다. 이런 과정을 수행하는 사람들은 전도자에 비유될 수 있다. 전도자가 제 역할을 하려면 아이디어를 퍼뜨릴 수 있는 인적 네트워크와 뛰어난 설득 기술을 지니고 조직이나 주위 사람들에게 믿음과 지원을 받을 수 있어야 한다. 새로운 아이디어가 실행되려면 공식적인 권위와 권한을 갖고 직원들에게 명령을 내릴 수 있는 군주 역할을 누군가 해 줘야 한다.

아이디어 실행에 권위와 권한이 필요한 이유는 다음과 같다.

① 사람들의 망설임을 없앤다.

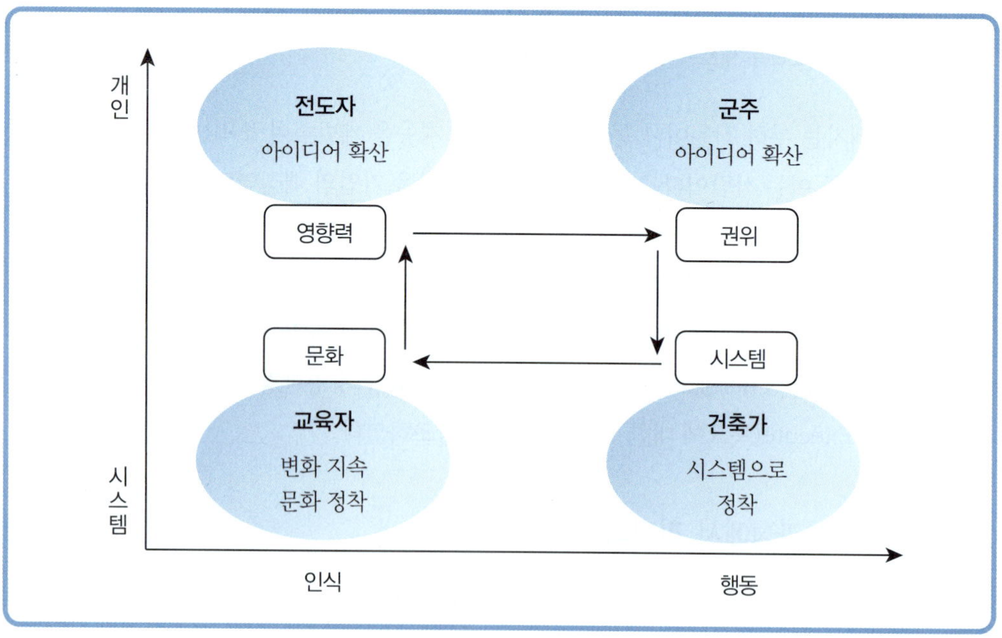

◉ 그림 8-2 변화의 순환 과정에서 리더의 네 가지 특성

② 아이디어에 대한 구체적인 해석이 필요하다.

③ 변화에 대한 저항을 극복하기 위함이다.

아이디어 정착을 위한 시스템이 구축되어야 하는데 여기에는 건축가의 자질이 필요하다. 그는 변화된 조직의 모습을 구체적으로 상상해 내며, 가장 적절한 업무방식과 업무공간을 계획한 후 거기에 맞춰 기존 시스템을 변화시켜야 하기 때문이다. 변화의 지속을 위해서는 교육자가 필요하다. 뛰어난 교육자는 직원들로 하여금 새로운 변화가 필요하다는 것을 깨닫게 하고 직원들이 전문기술을 활용할 수 있는 환경을 창출해야 한다.

변화에는 균형이 필요하다. 변화 과정에서는 전도자, 군주, 건축가, 교육자 모두 제 몫을 해야 한다. 먼저 개인과 시스템 간에 균형이 필요하다. 개인의 능력에 너무 의존하고 시스템 투자를 소홀히 하는 기업은 뛰어난 개인들이 떠날 때 기존의 능력과 창의성을 잃게 된다. 반면 대부분의 기업처럼 공정 자동화나 정보 인프라 구축에만 열의를 쏟으면 개인의 창의성이 줄어든다. 그러면 창의성이 결여된 제도만 만들어지고 기존 아이디어의 재생산과 확장만이 반복된다.

아이디어와 행동의 균형도 중요하다. 최근 인터넷과 세계화로 상징되는 속도의 시대에 즉각적인 실행과 성과가 요구되는 경우가 많다. 이렇게 되면 '지속적인 변화 = 지속적인 곡예'가 될 수 있다. 하나의 변화에 따른 태도, 가치, 믿음, 정체성의 조직문화가 확립되기 전에 또 다른 변화에 내몰릴 경우 직원들은 혼란으로 의욕을 잃고 기업은 전략적 목표의 초점을 잃게 된다.

2) John Maxwell의 리더십 법칙(리더에게 필요한 비타민 열두 가지)

① 관리자(headship)가 되지 말고 리더(leadership)가 되라.

② 리더는 변화를 창조하는 특별한 영향력을 가져야 한다.

③ 존경(덕장)을 받기 위해서는 시간이 필요하다. 거기에는 지름길이 없다.

④ 새로운 지식을 구하기 위해서는 항상 자신을 열어 두어야 한다.

⑤ 홀로 설 수 있는 사람만이 리더가 될 수 있다.

⑥ 위대한 리더로 가는 진정한 길은 자신을 낮추는 것이다(나보다는 우리).

⑦ 변화에 느리다는 것은 새로운 것을 두려워한다는 의미이다.

⑧ 리더십은 모두에게 유익하고 영원한 목표를 세우는 것이다.

⑨ 현실을 직시하고 과감하고 결단력 있게 행동해야 한다.

⑩ 리더십은 미래에 진정한 필요를 만족시키는 데 초점을 맞춘다.
⑪ 리더의 가장 큰 역할은 적재적소에 인적자원을 배치하는 것이다.
⑫ 리더십은 힘을 실어 주는 믿음에서 발휘되고 창조적 · 변혁적 사고가 필요하다.

3) 지도자와 보스, 관리자 모습

① 지도자는 배 밖에 있으면서 배에 탄 사람을 끌어당기는 권위주의자이다. 무엇이든 머리로만 이해하고 명령만으로 사람을 다룬다. 심장이 없다.
② 리더는 한 조직의 수족이 되어 일하면서 전체를 이끌어 내며 모두가 함께 움직이도록 한다. 두뇌와 심장이 함께 뛴다.
③ 권위주의자의 특징 : 인습과 관례, 전통에 얽매여 있다. 자기보다 힘 있는 자에게는 복종하고 힘이 약한 자는 멸시한다. 공사를 구분하지 않는다. 자기가 믿는 권위를 따르지 않는 자에게 영향력을 남용한다.
④ 카리스마적 지도자의 특징 : 인간적 매력이 있다. 복잡한 아이디어를 단순한 메시지로 여과시키며 위험을 두려워하지 않고 오히려 이를 즐긴다. 마음을 채우는 위엄이 있다. 전례 없던 일을 하고 낙천주의자이다. 감화작용을 일으킨다. 관습, 관례와 싸우는 의와 참을 구현하고자 하는 정의 구현자이다.

◉ 표 8-3 지도자와 보스, 관리자 모습의 비교

지도자	보스	관리자	지도자
• 사람을 이끌고 간다. • 자기 말에 책임진다. • 지지자를 만든다. • 선의에 의존한다. • 회초리가 필요없다. • 앞에서 권고하고 이끈다. • 공개적이고 남을 신뢰한다. • 희망을 준다. • 존경을 모은다. • 대중의 눈으로 세상을 본다. • 약점을 숨기지 않는다. • 타협과 대화를 중시한다. • 여러 개의 귀로 경청한다.	• 사람을 몰고 간다. • 자기 말도 무시한다. • 부하를 만든다. • 권위에 의존한다. • 회초리가 필요하다. • 뒤에서 호령하고 명령한다. • 비밀이 있고, 남을 신뢰하지 못한다. • 복종을 요구한다. • 권력을 쌓는다. • 자기 눈으로 세상을 본다. • 자기의 약점을 숨긴다. • 대화를 거부한다(권위상실 우려). • 귀를 닫는다.	• 현실 그대로 • 눈앞만 봄 • 언제, 어떻게? • 눈에 보이는 손익 계산 • 모방 • 관리, 통제 • 현상 유지	• 현실 도전, 극복 • 먼 앞날 설계 • 무엇을, 왜? • 장기적 관점에서 조망 • 창조 • 개선, 혁신 • 현상 타파

◉ 표 8-4 리더십 컬러의 특징

리더십 컬러	리더십의 특징	국내외 대표 인물
빨강 (서번트 리더십)	따뜻한 마음으로 신뢰를 얻는 '사랑형'	마더 테레사 수녀, 김수환 추기경
주황 (브랜드 리더십)	독창적이고 튀는 아이디어를 가진 '이미지 관리형'	Luciano Benetton, 김영삼 대통령
노랑 (사이드 리더십)	구성원들과 동고동락하는 '노심초사형'	Walt Disney, 노태우 대통령
초록 (파워 리더십)	말보다는 강력한 행동을 요구하는 '탱크주의형'	Jack Welch, 정주영 회장, 전두환 대통령
파랑 (슈퍼 리더십)	풍부한 지식을 지닌 박식한 리더인 '권한위임형'	마쓰시타 고노스케, 이병철 회장, 김대중 대통령
남색 (비전 리더십)	강력하고 올바른 비전을 제시하는 '카리스마형'	Bill Gates, 박정희 대통령
보라 (변혁적 리더십)	주어진 환경에 순응하지 않고 변혁에 도전하는 '뉴 웨이형'	Andrew Grove, 강영우 회장

2. 활력이 넘치는 조직을 창조하기 위한 리더십

조직의 목적 혹은 목표는 리더 한 사람이 아니라 조직원들의 상호협동과 조직 차원의 노력을 통해 달성될 수 있기 때문에, 활력이 넘치는 조직을 창조하기 위해서는 권한위임과 공유된 의사결정을 특징으로 하는 자율적인 조직을 효과적으로 운영해야 하고, 이를 위해서는 팀의 내적 리더와 외적 리더십의 발휘가 요구된다. Riches(1993)는 성공적이고 효과적인 팀조직의 특성을 다음과 같이 강조했다.

1) 성공적이고 효과적인 팀조직의 특성

① 도출된 가치가 있다.
② 의사소통이 원활하다.
③ 협동적이다.
④ 조직 구성원들의 능력 활용을 극대화한다.
⑤ 효과적인 방식으로 듣는 청취력을 가지고 있다.
⑥ 문제를 해결할 의지가 있다.

⑦ 팀 조직원들에게 기쁨을 제공한다.
⑧ 팀 조직원들의 동기가 크다.
⑨ 역동성이 있다.
⑩ 융통성이 있다.
⑪ 대립과 갈등에 대처하는 능력이 있다.
⑫ 다른 팀과의 관계를 맺고 관계성이 좋다.
⑬ 효과적인 리더십이 있다.

2) 팀조직 활동이 실패하는 원인(Lezotte, 1997)

① 구성원들이 팀의 기능, 목적, 목표를 모를 때
② 구성원들이 자신의 역할과 책임을 모를 때
③ 구성원들이 팀의 부분으로서 해야 할 임무와 처리방법을 모를 때
④ 구성원들이 기능, 목적, 목표를 받아들이지 않을 때
⑤ 구성원들이 역할과 책임을 거절할 때

3) 리바이스트라우스의 포부 헌장

"기업의 바람직한 미래상을 실현하기 위한 리더십 유형은?"

우리는 모든 사원들이 긍지를 가지고 직무를 수행하고, 회사에 기여하며, 배우고 성장하여 술수나 배경이 아닌 실력에 의해 승진할 기회가 보장된 회사를 원한다. 우리는 사원들이 존중받고 공정하게 대우받으며, 의견이 경청되고 적극적으로 참여하기를 원한다. 우리는 무엇보다도 성취와 우정으로부터 나오는 만족감, 직장생활과 개인생활이 조화된 삶, 그리고 우리가 추구하는 이 모든 과정에서 즐거움을 얻기를 추구한다. 우리가 꿈꾸는 리바이스트라우스의 미래상은 사실은 우리가 물려받은 토대 위에 건설하는 것이다. 즉, 우리 회사의 전통 중 최상의 전통을 살리고, 원칙과 현실 사이에 있을 수 있는 괴리를 좁히며, 현대 환경에 맞도록 우리의 가치를 수정하는 것이다.

우리의 포부를 실현하려면 어떠한 유형의 리더십이 적합한가?

• 새로운 행동 : 솔직하고 타인의 충고를 기꺼이 수용하며, 타인의 성공에 헌신적

이고, 문제해결에 앞장서려는 의지가 있고, 개인적으로 책임을 지고, 협동심과 신뢰감의 표상이 되는 리더십. 경영자 스스로 이런 행동을 하려고 노력할 뿐만 아니라 다른 사람들도 이러한 행동을 본받도록 도와야 한다.

• 다양성 : 조직의 모든 계층에서 다양한 구성(연령, 성, 인종 등), 다양한 경험 및 다양한 관점을 존중할 줄 아는 리더십. 우리는 모든 직원들의 다양한 배경과 능력을 최대한 활용하고, 특히 영향력 있는 직책에 최대의 다양성이 부여되도록 노력해 왔다. 상이한 견해들이 인정될 것이다. 즉, 다양성이 존중되고 정직이 보상받으며 억압받지 않을 것이다.
• 인정 : 회사의 성공에 기여도가 큰 개인이나 팀을 인정하여 재무적 · 심리적으로 보상할 줄 아는 리더십. 창조와 혁신을 통해 기여하는 사람뿐 아니라 기업의 일상 업무에 충실함으로써 기여하는 모든 사람들도 인정해야 한다.
• 윤리적 경영 : 윤리적 행동의 귀감이 되는 리더십. 우리는 명백한 윤리적 기준을 설정하고 회사 전체에 걸쳐 이러한 기준을 실행해야 한다.
• 의사소통 : 회사, 부서 및 개인의 목표와 실적에 대해 명확한 리더십. 직원들은 그들에게 요구되는 것이 무엇인지를 알아야 하며, 그들의 업적과 직무상의 포부에 관해 시기적절하고 솔직한 피드백을 받아야 한다.
• 권한의 이양 : 회사의 제품과 고객에 가장 가까이 접촉하는 직원들에게 권한과 책임을 높여 줄 수 있는 리더십. 책임감과 신뢰감, 그리고 인정받는다는 느낌을 조직에 활발하게 불어넣음으로써 전 사원의 잠재력을 일깨우고 증대시킬 수 있다.

4) GE의 리더 조건(Jeffrey Immelt 회장 제시)

① 부하의 장점을 우선 파악하라.
(Leady by placing others first, see the best in people.)

② 끊임없이 단순화하라.
(Simplify constantly.)

③ 넓이와 깊이 정황을 모두 이해하라.
(Understand 'breadth+depth+context'.)

④ 보상할 줄 알고 시간 관리를 잘하라.
(Alignment of Gs & Os, rewards, time management.)

⑤ 끊임없이 배우고 가르치는 법을 배워라.

(Learn constantly... know how to teach.)

⑥ 자신의 스타일을 가져라.

(True to self... self-aware: copy ideas, not style.)

⑦ 남이 활동할 수 있도록 길을 비켜 줘라.

(Get out of the way... enable others to act.)

⑧ 배우는 자세로 상황을 꿰뚫어라.

(Disciplined and detailed intervene personally.)

⑨ 듣고 남이 말할 기회를 남겨라.

(Listen... and always leave a few things unsaid.)

5) 성과관리에 중요한 리더십

리더십과 성과의 상관관계는 두 가지 측면에서 분류된다. 하나는 조직이 유연하여 재량권과 독립성을 주는지, 안정성을 중시해 규율관리를 하는지를 본다. 다른 하나는 조직이 내향적이어서 통합과 단결을 중시하는지, 외향적이어서 차별화와 경쟁을 중시하는지를 성과지표로 삼는다. 이 지표를 매트릭스로 구성하면 〈표 8-5〉

◉ 표 8-5 리더십과 조직의 성과

가족문화(중소기업)		혁신문화(벤처기업)	
조직 지향성	협력적	조직 지향성	창조적
리더의 유형	직원의 자발적 활동 촉진자 멘토로서 온화한 지원자 팀워크의 개발자	리더의 유형	혁신자 기업가 혁신적 결과 창출자
가치의 원천	헌신, 커뮤니케이션, 개발	가치의 원천	변혁, 민첩성, 기민성
성과 이론	직원의 인사 개발 조직에의 참여가 조직성과를 높임	성과 이론	혁신, 비전, 새로운 자원이 조직성과를 높임
관료문화(대기업)		시장문화(유통기업)	
조직 지향성	관리적, 지배적	조직 지향성	시장
리더의 유형	활동의 조정자역 감시자 해결자	리더의 유형	엄한 요구로 사원을 고무, 생산적인 경쟁을 선호
가치의 원천	효율성, 적시성, 일관성, 획일성	가치의 원천	시장점유율, 수익성, 목표 달성
성과 이론	관리와 효율성, 신뢰할 수 있는 업무 프로세스가 조직성과를 높임	성과 이론	적극적인 경쟁과 고객 지향이 조직성과를 높임

와 같이 가족문화, 혁신문화, 관료문화, 시장문화로 구분하여 조직의 지향성, 리더의 유형, 가치의 원천, 성과 이론 영역으로 비교해 볼 수 있다.

8.7 리더십과 기업문화의 상호작용

1. 기업문화에 대한 인식도 제고

■ 문화는 개성이다

문화의 관점에서 기업을 보고 기업의 조직문화 수준을 점검한다. 그런 시도는 앞으로 중요한 경영 활동의 하나가 될 것이다. 즉, 조직의 체질이나 경영 활동의 질에 대하여 기업문화의 관점에서 진단해 본다. '연마된 지성과 아름다운 마음'이 얼마만큼 기업의 체질이 되고 경영 활동의 기본이 되는가를 평가한다. 그 전에 기업철학이나 경영이념이 확고하게 뿌리를 내리고 있는지, 이념에 주도되어 기업문화가 형성되고 있는지 확인이 먼저 필요하다. 기업경영에 관하여 철학, 이념, 가치와 같은 것이 애매하면 기업문화는 세련된 것이 되지 않기 때문이다. CI 활동에 의하여 간판이나 로고 타입 등 시각적 아이템이 좋게 되어 있는 것과도 다르다. 사업전략으로서의 문화 활동과 기업 체질로서의 문화성과는 명확히 구별해 둘 필요가 있을 것이다.

세련된 기업문화를 배양하고 역사적 자산으로 육성함으로써 기업 체질의 문화성은 높아진다. 따라서 경영자는 기업문화의 의의를 분별하고 기업문화의 기능(작용과 효용)을 숙지할 필요가 있다. 경영자는 기업문화에 대한 습숙도를 깊게 하고 최소한 다음과 같은 것을 알고 있지 않으면 안 된다. 경영자는 자사에 독자적인 기업문화가 형성되고 있는지 잘 알고 있지 않으면 안 된다. 즉, 기업문화라고 한마디로 말해도 성격은 다양하다. 역사, 입지, 업종, 규모 등에 의하여 기업문화는 회사마다 다른 성격을 갖고 있다. 기업문화에는 차이가 있다.

■ 문화는 공기이고 체질이다

미국 기업의 관리자들은 자기 행동의 기초가 되는 기업문화의 힘이 강하다는 것을 별로 깨닫지 못하고 있다. 대체 몇 명의 관리자가 그저 습관적으로 행사하고 있는 상사로서의 권한이 기업문화 속에 뿌리박고 있다는 것을 인식하고 있을까? 기업문화는 사원의 사고, 행동양식을 지배하는 것을 경유하여 회사 전체의 행동양식을 규정한다. 문제해결이나 의사결정을 비롯하여 기업 행동의 기본 패턴은 특히 비상 · 이상사태에 있어서 자사의 기업문화로 규정된다. 이 점을 경영자는 충분히 예지하고 있을까?

원가관리를 싫어하는 우아한 A사의 사원들 사이에는 어느 사이엔가 생산 기술력이나 판매력에서 타사와 격렬한 경쟁을 하는 것이 싫다고 생각하는 분위기가 조성된 것 같다. 그러나 A사가 성장할 수 있는 길은 타사가 모방할 수 없는 독창적인 기술을 개발하여 기술 격차를 무기로 선행자로서의 이윤을 추구하는 길밖에 없다는 것은 명백한 사실이다. 그것이 없으면 단순히 '규율이 없는 회사'에 지나지 않게 된다. 일본의 도요타가 엄격한 원가와 생산공정의 관리를 완성시킨 '일본형 경영'의 대표라고 한다면 A사는 '비일본형 경영'을 지향하는기업문화이다.

한국에서도 기업의 자기 변혁에 대한 움직임이 날로 거세지고 있다. 수많은 기업이 업종의 벽을 넘어 첨단기술이나 금융, 정보 서비스 같은 뉴비즈니스로의 진출을 시도하고 CI의 도입, 사내의 조직 개혁에 착수하고 있다. 우리 금융업계도 종래와 같이 전통적인 은행 업무의 테두리를 넘어 금융자유화 시대에 즉응한 새로운 은행업무의 확충을 지향하고 있다. 이때의 중요한 포인트는 기술이나 상품, 서비스 등의 과정이나 생산의 진부화가 아무리 가속적으로 진행되어도 개개의 기업이 창업 이래 부지런히 쌓아 올린 경영이념, 사풍, 전통적인 지혜 등 경영 스타일에는 그 나름대로의 무게가 있다는 것을 잊어버려서는 안 된다는 것이다.

■ 문화는 사회 일반과 상호작용한다

기업의 활동은 보편적인 것이며 공간적으로나 성격적으로도 한국이란 틀 속에 박혀 있으면 존립기반마저 위태롭게 된다. 그러나 한국의 제도로서 한국인이 운영하고 있는 이상, 기업 활동의 토대에는 한국문화가 있다. 사회의 변화나 시대의 요청에 맞추어 현상에 무엇인가 손을 쓰는 경우에 '한국적 경영을 발전시킨다'는 관점이 중요하다. 사회와 기업의 사이에 문화적인 면에서 결정적인 단절을 만드는 것은 피하지 않으면 안 된다.

기업의 경영 스타일을 인생에 비유하면 개개인의 가치관이나 신조에 의거한 행동양식과 같은 것이다. 스스로 최선의 스타일을 잊어버리고 가치관이나 신조에 맞지 않는 행동을 무리하게 취하면 결국은 주위의 신용을 잃을지도 모른다. 기업이 변신할 때도 고객의 신용 유지, 사내에 대한 개혁의식의 침투를 꾀하면서 자사의 경영 스타일에 맞는 변혁을 계속적으로 추구하는 자세가 있어야 비로소 확실한 성공을 달성할 수 있다.

사원의 사고, 행동양식이나 직장의 분위기는 그 기초적인 면이 '기업문화'에 의하여 규정된다는 것을 경영자는 잘 알고 있어야 한다. 회사의 관습이나 전통, 혹은 이념이나 철학과 같은 것으로부터 자유로운 사원이 많지는 않다. 흔히 사원들에게 일할 의욕이 없거나 도전정신이 부족한 것을 사원들의 책임으로 돌리는 경영자가 있다. 그런 경영자는 기업문화의 영향력을 전혀 모른다고 말할 수 있다.

과거의 성공은 어느 사이에 신성화되고 그 성공에 관련된 정책이나 사고방법을 과대평가하는 것이 보통이다. 회사의 환경이나 경쟁상대의 행동에 변화가 없다면 그러한 신념이나 정책도 회사의 안정성을 증대시켜 주는 힘이 될 것이다. 그러나 때와 더불어 과거의 성공에 취하는 이 태도가 과신, 사풍, 금기, 습성, 관습, 금제(禁制)의 시스템에 응축되고 회사의 정신적 풍토가 되어 간다.

이와 같은 회사의 조직문화는 회사에 따라 모두 달라 마치 민족 간의 차이나 개인 사이의 성격차와 같은 것이다. 그러므로 회사의 문화를 간단히 바꿀 수는 없다. 만일 무리를 해서라도 바꾸고 싶다면 회사조직 그 자체에 대한 공격이라 간주할지 모른다.

2. 기업문화를 만드는 경영이념

기업경영이 당면한 과제가 무엇인지 생각해 보면 연구 · 개발의 추진, 신규 사업의 개척, 국제화에 대한 대응, 판매체제의 재편성 등 중요한 것이 얼마든지 있다. 이런 것과 차원을 같이하는 것은 아니지만 경영이념의 활성화가 오늘날 중요한 기업과제임은 틀림없다.

경영이념의 표현형태는 기업에 따라 사시, 신조, 강령, 경영원칙, 행동지침 등 다양하다. 때로는 문서화되지 않겠지만 그것은 상관없다. 요컨대 기업방침이나 기업개념에 관련되는 그 기업 고유의 사상 내지 철학이며 그와 같은 경영이념을 확립하고 사내에 침투시키는 일의 중요성이 지금 부상되고 있다.

경영이념이란 주제는 오래전부터 존재했다. 이른바 재벌계 기업의 경영이념이 계승되고 있었고 일본의 경영 연구에서는 반드시 거론하던 주제이다. 사례 소개나 조사 연구류도 상당히 많다. 그리고 경영이념이 기업의 실천 활동에서 수행하는 기능이나 의의에 대해서도 가끔 지적되어 왔다.

그러나 한편에서 경영이념이라는 주제는 비실천적인 것으로서 도저히 주제가 되지 못하는 경향이 있었다. 1970년대나 1980년대에는 목표에 의한 관리, 직장 개발, 품질관리 등과 같이 시세에 의해 주역이 변해도 근대적 관리론에 뒷받침된 경영 기술이 경영교육의 표면 무대에 군림하고 있었다. 그것이 근년에 갑자기 양상이 바뀌었다고 생각된다.

기본적 흐름으로는 경제의 시대에서 문화의 시대로 넘어가는 역사적인 큰 추이가 있을 것이다. 세속적으로 말하면 경제의 성숙화 내지 소프트화를 배경으로 세상이 모두 문화의 시대가 되었다는 것이 영향을 주고 있을 것이다. 즉, 기업경영이 논리나 노하우만으로는 잘되지 않게 되었다. 기업경영에도 정신이나 마음이 필요하다는 인식이 높아졌다. 지식이 풍부하고 기술이 우수하다는 것만이 기업이 요구하는 인재의 요건이 아니다. 정신이나 마음이 약동하지 않는 기업은 매력이 적다고 여겨지게 되었다.

경영이념의 의의에 관해서는 일반적으로 다음과 같이 말할 수 있을 것이다.

① 기업경영의 다양한 국면에 관한 가치관이 상호 관련되어 전체로서 체계화되어 있을 때 조직으로서의 통일성이 유지된다.
② 가치체계와 경영이념이 명확하고 구성원들에게 공유되는 정도가 강할수록 기업 활동은 일관성을 갖고 독자의 성격(개성)을 명확히 하게 된다.
③ 가치체제가 확립되고 경영이념이 명확히 세워짐으로써 구성원의 사고방법이나 행동은 하나의 이치로 통한다. 조직 속에서 자신감과 신념을 갖고 대외 활동을 할 수 있다.
④ 그와 동시에 의사결정이나 의사소통 등 기본적인 조직 활동에 있어서 하는 방법의 기본적인 점은 공통된다. 그 때문에 구성원끼리 안심하고 상호작용을 할 수가 있다. 즉, 같은 조직의 구성원이라는 공속감정에 지탱된 강한 존재감을 맛볼 수 있다. 이것이 기업다움을 만들어 간다.

1) 기업사명의 결정

'사명'의 사전적 의미는 임무나 과업 또는 중요한 일이다. 기업 및 조직이 실질적으로 하고자 하는 일 또는 사업, 그리고 기업 및 조직의 존재 이유를 설명하는 구체적인 강점 분야 등을 의미하며, 가장 상위의 개념이다. 모든 조직에는 항상 사명이 존재하며, 각 개인에게도 사명이 존재한다. Peter Drucker라는 대학자는 모든 기업의 미션을 '고객을 창출하는 것'이라고 말했다.

① 애플 : 사람들에게 힘이 되는 인간적인 도구를 제공하여 우리가 일하고, 배우고, 소통하는 방식을 바꾼다.
② 사우스웨스트에어라인스 : 따뜻하고 친절한 서비스, 개인적인 자부심과 기업정신이 녹아 있는 최고의 고객 서비스를 제공하는 것이다.
③ 도요타 : 진정한 즐거움을 위한 안전, 드라이빙 기술의 개발
④ 제록스 : 사무실의 생산성 향상
⑤ 소니 : 즐거움의 제공
⑥ 삼성전자 : 'Digital-e Company'이다. 여기서 'Digital'이란 제품과 기술의 혁신을 통해 새로운 라이프 스타일을 선도하여 산업을 주도할 수 있는 혁신제품, 사업, 서비스를 창출하는 것을 의미한다. 'e'는 프로세스와 마케팅의 혁신을 통한 최고의 원가경쟁력과 최단의 프로세스를 바탕으로 최고의 생산성을 가진 경영 프로세스를 구축하여 경영의 효율을 극대화하자는 것이다. 그리고 'Company'는 글로벌 운영과 조직문화의 혁신으로 글로벌 고객 흡인력을 갖추고 역동적 조직문화를 구축하여 고객이 사랑하고 신뢰하는 기업을 뜻한다.
⑦ 현대자동차 : 꿈과 희망을 향한 도전과 창조적 예지로 풍요로운 내일을 창조
  - 꿈, 희망 : 기업 이윤 창출로 국가 경제 발전과 국민 삶의 질 향상에 기여
  - 도전, 창조적 예지 : 목적 달성을 위한 현대의 정신
  - 풍요로운 내일 창조 : 인류와 사회에 대한 현대의 약속
⑧ 유한양행
  - 우수 의약품 생산을 통해 국민 건강 향상에 기여
  - 성실한 납세를 통해 국가 경제 발전에 기여
  - 기업 이윤의 사회환원을 통해 사회복지 증진에 기여
⑨ 홈플러스 : 고객에게 항상 착한 가치를 창조한다.

2) 기업의 사명(mission) 결정

① 사업(또는 제품군)의 범위 : 기업에서 생산하는 제품이나 서비스의 종류 제시
② 표적고객의 특성 : 표적고객에 대한 언급
③ 기업 활동의 지역적 범위 : 기업 활동의 지역적 범위 반영

| 부록 A | 리더십의 특징에 관한 최근의 대표적 주장

인물	리더십 요소	출처 문헌
Warren Bennis	• 명확한 비전 • 정열 • 자신과 타인에 대한 이해, 성실, 통합성 • 신뢰 획득 • 지적 호기심 및 학습 • 위험, 실험, 변화에 도전	*On Becoming a Leader*, Addison Wesley, 1989/ 1994, pp.39-42.
Burt Nanus	• 장기적 안목 • 변화의 속도, 리듬, 방향감각 • 비전을 위한 조직 설계 • 조직적 학습 촉진 • 실천력 • 신뢰, 의사소통, 공동해결 • 공평, 정직, 관용, 돌봄, 개방적, 전통 수호	*The Leader's Edge: The Seven Keys to Leadership in a Turbulent World*, Contemporary Books, 1989, pp.81-97.
James O'Toole	• 목적, 원칙에 항상 충실 • 구성원의 가치와 소망을 반영하는 서비스 • 공론의 종이 되지 않고 실험/발굴하는 균형적 경청 • 핵심에 충실한 언행일치로 리더들의 리더가 되는 것	*Leading Change: The Argument for Values-Based Leadership*, Ballantine, 1996, pp.23-34.
Stephen Covey	• 환경 탓보다 적응 예방 • 비전/원칙의 구체화 • 급한 일보다 관계 구축, 사명서 작성, 계획, 훈련 등 중요한 일에 초점 • 윈윈 • 이해하고 이해받기 • 시너지 • 지속적 개선/학습/혁신	*The Seven Habits of Highly Effective People*, Fireside, 1990, pp.63-309.
Stephen Covey	• 계속학습 • 경력보다 사명 중심의 생애 • 쾌활, 적극적, 낙관적 생활 • 타인 신뢰 • 균형적 생활 • 탐험가적 생활 • 생산적 시너지 • 심신, 정신, 영적 단련	*Principle-Centered Leadership*, Summit, 1991, pp.33-39.
Max DePree	• 행동 통합성 • 타인 능력 신뢰 • 분별력 • 인간 정신의식 • 관계 속의 용기 • 유머 감각 • 지적 에너지, 호기심 • 과거/현재/미래에 대한 이해와 관심, • 예측력 • 의견수용 폭 • 모호성 대응 • 침착함	*Leadership Jazz: The Art of Conducting Business Through Leadership, Followership, Teamwork, Touch, Voice*, Dell, 1993, pp.222-225.
John Gardner	• 체력 • 지능 및 판단력 • 주도 • 과업지식/능력 • 구성원의 욕구 이해 • 대인 기술 • 성취동기 • 동기부여 능력 • 불굴의 용기 • 신뢰획득 능력 • 의사결정능력 • 확신 • 기세 • 융통성, 적응력	*On Leadership*, Free Press, 1990, pp.48-53.

| 부록 B | 품질운동 모범 대학들의 사명서 및 전략계획서 사례

1. 오리건주립대학(Oregon State University, OSU)

[사명(Mission)]

OSU는 교육, 연구, 봉사를 통해 오리건 주와 국가와 세계에 봉사한다. 학교 프로그램을 세계로 확장하며 약자와 장애자에게 교육기회를 개방한다. OSU는 과학, 인문학, 전문교육 분야에서 고품질 교육 프로그램을 운영해 왔다. 우리는 모든 학생이 각자의 충실화와 글로벌 환경을 개발토록 격려한다. OSU는 연구기능을 통해 과학, 인문학, 그리고 자연적 · 인간적 · 경제적 자원의 모든 측면에 관한 지식의 최첨단을 확장해 나간다. OSU는 인류의 지적 개발과 경제 · 기술 진보에 공헌한다. 오리건의 토지, 바다, 공간을 기증받은 OSU는 오리건과 세계인들이 인적자원, 육 · 해 · 공 자원을 개발 · 활용할 수 있도록 교육 · 연구할 책임을 갖는다. 캠퍼스 내의 교육 · 연구에 추가하여, 우리는 오리건 전역에서 고유의 공공서비스 프로그램을 운영할 것이다.

[비전(Vision)]

xxxx년까지, OSU는 대학 설립구성체들을 위한 교육, 연구, 봉사의 기본적 고유사명을 충분히 수행할 수 있게 된다. 본 대학은 주 내의 유일한 랜드 그랜트 카네기연구대학으로서 주와 주민들을 계속 리드해 나갈 것이다. 우리의 사명은 다양성, 동태적 경제, 글로벌 환경으로 특징지어진 사회적 · 문화적 배경하에서 수행되어야 한다. 이 사명과 대학 개념의 근본은 인문학 및 과학 영역에서의 탁월성이다. 현대적 주립대학의 책임을 다하는 것, 나아가 지식탐구와 현실문제 응용, 특히 인적 · 자연적 · 물리적 환경 관련 과제에서 탁월함을 인정받게 되는 것도 우리 사명에 포함된다.

- 교육 : xxxx년까지 OSU는 건전한 의사결정을 내릴 수 있는 안목 및 지식과 함께 지적 숙련과 가치관을 함양하는 학사환경을 제공하게 될 것이다. OSU 학생의 대부분은 교양 교육 또는 전문직 교육 준비를 원하는 학사과정 학생들이다. 학생과 사회에 봉사하기 위해 OSU는 전통적 학과별 체제를 떠나 지식과 숙련을 통합화하는 융통성 있는 전공체제를 개발할 것이다. 다수전공 프로그램, 그리고 지식의 종합 · 통합화는 날로 더 강조되는 추세이다. 교육전문 영역의 이러한 복잡성과 변화에 부응하여 우리는 시민들에게 정보화 · 요구 만족을 가능케 하고 기술역량을 보증하는 교육을 설계할 것이다. 전문 프로그램은 교육적으로 건전한 혁신적 방법으로 상호연계하며 인문학 · 과학을 연계시킨다. 공동 교과과정 운영으로 프로그램 내의 교육적 기회들이 보강될 것이다. 효과적 채용과정을 거쳐 탁월한 교수 · 스태프 확보에 투자하고 계속 개발하는 일도 교육 분야 비전의 기본이다.

- 장학제도 : OSU는 선정된 학문영역에서 대학원 교육을 추진한다. 장학제도는 고등교육 과정의 요소인 동시에 OSU가 갖는 봉사책임의 중심적 부분이다. 따라서 OSU는 학생들의 지적 · 미적 개발, 인간에 대한 이해와 복지 증진에 기여할 연구 및 창의적 활동을 계속할 것이다. 사회적 과제에 대한 이론적 지식의, 책임 있는, 상상력 풍부한 적용이야말로 모든 학문영역에서 장학제도의 특별한 강조점과 초점이 될 것이다. 경쟁을 통해 외부의 헌납, 연구기금, 계약을 계속 유치하는 것은 연구, 교육, 봉사의 사명을 위해 긴요하다.

- 봉사 : xxxx년까지 OSU는 오리건 주 전역에 걸친 교육적 노력들의 통합화를 선도하게 될 것이다. 신기술을 이용함으로써 지리적으로 고립된 지역까지 OSU 교육이 접근해 갈 수 있게 될 것이다. 기관 간 협력체제로 학사 프로그램이 강화될 것이며 오리건의 학생과 시민에게 보다 효과적으로 봉사할 기회가 다가올 것이다. 주 전역에 걸친 지식 배달의 책임은 대부분의 학과를 포함하여 확대될 것이다. 이러한 교외 확장 기능이 오리건 주 고등교육 시스템의 우선 과제로 부상함에 따라 본 대학은 선도적 위치를 확고히 하게 될 것이다.

OSU는 장차 교수, 스태프, 행정직, 학생들이 전 세계 다양한 국가, 인종을 포함하는 다문화 · 국제화된 대학으로 바뀌게 될 것이다. 본 대학은 대표성 집단들을 위한 가시적 기회 개선에 노력하며, 학생들로 하여금 집단별 사회의 문화적 복잡성에 대한 비판 및 반성적 환경을 제공할 것이다. OSU는 세계를 오리건으로, 그리고 오리건을 세계로 보내는 국제화된 대학으로 명성을 얻게 될 것이다.

[가치와 지도원리(Values & Guiding Principles)]

헌신적 교육, 지식 추구, 사회와의 관계 확장을 통해 우리의 공헌도를 계속 개선해 나갈 것이다. 사명을 성취하는 방법은 사명만큼 중요하다. 다음은 우리의 성공에 긴요한 가치관이다.

- 인간 : 우리(학생, 교수, 스태프, 동문)가 곧 우리의 강점이다. 이러한 우리가 창의성의 원천이요, 명성의 결정요인이요, 활력의 제공자들이다.

- 존중 : 우리 모두가 중요한 공헌자들이다. 서로를 대함에 있어서 존중, 휴머니티, 통합성이 요청된다.

- 개방 : 강의실, 실험실, 스튜디오, 옥외, 어디서나 개방적 도전과 토론이 가능하다.

- 진실 : 지식 추구에서 우리는 진실을 앞세운다. 불변의 것은 없다. 과학, 예술, 휴머니티도 변함을 이해한다. 강의실, 실험실, 스튜디오, 사회봉사의 현장에서 우리는 독단(dogma)에 부딪힐 때마다 도전한다.

지도원리

◇ 학생은 가장 중요한 고객이다. 교육의 품질과 완전성은 최우선 과제이다.
◇ 사회적 · 미적 · 경제적 복지에 대한 기여가 우리의 사회적 책임이다.
◇ 유용한 비판(수용되지 않을 때에도)은 우리의 사회적 책임의 일단이다. 우리는 이 중요한 공헌을 배양하는 내적 환경을 보존해 나간다.
◇ 탄력성, 변화, 항시 개선은 우리의 계속적 성공에 긴요한 것이다.
◇ 강의, 연구, 봉사활동에서 우리는 학문의 자유, 정직, 일체성을 찬양한다.
◇ 다양성은 우리의 성공 열쇠이다. 성별, 인종, 국적, 종교, 신체장애를 차별하지 않으며, 차별로 고통 받는 어떤 약자에게도 개방적이어야 하는 도덕적 의무를 인식한다.

[전략목표(Goals & Objectives)]

1. 교육, 연구, 확장 프로그램을 통해 봉사한다.
2. 학생들의 잠재력이 충분히 발휘되는 고품질의 배양적 교육환경을 유지한다.
3. 연구의 탁월성 및 예술적 독창성을 지지 · 확장한다.

4. 탁월한 교수와 스태프를 유치 · 개발 · 보존한다.
5. 소수그룹, 여성, 약자, 장애자의 교육기회 및 전문직 기회를 확대한다.
6. 우수 학생의 등록률을 증가시킨다.
7. 대학의 국제화 초점을 확대 · 조정 · 강화한다.
8. 시설과 장비를 개선한다.
9. 도서관 및 전산시설을 확충하고 개선한다.
10. 대학의 대외협력관계를 개선한다.

2. 펜실베이니아주립대학(Pennsylvania State University, PSU)

"Academic Excellence -21세기를 향한 계획", 1997년 9월.

[사명(Mission)]

PSU는 공공토지 사용권을 허가받은 대학으로서, 통합화된 고품질의 교육, 연구, 교외 프로그램을 통해 펜실베이니아, 국가, 세계인들의 생활 개선에 공헌하는 다수 캠퍼스 대학이다. 우리는 연구를 배경으로 하여 학사과정, 대학원, 평생교육을 위한 교육 사명을 수행한다. 우리는 자연과학, 응용과학, 사회과학, 예술, 인문학, 선택된 전문직 분야의 지식 확장 및 응용을 통하여 연구, 장학제도, 창조적 활동을 수행하고 인간 및 경제 발전을 증진시킨다. 또한 공립대학으로서 우리는 펜실베이니아 시민을 지원하는 교외 공공봉사의 고유 책임을 감당한다. 우리는 국내외 산업계, 교육계, 농업계의 파트너들과 협력하여 지식의 전파와 응용에 힘쓴다.

[비전(Vision)]

PSU는 국내에서 가장 좋은 대학의 하나가 될 것이고, 교육, 연구, 봉사의 통합화에서 타의 모범이 될 것이다. 우리의 특징은 학문적 수준, 계속적인 탁월성 추구, 사명에의 통합화, 우리가 봉사하는 사회의 요구 변화에 대한 대응, 그리고 대학사회 구성원 서로 간의 민감성에 둘 것이다. 우리의 명성은 모든 연령의 학생들에게 매력이 되고, 정부기관과 기업체 연구지원의 시선을 끌고, 펜실베이니아 주 내의 공적 · 사적 투자를 강력히 자극하게 될 것이다. 교육 · 연구 · 봉사의 통합화에 의해 사명의 탁월한 성취가 가능해진다. 교수 연구와 장학제도는 모든 형태의 교육을 최첨단에 서게 하며 학생들의 특별한 학습기회를 가능케 한다. 지식 사용자를 위한 지식창출 활동을 지향하는 것도 강의책임의 일단이다. 교외 프로그램은 강의 포럼을 확장하고 연구 기회를 발굴하게 한다. 우리는 대학이 봉사하는 모든 사람들의 생활의 질에 영향을 주는 펜실베이니아의 노력을 보강하기 위해 상호 협력관계를 촉진해 나갈 것이다.

[대학 기획위원회의 비전]

"PSU는 장차

- 교육, 연구, 봉사에서 다른 대학들을 리드할 것이다. 학문적 수준을 최우선 순위로 추구하고, 최고의 교수, 학생, 스태프가 PSU를 오고 싶은 첫째 학교로 손꼽게 된다.
- 캠퍼스 간, 학위과정 간의 장벽 없는 교류로 '하나의 대학'이 될 것이다.
- 세계적 수준의 교수와 학생(teachers and learners)을 개발할 것이다.
- 적극적 학습, 공동학습, 학제 간 협력이 활성화되도록 할 것이다.

- 능률이 향상되고 많은 프로세스들이 원활하게 동작할 것이다.
- 기업, 산업, 정부, 초 · 중등학교들과의 관계, 제휴협력 프로그램 등이 확장될 것이다.
- 누구나 환영하는 호감을 주는 캠퍼스 환경을 창출한다. 대학사회의 예절과 책임 있는 행동양식을 개발할 것이다. 대표성 집단들의 참여도는 증가된다.
- 교과과정이 내실화될 것이다. 외국 학생, 해외로 나가 유학하는 학부 학생 수가 증가될 것이다.
- 원거리 교육을 확대하고 세계 캠퍼스(world campus)의 가능성을 실현하기 위해 정보기술을 활용할 것이다.

[핵심적 가치(Core Values)]

우리는 교육이야말로 개화된 번영사회의 기초라는 것을 믿는다. 우리는 다음과 같은 학습 공동체(learning community)를 추구한다.

- 지적 생활이 중심이 된다.
  교수, 직원, 학생이 강의, 학습, 지식의 진보를 위해 함께 노력한다.
- 모든 개인의 존엄성이 확증되고 기회 균등이 추구된다.
- 표현의 자유가 보호된다. 예절을 촉구하며 귀하게 여긴다.
- 개인은 집단에 대한 의무를 수용하며 공동지도력으로 공동선을 지향한다.
- 구성원 복지가 지원되고 타인에 대한 봉사정신이 찬양 받는다.
- 우리의 전통을 기념하고 변화는 포용한다.

[중점목표와 전략]

목표 1 : 고품질의 강의, 장학제도, 연구를 지원하여 탁월성을 성취한다.
전략 : – 교육과정 프로그램의 탁월성을 계속 추구한다.
– 교수진 규모를 확충하고 질적 수준을 높인다.
– 연구 지원 획득에 노력하며, 학제 간 노력을 지원한다.
– 국제적으로 뛰어난 도서관을 만든다.
– 행정 비용을 줄이고 학사기능들을 위해 증액한다.

목표 2 : 모든 PSU 학생들의 교육적 경험을 충실화한다.
전략 : – 수업의 품질을 개선한다.
– 우수학생 유치 · 교육을 위한 프로그램을 확대 시행한다.
– 신교육기술을 적극 도입하고 교육시설을 개선한다.

목표 3 : 예절 바르고 사려 깊은 대학 공동체를 구축한다.
전략 : – 다양성 및 예절의 틀을 창출한다.
– 지속적 품질개선(quality improvement)을 강조한다.

목표 4 : 지역사회에 봉사한다.
전략 : – 외부와의 제휴협력 및 외부 교육 프로그램을 재구성한다.
– M.S. Hershey 메디컬센터와 Geisinger 보건 시스템을 합병한다.
– 계속적으로 지역사회 교육 시스템을 재구성한다.
– Dickinson 법과대학을 본교에 흡수 통합한다.

목표5 : 새로운 수입재원을 발굴한다.
전략 : - 교육 원가를 반영하는 차별적 등록금 체제를 적용한다.
- 모금 캠페인을 계속 추진한다.

목표6 : 능률 향상을 통해 비용을 절감한다.
전략 : - 정보 기술 등 기술 도입으로 행정능률을 개선한다.
- 대학 시설 지역별로 코스트센터를 설치하여 수입/지출을 관리한다.
- 코스트 능률을 개선한다.
- 부서/학과 간의 통폐합을 시도한다.

3. 미주리대학 콜럼비아 캠퍼스(University of Missouri at Columbia, MU)

전략계획과정에 관한 보고서, "Mission, Goals, and Objectives", 1997년 5월.

[사명서(Mission Statement)]

MU는 미주리의 주요 공립연구기관이며 주 내에서 가장 크고 역사 깊은 캠퍼스이다. MU는 주된 사명인 연구와 박사과정 교육을 통해 인문, 예술, 과학, 전문분야의 학사과정에 풍부한 기회와 도전을 제공하고 교외 지역봉사의 기초를 제공한다. MU는 숙박설비를 갖춘 캠퍼스로 주 전역에서 선발된 학생들에게 봉사한다. 대학원생은 전국적 · 국제적으로 선발한다. 교외 프로그램을 통해서 MU는 미주리 시민의 교육적 · 정보적 니즈를 만족시킨다. MU는 연구와 교육의 공헌으로 전국적 · 세계적 명성을 얻고자 노력한다. 중점 연구분야는 기초/응용 생물학, 생체의학, 원자력 · 관련 물리학, 공학, 일부 선택된 사회과학, 행동과학이다. 이러한 연구로 농업과 저널리즘에서의 선두 역할도 강화될 것이다. 학사과정 학생이 많기 때문에, MU는 학사학위에 필요하고 교양 있는 시민의 기본이 되는 어학, 수학 등 주요 학문을 발전시킬 것이다.

[전략목표와 세부목표(Strategic Goals & Specific Objectives)]

- **전략목표 1** : 연구, 대학원, 전문직 프로그램을 강화하고 공립 AAU 연구기관들 중 MU의 위치를 개선한다.

- 세부목표
  ① 우수 대학원생, 우수 교수 유치를 위한 각종 대책 마련(xxxx년 봄까지)
  ② AAU 중위수 수준으로 외부 연구비 획득 증액(xxxx년 가을까지)
  ③ 외부 연구비 신청 수 및 성공률 향상, 외부기관들의 Match Fund 요구조건 만족을 위한 대책 마련(xxxx년 가을까지)
  ④ 연구 인센티브 프로그램과 기금 재정비(xxxx년 가을까지)
  ⑤ 1997년 가을까지 기업체, 기관들과의 파트너십 개발로 지역사회 요구를 충족시키고 연구기금, 장학금 확충(xxxx년 가을까지)
  ⑥ 학제 간 연구 강화(사회적 관심사 과제 또는 MU 연구강점 활용 과제)
  ⑦ Health Science Center 전략과 모형의 계속 발전

- **전략목표 2** : 학사과정 분야의 전국적 명성을 위해 학생면학 초점(focus on student learning)

을 강조한다. 고품질의 학사과정 교육은 우선적 과제이다.

• 세부목표
① 교양교육 프로그램 모형의 계속적 개선
② 학사과정 학생들이 교수와 더불어 연구 · 학술활동에 참여할 기회 확대
③ 학사지도, 멘토링, 진로지도 프로그램화(교수 참여를 위한 인센티브/신기술 활용)
④ 인터넷 등 신기술 교육 프로그램 개발(xxxx년 봄까지)
⑤ 학생 확보 및 졸업율 향상을 위해
– 캠퍼스 내외의 공부 동아리 수를 증가시킨다.
– 학생들의 고충을 신속 처리할 조기경보체제를 개발한다.
– 지원 서비스를 위한 Student Success Center를 설치한다.
– 캠퍼스 공동체 의식을 개발할 수 있는 전략을 모색 · 실행한다.
– 수강시간표 불일치 등 정시 졸업을 막는 모든 장애물을 제거한다.
⑥ 모든 교과과정 및 과외활동의 개정에서 리더십, 전문직적 개발, 국제화 및 이문화 경험과 봉사를 통한 학습을 강조한다.
⑦ 학생 모집 · 선발 기준 및 Honors Program 개선
⑧ 교수와 대학원생 TA를 대상으로 interactive learning 기술 등 교수법 개발훈련 프로그램을 실시하여 수업 품질을 계속 개선

• 전략목표 3 : 다음의 네 가지 목적을 위해 자원을 적절히 개발 · 관리한다.

① 전략목표 1, 전략목표 2의 성취
② 공공자원에 대한 책임 있는 청지기 역할
③ 주, 국가, 국제적 요구에 부응하도록 대학 프로그램을 고품질화
④ 학생들에게 부과되는 총 교육원가의 적정 수준 유지

• 세부목표
① MU 학생들을 위한 장학금재원, 기타 재정적 지원 방안 개발
② 등록금 안정화 프로그램의 가능성 탐구
③ 다른 AAU 연구 1급 기관들에 비해서 경쟁력 있는 급여수준을 제공하고 교수 · 스태프의 탁월한 성과에 보상(xxxx년 가을까지)
④ 교내 자원 활용 및 교육 · 연구 · 봉사 프로그램의 품질 향상을 위해 외부 기관 · 단체들과의 파트너십 협력사업을 즉시 추진, 건수 증가
⑤ xxxx년까지 사적 기부금액을 연간 4천만 달러로 증가(1995년의 2배), xxxx년까지 부동산 등 자본적 헌납 캠페인의 시행 가능성을 테스트
⑥ 행정지원 서비스의 원활화, 공동작업 및 팀워크 고취, 각 분야에서 강력한 수요자 지향성을 증진토록 품질개선 프로그램을 설계하고 강화
⑦ 교수, 직원, 학생이 연구, 수업, 봉사 목적을 효과적으로 달성할 수 있도록 신기술, 컴퓨터 실습실, 기술적 훈련 및 지원을 계속 업그레이드

연습문제

01 리더십과 권력의 의의를 정리하고 권력의 원천 다섯 가지를 논의하시오.

02 행위이론에서 Lewin 등의 리더십 스타일 세 가지를 구분하시오.

03 매니지리얼 그리드의 관리격자이론에서 다섯 가지 리더십 유형을 서술하시오.

04 Hersey와 Blanchard의 리더십 스타일 네 가지에 대하여 서술하시오.

05 변환적 리더십이란 무엇이며, 그 특징을 서술하시오.

06 카리스마적 리더의 특징을 서술하시오.

07 팀을 이끄는 데 필요한 행동은 무엇인가?

08 팀의 민주적 운영에 필요한 숙련 내용은 무엇인가?

09 Nadler의 변화관리 9개 원칙은 무엇인가?

10 리더십 시스템의 개념을 서술하시오.

11 리더십을 발휘하기 위한 세 가지를 서술하시오.

12 조직 활성화를 위하여 동기유발을 시키는 효과적인 방법에 대하여 서술하시오.

13 John Maxwell의 리더십 법칙에 대하여 서술하시오.

14 성공적이고 효과적인 팀조직의 특성은 무엇인가?

15 리바이스트라우스의 포부 헌장에 나타난 리더십 유형의 특징은 무엇인가?

16 GE의 리더 조건을 서술하고 논의하시오.

17 문화는 사회 일반과 상호작용한다는 점에 대하여 그 중요성을 서술하시오.

18 기업의 경영이념에 대한 의의를 서술하시오.

참고문헌

Berger, M., "Going Global: Implications for Communication and Leadership Training", *Industrial and Commercial Training*, 30(4), 1998, pp.123-127.

Brown, A., van der Wiele, T., & Loughton, K., "Smaller Enterprises' Experiences with ISO 9000", *International Journal of Quality & Reliability*, 15(3), 1998, pp.273-285.

Cairns, T.D., Hollenback, J., Preziosi, R.C., & Snow, W.A., "A Study of Hersey and Blanchard's Situational Leadership Theory", *Leadership & Organizational Development Journal*, 19(2), 1998, pp.113-116.

Chan, A. & Jeganathan, S., "The Critical Factors Inhibiting Victorian Small Businesses from Participating Fully in ISO 9000 Certification", Proceedings of the First *International Research Conference on Quality Management*, Melbourne, February 1996, pp.136-144.

Dew, J., "Creating Team Leaders", *Journal of Quality & Participation*, 18(6), 1995, pp.50-54.

Drath, W.H. & Palus, C.J., *Making Common Sense: Leadership as Meaning-making in a Community of Practice*, Center for Creative Leadership, Greensboro, NC, 1994.

Fiedler, F.E., *A Theory of Leadership Effectiveness*, McGraw-Hill, 1967.

Fisher, K., *Leading Self-directed Work Teams: A Guide to Developing New Team Leadership Skills*, McGraw-Hill, 1993.

Frohman, M., "Nothing Kills Teams Like Ill-prepared Leaders", *Industry Week*, 1995, pp.72-76.

Fung, C., "TQM: An Integrated Approach Internet System", http://www.dmu.ac.uk/&dept/schools/business/corporate/tqmex/content.htm, 1998.

Gardner, J.W., *On Leadership*, Free Press, New York, 1990.

Goetsch, D.L. & Davis, S., *Implementing Total Quality*, Prentice-Hall, 1995.

Hersey, P. & Blanchard, K.H., "Life Cycle Theory of Leadership: Is There a Best Style of Leadership?", *Training and Development Journal*, 33(6), 1969, pp.26-34.

Horner, M., "Leadership Theory: Past, Present and Future", *Team Performance Management*, 3(4), 1997, pp.270-287.

Kozlowski, S. W., Gully, S.M., Salas, E., & Cannon-Bowers, J.A., "Team Leadership and Development: Theory, Principles, and Guidelines for Training Leaders and Teams", 3rd University of North Texas Symposium on Work Teams, Dallas, Texas, September, 1995.

Manz, C.C. & Sims, H.P., "SuperLeadership: Beyond the Myth of Heroic Leadership",

Organizational Dynamics, 19, 1991, pp.18–35.

Martinez-Lorente, A.R., Dewhurst, F., & Dale, B.G., "Total Quality Management: Origins and Evolution of the Term", *The TQM Magazine*, 10(5), 1998, pp.378–386.

Mo, J.P.T. & Chan, A.M.S., "Strategy for Successful Implementation of ISO 9000 in Small and Medium Manufacturers", *The TQM Magazine*, 9(2), 1997, pp.135–145.

Nadler, D.A., "Organizational Frame Bending: Principles of Managing Reorientation", *Academy of Management Executive*, 3(3), 1989, pp.194–204.

Noronha, C., "Chinese Cultural Values and Total Quality Climate", *Managing Service Quality*, 12(4), 2002, pp.210–223.

Stogdill, R.M., *Handbook of Leadership: A Survey of Theory and Research*, Free Press, New York, 1974.

Wilson, J.M. & Wellins, R.S., "Leading Teams", *Executive Excellence*, 12(6), 1995, p.78.

Zairi, M., "Managing Excellence: Leadership", *TQM Magazine*, 11(4), 1999, pp.215–220.

Chapter 09

팀 운영과 인적자원 관리

학습목표

① 전통조직의 전문화와 계층제의 문제점을 학습한다.
② 팀 구성에서 고려할 일반적인 원칙을 학습한다.
③ 일반적인 팀 조직의 성공요인과 실패요인을 학습 · 논의한다.
④ 학습조직의 특징을 이해한다.
⑤ 우량 기업의 조건이나 탁월성 모형, 혁신 시스템에서 강조하는 중요한 공통점에 대하여 논의한다.
⑥ 인적자원 개발(HRD)의 필요성을 학습한다.
⑦ 조직의 집권화와 분권화의 유발 요소에 대하여 이해한다.
⑧ 경제적 보상, 직무 충실화, 목표관리에 의한 동기부여 방법에 대하여 논의한다.

품질경영에서는 전원 참가 원칙을 강조한다. 전원 참가는 조직구조를 바꾸고 인적자원 개념을 도입해야 한다. 요즘은 팀제가 유행이다. 진정한 팀 정신, 팀워크, 팀 기술이 필요하고 아울러 인적자원이라는 새로운 개념에 익숙해져야 한다. 인적자원 관리(human resource management)는 새로운 패러다임의 휴머니즘으로 1980년대부터 권한위임의 임파워먼트, 정보화, TQM, ERP, SCM 등 시대적 상황을 배경으로 빠르게 널리 보급되었다. 이미 수많은 세계적 우량 기업들이 인적자원 개념을 적극 받아들여 그 탁월성을 입증했다. 품질경영과 팀워크, 인적자원 관리의 관계는 끊을 수 없는 강한 고리를 형성한다.

팀의 결속도는 구성원들의 소속감, 상호 의존도, 집단적 성과의 강조 정도, 팀의 정체성(identity)에 의해 결정되는 것이라고 한다. 팀의 성과는 팀 구성원 전체의 공적이다. 팀 경기에서는 그 어떤 경우에도 팀이 우선한다. 팀에 금메달을 준다. 보조 어시스트가 없으면 스타도 탄생할 수 없다. 팀의 성과를 창출하기 위해서는 교육훈련처럼 중요한 투자가 없다. 모처럼 투자를 한다면, 사람들에게 만족을 주고 나아가 직무, 프로세스, 시스템의 품질을 향상시킬 수 있는 교육훈련이 되어야 할 것이다. '디지털 인재'라고 하는 핵심인재상은 웹 공동체를 추구하고 동시 병행의 일처리와 창조적 변화를 기본사고로 한다.

제9장에서는 전통적인 조직의 특성과 팀의 성공, 실패요인, 학습조직의 훈련 내용, 인적자원관리의 필요성과 조직의 집권화, 분권화의 특징 및 성과가 높은 조직을 위한 동기부여 방법을 설명한다.

9.1 전통적 조직으로부터의 탈출

1. 전통적 조직의 특징

전통적 조직의 기본골격은 기능별 부서이다. 구성원들은 하나의 전문기능을 담당하는 부서에 소속되어 그 전문영역 내에서 다시 나누어진(분업화된) 직무를 수행한다. 각자의 직무범위는 폭이 좁고 명확하게 한계가 정해져 있다. 따라서 한 가지에만 숙련되면 직무를 잘 수행할 수 있게 되는데 이를 가리켜 전문화라 한다.

이러한 전문화 원칙과 함께 전통적 조직의 특징을 말해 주는 또 하나의 중요한 원칙은 계층제이다. 모든 구성원은 상위계층의 지휘 · 감독을 받는다. 상위계층은 하위계층보다 시야가 넓다. 그러나 상위계층 역시 대부분은 기능별 부서에 소속되어 조직 전체를 보지는 못한다. 전체를 보지 못하기 때문에 조직목표, 고객 지향, 경쟁력 등 현대 조직의 중요한 이슈에 익숙하지 못하다.

분업화된 직무를 담당하면서 계층적 통제를 받는 전통적 조직의 구성원들은 일반적으로 시야가 좁다. 그들은 각자의 담당 업무가 어느 프로세스에 속하고 그것이 전체 프로세스에서 어떤 역할을 하는지 알지 못한다. 조직목적, 타 부서와의 관계, 고객 요구 등을 심각하게 고려할 필요가 없고 실제로 고려하기도 어렵다.

상위계층은 자기보다 안목이 좁은 하위계층에 대해 우월감을 즐기면서 하위자들을 하나의 도구나 수단처럼 생각하는 경향이 있다. 같은 논리로, 톱(top)은 조직 전체를 자기 도구라고 생각한다. 전통적 조직의 구성원들은 인적자원이 아니라 일종의 도구로 취급된다. 도구에게서는 어떤 창의력도 아이디어도 도전도 기대할 수 없다.

전통적 조직에서는 모두가 부서 내의 분위기나 상위계층 감독자와의 일대일 관계에 예민하다. 부서 간 경쟁, 계층 간 경계심, 자기방어에 신경을 쓰게 되고 협력보다는 각자가 혼자 일하는 데 익숙하다. 위원회나 팀 같은 것이 종종 이용되기도 하나 이것은 어디까지나 보조적 · 임시적 기구일 뿐이다. 과거에는 이러한 전통적 조직의 존재가 세계적인 현상이었다.

환경 변화가 없고, 품질을 강조하지 않아도 사업이 잘되며, 지시 · 복종에 익숙하여 갈등이 없는 조직이라면 이러한 전통적 조직으로도 충분히 생존하고 번영할 수 있을 것이다. 그러나 그런 경우는 드물다. 지금은 글로벌 시대이기 때문이다. 세계로 눈을 돌리면 이야기가 달라진다. 경쟁이 심하고, 고객들의 요구가 가변적이고,

구성원들의 욕구도 생각도 다양하고, 업무 프로세스가 복잡하고, 품질이 중요한 경쟁 요소로 등장하는 글로벌 시대이다.

세상이 달라졌다. 부서와 조직의 울타리를 넘어 팀을 만들고 협력하는 사례가 많이 발견된다. 특수과제를 위한 한시적 태스크포스, 특별사업을 전담하는 상설사업팀, 지속적 품질개선을 위한 현장개선 팀, 기업 간 컨소시엄, 인터넷 네트워크를 통한 공동학습 등 종류도 다양하다. 그러나 팀워크나 파트너십은 말은 쉽지만 실천은 어렵다. 기업뿐만 아니라 우리 사회 전체가 그렇다.

학교에서도 팀티칭이 드물고 공동 연구나 공저가 잘 안 된다. "남의 보증 서 주는 자식과 동업하는 자식은 자식으로 여기지도 말라."는 이야기가 있다. 속을까, 빼앗길까, 걱정이 많아 파트너십으로 사업을 키우지 못하고 불리한 조건이라도 빚을 얻어 투자한다. 이것도 IMF 사태와 무관하지 않다고 생각된다.

우리 사회는 아직도 팀워크 중심이 아니라 스타 중심이다. 스타가 되려는 사람과 스타가 되기를 포기한 사람들로 가득 차 있다. 팀워크의 본질은 그런 것이 아니다. 팀의 성과는 팀 구성원 전체의 공적이다. 운동경기와 비교해 보자. 물론 스타는 좋은 대접을 받아야 한다. 그러나 팀 경기에서는 그 어떤 경우에도 팀이 우선이다. 팀에 금메달을 준다. 스타에게만 금메달을 주고 스타가 아닌 선수들에게는 동메달을 주는 법이 없다. 보조 어시스트가 없으면 스타도 탄생할 수 없다.

진정한 팀 문화를 도입하고 격려하는 일이 필요하다. 각종 위원회들의 운영 문제도 재고할 필요가 있다. 안건도 모르고 데이터도 처리 도구도 없이 막연히 회의에 참석해서 서로 얼굴만 바라보는 경우가 많다. 발언 한 번 잘못하면 계속 찍히기 십상이다. 회의록은 1쪽을 채우지 못한다. 이런 것이 바로 팀워크를 죽이는 문화이다.

우리는 그동안 팀워크를 경시하는 전통적 문화 속에서 살아왔다. 문화도 그렇지만 기술적으로도 보강되어야 한다. 발표 기술, 커뮤니케이션 기술, 창의성 훈련, 토론 방법, 행동화 대책, 역할 분담 등 팀워크와 관련된 기술이 많다. 학교에서 가르쳐 주지 않는 이러한 기술들이 실생활에는 매우 긴요하다.

2. 임파워먼트를 지향하는 단계별 접근

자율 태스크 팀, 자기관리 팀(self-managing team), 자기통제 팀(self-control team), 임파워드 팀(empowered team, ET) 등 전에는 별로 쓰이지 않았던 생소한

용어들이 1990년대 이후 큰 관심을 불러일으키고 있다.

이것들의 공통적 특징은 임파워먼트(empowerment)이다. 임파워먼트의 말뜻은 제2장에서 간단히 해설한 바 있다. 임파워먼트가 상당한 정도로 진행된 팀조직, 즉 ET에 대해서 최근에 많은 연구가 이루어졌고, 특히 품질경영과 관련하여 이를 많이 강조하고 있다.

논자에 따라서는 ET를 조직 문제의 궁극적 해결책으로 보기도 한다. 여하튼 ET는 실제로 생산성 향상, 재무성과 향상, 근로생활의 질 개선 등 다양한 이유로 도입되고 있다. ET의 본질은 여러 가지 방법으로 설명된다. 예컨대, G. Morgan(1986)은 필수 다양성, 기능 중첩, 최소 핵심조건, 이중루프 학습의 4원칙을 통해 그 본질을 설명한 바 있는데 그 의미는 다음과 같다.

① 필수 다양성(requisite variety) : 수요량 변화, 제품 디자인 변화 등 고객 요구의 변화에 따른 투입자원의 조절을 가급적 변화의 근원지(시장 또는 고객)에 근접하여 해야 한다는 원칙이다. 이 원칙은 통제의 분권화와 관련된다.

② 기능 중첩(redundancy of functions) : 사람들의 기능을 1인 1기능으로 묶어놓지 않고 다기능화함으로써 팀 내에서 보다 폭넓은 업무 수행을 가능하게 하고 변화에 대응하는 유연성을 갖게 해야 한다는 원칙이다.

③ 최소 핵심조건(minimal critical factors) : 분권화 통제방법과 관련된 원칙이다. 경영자가 팀에 이런저런 조건들을 과다하게 요구하고 간섭하면 팀 구성원들이 능력을 발휘하기 어려워질 것이다. 경영자는 과제의 방향을 바르게 잡아주는 최소 핵심조건만을 팀에 요구해야 한다.

④ 이중루프 학습(double loop learning) : 전통적 조직에서는 분업화된 각자의 업무가 규격화되어 있기 때문에 반복처리 과정을 통해 최선의 처리방법을 찾고 피드백하기도 쉽다. 이를 단일루프 학습이라 부른다. 반면에 팀의 업무는 규격화되어 있지 않고 가변적이며 복잡 다양한 숙련을 요구한다. 따라서 문제의 정의, 우선순위 결정, 처리방법 결정 등 문제해결에 관한 숙련까지 추가로 학습해야 한다. 이와 같은 학습을 이중루프 학습이라고 한다.

팀에 관한 연구의 원조는 사회심리학 및 집단역학 분야의 학자들이다. 그러나 이들 연구는 실제 조직을 대상으로 하지 않고 주로 실험실 방법에 의존해 왔다는 약점이 있다. 여기서는 보다 현실감 있는 연구와 사례를 소개하려고 한다. Hut와 Molleman(1998)의 팀 개발 단계론, Johnson과 Thurston(1997)의 임파워먼트 그리드를 설명하고, 이어서 기업 사례를 소개할 것이다. Hut와 Molleman은 앞에서 언급한 Morgan의 4원칙을 이용하여 임파워먼트에 초점을 둔 팀 개발 단계를 제안했는데 그 4단계는 다음과 같다.

① 제1단계 : 기능 중첩(다기능화)에 집중
- 인력관리 자격 조건상의 필요 기능을 파악하고 재규정한다.
- 추가소요 기능에 숙련될 수 있도록 교육훈련 프로그램을 만든다.
- 직무에 다양성이 포함되도록 직무 확대를 추진한다.

② 제2단계 : 통제구조 개편
- 최소 핵심 원칙에 따라 통제 업무를 팀에 위임한다.
- 직무에 자율성이 포함되도록 직무 충실화를 추진한다.

③ 제3단계 : 팀워크 단계
- 팀의 역할 분담, 의사소통, 의사결정, 일일 활동을 팀에 맡긴다.
- 감독자가 팀에서 손을 떼고 자율적 팀워크를 강조한다.

④ 제4단계 : 이중루프 학습 및 경계선 관리
- 비일상적 문제(non-routine problem)의 처리에 초점을 둔다.
- 팀 경계선 관리, 즉 다른 팀 또는 타인들과의 관계를 관리한다.

위의 4단계는 직무 확대, 직무 충실화, 팀워크, 학습 및 경계선 관리의 순서로 이어지는데, 처음부터 무조건 팀워크를 강조하는 식의 접근보다 훨씬 현실적이다. 각 단계의 초점이 분명하고 논리적이라는 것도 장점이다. 즉, 프로세스(1단계), 통제구조(2단계), 팀 편성 및 의사소통(3단계), 학습 및 팀 환경(4단계)의 순서로 초점을 옮기면서 체계적으로 팀을 개발하는 것이다.

이와 같은 단계별 팀 개발법에 대해서 Hut와 Molleman은 조심스럽게 자평했다. 즉, 이것이 팀 개발의 단계를 설명하는 유일한 설명방법은 아니지만 어차피 단번에 모든 조건을 갖출 수는 없기 때문에 어떤 단계든 단계별 접근이 필요하다고 주장한다.

Hut와 Molleman은 약 2,000종의 제품(유리와 조명등)을 생산하는 회사를 택하여 5개 팀에 대해 설문조사를 실시하고 자신들의 모형이 정당한지를 테스트했다. 그 결과, 쉬운 일(직무 재설계)부터 시작하여 어려운 일(팀워크, 학습, 경계선 관리)로 진행해 나가는 임파워먼트 방법이 타당다는 결론을 얻었다.

그러나 부분적으로는 모형과 다른 측면도 발견되었다. 모형과는 달리, 관찰된 실제 사례에서는 아직 앞 단계가 끝나지 않았는데 다음 단계가 시작되는 경우도 있고, 한 설문 항목이 둘 이상의 단계에 공통적으로 적용되는 등 단계의 구별이 명확하지 않다는 점을 발견했다.

실제로 전통적 조직에서 탈출하여 임파워먼트라는 생소한 개념을 도입하고 실현시키는 것은 그리 쉬운 일이 아닐 것이다. 경영자 입장에서 볼 때, 팀워크를 살리는 것은 중요한 일이나 경영자가 통제력을 상실한다는 것은 매우 불안하고 위험하다고 생각할 수도 있다.

Johnson과 Thurston은 「포춘」이 선정한 1,000대 기업 중 47%가 자기관리 팀 또는 ET를 도입했고, 60%가 향후 2년 내로 종업원 참여도를 향상시킬 계획을 가지고 있다고 대답했으나, 진정한 임파워먼트를 실천한 기업은 10%에 불과하다는 증거를 인용하면서 이러한 부진의 원인으로 세 가지를 들었다.

① 임파워먼트 프로그램을 시작하기 전에 자기 회사의 팀 모형을 진단 · 평가하지 못했다.
② 임파워먼트의 의미를 축소 해석하거나 경영자 중심으로 정의하는 경향이 있다.
③ 팀 간의 차이를 구별하지 않고 획일적으로 팀 활동에 간섭하여 오히려 임파워먼트의 반대방향으로 가는 경우도 있다.

Johnson과 Thurston은 임파워먼트의 추진을 하나의 전략적 과제로 보아 경영자가 자기 진단을 할 수 있도록 도와주는 도구를 만들었다. 이는 〈그림 9-1〉과 같은 모양의 임파워먼트 전략 그리드(empowerment strategy grid)이다. 이 그리드는 수직축, 수평축, 4개의 면으로 구성된다. 수직축은 임파워먼트의 정도를 나타내며 수평축은 팀의 결속 정도를 나타낸다.

임파워먼트와 결속도가 모두 높으면 '임파워드 작업 팀(empowered work team)', 임파워먼트는 높지만 결속도가 낮으면 '유력한 관리자(empowering manager)', 임파워먼트는 낮으나 결속도가 높으면 '소대(platoon)', 임파워먼트와 결속도가 모두 낮으면 '자동장치(automation)'라고 부른다. 여기서 수평축, 즉 팀의 결속도는 구성원들의 소속감, 상호 의존도, 집단적 성과의 강조 정도, 팀의 정체성(identity)에 의해 결정되는 것이라고 한다. 여러 사람이 한 장소에 모여 있다고 팀이 되는 것은 아니다. 수평축 좌측 끝의 '공동 작업자(co-actors)'라는 용어는 사람들이 공동으로 같은 일을 하지만 팀으로 결속되어 있지는 못한 상태를 의미한다. Johnson과 Thurston은 4개 유형을 구분하기 위해 다음과 같은 10개 변수를 적용

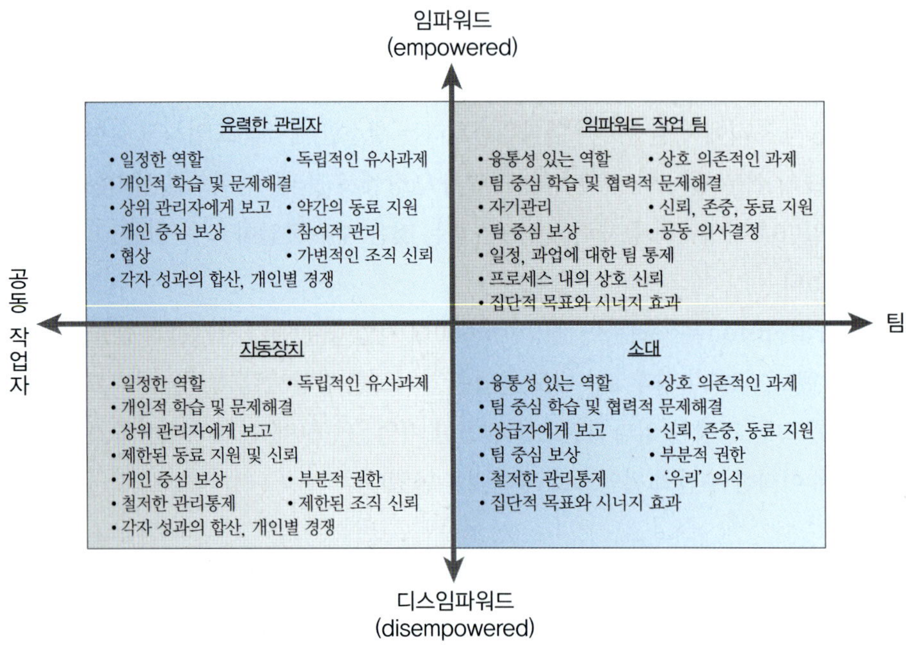

◉ 그림 9-1 임파워먼트 전략 그리드

했다.

① 각자의 역할 ② 과업의 성격
③ 문제해결 및 학습의 스타일 ④ 보고책임 관계
⑤ 가치관 및 규범 ⑥ 성과 측정 및 보상
⑦ 의사결정 권한 ⑧ 통제 시스템
⑨ 계층 간 신뢰감 ⑩ 팀 활동의 최종성과

팀 개발 사례

일본 간장이 처음 상품화된 것은 1846년인데, 처음에는 고가품이었으나 1955년 간장 회사들이 통폐합되고 대량생산체제를 갖춤으로써 저가품이 되었고, 1980년대에 들어서자 공급과잉으로 가격이 폭락했다. 히가시마루쇼유사는 시장점유율 5%인 일본 간장 제조업체로 종업원 500명의 매우 경쟁력 있는 회사였으나 1980년대 중반부터 순이익이 급감하는 위기를 맞았다.

공장장은 근무경력 23년의 도시오 오쿠노였고 공장은 5개 주력 공정 부서에 17개 작업 팀으로 조직되어 있었다. 위기를 타개하기 위해 오쿠노는 "활기찬 직장"이라는 표어를 내걸고 팀장(리더) 교육훈련에 힘썼다. 그러나 팀장 교육반은 실패했다. 팀장들은 "나는 공부가 싫어서 회사에 들어왔다. 공부하고 싶었다면 진학하지 왜 취직을 했겠느냐."고 노골적으로 불평했다. 그들은 학력이 중졸 수준이지만 현장에서 일가견이 있는 베테랑들이었다. 그러나 과거 방식에 익숙한 나머지 변화를 싫어했다.

오쿠노는 본격적으로 변화를 도입해야 한다고 생각했다. 전원이 변화에 찬성하도록 만들기는 어렵다. 그러나 지지자를 10% 증가시킨다든지 변화 거부자를 10%만 감소시켜 최소한 중립으로 바꾸기는 어렵지 않을 것이다. 우선 팀장들의 사고방식을 바꾸기 위해 오쿠노는 기존의 팀장 교육반을 월 1회 정기회의로 변경했다. 전에는 모여서 공부하는 것이 주목적이었으나 이제는 공부 대신 서로 대화하는 것이 주목적이었다. 팀장회의에서는 변화에 대한 저항감 없애기, 경영자처럼 사고하기, 문제해결 훈련, 팀 내의 의사소통, 팀 간의 의사소통, 연속선상의 변화를 강조했다.

지금까지 잘 해 왔고 또 자기 할 일만 잘하면 된다고 생각하는 고집쟁이들을 상대로 지금까지의 방법을 부정하고 새로운 개선을 계속 추구하게 만들어야 했다. 오쿠노는 수시로 현장을 돌아다니면서 종업원 스스로 생각하여 해답을 찾으라고 설득하고 인접 공정을 서로 방문하라고 권했다. 인접 공정은 고객이며 중요한 정보원천이라고 가르쳤다. 정기적 팀장회의를 계속하면서 오쿠노는 2단계로 들어갔다.

제2단계 프로그램은 가격통제 시스템이라는 명칭의 매우 파격적인 현장 게임이었다. 각 팀이 이익센터가 되어 게임을 하고 매월 결산을 하여 팀장회의에 손익계산서를 제출하는 것이다. 이익을 많이 낸 팀장은 승진시키고 우수 팀에게는 3만 엔의 회식비를 시상하기로 했다.

가상은행을 만들고 모의화폐를 발행하여 팀 자금을 획득하고 재료비, 인건비, 감가상각 등 비용을 지불하는 한편 가공품을 3% 마진율로 판매하게 했다. 인건비는 본부에 납부하고 재료비는 팀 간 결재하도록 했다. 돈이 떨어지면 은행에서 대출하고 이익이 생기면 은행에 예치하여 잔고로 표시된다.

처음 몇 개월간은 6개 팀이 이익을 남겼다. 그러나 보너스를 지급하고 나니 모든 팀이 적자가 되었다. 이러한 가격통제 시스템 게임을 통해 중졸자 기술자들에게 원가, 손익, 손익분기점, 회계 등의 기초개념을 배우게 했고 생산현장도 돈 버는 일과 관계가 깊다는 것을 깨닫게 했다. 종업원들은 '까다롭지만 재미있다'는 반응을 보였고 팀 성과에 관심을 갖기 시작했다.

히가시마루쇼유사는 단계적으로 모두 다섯 가지의 프로그램을 추진했다. 1단계의 정기 리더회의, 2단계의 가격통제 시스템 게임은 연속선상의 변화를 위한 프로그램이었다. 체제를 바꾸지 않고, 즉 기존 체제하에서 사고방식을 바꾸고 조금씩 개선해 나가는 것을 연속선상의 변화라고 말한다.

3단계 프로그램은 '다츠마키(폭풍)'라는 기발한 프로그램이다. 1989년 어느 날, 오쿠노는 예고 없이 공장 출입구에 서서 출근하는 팀장들의 입장을 막았다. 그리고 연속 3일간 공장 내 모든 팀이 팀장 없이 작업하게 했다. 팀장이 없을 때 팀들이 어떻게 버티는지 관찰하는 한편, 팀장들이 잠시 현장을 떠나 특별한 경험을 할 수 있도록 한 것이다. 팀장들은 그동안 상점이나 슈퍼마켓을 방문하여 자사 제품이 어떻게 판매되고 광고되는가를 직접 볼 수 있었고, 다른 간장 회사를 방문하여 그들이 같은 문제를 어떻게 해결하는지 조사했으며, 나머지 시간에는 회사 내 판매 부서와 공동으로 토론회를 가졌다. 전사적 관점을 심어 주고 시야를 넓혀 준 좋은 기회였다.

2차, 3차 다츠마키에서는 단체 행동을 했던 1차 때와는 달리 팀장들이 자유롭게 시간을 보내도록 했다. 처음에는 커피숍에 모여 우왕좌왕했으나 그들은 곧 자율적으로 방문지를 정해 배우러 나갔다. 방문지는 도시바 회사 공장 컨베이어라인과 트럭 회사였다. 업종은 다르지만 여기서도 배울 것이 많았다. 업종이 다르기 때문에 방문 회사들이 경계심을 갖지 않았고 서로 깊이 있는 의견을 나눌 수 있었다. 공장 내부에서만 평생을 보낸 그들이 모처럼 외출을 하여 열린 마음으로 자연스럽게 벤치마킹을 시작한 것이다. 이것은 기존의 틀을 깨고 전혀 다른 시각에서 문제를 보는, 즉 불연속선상의 변화를 시도했다는 의미가 있다.

4단계 프로그램은 항엔(절반) 게임인데 이것도 다츠마키와 함께 기존의 틀을 깨는 불연속선상의 변화를 위한 프로그램이다. 히가시마루쇼유사는 1980년대 중반부터 불어닥친 적자위기에 대응하여 그동안에도 꾸준히 원가절감운동을 벌여 왔다. 그러나 단순한 낭비 제거 등에 의존하는 통상적인 원가절감운동에는 한계가 있다. 가령 10명이 수행하던 과업을 9명으로 해내는 정도가 되는 것이다.

절반 게임은 10명이 하던 일을 5명(즉, 절반)이 해 보는 게임이다. 게임이 시작되면 모든 팀의 인원을 절반으로 줄이면서 지금까지 하던 작업량을 채우라는 지시가 내려진다. 모두들 당황하고 공장 전체가 혼란에 빠진다. 그러나 팀별로 수습이 시작된다. 이것은 단순한 숫자놀음이 아니다. 절반으로 해내기 위해서는 기존의 방법 자체를 부정하고 새롭게 창의적으로 접근하지 않으면 안 된다. 열심히 하면 된다는 식의 평범한 자세로는 어림없는 일이다. 평소에 말이 없고 소극적이고 둔해 보이던 사람이 절반 게임에서 갑자기 스타로 부각될 수 있다. 이것은 팀을 골탕 먹이기 위한 것이 아니라 팀을 학습실험실로 바꿔 주는 게임이다.

오쿠노는 연속선상 변화 및 불연속선상 변화를 위한 네 가지 프로그램을 시도한 다음, 마지막 5단계에서 드래프트 시스템(draft system)을 시작했다. 드래프트 시스템은 흔히 프로 운동선수들에게 적용되는 제도인데 오쿠노는 이를 직무순환제(job rotation)에 연결시켰다. 이 회사의 팀장들은 팀워크가 약화되는 것을 우려하여 우수한 구성원이 빠져나가는 것을 몹시 싫어했다. 오쿠노가 우수한 사람을 순환근무에 추천하라고 지시해도 팀장들과 당사자들이 심하게 반발했다. 심한 경우는 자기 팀의 직원이 발탁승진되는 것까지 싫어했고, 직무순환제에 제일 열등한 사람을 추천하는 경향이 있었다.

그래서 직무순환제가 본래 의미를 상실하고 형식적으로 실시되어 왔던 것이다. 오쿠노는 규정을 바꿔서, ① 한 팀에서 5년 이상 근속한 사람 전원을 순환 대상자로 하고, ② 그중에서 팀별로 우수자 순위 1, 2, 3번을 순환 후보자로 하며, ③ 매년 팀당 2명씩 순환시키는데, ④ 후보자 명단을 칠판에 적어 놓고 추첨기로 추첨하여 갈 곳을 정하도록 했다. 이는 인간 품질 철학과 관련된다.

인간 품질이 보편적으로 쓰이는 용어는 아니지만 이 회사에서는 이를 다음과 같이 정의하고 있다. 즉, 인간 품질은 근로자가 스스로 평가하는 자기 가치, 또는 타인으로부터 가치 있는 사람이라고 인정받는 것을 의미한다. 드래프트 제도는 공장에서 종업원 각자가 자기 가치에 주목하게 했고 인간 존중의 분위기를 조성하는 데 기여했다.

9.2 팀워크와 교육훈련

1. 팀의 종류

세상의 회의나 모임이 다 그렇듯이 팀이라는 것도 잘하면 쓸모있고 유익한 것이지만, 잘못하면 공연히 시간과 자원만 낭비하는 불필요한 것이 된다. 팀이란 공통 목적을 달성하기 위해 보완적 숙련을 갖춘 소수 인원이 모인 협력적 집단이다.

경우에 따라 팀 방법이 좋을 수도 있고 개인적으로 문제를 해결하는 방법이 좋을 수도 있다. 해결할 과제가 복잡하거나 조직 내 여러 부서가 관련될 때는 팀 방법을 통해 우수한 해답을 얻을 수 있다. 팀 방법은 보다 참여적이라는 장점과 문제해결 과정에서 여러 사람의 다양한 시각과 숙련을 동원할 수 있다는 장점이 있다.

팀의 종류는 운영 기간에 따라 한시적 팀과 상설 팀으로 구별할 수 있고, 활동 내용에 따라 과제해결 팀, 작업(집행) 팀, 과제해결 및 작업을 함께 수행하는 팀으로 구별할 수 있다.

가장 단순한 형태는 수개월 정도의 단기간에 1개 과제만을 해결하고 해체되는 팀이다. 이 경우는 사실상 소속감도 적고 팀워크가 성숙될 수 없기 때문에 진정한 팀이라고 보기 어렵다. 따라서 팀이라는 명칭보다 특별위원회라고 부르는 편이 옳을 것이다.

태스크포스나 프로젝트 팀은 대부분 규모가 크고 중대한 특수과제의 해결을 위해 설치된다. 비록 한시적이지만 1년 이상 지속되는 경우가 많고, 과제해결과 함께 공동 작업(집행)을 상당 기간 담당하는 경우도 있다.

가장 복잡한 형태는 상설 팀이면서 과제해결도 하고 업무 집행도 하는 팀이다. 여기에 임파워먼트를 추가하면 강력한 자기관리 팀이 된다. 최근에 많이 이용되고 있는 소사장제(小社長制)의 경우, 모기업으로부터 분사(分社)하는 초기에 이러한 팀 유형의 예를 볼 수 있다. 만일 조직 내 대부분의 기관이 자기관리 팀으로 바뀐다면 글자 그대로 팀형 조직이 될 것이다.

팀의 종류는 다양하다. 앞에서 열거한 종류 외에도 품질경영에서 강조하는 독특한 유형이 있다. 일본에서 시작된 품질서클(quality circle)은 작업장 단위로 구성되는데, 같은 작업장에서 근무하는 사람이면 누구나 자동적으로 해당 작업장의 품질서클에 가입되므로 이를 자연적 작업 팀(natural work team)이라고 부르는 사람도 있다.

품질서클은 ① 전사적으로 모든 작업장에 적용되고, ② 현장 업무를 수행하면서 업무 관련 개선과제에 공동으로 도전하며, ③ 기존 조직 내에서 자동적 가입이라는 방법으로 팀이 구성된다는 특징을 갖는다. 팀 활동을 전사적으로 쉽게 확대할 수 있고, 현장 업무와 직결되는 개선 활동을 꾸준하게 추진할 수 있다는 것이 품질서클의 최대 장점이다.

그러나 팀과 기존 조직구조 사이의 권한, 책임, 역할 관계가 문제될 수 있다. 계층제와 기능별 부서체제를 기본으로 하는 전통적 조직에서는 품질서클 활동을 잘 지원해 주지 못한다. 품질서클 활동도 엄연한 공식적 활동인데 상위계층이나 부서장들이 이를 비공식 집단처럼 대우하는 경우가 많다.

품질서클은 본래 공장에서 시작되었다. 공장의 경우는 프로세스, 즉 생산공정이 뚜렷하고 작업장들이 분명히 구별되기 때문에 품질서클을 구성하기도 쉽고 품질서클 활동을 프로세스 개선에 집중시킬 수 있다. 공장의 작업장은 곧 프로세스의 일부이기 때문이다. 그러나 다른 종류의 조직에서는 이야기가 달라진다.

서비스업이나 사무 작업의 경우, 우선 프로세스를 식별하기 어렵고 또 작업장이라는 장소적 개념이 분명치 않아 품질서클을 만들기가 쉽지 않다. 공장에서 유래된 '작업장별 품질서클'의 개념을 응용할 수 있는 방법은 무엇일까?

가장 상식적인 방법은 부서별로 또는 사무실별로 품질서클을 조직하는 방법일 것이다. 실제로 이렇게 운영하면서 명칭만 바꿔서 '품질개선 팀(quality improvement team, QI팀)'이라고 부르는 예가 많다. 그러나 명칭을 바꾼다고 문제점이 해소되는 것은 아니다.

첫째, 1부서 1팀 원칙으로 편성할 때, 부서 단위를 적당한 크기로 정하기가 어렵다. 너무 크게 잡으면 팀 규모가 커져서 팀워크를 발휘하기 곤란해진다. 부서 단위가 크면 담당 업무도 많아지므로 다양한 과제를 소화하기 어렵고 팀 활동이 초점을 잃어 산만해진다. 반면에, 부서 단위를 너무 작게 잡으면 팀의 구성이 빈약해지고 통합적 개선 노력을 기울이기 어렵게 될 것이다.

둘째, 부서들이 기능별로 전문화되어 있는 전통적 조직에서는 부서별 품질개선 팀의 노력이 일부 기능에 국한되어 고객 중심의 개선 또는 프로세스 전체의 개선을 시도하기 어렵다. 부서 간 협력이 안 되면서 열심히 하라고만 하면 오히려 부서 간 갈등이나 부서 이기주의를 부채질하기 쉽다. 이러한 문제점을 보완하기 위해 최근에는 부서별 팀을 원칙으로 하되 필요에 따라 타 부서 사람이나 고객 대표를 팀에 포함시키는 경우도 있다.

품질서클 또는 QI팀은 작업현장의 담당자 전원이 자동적으로 참가하는 전사적인 팀 조직이고 팀의 노력을 현장개선에 집중할 수 있다는 점에서 확실히 획기적인 방법이다. 그러나 앞에서 지적한 바와 같은 문제점도 있기 때문에 적절한 보완이 필요하다. 품질경영에서 권장하는 확실한 보완책은 기능연합 팀(cross-functional team, CF팀) 방법이다. CF팀은 여러 기능이 동시에 관련되는 복잡한 프로세스를 개선하기 위한 것인데, 원칙적으로 소속 부서와 관계없이 필요한 기능 보유자를 차출하여 하나의 팀을 구성해야 한다. 다시 말해서 CF팀은 부서 중심이 아니라 기능연합 중심의 팀인 것이다.

전통적 조직 개념에 익숙한 사람들은 항상 부서별 안배나 계층의식을 중요시한다. 그래서 CF팀을 구성할 때도 모든 부서에서 한 사람씩 대표자를 차출하고 상위계층을 포함시켜 팀을 감독하게 하는 식으로 운영한다. 이와 같은 구성방법은 기능연합적 사고와 거리가 있다. 모든 부서에서 차출하다 보니 CF팀이 마치 각 부서의 이익을 대변하고 협상하는 자리처럼 되기 쉽고 정작 중요한 기능들, 예컨대 고객관계, 종업원관계, 정보 기술 활용 등의 핵심적 기능이 팀에서 누락될 가능성도 있다.

품질경영과 팀제는 매우 관계가 깊다. 앞에서 열거한 다양한 종류의 팀들을 적절히 활용하면 품질경영을 추진하는 데 도움이 될 것이다. 그리고 역으로, 품질경영을 잘하면 팀제의 활용도가 높아진다고 말할 수도 있다.

2. 팀의 구성과 팀 헌장 작성

1) 팀 구성원 선택

작업장 단위로 근무자 전원이 자동적으로 가입하는 경우(예컨대, 품질서클)에는 별도로 팀 구성을 생각할 필요가 없다. 그러나 자동적 가입방식이 아니라면 팀을 구성하는 일은 매우 중요하다. 팀 구성에 적용할 일반적 원칙은 없지만 대체로 다음과 같은 점을 고려할 필요가 있다.

① 이 상황에서 차출방식이 좋은가, 아니면 자원방식이 좋은가?
② 시간적으로 팀 활동에 기여할 수 있는 사람은 누구인가?
③ 과제의 특성상 어떤 숙련(기술, 분석력, 창의성)의 사람이 필요한가?
④ 팀 경험을 경력 개발 기회로 생각하는 등 동기부여가 된 사람인가?
⑤ 팀 구성원들이 전에 같이 일해 본 경험이 있는 사람들인가?
⑥ 개인적 성격이 팀 활동에 맞는가?

물론 이 밖에도 많은 고려사항을 생각해 볼 수 있다. 팀을 잘 짜는 것은 결혼 중매처럼 어려운 일이다. 천성적으로 남들과 어울리기 싫어하는 사람도 때로는 쓸모가 있을 수 있다. 그러나 일을 방해할 만한 사람은 제외시키는 것이 당연할 것이다.

Butterfield와 Pendegraft(1996)는 학생들을 대상으로 무작위적 방법, 자율적 방법, 게임방법의 세 가지로 학습 팀을 구성하고 그 결과를 비교하는 연구를 했다. 이들이 적용한 게임방법은 독특하다. 게임의 1단계에서는 각자의 프로필과 특징을 묻는 설문지를 배부하고 응답하게 했으며, 2단계에서는 학생들이 서로 인사를 나누고 응답지를 회람 · 참고하면서 특징이 비슷한 사람끼리 팀을 짜도록 했다. 이러한 게임방법에 의한 팀 구성이 무작위적 방법이나 자율적 방법에 의한 팀 구성보다 과제물 작성, 발표, 팀 만족도, 활동 과정 면에서 가장 우수하다는 실험 결과가 나왔다. 팀 구성이란 것이 매우 까다롭고 중요한 일임을 우리에게 시사하는 연구이다.

2) 팀 헌장 작성

팀 헌장(charter)은 팀의 목적과 기본방향을 제시해 준다. 원칙적으로 헌장은 모든 팀에 필요하다. 헌장이 없으면 모처럼 좋은 팀을 구성하고도 활동방향, 범위, 방법에 대한 논쟁으로 시간을 낭비하게 될 것이다. 팀을 구성하는 즉시 헌장에 따라 활동을 개시할 수 있도록 헌장을 미리 작성하는 것이 바람직하다.

특히 복잡하고 중대한 프로젝트를 다루게 될 팀이라면 팀의 첫 모임에서 헌장 해설 회의(chartering meeting)를 갖는 것이 바람직하다. 새로 구성된 팀에게 자기 팀의 헌장을 만들게 하면 출발부터 갈등이 생길 수 있고, 그 때문에 팀워크가 깨지거나 활동 개시가 늦어질 우려가 있다. 헌장은 팀의 후원자나 상급 관리자가 작성하는 것이 원칙이지만 일부 내용에 팀의 의견을 반영하기 위해 부분적으로 팀에게 헌장 작성 책임을 위임할 수 있다. 팀 헌장에 포함되는 내용은 다음과 같다.

① 팀의 설치목적

② 기대 결과 또는 목표치 : 팀에게 기대하는 결과, 그리고 성취도를 나타내는 척도를 명시한다.
  예 : 원가 절감, 품질향상, 서비스의 신속화, 재고량 감소, 판매량 증가

③ 원칙 및 조건 : 팀이 대안을 선택할 때 어떤 원칙에 따라 선택하고 어떤 조건을 준수해야 하는지를 명시한다. 과업 완성 일자, 중간 보고 일정, 가용한 자원(인원, 자금, 등), 팀 활동과 관련된 규정 등이 여기서 언급된다.

④ 팀 활동의 범위 : 팀이 맡아야 할 일과 관여해서는 안 될 일을 구별해 준다. 범위 설정에 고려할 사항은 두 가지이다. 첫째는 팀 외부(기존 조직)와의 업무상 경계선이고, 둘째는 팀의 작업대상, 즉 시스템이나 프로세스의 경계선이다.

⑤ 팀의 권한과 책임 : 팀이 아무리 최선을 다해 좋은 결과를 내도 상급 기관이 이를 무시하거나 과도하게 수정하여 채택한다면 또는 그렇게 될 것이라고 예상되면 팀 구성원들은 처음부터 형식적으로 참가할 것이다. 따라서 팀 의사결정이 어느 정도로 기여하게 되는가를 헌장에 표시하는 것이 바람직하다. 아울러 팀의 책임, 리더 역할, 구성원 역할, 의무를 명문화해서 삽입할 수도 있다.

3. 팀의 성공요인과 실패요인

팀의 성공요인, 실패요인은 흥미로운 연구과제이다. 앞에서 언급한 바와 같이, 팀이 어떤 사람들로 어떻게 구성되느냐도 중요한 성공요인이고 팀 헌장을 구비하는 것도 팀의 성공을 위한 대책의 하나라고 볼 수 있다. 그 밖에도 참가적 리더십, 상호신뢰와 존중심을 더해 주는 커뮤니케이션, 과학적 접근방법, 도전과 성취동기 등 많은 요인을 직관적으로 열거해 볼 수 있다.

이러한 직관적 열거방법도 의미가 있겠지만, 이 분야의 연구자들이 실제로 조사하고 통계적으로 추출한 요인에 대해서도 알아볼 필요가 있다. 일반적인 팀의 경우와 기능연합 팀의 경우로 나누어, 최근 연구문헌에 나오는 성공요인과 실패요인을 간단히 정리해 보면 다음과 같다.

1) Parker(1994)의 기능연합 팀 실패요인

① 팀 권한에 대한 혼동과 팀 리더 역할의 복잡성
② 팀의 애매모호한 목적
③ 대내외 이해관계자들 간의 커뮤니케이션 문제
④ 팀 노력에 대한 인정 및 보상 문제, 특히 그로 인한 대인관계 갈등
⑤ 부서 안배 식의 비대한 팀 구성
⑥ 경영자 지원 부족

2) Proehl(1997)의 기능연합 팀 성공요인과 실패요인

Proehl은 1992~1995년간 발표된 26개 논문을 종합하여 5개 요인을 제시했다. 그리고 대도시 운송 회사들의 134개 팀을 설문조사하여 성공/실패와 관련된 요인을 〈표 9-1〉과 같이 제시했다. 응답 팀의 42%가 '성공', 46%가 '실패'라고 자평했는데, 성공적 팀과 실패한 팀 간에 현저한 차이를 보인 항목은 〈표 9-1〉의 10개 항이다.

◉ 표 9-1 성공 팀과 실패 팀의 차이

유의 수준 0.001 미만의 차이를 보인 설문 항목	성공 팀(%)	실패 팀(%)
우리 팀은 일정에 맞추어 목표를 잘 달성할 수 있었다.	76	18
팀장이 구성원들에게 팀의 진도를 늘 알려 주었다.	84	39
우리 팀의 모임은 대부분이 과제 중심의 회의였다.	82	40
팀 구성원들은 과제할당(분담) 방식으로 일했다.	78	36
의사결정이 의견 반영 및 토론을 통해 적시에 이루어졌다.	85	53
구성원 간 경쟁보다 상호 의존적, 협력적 분위기가 있었다.	83	51
팀 구성원들이 결과의 질적 수준을 높이기 위해 몰두했다.	81	53
팀장이 구성원들을 지원하고 노력과 결과를 인정했다.	78	37
팀 후원자가 우리 프로젝트의 우선순위를 강조했다.	53	14
우리 구성원들도 프로젝트를 최우선 과제로 생각했다.	66	29

■ Proehl의 문헌 연구에서 얻어진 성공요인

① 기능적 대표성, 참여의욕, 최종 수요자 측 참가 등 팀 구성이 중요하다.
② 권한행사 가능 직위에 있고 숙련을 갖춘 리더가 필수 요소이다.
③ 팀이 과업을 수행하는 데 필요한 권한과 책임을 보유해야 한다.
④ 경영자 지원과 적절한 자원(인원, 자금, 시설 등)을 확보해야 한다.
⑤ 적절한 대내외 커뮤니케이션 시스템이 마련되어야 한다.

3) Drew와 Coulson-Thomas(1997)의 실증적 연구

Drew와 Coulson-Thomas는 기능연합 팀이 아닌 일반 팀을 대상으로 성공요인과 실패요인을 별도로 제시했다. 성공요인 중 괄호 속의 숫자는 100개의 표본 기업 중 해당 항목을 지적한 기업의 수이다.

■ 성공요인

① 명확하고 측정 가능한 목표(71)
② 구성원의 팀 활동 몰입(66)
③ 경영자 태도(63)
④ 팀워크 기술(54)
⑤ 책임 분담(49)
⑥ 임파워먼트(48)
⑦ 프로젝트 관리 기술(36)
⑧ 집단 활동을 지원하는 소프트웨어(36)
⑨ 네트워크 등 하드웨어 기술의 지원(34)
⑩ 기득권층 및 정치적 장애물의 제거(30)

■ 실패요인

① 고위 경영층의 지원 부족
② 명확한 비전, 목표 결여
③ 팀 구성원들의 시간 부족
④ 집단적 노력에 대한 인정 · 보상 실패
⑤ 훈련 및 숙련 개발에 실패

⑥ 팀 의사결정권 불허
⑦ 프로젝트 관리 면의 숙련 미흡
⑧ 간섭 및 파워게임
⑨ 구성원들의 팀 정신 및 참여의식 부족
⑩ 경영자의 조급한 재촉

4) McDonald와 Keys(1996)의 연구

McDonald와 Keys는 사례 연구를 통해, '팀의 일곱 가지 중죄(Seven Deadly Sins of Team-building)'라는 명칭으로 아래의 7개 항을 제시했다.

① 숙련보다 인간성 중심으로 구성원을 차출하는 것
② 팀워크 조성에 필요한 충분한 시간을 주지 않는 조급성
③ 명시된 목적과 다른 숨겨진 목적의 수단으로 이용하기 위해 팀을 만드는 것
④ 팀을 목표 지향적, 성과 중심적으로 운영하지 않는 것
⑤ 팀에게 아무런 권한, 신뢰, 책임을 허용하지 않는, 임파워먼트 실패
⑥ 개방적 의사소통을 봉쇄하고 정보를 독점하는 것
⑦ 팀워크를 해칠 정도로 경쟁을 지나치게 강조하는 경쟁광(狂)

4. 학습조직 철학과 팀 훈련

학습조직(learning organization)이란 '학습하는 조직'이다. 조직을 살아 있는 유기체에 비유하여 설명한 많은 학자들이 오래전부터 조직의 학습 기능을 강조하면서 학습방법의 학습(learning to learn), 자기경신(self-renewal), 조직 개발 등의 개념을 발전시켜 왔다. 최근의 학습조직 이론가들은 학습조직의 특징을 다음과 같이 규정한다.

① 조직생활을 통한 계속학습과 실험정신 : 학습조직에서 리더의 주 임무는 구성원들의 체험적 학습을 권장하는 일이다. 실패의 가능성, 책임 추궁의 두려움 때문에 아무 시도도 할 수 없는 조직이라면 그것은 학습조직이 아니다. 실패보다 나쁜 것은 더 배울 것이 없다는 자만심, 책임전가, 그리고 도전하지 않는 무

사안일이다. 윗사람이 시키는 대로만 일한다면 결코 학습조직이 될 수 없다.

② 개인 플레이보다 팀워크 강조 : 이기주의에서 벗어나 서로의 입장을 이해하고 서로 즐겁게 해 주면서 생산적 · 역동적으로 일할 수 있는 조직이다.

③ 계속학습 철학 : 자기만족을 거부하고 계속 노력하며 개선해 나간다.

④ 다양성 수용 : 출신, 계급, 성별, 성격을 가리지 않고 다양한 사람, 다양한 목소리를 참아 낼 수 있는 조직이다.

⑤ 능력 계발과 자기 평가가 존중되고 지원되는 조직이다.

⑥ 직무 및 구조의 유연성 : 개인별 · 부서별 책임영역을 너무 세밀하거나 경직되지 않게 탄력적으로 정하여 실험적 시도를 가능하게 해 주는 유연한 조직구조가 필요하다.

⑦ 학습적인 정책/계획 수립 : 정책이나 계획을 수립할 때에도 학습적 자세를 취한다. 정답을 찾기 어려운, 변화가 심한 상황이라면 학습하듯 도전하고 후에 결과를 보아 신속히 피드백하는 실험정신으로 풀어 나가는 것이다.

⑧ 새로운 학습방법의 적극적 활용 : 코칭(coaching), 팀 학습(team learning), 원격학습(distance learning), 외부의 다른 조직들과의 공동학습, 즉 네트워킹(networking) 등이 좋은 예이다.

⑨ 정보 기술 활용으로 구성원 활동 지원 : 정보 기술을 잘못 이용하면 사람들을 오히려 위축시킬 수도 있다. 특히 고객, 이웃, 타 회사와의 접촉 지점에서 일하는 직원 모두가 정보 기능을 수행한다는 점을 인식하고 정보 기술을 통해 조성 · 지원해야 한다.

⑩ 대외적 관계에도 학습 개념 적용 : 공동 투자, 공동 교육훈련, 공동 연구, 일감 교환 등 대외적 관계에도 학습 개념을 적용한다.

학습조직 철학과 현실의 교육을 비교해 보자. 오늘날의 교육은 무엇이 문제인가? 첫째, 교육의 목적이 문제가 된다. 우리는 인간의 변화에 초점을 두지 못하고 지식량 증가에 초점을 두어 왔다. 둘째, 동기 부분의 문제이다. 즉, 진정한 학습동기를 자극하지 못하고 경쟁심리를 이용하여 자극하는 동기화에 의존하는 것이다. 셋째, 주입식 · 반복식 교육방법의 문제이다. 특히 숙련교육에서는 이런 방법을 피해야 한다. 물론 교육훈련의 목적이 기계적 기능의 숙련에 있다면 반복훈련식 방법이 의미가 있고 효율적이겠지만, 교육훈련의 목적이 변화와 품질향상을 지향하는 것이라면 이야기는 달라진다. 이 경우, 보다 필요한 것은 학습을 통한 숙련(skill from

◉ 표 9-2 교육훈련 개념의 변화

과거의 개념	신기술로 인한 수정
교육계획은 본부에서 짜는 것이다.	로터스노츠 등 컴퓨터 그룹웨어를 활용하면 현지의 훈련 담당자가 충분한 정보를 입수하여 분권적으로 계획할 수 있다.
사람과 사람이 접촉을 해야 최선의 훈련이 이루어진다.	최선의 훈련은 요구되는 적시적소에 최소 비용으로 지식/숙련을 제공하는 것이다.
교육소요 파악은 1년에 1회 요구사항 접수 및 예산 과정을 거쳐 정기적으로 이루어진다.	컴퓨터를 이용하면 교육소요는 연중 계속 자동적으로 파악할 수 있고 의견보다 실제 행동 상태를 교육에 피드백할 수 있다.
강의실 교육훈련이 기본이다.	지정된 교육시간에만 교육훈련이 가능한 것은 아니다. 직무 현장에 연결시켜야 한다.

learning)이 아니라 학습할 줄 알도록 하는, 즉 학습숙련(learning skill)이다.

Switzer와 Kleiner(1996)는 팀 훈련 분야의 문제점들을 폭넓게 언급했는데, 특히 변화 저항에 대한 대책과 신기술의 활용에 중점을 두어 논의했다. 이를테면, 팀에서 변화를 거부하거나 저항하는 사람들의 유형은 뒤로 빠지는 사람, 오리엔테이션이 안 되는 사람, 부정적 사고나 감정을 가진 사람, 타인을 안중에 두지 않는 무법자형 등이다. 이들을 한곳에 모아 놓고 주입식으로 강의하는 교육방법은 적절치 않다고 한다.

또한 Switzer와 Kleiner는 신기술의 도입으로 종래의 교육훈련 전문가들이 갖고 있던 신념이 도전을 받고 있다는 점을 지적했다. 조목별로 열거해 보면 〈표 9-2〉와 같다.

5. 교육훈련의 중요성 및 선진국의 현황

교육훈련의 범위는 넓다. 산업 교육훈련의 경우는 대상자별로 경영자교육, 감독자교육, 종업원교육, 소비자교육 등으로 분류되고, 프로그램별로 교양교육, 평생교육, 학위 과정, 자격증교육, 오리엔테이션, 직무훈련 등으로 분류된다.

기업들은 교육훈련에 많은 비용과 시간을 투자하고 있다. 그러나 효과를 점검하고 교육훈련 프로그램을 개선하는 일도 투자의 일부라고 생각해야 할 것이다. 교육이 단순한 비용 이상의 의미와 효과를 가지고 있음에도 불구하고 교육에 대한 기업의 태도는 긍정적이지 못한 경우가 많다. 즉, 교육의 효과는 가시적이지 않고 교육비는 가시적인 비용이므로 통제의 대상이 되는 것이다. TQM에 관한 교육의 궁극적인 책임은 경영자에게 있으므로 경영자는 다음과 같은 TQM 교육의 효과를 인식해야 한다.

① 총체적 질의 개념을 이해하게 하며 조직 구성원의 열의를 유도할 수 있다.
② 변화에 대한 적응력을 높여 준다.
③ 조직 구성원의 잠재 능력을 계발시켜 준다.
④ 작업에 대한 동기를 유발시킨다.

미국 기업의 경우 종업원에 대한 품질훈련이 연간 40~80시간 정도이며 임금의 3~5%가 훈련비로 사용된다고 한다. 구체적인 예를 들면 코닝은 종업원 근로시간의 5%를 교육훈련시간으로 할당하고, 모토로라는 품질 관련 교육에 총임금의 최소한 2.5%를 투자하고 있다.

유럽의 경우에는 T. Van De Wiele 등이 영국과 네덜란드의 358개 기업을 대상으로 TQM 실태에 관하여 조사한 바 있다. 이 조사 결과에 의하면 TQM 관련 교육훈련 프로그램을 갖춘 기업은 전체의 50%에도 미치지 못하는 것으로 나타났다. 그러나 대부분의 기업이 빠른 시일 내에 모든 조직 구성원들을 위한 교육훈련 프로그램을 개발할 예정인 것으로 나타났다. 또한 현재 진행되고 있는 프로그램의 주 내용은 품질의 정의, 품질감사, ISO 9000 시리즈의 내용, 문제해결법 등이며, 방침전개나 벤치마킹 등에 관한 교육은 부족한 것으로 나타났다. 그리고 이들 기업이 처해 있는 상황으로는 TQM에서의 최고경영자의 역할이나 조직 구성원의 참여 그리고 경영계획과 품질계획의 통합 등에 관한 교육이 시급하다고 지적하고 있다.

Baldridge 상을 수상한 대부분의 기업은 교육훈련을 TQM으로 가는 중요한 과정으로 간주하며, 이들의 교육훈련은 주로 품질에 초점을 맞추고 있는 것이 특징이다. 이들 기업에서는 TQM의 기초를 모든 종업원이 숙지할 수 있도록 교육을 실시하고 있다.

제록스 BP&S는 1989년에 제조 부문에서 Baldridge 상을 수상한 회사이다. 이 회사는 모든 종업원에게 약 28시간의 교육을 실시해 왔으며 벤치마킹을 포함한 품질관리 도구의 활용법에 관한 내용을 주로 다루었다. 품질 관련 교육훈련 비용으로 이 회사가 투자한 금액은 125만 달러 이상으로 추정된다.

페더럴익스프레스는 1990년에 Baldridge 상을 수상함으로써 이 상이 제정된 이래 서비스 부문에서 가장 먼저 수상한 기업으로 기록되었다. 이 회사는 'Quality Advantage'와 'Quality Action Teams'라는 두 가지 교육 프로그램을 시행하였다. 주 내용은 품질경영과 품질 팀에 관한 기초적인 것으로 모든 종업원이 이 프로그램을 수강하도록 되어 있다. 또한 이 회사는 이러한 교육 프로그램을 전 세계에 있는 모든 지점에서도 실시하기 위하여 650명의 전문교육자를 고용하였다.

월러스는 누적된 부채로 인하여 1992년 윌슨인더스트리에 인수되었지만 독특한 관리방식으로 1990년에 소기업 부문에서 Baldridge 상을 수상하였다. 이 회사는 'The People Side of Quality'라는 교육 프로그램으로 종업원 1인당 40시간의 교육을 실시하였다. 1988년 이후 교육훈련에 투자한 금액은 75만 달러로 추정된다. 특히 TQM에 대한 최고경영자의 관심을 나타내기 위하여 모든 교육 프로그램에 최고경영자가 종업원과 함께 참여하도록 하였다. 또한 매년 50가지의 품질 관련 기술에 대하여 종업원들을 평가함으로써 교육의 효과를 수시로 점검하였다.

IBM 로체스터는 1990년에 제조업 부문에서 Baldridge 상을 수상하였다. 이 회사도 다른 회사와 마찬가지로 TQM 개념과 방법론에 관하여 'Market Driven Quality'라는 교육 프로그램을 8,000여 명의 종업원에게 연간 45,000일간 실시하였다. 이 회사에서 실시한 교육훈련의 특징은 먼저 최고경영자 레벨부터 교육을 수강하도록 한다는 점이다. 그리고 최고경영자들이 다음 레벨의 경영자와 관리자에게 직접 교육을 하며 이들이 다시 그다음 레벨의 구성원들을 교육시키도록 하였다. 이러한 방법은 TQM에 관한 지식을 각 조직 구성원들이 완전히 이해하는 데 도움을 주었으며 계층 간의 협조체제도 더욱 강화되는 효과를 가져왔다.

필자가 한국(n=143)과 캐나다(n=71)의 제조 기업을 비교하기 위해 1995년에 직접 조사한 연평균 교육훈련시간 수 자료에 의하면, 종업원 100인 미만 중소기업들의 경우 한국(n=61)은 생산직 25.1시간, 사무/관리직 16.8시간, 캐나다(n=56)는 생산직 25.5시간, 사무/관리직 26.9시간으로 나타났다. 생산직은 양국이 비슷하나 사무/관리직 교육훈련은 한국이 아직도 많이 뒤떨어져 있다고 볼 수 있다.

시간 수도 문제이지만 교육훈련의 내용과 방법이 더 큰 문제이다. 교육훈련을 시간 낭비로 생각한다든지 인내심을 기르는 시간처럼 생각하는 경향이 있다. 앞에서 언급한 필자의 조사 자료에 의하면, 한국의 경우 교육훈련시간 수라는 변수와 종업원 만족도, 고객 만족도, 품질 수준, 매출액 등 성과변수 간에 아무런 유의적 상관관계가 없는 것으로 밝혀졌다. 캐나다의 경우는 사무/관리직 교육훈련시간 수와 고객 만족도 간에만 +0.3 정도의 약한 상관관계가 있었다.

교육훈련처럼 중요한 투자가 없다. 모처럼 투자를 한다면, 사람들에게 만족을 주고 나아가 직무, 프로세스, 시스템의 품질을 향상시킬 수 있는 교육훈련이 되어야 할 것이다.

교육훈련 저널(Education+Training, 1998)에 게재된 영국 중소기업의 교육훈련에 관한 D. Storey 교수의 조사 결과를 요약하면 다음과 같다. 영국인들은 이와 같은 통계를 놓고 매우 걱정이 많은데 우리나라는 더 많이 걱정해야 마땅할 것이다.

① 중소기업의 76%가 교육훈련 정책을 갖고 있으나 기업 전반의 계획에 연결지어 교육훈련을 시행하는 회사는 그중 1/3에 불과하다.
② 시장 변화에 대응하는 교육훈련을 하기 위해 정기적으로 교육 프로그램을 재검토하는 회사는 54%이다. 교육훈련 프로그램의 성과를 측정하는 회사는 놀랍게도 35%뿐이다.
③ 상위권 10% 내 기업들은 연간 훈련일수가 현저하게 많으며, 감독자 및 사무직 훈련을 많이 하고 있다. 하위권 10%의 기업들은 리더 훈련보다 일반 종업원 훈련에 치중하고 있다.
④ 연간 훈련일수의 전체 평균은 일반 종업원 5.9일, 감독자 6.1일, 관리자 6.3일, 이사급 4.5일이다.

이시카와 가오루는 "품질관리는 교육에서 시작해서 교육에서 끝난다."라고 했는데, 이것은 교육의 중요성을 단적으로 표현한 말이다. 이와 같이 교육의 중요성이 강조되는 것은 TQM이 조직 구성원의 참여(involvement)와 열의(commitment)를 중시하는 인본주의적 관리방식이기 때문이다. 품질에 대하여 교육받지 못해 품질을 알지 못하는 종업원이 어떻게 TQM에 대한 열의가 생길 것이며 참여의식을 가지고 업무에 임할 수 있겠는가? 품질은 근본적으로 조직 구성원에 의해 만들어지는 것이고, 지속적이고 체계적인 교육에 의한 조직 구성원의 가치체계 변화만이 품질 위주의 사고와 품질 위주의 경영을 가능하게 할 수 있다.

그러나 TQM에 대한 교육훈련에 많은 비용과 시간을 투자한다고 해서 그 효과가 반드시 나타나는 것은 아님을 유념해야 한다. 즉, TQM에 대한 교육은 반드시 정규적인 업무와 관련되어야만 그 효과를 얻을 수 있는 것이다. 또한 TQM에 대한 교육훈련은 통합화하여 실시하는 것이 바람직하다. 통합화라는 것은 각 계층의 관리자와 종업원에게 실시되는 교육의 내용이 일관성을 유지해야 하고 조직의 경영방침과의 정합성을 지녀야 한다는 의미이다.

6. 품질 교육훈련 프로그램 상품

교육훈련에 대한 수요가 많아지고 다양해짐에 따라 최근에는 교육훈련 전문기관들이 프로그램과 교육 자료를 상품화하여 판매하는 사업에 많은 투자를 하고 있다. 이러한 상품을 선택적으로 구입하여 교육훈련에 활용하는 방식을 '오프더셸프(off-the-shelf)'라 하며 '상품형'이라고 번역하면 무난하리라 생각된다.

품질 교육훈련은 상당한 전문성을 요구하기 때문에 수요자 측이 개별적으로 프로그램을 제작하기 어렵다. 더구나 중소기업들은 대부분 교육훈련 부서를 두고 있지 못하므로 자체적으로 교육훈련계획을 짜기 어렵고 외부 컨설턴트의 도움을 받아 맞춤식 프로그램을 만들기도 어렵다.

전자 잡지 「퀄리티」 1998년 8월 호를 보면, "상품형 교육훈련은 쓰레기인가 보물인가?"라는 제목으로 부편집자 N. Chase의 논평이 실려 있다. 미국의 교육훈련 상품 시장 규모는 20억 달러(1997년)이고 5년 전에 비해 50% 성장했다는 통계를 소개하면서 상품형의 장단점을 논했다. 특히 상품 자체의 수준과 이용자 문제의 두 가지를 지적하는데, 책자, 비디오테이프, 소프트웨어, 매뉴얼 등 교육 자료를 구입해서 이용할 때 어떻게 교육 대상자들에게 보여 주는가에 따라 성과가 크게 달라진다고 한다. 이 글에서 제시하는 상품형 자료 쇼핑 시의 고려사항은 다음과 같다.

① 교육 대상자 특성 : 인원수, 숙련 수준, 장래의 개선과제
② 교육 담당자 특성 : 교육훈련 경험, 강의 스타일과 지식 수준
③ 제작자 수준 : 평판, 권위
④ 디자인 평가
- 교육목적에 적합한 내용인가?
- 교육시간 내에 전달 가능한가?
- 단원별로 나누어 다룰 수 있는가?
- 추가적 참고 자료를 별도로 준비해야 하는가?
- 한 세트로 사야 하는가?
- 테스트, 체크리스트 등 교육 후 성과 측정을 할 수 있게 되어 있는가?

⑤ 실무, 사례, 응용 포함 여부
⑥ 매체 과부하 문제 : 다채롭고 멋있으나 컴퓨터 등 매체 용량에 과부하가 되지 않겠는가?

⑦ 총비용 : 상품가격, 프로젝터/VCR/컴퓨터 등 매체 비용, 별도 옵션(음향 등)
⑧ 구입결정 전 테스트 : 간단한 데모 또는 샘플에 의한 테스트

이와 같이 책자, 비디오테이프, 소프트웨어 등을 구입해서 교육훈련에 사용하는 방법은 비용이 적게 들지만 추가적으로 해야 할 일이 많다는 것이 이용자 측의 문제이다. 즉, 교육 내용, 일정, 반 편성, 강사 준비, 장소 준비, 사후 평가 등 여러 가지 계획, 준비, 진행을 결국 이용자 스스로 해결해야 한다. 그래서 이런 문제까지 한꺼번에 해결할 수 있는 패키지 상품이 많이 나오고 있다.

품질 분야는 교육할 내용이 많기 때문에 프로그램도 매우 다양하다. 저명한 품질 분야 단체, 연구소, 컨설팅 회사들이 자체적으로 제작한 교육훈련 프로그램의 내용을 인터넷에 띄워 선전하고 있으므로 참고하면 좋을 것이다. 컨설팅 회사들은 대개 품질경영 전 분야를 다루지 않고 어느 전문분야를 택하여 집중하는 식으로 프로그램을 준비해 놓고 있다. 예컨대, ISO 9000 교육훈련, ISO 14000 교육훈련, 품질수법(tool) 교육훈련, 리더십과 팀 훈련 등 자신 있는 분야에 집중하는 식이다.

9.3 인적자원 관리

인적자원 관리(human resource management)는 1980년대의 특별한 시대적 상황을 배경으로 빠르게 널리 보급되었다. 1980년대 초, 세계는 일본의 놀라운 경제 발전과 경쟁력에 주목하고 도요타 방식(JIT)과 전사적 품질관리(TQC)를 받아들였으며, 1980년대 후반에는 린 생산, 세계 급생산, 리엔지니어링, TQM, 학습조직 이론, 우량 기업의 조건, 탁월성 모형, 벤치마킹 등이 쏟아져 나왔다. 단기간에 이처럼 많은 변화 지향적 방법론들이 출현한 것은 역사상 유례가 없는 일이었다.

이러한 신개념과 혁신적 시스템들은 얼핏 보면 전혀 다른 것처럼 보이지만 사실은 공통점이 많다. 현장 중심의 실천, 고객 만족, 팀워크, 정보 기술에 의한 시스템 혁신, 그리고 무엇보다 인적자원을 강조한다는 것이 가장 중요한 공통점이다. TQM 붐을 통해 신설된 미국 국가품질상과 유럽품질상에서 인적자원 관리가 중요한 평가 항목으로 포함되었다는 것이 그 증거이다. 1990년대 초, 미국 노동부는 고성과작업실천법(High Performance Work Practice, HPWP)을 규정하여 미국 전역에 보

급하고 이에 따를 것을 요구했는데, HPWP의 핵심도 바로 인적자원 관리이다.

1. 인적자원 관리의 필요성 및 구성 요소

Malhotra 등(1994)은 "1990년대 생산전략 및 전술적 과제"라는 논문에서 델파이방법과 요인분석법으로 미국의 생산 담당 부사장들의 의견을 종합했는데, 이 연구 결과를 보면 품질, 인력관리, 조직 개발, 현장감독 등 현장 및 인적자원과 관련된 항목들이 1990년대에 들어서면서 높은 순위로 부상하고 있다. Schmenner와 Rho(1990)는 미국, 유럽, 한국의 555개 공장을 표본으로 생산성에 영향을 주는 요인에 대해 실증분석했는데, 특히 신속한 작업흐름, 선도적 인적자원 관리, 신기술에 대한 투자의 세 요인을 강조하고 처음 두 요인은 JIT 철학과도 일치된다고 했다. 또한 Flynn 등(1994)은 종래의 TQM 연구들이 좁은 범위에 머물러 왔다고 비판하면서, TQM의 내용으로 공정관리, 제품설계, 인력관리를 포함하는 7개 영역을, 그리고 관련 영역으로 인적자원 관리, 기술관리, JIT, 제조전략 등을 제시하면서 이러한 포괄적인 모형을 통계적으로 실증했다.

이처럼 생산관리나 품질경영 분야의 연구자들이 인적자원을 강조한다고 해서 이상하게 생각할 필요는 없다. 인적자원 관리는 기본적으로 인사관리 분야의 주제이지만 이미 많은 생산관리, 품질경영 교과서들에서 주요 내용으로 다루어지고 있다. 교과서는 보수적인 편이고 연구논문에서는 인적자원이 보다 적극적으로 다루어진다.

예컨대, 적절한 보상이 작업 팀 도입의 성공요인이므로 작업체제와 보상체제를 종합적으로 고려해야 한다는 지적(Johnson, 1993)도 있고, 근로생활의 질(QWL)과 TQM의 연관성을 강조하면서 경영 스타일, 조직구조, 팀워크, 직무설계, 문제해결 그룹, 정보 시스템, 보상체제의 포괄적 고려를 주장한 논문(James, 1992)도 있다.

Stevens와 Campion(1994)은 팀 자원의 관리, 특히 팀워크에 필요한 지식, 숙련, 능력(knowledge, skill, ability)을 KSA 요소라고 강조하고 작업설계와 팀의 관계를 해명하는 연구를 했다. 바로 이 KSA 요소가 인적자원 관리의 핵심이다.

미국 노동부는 고성과작업실천법(HPWP)이라는 모형을 제시하면서, 이 모형의 요점이 인적자원 기능의 강화를 통해 종업원의 업무 관련 KSA를 향상시키고 인력을 확보하는 데 있으며, 그렇게 함으로써 기업 측도 높은 경영성과를 얻을 수 있을

◉ 표 9-3 Huselid의 인적자원 관리 요인

설문 항목	숙련/구조	동기부여
1. 뉴스레터 등 공식적 정보 공유 프로그램의 시행 정도	○	
2. 공식적 직무분석에 의한 직무를 수행하는 종업원 비율	○	
3. 간부직 외부 영입 대 내부 승진의 구성비율	×	
4. 정기적 태도 조사의 대상자 구성비율	○	
5. QWL 프로그램, 품질서클, 노사 참여 팀 등의 참가 정도	○	
6. 이익분배제나 인센티브제를 적용받는 종업원 비율	○	
7. 연간 평균 교육훈련시간 수	○	
8. 불평 접수 · 해결 또는 고정처리제의 적용 대상자 구성비율	○	
9. 채용시험 실시 정도	○	
10. 업적평가 결과로 급여가 지급되는 직원의 구성비율		○
11. 공식적인 업적평가를 받는 직원의 구성비율		○
12. 승진결정 시 선임자 우선인가, 실적 우선인가?		○
13. 자주 채용하는 직위의 채용 후보자 수		×

것이라고 주장했다. HPWP의 내용은 인원 선발, 업적 평가, 인센티브 보상, 직무설계, 고정처리 절차, 정보 공유, 태도 평가, 노사 참여 등의 영역으로 구성된다.

Huselid(1995)는 HPWP의 효과를 실증하기 위해 968개 표본 기업의 데이터를 확보하여 요인분석법으로 분석했는데, 여기서 발견된 두 가지 요인은 숙련 및 구조요인과 동기요인이었다. Huselid가 설문조사에 이용한 13개 항목의 내용과 요인분석 결과는 〈표 9-3〉과 같다.

Huselid는 〈표 9-3〉의 11개 항목(×표시된 2개 제외)을 가지고 인적자원 관리의 요인을 설명했다. 주목할 만한 것은 숙련/구조요인에 나오는 정보 공유, 직무설계, 참가 프로그램(QWL, 품질서클 등), 교육훈련인데 이는 바로 KSA와 직접 관계되는 중요한 변수들이다.

HPWP는 하나의 모형이 될 수 있겠지만 보편적인 것은 아니다. 이 모형을 처음 제기한 미국 노동부는 홈페이지에 「Simply Better」라는 TQM 실천 매뉴얼을 게재한 바 있는데 매뉴얼의 주 내용은 고객초점, 서비스 설계, 성과 측정, 자체 평가 시스템 등이며, 자체 평가 시스템 내에 인적자원 관리, 리더십, 팀워크 등의 체크리스트가 포함되어 있다. 미국 노동부도 TQM 운동에 앞장서고 있으며 그 패러다임 속에서 인적자원 관리를 보고 있는 듯하다.

품질경영 연구자들이 가장 다루기 힘든 부분은 종업원 복지 문제일 것이다. 이 항목은 ISO 9000 시리즈의 요구 조건에는 포함되지 않지만 중요한 품질상들의 평가 항목에는 포함되어 있다. 종업원 복지는 인적자원, 나아가 품질경영과 무슨 상관이 있을까?

필자는 캐나다에서 논문(Lee, 1994)을 발표하면서 현지 교수들로부터 흥미로운 견해를 들은 적이 있다. 그들은 한국의 직장 단합 회식, 취미 동호회 지원, 교통편 제공, 체육운동, 경영자 훈시 등의 통계를 보고 놀라면서 이런 류는 사생활 문제로 봐야 한다고 말했다. 그러나 반드시 그런 것은 아니라고 생각된다.

서구에서도 최근에는 가족친화적(family friendly)이라는 용어가 보편화되는 등 종업원 복지가 다양화되고 있다. Woolsey(1992)의 조사에 의하면, 111명의 복지관리자들 중 64%가 "질병 치료, 출근시간 선택제 등 가족에 유념하는 복지 프로그램을 회사에서 최근 2년 내 개발했다."고 답했으며, 도입동기는 결근 감소(14%), 생산성 향상(7%) 등이었다.

서구의 종업원 복지 및 보상의 경향은 대략 세 가지로 집약된다. 첫째, 과거의 가부장적인 일방적 배려의 틀에서 벗어나 복지 배려 혜택을 종업원이 택할 수 있도록 선택 폭을 넓혀 주는 유연 복지 프로그램(flexible or cafeteria plan)을 개발하자는 것, 둘째, 생산성에 도움이 되고 현장 및 인사 기능과도 연계되도록 전략적으로 개발하자는 것, 셋째, 생산성에만 초점을 두지 말고 시야를 넓혀 문화적 특성에 적합되는 프로그램을 개발하자는 것이다.

요컨대, 서구는 오랜 세월 금전적 보상체제의 합리화 기간을 거쳐 점차로 다양화 · 유연화 방향으로 나아가고 있으며 동양적 가족친화 프로그램에도 눈을 돌리고 있다. 반면에 우리나라 기업들은 합리적 보상체제의 기반이 취약하나 프로그램이 더욱 다양하다. 미국의 경우에도 파트타임 종업원에게까지 종업원 지주제와 의료보험 혜택을 주고 회사에서 매년 안경을 맞춰 주는 기발한 방법까지 시행하여 이직률이 크게 낮아졌다는 사례(Gunsch, 1992)도 있으나, 우리나라에 비하면 그리 다양하지 못하다. 예컨대, 우리나라는 회식, 취미 활동, 출퇴근 버스, 자녀 학비 지원에 그치지 않고 경조사 전담반 구성, 외국어 강좌, 신입사원 후견인제까지 등장하고 있으며, 종교행사도 적지 않다고 한다. 이러한 다양한 복지 배려 방법들이 인적자원 관리와 품질경영에 어떤 영향을 주는가에 대해서는 앞으로 많은 연구가 필요하다고 생각된다.

2. 인적자원 관리와 종업원 만족

필자가 수년 전에 일본 히토쓰바시대학의 방문연구교수로 있을 때 도쿄 인근의 제조업체 열세 곳을 방문할 기회가 있었다. 일본품질관리학회 회장인 도쿄이과대학의 카노 노리아키 교수의 주선으로 후지제록스, 요코가와전기를 비롯한 품질 분야의 선두기업을 방문하여 실무적인 자료를 수집하고 일본 기업의 품질 활동 현황을 눈으로 확인하는 기회를 가진 것이다. 이때 발견된 특이한 사실은 TQM에서 강조하는 종업원 만족에 관하여 일본 기업은 별다른 관심이 없다는 것이었다. 13개 업체 중 종업원 만족도 조사를 실시하고 있는 기업은 단 두 곳뿐이었고 나머지 기업은 대부분이 '조만간 실시할 것을 검토 중'이라는 반응이었다. 그중 한 업체의 품질관리과장은 "우리 기업의 종업원 만족도는 상당히 높은 수준이므로 굳이 종업원 만족도를 조사해야 할 필요성을 느끼지 못한다."라고까지 하였다.

서양화의 물결이 일본 기업문화에도 영향을 미쳐 최근에는 일본 기업의 종업원 만족도가 다소 낮아졌다는 예상도 하게 되지만, 일본인 특유의 집단주의적 사고방식을 감안하면 그 품질관리과장의 말이 전혀 근거가 없다고 할 수는 없을 것이다. 이 경험담을 간단히 요약하면, 일본 기업의 품질 활동에서는 종업원 만족이 중요시되지 않으며 이것이 TQM과 일본식 품질관리(TQC)의 차이점이라고 할 수 있다. 그러나 최근에는 일본에서도 미국의 Baldridge 국가품질상을 벤치마킹한 일본경영품질상을 제정하여 사원 만족이라는 항목으로 종업원 만족을 강조하고 있다.

종업원 만족은 경영성과를 극대화하기 위해 종업원들로 하여금 각자의 업무에 전력을 다하게 하는 수단이다. 즉, 종업원이 자주성을 발휘하여 최고의 능력을 발휘할 수 있는 환경에서 일할 수 있도록 하는 것이다. 최근 들어 종업원 만족의 중요성을 강조하는 기업이 많이 있다. 그렇지만 실제로 그것을 실천하는 기업은 많지 않다. 따라서 종업원에 관한 보다 철저한 계획과 신중한 고용을 바탕으로 종업원 만족을 제고함으로써 경영성과를 극대화해야 할 것이다.

다음은 종업원 만족을 성공적으로 추진하여 품질경영 활동의 성과를 극대화한 선진기업의 사례이다.

종업원 만족 사례

메릴린치크레디트코퍼레이션(MLCC)은 종업원을 '파트너'라고 부른다. 파트너는 고객의 필요에 신속히 대응하기 위해, 또 자기계발을 위해 솔선하여 스스로 책임을 가지고 유연하게 행동할 수 있도록 장려된다. 이를 위하여 1996년에는 한 사람당 평균 74시간의 교육연수를 받았다. 또한 파트너 만족도는 1994년 42%에서 1996년에는 70%로 상승하였다. 그 비결로 파트너에 대한 권한위임을 들며 이것이 기업의 성공을 위한 결정적 요인이라고 한다. 그 결과 이 회사는 1997년에 Baldridge 국가품질상(서비스업 부문)을 수상하였다.

이 회사의 장점인 종업원 만족은 이 회사의 모회사인 메릴린치가 설정한 다섯 가지 이념 중 하나인 '개인 존중(respective for the individual)'에 그 뿌리를 두고 있다. 개인 존중의 실현을 위해 이들은 몇 가지 행동목표를 설정했는데, 이 중 '기회균등의 원칙과 능력을 최대한 활용할 수 있는 환경의 정비', '신뢰와 열린 환경의 육성', '공정한 의견표명과 반대 의견의 존중' 등이 종업원 만족에 영향을 끼친다고 있다고 평가되었다.

3. 인적자원 개발

인적자원 개발(human resource development, HRD)은 조직 내에서 물적자원이나 재정적자원 이외에 인적자원의 개발에 초점을 두고 더 나은 인적자원을 만들려는 시도 또는 일련의 조직된 학습 활동이다. 일정한 시간범위 내에서 시행하여 학습자의 행동을 변화시키기 위해 설계된 것으로 조직과 수행 개선에 변화를 일으키는 것이며 이를 통해 기업을 성장시킨다.

① 개인개발(individual development, ID) : 개인적 성장가능성 증대, 적성검사, 면접, 배치관리
② 조직개발(organization development, OD) : 계층별 교육훈련, 직무설계, 직무순환, 학습조직
③ 경력개발(career development, CD) : 경력계획 수립, 승진관리, 전문인력 채용, 보직순환

1) HRD의 필요성

① 생산성 향상에 필수적이다.
② 구성원의 개인적 성장욕구 충족에 필요하다.

③ 사회환경의 변화에 대응하기 위하여 HRD 활동이 선행되어야 한다.
④ 관리수단이며 관리자의 기본임무이다.
⑤ 조직문화 형성에 이용된다.
⑥ 마케팅 활동의 일환이다(고객 대상, 종업원의 가족 대상, 협력업체의 종업원에 대한 훈련).

2) HRD의 조건

① 조직적 학습이어야 한다.
② 제한된 특정 기간 내에 이루어져야 한다.
③ 직무성과의 향상과 관련되어야 한다.
④ 직무성과의 향상 가능성을 증대시켜야 한다.
⑤ 개인과 조직의 성장 가능성을 증대시켜야 한다.

3) HRD의 4요소

① 지식 : 조직에서 일을 하는 데 필요한 지적인 이해 단계에서 얻어지고 사용되어야 하는 부분으로, 지식이 인간의 능력이나 자질의 전부는 아니다.
② 기능 : 동작을 수반하여 실질적으로 어떤 일이 이루어지게 하는 수단이나 실제적인 신체적 움직임
③ 태도 : 마음가짐, 마음의 자세, 혹은 기본자세
④ 습관 : 일정한 자극에 대해 무의식적으로 또는 기계적으로 반응을 일으키는 행동양식

4) HRD의 활동영역

① 훈련
- 현재의 직무와 관련된 학습 활동이다.
- 변하는 환경에 따라 새롭게 설정되는 직무기준에 도달하기 위하여 필요한 자질을 보충하거나 부여하려는 것이 목적이다.
- 현재의 직무 수행에서 부족한 부분을 보충하거나 직무의 기준을 향상시키려 할 때 이에 요구되는 자질을 보유하도록 하는 것을 내용으로 선정한다.
- 훈련에 소요되는 원가는 비용이므로 정확히 계산하여 훈련 전의 원가요인이

이익으로 전환되었는지 비교할 수 있어야 한다.

② 교육

- 확정된 가까운 미래의 직무에 대한 준비를 위한 학습 활동이다.
- 조직의 각 부문에 부족한 인력을 보충하는 것, 보직순환의 경우에 발생하는 충격을 완화하는 것, 그리고 구성원의 개인적 성장을 조금 도와주는 것이 목적이다.
- 교육의 내용은 반드시 확정된 미래의 직무를 수행하는 데 요구되는 자질 중에서 학습 대상자가 구비하지 못한 자질이 되어야 한다.

③ 개발

- 미래의 조직 및 개인의 성장 가능성을 증대시키기 위하여 실시하는 학습 활동이다.
- 개발은 필수적인 것은 아니지만 일반적으로 학습을 통해 개인적 성장을 돕는 것이다.
- 어떤 목적으로 무엇을 개발하려는지 그 영역에 따라서 대상 내용이 달라진다.
- 계수적으로 모든 실적을 평가하는 제도하에서는 개발 활동의 결과를 측정할 수 없다.

◉ 표 9-4 디지털 사회의 핵심인재상 변화

구분	아날로그형 인재	디지털형 인재
기본사고	지시 순응, 안정 추구, 전례 답습	자기 주도, 변화 추구, 창조적 시도
직장관	평생직장, 대규모 선호, 승진 중심	경력 중시, 규모 무관, 학습 중시
일처리	절차 중시, 홀로 처리, 동질성 중시	동시 병행, 네트워크 중시, 다양성 선호
가정생활	하숙생, 권위적, 부엌과 멀리	가정생활 중시, 민주적, 부엌과 가까이
사회생활	연고 중심, 최소한의 의미, 지역적	웹 공동체 추구, 자발적 시민 활동, 인간미, 도덕성, 세계적 역량

- ■ 창조적 이단자를 길러라. – Andrew Carnegie
- ■ 오늘날 마케팅은 제품의 싸움이 아니라 브랜드 인식의 싸움이다. – Al Ries
- ■ 지식과 상상력을 팔아야 한다. – Steven Paul Jobs
- ■ 가장 강한 것과 가장 영리한 것이 살아남는 것이 아니고 변화에 공명하는 것이 생존한다. – Chales Darwin

4. 조직의 집권화와 분권화

인적자원을 최적 내지 효율적으로 사용할 수 있도록 집권화 · 분권화 수준을 결정해야 한다. 종업원이 책임감과 주인의식을 갖고 업무를 추진하도록 기회를 주어야 한다.

① 집권화 : 조직 상층부에 권한이 집중된 형태
② 분권화 : 조직 전체에 권한이 위양된 형태
→ 저비용(집권화) + 환경 변화 대응(분권화)

◉ **표 9-5 집권화와 분권화 유발 요소**

집권화 유발 요소	분권화 유발 요소
• 안정적 환경 • 하위 경영자의 경험이나 능력 부족 • 하위 경영자의 의사결정 의지 결여 • 의사결정의 중대성 • 사업 실패 위험이나 위기 직면 • 대규모 기업 • 경영전략의 유효성이 미래에 대한 의견개진을 유보하고 있는 경영자에 의존	• 복잡하고 불확실한 환경 • 하위 경영자가 경험이나 능력 보유 • 비교적 사소한 의사결정 • 미래 발생 가능성에 대해 의사를 표시할 수 있는 기업문화 • 조직의 지리적 분산 • 경영전략의 유효성이 의사결정 참여와 유연성을 가진 경영자에 의존

◉ **표 9-6 조직 변화의 범주**

전략	조직구조와 설계	기술과 운영	사람
전략적 목표 총괄전략 사업포트폴리오 사업전략 기능전략 전략적 제휴 국제화	직무설계, 부문화 보고관계, 권한배분 조정기구 라인-스탭구조 전반적 설계 문화 인적자원관리	장비 작업공정 작업순서 정보시스템 통제시스템	능력 · 기능 업적 인식 기대 태도 가치

5. 성과가 높은 조직을 위한 동기부여

1) 동기와 동기부여 영향을 주는 요인

동기란 사람이 갖고 있는 욕구나 충동을 활성화하여 어떤 행동을 유도하는 심리적 힘이며, 한 사람이 기울이는 노력의 방향, 정도, 지속성을 결정하는 것이고, 동기부여는 조직 구성원들의 마음을 움직여 조직목표를 자신의 목표 중 하나로 받아들이게 하고 그것을 이루기 위해 열심히 노력하게 만드는 과정이다.

동기부여에 영향을 주는 요인들로는 내부요인으로 욕구, 태도, 흥미로 구분되는 개인 특성과 다양성, 재량권, 피드백으로 구분되는 업무의 특성이 있다. 외부요인은 함께 일하는 사람들(동료, 상사, 부하)의 업무환경특성과 조직과 관련된 상황(보상과 체계, 훈련 및 개발, 업적)으로 구분할 수 있다.

2) 매슬로의 욕구 5단계

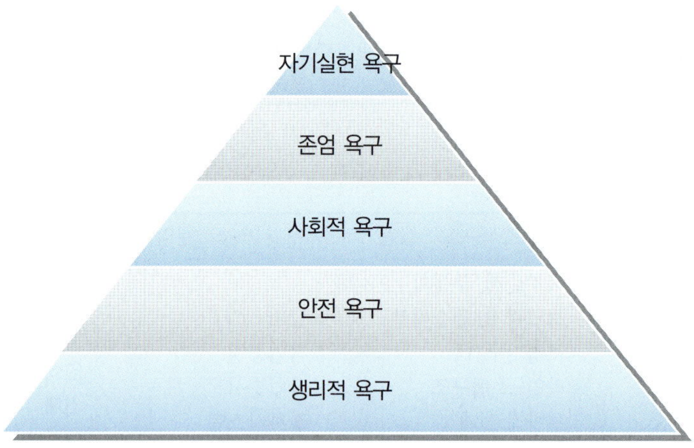

◉ 그림 9-2 매슬로의 욕구 5단계

저차원의 욕구가 실현되면 보다 고차원의 욕구를 가지게 된다.
일단 만족한 욕구는 다시 동기부여가 되지 않는다.

① 생리적 욕구 : 직장환경, 사무실환경, 작업환경, 기본급

② 안전 욕구 : 안전한 직장환경, 업무상의 안전, 고용 보장, 경력 보장

③ 사회적 욕구 : 좋은 인간관계, 신뢰할 수 있는 조직, 소속감
④ 존엄 욕구 : 높은 직함, 수입 증가, 책임 있는 직무
⑤ 자기실현 욕구 : 창조적 업무, 일에 대한 도전, 의사결정 참여

3) 동기부여 방법과 종류

일에 대한 동기부여로는 금전적 · 사회적 동기부여, 자기실현 동기부여가 있고, 조직이 부여하는 인센티브로 금전적 보상, 평가, 가치관의 공유, 자기실현의 환경 제공, 인간관계가 있다.

(1) 경제적 보상에 의한 동기부여

경제적 보상을 주면 월급, 상여금, 복리후생, 생리적 욕구와 안전/안정 욕구를 충족시킨다.

① 능률급(piece rate system) : 주로 육체근로자
- 생산량에 따라 임금을 지급하는 방식이다.
- 생산품의 품질과 부적합률을 고려한다.
- 개인 능률을 너무 강조하면 구성원 간 협력/팀워크가 어려워진다.

② 성과급(merit pay system) : 정신근로자(사무직, 전문직, 경영자)
- 성과의 객관적 평가가 어렵다.
- 일반적으로 성과급은 기본급에 추가로 지급된다.
- 성과급의 비율이 너무 작으면 동기유발 효과가 없다.
- 보상 배분 결과가 공개되어야 동기유발 효과가 있다(구성원 간 마찰 주의).

(2) 직무 충실화에 의한 동기부여

직무의 내용을 보다 충실하게 만드는 노력으로 맡은 일에 만족감과 의미(보람, 재미)를 느낄 때 동기부여가 가능하다.

- 과업 결합 : 과업의 다양성 증가
- 외부 고객과의 관계 형성 : 과업의 중요성 지각 기회 제공
- 내부 고객과의 관계 형성 : 다른 구성원과의 관계 형성 기회
- 스스로의 결정 허용 : 자율성과 일에 대한 통제력을 갖게 함
- 업무처리 결과에 대한 직접적 정보 제공

(3) 목표관리(management by objectives, MBO)에 의한 동기부여

① 과업관리=집단목표 설정=참여적 목표 설정

② 관리자와 구성원의 공동목표 설정과 실무 평가를 통해 보다 높은 성과를 유도하는 경영관리 기법이다.

③ 동기유발을 위해 목표는 구체성, 적정 수준의 난이도와 수용 가능성의 요건을 갖추어야 한다.

4) 동기부여를 위한 관리

① 누가 됐든 항상 동기부여를 해 주어야 하는가?
- 이미 동기부여가 된 사람에게는 사기진작이 불필요하다.
- 생산성이 인간의 동기부여와 관련되지 않을 경우
- 이성적 판단과 신중한 태도가 필요하다.

② 욕구 생성이 가능한가?
- 사기의 근원은 욕구인데 우리는 그 욕구 자체를 만들거나 조작할 수 없다.
- 다만 그 욕구에 의해서 발생된 동기를 과업 행동 쪽으로 유도하고 발생된 동기가 상실되지 않도록 도와주는 것뿐이다.

③ 동기를 행동으로 유도하는 효율적 방법
- 기대를 상승시키기 위해 사원에게 신뢰감을 주어야 한다.
- 기대했던 보상과 실제로 받은 보상의 차이를 줄인다.
- 개성 발휘와 자기계발의 기회를 준다.

④ 동기부여와 조직성과의 관계
- 업무의 성과는 동기 수준 이외에도 경영환경, 능력, 시설, 기술, 기업문화 등 수없이 많은 요소의 영향을 받는다.

◉ 표 9-7 성과가 높은 조직을 위한 요소

하드웨어	소프트웨어				
조직구조	우선순위	역할	관리 프로세스	사람	문화
가치 창조 중심의 단순한 조직	명확한 우선순위	명확한 역할 정의	효과적이고 통합된 관리 프로세스	적재적소에 인력 배치	성공하는 조직문화 행동양식

■ 미래 인재가 갖춰야 할 10대 자질

① 공동체를 위한 감각과 지혜 : We와 wisdom의 합성어 Wesdom
② 풍부한 감정(emotion)으로 빠르게 실행(motion) : E-motion
③ 열정과 공감의 능력 : Com-passion
④ 다양한 분야의 기술과 지식 : ABC(Always be capable, All basic competencies)
⑤ 동시에 여러 가지를 생각하는 능력 : fuzzy thinking
⑥ 자유로운 근무방식 : WWW.3W–work, without, walls
⑦ 자기 스스로를 고용 : self-agency
⑧ 생명과 자연에 대한 존중 : LLL.3L–let, life, live
⑨ 긍정적이고 적극적인 태도 : positivity
⑩ 새로운 것을 받아들이는 밝은 시각 : BEAM.빔 – 빛(beam)과 비움(emptiness)의 중의적인 표현

| 부록 A | 인적자원 관리 자체 평가표 – 미국 노동부, 「Simply Better」(1998)

문항 수는 17개인데 작업 시스템, 교육훈련/개발, 종업원 복지/만족의 세 영역으로 구성되어 있다. 문제별로 바람직한 모범답이 제시되며 이와 같은 수준일 때 100점이 되고, 중간 점수는 각 수준을 나타내는 기준, 즉 견본답 세 가지(0점, 35점, 65점)와 비교하여 적절히 채점한다.

❖ 작업 시스템

문제 01 자율적 · 적극적 업무 수행이 가능하도록 작업과 직무가 설계되고 조직화되고 관리되는가?

모범답 우리는 불필요한 경영계층을 제거했고, 다양한 자율관리 팀, 문제해결 그룹, 기능별 팀, 기술연계적 지역 팀을 통해 직원들이 더 잘 공헌할 수 있는 모든 종류의 공식적 · 비공식적, 장 · 단기적 기회를 부여했다.

기준 기회가 없음(0), 약간의 기회(35), 많은 기회(65), 모든 기회(100)

문제 02 융통성, 협력, 신속한 행동과 학습이 가능하도록 작업/직무가 설계되고 조직화되고 관리되는가?

모범답 우리는 직무 분류체계를 단순화했고, 다기능훈련을 제공했고, 직무순환제가 실시되며, 작업장(또는 사무실) 실내 배치를 개선했고, 신기술을 도입했고, 정보의 흐름을 재구성하는 등 모든 조치를 취했다.

기준 조치 없음(0), 약간의 조치(35), 많은 조치(65), 모든 조치(100)

문제 03 지역, 부서, 직능의 벽을 넘는 효과적 커뮤니케이션과 지식/숙련의 공유가 가능하도록 작업/직무가 설계되고 조직화되고 관리되는가?

모범답 네트워크를 설치했고, 개방적 정보 시스템을 만들었고, 부서 및 팀을 망라하는 훈련 기회를 제공했고, 컴퓨터/영상회의 기술을 통해 원거리 부서 간, 팀 간 연결망을 구축했고, 팀들이 공유할 수 있는 정규적 기회를 마련하는 등 모든 조치를 취했다.

기준 조치 없음(0), 약간의 조치(35), 많은 조치(65), 모든 조치(100)

문제 04 각 개인 또는 팀에 대한 급여와 인정방식이 작업 시스템, 성과, 학습목표를 효과적으로 강화하는가?

모범답 우리는 숙련 향상, 조직목표 성취에 대한 직접 기여도, 두 가지를 급여와 인정의 대상으로 하여 모든 대책을 시행 중이다. 급여와 인정은 ① 팀 작업과 개인 작업, ② 금전적 보상과 비금전적 보상, ③ 동료 평가와 감독자 평가에 의한다.

기준 대책이 없음(0), 약간의 대책(35), 많은 대책(65), 모든 대책(100)

❖ 교육훈련 및 개발

문제 05 직무 숙련, 기본 숙련, 리더십, 커뮤니케이션, 팀워크, 문제해결, 고객 서비스, 지속적 개선, 기능 간 협조에 관한 교육훈련을 하는가?

기준 아무것도 하지 않음(0), 약간(35), 여러 가지(65), 모두(100)

문제 06 최일선 종업원들을 위해서 고객과의 대화 기술, 경청, 불평처리, 고객 확보 기술, 고객 기대 관리에 관한 교육훈련을 하고 있는가?

기준 아무것도 하지 않음(0), 약간(35), 여러 가지(65), 모두(100)

문제 07 교육훈련이 작업과 직무를 실질적으로 지원해 주는가?

모범답 직무 내용이 바뀔 때나 새로운 숙련을 습득해야 할 때는 언제나 무엇이든지 교육훈련이 적시에 제공되며 프로그램이 다양하고 탄력적으로 운영된다.

기준 전혀 아니다(0), 약간 그렇다(35), 많이 그렇다(65), 항상 그 이상(100)

문제 08 교육훈련 프로그램 설계 시 관리자와 종업원이 포함되는가?

기준 포함되지 않음(0), 종업원 중심(35), 다수 포함(65), 모두 포함(100)

문제 09 교육훈련의 실시방법은?

모범답 우리 회사의 교육훈련 방법은 학습 스타일에 맞추고 접근도를 높이며 개인별 훈련 요구를 감안할 수 있도록 사내교육, 사외교육, 신입사원 오리엔테이션, OJT, 강의실 교육, 컴퓨터를 활용하는 교육 등 다양하게 구성되어 있다.

기준 한 가지(0), 두세 가지(35), 여러 가지(65), 모두 총동원(100)

문제 10 새로운 지식과 숙련이 직무를 어떻게 강화시켜 주는가?

모범답 직무 담당자가 새로운 숙련을 실습하고 적용할 수 있도록 도와준다.

기준 전혀 고려하지 않음(0), 때때로(35), 자주(65), 항상(100)

문제 11 교육훈련 프로그램을 어떤 방법으로 평가하고 개선하는가?

모범답 교육 효과, 유용성, 비용, 가치에 관한 의견을 교육 이수자, 경영자, 종업원들로부터 수집하여 교육훈련 프로그램 평가 및 개선에 활용하고 있다.

기준 평가하지 않음(0), 일부 평가(35), 많은 부분 평가(65), 전면적 평가(100)

❖ 종업원 복지 및 만족도

문제 12 종업원의 건강과 안전을 보장하는 작업환경을 만들기 위해 어떤 자원, 절차, 활동, 개선책을 시행하고 있는가?

모범답 보건, 안전, 인간공학, ergonomics적 대책을 수립하고 실시 중이다.

기준 전혀 고려 못함(0), 약간 실시(35), 상당히 실시(65), 충실히 실시(100)

문제 13 회사에서 종업원 복지 및 만족도를 중요하게 생각하는가?

기준 무시한다(0), 약간(35), 중간 수준(65), 최고의 비중(100)

문제 14 종업원 복지 및 만족을 지원해 주는 서비스, 시설, 대책, 기회는 어느 정도인가?

기준 전혀 없다(0), 드물다(35), 많은 편이다(65), 매우 많다(100)

문제 15 종업원 복지, 만족도, 동기부여의 수준을 측정하는 시스템은?

기준 시스템 없음(0), 측정 시스템은 없으나 부분적으로 측정함(35), 많은 측면을 측정하는 시스템 보유(65), 충분하고 잘 정의된 시스템(100)

문제 16 종업원 복지, 만족도, 동기부여의 수준을 측정하는 간격은?

기준 시행하지 않음(0), 가끔(35), 자주(65), 계속적으로 측정(100)

문제 17 종업원 복지, 만족도, 동기부여를 주된 업적 결과에 연결지어 분석하는가?

기준 전혀 하지 않음(0), 가끔 분석(35), 자주 분석(65), 계속적으로 분석(100)

| 부록 B | 팀워크 개발용 평가표 – TQL(Total Quality Leadership)

(http://web5.whs.osd.mil/indexa.htm)

10~12회의 팀 모임을 가진 후에 그 경험을 반성하면서 이 평가표를 사용하는 것이 바람직하다. 팀에 참가한 각자가 평가표를 작성한 다음 집계를 내고 모여서 솔직하게 의논하여 팀 운영을 개선한다. 이 평가표는 팀 회의, 역할/책임, 커뮤니케이션, 의사결정, 분위기, 종합 성과의 6개 영역에 걸쳐 총 33개 문항으로 구성되어 있다. 각 문항에 대해서 '강한 동의'(5), '동의'(4), '중립'(3), '부동의'(2), '강한 부동의'(1)의 5점 척도로 평가한다.

❖ 팀 회의

1. 모임이 정시에 시작되고 정시에 끝난다.
2. 대개의 경우, 안건을 정하고 이에 따라 진행한다.
3. 대부분의 시간이 중요한 이슈에 사용된다.
4. 필요시 팀은 자주 모인다.
5. 결석을 하는 것이 큰 문제가 되지 않는다.
6. 전번 회의에서 결정한 사항은 반드시 재확인한다.

❖ 역할 및 책임

7. 팀 리더는 팀 활동이 초점을 잃지 않도록 노력한다.
8. 팀의 고문(자문)역의 도움이 크다.
9. 전원이 적극적으로 모임에 참여한다.
10. 팀에서 내가 담당하는 역할이 명확하다.
11. 팀 모임을 혼자 좌지우지하는 사람은 없다.
12. 책임이 전원에게 고르게 분담되어 있다.

❖ 커뮤니케이션

13. 팀 구성원들은 서로 의사소통이 잘된다.
14. 나는 집단토의가 잘 이루어지도록 발언을 한다.
15. 남의 말을 가로막는 일은 거의 없다.
16. 나는 사람들이 생각지 못하는 다른 대안을 제시할 수 있다.
17. 팀의 토의는 대부분 건설적이다.
18. 나는 다른 구성원들의 협력에 대해 감사의 표현을 한다.
19. 내가 토의에 기여할 의견을 내면 모두들 주목해 준다.
20. 회의 불참자에게도 회의의 내용을 알려 준다.

❖ 의사결정

21. 우리 팀의 의사결정 과정은 효과적이다.
22. 우리는 의사결정을 위해 데이터를 활용한다.
23. 나는 팀 의사결정에 영향력이 있다.
24. 대개의 경우, 결정은 합의에 의해 이루어진다.

❖ 분위기

25. 참신한 아이디어, 새로운 방안이 환영받는 분위기이다.
26. 동참하고 협력하는 분위기이다.
27. 다른 구성원들이 나의 팀에 대한 공헌에 감사하고 있다.
28. 구성원들이 서로 존중한다.
29. 구성원들이 서로 신뢰한다.

❖ 종합 성과

30. 이 팀은 팀의 설치목적에 충실한 팀이다.
31. 팀이 최선을 다하는 일에 나는 동기부여가 되어 있다.
32. 우리는 성공적인 팀이다.
33. 나는 이 팀의 일원이 된 것을 자랑스럽게 생각한다.

연습문제

01 전통조직의 전문화와 계층제의 문제점을 서술하시오.

02 임파워먼트를 지향하는 의미를 네 가지로 구분하여 서술하시오.

03 팀 구성에서 고려할 일반적인 원칙은 무엇인가?

04 Parker의 기능연합 팀 구성의 실패요인에 대하여 서술하시오.

05 Proehl의 기능연합 팀 성공요인에 대하여 서술하시오.

06 Drew와 Coulson-Thomas의 일반적인 팀 조직의 성공요인과 실패요인을 서술하시오.

07 McDonald와 Keys의 팀 조직의 일곱 가지 문제점에 대하여 서술하시오.

08 학습조직의 열 가지 특징을 서술하시오.

09 미국 노동부의 인적자원 관리에서 고성과작업실천법(HPWP)의 주요 내용은 무엇인가?

10 우량 기업의 조건이나 탁월성 모형, 혁신 시스템에서 강조하는 중요한 공통점은 무엇인가?

11 인적자원 개발(HRD)의 필요성을 서술하시오.

12 HRD의 4요소에 대하여 서술하시오.

13 디지털형 인재는 어떤 특징을 갖고 있는지 서술하시오.

14 조직의 집권화와 분권화의 유발 요소는 무엇인지 서술하시오.

15 경제적 보상, 직무 충실화, 목표관리에 의한 동기부여 방법에 대하여 구체적으로 논의하시오.

16 성과가 높은 조직의 소프트웨어 요소를 서술하시오.

참고문헌

유한주, "사원 만족이 곧 고객 만족이다", 「기업나라」, 중소기업진흥공단, 2001, 10월호, pp. 20-21.

이재관, "중소기업 작업현장 관리의 실천수준과 상호작용 효과", 중소기업연구, 18(2), 1996, pp.209-230.

이재관, "작업현장 관리 실천에 관한 국제 간 비교연구", 한국생산관리학회지, 8(1), 1997, pp.25-50.

Aslinger, G. & Whipple, G., How to Jump Start Your Task Team", *Journal for Quality and Participation*, 21(3), 1998, pp.42-45.

Blackburn, R., & Rosen, B., "Total Quality and Human Resources Management: Lessons Learned from Baldrige Award-winning Companies", *Academy of Management Executive*, Vol.7, No.3, 1993, pp.49-66.

Butterfield, J. & Pendegraft, N., "Gaming Techniques to Improve the Team-Formation Process", *Team Performance Management*, 2(4), 1996, pp.11-20.

Chase, N., "Off-the-shelf Training: Trash or Treasure?", *Quality Online*, August 1998, http://www.qualitymag.com/articles

Department of Labor, *Self-Assessment System: Human Resource Development and Management*(2nd ed.), Simply Better Series, August 1997, http://esc.ttrc.doleta.gov/

Drew, S. & Coulson-Thomas, C., "Transformation Through Teamwork: The Path to the New Organization?", *Team Performance Management*, 3(3), 1997, pp.162-178.

Easton, G.S., "The 1993 State of U.S. Total Quality Management: A Baldrige Examiner's Perspective", *California Management Review*, Vol.35, No.3, 1993, Spring, p.40.

Hill, R.C., "When the Going Gets Rough: A Baldrige Award Winner on the Line", *Academy of Management Executive*, Vol.7, No.3, 1993, pp.75-79.

Hill, R.C. & Freedman, S.M., "Managing the Quality Process: Lessons from a Baldrige Award Winner", *Academy of Management Executive*, Vol.6, No.1, 1992, pp.76-88.

Huselid, M.A., "The Impact of Human Resource Management Practices on Turnover, Productivity and Corporate Financial Performance", *Academy of Management Jr.*, 38(3), 1995, pp.635-672.

Hut, J. & Molleman, E., "Empowerment and Team Development", *Team Performance Management*, 4(2), 1998, pp.53-66.

Johnson, R.D. & Thurston, E.K., "Achieving Empowerment Using the Empowerment Strategy Grid", *Leadership & Organizational Development Journal*, 18(2), 1997, pp.64-73.

Lee, J.K., "Work Management Practices of Korean Small Businesses", *Korean Journal of Production & Operations Management*, 5(2), 1995, pp.223-241.

Malhotra, M.K., Steele D.C., & Grover, V., "Important Strategic and Tactical Manufacturing

Issues in the 1990s", *Decision Sciences*, 25(2), 1994, pp.189–214.

May, C., & Pearson, A.W., "Total Quality in R&D", *Journal of General Management*, Vol.18, No.3, 1993, Spring, p.1.

McDonald, J.M. & Keys, J.B., "The Seven Deadly Sins of Teambuilding", *Team Performance Management*, 2(2), 1996, pp.19–26.

Morgan, G., *Images of Organizations*, Sage Publications, Beverly Hills, 1986.

No Authors, "Medium-size Firms' Waste Money on Training", *Education+Training*, 40(4), 1998, pp.163–165.

Parker, G., *Cross-functional Teams*, Jossey-Bass, San Francisco, 1994.

Proehl, R.A., "Enhancing the Effectiveness of Cross-functional Teams", *Team Performance Management*, 3(3), 1997, pp.137–149.

Schmenner, R.W. & Rho, B.H., "An International Comparison of Factory Productivity", *International Jr. of Operations & Production Management*, 10(4), 1990, pp.16–31.

Switzer, M. & Kleiner, B.H., "New Developments in Training Teams Effectively", *Training for Quality*, 4(1), 1996, pp.12–17.

Wiele, T.V.D. et al., "Total Quality Management: A State–of–the–art Survey of European 'Industry'?", *Total Quality Management*, Vol.4, No.1, 1993, pp.23–38.

Wong, Y.L., "Foundation of Total Quality Management: Education and Training", *International Conference on Quality*, Oct., 1996, pp.242–243.

Chapter 10

프로세스의 지속적 개선

학습목표

① 지속적 개선을 위한 경영자에게 필요한 행동은 무엇인지 논의한다.

② '시그마'의 의미와 '식스시그마 활동'에 대하여 이해한다.

③ 프로세스에 의한 관리에서 꼭 필요한 의사결정 과정에 대하여 이해한다.

④ 품질관리의 일곱 가지 도구, 수법에 대하여 학습한다.

⑤ 품질 코스트와 실패 코스트의 내용을 논의한다.

"좋은 게 좋은 것"이라는 말이 있다. 개선한다는 것은 좋은 일이다. 그러나 여기서 한발만 더 들어가면 이야기가 간단치 않음을 알 수 있다. 우선 무엇을 개선한다는 뜻인지, 즉 '개선한다'의 목적어가 필요하다. 품질경영에서 주안점을 두는 것은 프로세스를 개선하는 것, 시스템을 개선하는 것, 그리고 이를 통해 품질을 개선하는 것이다. 그 밖의 다른 목적어들은 일단 뒤로 미루어 놓아야 한다. 프로세스에 의한 관리는 사실에 입각한 판단과 과학적 절차, 방법이 꼭 필요한 의사결정 과정이다.

그다음으로 '어떻게'의 문제가 있다. 어떻게 하는 것이 가장 품질경영다운 개선일까? 지속적인 개선이어야 한다. 성실한 자세로 그리고 과학적으로 접근해야 한다. 품질 도구들을 잘 활용해야 한다. 그렇게 하지 않으면 안 되는 충분한 이유가 있다.

식스시그마(six sigma)는 모토로라에서 M. Harry가 1986년부터 시작한 단계별 접근 프로그램인데 100만 개 중 부적격품이 3.4개 수준이 되는 것을 목표로 한다. 시그마(σ)는 그리스 문자로, 통계학에서는 산포(散布)를 측정하는 척도 중 하나인 표준편차를 나타내는 기호로 사용되고 있다.

제10장에서는 지속적 개선이라는 특별한 철학과 방법이 필요한 이유에 대해서 깊이 있는 토의를 진행하고, 이어서 주축이 되는 세 가지의 개선 활동을 소개하며, 그 세 가지 중 사후적 개선의 절차, 프로세스 통제를 위한 관리도법, 두 가지를 설명할 것이다. 그리고 끝으로 개선의 성과를 표시해 주는 중요한 척도가 되는 품질코스트에 관하여 논의한다.

10.1 품질경영의 원칙으로서의 지속적 개선

1. 지속적 개선의 개념

지속적 개선(continuous improvement, CI)이란 투입물을 산출물로 변환시키는 과정에 관련된 모든 요소를 향상시키려는 활동을 말한다. 지속적 개선의 대상은 장비와 작업방법, 재료, 사람 등이다. "망가지지 않았다면 수선하지 마라."라는 옛 격언은 "망가지지 않았다고 해서 더 개선될 수 없다는 의미는 아니다."라는 격언으로 바뀌게 된 것도 지속적 개선의 개념 때문이다.

지속적 개선의 개념은 새로운 것이 아니다. 미국에서 시작되었음에도 불구하고 최근까지 미국에서 큰 관심을 받지 못했을 뿐이다. 그러나 일본 기업들은 지속적 개선 활동을 수년간 지속해 왔으며, 그 결과 지속적 개선 활동은 일본 기업들의 생산 발전의 초석이 되었다.

일본 사람들은 지속적 개선 활동을 '카이젠(kaizen, 改善)'이란 일본말로 표현한다. 일본 기업이 세계 시장에서 성공을 거두자 다른 나라의 기업들도 여러 접근방법에 대해 재검토를 하게 되었는데 이것이 지속적 개선 접근방법에 대한 관심을 불러 일으킨 동기라 할 수 있다.

성공적인 지속적 개선 활동 시스템을 위해서는 조직 전 계층의 참여 및 경영진의 지원과 관심이 반드시 필요하다. 왜냐하면 지속적 개선 활동은 개선을 향한 장기적 노력을 유지하기 위해 조직문화의 변화가 요구되기 때문이다. 여기서 조직 변화의 주요 변화를 파악하고 권장하는 것은 경영자의 책임이다. 경영자에게 필요한 행동은 다음과 같다.

① 목표 수립, 전략, 하위 조직의 지원을 수반하는 전술 등의 개발
② 개방, 신뢰, 협력을 촉진시키는 경영 스타일 개발
③ 특히 어려운 시기에 불변의 목표 유지
④ 정해진 방침을 고수하는 결정
⑤ 협력을 이끌어 내는 보상체계의 개발
⑥ 장·단기의 균형 있는 관점을 지님
⑦ 지속적인 교육훈련 프로그램 실시

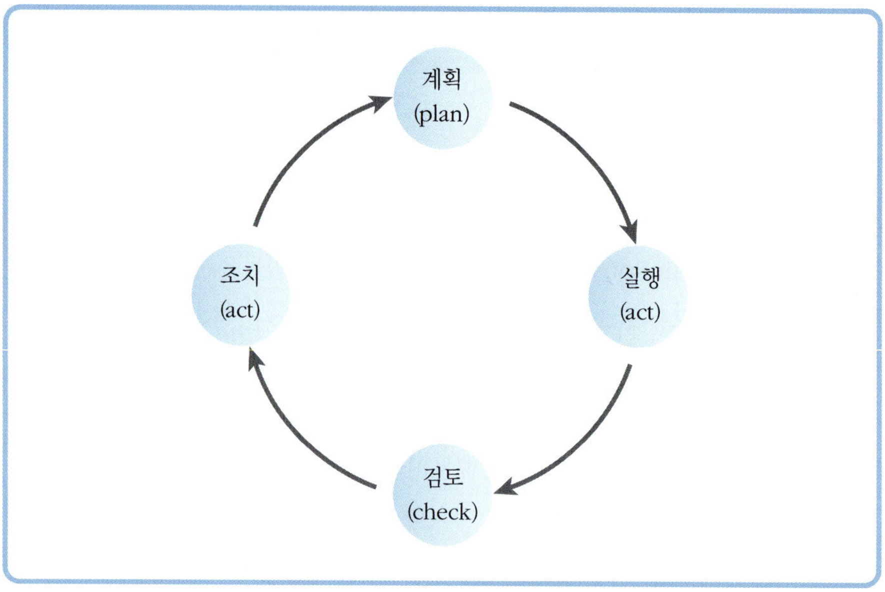

◉ 그림 10-1 PDCA 사이클

⑧ 팀 단위의 노력과 같이 개인의 노력도 지원해 주는 형태의 공로 인정

최고경영자의 역할은 지속적 개선 활동의 성공에 결정적인 역할을 한다. 이러한 경영자의 리더십 없이는 하위 조직의 의지와 노력에 상관없이 지속적 개선의 효과를 기대할 수 없다.

공정개선 활동은 주로 팀 단위로 이루어진다. 개선 과정은 다음과 같은 PDCA 사이클에 의하여 이루어진다. Shewhart 사이클 또는 Deming 휠(wheel)로 불리는 PDCA 사이클은 지속적 개선 활동의 개념적인 기초이다. 이 사이클은 〈그림 10-1〉과 같이 네 가지 기본적인 부분으로 나누어지며 각 부분의 특성은 다음과 같다.

① 계획(plan) : 계획은 현재 공정에 대한 연구로 시작된다. 공정을 표준화하고 문제 인식을 위한 자료를 수집한다. 다음으로 자료를 분석하고 개선을 위한 계획을 개발한다. 계획을 평가하기 위한 척도(measures)를 상세히 한다.
② 실행(do) : 계획을 이행한다. 가능하면 규모를 적게 하여 실시한다. 이 단계에서 어떤 변화가 있었는지 문서화한다. 평가를 위해 자료를 체계적으로 수집한다.
③ 검토(check) : 실행 단계에서 모아진 자료들을 평가한다. 계획 단계에서 설정된 원래 목표와 결과가 얼마나 밀접히 부합되었나를 확인한다.
④ 조치(act) : 만일 결과가 성공적이라면 새로운 방법을 표준화하고 공정에 관련

된 모든 사람들에게 새로운 방법을 전달한다. 새로운 방법을 위한 훈련을 실시한다. 만일 결과가 성공적이지 않다면 계획을 수정하고 공정을 되풀이하거나 계획을 중단한다.

2. 지속적 개선이 필요한 세 가지 이유

그러면 지속적 개선(CI)은 왜 필요한가? 이 질문에 대한 대답은 여러 가지가 가능하다. "개선이 왜 필요한가?"라는 질문은 너무나 자명한 것이므로 논할 필요가 없을 것이다. 문제는 '지속적'이라는 단어에 있다. 지속적이라는 단어를 사용하면서 이를 강조하는 데에는 상당한 이유가 있을 것이다.

첫째, 과거에는 주로 1회성 대규모 프로젝트에 의해 개혁사업이 추진되었다. 일반적으로 프로젝트는 대규모적이고 특별 팀에 의해 한시적으로 추진된다. 1990년대 초에 비즈니스 프로세스 리엔지니어링(BPR)이라는 유력한 방법론이 널리 보급되면서 프로젝트 방법의 비중이 더욱 커졌다. 그러나 그것만 가지고는 안 된다는 것이 바로 CI를 강조하는 첫째 이유이다. 대대적인 구조적 개혁도 중요하나 모든 구성원이 각자의 일터에서 전원 참가하는 현장개선도 중요하기 때문이다. CI를 강조하기 위해 프로젝트 방식을 비판할 필요는 없다. BPR과 CI는 서로 보완해 주는 관계라고 봐야 한다.

둘째, CI는 조직문화적 변화를 위해서도 반드시 필요하다. 품질경영체제를 도입하고 계속 추진하기 위해서는 조직문화적 변화가 필요하다. 문화적 변화를 동반하지 못한다면 품질경영은 일시적 유행처럼 끝나 버리게 될 것이다. 그런데 문화적 변화는 장기간에 걸친 조직 전반의 노력 없이는 이루어지지 않는다. 최고경영자가 앞장서고 구성원 전체가 자발적으로 움직여야 한다. 이와 같은 여건을 조성하기 위해 무엇이 필요할까? 제일 먼저 떠오르는 생각은 아마도 동기부여나 리더십일 것이다. 물론 동기부여나 리더십은 변화를 추구할 때 매우 중요한 요소이다. 그러나 이것만으로는 불충분하다.

CI라는 장치가 동반되어야 한다. CI는 프로세스에 초점을 두고 프로세스 각 부분을 담당하는 구성원들이 팀을 만들어 일일 업무를 통해 직접 경험하는 문제점을 조금씩 꾸준히 개선하는 것이다. 이와 같은 현장개선 노력이야말로 조직문화적 변화를 가시화할 수 있는 가장 중요한 장치라고 할 수 있다.

셋째, 품질경영의 기본철학에는 '만족 수준'이라는 말이 없다. 아무리 탁월한 수준에 도달했다고 해도 쉬지 말고 계속해서 개선해야 한다는, 즉 CI라는 말이 있을 뿐이다. 이 세 번째 이유는 보다 충분한 배경적 설명이 필요하므로 구체적으로 논의하겠다.

3. 어느 정도가 만족 수준일까?

품질의 수준을 표시하는 전통적인 방법은 불량률 퍼센트(%)이다. 즉, 평가대상이 되는 제품 전체(또는 검사 로트) 중에서 부적격품이 몇 개인가를 %로 나타내는 것이다. 불량률 퍼센트는 매우 중요한 의미를 갖는다. 전통적으로 품질 전문가들은 불량률 퍼센트를 통해 품질에 대한 만족도를 말할 수 있다고 믿어 왔다.

예컨대, 전통적으로 많이 사용되어 온 통계적 방법인 샘플링 검사법에는 합격품질 수준(acceptable quality level, AQL)이라는 용어가 있는데 이 용어의 내면에는 만족 수준이라는 의미가 내포되어 있다. 즉, AQL보다 낮은 불량률의 로트는 '만족스러운 것'이라고 전제하는 것이다. 따라서 가령 AQL을 0.5%로 정하고 관리하는 경우, 만일 실제 불량률이 0.4%인 로트를 발견했다면 '상당히 만족스럽다'고 말할 수밖에 없다. 우리 생활 주변에서 볼 수 있는 쉬운 예를 살펴보자.

99.9%의 함정

① 1990년대 초까지만 해도 컴퓨터 부품 제조업계에서는 불량률이 0.1%라는 것을 자랑삼아 이야기하는 예가 많았다.

② 최근 미국 항공 회사들은 80%가 정시 출발, 74%가 정시 도착이며, 항공화물의 10%가 배달 착오, 3%가 분실이라는 통계를 발표했다.

어느 정도를 만족 수준으로 보겠는가? 90%?, 99%?, 99.9%? 지나친 결벽증이 아니다. 아래의 예는 미국의 실제 데이터를 이용하여 99.9%를 가정하고 만든 문장이다.

- 시카고 국제공항에 착륙하는 비행기 중 매일 2대가 안전착륙을 하지 못한다.
- 웹스터 영어사전의 단어 수는 45만 개이다. 그중 철자법 착오가 450개나 들어

있다.

- 미국 국세청의 세무관계 서류 중 연간 200만 건이 처리 도중에 분실된다.
- 미국의 소득세 환불처리에서 연간 103,260건의 착오가 발생한다.
- 귀중한 장면을 열심히 찍었는데 사진이 안 나왔다면? 찍어도 사진이 안 나오는 불량필름(35mm)이 연간 811,000개나 생산된다.
- 미국에서는 방대한 양의 수표 사용 청구서가 은행으로 들어온다. 그중 엉뚱한 계좌에서 인출되는 은행 업무 착오가 1시간 동안 22,000건 발생한다.
- 전화국 자동 서비스 시스템에서 1분당 1,314건의 전화가 다른 곳에 연결된다.
- 산부인과에서 매일 신생아 12명이 엉뚱한 부모에게로 간다.
- 1년간의 불량품 선적 : 자동차 타이어 불량품 268,500개, 컴퓨터 불량품 14,208개
- 카페인이 들어 있는 커피 2,200갤런(1년간)이 디카페인 표시로 시장에 나간다.
- 종이팩에 담은 소프트 드링크류 5,517,200개(1년간)가 공기 빠진 타이어처럼 우그러져 시장에 나간다.
- 「월스트리트 저널」 배달에서 경제, 스포츠, 증권, 사회, 문화 등 별면 특집 중 일부를 빠트리고 배달하는 배달 사고가 매일 3,056부씩 발생한다.
- 잘못 배달되는 우편물 사고가 매시간 18,322건씩 발생한다.
- 연간 114,500켤레의 짝짝이 신발이 포장되어 시장에 나간다.
- 부정확한 의사 처방전이 2만 건(1년간) 작성된다.
- 플레이가 안 되는 테이프와 CD 제작에 매년 761,900달러가 낭비된다.

출처 : 빈센느대학 R. Reeves 교수의 가상대학 강의노트, 1997. http://www.geocities.com/CollegePark/9796/bpm215.htm

4. ppm에서 식스시그마로, 그리고 총체적 품질로

99.9%라는 비율만 보고 안심할 일이 아니다. 실패율 또는 불량률을 퍼센트로 따지던 시대는 지나갔다. 보다 완전한 품질을 지향하는 지속적 개선이야말로 최근 품질경영의 추세요 현대를 살아가는 우리 모두의 책무라고 할 수 있다.

퍼센트는 100개 중에서 몇 개가 부적격품인가를 말하나 ppm(parts per million)은 100만 개 중 몇 개가 부적격품인가를 말해 주는 척도이다. 우리나라 산업계도

1990년대 초에 '100ppm운동'을 전개한 바 있고 최근에는 식스시그마운동에 관심이 집중되고 있다.

식스시그마(six sigma)는 모토로라에서 M. Harry가 1986년부터 시작한 단계별 접근 프로그램인데 3.4ppm, 즉 100만 개 중 부적격품이 3.4개 수준이 되는 것을 목표로 한다. 시그마(σ)는 그리스 철자의 18번째 글자로서 통계학에서는 산포(散布)를 측정하는 척도 중 하나인 표준편차를 나타내는 기호로 사용되고 있다. 산포란 데이터가 흩어진 정도를 의미한다. 즉, 특성치들이 비슷한 값이면 산포가 작은 것이고, 아니면 산포가 큰 것이다. 일반적으로 시그마 수준은 공정중심에서 규격한계까지의 거리가 표준편차(σ)의 몇 배가 되는가를 나타낸다. 〈그림 10-2〉에 표시한 3개의 공정을 가지고 시그마 수준의 의미를 살펴보자.

이 예에서는 규격하한(lower specification limit, LSL)이 188, 규격상한(upper specification limit, USL)이 212이므로 품질 특성치가 이 사이(188~212)에 있으면 합격, 그렇지 않으면 불합격이 된다. 공정 A의 경우 공정중심(200)에서 규격한계(188 또는 212)까지의 거리가 12, 표준편차가 2이므로, 공정중심에서 규격한계까지의 거리(12)는 표준편차(2)의 6배가 된다. 따라서 6시그마 수준의 공정이 된다. 마찬가지로 표준편차가 3인 공정 B는 4시그마 수준, 표준편차가 4인 공정 C는 3시그마 수준이다. 이 예에서 볼 수 있듯이 산포(표준편차)가 커질수록 시그마 수준 값은 낮아진다. 즉, 시그마 수준이 높을수록 우수한 공정이라고 볼 수 있다. 따라서 식스

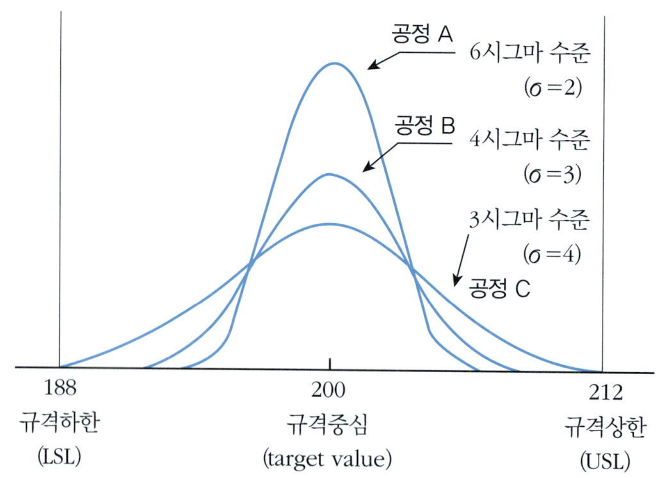

◉ 그림 10-2 시그마 수준과 표준편차(σ)의 관계

시그마 품질혁신의 초점은 산포를 줄이는 데 있다.

앞의 예에서는 공정중심이 목표치(규격중심)와 일치한다고 가정하였지만 현장에서는 그렇지 않은 경우가 많다. 경험에 의하면 공정중심을 목표치에 맞추어 놓더라도 시간이 지나면 공정중심이 1.5시그마 정도 이동하는 경우가 많다고 한다. 3시그마 공정의 경우 공정중심이 목표치에 있는 경우와 1.5시그마 이동하는 경우의 불량률을 비교해 보면 〈그림 10-3〉과 같다.

공정중심이 목표치와 일치하는 경우 규격하한과 규격상한을 벗어날 확률이 각각 1,350PPM이므로 불량률은 모두 2,700PPM이 된다. 그러나 공정중심이 1.5시그마 위로 이동한다면 규격하한을 벗어나는 것은 없지만 규격상한을 벗어나는 것이 66,807PPM으로 대폭 증가한다.

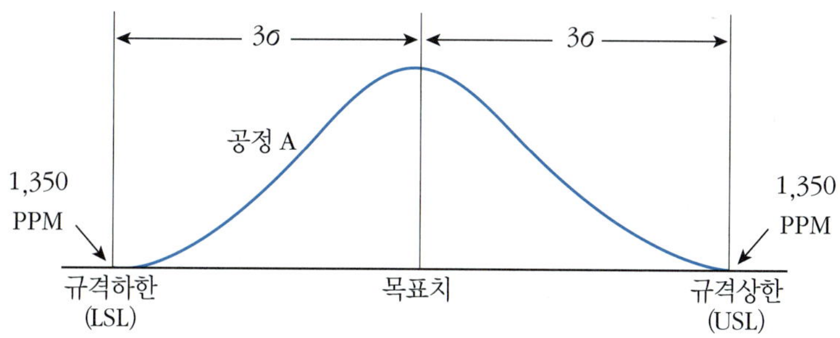

(a) 공정중심이 목표치와 일치하는 경우

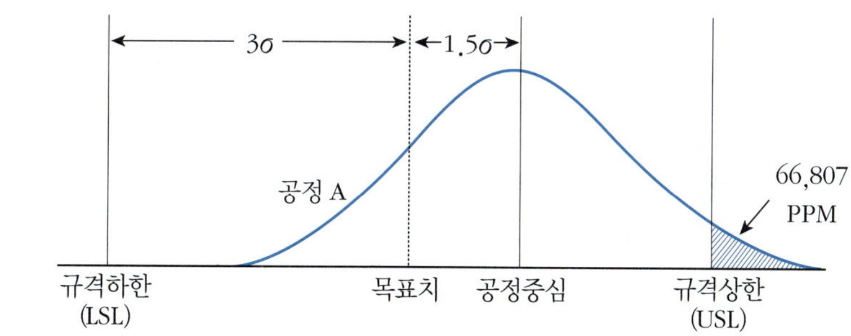

(b) 공정중심이 목표치에서 1.5시그마 벗어나는 경우

◉ 그림 10-3 공정중심의 이동에 따른 불량률 비교

〈표 10-1〉은 시그마 수준별 불량률의 크기를 나타낸 것이다.

◉ 표 10-1 시그마 수준별 불량률의 크기

(단위 : PPM)

시그마 수준	공정중심이 목표치에서 벗어나지 않을 경우	공정중심이 목표치에서 1.5시그마 이탈할 경우
1	317,400	697,700
2	45,400	308,537
3	2,700	66,807
4	63	6,210
5	0.57	233
6	0.002	3.4

〈그림 10-4〉를 보면 3시그마 수준과 6시그마 수준이 얼마나 큰 차이가 있는지, 또한 6시그마 수준이 얼마나 높은 수준의 품질인지를 알 수 있다.

요컨대, 식스시그마에서 의미하는 무결점은 다음과 같은 두 가지 의미가 있다고 할 수 있다. 첫째는 완전성을 추구하는 정신이 필요하다는 것이고, 둘째는 결점의 종류로 보아 중대한 결점은 물론이고 사소한 결점까지 없애고자 노력해야 한다는 점이다. 이러한 무결점은 현실적으로 도달하기 어려운 목표이지만, '처음부터 잘한다'는 예방적 자세, 꾸준한 개선 노력, 그리고 조직 전반의 총체적 접근을 통해 도달할 수 있다고 보는 것이 품질경영의 기본철학이다.

그러나 정말 고생을 많이 해서 무결점에 드디어 도달했다고 해도 그것으로 완성이라고 말할 수는 없다. 이야기를 원점으로 돌려 처음부터 다시 차근차근 생각해 보자. 불량률, 퍼센트, ppm, 부적격품, 결점 등의 특수한 용어들이 앞에서 사용되었는데 이러한 용어들에는 공통적인 약점이 있다. 즉, 전통적인 품질 개념에서 나온 매우 부적절한 내용이 배경에 깔려 있는 것이다.

첫째, 생산 활동의 최종 결과(즉, 제품 또는 서비스의 품질)에만 초점을 두고 있다는 점이다. 물론 결과는 중요하다. 그러나 결과 이전의 프로세스도 중요하고 관련자들(인간)도 중요하고 주변 환경도 중요하다. 최종 결과인 제품/서비스의 품질만을 논하면 안 된다. 프로세스의 질적 수준, 인간의 질적 수준, 환경의 질적 수준까지 총체적으로 평가하여 총체적 품질(total quality)의 수준을 따져 보지 않으면 안 된다.

둘째, 전통적인 품질 개념에 따르는 경우, 어떤 규격(specification)을 정해 놓고 그 규격 내에 들어오면 합격품, 규격을 벗어나면 부적격품 또는 결점이라고 정의하게 된다. 그런데 이와 같은 판정방법은 매우 간명하고 편리한 것이지만 품질 수준을

3시그마 수준 (66,807PPM)	6시그마 수준 (3.4PPM)
어느 병원에서 1,000건의 틀린 처방약	이 병원에서 20년에 단 1회의 틀린 처방약
어느 나라에서 의사나 간호사의 실수로 땅에 떨어뜨리는 신생아가 연간 100명	이 나라에서 의사나 간호사의 실수로 땅에 떨어지는 신생아가 200년에 1건 정도
어느 지역에서 매주 약 30분의 전화 불통 또는 TV 전송 장애	이 지역에서 매주 약 0.1초간의 전화 불통 또는 TV 전송 장애
어느 대학에서 연간 약 200통의 우편물 분실	이 대학에서 100년간 약 1통의 우편물 분실
어느 공항에서 연간 40건의 착륙 오류 발생	이 공항에서 500년에 1건 정도의 착륙 오류 발생
어느 병원에서 연간 500건의 잘못된 수술	이 병원에서 40년에 1건의 잘못된 수술

약 2만 배 개선

◉ 그림 10-4 3시그마 수준과 6시그마 수준의 비교

세밀하게 나타내 주지는 못한다. 간단한 예로, 작은 병에 주스를 담는 공정이 있고 무게로 표시된 규격 목표치가 정확하게 300.00g, 규격 하한선과 상한선이 299.00g~301.00g이라고 가정해 보자. 하나의 샘플을 택하여 정밀한 저울로 무게를 달았는데 300.95g이라면 이것은 상한선 안쪽이니 합격이 될 것이다. 그러나 만일 301.05g이라면 부적격품으로 처리될 것이다. 이처럼 규격을 정하기에 따라 부적격품이 얼마든지 합격품으로 바뀔 수 있기 때문에, 불량률 퍼센트로 측정하든 ppm으로 측정하든 마찬가지로 그 수치에 절대적 의미를 부여하면 안 된다.

규격 중심의 품질평가법에 있어서 중요한 문제점은 한계선 근처의 제품이 아무리 많이 나와도 모두 합격품으로 판정되어 결과적으로 '매우 만족스러운 품질'인 것처럼 둔갑하게 된다는 사실이다. 앞의 예에서 제품의 절대다수가 목표치 300.00g 근처에 밀집되도록 생산할 수 있어야 만족 수준이라는 말을 할 수 있다.

부적격품은 하나도 없지만 목표치와는 거리가 먼, 예컨대 300.7g 근처에 밀집된 제품들이 산더미처럼 쌓여 있다고 가정해 보자. 그래도 규격에 따라 모두 합격시킬

수밖에 없고 따라서 품질이 매우 우수하다고 안심하는 오류를 범할 수 있다. 이런 경우, 안심하고 만세를 부르는 대신, '아직도 갈 길은 멀다'고 반성하면서 더욱 박차를 가해 지속적 개선을 해야 한다.

목표치 자체를 변경해야 하는 경우도 생각해야 한다. 규격목표치는 영원불변의 것이 아니다. 설계자는 고객 요구, 기술 추세, 비용 문제 들을 종합적으로 고려하여 규격을 정하고 목표치를 조절한다. 물론 설계자도 지속적 개선을 해야 한다. 그래서 품질은 끊임없이 향상하고 발전하는 것이다. 지속적 개선 노력이야말로 품질경영의 알파요 오메가라고 할 수 있다.

5. 식스시그마 활동

1) 식스시그마 추진 단계

식스시그마 활동은 고객 관점에서 해결하는 고객 지향적 경영철학이며, 과학적이고 통계적인 사고와 기법을 사용해서 경영 문제를 해결하는 전략이 식스시그마 시스템 전략이다. 문제해결을 위하여 공통적인 추진 절차로 Taylor의 과학적인 문제해결 기법을 본따서 만든 것으로 GE의 DMAIC, 삼성SDI의 CSI, 식스시그마 아카데미의 MAIC 등이 있다.

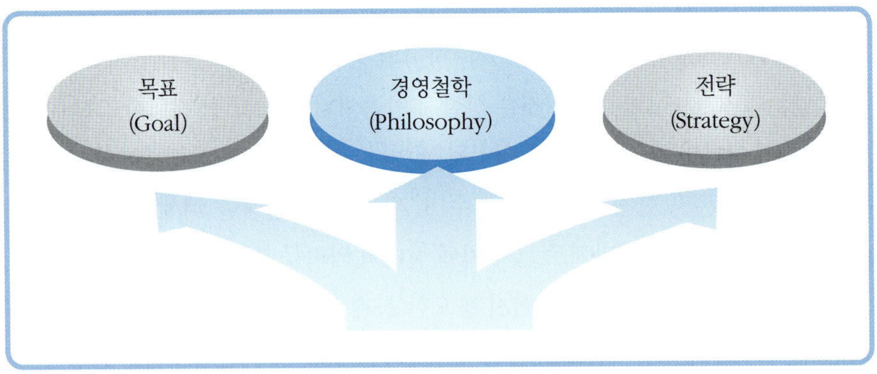

◉ 그림 10-5 식스시그마 지향성

- GE의 식스시그마 추진 단계 : Define–Measurement–Analysis–Improvement –Control

선정 (Seletion)	고객 정의 및 요구사항 파악/프로젝트 선정/현 수준 파악, 목표 수립/팀 구성, 일정 수립
측정 (Measurement)	규격 확인 및 검증/정규성 검증/현재 관리현황 파악/측정 시스템 검증
분석 (Analysis)	산포 원인 분석/잠재인자 수준 파악/상관관계 분석/개선 목표 검증
개선 (Reaction)	참인자 선정 및 최적조건 결정/개선안 수립 및 적용/효과 파악, 분석/개선 효과 검증
관리 (Total Control)	개선 효과 모니터링/일상 관리방안 수립/문서화 및 표준화/정보 공유 및 확산

◉ 그림 10-6 식스시그마 추진 단계

◉ 표 10-2 시그마 수준의 비교

시그마	불량률(ppm)	철자 오타	손실 비용
2시그마	308,538	25개/장	45,600,000원
3시그마	66,807	1.5개/장	2,700,000원
4시그마	6,210	1개/30장	63,000원
5시그마	233	1개/백과사전	570원
6시그마	3.4/100만 개	1개/작은 도서관	2원

10.2 프로세스에 의한 관리

1. 프로세스 중심 철학과 MBP

결과도 중요하지만 그 결과가 만들어지는 중간 과정, 즉 프로세스가 더 중요하다. 품질이 우수하다는 것은 제품/서비스가 우수할 뿐만 아니라 프로세스의 질적 수준도 우수하다는 뜻이다. 따라서 결과에 의한 관리와 함께 프로세스에 의한 관리(management by process, MBP)도 잘할 수 있어야 한다. MBP는 다음과 같은 프로세스 중심(process focus)의 철학을 토대로 한다.

① 모든 결과는 프로세스를 통해 산출된다. 결과에 집착하면 안 된다. 운을 탓하고 종업원 탓을 하기보다 프로세스를 탓해야 한다.

② 품질향상은 프로세스 개선에서 온다. 프로세스의 부실한 설계 또는 부실한 동작을 놔둔 채 최종검사만 아무리 철저히 해도 소용없다.

③ 프로세스의 동작을 계속 추적, 관찰, 측정하여 적시에 확인하고 원인을 규명해야 한다.

- 우수한 프로세스는 계속 우수한 상태가 유지되도록 관리한다.
- 문제점이 있는 프로세스는 지속적으로 개선해 나간다.

④ 프로세스의 내용을 표준화하여 문서에 명시한다.

MBP의 내용은 크게 프로세스 설계, 프로세스 유지 · 관리, 프로세스 개선의 세 가지로 구분된다. 이 세 가지 일들은 모두 관리자의 현명한 의사결정을 필요로 한다.

MBP는 일종의 의사결정 과정이라고 볼 수 있다. 프로세스를 새로 설계할 때는 물론 고객 요구의 파악, 독창적인 참신한 아이디어, 기술적인 숙련 등이 많이 요구된다. 그러나 더 필요한 것이 있다. 과학적 절차와 방법을 적용해야 한다는 점을 망각하면 안 된다. 과학적 절차와 방법은 설계, 유지 · 관리, 개선에 공통적으로 필요하다.

품질경영은 두 가지 기초 위에 건축되는 건축물과 같다. 하나의 기초는 리더십, 팀워크, 전원 참가 등으로 표현되는 조직적 노력이고 또 하나는 데이터 수집, 수법 활용, 분석, 테스트 등 과학적 절차와 방법이다. 조직적 노력만을 강조한다면 균형적인 품질경영을 하기 어려울 것이다. 특히 MBP는 사실에 입각한 판단과 과학적 절차/방법이 꼭 필요한 의사결정 과정이다.

프로세스 관리자는 많은 종류의 수법, 도구들을 이해하고 그 사용법에 숙달되어야 한다. 또한 계획, 분석 등의 사고 과정과 관찰, 실험, 면담, 측정 등의 경험적 과정을 균형되게 실천해야 한다. 의사결정은 곧 문제해결이다.

MBP의 문제들은 매우 다양하고 복잡하다. 따라서 대표적 문제유형을 구별하고 각각에 적절히 대응하는 지혜가 필요하다. MBP의 대표적 문제유형은 프로세스 통제, 사후적 개선, 선행적 개선의 세 가지로 구분된다. 품질 분야에서 가장 먼저 실천되기 시작한 것은 일명 '공정관리'라고 불리는 프로세스 통제였다. 그후 1960~1970년대에 사후적 개선법이 등장했고 1980년대에 선행적 개선법이 등장했다. 이 세 가지의 특징을 요약하면 다음과 같다.

2. 세 가지 개선 활동

1) 프로세스 통제

현재의 프로세스가 충분히 효과적이고 좋은 프로세스라고 판단된다면 그대로 유지해야 할 것이다. 이 경우는 유지하는 것 자체가 개선 활동이 된다. 통제는 유지를 목표로 하는 중요한 관리 기능이다. 통제방식이 나쁘면 프로세스의 안정이 깨지고 품질에 심각한 손상을 초래하게 된다. 프로세스 통제에 많이 활용되는 방법은 다음과 같다.

■ SDCA 사이클(standard-do-check-act)

Deming 사이클은 PDCA(plan-do-check-act)로 알려져 있지만 프로세스 통제의 경우에는 현존하는 프로세스를 유지만 하면 되므로 계획(P)이 불필요하다. 이미 정해져 있는 표준(S)을 확인하고 시작하면 된다. 즉, 표준(S)을 앞에 놓고 프로세스를 동작(A)시켜 그 결과를 조사(C)하고, 그 조사 결과가 표준과 얼마큼 차이가 있는지 파악하여 차이가 클 때만 프로세스를 조정(A)하는 SDCA 과정으로 관리하는 것이다.

■ 일곱 가지 QC 수법(7 QC tools)

관리도, 그래프, 히스토그램, 산점도, 파레토도, 특성요인도(cause-and-effect diagram), 체크시트의 일곱 가지는 1960년대 이후 줄곧 사용되어 온 전통적인 수법이다.

2) 사후적 개선

현재의 프로세스에 문제가 생겼을 때 또는 프로세스가 만족스러운 수준이 아니라고 판단될 때, 프로세스를 수정할 개선책을 찾는 것이 사후적 개선(reactive improvement)이다. 이는 '사후적'이라는 명칭이 뜻하는 바와 같이, 일단 문제가 생긴 다음 수습하기 위해 이루어지는 개선을 말한다. 고객 불평이 계속된다든지 프로세스 통제 시 관리한계선을 벗어나는 점들이 자주 나타나면 일단 프로세스에 문제가 생겼다고 봐야 한다.

사후적 개선에 많이 쓰이는 도구로는 7단계법(7-Step Method), 일곱 가지 QC

수법(7 QC tools), 실험계획법 등을 들 수 있다. 7단계법은 Deming 사이클, 즉 PDCA를 보다 세분화한 것이라고 볼 수 있는데 그 내용은 차후에 설명하기로 한다.

사후적 개선 역시 사이클이다. 7단계 또는 PDCA, 즉 계획(P), 실행(D), 점검(C), 수정(A)의 사이클을 반복하면서 쉬지 않고 계속 개선하는 것이다. 사후적 개선을 통해 만들어지는 새로운 표준은 바로 SDCA 사이클로 연결되어 프로세스 통제 과정으로 들어가게 된다. 따라서 사후적 개선과 프로세스 통제는 서로 맞물려 있고 지속적 개선의 기본골격을 이루게 된다.

프로세스 통제에서는 주로 치수, 중량, 시간, 결점 수, 회계 자료 등 계량적 데이터가 활용된다. 반면에 사후적 개선에서는 이러한 수치 데이터와 함께 질적 데이터까지 활용된다. 질적 데이터를 이용할 때는 가급적 명확히 정의하여 수치화하도록 노력할 필요가 있다.

3) 선행적 개선

문제가 발생하기 전에 미리 문제를 예상하여 처리하는 것이 선행적 개선(proactive improvement)이다. 이는 품질경영에서 가장 잘 알려진 교훈이라고 할 수 있는, '처음부터 바르게 하라(Do it right first time)'는, 즉 예방정신에 입각한 개선 활동이다. 말은 쉽지만 문제를 정확하게 예견하기는 사실상 어렵다.

선행적 개선에서는 문제를 탐지하고 구성하는 일이 주된 과업이며, ① 문제 탐지, ② 상황 탐색, ③ 문제 구성의 3단계를 잘 거쳐야 한다. 실제로 선행적 개선은 신제품 개발 시 또는 프로세스 운영 초기에 많이 사용된다.

이런 경우, 무엇보다 고객의 소리(voice of customer)를 듣고 이를 잘 반영할 수 있어야 하는데, 고객의 소리라는 것이 본래 명확하지 않은 것이어서 분석 도구 수법이 아직은 잘 갖추어져 있지 못하다. 잘 알려진 체계적 방법은 품질기능 전개법(quality function deployment, QFD)이다. 그밖에 고객의 소리를 듣고 정리하여 요구사항으로 전환시키는 몇 가지 방법이 알려져 있으며, 일곱 가지 신 QC 수법(7 New QC Tools)도 선행적 개선에 많은 도움을 준다.

선행적 개선에 쓰이는 데이터는 대부분이 질적 데이터이고 모호한 표현도 포함된다. 통계 분석이나 계량적 데이터를 다루는 방법은 이미 잘 발달되어 있고 널리 보급되어 있다. 그러나 질적 데이터를 다루는 방법은 아직 미흡한데 이에 대해서도 특별한 관심을 가지고 연구해 둘 필요가 있을 것이다. 질적 데이터라고 해서 임의로 주관적으로 다루면 안 된다.

3. 사후적 개선을 위한 7단계법

일반적으로 사후적 개선과제는 경영자의 관심과 승인하에 현장 팀의 활동을 통해 풀어 나가게 되는데, 만일 7단계법과 같은 체계적인 절차와 방법이 없다면 의견 수렴이 어렵고 팀 활동이 산만해질 가능성이 있다. 팀의 회의를 정례화하고 7단계법을 이용함으로써 핵심적 이슈와 개선 결과에 집중하도록 할 필요가 있다. 7단계법은 팀의 문제해결과 프로세스 개선을 위한 구조화된 접근법이다.

■ 단계 1 : 과제 선정 및 정의

과제를 선정하고, 문제를 명확히 하고, 개선의 필요성을 설명하고, 문제와 관련된 데이터 및 측정척도를 정하는 일이다. 세부 내용은 다음과 같다.

① 고려되는 모든 과제를 열거하고 〈표 10-3〉과 같은 요령으로 우선순위가 높은 과제를 선정한다. 자료 수집 용이성, 실천 용이성, 심각성, 해결 소요시간 등을 종합적으로 고려하는 것이 바람직하다. 그러나 파레토 원칙(Pareto Principle)에 따라 선정할 수도 있다. 파레토 원칙은 도수(frequency)만을 고려하는 선정방법이다. 예컨대, 고객 불평이 가장 많은 사항을 찾아 우선 처리하는 것이다. 〈표 10-3〉과 같은 종합적 방법과 비교한다면, 파레토 원칙은 도수로 나타낸 심각성만을 고려하는 단순한 방법이라고 볼 수 있다.

② 선정된 과제의 핵심을 찾고 문제의 내용을 명확하게 문장으로 표현한다. 이때, 현 상태와 개선 상태의 격차를 지적하거나 고객의 관심사항을 제시하는 등

◉ 표 10-3 과제 선정방법(예)

과제명	자료 수집 용이성	실천 용이성	심각성 (긴급/영향)	해결 소요시간	우선순위
A	1	3	2	1	7 → 2
B	3	2	2	3	10 → 4
C	1	1	1	2	5 → 1
D	2	2	3	2	9 → 3

*1점(상), 2점(중), 3점(하)로 평가하여 합계가 가장 작은 과제를 선정한다.

의 방법으로 개선의 필요성을 설명하면 더 좋을 것이다.

③ 개선 여부 또는 개선의 진척도를 측정할 수 있는 척도와 문제영역을 명확히 하고 관련된 데이터에는 어떤 것이 있는가를 찾아 지정한다.

과제의 표현방법

① 약점 표현 원칙(weakness orientation) : 문제점이 분명히 나타나도록 표현한다.
예 : 정시배달 능력을 향상시킨다.(×) → 배달 지연율을 감소시킨다.(○)

② 초점 원칙(focus) : 너무 많은 내용을 담아 초점이 흐려지지 않도록 한다.
예 : 공사 일정, 품질, 비용을 개선한다.(×) → 일정 지연으로 인한 고객 불만을 감소시킨다.(○)

③ 명확성 원칙(every word well defined) : 애매한 표현을 분명하게 바꾼다.
예 : 장기적 잠재고객 수요를 예측한다.(×) → 3년 후의 대량구매 고객과 그 수요를 예측한다.(○)

④ 시장 지향 원칙(market-in orientation) : 고객과 시장을 지향하는 표현이 되도록 한다.
예 : 착수일부터 완성일까지의 지연을 감소시킨다.(×) → 고객 요구일과 실제 완성일의 차이를 감소시킨다.(○)
상부 지시에 의해…(×) → 고객 불만을 없애기 위해…(○), 다음 공정의 어려움을 없애기 위해…(○)

■ 단계 2 : 데이터 수집 및 상태 표현

문제와 관련된 기초 자료를 수집하고 과거부터 현재까지의 상태를 객관적 데이터에 의해 표현함으로써 문제점을 분명히 제시하는 단계이다. 각종 도표, 수법이 많이 등장하는데, 이에 대한 설명은 사례 또는 부록(품질개선 도구)을 통해 별도로 소개한다.

① 공정도 등의 방법으로 프로세스의 흐름을 간명하게 표현한다.

② 히스토그램, 런차트(run chart) 등을 이용하여 현 상태 및 데이터 변동의 패턴을 검토한다.

③ 각종 데이터를 통해 문제와 관련된 주요 변수가 무엇인지 알아낸다.

④ 기타, 과제의 주요 국면에 관한 간단한 스케치, 그림을 그려 본다.

■ 단계 3 : 원인 분석

노출된 문제점의 근본원인을 찾아내는 단계이다. 원인이 될 만한 의심스러운 이유가 많아도 특성요인도를 이용하면 체계적으로 열거하여 일목요연하게 정리할 수 있다. 특성요인도는 원인과 결과의 관계를 보여 주는 도표인데 그 형태가 생선뼈 모양이다. 생선뼈의 입 부분에는 결과를 적어 넣되 특성의 상태 또는 증상을 기록하면 되고, 작은 뼈(가시) 부분에는 원인들을 빠짐없이 열거하여 적어 넣으면 된다. 체계적으로 빠짐없이 열거하기 위해 흔히 5M 또는 4P라는 분류법이 이용되나 문제에 따라 다른 분류법을 만들어 사용할 수도 있다.

① 5M : man(사람 원인), machine(기계 원인), method(방법 원인), material(재료 원인), management(경영, 관리 원인)
② 4P : people(사람 원인), plant(설비/시설 원인), policy(방침/규정 원인), procedure(절차 원인)

이러한 분류법도 중요하지만 더 중요한 것은 원인을 깊이 추궁해 들어가는 탐구 자세이다. 가령 어떤 결점이 생겨난 원인을 캐려고 한다면 아래와 같이 계속 "왜?"라는 질문을 하면서 X→A→B→C→D로 계속 깊이 파고들어 A, B, C, D라는 숨어 있는 원인들까지 발굴해 내는 것이 중요하다.

질문 1 : 왜 X라는 결점이 생겼을까? 답 1 : A 때문이다.
질문 2 : 왜 A라는 원인이 발생했나? 답 2 : B 때문이다.
질문 3 : 왜 B라는 원인이 발생했나? 답 3 : C 때문이다.
질문 4 : 왜 C라는 원인이 발생했나? 답 4 : D 때문이다.

특성요인도를 그린 다음에 해야 할 일이 또 있다. 어떤 원인이 유력한 원인인지를 가려내야 한다. 수많은 잠재원인들 중에서 진정한 원인을 가려내는 일은 쉽지 않지만 경험이 풍부한 현장 담당자는 완벽한 실험 과정을 거치지 않고도 이 일을 해낼 수 있다. 때로는 간단한 관찰을 통해서, 때로는 변수값을 통제하고 결과를 관찰함으로써 실제 원인을 추적 · 확인하는 방법이 많이 사용된다.

■ 단계 4 : 해결책의 열거, 선택, 실행

팀 회의를 통해 가능한 해결책들을 모두 열거하고 각 해결책의 현실성, 성공 가능성, 부작용을 검토한 후 하나의 해결책을 택하고 실행하는 단계이다. 해결책들을 열거할 때는 창의적 발상과 행동화 대책이 요구된다. 실행에 들어갈 때는 미리 "준비물은 무엇인가?", "시험적 운영이 필요한가?", "실행 책임자는 누구로 할 것인가?",

"사전 교육훈련이 필요한가?" 등을 고려할 필요가 있다.

■ 단계 5 : 실행 결과 점검

실행 결과에 관한 데이터를 수집하여 해결책의 효과를 확인한다. 그 효과는 런차트 또는 파레토 도표를 통해 시각적으로 나타낼 수 있다. 아울러 새로운 시행안에서 수정할 부분은 없는지를 검토한다. 실행 과정에서 발생한 예상치 못했던 일 또는 실행 초기의 특수 상황이 있다면 검토하여 필요한 조정을 해야 한다.

■ 단계 6 : 개선 내용의 표준화

앞 단계에서 얻은 새로운 방안이 정착되도록 표준화하는 단계이다. 절차, 방법, 시설, 재료, 행동의 표준이 명확히 문서화되어 관련자들에게 전달되고 교육훈련에 반영되어야 한다. 표준화가 이루어지지 않으면 그동안 많은 노력을 기울여 얻은 좋은 방안이 계속 실천되지 못하고 1회성으로 사라질 수도 있다. 표준화된 내용을 문서화해 놓으면 차후 같은 문제에 대해 다시 개선을 시도할 때 좋은 참고가 될 것이다.

■ 단계 7 : 반성 및 다음번 과제에 도전

하나의 개선 프로젝트를 마치면서 교훈을 정리하고 다음번 과제로 옮겨 가는 단계이다. 이 마지막 7단계는 별로 할 일이 없기 때문에 생략해도 된다고 생각하는 경향이 있다. 그러나 '지속적 개선'을 위해서 이 마지막 단계는 매우 중요하다. 하나의 과제(프로젝트)를 마치면 손 털고 끝내는 것이 아니다. 쉬지 말고 우선순위에 따라 다음번 과제를 찾아 도전하면서 지금까지의 경험을 값지게 활용하고 팀워크를 다져야 한다.

7단계법 적용 사례 1

대도시 중심가에 업무 출장 여행자들을 대상으로 셀프서비스 조식 뷔페를 제공하는 레스토랑이 있다. 레스토랑 경영자는 지난 3개월간 고객들에게 간단한 설문 쪽지를 배부하여 불만사항을 받았는데, 총 200명이 응답했고 모두 여덟 가지의 불만사항이 나타났다.

불만사항별 언급 빈도수는 〈표 10-4〉, 〈그림 10-7〉과 같다. 모든 문제를 한꺼번에 다루면 과제가 복잡해지고 해결에 많은 시간이 소요되며 성공 가능성도 낮아질 것이다. 따라서 경영자는 불만 해소 효과가 큰 문제부터 하나씩 해결하기로 했다.

◉ 표 10-4 레스토랑의 고객 불평 조사

고객 불만사항(도수 순서)	도수(%)	누적 %	해결순위
좌석이 없어 기다려야 한다.	70(35.0)	35.0	1
뷔페 탁자 배열이 조직적이지 않다.	50(25.0)	60.0	2
식탁이 깨끗하지 않다.	30(15.0)	75.0	3
바깥바람이 들어와 식당이 썰렁하다.	20(10.0)	85.0	4
커피 주문에 시간이 많이 걸린다.	10(5.0)	90.0	
실내 장식이 불만이다.	7(3.5)	93.5	
다이어트 설탕 대용품이 없다.	7(3.5)	97.0	
재떨이가 없다.	6(3.0)	100.0	
계	200(100%)		

* 도수 크기 순서로 배열하여 그래프로 그린 것을 파레토 차트(Pareto chart)라 한다.

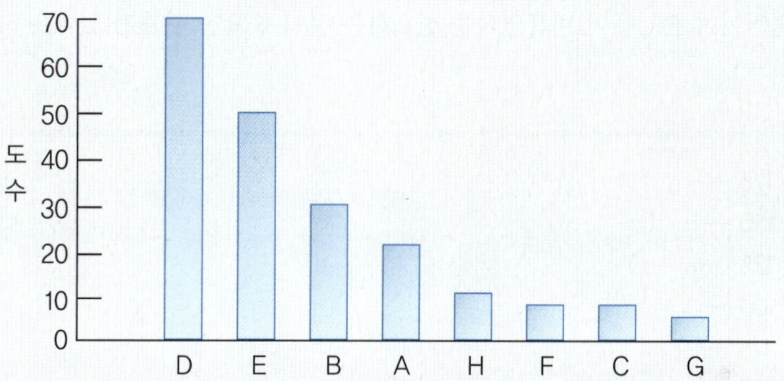

◉ 그림 10-7 레스토랑 사례의 파레토 차트

■ 단계 1 : 과제 선정 및 정의

우선순위 1, 2, 3번 세 가지만 해결해도 불만의 75%가 해소된다. 경영자는 불만의 35%를 해소할 수 있는 첫 번째 순위 문제(좌석이 모자라 고객이 기다리는 문제)를 선정하고 종업원들로 문제해결 팀을 구성했다. 팀은 품질개선 7단계법에 따라 문제를 풀어 가기로 했다.

고객이 식당에 도착하여 바로 좌석에 앉지 못하고 입구 로비에서 대기해야 한다는 것이 문제의 핵심이다. 식당의 주 고객인 출장 여행자들은 바쁜 사람들이라 신속하게 아침식사를 해결하려 한다. 식당에서 식사 중에 사업 이야기를 하는 고객도 많다. 따라서 대기시간을 없앤다는 것은 매우 중요한 품질 특성이 된다.

이 품질 특성은 일정시간 이상을 대기하는 고객의 비율로 측정할 수 있다. 팀에서는 1분 이상을 대기하는 경우만 '대기고객'이라 정의하기로 하고, '대기시간'을 어떻게 측정하며 '대기고객 비율'을 어떻게 계산할 것인가에 대해 신중하게 토론을 했다.

■ 단계 2 : 데이터 수집 및 상태 표현

1분 이상 대기고객 수를 그날의 고객 총수로 나누어 대기고객 비율(%)이라고 정했다. 동반 입장하는 고객 집단의 크기도 조사했다. 요일별 데이터, 대기 이유, 시간대별 데이터 등 기본 데이터를 수집하고, 도표를 이용하여 현 상태를 표현했다.

요일별 대기고객 비율(%)의 변동을 보여 주는 런차트, 아침시간의 시간대별 대기고객 수를 보여 주는 히스토그램(〈그림 10-8〉 참조), 전체적 흐름을 파악하기 위한 레스토랑 내부 배치도를 작성했다. 런차트 〈그림 10-9〉를 보면, 주중보다 주말이 한가하며 주초에 붐비는 것을 알 수 있다. 출장 여행자들의 비즈니스가 주초에 많이 이루어지기 때문일 것이다. 고객 집단 크기는 문제에 영향을 주는 변수가 아니라고 판단했다. 왜냐하면 모든 크기의 집단들이 같은 비율로 대기하고 있었기 때문이다. 히스토그램 〈그림 10-8〉의 형태는 예상과 일치했다.

대기 이유 자료는 매우 흥미로웠다. 처음에는 그저 빈 식탁이 없어서 기다리는 것이라고 쉽게 생각했다. 그러나 자세히 관찰해 보니 더 중요한 이유가 있었다. 손님들이 불편한 좌석을 싫어해서 기다리는 경우가 많다는 점이었다. 결국, 사용된 식탁을 빨리 치우지 못하는 것이 식탁 부족의 주원인이며 손님들이 비흡연석을 선호하는 것이 중요한 관계가 있다는 사실을 밝혀낸 것이다.

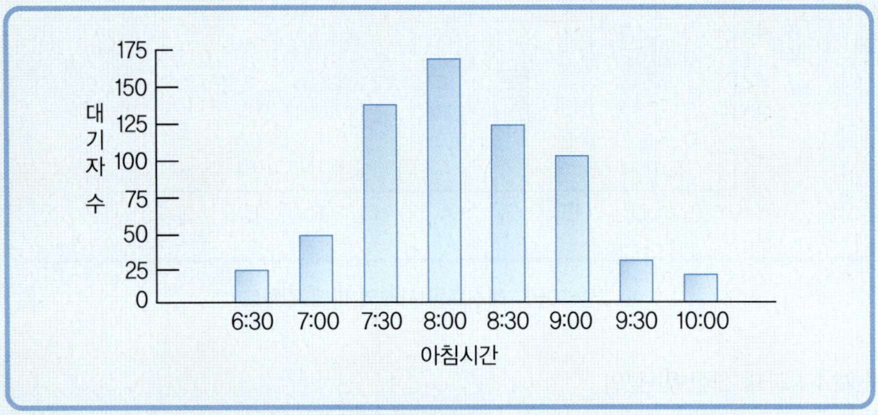

◉ 그림 10-8 히스토그램

■ 단계 3 : 원인 분석

손님들이 식사하고 떠난 빈 식탁을 빨리 치우지 못하는 원인을 찾기 위해 팀은 〈그림 10-9〉와 같은 특성요인도를 작성했다. 생선뼈의 입 부분, 즉 '결과' 칸에는 "빈 식탁이 빨리 치워지지 않는다."라고 적어 넣었다. 매우 구체적인 표현이다. 특성요인도의 결과 칸에는 이처럼 구체적인 결과나 증상을 적어 넣어야 한다. 그래야만 원인도 구체적으로 생각해 볼 수 있을 것이다. 생선뼈의 가시 부분에는 각종 원인들을 적어 넣었는데 편의상 4P에 따라 분류했다. 이 특성요인도와 기타 자료들을 신중히 검토하여 중요한 결론을 얻었다. 즉, 식탁과 주방 간의 거리, 특히 비흡연석과 주방의 거리가 너무 멀다는 것이 주된 원인일 수 있다는 결론이었다.

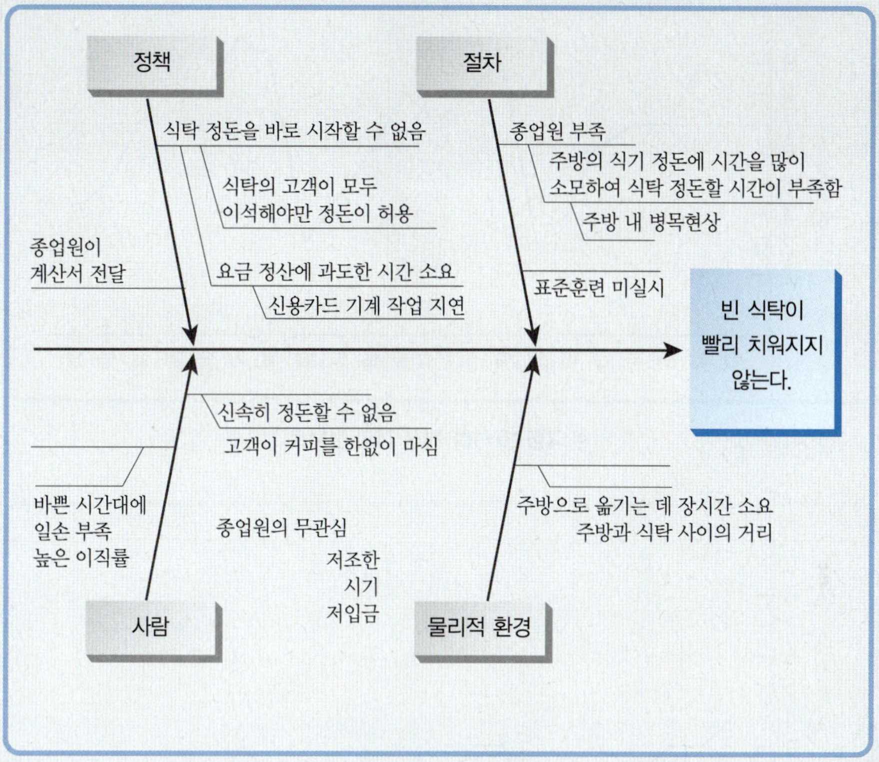

◉ 그림 10-9 특성요인도

원칙적으로는 주 변수를 찾아 변수값을 여러 가지로 바꿔 보면서 원인-결과 관계를 테스트하고 그 원인이 중요함을 증명해야 하나, 이 식당에서는 그렇게 엄밀한 실험은 하지 못했다.

■ 단계 4 : 해결책의 열거, 선택, 실행

30분 일찍 개장하는 방안, 종업원을 추가 채용하는 방안, 레스토랑 전체를 흡연금지 구역으로 하는 방안, 비흡연석을 주방 가까이 배치하는 방안 등 다양한 아이디어가 제안되었으나, 결국 선택된 해결책은 '비흡연석 근처에 임시전담반을 배치하여 비흡연 구역의 식탁이 비는 순간 재빨리 빈 그릇을 치우도록 하는 방안'이었다. 팀은 피크타임, 즉 7시부터 9시 사이에만 전담반을 운영하기로 하고 전담반을 2인 1개 조로 편성하여 1개월간 시험운영에 들어갔다.

■ 단계 5 : 실행 결과 점검

성과 측정척도로 대기고객 비율(%)을 이용했고 데이터를 1개월간 수집하여 런차트로 정리해 보니 〈그림 10-10〉과 같이 매우 고무적인 결과를 얻었다. 추가 비용 없이 놀랄 만한 개선이 이루어진 것이다. 대기고객들의 짜증스러운 눈초리가 없어져 무엇보다 기분이 좋았다. 시험운영 도중에 최초 안의 일부를 변경했다. 실제로 시행해 보니 7시에는 전담반 없이도 지장이 없

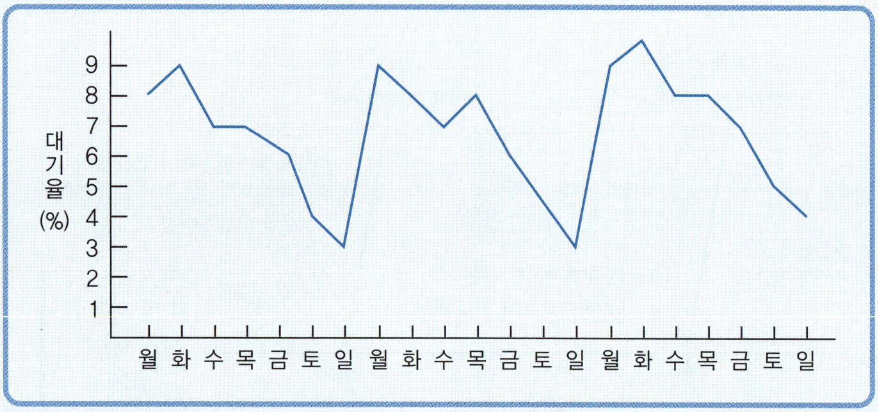

◉ 그림 10-10 개선 전의 런차트

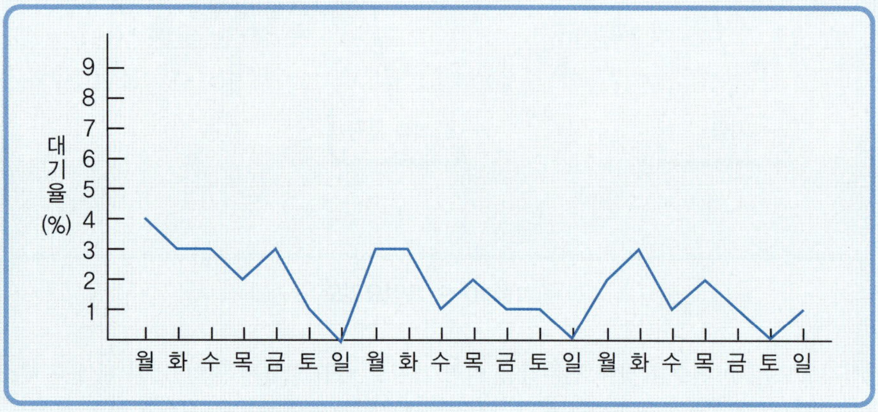

◉ 그림 10-11 개선 후의 런차트

었다. 그래서 7시 반~9시로 전담반 작업시간을 조정했다.

■ 단계 6 : 개선 내용의 표준화

식당 경영자는 비흡연석 식탁 치우기 전담반을 계속 운영하기로 결정하고 이를 위해 전담반의 편성, 교대방법, 근무시간, 행동요령 등을 규정화했으며, 신입 종업원 교육을 위한 교육내용에 이를 포함시켰다.

■ 단계 7 : 반성 및 다음번 과제에 도전

이번 과제의 멋진 해결로, 팀에 참가한 종업원은 물론 주방 근무자 등 다른 종업원들까지 사기가 앙양되었다. 팀을 해체하지 않고 계속해서 다음 순위의 문제(뷔페탁자 배열이 나쁘다)에 도전하기로 했다.

7단계법 적용 사례 2

플로리다전력회사(Florida Power & Light, FPL)는 미국 기업으로서는 드물게 1989년에 일본의 Deming 상을 수상했다. 플로리다 주 마이애미에 본부가 있는 이 회사는 이미 그 당시 1,800개의 품질개선 팀을 보유하고 있었으며 'Bright Ideas'라는 명칭의 제안제도를 통해 1989년에 9개월간 2만 건에 달하는 사내 제안을 접수할 정도로 열성적이었다. 접수 건수가 많았을 뿐만 아니라 그중 6,284건이나 되는 많은 제안이 유용한 제안이었다고 한다.

고객 불만 접수 건수는 1984년에는 고객 1,000명당 1.5건이었으나 1989년에는 0.24건으로 감소되었으며, 정부 핵규제위원회의 지적사항이 1984년의 60건에서 20건으로 감소되었고, 매년 물가상승률을 앞지르던 전력 공급가격을 물가상승률 이내로 둔화시켰다. 다음의 사례는 종업원 안전취약지역에서 품질 팀이 7단계법을 어떻게 활용했는지를 잘 보여 준다.

■ 단계 1 : 과제 선정 및 정의

종업원 안전은 FPL의 주요 정책사항이었다. 플로리다의 웨스트팜비치 지역은 다른 지역보다 훨씬 많은 부상자가 발생했다. 1988년 1~9월 자료에 의하면 근무 중 부상으로 인한 병원치료 건수가 15건이나 되었다. 만일 이 상승 추세가 계속된다면 1989년에는 연간 30건 이상이 될 것으로 예상되었다. 회사 측은 9인 조사 팀을 구성하여 조사에 들어갔다.

팀은 1988년 10월부터 활동을 개시했다. 그 달에도 4건이 더 발생했다. 모두 19건 중 상처를 입은 사람이 15명, 손발을 삔 사람이 3명, 전기감전이 1건이었다. 상처를 입은 15명을 다시 분류해 보니 못에 찔린 사람이 2명, 개에 물린 사람이 10명, 기타 3명이었다. 팀은 개에 물려 병원치료를 받은 검침원들(10건)에 주목하고 그 원인을 규명하여 대책을 수립하기로 했다.

■ 단계 2 : 데이터 수집 및 상태 표현

사고 내용에 관한 데이터는 1단계의 과제 선정 시 이미 수집되었다. 본 과제의 성격상 수치데이터보다 질적 데이터가 많이 필요할 것이다. 팀에서는 현 상태를 나타내는 질적 데이터를 수집하는 일에 주력했다.

FPL의 검침원들은 가구 방문 시 소형 컴퓨터 EMR(electronic meter reader)을 휴대하며 전력사용량을 EMR에 기입한다. EMR에는 가구별 정보가 저장되어 있는데 어느 집에 개가 있는지, 개의 성질이 어떻고 대처방법은 무엇인지 등의 정보까지 들어 있다. 그런데도 개에게 물렸다면 그 이유는 무엇일까? 팀은 검침원들을 개별 면담하는 한편, 브레인스토밍(brainstorming) 방법으로 의견을 모아 가능한 원인을 열거해 보았다.

① 검침원이 EMR을 휴대하지 않았을 것이다.
② 개에 대한 정보가 틀렸을 것이다.
③ 회사가 의도적으로 CGI(can't get in, 검침 불능 가구)를 없애기 경쟁심을 조장하여 검침원들이 무리하게 접근했기 때문이다.

회사에서는 그동안 CGI를 줄이기 위해 매달 CGI 최소 기록 보유자에게 50달러 상당의 식권을 시상해 왔다.

■ 단계 3 : 원인 분석

팀은 10명의 피해자를 자세히 조사했다. 4명은 집주인이 괜찮다고 안심시켜 그 말만 믿고 들어가다가 개에게 물렸으며, 2명은 CGI를 줄이려고 무리하다가 물렸고, 1명은 EMR 정보에 개가 없다는 표시만 믿고 들어가다 물렸으며, 기타는 분류할 수 없는 특별한 상황이었다.

■ 단계 4 : 해결책의 열거, 선택, 실행

팀은 세 가지 근본원인에서 대책을 도출해야 한다고 생각했다. 팀 토의에서는 고객(집주인)이 뭐라고 하든 항상 개를 위험한 존재로 인식하도록 검침원들을 교육시켜야 한다는 의견이 나왔다. 개를 집 안이나 폐쇄된 공간에 가두기 전에는 그 집에 들어가지 말도록 해야 한다는 의견도 있었다. 그러나 그와 같은 교육도 필요하겠지만 보다 근본적으로, 고객이 조치를 취하지 않을 때 플라스틱 카드를 고객에게 주어 고객이 그 카드에 검침 결과를 직접 기록하고, 카드를 멀리서 검침원에게 보여 주도록 하자는 의견이 나왔고 이 방안이 만장일치로 채택되었다.

아울러 검침원들이 현장 정보를 잘 제공받을 수 있도록 EMR의 개에 관한 메시지를 표준화하고 데이터베이스 자료를 적시에 갱신하기로 했다. CGI 관련 상금제도는 폐지하기로 하되, 평균 CGI율을 계속 기록하고 점검하여 급격한 변동이 생길 때만 원인을 규명하도록 관리방법을 변경하기로 했다.

이상의 대책들을 조직적으로 구체화하기 위해 팀은 플라스틱 카드를 주문했고, 검침원 교육훈련, 개 메시지 내용 수정 등의 행동계획을 수립했다. 1989년 1월에 검침원들에게 플라스틱 카드를 지급했고, 2~4월에는 500개의 개 메시지가 추가로 EMR에 입력되었다.

■ 단계 5 : 실행 결과 점검

플라스틱 카드를 사용하는 일이 처음에는 검침원이나 고객에게나 모두 생소하고 거추장스럽게 받아들여졌다. 고객들은 우리가 왜 그런 방법을 써야 하느냐고 항의하기도 했다. 따라서 회사는 이유를 잘 설명할 수 있도록 검침원들을 교육시켰다. 새 방법을 적용했는데도 4월까지 4건의 같은 사고가 발생했다. 아직 모든 것이 완벽하게 개선된 것은 아니었다. 최근 사례를 보면 개에 관한 정보가 적시에 입력되지 않아 사고가 발생했고, 플라스틱 카드가 너무 커서 휴대하기 불편하다는 의견도 있었다. 회사는 카드 크기를 절반으로 축소하여 재지급했다.

■ 단계 6 : 개선 내용의 표준화

새 방법과 절차를 플로차트로 문서화했고 검침원 훈련을 위한 훈련 점검표를 만들었다. 개에 관한 메시지는, '문제 없는 개(Dog OK)', '겉으로는 위험해 보이나 물지 않는 개(Bluff Dog)', '나쁜 개(Bad Dog)'의 세 가지 표준용어로 표준화했다.

■ 단계 7 : 반성 및 다음번 과제에 도전

앞 단계에서 실시한 시행 결과가 아직 만족스럽지 못하다고 보았다. 팀은 이 과제의 최초 목표를 무사고로 정했던 것이 너무 낙관적이었다는 반성과 함께 개에 물리는 문제를 계속해서 연구하기로 했다.

10.3 프로세스 통제를 위한 관리도법

1930년대 초, W. Shewhart에 의해 세상에 알려지게 된 관리도(control chart) 방법은 통계학을 산업에 도입한 최초의 역사적 공적이라고 볼 수 있다. Shewhart의 관리도법은 제조공정의 관리에 적합한 관리방법이지만 그 원리를 응용하면 제조업 이외의 분야에도 유용하게 쓰일 수 있다.

관리도법을 이해하기 위해서는 약간의 통계학 지식이 필요하다. 그러나 이 책은 통계학 전문서가 아니기 때문에 가급적 통계학 부분을 최소화하면서 관리도법의 원리와 종류별 내용, 응용방법을 중심으로 간략하게 소개하겠다.

1. 통계적 방법의 특징

프로세스 통제를 하는 경우는 '현재의 프로세스가 충분히 효과적이고 좋은 프로세스일 때'라고 앞에서 설명한 바 있다. 그렇다면 효과적이고 좋은 프로세스란 어떤 것일까? 여러 가지 대답이 가능하다. 예컨대, 고객에게 신속정확한 서비스를 해 주는 프로세스라고 대답할 수도 있다. 근무자가 친절하게 정성껏 서비스하는 프로세스라고 대답할 수도 있다. 그러나 보다 계량적인 대답이 필요하다.

통계학자들은 분포를 이용해서 대답한다. 프로세스에서 계속 나오는 산출물 또는 결과들의 무게, 치수, 시간, 결점 수 등 품질 특성을 측정하여 분포를 그릴 때, 분포의 평균이 원하는 목표치와 일치하고 분포의 분산이 작다면 우수한 프로세스이고, 만일 평균이 목표치와 다르거나 분산이 크면 우수하지 못한, 이상이 있는 프로세스라고 볼 수 있다는 것이다.

이와 같은 논리를 적용하기 위해서는 측정방법이 준비되어야 하고, 분포에 영향을 주는 원인에 대한 지식이 필요하다. 측정방법은 주로 다음 두 가지가 이용된다.

① 부적격품인가 아닌가로 품목을 분류하여 부적격품의 개수를 세거나, 결점이 몇 군데 있는가를 조사하여 결점 수를 기록하는 방법이다. 이와 같이 1, 2, 3, … 등 개수를 세어 측정하는 것을 계수형 측정이라고 한다. 계수형은 상세한 품질 정보를 얻기 어려우나 많은 양을 신속히 검사할 수 있다는 장점이 있다.
② 무게를 달거나 길이를 재는 등 품목 하나하나의 측정치를 구해서 기록하는 측정법이다. 이를 계량형 측정법이라고 한다. 계량형은 측정에 시간과 노력이 많이 들지만 정확한 데이터를 얻을 수 있다는 장점이 있다.

이러한 장단점을 고려하여 계수형 또는 계량형을 선택하는 것이 바람직하다. 그러나 관찰하는 품질 특성이 어떤 것이냐에 따라 선택의 여지가 없이 정해지는 경우도 있다. 예를 들어 페인팅 작업의 얼룩(결점), 10쪽의 문서 중 오자의 수 등은 계수형, 즉 개수로 측정할 수밖에 없을 것이다.

인간의 감각으로 판단해야 하는 애매한 품질 특성도 많다. 음료의 맛, 음향기기의 음감, 향료 냄새, 친절성, 인테리어의 미적 수준 측정은 계수형도 계량형도 아니다. 이러한 감각적 특성의 경우는 특별장비, 견본, 전문감식가를 이용하여 개략적으로 판단하게 된다.

그러나 애매하고 주관적인 경우라고 해도 측정을 포기하면 안 된다. 적당한 측정법을 찾을 수 있다면 통계 분석도 얼마든지 가능할 것이다. 예컨대, 시장조사 또는 고객 만족도 조사에서 5점 척도, 7점 척도 등의 측정법을 이용한다면 통계 분석이 가능하고 좋은 정보를 얻을 수도 있다.

통계적 방법을 사용하기에 앞서서 분포에 영향을 주는 원인에 대한 사전 지식은 매우 중요하다. 품질 분야의 전문가들은 특별한 신념을 가진 사람들이다. 즉, 품질이라는 것은 일정하지 않고 변동하고, 그 변동은 어떤 분포로 표시되며, 분포가 달라지는 데에는 원인이 있고, 원인을 추적하여 통제하면 품질 변동을 바로잡을 수 있다는 확신이다.

프로세스를 통과한 제품의 경우, 품질 특성에 관한 분포는 주로 재료, 작업방법, 작업자, 기계장비의 상태, 기타 많은 원인들에 의해 달라지게 된다. 관리도법에서는 전통적으로 이러한 원인들을 이상 원인과 우연 원인으로 대별한다.

1) 이상 원인

이상 원인(assignable cause)은 분포의 평균이나 분산에 큰 영향을 주는 중대한 원인이다. 이상 원인이 작용하면 프로세스가 통제 상태에서 이상 상태로 바뀌게 된다. 제조공정에서는 재료, 작업방법, 작업자, 기계장비 등의 문제가 주된 이상 원인이다. 이러한 이상 원인들의 종류나 변동 상황은 얼마든지 미리 파악할 수 있고 대응책을 준비해 둘 수 있기 때문에 바로 추적하여 시정할 수 있다.

2) 우연 원인

우연 원인(chance cause)은 분포에 영향을 주지만 영향력이 작은 원인이다. 일단 이상 원인이 아닌 것은 모두 우연 원인이라고 보게 된다. 어디까지를 이상 원인으로 보고 어디서부터 우연 원인으로 봐야 하는가에 대한 확실한 대답은 없다. 그 구분은 업종이나 프로세스의 특징에 따라 달라진다.

예컨대, 반도체 칩 생산공정에서는 공기 중의 작은 먼지, 작업자 손의 염분까지 중대한 이상 원인이 된다. 그러나 용광로 작업장이라면 먼지나 염분은 문제가 되지 않을 것이다. 대중식당이라면 손님들이 작은 소리로 대화해도 문제가 되지 않지만 음악감상실이라면 속삭이는 소리도 중대한 원인이 될 것이다. 결국 다음 사항 등을 고려하여 판단할 문제인 것이다.

- 원인의 내용을 파악할 수 있는가?
- 추적해서 시정할 필요가 있는가?
- 통제 비용에 비해서 품질에 주는 영향이 어느 정도인가?

2. 관리도법의 원리

이상 원인은 작용하지 않고 우연 원인만 작용하는 프로세스를 '통제 상태(under control)'라 하며, 이상 원인이 작용하는 프로세스를 '이상 상태(out of control)'라 한다. 프로세스 관리자의 목표는 프로세스를 항상 통제 상태로 유지하는 데 있다. 이를 위해 관리자는 프로세스의 동작을 항상 주목하면서 프로세스의 상태를 적시에 정확히 판단해야 한다. 프로세스의 상태를 적시에 정확히 판단하는 일은 매우 어렵다. 프로세스 자신이 말을 할 줄 모르기 때문이다. 제조공정의 경우, 어떤 문제가 생겨도 공정라인은 아무 말 없이 계속 돌아간다.

비슷한 예와 비교해 보자. 아기는 배가 고파도 울고 몸이 아파도 운다. 그래도 아기는 울 줄 알기 때문에 엄마의 관심을 끌 수 있다. 울면 엄마가 달려가 돌본다. 야구팀의 감독은 투수의 볼 컨트롤을 관찰하면서 투수의 상태가 언더 컨트롤(통제 상태)인가 아웃오브 컨트롤(이상 상태)인가를 수시로 점검한다. 무언가 낌새가 이상하면 투수에게 물어볼 수도 있다. 그런데도 투수 교체에 실패하는 야구 감독이 많다. 프로세스 관리는 아기를 돌보는 일이나 투수의 상태를 보고 교체 여부를 판단하는 일과 비슷하다.

그러나 프로세스는 스스로 경보를 울리지 못한다. 더구나 매우 분주하게 돌아가기 때문에 자세히 살필 겨를이 없다. 업무량이 많아서 프로세스가 분주히 돌아가고 제품이 대량으로 쏟아져 나오면서 혼잡을 이룰 때에는 프로세스의 상태를 파악하기가 거의 불가능하다. 바로 이와 같은 분주한 대량생산 상황에서 관리도법이 효과를 발휘하게 된다.

평균치 관리도에 의해 평균치를 관리하는 경우를 예로 살펴보자. 대량으로 쏟아져 나오는 제품 모두를 측정하면 시간이 너무 많이 걸리고 작업에도 지장이 되기 때문에 그 일부(즉, 표본 또는 시료)를 무작위로 뽑아서 측정한다. 한 번에 5개씩 표본을 뽑기로 한다면 5개 측정치가 얻어지고 그 평균을 바로 구할 수 있을 것이다. 그 평균의 위치를 관리도상에 점으로 찍는다. 이와 같이 여러 번 반복하면 여러 개의 점들이 찍힐 것이다. 이러한 평균값들의 움직임을 살펴보면 프로세스의 상태를 신속히 판정할 수 있다.

전수검사를 하지 않고 샘플링을 하면 불가피하게 판단착오가 생길 수 있다. 두 가지 과오가 있는데, 1종 과오는 이상이 없는 프로세스를 이상 상태라고 잘못 판정하는 것이고, 2종 과오는 이상 상태인 프로세스를 통제 상태라고 잘못 판정하는 과오이다. 통계학에서는 일반적으로 1종 과오의 크기를 알파(α), 2종 과오의 크기를 베타(β)로 표시한다.

1종 과오는 이상이 없는데 공연히 놀라서 프로세스의 진행을 정지시키고 야단을 치고 원인을 규명하는 과민반응이라고 볼 수 있다. 과민반응은 시간 낭비일 뿐만 아니라 안정을 해치고 불필요한 긴장을 조성한다. 반면에, 2종 과오를 범하면 계속해서 불량품이 쏟아져 나올 것이다. 따라서 일단 오판을 해도 다음번 표본조사에서는 그것이 오판이었다는 것을 즉시 알아차릴 수 있다.

이러한 이유로, 옛날 관리도법을 만든 사람들은 1종 과오를 더 중요시하고 알파

값을 적게 하는 데 주력했다. Shewhart 관리도에서는 알파를 적게 하기 위해 3시그마법(three sigma rule)을 채택하고 있다. 즉,

$$평균 + 3 \times 표준편차$$

를 통제의 상한선으로 잡고,

$$평균 - 3 \times 표준편차$$

를 하한선으로 잡아, 관리도에 찍히는 점이 이 범위를 벗어나면 이상 상태라고 판정하는 것이다. 표준편차는 흔히 그리스 문자 σ(시그마)로 표시한다. 정규분포표를 보면 $\pm 3\sigma$ 범위를 벗어나는 확률(즉, 알파)의 크기가 0.23% 정도로 작다는 것을 알 수 있다. $\pm 2\sigma$로 통제범위를 좁히면 알파는 4.55%가 된다.

관리도의 중심선은 평균값으로 잡는다. 이와 같이 중심선, 상한선, 하한선을 구함으로써 관리도의 골격이 완성된다. 그다음, 정해진 시간에 정기적으로 시료를 채취하여 품질을 측정하고 그 결과를 관리도 위에 점으로 찍어 나가면서 프로세스의 상태를 판단하면 된다. 프로세스가 통제 상태에 있다고 보는 경우는 다음과 같다. 이 세 가지 조건이 모두 만족되어야 통제 상태라고 판정할 수 있다.

① 모든 점들이 상한선, 하한선을 벗어나지 않아야 한다.
② 중심선 근처에 밀집되고 바깥쪽으로 갈수록 적게 찍혀야 한다.
③ 점들의 배열에 규칙적 패턴이 없으며 변동이 무작위적이어야 한다.

위와 같은 세 조건 중 한 가지라도 위반되면 일단 이상 징후로 보고 대책을 생각해야 한다. 문제가 되는 패턴은, 계속 상승/하강하는 추세, 사이클을 그리는 형태, 중심선의 위쪽 또는 아래쪽 어느 한쪽에만 계속 찍히는 경우 등이다. 점들이 중심선 근처에 밀집되지 않고 멀리 퍼져서 찍히는 것도 이상 징후라고 봐야 한다.

3. 관리도의 종류

관리도는 품질을 계수형으로 측정하느냐, 계량형으로 측정하느냐에 따라 두 종류로 나누어진다.

① 계수형 관리도 : 불량률 관리도(p chart), 불량개수 관리도(pn chart), 결점 수 관리도(c chart), 단위당 결점 수 관리도(u chart)
② 계량형 관리도 : 평균 관리도($\overline{R}$ chart), 범위 관리도(R chart), 개별 측정치 관리도(X chart)

이상과 같은 다양한 관리도 중 가장 기본적인 불량률 관리도(p 관리도)에 관해 알아보자. 불량률 관리도는 불량률을 품질특성으로 하여 불량률이 통계적으로 안정되어 있는가를 판정하기 위한 관리도이다. 불량률 관리도는 표본 크기가 일정할 때나 표본 크기가 매번 다를 때나 항상 사용할 수 있다는 특징이 있다. 일반적으로 i번째 표본의 불량률 p_i는, 표본 크기가 n_i, 표본 내 불량품이 d_i개라고 할 때 $p_i = d_i / n_i$로 쉽게 계산된다. 이러한 불량률값 p_i들을 구하여 관리도에 점을 찍으면 불량률 관리도가 된다.

중심선, 상한선, 하한선을 계산하는 방법은 간단하다. 즉, 20~30회의 표본을 뽑아서 평균 불량률을 구하고 아래 공식에 따라 계산하면 된다. 분산은 $\overline{p}(1-\overline{p})/ n_i$이고 분산을 제곱근하면 표준편차가 된다.

$$\text{중심선} = \text{평균 불량률} = \overline{p}$$

$$\text{상한선} = \overline{p}+3(\text{표준편차})$$

$$\text{하한선} = \overline{p}-3(\text{표준편차}) \geq 0$$

이상의 내용을 단계별로 구체화하면 다음과 같다.

① 불량률로 나타나는 데이터를 수집한다. 이때 데이터는 검사개수 n과 불량개수 pn을 알고 있는 것이라야 하며, 충분히 층별되어 모인 것이어야 한다.
② 데이터를 군으로 구분한다. 군의 크기는 20~100개 정도에서 각 군의 불량개수가 평균 1~5개 정도 들어가도록 잡는 것이 좋다.
③ 각 군의 불량률 p를 계산한다.

$$p = \frac{pn}{n} = \frac{\text{불량개수}}{\text{검사개수}}$$

④ 평균 불량률 $\overline{p}$를 계산한다.

$$\overline{p} = \frac{\sum pn}{\sum n} = \frac{\text{총불량개수}}{\text{총검사개수}}$$

⑤ 관리도 용지(〈그림 10-12〉 참조)에 불량률 p를 검사 순으로 타점하고 평균 불

량률 $\overline{p}$를 실선으로 기입한다. 이것이 중심선이 된다.

⑥ 관리한계를 계산한다.

$$\text{관리상한선 UCL} = \overline{p} + 3\sqrt{\frac{\overline{p}(1-\overline{p})}{n}}$$

$$\text{관리하한선 LCL} = \overline{p} - 3\sqrt{\frac{\overline{p}(1-\overline{p})}{n}}$$

⑦ 관리도상에 관리한계를 점선으로 기입한다. n이 일정하면 상하의 관리한계선도 일정하지만, n의 크기가 검사(샘플군)마다 다를 경우에는 관리한계선이 요철형이다.

⑧ 관리도에 의해 제조공정의 관리 상태를 판정 · 조처한다.

⑨ 관리한계 밖으로 나간 점을 제거하고 ④~⑨까지의 순서로 관리선을 다시 계산한다.

관리도 작성 사례

〈표 10-5〉에 제시된 데이터 시트는 완구 제조업체에서의 규격 불량개수와 불량률에 관한 자료이다. 이 자료로 p관리도를 작성한 것이 〈그림 10-12〉인데 관리한계선이 요철형으로 나타나 있다.

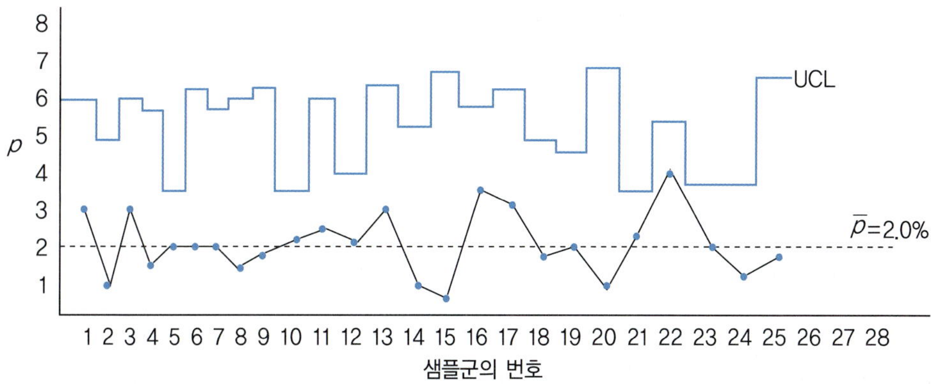

◉ 그림 10-12 p관리도

◉ 표 10-5 *p*관리도 데이터 시트

샘플 군의 번호	샘플의 크기 n	불량 개수 pn	불량률 p(%)	$A=\frac{3}{\sqrt{n}}$	$A\times\sqrt{\bar{p}(1-\bar{p})}$ (%)	*UCL* $\bar{p}+A\sqrt{\bar{p}(1-\bar{p})}$ (%)	*LCL* $\bar{p}-A\sqrt{\bar{p}(1-\bar{p})}$ (%)
1	113	3	2.7	0.282	4.0	6.0	–
2	250	3	1.2	0.190	2.7	4.7	–
3	110	3	2.7	0.286	4.0	6.0	–
4	125	2	1.6	0.268	3.8	5.8	–
5	850	17	2.0	0.103	1.4	3.4	0.6
6	100	2	2.0	0.300	4.2	6.2	–
7	150	3	2.0	0.245	3.4	5.4	–
8	140	2	1.4	0.254	3.5	5.5	–
9	112	2	1.8	0.283	4.0	6.0	–
10	900	20	2.2	0.100	1.4	3.4	0.6
11	125	3	2.4	0.268	3.8	5.8	–
12	750	16	2.1	0.110	1.5	3.5	0.5
13	110	3	2.7	0.286	4.0	6.0	–
14	160	2	1.3	0.237	3.3	5.3	–
15	100	1	1.0	0.300	4.2	6.2	–
16	135	4	3.0	0.258	3.6	5.6	–
17	120	3	2.5	0.274	3.8	5.8	–
18	180	3	1.7	0.224	3.1	5.1	–
19	200	4	2.0	0.212	3.0	5.0	–
20	100	1	1.0	0.300	4.2	6.2	–
21	870	20	2.3	0.102	1.4	3.4	0.6
22	132	5	3.8	0.261	3.7	5.7	–
23	750	15	2.0	0.110	1.5	3.5	0.5
24	760	10	1.3	0.109	1.5	3.5	0.5
25	110	2	1.8	0.286	4.0	6.0	–
계	7452 Σn	149 Σpn	$\bar{p}=\Sigma pn/\Sigma n=149/7452=0.0199\fallingdotseq 2.0\%$ $\sqrt{\bar{p}(1-\bar{p})}=\sqrt{0.02(1-0.02)}=\sqrt{0.0196}=0.140\fallingdotseq 14.0\%$				

4. 관리도의 판단

관리도를 작성했으면 이를 잘 분석하여 이로부터 원자재, 품질, 공정 및 작업에 관한 사항과 정보를 수집하여 이상 원인을 찾아 제거해야 한다. 그러기 위해서는 관리도를 보는 요령이 필요하다. 여기서는 원칙만을 간단히 제시한다.

① 점이 관리한계선을 벗어났을 때에는 공정에 이상 원인이 있음을 나타내므로 그 원인을 찾아서 조처해야 한다. 관리한계선상에 있는 점도 이상 상태로 본다.
② 점이 관리한계 내에 있으면 원칙적으로 공정은 관리 상태에 있다고 본다.
③ 그러나 점이 중심선에 대하여 한쪽에만 연속해서 나타날 경우[이를 연(連), 즉 run이라 함], 특히 점이 7개 이상 연속 한쪽에 몰리는 경우(〈그림 10-13(a)〉 참조) 이상 원인이 있다고 판단한다. 단, 한쪽 관리한계가 없는 경우는 예외이다.
④ 점이 상승 혹은 하강하는 경향(〈그림 10-13(c)〉 참조)이나 주기적인 변동(〈그림 10-13(d)〉 참조)을 나타낼 때는 무엇인가 이상이 있다.
⑤ 점이 이상한계 밖으로 반 이상이 나가 있거나(〈그림 10-13(e)〉 참조) 대부분 중심선 부근에 몰려 있는 경우(〈그림 10-13(f)〉 참조)는 공정에 이상이 있다기보다는 관리도의 작성방법, 가령 군별(群別) 내지 층별(層別) 방법에 이상이 있는 경우이다.

공정평균의 변화를 관리하는 $\bar{x}$관리도, 공정산포(process variability)의 변화를 관리하는 r관리도로 구성되어 있는 $\bar{x}-r$관리도와 같이 2개의 관리도를 사용할 때는 2개를 동시에 활용해야 효율적인 공정관리가 가능하다.

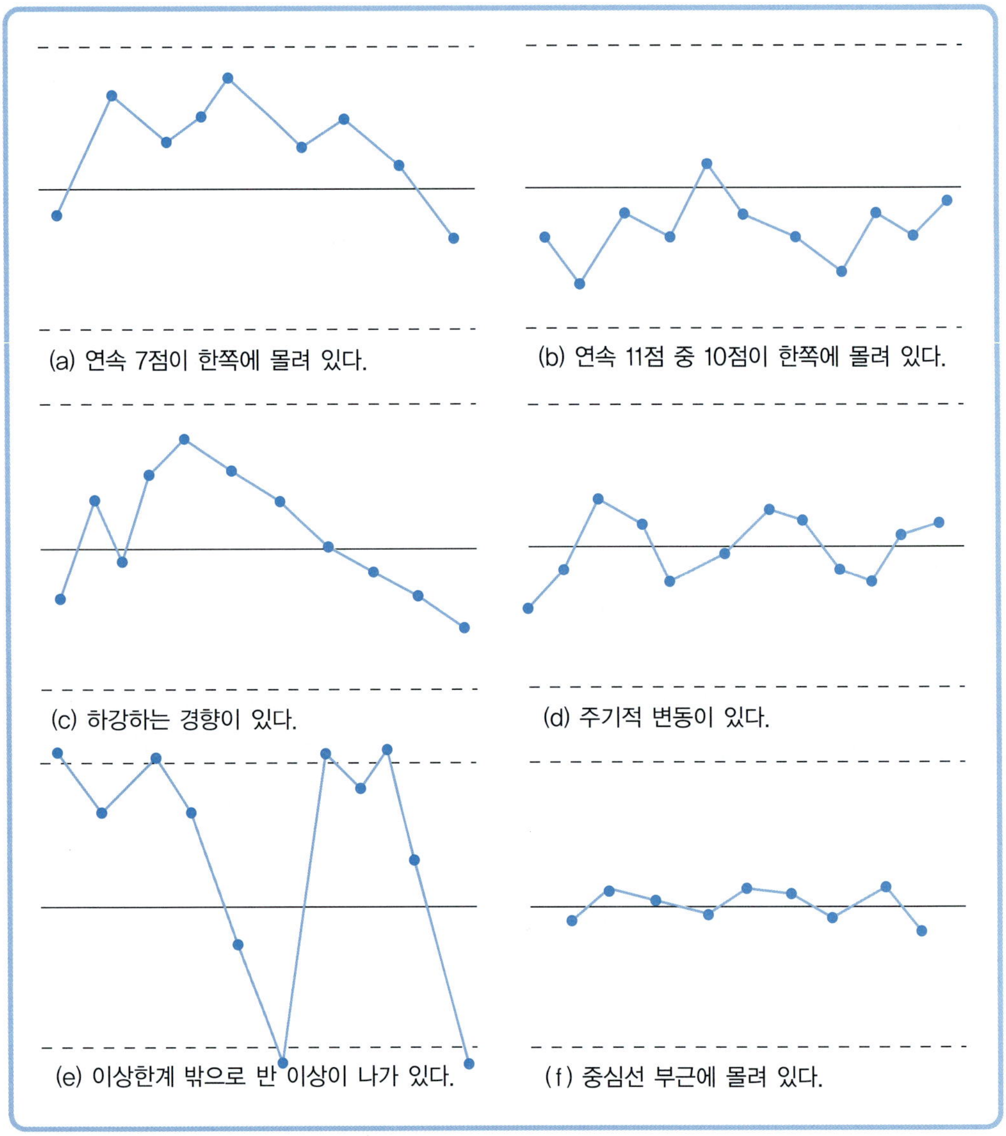

◉ **그림 10-13** 이상을 나타내는 관리도

10.4 품질 코스트의 측정과 보고

품질은 돈과 관계가 있으며 두 가지 면에서 이익에 기여한다. 첫째, 스크랩, 재작업, 보증 비용 등 품질과 관련된 비용을 감소시켜 결국 원가를 줄이고 이익을 증대시킨다. 둘째, 품질이 좋아지면 고객 확보, 신규 고객 유치, 유리한 판매가격 등으로 수익액을 증가시킬 수 있다. 또한 단골고객이 많아지면 서비스 비용도 절약된다.

품질 코스트는 말 그대로 품질과 관련하여 발생하는 모든 코스트를 지칭하는 용어이다. 그렇지만 '품질과 관련하여'라는 말은 애매한 표현이기 때문에 용어 사용에 자주 혼란을 느끼게 된다. 사람들은 자기가 무엇을 강조하느냐에 따라 '품질을 얻기 위한 코스트'라는 뜻으로 쓰기도 하고, '품질로 인해 발생하는 코스트'라는 뜻으로 쓰기도 한다. 사실은 이 두 경우가 모두 포함된다.

품질 코스트는 적합한 품질을 달성하기 위해 지출되는 적합품질 코스트(conformance cost)와 나쁜 품질에 의해 발생되는 비적합품질 코스트(nonconformance cost) 또는 실패 코스트(failure cost)로 구분된다. 적합품질 코스트는 다시 예방 코스트와 평가 코스트로 구분되며, 비적합품질 코스트는 내적 실패 코스트와 외적 실패 코스트로 구분된다(〈표 10-6〉 참조).

예방 코스트(prevention cost)는 생산 프로세스에서 발생하는 불량을 예방하고 제거하는 활동에 의한 코스트이다. 불량 품질이 발생하지 않도록 하기 위한 품질계획, 생산 검토, 훈련, 엔지니어링 분석 등과 같은 활동이 여기에 포함된다. 또한 평가 코스트(appraisal cost)는 불량 품질의 제품을 생산 후 단계에서 고객에게 배달되기 전에 발견하는 데 따른 코스트로 대표적인 예는 품질검사 활동이다.

◉ 표 10-6 품질 코스트의 구성

구분		내용
적합 품질	예방 코스트	문제를 피하는 것과 관련된 비용. 교육, 계획 등의 비용
	평가 코스트	제품이나 서비스가 제대로 작동되는지 검사하는 것과 관련된 비용. 검사, 실험실 실험, 현장 실험 등의 비용
비적합 품질	내적 실패 코스트	제품을 고객에게 배달하기 전에 문제를 발견하여 수정하는 것과 관련된 비용. 폐기, 재생산, 라인 정지시간, 품질 미달로 인한 염가판매 등의 비용
	외적 실패 코스트	제품이나 서비스가 고객에게 배달된 후 발견된 문제와 관련된 비용. 품질보증, 교환 코스트, 환불, 고객 불만 처리비용 등

◉ 표 10-7 품질 코스트 요소의 예

구분	개발	구매	생산	판매	주문
예방	디자인 검토	공급업체 평가 공급업체 검사	품질 팀 훈련 품질 프로세스 검사	판매 팀 품질훈련	
평가	원형 검사 디자인 검사	제품 검사	재공품 검사	주문 순서 검사	
실패	재설계 스크랩	공급업체 실패에 대한 수정 활동/ 부품 인수 거부	재작업 스크랩	선적 오류에 따른 재선적	재처리

실패 코스트는 생산 프로세스(내부)에서 또는 생산 후 배달 프로세스(외부)에서 발생한다. 내적 실패 코스트(internal failure cost)에는 기계 고장시간, 품질 불량 자재, 스크랩, 재작업과 같은 항목이 포함된다. 외적 실패 코스트(external failure cost)에는 반품이나 반환, 보증 코스트, 고객 불만족이나 시장 상실에 의한 잠재 코스트 등이 포함된다. 많은 기업들이 외부 실패 코스트의 상대적인 중요성을 인식하게 되어 품질에 대한 인식을 제품의 품질에서 종합적 고객 만족으로 확대하였다.

요컨대, 품질 코스트는 ① 예방 코스트, ② 평가 코스트, ③ 내적 실패 코스트, ④ 외적 실패 코스트 등의 네 가지로 나누어진다. 기업이 수행하는 기능 중에서 품질 코스트가 발생 가능한 예를 들어 설명하면 〈표 10-7〉과 같다.

예방 코스트는 나쁜 결과를 예방하기 위한 코스트라는 뜻이므로 결국 좋은 '품질을 얻기 위한 코스트'라고 볼 수 있다. 결점이나 고장, 불량품 등을 없애기 위해 미리 노력하는 모든 활동에 이러한 예방 코스트가 들어간다. 이 장에서 설명한 지속적 개선 노력의 대부분은 예방 코스트를 발생시킨다.

실패 코스트는 예방에 실패하여 나쁜 결과가 나타나고 그로 인해 부담하게 되는 코스트이다. 나쁜 '품질로 인해 발생하는 코스트'인 것이다. 결점, 고장, 불량품, 사고 등 나쁜 결과가 나오면 근무자들의 사기도 떨어지고, 재료비, 인건비, 시간의 낭비는 물론 고객에게 거센 항의를 받거나 변상을 해 주어야 하고 평판도 나빠질 것이다.

검사(평가) 코스트는 현재 상태를 파악하기 위한 코스트이다. 이것은 예방을 하는 것도 아니고 실패의 결과로 나타나는 것도 아니다. 검사 코스트의 의미는 애매하다.

엄격한 검사를 한다면, 고객에게 전달되기 전에 나쁜 결과를 찾아내어 제거함으로써 고객의 항의를 방지할 수는 있다. 그렇다고 해서 근본적으로 예방이 되는 것은 아니다. 근본적으로 프로세스의 수준이 개선되는 것도 아니다. 그렇지만 생산을 담당하는 근무자들에게 경각심을 일깨우는 효과는 있지 않느냐고 반문하는 사람도 있다. 그런데 경각심 효과도 의문이고 그 경각심에 대한 비용 치고는 검사비가 너무 비싸다는 것이 문제이다.

요컨대, 예방 코스트를 어느 정도로 투자해서 실패 코스트를 어느 정도로 저지하느냐가 모든 품질 시스템의 근본적 과제가 된다. 검사(평가)에 들이는 노력은 가급적 줄여야 한다. 문제는 돈을 적게 들이면서도 지속적 개선을 어떻게 잘할 수 있으며, 그 결과로 실패 코스트를 획기적으로 낮출 수 있느냐 하는 점이다. 그렇게 할 수 있는 조직이 진정으로 강한 조직이다.

품질 코스트를 적절히 측정 · 보고하는 시스템을 갖춘다면 TQM 성공은 물론 경쟁력 향상과 수익성에도 도움이 될 것이다. 품질운동과 관련된 많은 척도들이 현장에서 쓰이고 있으나 품질 코스트처럼 훌륭한 척도는 별로 없다.

부적절한 측정방법은 돈과 시간의 손실을 초래할 뿐이다. 품질 팀의 숫자나 교육훈련 시간 수를 가지고 품질운동을 잘한다고 말하는 사람도 있다. 그러나 팀 모임이나 교육훈련 출석 때문에 고객 서비스 업무가 산만해지는 경우도 있다.

품질 코스트를 측정 · 보고할 필요가 있는가? 이 문제에 대해서는 전문가들의 의견이 일치되지 않는다. Juran과 Crosby는 적극 지지한다. 고품질체제가 이미 갖추어진 회사들은 정기적인 품질 코스트 측정이 긴요하지 않다고 말하기도 한다. 우리나라 중소기업 92개 사를 표본으로 조사한 고려대 유관희 교수의 연구(1996)에 따르면, 품질 코스트 개념을 알고 있다는 응답이 76.8%이고 잘 실천하고 있다는 응답은 28.7%로 나타났다.

아직은 많이 부족한 수준이다. 품질 코스트 측정이 까다로운 일이기 때문일 것이다. 우선 데이터의 출처가 다양해서 관리하기가 어렵다. 품질 코스트를 측정하기 위해서는 아래와 같은 하드 데이터(hard data)와 소프트 데이터(soft data)를 가급적 많이 동원할 수 있어야 한다.

① 하드 데이터 : 계량적 · 가시적이고 직접비적인 데이터
  예 : 회계장부, 스크랩 보고서, 재작업 보고서, 출장수리비 보고서, 보증 비용 보고서, 생산일지, 원가 보고서 등

② 소프트 데이터 : 간접적이고 추측적인 자료
  예 : 고객 불만 접수철, 반품 기록, 종업원 조사, 고객 서베이 보고서, 시장조사, 엔지니어링 자료 등

L. U. Tatikonda와 R. J. Tatikonda(1996)는 품질 코스트 측정 시의 일반적 과오로, ① 데이터 수집목적의 불명확, ② 공동 노력 없이 1~2명이 임의로 측정하는 것, ③ 하드 데이터에 편중된 데이터 사용, ④ 생산 부서에 국한된 비용 평가의 네 가지를 지적했다. 이러한 문제점에 대해서 좀 더 자세히 살펴보자.

수집목적이 분명하면 데이터 수집의 노력도 절약될 것이다. 실패 코스트를 줄이기 위한 수집이라면 상세한 주별, 월별 보고서가 필요할 것이다. 매출액에서 차지하는 실패 코스트의 구성비를 대략 파악하기 위한 것이라면 정기 요약 보고서 정도로 충분할 것이다. 그러나 품질개선 프로젝트의 준비나 평가를 위한 것이라면 소프트 데이터를 가급적 많이 수집해야 할 것이다.

품질 코스트를 경리직원이나 품질 담당자나 어느 한 사람이 임의로 측정하면 데이터 신뢰도를 인정받기 어렵다. 신뢰성, 일관성, 비교 가능성을 갖추도록 회계사가 포함되는 팀워크가 필요하다. 그리고 가급적 모든 관련 비용을 측정해야 한다.

엔지니어링, 마케팅, 회계 등의 관련 비용은 고려하지 않고 주로 생산현장의 비용만을 생각하는 경향도 문제이다. 고객 서비스가 나빠 이탈하는 고객이 제품 품질이 나빠 이탈하는 고객의 3배에 달한다는 연구보고가 있다. 모토로라가 좋은 예인데, 이 회사의 경우는 청구서 발행 부서의 비능률이 고객 이탈의 주원인이었다고 한다.

불량품이 발생해서 계획에 없던 야근을 하고 특별수송을 했다면 그 야근 비용, 특별수송 비용을 포함시켜야 한다. 납기 지연으로 인한 비용은 가시적 비용의 몇 갑절이나 되는 경우가 많다. 소프트 코스트는 100% 정확할 수 없고 그럴 필요도 없다. 제록스의 사례를 보면, '매우 만족'이라고 응답한 고객이 '그저 만족'이라고 응답한 고객보다 6~7배나 차후 재구매할 가능성이 높다는 연구 결과가 있었다. 이런 것이 소프트 데이터이다. 최선의 추정이라면 전혀 고려하지 않는 것보다 훨씬 낫다.

정기적으로 작성되는 품질 코스트 보고서는 ① 경영자에게 품질 및 코스트에 관한 정보 제공, ② 품질개선 프로젝트 진도 파악 및 성과 확인, ③ 타사와의 비교 및 추세분석, ④ 잠재적 문제영역 식별, ⑤ 품질 관련 정책결정의 합리화 등의 이점이 있다. 예를 들면, AT&T는 새로운 품질 프로젝트의 제안이 들어왔을 때 이를 검토하여 승인해 주는 기준으로 결점 수 30% 이상 감소, 투자수익률 10% 이상 증가라는 조건을 적용하고 있다.

보고서의 구성 내용, 작성 시기, 배부처는 그 용도에 따라 결정해야 할 문제이다. 보고서에는 모든 코스트 요소가 포괄적으로 포함되어야 하나 업데이팅(updating) 시기는 요소별로 달리할 수 있다. 이를테면, 검사원 봉급은 자주 바뀌지 않지만 스

소프트 데이터 활용 사례

위젯은 연간 평균 10만 명의 고객에게 판매하고 있는데 고객당 이익은 연간 100달러이다. 위젯은 최근 고객 만족도 조사를 통해 다음과 같이 추정하고 있다.

- 고객의 70%는 문제를 느끼지 않는다.
- 그중 90%는 우리 제품을 재구입할 것이다.
- 문제 경험 고객(30%) 중 절반이 문제점을 제기했다.
- 그중 60%가 만족스러운 서비스를 받았다.
- 문제를 제기하지 않은 고객의 60%가 우리 제품을 재구입할 것이다.

위젯은 품질로 인한 연간 이익분실(lost profit)을 위와 같은 데이터에 근거하여 대략 1,847,500달러로 추정했다. 그렇다면 품질로 인한(즉, 고객 충성도 손상으로 인한) 5년간의 이익분실은 9,237,500달러가 된다. 만일 1명의 불만고객이 10명의 잠재고객에게 불만을 전달한다면 92,375,000달러의 기대손실을 예상할 수 있다.

크랩이나 재작업 내용은 품질개선을 민감하게 나타내는 것이므로 가급적 자주 측정해야 한다.

이 책에서 여러 차례 강조했지만, 품질 코스트 시스템의 구축에서도 기업 간 네트워킹이 필요하다고 말할 수 있다. 품질 코스트 시스템은 단번에 완성될 수 있는 것이 아니다. 이것은 일종의 학습 과정이다. 타 회사들과 컨소시엄을 구성해서 시스템에 관한 숙련을 나누고 품질 코스트 데이터를 정기적으로 교환한다면 보다 체계적으로 품질 코스트를 관리하고 탁월한 시스템을 갖출 수 있게 될 것이다.

연습문제

01 지속적 개선을 위해 경영자에게 필요한 행동은 무엇인지 서술하시오.

02 '시그마'와 '식스시그마 활동'은 궁극적으로 무엇이라고 설명할 수 있는가?

03 GE의 식스시그마 추진 단계인 DMAIC의 어원과 내용을 서술하시오.

04 프로세스 중심의 철학은 무엇을 토대로 시작하는가?

05 건축되는 건축물에 비유하는 품질경영의 두 가지 기초는 무엇이며, 프로세스에 의한 관리(MBP)에서 꼭 필요한 의사결정 과정은 무엇인가?

06 품질관리의 일곱 가지 도구, 수법은 무엇인가?

07 사후적 개선을 위하여 특성요인도에 의한 원인분석에서 5M과 4P의 어원과 내용을 서술하시오.

08 관리도에서 이상 원인과 우연 원인에 대하여 서술하시오.

09 관리도에서 이상 원인을 나타내는 여섯 가지 경우를 설명하시오.

10 품질 코스트를 네 가지로 구분하여 서술하시오.

11 내적 실패 코스트와 외적 실패 코스트의 내용을 구분하여 서술하시오.

참고문헌

김연성 외 5인, 『품질경영론』, 박영사, 2002.

박성현 · 박영현, 『통계적 품질관리』, 민영사, 1995.

유관희, "중소기업의 관리회계시스템 도입 현황", 한국중소기업학회, 학술연구논문 발표회, 1996년 가을, pp.24-54.

Mitra, A., *Fundamentals of Quality Control and Improvement*, Macmillan, 1993.

Shiba, S., Graham, A., & Walden, D., *A New American TQM: Four Practical Revolutions in*

Management, Productivity Press, 1993.

Tatikonda, L.U. & Tatikonda, R.J., "Measuring & Reporting the Cost of Quality", *Production*, 2nd Quarter 1996, pp.1–7.

Walton, M., *Deming Management at Work*, The Putnam Publishing Group, NY, 1990.

Chapter 11

고객의 소리와 고객 만족

학습목표

① 고객의 범위와 고객 만족에 대하여 학습하고 논의한다.
② 고객의 소리 데이터 수집 원칙을 학습한다.
③ 경청의 방법과 고객방문 원칙에 대하여 학습한다.
④ 품질기능 전개법에서 품질의 집(HOQ) 구성 요소를 이해한다.
⑤ 서비스 품질 평가를 위해 SERVQUAL 요소와 일반적인 준거에 대하여 이해한다.
⑥ 매력적 품질요소, 일원적 품질요소, 당연적 품질요소, 무관심 품질요소, 역품질요소의 의미를 이해한다.

"고객에 초점을 맞춰라." 이것은 품질경영에서 가장 중요한 원칙이다. 이를 실천하기 위해서는 고객의 소리(voice of customer, VOC)를 찾아내어 경청하고 정리하여 품질설계에 반영할 수 있어야 한다. 고객 만족도를 계속 추적하고 조사하는 일도 필수적이다. 그런데 VOC로부터 얻어지는 데이터들은 주로 질적 데이터이다. 우리는 이러한 질적 데이터를 다루는 방법을 개발하고 활용함으로써 고객초점 원칙에 충실한 시스템을 만들어 가야 한다.

고객 만족(customer satisfaction, CS)이란 고객이 무엇을 원하고 무엇이 불만인지를 알아내어 고객의 기대에 부응하는 좋은 제품과 양질의 서비스를 제공함으로써 고객이 감동을 받아 그 결과로 제품 및 서비스의 재구입이 이루어지고, 그로부터 고객의 지속적인 신뢰를 받는 것이다. 궁극적으로 구매가치 대비 효용가치의 평가척도이다. 품질에 대한 전통적 정의는 표현의 차이는 있지만 대개 '사용자의 만족'이라는 주관적 측면과 '요구 조건과의 일치'라는 객관적 측면 중 하나를 따르고 있다.

매력적 품질요소는 고객이 미처 기대하지 못했던 것을 충족시켜 주거나, 고객이 기대했던 것이라도 고객의 기대를 훨씬 초과하는 만족을 주는 품질요소로서 고객 감동의 원천이 된다.

제11장에서는 고객의 정의와 고객만족경영, 고객방문과 조사방법, 고객 만족도 측정, 서비스 품질의 주요 요소와 측정 이유, 측정방법을 설명하고 매력적 품질요소와 당연적 품질요소에 대하여 논의한다.

11.1 고객의 정의와 고객만족경영

1. 고객의 정의

고객이란 제품의 기능과 성능을 사용하고 그것에 대한 대가를 지불한 사람이나 조직을 말한다.

① 재화나 서비스를 구매하는 사람
② 외부 고객 : 최종제품의 구매자, 소비자, 사용자로 한 기업이 생산하는 제품의 가치를 실현하는 조직이나 사람
③ 내부 고객 : 중간제품(기업 내부 프로세스의 산출물)의 사용자로 개인의 입장에서는 상사, 동료, 부하 등 본인이 하는 일의 결과를 사용하는 사람
④ 종업원 : 기업의 유지 · 발전과 함께 가치를 증진하는 기업 활동의 구성원
⑤ 투자고객 : 회사에 자금을 지원하여 회사의 경영에 도움을 준 사람(주주 등)

회사에서의 고객을 대응하기 위한 모습은 과거와 현재, 그리고 앞으로 더욱 변화될 것이고, 고객 지향적인 사고가 필요하다.

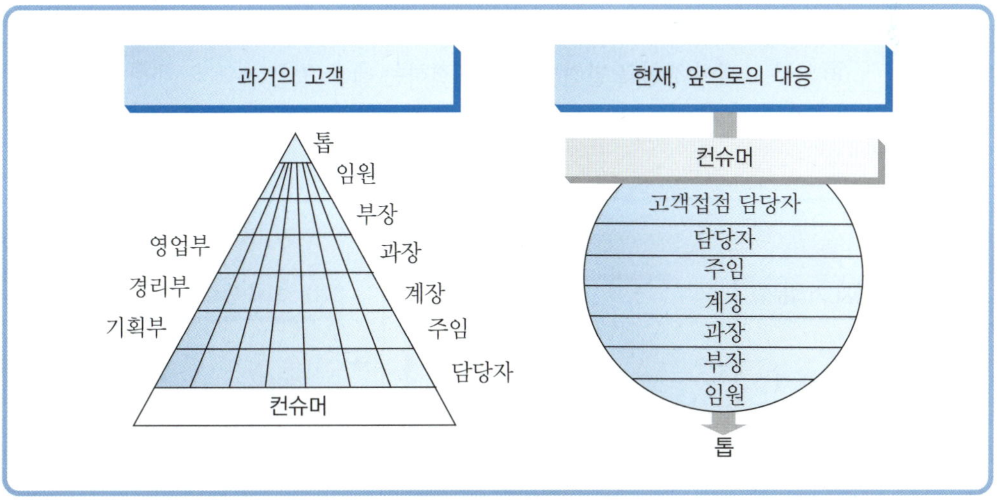

◉ 그림 11-1 고객의 위치

2. 고객 지향과 고객만족경영

고객 지향이란 고객이 바라는(사 주는) 제품을 만들어 가는 것으로, 항상 상대방의 입장에서 생각하는 것이다. 그리고 고객만족(customer satisfaction, CS)이란 고객이 무엇을 원하고 무엇이 불만인지를 알아내어 고객의 기대에 부응하는 좋은 제품과 양질의 서비스를 제공함으로써 고객으로 하여금 감동을 받아 그 결과로 제품 및 서비스의 재구입이 이루어지고, 그로부터 고객의 지속적인 신뢰를 받는 것이다. 고객 만족은 궁극적으로 구매가치 대비 효용가치의 평가척도이다.

1) 고객만족경영을 위한 품질경영

고객만족경영(customer satisfaction management, CSM)이란 고객뿐만 아니라 종업원 만족과 회사 만족을 통해 주주가 동시에 만족함으로써 궁극적으로 기업의 장래를 보장하는 것이다.

■ 1-10-100 법칙

① 내가 결함을 알았을 때 해결하는 데 소요되는 시간 비용은 1

② 내부 고객이 결함을 발견했을 때 해결하는 데 소요되는 시간, 비용은 10

③ 외부 고객이 결함을 발견했을 때 해결하는 데 소요되는 시간(비용)은 100

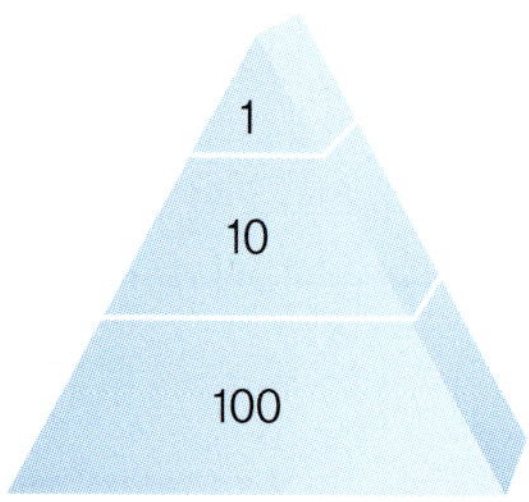

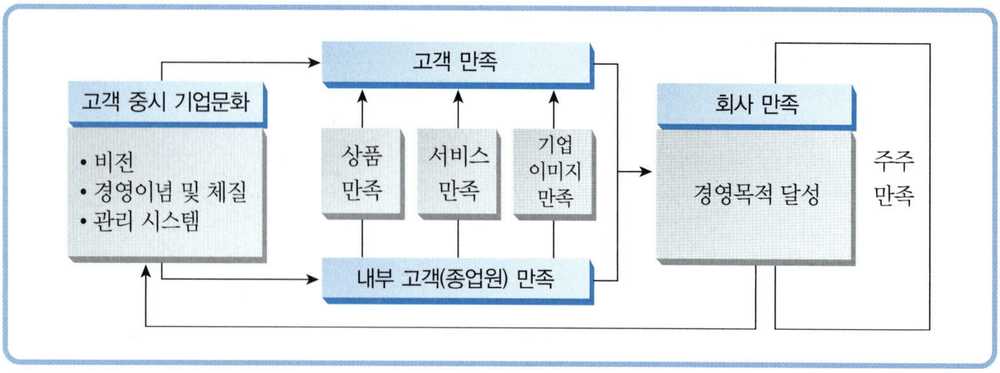

◉ 그림 11-2 고객만족경영 구조

■ 10-10-10 법칙

① 고객을 유지하는 데 소요되는 비용은 10달러

② 고객을 잃어버리는 데 걸리는 시간은 10분

③ 고객을 다시 찾는 데 소요되는 시간은 10년

과거와 현재, 기업의 고객 만족도 관리방법은 다음과 같이 변화되고 있다.

- 과거 : 상품+서비스+기업 이미지=고객 만족도
- 현재 : 상품×서비스×기업 이미지=고객 만족도

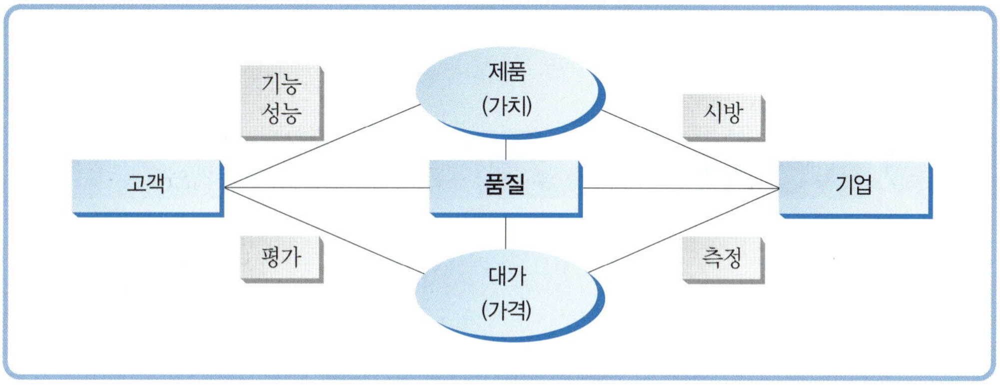

◉ 그림 11-3 고객 만족을 위한 가치평가

2) 성공적인 품질경영의 열다섯 가지 품질의식

① 전원 참가에 의한 경영	② 품질우위에 의한 이익 확보
③ PDCA 사이클	④ 방침의 책정과 전개
⑤ 사실에 의한 관리	⑥ 중점 지향
⑦ 프로세스 컨트롤	⑧ 후공정은 고객
⑨ 고객 지향	⑩ 통계적 수법의 활용
⑪ 표준화	⑫ 산포 관리
⑬ 문제해결의 수순	⑭ 인간성의 존중
⑮ 원류 관리	

3) 품질경영의 여덟 가지 기본원칙

- 원칙 1 : 고객 중심
- 원칙 2 : 리더십
- 원칙 3 : 전원 참가
- 원칙 4 : 프로세스 접근방법
- 원칙 5 : 경영에 대한 시스템 접근방법
- 원칙 6 : 지속적 개선
- 원칙 7 : 의사결정에 대한 사실적 접근방법
- 원칙 8 : 상호 유익한 공급자관계

11.2 VOC의 탐지와 경청

1. 고객 접근과 VOC

고객에게 접근하기는 어렵다. 인사를 하거나 악수를 한다고 해도 그것만으로 고객에게 접근했다고 말할 수는 없다. 진정한 고객 접근이란 특정한 제품, 서비스, 아이디어에 관련된 고객의 의견, 불만, 느낌, 요구 조건, 제안, 찬사 등을 접할 수 있는 경우를 뜻한다.

고객이 스스로 다가와 말하는 경우도 있는데 대개는 불평이다. 불평을 듣기가 괴롭다고 피한다면 귀중한 고객 접근 기회를 잃게 될 것이다. 조사 측이 보다 적극적으로 고객에게 다가가야 한다. 고객은 쉽게 털어놓지 않는다. 우선 고객 자신도 무엇부터 어떻게 말해야 좋을지 판단하지 못하는 경우가 대부분이다. 고객은 품질에 대한 전문지식이 없으며 체계적으로 문제를 풀어 갈 만한 능력을 갖고 있지 않다. 조사원이 이러한 고객의 입장을 이해하고 도울 수 있어야 비로소 접근을 시작할 수 있다.

한마디 말만 듣고 다 들었다고 생각해도 안 된다. 그것은 빙산의 일각일 뿐이다. 수면 위에 노출된 부분만을 보면 안 된다. 고객이 명확히 언급하는 내용을 청취하는 것도 중요하지만 말하지 않는 부분도 중요하다.

숨겨져 있는 부분을 흔히 고객 이미지(customer image)라고 부른다. 고객이 명시적으로 요구하는 사항과 명시적 요구가 없으나 고객이 원하는 것이라고 느껴지는 고객 이미지, 두 가지를 모두 파악하여 고객 요구와 실제 품질의 격차(gap)를 줄일 수 있어야 진정한 개선이 이루어질 것이다.

제10장에서 강조한 바와 같이, 개선에는 프로세스 통제, 사후적 개선, 선행적 개선의 세 가지가 있다. 프로세스 통제나 사후적 개선의 경우는 주로 생산 부서 또는 프로세스 담당자들이 중요한 역할을 하며 계량적 데이터를 많이 사용한다. 선행적 개선의 경우는 고객, 제품 개발 팀, 마케팅 부서가 주된 역할을 하며 기능연합적(cross-functional) 노력을 필요로 한다. 뿐만 아니라 질적 데이터를 주로 취급하기 때문에 말의 표현과 해석 문제, 가치판단 문제, 데이터 수집 및 처리 문제 등 어려움이 많다.

가와키타 지로(1977)는 고객조사를 통해 아이디어를 얻어 내고자 할 때 유념해야 할 5원칙을 제시하면서 이를 종래의 시장조사(market research) 방법과 비교하여 〈표 11-1〉과 같이 설명했다. 고객이나 시장에 대한 조사를 할 때 우리는 보통 시장

◉ 표 11-1 VOC 데이터 수집의 5원칙

5원칙	종래의 시장조사법
1. 360도 전 방향(360-degree view) 원칙 가설, 선입관 없이 시작한다. 현실 속에 뛰어들어 새로운 것을 찾는다.	포커스(focus) 원칙 가설을 가지고 들어간다. 가설 테스트를 통해 현실을 본다.
2. 디딤돌(stepping-stones) 원칙 조사의 일정계획, 순서, 대상자를 신축성 있게 정하고 한 번에 한 사람(장소)씩 만난다.	스케줄 준수 원칙 일정계획을 반드시 지킨다. 정해진 사람만 만난다.
3. 기회(by chance) 원칙 기회를 잡는 대로 이용한다. 문제에 집중하고 민감하면 VOC 경청 기회를 얻을 수 있다.	연구계획 원칙 사전에 계획된 연구계획 외의 기회를 고려하지 않는다.
4. 직관력(intuitive capability) 원칙 논리에만 의존하지 말라. 신발견에는 직관이 유효하다. 고객의 표현이 논리적으로 맞지 않아도 거기서 핵심을 찾아낼 수 있다. 특히 데이터의 중요성을 판단할 때는 논리보다 직관적 판단이 더 옳을 수 있다.	객관적 논리 원칙 예 : 통계적 처리
5. 질적 데이터(qualitative data) 원칙 수치 데이터만으로는 충분치 않다. 예컨대, 결점 수라는 수치에 못지않게 결점의 종류에 관한 데이터, 사례, 경험도 중요하다.	계량화 원칙 가급적 모든 데이터를 계량화해야 한다.

조사법부터 머리에 떠올린다. 그러나 VOC를 탐색하는 것은 많이 다르다. 〈표 11-1〉은 VOC의 경청이라는 특수한 상황을 강조하고 보다 신중한 접근을 도모해야 한다는 뜻으로 만들어진 표이다.

종래의 시장조사법이 틀렸다고 비판하는 것이 이 표의 본래 목적은 아닐 것이다. 사전에 어떤 선입관을 가지고 가설이나 자기 의견을 검증하기 위해 접근하면 안 된다. 360도 전 방향을 둘러보아야 하고, 디딤돌을 딛는 것처럼 한 발씩 더듬어 가야 한다. 직관력과 기회 활용을 강조하고 질적 데이터를 귀중하게 여겨야 한다.

2. 포커스그룹 방법

이 방법은 1950년대에 나온 시장조사법의 일종이다. 〈표 11-1〉에서는 시장조사법을 일괄적으로 비판한 느낌이 있으나 시장조사법은 필요하다. 가와키타의 5원칙을 알고, 시장조사법을 이용할 때 그 한계를 고려할 수 있으면 될 것이다. 포커스그룹(focus group) 방법은 계획적으로 고객 그룹을 편성하여 능률적으로 VOC를 수집하는 유력한 방법이다. 포커스그룹의 특징, 계획 시 유의사항, 회의 진행 기술, 장단점 순으로 소개하겠다.

1) 포커스그룹의 특징

(1) 구성

특정 고객층에서 5~10인의 동질적인 사람들로 구성한다. 단, 서로 안면이 없는 사이로 구성하는 것이 좋다.

(2) 목적

① 질적 데이터를 얻는 것이 포커스그룹의 목적이다.
② 참가자의 태도, 지각, 신념, 느낌을 심층적으로 파악한다.
③ 문제해결이나 합의를 유도하는 데 목적을 두면 안 된다.

(3) 조사방법

일련의 자유응답형 질문을 사전에 준비하여 집단적 면담을 진행하고 기록한다.

2) 포커스그룹을 위한 계획

(1) 사전 준비사항

① 전원 참석할 수 있도록 최소한 1주일 전에 연락을 취한다. 안건은 알려 주되 질문 내용은 미리 알리지 않으며, 지각이나 중간 퇴장이 없도록 일정 확보를 당부한다. 목적, 장소, 시작/종료시간을 명확하게 알려 준다.

② 조용하고 안락한 장소에 서로 볼 수 있게 좌석을 배치한다.

③ 너무 장시간이 걸리지 않도록 유의하여 진행을 계획한다.

④ 개방적, 신뢰적, 참가적 분위기를 만들어야 한다.

⑤ 기타 배부할 유인물과 명찰을 준비한다.

(2) 진행 관련사항

① 주최 측에서는 진행자와 기록자, 2인이 참석한다.

② 서로 인사하고 소개하며 감사하는 말로 시작한다.

③ 그룹의 목적, 소요시간, 리더의 역할, 회의규칙을 설명한다.

④ 의견 수집 및 정리방법, 수집 후 정보 활용방법을 설명한다.

⑤ 전원 참가를 위한 공평한 발언 기회를 강조한다.

⑥ 동떨어진 내용의 이야기도 언제든 할 수 있다는 점을 알린다.

⑦ "왜?"라는 질문이나 토론은 절대 하지 말 것을 부탁한다.

(3) 사후 정리

① 기록자는 기록 전체를 수습하여 정리 책임자에게 넘긴다.

② 보고서에 발언자들의 이름을 삽입하지 않는다.

3) 포커스그룹의 진행 기술

경청, 부연설명, 탐침질문, 기록의 4대 기술이 포커스그룹 방법에서 매우 중요하다.

(1) 경청

① 발언자를 주시하라(귀로만 듣지 말고 눈으로도 들어라).

② 발언을 격려하는 표정과 공감적 제스처를 사용하라.

③ 핵심적 사실과 주된 아이디어에 주목하라.

④ 태도, 의견방향, 소신을 파악하라.
⑤ 언어 외의 메시지에 주의하라.
⑥ 중도에 방해하지 말라.

(2) 부연설명

① 듣고 이해한 대로 정리해서 부연하고 발언자에게 확인을 청하라.
② 발언자가 말한 내용 중 핵심 부분이 누락되지 않았는지 재확인하라.

(3) 탐침질문

깊이 있는 추가적 성찰을 위해 다음과 같은 탐침질문법을 이용한다.

① 오픈 프로브(open probe) : 누락된 내용을 추가하여 쉽게 대답할 수 있도록 돕는 질문이다(누가? 무엇을? 어떻게? 언제?).
② 비교와 대조 : 참가자들이 비슷한 점, 차이점에 대해 의견을 나누도록 한다. 아이디어를 찾고 진행방향을 정리하는 데 도움이 된다.
③ 확장 : 이미 나온 이야기(정보)를 토대로 확장하는 질문을 한다.
④ 명확화 : 이미 나온 이야기(정보) 중 불명확한 부분에 대한 질문을 한다.
⑤ 상상법 : 전혀 다른 시각이나 관점을 가지고 사물을 보게 하기 위한 질문을 한다.
⑥ 세탁물 표 : 이야기의 실마리를 찾지 못할 때, 진행자가 미리 준비해 온 목록표를 보여 주면서 선택하도록 한다. 목록을 보고 아이디어가 떠올라 목록에 없는 내용을 생각해 내어 이야기할 수도 있다.

(4) 기록

기록 정리, 정보 수집 기술, 진행자와 기록자의 협력이 중요하다.

4) 포커스그룹 방법의 장단점

(1) 장점

① 고객들의 생생한 목소리를 들을 수 있다.
② 신속하고 경제적인 정보 수집이 가능하다.
③ 의외의 결과도 가능한 탄력적인 조사방법이다.

(2) 단점

① 대표성 문제, 즉 표본 크기가 작으며 그룹 구성이 임의적이다.

② 진행자의 진행 기술이 미치는 영향이 크다.
③ 간담회 식의 산만한 조사이기 때문에 결과를 분석하기 어렵다.

3. 고객에게 더 가까이(고객방문과 동행조사)

1) 표본 크기보다는 더 가까이 가는 것이 중요하다

포커스그룹 방법은 고객에게 가까이 접근하는 방법이다. 그러나 더욱더 가까이 접근할 수 있어야 한다. 고객들을 집단으로 불러서 만나는 것이기 때문에 그리 가까이 가는 방법이라고 볼 수 없다. 고객들이 생활하는 공간 속으로 들어가 직접 관찰하고 대화해야 한다. 물론 대표성 문제도 중요하다. 그러나 더 중요한 것은 가까이 가야 한다는 점이다.

사실 대표성 문제만 생각한다면 고객을 광범하게 조사하는 서베이(survey) 방법이 가장 바람직할 것이다. 그러나 서베이 방법이 항상 좋은 것은 아니다. 서베이는 고객의 생생한 소리(VOC)를 경청하는 방법이 아니다. 서베이는 전반적 · 평균적 특징을 파악하고 가설을 테스트하는 목적에 주로 이용된다. 조사목적이 다르면 조사방법도 데이터의 종류도 달라진다. 예컨대, 프로세스 통제를 목적으로 하는 경우라면 데이터는 많을수록 좋고 주로 수치 데이터를 다루게 된다.

그러나 VOC 관련 데이터는 새로운 아이디어를 찾는 질적 데이터이므로 많을수록 좋다고 볼 수 없다. 물론 표본의 대표성은 중요하다. 그러나 얼마나 심층적으로 생생하게 고객의 소리를 듣느냐 하는 것이 훨씬 더 중요하다. 미국 MIT대학 마케팅센터의 Griffin과 Hauser(1991)의 주장은 그 점에서 중요한 참고가 된다. 즉, 방문방식으로 고객의 소리를 듣고자 하는 조사의 경우, 고객 수를 증가시킴에 따라 아이디어 획득량이 증가하는 것은 사실이지만 그 증가율은 10명 전후부터 체감한다고 한다. 구체적으로, 방문대상 고객 수가 10명일 때 획득 가능 아이디어 총량의 70%를 획득하게 되고, 20명에 도달하면 더 이상 아이디어 획득량이 증가되지 않는다고 한다. 다시 말해서 표본의 크기를 20 정도로 해도 좋다는 이야기이다.

2) 고객방문법과 동행조사법

VOC 조사에서는 두 가지 요소를 생각해야 한다. 하나는 조사자와 고객의 대화식 상호작용이고, 또 하나는 고객의 제품 사용 현장과의 거리이다. 제품 사용 현장에서 조사자와 고객이 이야기를 나눌 수 있어야 현장감이 있고 생생한 VOC를 들을 수 있다.

고객과 전화로 인터뷰를 하는 방법은 상호작용 면에서는 우수한 방법이지만 제품 사용 현장과의 거리는 멀다. 설문지에 의한 우편조사 같은 것은 거리도 멀고 상호작용도 되지 않는다. 그래서 고객방문법(customer visitation), 동행조사법(contextual inquiry), 고객 이벤트(events) 등이 인기 있는 조사방법으로 등장하게 되었다.

동행조사법은 조사자가 고객의 제품 사용 현장에 찾아가 함께 동작을 해 보고 관찰하고 고객과 의견을 나누는 것이다. 동행조사법은 조사자와 고객이 많은 시간을 함께 보낼 수 있을 때에만 가능한 방법이다. 고객방문법은 동행조사법과 비슷하나 조사자가 사용 현장에서 고객과 장시간 함께 있기 어려울 때 이용되는 방법이다.

동행조사나 고객방문에서는 고객들과의 면담방법을 사전에 잘 준비해야 한다. 준비가 없으면 체계적으로 데이터를 수집할 수 없을 것이다. 가급적 다양한 의견을 들을 수 있도록 자유응답형(open-ended) 설문을 준비하는 것이 좋다. 자유응답형 설문은 몇 가지 대답을 제시하고 그중에서 고르는 식으로 대답하는 것이 아니라 자유롭게 대답할 수 있도록 여유를 주고 묻는 방법이다. 예를 들면 다음과 같다.

- 이 제품을 보실 때 무슨 생각이 나십니까?
- 이 제품에 대한 불만이나 문제점은 무엇이라고 생각하십니까?
- 이 제품을 구입하실 때, 어떤 측면을 주로 고려하셨습니까?

우편조사, 전화면담, 포커스그룹, 실험관찰법 등 종래의 조사방법들은 비동행조사법(out-of-context inquiry method)에 속한다. 비동행조사법으로는 잠재된 고객 욕구를 찾아내거나 VOC를 경청하기 어렵다. 고객들이 말하지 않는 것, 말할 수 없는 것까지 파악할 수 있는 방법이 필요하다. 동행조사법은 인류학자들이 원주민 마을에 들어가 동거하면서 연구를 진행한 데서 유래되었다고 한다.

모토로라의 George Fisher 사장은 경험을 통해 고객방문 5원칙을 다음과 같이 제시한 바 있다.

① 최고경영자가 고객방문 선두에 서라. 최고경영자가 고객방문 프로그램의 계획과 집행에서 앞장섬으로써 회사가 고객을 중히 여긴다는 것을 사내 · 외에

과시할 수 있다.

② 판매를 위해서가 아니라 경청하기 위해 방문하라.

③ 핵심적 질문에 집중하라.

- 고객이 우리와 기꺼이 거래하고자 하는 주된 이유는?
- 고객이 우리와의 거래에서 꺼리는 부분은?

④ 가장 거칠고 힘든 고객을 택하여 만나라. 가장 까다로운 고객을 만나 경청하고 해결할 수 있다면 결국 모든 고객들을 잘 만족시킬 수 있게 될 것이다.

⑤ 문제와 직접 관계되는 고객을 만나라. 제품의 사용 현장을 보고 싶다면 최종소비자들을 만나야 한다. 유통경로를 이해하고 싶다면 중간상들을 만나야 한다. 구입 과정을 이해하고 싶다면 소매점과 구매자들을 만나야 한다.

고객방문 프로그램 사례

1990년 9월, BBN(Bolt Beranek & Newman)은 고객방문 프로그램을 실시하기로 결정했다. 고객방문을 TQM 프로그램의 핵심 부분이라고 생각했기 때문이다. BBN의 간부들은 모토로라 G. Fisher 사장의 고무적인 경험담과 고객방문 5원칙에 대한 특강을 듣고 감명을 받았다. 사례를 체계적으로 소개하기 위해 편의상 PDCA 사이클 순서에 따르기로 한다.

Plan : BBN의 회장 Steven Levy가 이끄는 최고경영진 팀 9인은 각종 기법과 도구를 동원하여 거의 하루 종일 고객방문 계획을 작성했고 고객방문 목적을 다음과 같이 정했다.

■ 고객방문 프로그램의 목적

- 고객들을 보다 잘 이해하고 장기적 관계를 구축한다.
- 고객의 중요성을 직원들에게 인식시킨다.
- BBN이 대외적으로 어떻게 경쟁자와 비교되고 있는지를 파악한다.

다음은 고객방문 결과를 어떤 방법으로 발표할 것이냐에 대해 심사숙고하고 토의했는데, 1990년 11월 27일을 고객초점일(customer focus day)로 정하고 그날 고객 몇 사람과 경영진 전원을 초청하여 방문 결과를 발표하기로 하였다. 발표일이 2개월도 안 남았기 때문에 고객방문 계획은 긴박감을 더해 주었다.

거래가 끊긴 고객, 정부기관 고객, 외국 기업 고객, 불만족 고객, 만족 고객, TQM을 실천 중인 고객, 다수품종을 구입하는 고객, 유통업자, 장래 BBN의 주력이 될 고객, 잠재고객 등을 망라하여 명부를 작성했다. 고객 파일을 참조하여 방문 책임자를 결정한 후, 다음과 같은 질문을 꼭 포함하도록 했다. 각 항은 주 질문과 보조질문(◇표)으로 구성되는데 보조질문은 주 질문을 보충하거나 주질문에 대한 답을 얻지 못할 때 이용된다.

■ 면담 질문 내용

① 귀사에 대해 우리 가시성을 높이려면 BBN에게 무엇이 필요할까요?
- ◇ BBN의 문화적 특징을 느끼신 대로 한 가지만 지적해 주십시오.

② 장차 3~5년 후 당신은 무엇을 필요로 하고 우리가 무엇을 공급하기를 원합니까?
- ◇ 귀사의 예상되는 시장은? 주된 경쟁자는? 가장 큰 도전은?

③ 우리가 해야 할 벤치마킹의 대상과 내용은 무엇입니까?
- ◇ 우리 이외의 다른 회사 제품을 구입하셨습니까(구입하시겠습니까)? 왜?
- ◇ 최초에 우리 제품을 구입하신 동기는? 현재의 구입 이유는?
- ◇ 우리 경쟁사들 중 귀사에 중요한 회사는?
  경쟁사들이 본사를 어떻게 평하나요?
- ◇ 본사의 제품이나 서비스 중 당신이 좋아하는 것은?

④ 우리 제품의 약점은 무엇이고 그 약점이 당신에게 끼친 문제점은?
- ◇ 우리 제품을 어떤 용도에 사용하십니까?
- ◇ 우리 제품이나 서비스가 세계적 수준의 품질이라고 생각하십니까?

⑤ 귀사의 문제해결을 도와 드리고 싶습니다. 무엇을 도와 드릴까요?
- ◇ 우리에게 원하시는 일 중에서 우리가 현재 하지 못하고 있는 일은?

방문 프로그램 계획 과정에서 BBN은 이러한 질문들에 대한 예상 응답까지 뽑아 정리해 보았다. 11월 27일까지 방문 결과가 나올 수 있도록 일정을 작성했고, 방문자들을 위해서 의사소통 및 메모방법에 관한 2시간짜리 특강을 실시했다.

Do : 경영자와 기록 담당자가 한 팀이 되어 팀별 방문을 시작했는데 디딤돌 원칙에 따라 방문 일정, 면담시간은 신축적으로 운영되었다. 고객 측은 BBN의 방문계획에 대해서 호의적 반응을 보였고 전에 느껴 보지 못한 진지한 관계를 느낄 수 있었다. 대화 내용은 세밀하게 기록되었다.

Check : 수많은 '고객의 소리'가 수집되었다. 1차적으로 각 팀별로 MPM(multi-pickup method) 및 KJ법에 의해 분류하고 정리했으며, 그 결과를 통합하여 2차적으로 MPM 및 KJ법으로 다시 정리하여 고객들이 요구하는 11개의 핵심항목을 추출했다. 경영진은 이 11개 핵심항목에 대한 해결방안을 브레인스토밍(brainstorming) 방법으로 찾았다. 모두 154개 방안이 등장했으나 MPM에 의해 그중 12개 방안을 선별했고, 이 방안과 11개 핵심항목을 연관적으로 검토하여 최종적으로 3개 방안을 채택했다.

Act : 채택된 3개 방안은 ① 고객방문을 제도화하고, ② 제품 개발 과정과 고객방문 프로그램을 통합하는 제품 개발 시스템을 구축하며, ③ 배달 후 발견된 제품 결점에 관한 통계를 월별로 발표하는 것이다. 이상의 모든 고객방문 결과는 고객초점일(1990년 11월 27일)에 공개 발표되었다. BBN의 경영자는 이를 실천에 옮기기 위해 전사적 실행 팀을 구성했으며, 이와 같은 방법을 계속 추진하기 위해 다음번 고객초점일을 1991년 5월 1일로 지정했다.

■ 사례의 교훈

① 고객방문의 목적을 분명히 하라.
② 방문대상 고객, 방문일정, 결과 보고, 활용에 관한 계획이 필요하다.
③ 방문 담당자들을 위한 사전 훈련이 필요하다.
④ 고객 존중 : 고객에 대한 사전 지식, 매너, 그리고 판매보다 관계 중심의 접근이 중요하다.
⑤ 고객방문 프로그램은 PDCA 사이클에 따라 실행하는 것이 좋다.
⑥ 고객을 많이 만난다고 좋은 것은 아니다.
⑦ 어항 원리(fishbowl principle)를 적용하라. 어항 속의 물고기는 실제대로 보이지 않는다. 전통적인 시장조사법은 어항 밖에서 물고기의 행태를 관찰하는 것과 같다. 어항 속에 뛰어들어 관찰해야 한다.

11.3 질적 데이터의 처리방법과 QFD

1. 신 QC 수법과 KJ/MPM

1) 신 QC 수법

일본의 JUSE는 1960년대 이후 널리 사용되어 온 QC 수법(QC tools) 일곱 가지에 추가하여, 1980년대에 신 QC 수법(new QC tools) 또는 관리계획용 수법(management & planning tools)이라는 명칭의 일곱 가지 도구를 개발 · 보급했다. 과거의 일곱 가지 QC 수법은 사후적 개선이나 프로세스 통제에 적합한 도구이고, 일곱 가지 중 특성요인도와 체크시트를 제외한 다섯 가지, 즉 히스토그램, 파레토도표, 산점도, 그래프, 관리도는 계량적 데이터를 다루는 도구이다.

그러나 1980년대 이후, 전략적 품질계획, 신제품 개발, 선행적 개선 등이 강조되면서 질적 데이터의 수집처리가 중요한 문제로 부상했기 때문에 JUSE는 새로운 종류의 도구를 개발할 필요를 느꼈던 것이다. 신 QC 수법 일곱 가지를 열거해 보면 다음과 같다.

■ 친화 도형(affinity diagram)

VOC를 경청하여 상세하게 기록해 본 사람이라면 누구나 상당히 당황하게 될 것이다. 고객들이 말로 표현하는 내용은 거의가 산만하고 다양하고 애매한 표현이다. 이러한 일견 잡다한 표현 중에서 요점을 찾아낸다는 것은 쉬운 일이 아니다. 친화 도형은 다양한 표현들을 분류하여 유사한 표현들을 그룹핑함으로써 데이터를 체계화 · 구조화하기 위해 쓰이는 수법이다.

가와키타 지로의 질적 데이터 처리 절차인 KJ법에 따라 친화 도형이 작성되기 때문에 친화 도형을 KJ법이라고 부르는 사람도 있다. 친화 도형은 잡다한 세부적 데이터들을 그룹핑하여 시각적으로 보여 주고 보다 전반적인 시각으로 결론을 도출하게 해 준다. 친화도형을 사용하면 복잡한 상황 속에 '무엇(What)?'이 존재하는가에 대한 답을 얻을 수 있다.

■ 관계 도형(relations diagram)

원인과 결과의 관계를 화살표로 연결하여 원인-결과의 관계를 그린 도형이다. 이시카와의 특성요인도 방식으로는 표현할 수 없을 만큼 많은 요인들이 복잡하게 얽혀 있을 때 이 방법을 이용한다. 특성요인도는 생선뼈 모양으로 나타나지만 관계 도형은 이보다 복잡한 원인-결과 관계를 그리는 것이므로 네트워크 모양으로 나타난다. 관계 도형은 '왜(why)?'에 대한 답을 얻기 위한 것이다.

■ 행렬 도형(matrix diagram)

다수의 대안과 각 대안의 선택 결과(고객 만족사항)를 행렬로 나타내어 '어떤 것(which)?'에 대한 답을 얻기 위한 것이다. 예컨대, "어떤 대안이 어떤 고객 요구사항을 만족시키는가(Which things do we have to do to satisfy the customer's requirements)?"라는 질문에 대한 답을 행렬 도형으로 간명하게 표현할 수 있다.

■ 트리 도형(tree diagram)

목표와 수단의 관계를 조직도 형식으로 그려 '어떻게(how)?'에 대한 답을 얻는다. 목표를 달성하기 위한 여러 수단들을 연결해서 기록하고 그 수단들 각각을 하위

목표로 보아 다시 이를 달성하기 위한 수단들을 연결해 가면 조직도 형식의 목표-수단 연쇄를 얻을 수 있다.

■ PDPC 차트(process decision program chart)

출현 가능한 장애 요소에 대한 대응책을 설계할 때 주로 쓰인다. 즉, 모든 가능한 장애 요소를 열거하고 여기에 대책들을 연결하여 조직도 형식의 도형을 만들 수 있다. 이는 '만일 이렇다면 무엇을(what if)?'에 대한 답을 얻게 해 준다.

■ 일정 도형(arrow diagram)

보틀네크나 주 공정을 찾아내기 위해 이용하는 PERT 도표와 같은 것으로 '언제(when)?'에 대한 답을 얻는다.

■ 행렬 데이터 분석(matrix data analysis)

수치 데이터를 행렬로 표시한 다음 다변량분석법을 통해 패턴을 찾아내는 분석을 할 때 쓰이는 행렬이다.

무엇?, 왜?, 어떤 것?, 어떻게?, 만일 이렇다면 무엇을?, 언제? 등으로 구별하여 기억하면 편리할 것이다. 이상 일곱 가지는 이용 사례의 내용에 따라 다소 복잡한 형태의 그림으로 나타나는 것들이어서 본문에서 소개하기는 곤란하다. 이 책의 부록에서 그림 사례를 소개하겠다. 이해를 돕기 위해 이를 7단계법(7 QC steps) 및 PDCA 사이클과 함께 비교해 보면 〈표 11-2〉와 같다.

2) 가와키타 지로의 KJ법과 MPM

(1) KJ법

조사 팀이 모여 조사할 주제를 합의하고, 주제에 관련된 사실 자료나 데이터를 수집하며, 수집된 데이터를 분류하여 그룹핑한 다음, 각 그룹의 명칭을 붙여 주는 등의 6단계로 구성된다.

■ 단계 1 : 주제 합의

여기서 말하는 주제(topic)는 예컨대, "고객들이 왜 우리 서비스를 싫어하는가?" 등의 주관적 표현과 넓은 범위로 언급되는 것이다. 이러한 주제를 얻기 위해 너무

◉ 표 11-2 단계별 수법 비교

PDCA	7단계법	7 QC 수법	7 신 QC 수법
plan	1. 주제 선정	파레토도	친화 도형, 관계 도형
	2. 데이터 수집 · 분석	체크시트, 그래프(런차트), 파레토도, 히스토그램	친화 도형, 일정 도형
	3. 원인 분석	산점도, 특성요인도	관계 도형, 행렬 데이터 분석
do	4. 실행계획 및 실행		트리 도형, 행렬 도형, 일정 도형, PDPC 도형
check	5. 효과 평가	체크시트, 그래프, 파레토도, 히스토그램, 산점도, 특성요인도, 관리도	
act	6. 표준화 7. 반성 및 차후 문제		일정 도형, PDPC 도형

표현에 구애받지 말고 자유로운 의견 개진으로 대략적 합의에 이르면 된다.

■ 단계 2 : 관련 사실 및 데이터 수집

팀 구성원 각자가 알고 있는 사실 또는 수집한 사실이나 데이터를 각각 종이쪽지에 기록한다. 고객면담으로 얻어진 말이나 문장도 같은 방법으로 종이쪽지에 기록한다. 기록된 종이쪽지를 팀 전원이 회람하면서 문장, 단어, 데이터의 표현을 수정하고 해석을 통일한다. 동일한 단어나 데이터를 서로 다르게 해석하는 일이 없어야 한다.

■ 단계 3 : 데이터 분류

내용이 복잡하게 얽혀 있는 데이터들을 유사한 것끼리 묶어 주는 분류 작업이 필요하다. 팀워크를 통해 분류하되 논리적으로 따지기보다 직관적으로 의미나 이미지가 비슷하다고 생각되는 것들을 그룹화하면 된다. 머리로 생각하지 말고 손으로 생각하며 사실 자료 자체에 주목하라.

■ 단계 4 : 데이터 그룹별 명칭 부여

분류된 각 그룹의 의미와 이미지를 고려하여 적절한 명칭을 부여한다. 계층 내에 그룹 수가 5개를 초과하지 않게 될 때까지 그룹핑과 명칭 부여 작업을 계속한다.

■ 단계 5 : 데이터 그룹들의 배열 및 상호관계 검토

데이터 그룹들을 종이 위에 배열하여 적어 넣고 상호관계를 검토한다. 그룹의 배열방식은 조직도와 같은 계층 형식에 따르는데 이러한 도형을 친화 도형이라고 부른다.

■ 단계 6 : 결론 도출

핵심적이고 구체적인 사항이 무엇인가를 가려내고 결론을 도출한다. 팀 구성원이 투표에 의해 핵심적 · 구체적 사항을 선정할 수도 있다.

(2) MPM

선행적 개선의 정보는 대부분 언어 정보(language data)이며, 출처는 고객 설문조사, 방문면담, KJ법(친화 도형)을 통한 결론 등이다. 수십, 수백 개에 달하는 문장들로 이루어진 이러한 언어 정보를 정리 · 요약하는 방법으로 가와키타는 MPM (multi-pickup method)이라는 독특한 방법을 소개한 바 있다. MPM은 다음의 3단계로 구성된다.

■ 단계 1 : 준비

팀 작업을 위한 분위기 조성, 주제 토의, 리더 선정으로 시작한다.

■ 단계 2 : 초벌 선택

데이터가 적힌 종이쪽지를 회람하면서 각자가 중요하다고 생각하는 문장에 체크를 한다. 체크되지 않은 문장은 제거하고 나머지로 다시 체크 표시 과정을 반복한다. 몇 번 반복하면 데이터 수량이 많이 감소될 것이다. 이 단계가 끝나면 약 20~30%의 데이터만 남게 된다. 가장 중요한 이슈가 무엇인가를 결정함에 있어서 가급적 토론 없이 합의에 도달하도록 하는 것이 초벌 선택 단계의 핵심이다.

■ 단계 3 : 초점 맞추기

선택된 20~30%의 데이터를 재검토하여 다시 추려 내고 최종 선택을 하는 단계이다. 초점을 강조하기 위해 팀 구성원 각자에게 몇 개 이내로 최종 선택하라고 요구할 수도 있다.

2. 품질기능 전개법(QFD)

품질기능 전개법(QFD)은 신제품 개념 정립, 설계, 부품계획, 공정계획, 생산계획과 판매까지 모든 단계에 활용될 수 있다. 품질의 집(house of quality, HOQ) 또는 품질표란 이와 같은 QFD 활용의 핵심적 수단이다. 특히 신제품 개발 시 각기 고유한 업무영역을 가지고 있는 관련 부서 간의 커뮤니케이션을 촉진하여 제품설계 시 효과적이고 체계적인 논의가 가능하도록 해 준다. 예를 들어, 신제품 개발을 위해 최고경영자와 마케팅, 기술, 생산 부서의 책임자들이 한자리에 모였다면 이들은 무엇에 관해 어떠한 방법으로 이야기할 수 있을 것인가? 바로 여기에서 HOQ가 그 유용성을 발휘하게 된다.

다음은 제품계획 단계에서의 HOQ에 대한 설명이다. 〈그림 11-4〉와 같이 HOQ는 주택 모양을 하고 있으며 구체적인 작성 절차는 아래와 같다. 다음 설명의 번호는 〈그림 11-4〉 내의 번호와 일치하므로 〈그림 11-4〉와 대조하면 된다.

① 고객의 요구 속성(customer attributes, CA) : HOQ의 왼쪽에 위치하는 CA는

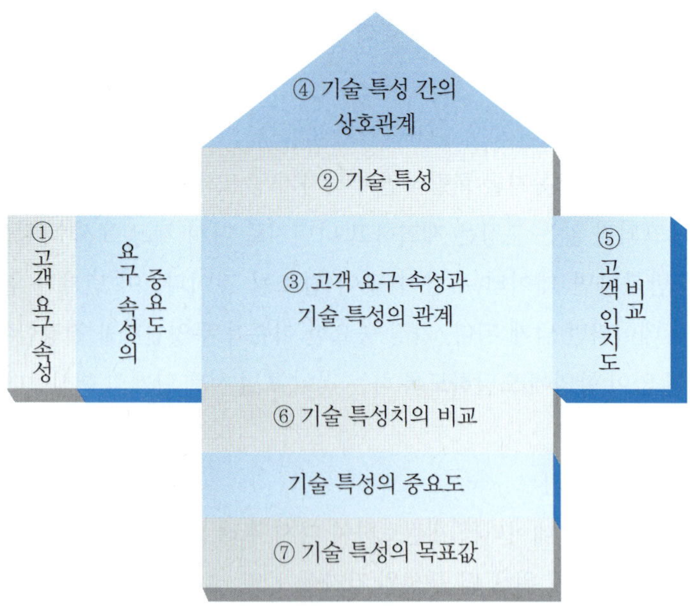

◉ 그림 11-4 품질의 집(HOQ)의 구성

'고객의 소리(VOC)' 또는 '요구 품질'이라고 불리기도 한다. 이는 고객이 사용하는 언어로 표현되기 때문에 정성적이며 모호한 경우가 많다. 이 정보는 설문조사, 개별 면담, 전시회 참가, 계획된 실험 등 여러 가지 방법을 통해 얻을 수 있다. 이 단계는 QFD의 활용에 매우 중요하며, 전체 노력의 절반가량이 이와 같이 고객 집단을 규정하고 그들의 요구사항을 추출하는 데 소요된다.

② 기술 특성(engineering characteristics, EC) : HOQ의 위쪽에 위치하며, 하나 이상의 CA에 영향을 미치는, 설계자에 의해 결정될 수 있는 변수들을 의미한다. CA와 달리 EC는 제품이 완성된 후 정량적으로 측정될 수 있어야 하고, 제품에 대한 고객의 인식에 직접적으로 영향을 줄 수 있는 것이 선정되어야 한다. 이러한 기술 특성은 '대용 특성'이라고도 불린다.

③ CA와 EC의 관계 : HOQ의 몸체 부분은 CA를 나타내는 행과 EC를 나타내는 열이 교차하여 행렬과 같은 형태를 띤다. 교차된 위치에는 CA와 EC 간의 상관관계(양, 음)와 상관강도(강, 중, 약)를 표시한다. 이와 같은 관계도의 작성은 CA와 EC의 설정이 적절히 되었는지 점검하는 기회가 되기도 한다. 즉, 비어 있는 행이나 열이 있다면 이것은 CA나 EC의 설정에 문제가 있음을 반영한다. 예를 들어 비어 있는 열은 중요한 CA의 누락 또는 의미 없는 EC의 포함 등을 나타내는 것이다.

④ EC 간의 상호관계 : HOQ의 지붕에 해당하는 부분에는 EC 간의 상호관계가 제시된다. 이 상호관계에는 설계 시에 고려해야 할 기술 특성들의 상충관계가 포함되는데, 이러한 상충관계는 획기적인 품질향상을 이루기 위하여 해결해야 할 잠재적인 연구 · 개발의 기회이기도 하다.

⑤ 고객의 인지도 비교 : HOQ의 오른쪽에는 앞서 규정된 CA별로 자사 제품과 경쟁제품들에 대한 고객들의 인지도가 비교되어 있다. 이것은 설계자의 판단이 아니라 고객들이 내린 평가에 의해 작성되므로, 필요한 자료는 주로 고객설문을 통해 얻어진다. 대개의 경우는 5점 척도로 표현된다.

⑥ EC값 비교 : HOQ 몸체의 아래쪽에는 자사 제품 및 주요 경쟁제품의 현재 EC값들이 기록된다. 이 자료는 대개의 경우 실제 제품의 EC값 측정을 통해 얻어진다.

⑦ EC의 목표치 설정 : HOQ의 가장 아래쪽에는 EC의 목표치가 기록된다. EC의 목표치는 앞서 작성된 HOQ의 모든 정보를 이용하여 설계되는 제품이 고객의 요구사항을 가장 잘 만족시킬 수 있도록 정해진다. 앞서 실시한 CA와 EC 간

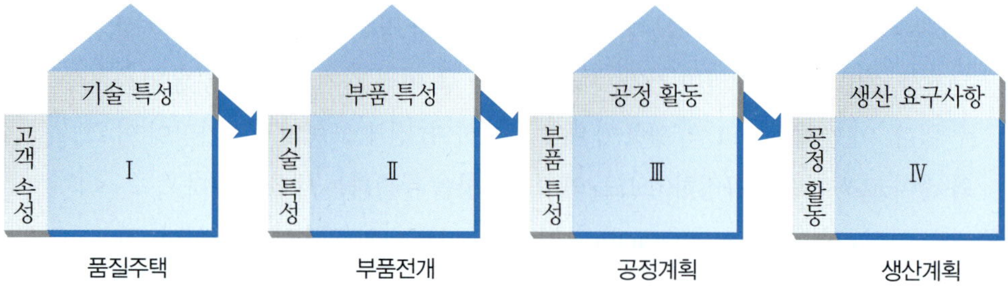

◉ 그림 11-5 고객의 요구를 제조 과정으로 전달하기 위한 일련의 HOQ

연관관계의 강도와 각 CA의 상대적인 중요도를 곱하여 각 EC별로 가중합이 산출되며, 높은 가중합을 가진 EC들이 중요한 기술 특성으로 간주되고, 이들의 목표 수준 설정에 초점을 맞춘다. 이 단계에서는 EC 상호 간의 관계도 고려해야만 한다.

⑧ 선택적 항목 : 제품의 특성과 HOQ의 활용목적에 따라 선택적으로 항목을 추가할 수 있다. 예를 들어 고객의 불만 횟수를 CA별로 기록한 열이나 EC별로 기술적인 어려움을 기록한 행을 추가할 수도 있다.

위에서는 고객의 요구사항을 기술 특성의 목표치, 즉 실현 가능한 정량적인 특성치로 변환하는 것을 설명하였다. 그러나 이것만으로 고객이 원하는 제품이 만들어지는 것은 아니다. 제품이 만들어지기 위해서는 적절한 부품이 필요하며, 그 부품의 제조를 위한 적절한 공정계획과 생산계획, 나아가 각 공정에서의 적절한 작업방법이 필요하다. 이를 위해 〈그림 11-5〉와 같이 HOQ의 연속적인 확장이 필요하다. 이와 같은 일련의 HOQ에 의해 고객의 요구 속성을 기술 및 생산 요구사항과 연결시킴으로써 신상품이 효율적이고 체계적으로 만들어질 수 있다. 즉, 고객의 소리가 생산 활동과 제품에까지 전개되는 것이다.

자동차 DOOR-QFD 적용 사례

QFD를 활용하고 있는 일본 자동차 회사의 출시 후 설계 변경 횟수는 〈그림 11-6〉과 같이 QFD를 활용하지 않은 미국 자동차 회사의 설계 변경 횟수보다 훨씬 적다고 조사된 바 있다. 일본의 도요타 자동차 회사는 이와 같은 QFD의 활용을 통해 생산 준비 비용을 60% 이상 절감시킬 수 있었다.

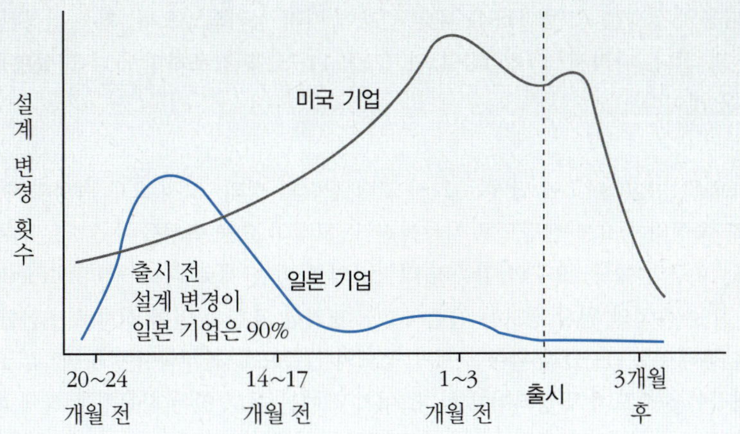

◉ 그림 11-6 자동차 제조에서 미국 업체와 일본 업체의 설계 변경 횟수 비교

◉ 표 11-3 자동차 문짝에 대한 고객 속성(요구 품질)의 전개

1차	2차	3차
뛰어난 조작성과 사용성	개폐 용이성	바깥에서 닫기 쉬움 언덕 위에서도 열린 상태 유지 바깥에서 열기 쉬움 문짝이 다시 튀어 나오지 않음 안에서 닫기 쉬움 안에서 열기 쉬움
	차단성	비가 새지 않음 도로 소음의 차단 세차 시 물이 새지 않음 바람 소리 차단 문이 열려 있을 때 빗방울이나 눈이 떨어지지 않음 덜컹거리지 않음
	팔걸이	부드럽고 편안함 위치가 맞음
근사한 외관	내장(內粧)처리	자재 색상이 바래지 않음 매력적임(플라스틱처럼 보이지 않음)
	청결성	청소가 쉬움 문짝에서 윤활제가 묻어 나오지 않음
	적합성	연결 패널 사이의 간격이 일정함

자동차 문짝의 품질향상을 위한 QFD의 적용 사례를 통해 HOQ의 작성 과정을 설명하면 다음과 같다. 다음의 설명은 〈그림 11-4〉 내의 번호에 따라 정리되었으며, 최종 완성된 HOQ는 〈그림 11-8〉과 같다. 따라서 〈그림 11-4〉와 〈그림 11-8〉을 참조하면서 다음 설명을 읽으면 이해하기 쉬울 것이다.

① 고객의 요구 속성(CA) : 이 단계는 크게 고객 집단의 정의, 고객 요구 속성의 수집 및 분류, 요구 속성의 중요도 설정으로 나누어진다. 고객의 요구 속성을 수집하는 절차는 요구의 유도, 요구의 예상, 요구의 검증과 타당성의 확인 단계로 나누어진다(Zahedi, 1995). 수집된 요구 속성의 원시 정보는 간결하고도 명확한 표현의 언어 정보로 변환한 다음 KJ법 등을 통해 〈표 11-3〉과 같이 2~4차 정도의 그룹으로 전개되어야 하며, 각 요구 속성의 상대적인 중요도가 결정되어야 한다. 여기서 예를 들고 있는 자동차 문짝에 대한 고객의 요구 속성의 결과는 HOQ의 왼쪽에 위치한다. 전형적인 적용 사례에서는 30 내지 100가지의 속성이 포함되지만, 이 예에서는 〈표 11-3〉과 같이 '닫기 쉬움', '언덕 위에서도 열린 상태 유지', '비가 새지 않음', '도로 소음의 차단' 등 몇 가지만을 나열하였다.

② 기술 특성(EC) : 고객의 요구 속성을 구체적으로 어떻게 구현할 것인가를 결정하기 위해 기술 팀은 고객의 요구 속성을 기술 특성으로 변환해야 한다. 예를 들면 '도로 소음의 차단'이라는 고객의 요구 속성으로부터 도출될 수 있는 기술 특성은 '밀폐성'과 '도로 소음의 감소' 등이 된다. 도출된 기술 특성은 유사한 것끼리 분류되어 〈그림 11-7〉에서와 같이 HOQ의 위쪽에 위치하게 된다. 기술 특성 아래 표시된 '↑' 또는 '↓' 기호는 그 기술 특성을 증가 또는 감소시키는 것이 바람직하다는 것을 의미한다. 이러한 기술 특성의 도출에는 체계적이고 심도 있는 분석이 필요하며, 이를 위해 브레인스토밍과 같은 창조성 기법의 적용을 고려할 필요가 있다.

③ CA와 EC의 관계 : 이 단계에서는 각 기술 특성이 고객의 요구 속성에 미치는 영향을 평가하여 HOQ의 몸통 부분에 표시하게 되는데, 설계 팀은 전문가와 고객의 의견, 실험 및 통계 분석 자료 등을 이용하여 그 관계를 도출한다. 일반적으로 기술 특성과 고객 요구 속성의 상관관계와 강도를 나타내기 위해서 숫자나 기호를 사용한다. 이 예에서는 양의 관계에는 플러스(+) 표시를 하고 음의 관계에는 마이너스(−) 표시를 사용하였다. 예를 들어 〈그림 11-7〉에서 '문을 닫기 쉬워야 한다'는 고객의 요구 속성과 '문을 닫는 데 필요한 힘을 줄인다'는 기술 특성은 강한 양의 관계를 나타낸다.

④ EC 간의 상호관계 : 고객 요구 속성의 충족을 위해 어떤 하나의 기술 특성을 변경할 경우, 이것이 다른 기술 특성들에 어떤 영향을 줄 것인가? 예를 들어, 파워 윈도의 모터를 작게 했다면 문의 무게가 가벼워져 문을 닫는 데 필요한 힘은 감소하지만, 유리창을 오르내리는 속도가 느려지는 문제가 발생한다. 이와 같이 HOQ의 지붕에 위치한 관계도는 기술 특성 간의 상관관계를 나타낸다. 특히 파워 윈도의 모터와 같이 기술 특성들 간의 모순이 발생하면 상호 절충(trade-off)이나 혁신적인 해결책을 필요로 하게 된다. 이와 같이 여

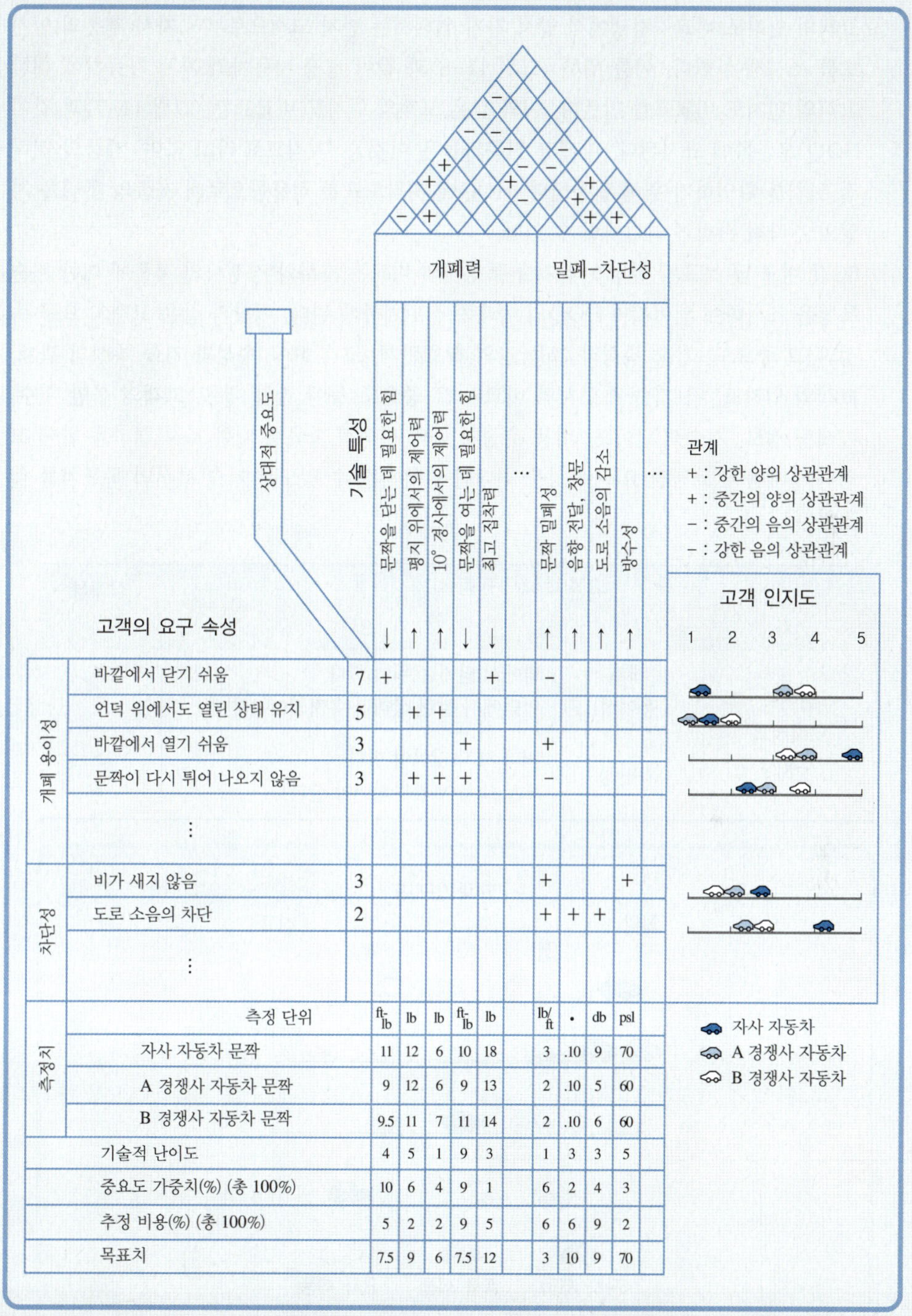

◉ 그림 11-7 자동차 문짝 설계 시의 HOQ

러 가지 면에서 기술 특성 간의 상호관계는 설계자에게 필요한 중요한 정보를 알려 준다.

⑤ 고객의 인지도 비교 : 경쟁에서 앞서 가기 위해서는 먼저 고객으로부터 자사 제품의 인지도를 조사해야 한다. 이를 위해 〈그림 11-8〉과 같이 경쟁 자동차와 자사 자동차에 대한 고객의 인지도 비교표를 만든다. 이와 같은 고객의 인지도 비교표는 〈그림 11-7〉과 같이 HOQ 오른쪽에 표시된다. 마케팅 전문가들은 이것을 '지각도표'라고 하며, 제품의 전략적 위치를 확인하기 위해 활용한다. HOQ에 지각도표를 적용함으로써 제품의 품질을 기업의 전략적 관점과 연결시킬 수 있다.

⑥ EC값 비교 및 목표치 설정 : 각 기술 특성치의 비교는 자사와 경쟁사의 제품에 대한 기술 특성을 조사하여 얻어지며 HOQ의 아래쪽에 위치하게 된다. 이상과 같은 고객의 요구 속성과 그 중요도, 기술 특성과 그들 간의 상호관계, 고객 요구 속성과 기술 특성의 관계, 고객의 인지도, 각 기술 특성치의 비교와 그 중요도 등에 관한 내용, 고객의 불만 횟수, 마케팅 정보, 기술적 난이도, 비용 추정치 등의 선택적 항목에 대한 조사 결과를 함께 고려하여 제품이 고객의 요구 속성을 최대한 만족시킬 수 있도록 기술 특성의 목표치를 설정한다.

고객 속성(요구 품질)			상대적 중요도
1차	2차	3차	
뛰어난 조작성과 사용성	개폐 용이성	밖에서 닫기 쉬워야 한다. 언덕에서 열린 상태가 유지되어야 한다.	7 5
	차단성	비가 새지 않아야 한다. 도로 소음이 차단되어야 한다.	3 2

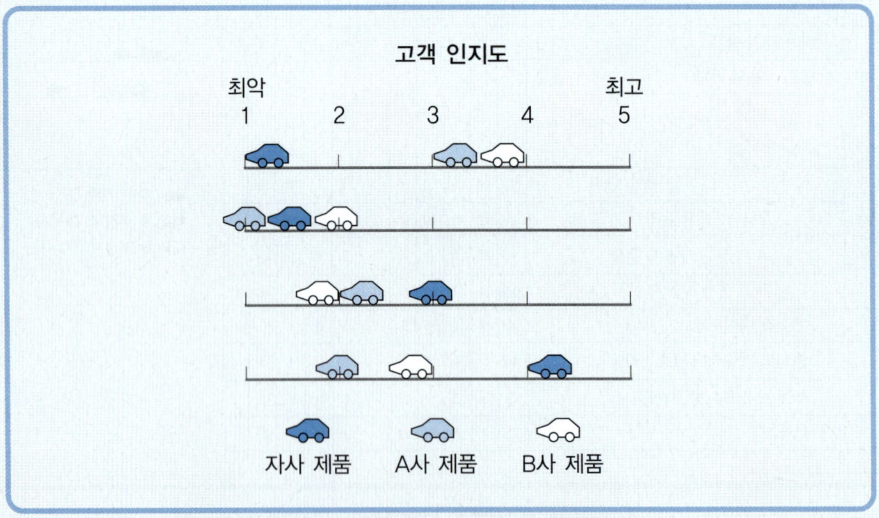

◉ 그림 11-8 경쟁사에 대비한 고객의 인지도

〈그림 11-7〉에 나타낸 바와 같이 위와 같은 절차를 자동차 문짝의 제조에 소요되는 부품과 그 부품을 제조하는 공정, 공정의 생산계획 및 생산 요구사항에 이르기까지 연속적이고 반복적으로 실시할 때 '고객의 소리를 최종제품으로'라는 QFD의 궁극적인 목적이 달성될 수 있다.

11.4 고객 만족도 및 서비스 품질의 측정

1. 고객 만족도의 측정

고객 만족도(customer satisfaction, CS)라는 말이 갑자기 관심을 불러일으키고 업계에서 CS를 측정하기 시작한 것은 불과 10여 년 내의 일이다. 1980년대 초까지만 해도 세계적인 모범기업들조차 CS를 측정하지 않았었다. 그러나 최근에는 컨설팅 회사나 시장조사 기관에 CS 측정을 의뢰해 오는 예가 급증하여, 미국의 경우 그 조사용역비가 매년 30%씩 급성장하고 있다고 한다.

Baldridge 품질상 주최 측은 1987년 시상제도를 발표하면서 1,000점 만점에 300점을 CS에 할당하여 세상을 놀라게 했다. Baldridge 상의 시상기준은 매년 조금씩 달라지는데, 2003년 기준을 보면 고객초점화 결과 75점, 고객 만족 및 고객관계 45점, 고객 지식 40점의 세 부분으로 분산되었으나 총계 약 160점(16%)의 비중을 유지하고 있다. 유럽품질상에서는 CS가 200점(20%)을 차지한다. 이보다 비중은 낮으나 한국의 품질경영상과 품질대상에서도 CS를 평가기준에 포함시키고 있다.

그러나 그 측정방법이 적절한가에 대한 논쟁은 그치지 않고 있다. CS 측정의 문제를 논하기 위해서는 우선 그것이 어떤 시장이냐를 구별할 필요가 있다. 흔히 말하는 시장은 소비자시장(consumer market)이지만 기업시장(business market)도 중요하다. 이 두 종류의 시장은 고객인구 규모, 구매량, 거래의 복잡성, 공급 측에 대한 고객의 지식, 고객관계 등 구조적 요소가 매우 상이하다. 〈표 11-4〉는 소비자시장과 기업시장의 구조적 차이를 요약한 것이다.

〈표 11-4〉와 같이 5개 항의 구조적 특징을 놓고 소비자시장과 기업시장을 비교해 보면 양자는 매우 대조적이다. 소비자시장의 공급자는 불특정 다수, 수십만 또는 수백만 명의 고객을 상대하는 경우가 많다. 따라서 고객을 이해하고 고객 욕구를 반

◉ 표 11-4 소비자시장과 기업시장의 구조적 차이

구조적 요소	소비자시장	기업시장
고객인구 규모	규모가 커서 소수의 고객이 전체 성향을 좌우하지 못한다.	고객이 소수이고 각자 비중이 크며 독점적 구매자도 있다.
구매량	대부분의 고객이 총거래량의 극히 작은 일부만 구매한다.	총거래량의 큰 부분을 구매하는 고객이 있다.
거래의 복잡성	구매 의사결정 과정이 단순하고 거의 개인적 결정이다.	공급자와 협상 등 구매 의사결정 과정이 복잡하다. 다수의 의사결정자가 관련된다.
고객의 지식	제품, 서비스, 생산 과정에 대해 거의 지식이 없다.	제품, 서비스, 생산 과정에 대한 지식이 상당하다.
고객-공급자 관계	정보 제공, 협력 과정이 없고 일정한 거리를 갖는다.	기술 협력, 정보 제공, 공동 작업 등 공급자와의 협력관계를 강조하는 추세이다.

영할 의도가 있다 해도 사실상 적절한 커뮤니케이션 방법을 찾기 어렵기 때문에 그 의도를 실천하기 어렵다. 고객과의 커뮤니케이션 방법이 없다는 것은 그만큼 CS를 측정하기 어렵다는 뜻이다. 그러나 역설적이게도, 그렇기 때문에 CS를 측정하고 그 결과를 경영에 반영하는 것이 더 중요한 의미를 갖는다고 말할 수도 있다.

반면에 기업시장의 경우는 지식이 많고 파워도 강력한 소수의 고객들을 상대해야 한다. 상대방이 분명하기 때문에 기업시장의 공급자는 평소에도 고객들과 상당한 커뮤니케이션 통로를 유지하고 있으며 이 통로가 CS 측정에도 활용될 수 있다. 따라서 CS를 측정하고자 할 때는 소비자시장이냐, 기업시장이냐를 먼저 구분하고 각각에 알맞는 조사방법을 택해야 한다. CS 측정 전문가들이 택하는 조사방법의 차이를 요약하면 대체로 〈표 11-5〉와 같다.

소비자시장의 고객들은 CS 측정조사에 관심이 적고 조사에 응할 때도 소극적이지만 기업시장의 고객들은 CS 측정조사에 대해 적극적이고 조사 결과에 대해서도 많은 관심을 갖는다. 기업시장의 고객들은 CS 측정이 공급자 측에만 필요한 것이 아니라 품질개선, 관계개선 등 자신들의 이해에도 관계가 있는 것이라고 생각한다.

이상과 같은 논의를 토대로 하여 중소기업의 입장을 정리해 보자. 중소기업들도 CS를 측정하고 활용할 필요가 있는데, 중소기업이 상대하는 시장은 어떤 것일까? 대체로 중소기업들은 소비자시장보다 기업시장과 관계가 깊다고 말할 수 있다. 소비재이든 산업재이든 품목의 성격과 관계없이 중소기업의 시장은 다분히 기업시장

◉ 표 11-5 소비자시장과 기업시장의 CS 조사방법 차이

조사방법	소비자시장	기업시장
표본 선정	큰 모집단에서 대표성을 갖는 표본을 선정한다.	모집단 전체 또는 주요 고객 다수가 포함되도록 선정한다.
조사의 초점	모집단의 개괄적 성향 파악에 초점을 둔다.	주요 고객의 성향 파악에 초점을 둔다.
커뮤니케이션	일방적 질문의 설문지를 대량으로 돌려 회수한다.	대화식 양방향 커뮤니케이션으로 조사한다.

적 특성을 갖는다.

규모가 작은 중소기업들은 소수의 고객을 상대한다. 다른 기업에 납품하는 것이 주된 사업인 하청업체, 부품공업 등 중소 제조기업들은 전형적인 기업시장을 상대한다. 이 경우, 중소기업이 CS를 측정할 때 이러한 여건을 고려하지 않고 소비자시장을 대상으로 하는 대기업 방식으로 측정한다면 잘못이다. 흔히 범하는 잘못을 조목별로 지적하면 다음과 같다.

① 조사계획

- CS 조사는 일종의 커뮤니케이션이다. 상대방이 대화할 준비가 되어야 하고 첫인상이 중요하다. 갑자기 전화로 질문을 퍼붓는, 준비 없는 접촉으로는 성공적인 조사를 할 수 없다.
- 소비자시장에서는 조사자가 특별한 지식을 가질 필요가 없다. 그러나 기업시장에서는 고객과 공급자 간 거래의 내용까지 이해하는 조사자가 필요하다.
- 면담 상대방이 대부분 바쁜 사업가들이라는 점을 유념해야 한다. 단시간에 간결하게 면담해야 한다. 25~30문항 정도가 적절하다.

② 고객 특성의 고려

- 표본 크기나 설문지 회수율에만 비중을 두면 안 된다. 영향력 있는 대량 구매자, 주 고객을 포함시키지 않았다면 회수율이 높아도 의미가 없다.
- CS는 모든 요소가 합쳐진 총점이다. 그러나 1인 1표의 민주적 원칙은 기업시장에서 통하지 않는다. 비중 있는 고객의 의견을 반영해야 한다.

③ CS 조사의 목적과 관련하여

- CS 조사의 목적은 공급자가 고객의 요구나 불평을 잘 파악하여 이를 품질개선에 잘 반영했는가에 관한 정보를 제공함에 있다. 기업시장의 고객들은 이

러한 조사목적에 관심을 갖는다. 공급자가 고객의 관심을 무시하고 일방적으로 조사하여 CS 수준을 발표하는 것은 의미가 없다.

- 고객들과 이해관계로 연결된 부분에 대해 특히 집중적으로 조사하고 개선해야 한다. 그렇게 함으로써 CS 측정의 의미와 호응을 극대화할 수 있다.

④ 일관성 원칙이라는 함정

- CS 점수가 매년 상승하는 것을 과시하고 싶어서 연도별 비교가 가능하도록 매년 같은 조사방법으로 CS를 측정하는 경향이 있다. 이것이 일관성(또는 계속성) 원칙이라는 함정이다. 사실은 조사 기술도 경영환경도 바뀐다. 그런데 이 원칙 때문에 자승자박하는 것이다.
- 조사방법을 계속 개발해야 한다. 이것은 하나의 학습 과정이라고 말할 수 있다.

CS를 측정하는 일반공식 같은 것은 없다. 예를 들면, 대부분의 품질상 평가기준에서도 "이러이러한 공식대로 CS를 측정하고 점수를 보고하라."고 요구하지는 않는다. 그 대신에 "어떤 방법으로 CS를 측정하고 있는가? 어떻게 활용하고 있는가?"라고 질문한다. 이런 질문에 대답을 잘해야 품질상을 받을 수 있다.

앞에서는 소비자시장의 경우와 기업시장의 경우가 많이 다르고 따라서 CS 조사방법도 달라진다는 점을 강조했다. 대기업, 중소기업, 제조업, 서비스업의 CS 측정법이 똑같을 수 없고, 또한 연도마다 더 좋은 측정법을 만들어 달리 적용할 수도 있는 것이다.

그러나 구체적인 참고가 필요하므로 간단한 사례를 살펴보자. 첫째 사례는 P. J. Danaher와 V. Haddrell(1996)이 문항의 구성과 척도의 영향을 연구하기 위해 견본으로 사용한 호텔의 CS 측정 설문지이고, 둘째는 R. Hallowell(1996)이 고객 만족도와 충성도, 수익성의 관계를 연구하기 위해 조사에 사용한 은행의 CS 측정 설문지이다. 호텔 사례는 매우 구성이 간단하고 인상적이다.

이 사례는 조사 설문지의 디자인이 중요한 문제라는 것을 시각적으로 잘 보여 준다. b항의 척도는 11개의 점이 찍혀 있는 11점 척도이다. 작은 얼굴 그림이 기입되어 코믹한 느낌과 함께 이해에 도움을 준다. 그 아래에는 a항의 답을 3개의 점으로 표시하고 설명이 첨가되어 있다. a와 b, 두 질문을 하나의 연관된 도형으로 표현한 것이다.

한편, c항은 6점 척도로 대답하게 되어 있다. 고객 만족도 조사의 경우에는 이와 같이 '탁월하다'부터 '최악이다'까지의 6점 척도 방법이 가장 좋다는 주장도 있다. 조사 설문지의 디자인 문제는 앞으로 계속 연구해야 할 중요한 과제이다.

CS 측정 사례 1

호텔의 고객 만족도 조사 설문지 디자인

귀하의 호텔룸을 생각하실 때,

a. 룸에 대한 전반적인 만족 수준은?
(제시된 척도의 아래쪽 3개 항 중 선택하여 표시해 주십시오.)

b. 귀하께서 본래 예상하셨던 '룸에 대한 기대 수준'은?

● ● ● ● ● ● ● ● ● ● ●

☺ ■

●	●	●
너무 조금 기대했던 것 같다. (기대 이상으로 좋다.)	기대가 맞았다. (기대했던 대로)	너무 많이 기대했던 것 같다. (기대 이하로 나쁘다.)

c. 귀하의 룸에 대한 품질 수준을 총평하여 표시해 주십시오.

●	●	●	●	●	●
탁월하다	매우 좋다	좋다	나쁘다	매우 나쁘다	최악이다

CS 측정 사례 2

은행의 고객 만족도 조사 문항

아래의 질문영역 1~4번에 대해서 '매우 만족'이면 1점, '매우 불만족'이면 7점, 중간 수준은 2, 3, 4, 5, 6점 중 택하여 기입하십시오.

1. 아래 사항 각각에 대하여 XX은행의 직원에게 만족하십니까?
   - 필요할 때 나의 요청에 항상 신속히 응해 준다.
   - 착오가 생기지 않도록 시작부터 확실하게 한다.
   - 문제가 생겨도 합당하게 처리한다.
   - 일이 어떻게 진행되고 있는지를 잘 알려 준다.
   - 은행 상품 및 서비스에 대한 지식
   - 질문에 대한 대답 능력

- 약속 준수
- 금융 서비스에 관한 나의 특별한 요구사항에 대한 이해력

2. 아래 사항 각각에 대하여 XX은행에 만족하십니까?
   - 필요한 정보에 쉽게 접근할 수 있다.
   - 제공되는 은행 서류가 읽기 쉽고 이해하기 쉽다.
   - 은행 서류에 전혀 착오가 없다.
   - 은행 지점의 시설이 청결하고 유쾌하다.
   - 예금 이자율이 높은 편이다.
   - 대출 이자율이 낮은 편이다.
   - 서비스 수수료가 합당한 수준이다.
   - 은행 상품과 서비스를 높이 평가한다.
   - 은행의 영업시간이 편리하다.
   - 은행 지점이 편리한 위치에 있다.

3. 아래 사항 각각에 대하여 귀하께서 경험하신 은행 직원의 태도에 만족하십니까?
   - 우호적이었다.
   - 적극적으로 돕는 자세였다.
   - 관심을 갖고 정성스럽게 대했다.
   - 신속한 서비스였다.
   - 처리 능력과 역량이 훌륭했다.
   - 서비스 도중 귀하의 일에만 집중했다.
   - 일관성 있게 예절을 지켰다.
   - 전문직업인다운 복장과 용모였다.
   - 거래상 비밀 보안을 잘 지켰다.

4. 총평을 한다면 귀하는 XX은행에 만족하십니까?

5. XX은행과 거래 중 혹시 불편했던 점이나 어떤 문제가 최근 12개월 내에 있었습니까?
   (예, 아니요)

6. 귀하는 XX은행이 귀하의 주 거래 은행이라고 생각하십니까? (예, 아니요)

7. 귀하께서 XX은행의 고객이 되신 것을 몇 년째입니까?
   1년 미만 　　1~4년 　　5~10년 　　10년 초과

8. 귀하의 연간 가계 수입액을 아래에서 골라 표시해 주십시오.
   25,000달러 이하 　　25,001~35,000달러 　　35,001~50,000달러 　　50,001달러 이상

2. 서비스 품질의 측정

1) 서비스 품질의 측정 이유

서비스 품질을 측정하기 위해서는 서비스 품질에 대한 정의와 그 결정 요소 등에 대한 연구가 있어야 한다. 그렇지만 서비스 품질을 측정하는 것은 그리 쉬운 일이 아니다. 다행히 서비스 품질을 정의할 수 있다고 해도 서비스 품질을 측정하기는 어렵다. 그 이유는 다음과 같다.

① 서비스 품질의 개념이 주관적이기 때문에 객관화하여 측정하기 어렵다. 모든 경우에 적용되는 서비스 품질을 정의하기는 어렵다.
② 서비스 품질은 서비스의 전달이 완료되기 이전에는 검증하기가 어렵다. 서비스는 생산과 소비가 동시에 이루어지기 때문이다.
③ 서비스 품질을 측정하려면 고객에게 물어봐야 하는데, 고객으로부터 데이터를 수집하는 일은 시간과 비용이 많이 들며 일반적으로 그 회수율도 낮다.
④ 자원이 서비스 전달 과정 중에 고객과 함께 이동하는 경우에는 고객이 자원의 흐름을 관찰할 수 있다. 이런 점은 서비스 품질 측정의 객관성을 저해한다.
⑤ 고객은 서비스 프로세스의 일부이며, 변화를 일으킬 수 있는 중요한 요인이기도 하다. 따라서 고객을 대상으로 하는 서비스 품질의 연구 및 측정에 본질적인 어려움이 있다.

그럼에도 불구하고 서비스 품질을 측정하려는 노력을 계속하는 이유는 개선을 하기 위한 첫 단계가 측정이라는 점과 경쟁우위 확보를 위한 서비스 품질에 대한 중요성이 증대되기 때문이다. "측정이 없이는 개선이 없다(Without measurement, no progress)."라는 말과 같이 개선과 향상을 위한 첫 출발이 측정이며, 경쟁우위 확보와 관련 서비스 품질의 중요성이 최근에 증대하고 있기 때문에 서비스 품질의 측정 및 개선이 산업계의 중요한 이슈로 등장하고 있다.

2) 서비스 품질의 측정방법 : SERVQUAL

서비스 품질의 측정방법으로 가장 일반화된 모형으로 SERVQUAL이 있다. 이는 미국의 A. Parasuraman, V. A. Zeithaml, L. L. Berry 등 세 사람의 학자(이하

PZB)에 의해 개발된 서비스 품질 측정도구로서 서비스 기업이 고객의 기대와 평가를 이해하는 데 사용할 수 있는 다문항 척도(multiple-item scale)이다.

처음에는 서비스 품질을 주제로 하는 탐색적 연구를 시작하였다. 이들은 광범위한 문헌 연구와 다양한 고객 집단에 대한 표적집단 면접을 통해 고객이 서비스 품질을 어떻게 평가하고 정의하는가에 관해 다음과 같은 결론을 도출하였다.

① 서비스 품질의 정의 : 표적집단 면접 결과, 서비스 품질이 훌륭하다는 것은 고객이 기대하는 바를 충족시켜 주거나 기대 이상의 서비스를 제공하는 것임을 분명히 드러낸다. 즉, 고객이 지각하는 서비스 품질이란 고객의 기대나 욕구 수준과 그들이 지각한 것 사이의 차이 정도로 정의된다.

② 기대에 영향을 미치는 요인 : 고객의 기대를 형성하는 데 기여하는 핵심요인은 구전, 고객들의 개인적 욕구, 서비스를 이용해 본 과거의 경험, 서비스 제공자의 외적 커뮤니케이션 등으로 나타났다.

③ 서비스 품질의 차원 : 서비스 품질평가를 위해 고객이 사용하는 공통적이고 일반적인 10개의 준거는 다음과 같다.

- 유형성 : 물리적 시설, 장비, 직원, 자료의 외양
- 신뢰성 : 약속한 서비스를 믿을 수 있고 정확하게 수행하는 능력
- 대응성 : 고객을 기꺼이 돕고 신속한 서비스를 제공하려는 것
- 능력 : 필요한 기술 소유 여부와 서비스를 수행할 지식 소유 여부
- 예절 : 일선 근무자의 정중함, 존경, 배려, 친근함
- 신빙성 : 서비스 제공자의 신뢰성, 정직성
- 안전성 : 위험, 의심의 가능성이 없는 것
- 가용성 : 접촉 가능성과 접촉 용이성
- 커뮤니케이션 : 고객들이 이해하기 쉬운 고객 언어로 이야기하는 것, 고객의 말에 귀 기울이는 것
- 고객 이해 : 고객의 욕구를 알기 위해 노력하는 것

PZB는 탐색적 연구를 통해 서비스 품질의 개념적 정의를 내리고 10개의 평가 차원을 확인한 후, 서비스 품질에 대한 고객의 지각을 측정할 수 있는 도구 개발을 위해 정량적인 연구 단계를 시작하였다. 가전제품 수리업, 은행, 장거리 전화 서비스, 증권 중개업, 신용카드 회사를 대상으로 탐색 연구에서 확인된 서비스 품질의 10개

◉ 표 11-6 SERVQUAL 5개 차원의 구성

서비스 품질 평가 10차원	SERVQUAL 차원	SERVQUAL 차원의 정의
유형성	유형성	물리적 시설, 장비, 직원, 커뮤니케이션 자료의 외양
신뢰성	신뢰성	약속한 서비스를 믿을 수 있고 정확하게 수행할 수 있는 능력
대응성	대응성	고객을 돕고 신속한 서비스를 제공하려는 자세
능력	확신성	직원의 지식과 예절, 신뢰와 자신감을 전달하는 능력
예절		
신빙성		
안전성		
가용성	공감성	회사가 고객에게 제공하는 개별적 배려와 관심
커뮤니케이션		
고객 이해		

차원을 대표하는 97개 문항을 만들어 표본조사를 실시하였으며, 통계 분석 결과 표적집단 면접을 통해 도출한 서비스 품질의 10개 차원 간에 상당한 관련이 있는 것으로 나타남에 따라 아래와 같은 5개의 SERVQUAL 차원으로 통합하였다. 유형성, 신뢰성, 대응성은 척도 개발 및 세련화 과정에서 그대로 존속되었고, 상호 관련성이 높은 것으로 분석된 나머지 7개의 차원은 좀 더 광범위한 차원인 확신성과 공감성으로 통합되었다.

PZB는 서비스 품질을 주제로 하는 탐색적 연구와 일련의 반복적인 자료 수집, 자료 분석 단계를 통해 97개 문항으로 구성된 측정 도구 시안을 점차 개선시키고 축약하여 신뢰성(reliability, R), 확신성(assurance, A), 유형성(tangibles, T), 공감성(empathy, E), 대응성(responsiveness, R) 등 5개 차원을 대표하는 22개 문항을 확정하였다. 5개 품질 차원은 각 차원의 영문 첫 자를 모아 RATER라고 부르기도 한다. 이러한 서비스 품질의 차원은 PZB가 가전제품 수리업, 은행, 장거리 전화 서비스, 증권 중개업, 신용카드 회사와 같은 몇 가지 다른 서비스 유형에 대하여 연구한 결과, 고객이 서비스 품질을 판단하는 데 활용하는 것을 찾아낸 것이며, 고객이 느끼는 상대적 중요도 순서대로 나열하면 신뢰성, 대응성, 확신성, 공감성, 유형성을 들 수 있다. 그 각각은 다음과 같다.

① 신뢰성 : 약속한 서비스를 믿음직스럽고 정확하게 수행할 수 있는 능력. 신뢰할

만한 서비스의 수행은 고객의 기대에 대하여 적시에 동일방법으로 매번 실수 없이 성취할 수 있는 수단을 말한다. 예를 들어 우편물은 대부분의 사람들이 매일 같은 시간대에 받는 것을 중요하다고 생각한다. 또한 신뢰성은 청구서 작성과 기록 유지의 정확성을 기대하는 사무실 안쪽(back office)으로 연장된다.

② 대응성 : 고객을 돕고 신속한 서비스를 제공하겠다는 의지. 뚜렷한 이유도 없이 고객을 기다리게 하는 것은 품질에 대한 불필요한 부정적 인식을 불러일으킨다. 만일 서비스 실패가 발생하면 전문가적인 입장에서 신속하게 복구할 수 있는 능력이 품질에 대한 매우 긍정적 인식을 심어 준다. 예컨대, 비행 지연에 대한 보상적 성격으로 음료수를 제공하는 것은 고객의 불편한 잠재적 기억을 호의적으로 바꿀 수 있다.

③ 확신성 : 믿음과 확신을 동반한 직원의 능력뿐만 아니라 그들의 지식과 호의. 확신성 차원에서 주요 특징은 서비스 수행 능력, 고객에 대한 정중함과 존경, 고객과의 효과적 의사소통, 서비스 제공자가 진심으로 고객에게 최선의 관심을 쏟는 것을 포함한다.

④ 공감성 : 고객에 대한 배려와 개별적인 관심을 보일 준비. 공감성은 고객의 요구를 이해하기 위하여 접근 가능성, 민감성, 노력을 주요 특징으로 포함한다. 항공사 탑승구의 직원을 대상으로 공감성의 예를 들자면, 고객의 잘못으로 비행기 환승을 못했을 때 이를 해결해 줄 수 있는 능력이다.

⑤ 유형성 : 물적 시설, 장비, 인력, 통신의 확보. 물적 환경(예 : 청결도)의 상태는 서비스 제공자가 보여 준 세심한 관심과 배려의 유형적 증거이다. 이것은 서비스 제공 시 다른 고객의 행동(예 : 호텔에서 옆방의 소란한 투숙객)으로까지 확장될 수 있다.

PZB에 의해 정립된 서비스 품질 모형을 인지한 서비스 품질 모형이라 하며 〈그림 11-9〉와 같은 구조이다.

PZB는 표적집단 면접에 의한 탐색적 고객 연구와 이에 대한 실증적 · 정량적 연구를 통해 고객의 서비스 품질 지각을 측정할 수 있는 도구인 SERVQUAL을 개발하였다. 이는 서비스 품질의 격차(gap) 모형으로 〈그림 11-10〉과 같다. 〈그림 11-10〉은 서비스 제공자와 고객의 측면에서 서비스 품질이 어떻게 형성되어 있고 이 요인들이 서로 어떻게 연관되는가를 간략히 요약한 것으로서, 서비스 기업이 서비스 품질을 측정하고 개선하기 위해 사용할 수 있는 논리적인 과정을 함축하고 있다.

〈그림 11-10〉에서 고객 기대와 인지 간의 격차를 격차 5로 정의한다. 격차 5는 서비스 전달 과정에서 발생하는 네 가지 격차의 크기와 방향에 영향을 받는다.

첫 번째 격차는 고객 기대와 고객의 기대에 대한 경영자의 인식 간 차이이다. 격

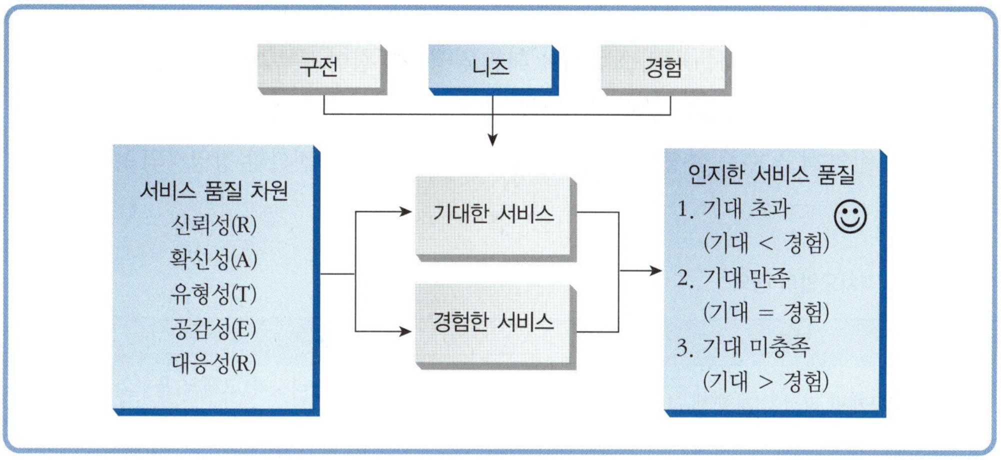

◉ 그림 11-9 서비스 품질 모형

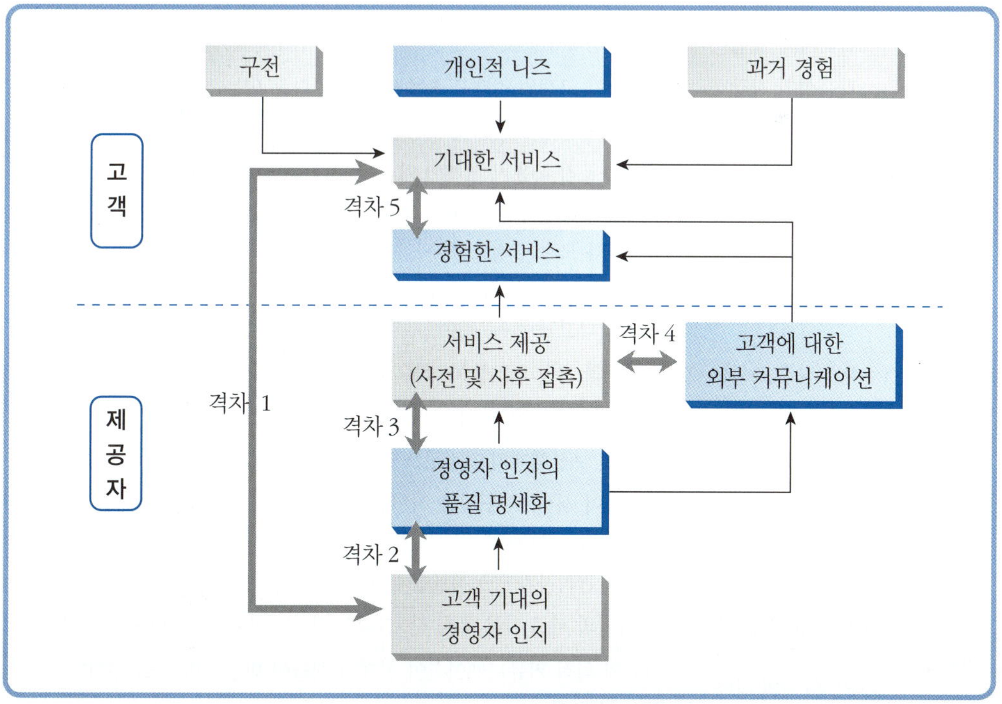

◉ 그림 11-10 SERVQUAL 격차 모형

차 1은 고객의 기대가 형성되는 과정에 대한 경영자의 이해 부족이 원인인데, 고객의 기대는 광고, 기업에 대한 과거 경험, 개인적 욕구, 친구와의 커뮤니케이션 등에 근거하여 형성된다. 이 격차를 해소하기 위한 전략으로는 시장조사 강화, 경영자와 고객접촉 직원 간의 의사소통 촉진, 고객과의 거리를 멀게 하는 조직위계 축소를 들 수 있다.

두 번째 격차는 서비스 품질에 대한 경영자의 참여 부족 혹은 고객의 기대를 충족시킨다는 것이 불가능하다는 인식, 고객 기대의 인지를 충족시키기 위한 서비스 품질의 목표 수준 설정과 이것을 작업 가능한 규격으로 전환할 경영자의 능력 부족에

◉ 표 11-7 격차요인의 정의

격차	요인	정 의
격차 1	마케팅 리서치 지향성	공식적 · 비공식적 정보 수집을 통해 관리자가 고객의 욕구와 기대를 이해하기 위해서 노력하는 정도
	상향 커뮤니케이션	최고관리자가 근로자들로부터의 정보 흐름을 촉진하고 자극하며 알아보려고 노력하는 정도
	관리의 단계	최고위와 최하위 간의 관리 단계 수
격차 2	서비스 품질에 대한 관리자의 몰입	경영층이 서비스 품질을 핵심적인 전략목표로 보는 정도
	가능성의 지각	관리자가 고객의 기대를 충족시킬 수 있다고 믿는 정도
	업무 표준화	서비스 업무의 표준화에 활용할 수 있는 기술 정도
	목표 설정	서비스 품질 목표가 고객의 기준에 근거해 설정되어 있는 정도
격차 3	역할 모호성	관리자나 상급자가 무엇을 원하며 그 기대를 어떻게 하면 충족시킬 수 있는가를 모르는 정도
	역할 갈등	직원들이 접하는 모든 사람들(내부 · 외부 고객)의 모든 욕구를 충족시킬 수는 없다고 느끼는 정도
	직원(직무 조화)	직원들의 기술과 그들의 직무 간의 조화
	기술(직무 조화)	직원이 직무 수행 중 사용하는 장비와 기술의 조화
	감독 · 통제체계	평가 및 보상체계의 적절성
	재량권 지각	직원들이 서비스 제공 중 직면한 문제에 대해 융통성을 발휘할 수 있다고 지각하는 정도
	팀워크	직원과 관리자가 공동목표를 위해 노력하는 정도
격차 4	수평 커뮤니케이션	한 기업의 서로 다른 부서 간, 그리고 각 부서 내의 커뮤니케이션 정도
	과잉 약속의 경향	기업의 외적 커뮤니케이션이 실제 고객들이 받는 서비스를 정확히 반영하지 않는 정도

서 야기된다. 그러나 목표를 설정하고 서비스 전달 임무를 표준화함으로써 격차를 줄일 수 있다.

세 번째 격차는 실제 서비스의 전달이 경영자가 설정한 규격과 일치하지 않기 때문에 발생한 서비스 성과에 대한 격차를 말한다. 격차 3은 팀워크 부족, 직원 선발의 취약, 부적합한 훈련, 부적절한 직무설계 등의 원인에서 야기된다.

서비스에 대한 고객의 기대는 기업의 미디어 광고와 기타 커뮤니케이션에 의하여 형성되는데, 격차 4는 외부 커뮤니케이션으로부터 형성된 과다 약속, 이에 대한 서비스 제공자의 정보 부족과 서비스 전달 사이의 격차이다.

PZB는 위의 네 가지 격차에 영향을 미치는 요인들을 확인하기 위해 다시 전국적으로 잘 알려진 서비스기관들의 관리자들과 체계적인 집단면접을 실시하였으며, 이들에 대한 면접 결과와 마케팅 연구 및 조직행동 연구 분야에서 발견된 사항들을 종합하여 네 가지 격차 각각을 형성하는 핵심요인을 해명하였다. 〈표 11-7〉은 이러한 기업 내부의 격차요인에 대한 정의와 개념 모형을 나타낸 것이다.

PZB가 개발한, 고객의 서비스 품질에 대한 기대와 서비스 품질 지각의 불일치 정도를 통해 해당 회사의 서비스 품질 수준을 측정하는 도구인 SERVQUAL의 질문지는 크게 두 부분으로 구성된다. 22개 항목으로 구성된 고객의 기대 측정 질문, 22개 기대 부분의 각 항목에 대응하는 특정 회사에 대한 고객의 지각을 측정하기 위한 질문이다. 이 설문지는 〈표 11-8〉과 같다.

◉ 표 11-8 SERVQUAL 설문지

지침 : 이 설문지는 ______서비스에 대한 귀하의 의견을 조사하기 위해 마련하였습니다. 아래 각 문항에 대하여 귀하가 ______서비스를 제공하는 기업에 대한 느낌의 정도를 다음과 같이 나타내 주시기 바랍니다. 전적으로 동의하시면 숫자 7, 전적으로 동의하시지 않으면 숫자 1을 표기하시고, 그 밖의 경우에는 귀하의 느낌에 따라 1과 7 사이의 숫자를 표기하시기 바랍니다. 각 문항은 정답이 따로 없고 단지 ______서비스를 제공하는 기업에 대한 귀하의 기대를 알고자 하는 것입니다.

E01 최신설비를 갖추어야 한다.
E02 물적 시설이 시각적으로 마음에 들어야 한다.
E03 직원의 복장이 단정해야 한다.
E04 물적 시설의 외관이 제공된 서비스 형태와 일치해야 한다.
E05 정해진 기일에 하기로 한 일을 해야 한다.
E06 고객이 문제를 제기할 때 심정적으로 동조해야 한다.
E07 기업을 신뢰할 수 있어야 한다.
E08 하기로 약속한 시간에 서비스를 제공해야 한다.
E09 기록을 정확하게 유지해야 한다.

E10 서비스가 언제 제공되는지 고객에게 정확하게 알려 주지 않는다.(−)
E11 직원으로부터 신속한 서비스를 기대할 수 없다.(−)
E12 직원이 항상 고객을 기꺼이 도와줄 필요는 없다.(−)
E13 직원이 너무 바빠서 고객의 요청에 신속하게 응대하지 못해도 괜찮다.(−)
E14 직원을 신뢰할 수 있어야 한다.
E15 직원과의 거래에서 안도감을 느낄 수 있어야 한다.
E16 직원이 정중해야 한다.
E17 직원은 직무를 수행하는 데 기업으로부터 적절한 지원을 받아야 한다.
E18 기업으로부터 개별적인 관심을 기대할 수 없다.(−)
E19 직원으로부터 개인적인 관심을 기대할 수 없다.(−)
E20 고객이 무엇을 원하는지를 직원이 알지 못하는 것 같다.(−)
E21 고객의 최대 관심이 무엇인지 기업이 진심으로 알기를 기대할 수 없다.(−)
E22 모든 고객이 편리한 시간으로 운영시간을 조정하는 것을 기대할 수 없다.(−)

지침 : 다음 설문지는 XYZ에 대한 귀하의 느낌과 관련이 있습니다. 귀하가 XYZ에 대한 전적인 동의는 숫자 7, 전적인 부정은 숫자 1을 표기하여 주시기 바랍니다. 그 밖의 경우에는 귀하의 느낌에 따라 1과 7 사이의 숫자를 표기하시기 바랍니다. 각 문항은 정답이 따로 없고 단지 XYZ에 대한 귀하의 인지도를 알고자 하는 것입니다.

P01 XYZ는 최신설비를 갖추고 있다.
P02 XYZ의 물적 시설은 시각적으로 마음에 든다.
P03 XYZ의 직원은 복장이 단정하다.
P04 XYZ의 물적 시설 외관은 제공된 서비스 형태와 일치한다.
P05 XYZ는 정해진 기일에 하기로 한 일을 그대로 한다.
P06 고객이 문제를 제기할 때, XYZ는 심정적으로 동조한다.
P07 XYZ는 신뢰할 수 있다.
P08 XYZ는 하기로 약속한 시간에 서비스를 제공한다.
P09 XYZ는 기록을 정확하게 유지한다.
P10 XYZ는 서비스가 언제 제공되는지 고객에게 정확하게 알려 주지 않는다.(−)
P11 XYZ 직원으로부터 신속한 서비스를 제공받지 못한다.(−)
P12 XYZ 직원은 항상 고객을 기꺼이 도와줄 자세를 갖추고 있지는 않다.(−)
P13 XYZ 직원은 고객의 요청에 신속하게 응대하지 못한다.(−)
P14 XYZ 직원은 신뢰할 수 있다.
P15 XYZ 직원과의 거래에서 안도감을 느낀다.
P16 XYZ 직원은 정중하다.
P17 XYZ 직원은 XYZ로부터 직무의 원활한 수행을 위한 적절한 지원을 받는다.
P18 XYZ는 고객에게 개별적인 관심을 기울이지 않는다.(−)
P19 XYZ의 직원은 고객에게 개인적인 관심을 기울이지 않는다.(−)
P20 XYZ의 직원은 고객의 요구가 무엇인지 잘 알지 못한다.(−)
P21 XYZ는 고객의 최대 관심이 무엇인지 진심으로 알고자 하지 않는다.(−)
P22 XYZ는 모든 고객이 편리하게 운영시간을 조정하지 않는다.(−)

5개 서비스 차원을 구성하고 있는 각 문항에 대해서는 먼저 가장 좋은 기업의 서비스에 대한 기대의 정도를 질문하고 다음으로 현재 대상 기업이 수행하고 있는 서비스 수준에 대한 평가를 질문한다. 고객들의 기대 수준과 기업의 서비스 품질 평가에 대한 측정은 '전혀 그렇지 않다(1)' ~ '정말 그렇다(7)'의 7점 척도를 일반적으로 이용한다.

서비스 품질에 대한 점수는 고객이 기술한 한 쌍의 고객 기대와 인식의 비율 간의 차이를 계산하여 측정한다. 이 점수는 〈그림 11-10〉에 있는 격차 5를 나타낸다. 다른 네 가지 격차에 대한 점수도 마찬가지 방법으로 계산할 수 있다.

5개 서비스 차원별 SERVQUAL 측정 설문 항목의 구성은 〈표 11-9〉와 같다. SERVQUAL 점수는 고객의 기대 문항에 대한 응답점수와 기대 문항에 상응하는 지각문항에 대한 응답점수 간의 차이로서 계산된다. 또한 각 차원에 대한 가중치를 부여하면 가중(weighted) SERVQUAL 점수를 산정할 수 있다.

결과적으로 한 기업의 5개 차원 각각에 관한 서비스 품질 점수는 각 차원을 구성하는 문항들의 SERVQUAL 점수를 평균하여 구할 수 있는데, 계산 결과 점수가 (–) 값을 가질수록 고객의 눈에 비치는 서비스 품질의 문제가 심각한 것이다.

물론 SERVQUAL 이외에도 SERVPERF 등 다수의 서비스 품질 측정 모형이 제시된 바 있으나, 여러 학자들의 연구에 따르면 SERVQUAL 모형이 여러 업종의 서비스 품질 측정에 적합한 모델인 것으로 나타났다. 그러나 이에 대한 논쟁은 여전히 계속되고 있다. 예를 들면, 최근의 연구 중에서 Robledo의 연구에서는 항공사의 서비스 품질을 측정하는 데 여섯 가지 측정 모델을 동시에 적용하였다. 즉, SERVQUAL 모형(기대와 인지의 차이를 2개 질문지 쌍으로 묻는 것), SERVPERF 모형(인지에 대해서만 묻는 것), SERVPEX 모형(하나의 질문으로 기대와 인지의 차이를 묻는 것) 등 세 가지 모형을 적용하였고, 또 각각에 대해 가중(weighted) 모델을 상정하였다.

◉ 표 11-9 SERVQUAL 설문 항목 및 차원

차원	유형성	신뢰성	대응성	확신성	공감성
설문 항목	1~4	5~9	10~13	14~17	18~22

3) 서비스 품질의 측정 결과 활용

이 방법은 다양한 서비스 대면(encounter)에서 검증되었다. 따라서 SERVQUAL은 다양하게 응용될 수 있는데 가장 중요한 기능은 정기적으로 고객조사를 하여 서비스 품질의 추이를 추적하는 것이다. 또한 SERVQUAL을 이용하면 경쟁업체와의 서비스를 비교할 수 있으며, 서비스 품질의 우위와 부적절성의 차원을 확인할 수 있다.

SERVQUAL은 서비스 품질에 대한 고객의 기대와 지각 간의 격차를 항목과 서비스 차원별로 분석할 수 있게 함으로써 기업이 서비스 품질 개선을 위해 노력해야 할 핵심 차원이나 차원 내의 구체적인 항목을 명확히 하는 데 일차적으로 활용할 수 있으며, 그 밖에도 다음과 같이 여러 방면으로의 활용이 가능하다.

① SERVQUAL 측정을 반복 시행함으로써 고객의 기대와 지각을 시계열적으로 비교해 볼 수 있다. 이를 통해 일정 기간 동안 고객의 기대 수준이나 기업의 서비스 수행에 대한 평가의 추이를 살필 수 있으며, 고객들의 만족도 변화에 미치는 기대와 평가의 영향이 어느 정도였는지를 확인할 수 있다.
② SERVQUAL 조사를 경쟁기업에 대해서도 실시함으로써 자사와 경쟁사의 서비스 품질을 비교해 볼 수 있다.
③ 개인의 SERVQUAL 점수를 토대로 고객들의 서비스 품질 지각 수준에 따라 고객세분화를 위한 자료로 활용할 수 있다.
④ SERVQUAL 설문의 내용을 수정하면 기업 내부의 부서 간 업무 협조도와 같은 내부 서비스 품질을 측정하는 데 활용할 수도 있다.

3. 매력적 품질과 당연적 품질

오늘날 대부분의 소비자들은 제품의 미비한 부분에 대해서는 불만을 가지면서도, 충분한 경우에는 당연하다고 느낄 뿐 만족감을 가지지 않는 경향이 있다. 이러한 상황을 체계적으로 설명하기 위해 가노 등은 〈그림 11-11〉과 같은 품질의 이원적 인식방법을 제시하였다. 이 그림은 만족 · 불만족이라는 주관적 측면과 물리적 충족 · 불충족이라는 객관적 측면을 함께 고려하고 있다. 품질에 대한 전통적 정의는 표현의 차이는 있지만 대개 '사용자의 만족'이라는 주관적 측면과 '요구조건과의 일치'라는 객관적 측면 중 하나를 따르고 있다. 따라서 가노의 이원적 품질인식

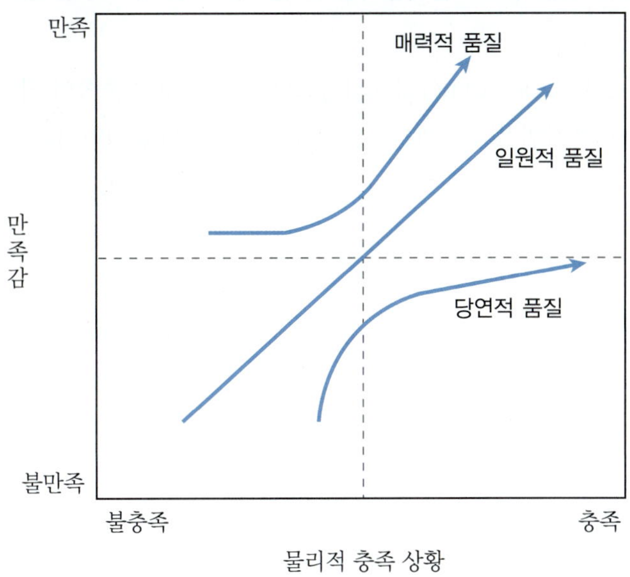

◉ 그림 11-11 품질의 이원적 인식방법

은 이러한 품질의 두 가지 측면을 대응시킨 것으로 볼 수 있다. 이러한 대응관계로부터 품질요소를 구분하면 다음과 같다.

1) 품질요소의 분류

① 매력적 품질요소(attractive quality element) : 충족이 되면 만족을 주지만 충족되지 않더라도 하는 수 없다고 받아들이는 품질요소를 말한다. 이것은 고객이 미처 기대하지 못했던 것을 충족시켜 주거나, 고객이 기대했던 것이라도 고객의 기대를 훨씬 초과하는 만족을 주는 품질요소로서 고객 감동(customer delight)의 원천이 된다. 따라서 이 품질요소는 경쟁사를 따돌리고 고객을 확보할 수 있는 주문획득인자(order winner)로서 작용한다. 또한 고객은 이러한 품질요소의 존재를 모르거나 기대하지 못했기 때문에, 충족이 되지 않더라도 불만을 느끼지 않는다. 예를 들어, 전기가 나오기 전에 호롱불을 쓰던 사람들은 전깃불을 기대하지 못했을 것이다. 따라서 그들의 요구는 더 밝거나 그을음이 적은 호롱불일 것이었으며, 스위치 하나로 끄고 켜는 밝은 전구를 제공해 주지 않더라도 당시로서는 불만을 느낄 수 없었을 것이다. 반면에, 호롱불을

쓰던 사람들에게 최초의 전깃불이란 큰 만족을 주는 매력적 품질요소였을 것이다.

② 일원적 품질요소(one-dimensional quality element) : 충족이 되면 만족, 충족되지 않으면 불만을 일으키는 품질요소로서 종래의 품질인식과 같다.

③ 당연적 품질요소(must-be quality element) : 최소한 마땅히 있을 것으로 생각되는 기본적인 품질요소로서, 충족이 되면 당연한 것으로 생각되기 때문에 별다른 만족감을 주지 못하는 반면, 충족되지 않으면 불만을 일으키는 품질요소를 말한다. 따라서 당연적 품질요소는 불만 예방요인이라고 볼 수 있다. 예를 들어 카메라의 자동초점(AF) 기능은 오늘날 사진 전문가가 아닌 일반인들에게는 당연적 품질요소이다.

이상의 세 가지 중요한 품질요소 외에 다음과 같은 품질요소도 존재할 가능성이 있다.

④ 무관심 품질요소(indifferent quality element) : 충족되든 충족되지 않든 만족도 불만도 일으키지 않는 품질요소를 말한다.

⑤ 역(逆)품질요소(reverse quality element) : 충족이 되면 불만을 일으키고 충족되지 않으면 만족을 일으키는 품질요소를 말한다. 생산자가 충족시키려는 노력을 기울이지만 결과적으로 사용자는 불만족스럽다고 평가하는 품질요소도 있을 수 있기 때문에 역품질이란 용어를 사용한다.

이러한 품질의 이원적 인식은 Hertzberg의 동기부여-위생 이론(Motivation-Hygiene Theory)에서 유추된 것으로서 '품질의 M-H성' 이라고도 한다. Hertzberg는 직무에 만족을 주는 요인(Motivator)과 불만족을 주는 요인(Hygiene Factor, 위생요인)이 다르다고 주장하였는데, 그의 이론에 따르면 직무의 만족요인은 주로 직무 내용(content)에 관계되고, 불만족요인은 직무환경(context)에 관계된다. 그가 불만요인을 위생요인이라고 이름 붙인 것은 의학에서 위생이란 말이 예방적인 의미와 환경적인 의미를 갖고 있기 때문이었다.

2) 품질요소의 조사방법

가노 등은 이러한 품질요소들을 확인하기 위한 설문지 조사법을 제안하였다. 설문지의 모든 문항은 긍정적 질문과 부정적 질문의 짝으로 되어 있다. 다음은 복사기의 급지(給紙) 기능에 대한 설문지 조사방법의 예이다.

Ⅰ. 만약 복사기의 용지가 매번 1장씩 공급된다면 어떤 느낌이 들겠습니까?
① 마음에 든다.
② 당연하다.
③ 아무런 느낌이 없다.
④ 하는 수 없다.
⑤ 마음에 안 든다.
⑥ 기타

Ⅱ. 만약 복사기의 용지가 매번 1장씩 공급되지 않는다면(즉, 급지가 되지 않거나 한 번에 여러 장 공급되는 경우가 있다면) 어떤 느낌이 들겠습니까?
① 마음에 든다.
② 당연하다.
③ 아무런 느낌이 없다.
④ 하는 수 없다.
⑤ 마음에 안 든다.
⑥ 기타

하나의 품질요소에 대한 긍정적 질문과 부정적 질문의 대답은 〈표 11-10〉과 같은 평가이원표에 의해 해석될 수 있다.

3) 서비스 산업의 적용 사례

품질의 이원적 인식방법은 제품뿐 아니라 서비스에도 적용할 수 있다. 항공운수업의 여객 서비스에 대해 품질의 이원성(二元性)을 검토한 사례 하나를 소개한다. 앙케트의 자유응답을 원시 정보로 하여 고객의 요구 품질을 추출하여, 분류정리한 요구 품질 전개표의 2차 항목으로부터 〈표 11-11〉에 나와 있는 질문 항목을 추출하였다. 각 질문 항목마다 가노의 질문지 조사방법을 이용하여 〈표 11-10〉과 같은 평가이원표를 작성하였다. 그 결과를 정리하여 품질 항목으로 구분한 것이 다음의 〈표 11-11〉이다.

◉ 표 11-10 품질요소 평가를 위한 이원표

충족 \ 불충족		부정적 질문에 대한 대답					
		① 마음에 든다.	② 당연하다.	③ 아무런 느낌이 없다.	④ 하는 수 없다.	⑤ 마음에 안 든다.	⑥ 기타
긍정적 질문에 대한 대답	① 마음에 든다.	S	[매]	[매]	[매]	{일}	
	② 당연하다.	R	I	I	I	(당)	
	③ 아무런 느낌이 없다.	R	I	I	I	(당)	
	④ 하는 수 없다.	R	I	I	I	(당)	
	⑤ 마음에 안 든다.	R	R	R	R	S	
	⑥ 기타						

* {일} 일원적 평가 : 충족되면 만족, 불충족되면 불만을 느낀다.

[매] 매력적 평가 : 충족되면 만족, 불충족되면 {하는 수 없다. / 아무런 느낌이 없다. / 당연하다.}

(당) 당연적 평가 : 충족되면 {하는 수 없다. / 아무런 느낌이 없다. / 당연하다.}, 불충족되면 불만을 느낀다.

I 무관심 평가 : 충족되든 불충족되든 불만이나 만족을 느끼지 않는다.

R 역(逆)평가 : 충족되면 불만을 느끼거나, 불충족되면 만족을 느낀다.

S 회의적 대답 : 일반적인 평가로서는 생각할 수 없는 회답(回答). 설문을 이해하지 못했거나 표현이 이상함 또는 응답자의 품질요소에 대한 이해도가 낮다는 것 등이 이러한 응답의 원인이 될 수 있다.

'기내 비품의 준비가 좋다', '식사가 나온다', '술이 나온다' 등이 매력적 품질로 평가되었고, '직원의 태도가 좋다', '탑승감이 좋다', '이상 시 서비스가 좋다' 등이 당연적 품질로 구분되었다. 여기서 당연하다는 의미는 아무렇게나 해도 좋다는 것이 아니라, '안전대책' 처럼 만약 충족되지 않는다면 중대한 클레임이 수반될 가능성이 있는 기본적 품질이라는 것을 알아야 한다.

따라서, 예를 들자면 당연적 품질은 고객이 좋아하는가 아닌가에 관계없이 완전히 확보하고, 일원적 품질은 타사와 같은 정도로, 매력적 품질을 세일즈 포인트로 뚜렷이 부각시키는 등의 제품전략을 세우는 것도 가능하다. 물론 일원적 품질도 고객의 요구가 크고 타사보다 압도적으로 좋으면 중요 세일즈 포인트가 될 수 있다는 측면도 고려할 필요가 있다. 품질의 집(HOQ)에 이러한 품질 구분 칸을 추가하여 기획 품질 선정에 활용할 필요가 있다.

품질의 이원적 인식방법에서 명심해야 할 사실 중 하나는 품질요소들이 동태성

◉ 표 11-11 품질항목의 구분

질문항목 \ 품질항목	매력적	일원적	당연적
① 지상 여직원의 접객 태도		○	
② 직원의 태도			○
③ 스튜어디스의 접객 태도		○	
④ 기내 비품의 준비	○		
⑤ 식사	○		
음료	○		
⑥ 탑승감			○
⑦ 전화	○		
TV	○		
⑧ 이상 시 서비스			○
⑨ 안전대책			○
⑩ 정보(방송)			○
⑪ 노선 수	○		
⑫ 소요시간	○		
⑬ 정시 운항		○	
⑭ 언제라도 탑승 가능		○	
⑮ 공항 내		○	
⑯ 공항까지의 교통수단			○
⑰ 예약		○	
⑱ 수속		○	
⑲ 요금		○	
⑳ 할인제도		○	
㉑ 이미지		○	

(動態性)을 갖고 있다는 것이다. 예를 들면 TV의 리모컨 기능이 처음 도입되었을 때에는 매력적 품질요소였지만, 오늘날에는 모든 TV에 리모컨 기능이 있으므로 이제는 당연적 품질요소가 되었다.

가노의 연구에 의하면 품질요소는 시간이 경과함에 따라 '매력적 평가 → 일원적 평가 → 당연적 평가'로 변화하는 진부화(陳腐化) 현상을 보인다고 한다. 따라서 경쟁우위를 확보하고 유지하기 위해서는 제품 및 서비스 개발 담당자들이 끊임없이 새로운 매력적 요소를 찾아내어 구현하고, 일원적 품질요소에 대한 충족도를 높이려는 노력을 계속하지 않으면 안 된다.

연습문제

01 고객의 범위를 다섯 가지로 구분하여 서술하시오.

02 고객 만족이란 궁극적으로 무엇으로 표현할 수 있는가?

03 고객 만족을 위한 품질경영에서 1-10-100 법칙과 10-10-10 법칙은 무엇을 의미하는지 서술하시오.

04 품질경영의 여덟 가지 기본원칙을 서술하시오.

05 고객의 소리(VOC) 데이터 수집의 5원칙은?

06 고객 집단을 편성하여 고객의 소리를 수집하는 진행 기술에서 경청의 방법 여섯 가지를 서술하시오.

07 Fisher의 고객방문 5원칙은?

08 품질기능 전개법에서 품질의 집(HOQ) 구성 요소 일곱 가지를 서술하시오.

09 서비스 품질의 측정이 어려운 점에 대해 서술하시오.

10 서비스 품질 평가를 위해 SERVQUAL 차원 다섯 가지와 고객이 사용하는 공통적이고 일반적인 준거 열 가지를 서술하시오.

11 매력적 품질요소, 일원적 품질요소, 당연적 품질요소, 무관심 품질요소, 역품질요소의 의미를 서술하시오.

참고문헌

김연성 외 5인, 『품질경영론』, 박영사, 2002.

Danaher, P. & Haddrell, V., "A Comparison of Question Scales Used for Measuring Customer Satisfaction", *International Journal of Service Industry Management*, 7(4), 1996, pp.4–26.

Focus Group, http://www.uth.tmc.edu/ut_general/admin_fin/cqi/fgcharacter.htm

Griffin, A. & Hauser, J., "The Voice of the Customer", MIT Marketing Center Working Paper

#91-2, January 1991.

Hallowell, R., "The Relationship of Customer Satisfaction, Customer Loyalty, and Profitability: An Empirical Study", *International Journal of Service Industry Management*, 7(4), 1996, pp.27-42.

Hauser, J.R. & Clausing, D., "The House of Quality", *Harvard Business Review*, May-June 1988; 서강 하버드 비즈니스, 1988. 11-12월호, pp.167-180.

Kawakita, J., *A Scientific Exploration of Intellect*, Kodansha, Tokyo, 1977, pp.49-70.

Parasuraman, A., Zeithaml, V.A., & Berry, L.L., "A Conceptual Model of Service Quality and Its Implications for Future Research", *Journal of Marketing*, 49, Fall 1985, pp.41-50.

Parasuraman, A., Zeithaml V.A., & Berry, L.L., "SERVQUAL: A Multiple-item Scale for Measuring Customer Perceptions of Service Quality", *Journal of Retailing*, 64(1), Spring 1988, pp.12-37.

Philip, G. & Hazlett, S., "The Measurement of Service Quality: A New P-C-P Attributes Model", *International Journal of Quality & Reliability Management*, 14(3), 1997, pp.260-286.

Shiba, S., Graham, A., & Walden, D., *A New American TQM: Four Practical Revolutions in Management*, Productivity Press, 1993.

부록

품질개선 도구

- 품질관리 기본도구
- 신 QC 7 도구

*본 부록은 『TQ 도입을 위한 도구 핸드북』(임태진, 숭실대 품질경영 시스템연구소, 2000)에서 일부 발췌함.

품질관리 기본도구

1. 히스토그램

히스토그램은 분포의 형태(shape), 중심위치(location), 산포(spread)를 파악하는 데 이용된다. 형태에 따라 다음과 같이 구분된다.

① 낙도형 : 오염된 분포가 소량 혼합된 경우
② 쌍봉우리형 : 두 가지 특성을 가진 하부 공정으로 분리된 경우

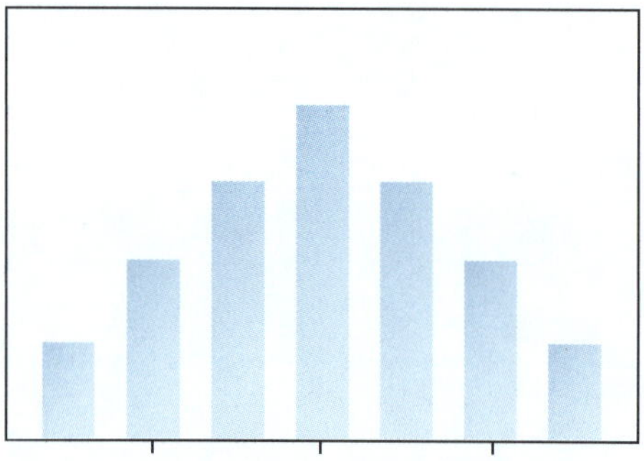

◉ **그림 A-1** 안정된 공정의 분포 형태

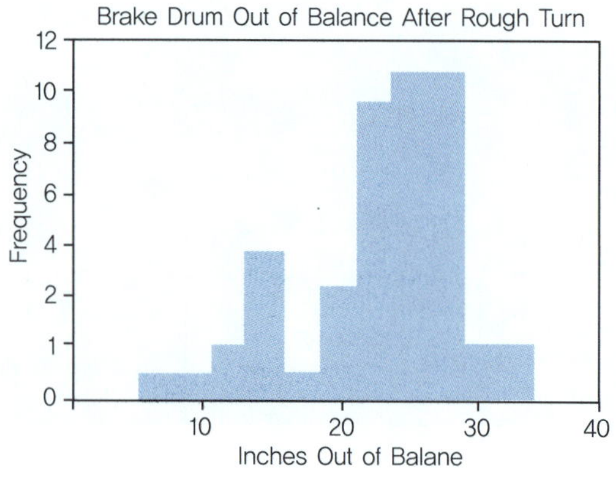

◉ **그림 A-2** 불안정(이상) 공정

③ 이 빠진 형 : 계측기에 문제가 발생하여 특정 값이 측정되지 않는 경우
④ 절벽형 : 산포가 커서 경계치 이하(이상)의 제품을 제외한 경우

안정된 공정이라 해도 원재료, 작업방법, 기계 · 측정기기 등의 원인에 의해 변동(산포)이 생기게 마련이다. 산포가 크게 나타나면 다음과 같은 원인을 규명하여 조처해야 한다.

① 우연 원인(chance cause) : 발견, 제거가 어려운 원인
- 허용범위 내에서의 변동
- 측정기의 정밀도, 측정오차

② 이상 원인(assignable cause) : 원인 발견, 제거가 가능한 원인
- 표준 미비, 작업 내용 미통일
- 작업표준대로 작업하지 못함, 작업 오류
- 설비의 불량, 고장

1) 도수분포표

모집단의 대략적인 분포형태, 중심위치, 산포 등을 파악하기 위한 데이터 정리방법이다. 연속형 데이터의 경우, 전체 데이터를 급구간에 따라 분류하여 작성한다. 도수분포표의 작성 순서는 다음과 같다.

① 데이터의 범위를 파악한다.
② 구간의 개수를 결정한다.
$40 \le n \le 100$ → 5~9
$100 \le n \le 200$ → 8~12
$200 \le n$ → 10~16
③ 구간 폭을 계산한다.
④ 구간별로 도수를 세어 기입한다.

히스토그램은 표본 데이터의 분포를 나타내므로 이를 통해 모집단 분포를 짐작할 수 있다. 대칭성, 치우침, 일관성까지 검토한다.

2) 중심과 산포

① 산술평균, 기하평균, 중앙값(median), 범위의 중앙값(mid-range), 최빈값(mode)
② 제곱합(sum of squares), 불편분산, 표준편차(standard deviation), 범위(range), 변동계수 $V_c = \frac{s}{\bar{x}} \times 100(\%)$

2. 특성요인도

특성요인도(cause-and-effects/fishbone/ishikawa/characteristic diagram)는 문제점(특성)에 대한 가능한 원인의 관계를 보여 주는 그림으로 생선뼈 그림이라고도 한다. 1953년 일본 가와사키 제철에 근무하던 이시카와 가오루에 의해 개발되었다. 특성요인도는 많은 내용을 한 장의 그림에 정리하여 일목요연하게 살펴볼 수 있으므로 그룹 활동이나 QC 분임조(circle) 활동에 자주 활용된다. 팀에서 제시된 의견을 특성요인도로 정리하여 개선해 나가는 것이다.

① 작성 순서

- 1단계 : 관심 있는 품질 특성의 결과(문제점)를 정한다. 즉, 문제점에 대한 정확한 정의를 먼저 내리고 이에 대한 의견의 일치를 보아야 한다.
- 2단계 : 큰 가지 화살표를 그린다. →□ : 품질 특성의 결과
- 3단계 : 4M(재료, 기계설비, 사람, 작업방법)에 의하여 큰 가지에 4개의 중간가지를 그린다. 서비스나 관리 프로세스의 경우, 4P(people, plant & equipment, policies, procedures)를 사용한다.
- 4단계 : "왜?"를 반복하면서 중간가지에 작은 가지를 덧붙이고, 조처를 취할 수 있는 요인을 적는다.

② 특성요인도의 장점

- 특성요인도를 작성하는 과정 자체가 바로 교육이다.
- 토론의 장을 제공한다.
- 문제의 원인을 능동적으로 발견할 수 있게 하고, 자료를 수집하도록 해 준다.
- 구체적 조처를 취할 수 있는 지침이 된다.

3. 파레토 그림

파레토 그림은 불량, 결점, 고장 등의 발생 건수(또는 손실금액)를 항목별로 나누어 크기 순서대로 나열해 놓은 그림으로서 '문제 항목 및 그 영향'을 파악하는 데 유용하다. 19세기 말 이탈리아 경제학자 Pareto가 수입과 부의 분배에 관한 연구를 하던 중, 소수의 사람들이 전체 수입의 대부분을 차지한다는 것을 발견한 데서 기인한다. Pareto는 이러한 현상을 아래의 수식으로 설명하였다. Juran은 이를 품질 문제에 적용하였다.

$$y = k \cdot x^{-a}$$

x : 소득의 크기, y : x 이상 소득의 백분율, k, a : 상수

파레토 그림의 작성 순서는 다음과 같다.

- 1단계 : 데이터(불량 건수 또는 손실금액)의 분류 항목 결정
  - 결과의 분류 : 불량 항목, 장소, 공정
  - 원인의 분류 : 재료, 기계 · 장치, 작업자, 방법
- 2단계 : 기간을 정하여 데이터 수집, 집계
- 3단계 : 세로축-도수 또는 백분율(상대도수)/가로축-분류 항목
- 4단계 : 막대그래프, 누적도수(꺾은 선)

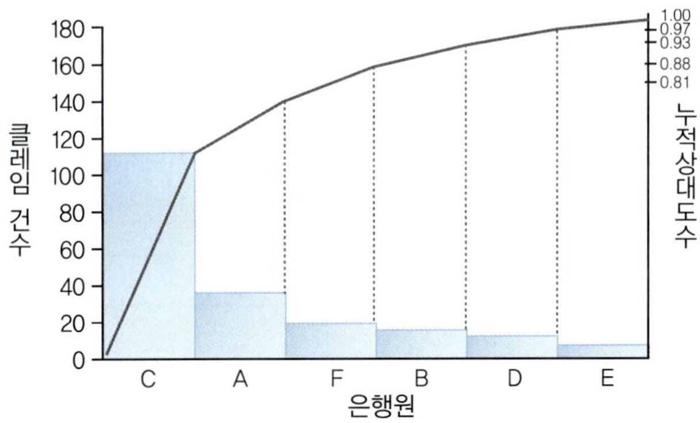

◉ **그림 A-3 은행원별 클레임 발생 건수에 관한 파레토 그림**

4. 체크시트

체크시트(check sheet)는 계수치(불량 수, 결점 수) 데이터가 어디 집중되어 있나 알아보기 위하여 불량, 결점의 발생 원인별 도수를 기록하는 도구이다. 일반적으로 사용되는 형태는 다음의 세 가지이다.

1) 계수표(tally sheets)

전사 그림유형	수
명세	날짜
로트 수	비고

결점유형	0 5	10	15	20	25	30	35	도수
숫자	卌	卌	//					12
마무리	/							1
색상 불량	//							2
핀홀 위치	卌	卌	卌	/				16
얼룩	/							1
명도 불량	///							3
흠집	卌							5

2) 분할표(cross table)

	교대			
결점유형	낮	저녁	밤	전체
핀홀 위치	//	卌 ////	//	12
숫자		卌 ///	//	9
흠집	//	//	///	7
명도 불량		//	卌 ///	9
	4	19	14	37

3) 위치도(location plot)

발생한 불량이나 결점의 위치를 그림으로 표시하여 특정 부분에 대다수의 결함이 집중되어 있는가를 쉽게 파악할 수 있다.

5. 산점도

산점도(scatter diagram)는 두 변수의 상관관계 연구에 사용되는 그림이다. 하나의 변수가 다른 변수의 원인이 됨을 증명하지는 못하지만 관계의 존재와 정도는 나타낼 수 있다. 두 변수를 각각 가로축, 세로축으로 구성한다. 즉, 2차원 평면상에서 두 변수의 측정치를 좌표 형태로 그리는 것이다.

산점도의 목적은 한 변수의 값이 변했을 때 다른 변수가 어떻게 변하는지 보여 주기 위함이다. 산점도는 두 변수의 관련성에 대한 가설을 세우고 검정하기 위한 예비 단계로 사용될 수 있다.

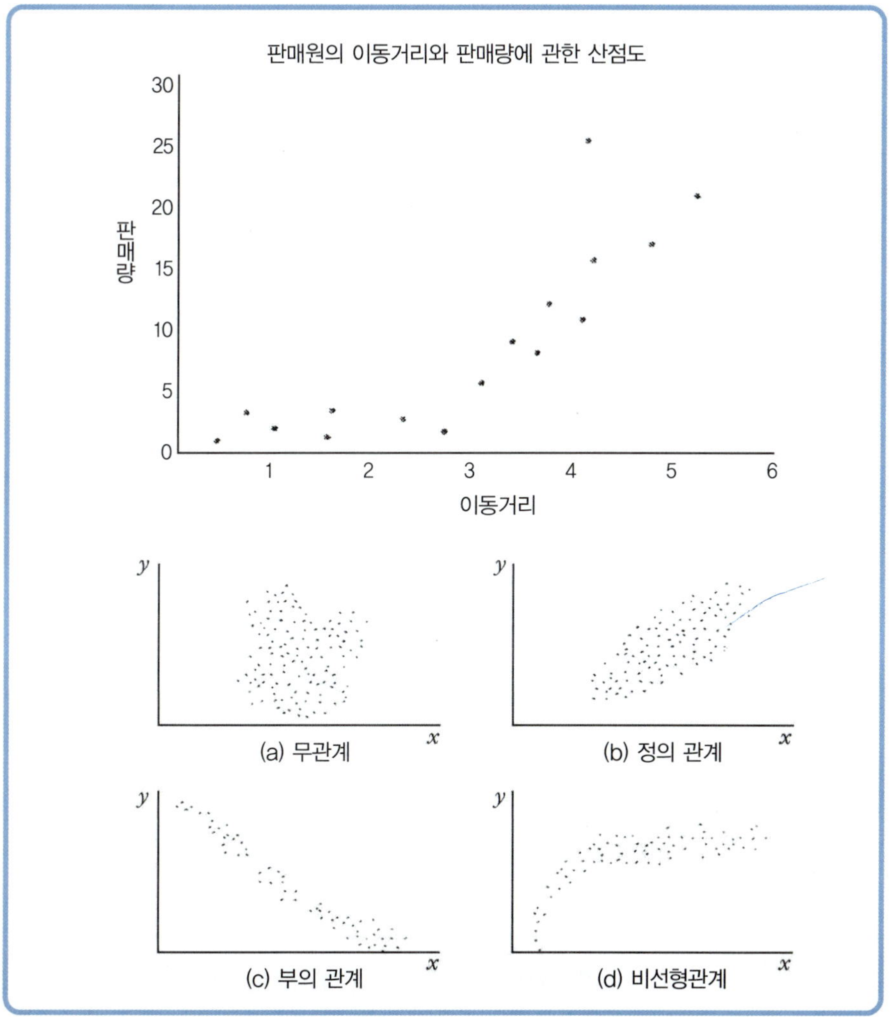

◉ **그림 A-4** 여러 가지 형태의 산점도

6. 층화

층화(stratification)는 특정한 요인에 따라 몇 개의 하부 집단으로 분류하는 것을 말한다. 공정 측정치에는 반드시 산포가 존재하게 마련인데, 산포의 원인이 되는 인자를 찾아내어 인자의 수준에 따라 층별하면 산포의 원인을 규명하는 데 도움이 된다. 따라서 공정의 산포를 줄이고 공정을 개선하여 품질을 향상시킬 수 있다.

히스토그램의 형태가 쌍봉 모양이라면 층화하여 각각의 히스토그램을 작성한다. 분리하여 작성된 그림을 층별 히스토그램이라고 한다. 층화의 대상이 되는 항목은 다음과 같다.

① 작업자 : 작업조, 숙련도, 성별, 연령 등
② 기계 : 라인, 위치, 구조 등
③ 재료 : 제작자(vendor), 구입 시기 등
④ 작업방법 : 작업 조건, 작업환경 등
⑤ 시간 : 오전/오후, 주간/야간, 계절 등
⑥ 측정검사 : 시험기, 계측기, 검사원

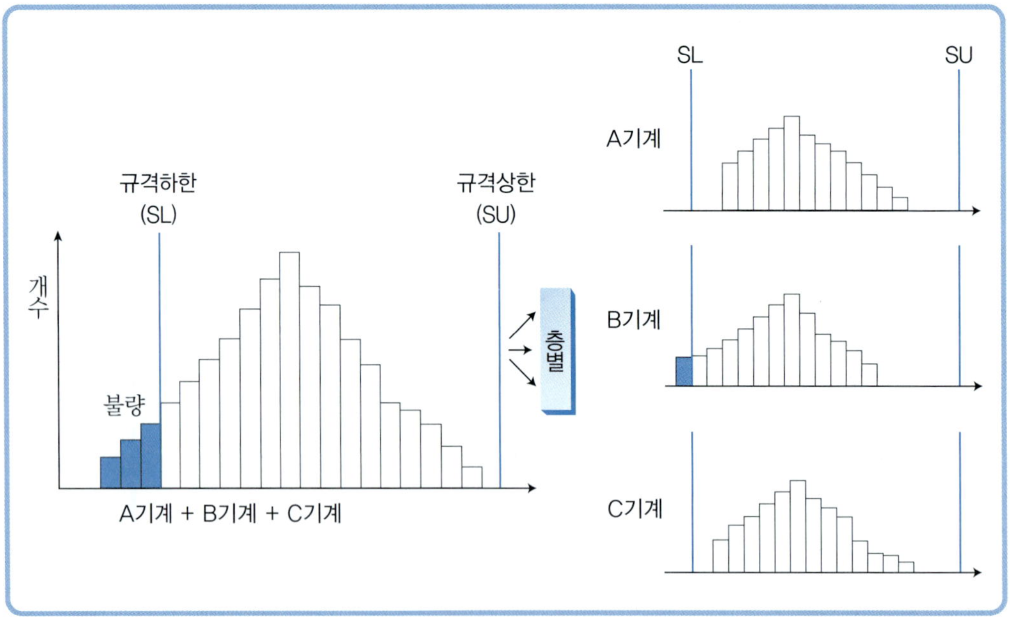

◉ 그림 A-5 층화

7. 관리도

관리도는 앞의 제7장에 자세히 설명되어 있다.

신 QC 7 도구

1. 신 QC 7 도구의 등장 배경

① 대상 문제의 변화 : 과거 '재발 방지의 QC'로부터 '예방과 계획에 주력하는 QM'으로

② 참여 부문의 확대 : 검사 부문 → 제조 부문 → 설계 → 연구 · 개발, 영업, 본사

③ 신제품 개발 등, PDCA 사이클의 적용 대상 및 기간 변화

④ 그룹 차원의 QM 중시 : 외주 거래처, 대리점, 업자 등의 참여 유도

⑤ 문제점에 대한 대책의 발상이 어려워짐 : 대책 열거 → 기술적 · 경제적 평가 → 해결수단 발굴

⑥ 중대사고 방지 : 설비의 자동화, 초소형 전자 기술 → 시스템 복잡 → 사고 예측 · 대비

⑦ 하이테크 시대에 어울리는 신규 사업 분야 진출 : 공격적 · 전략적 품질경영

2. 신 QC 7 도구의 특징

① 언어 데이터 이용

- 기술 정보, 시장 정보 → 언어 정보의 정리 → 잠재적 문제 · 대책 창출

② 문제해결의 계획 단계에 이용

- 혼란스러운 현상 파악 → 문제를 명확히 구조화
- 문제해결 수단의 탐색, 목적과 수단의 관련, 프로세스 관리의 실행
- 수단의 실시 순서 결정, 성공 가능성 제고 계획
- 발상의 유도, 누락 · 탈락 방지, 문제해결에 이르는 수단의 연쇄

③ 전 관계자의 협력 → 조직적 · 체계적으로 문제에 도전

- 복잡한 기술, 시장 정보의 정리
- 관계자의 이해 유도, 관심 호소
  - 생각하는 TQC, 생각하는 품질경영
  - 데이터 부족(신제품 개발) → 생각하는 방법 부과

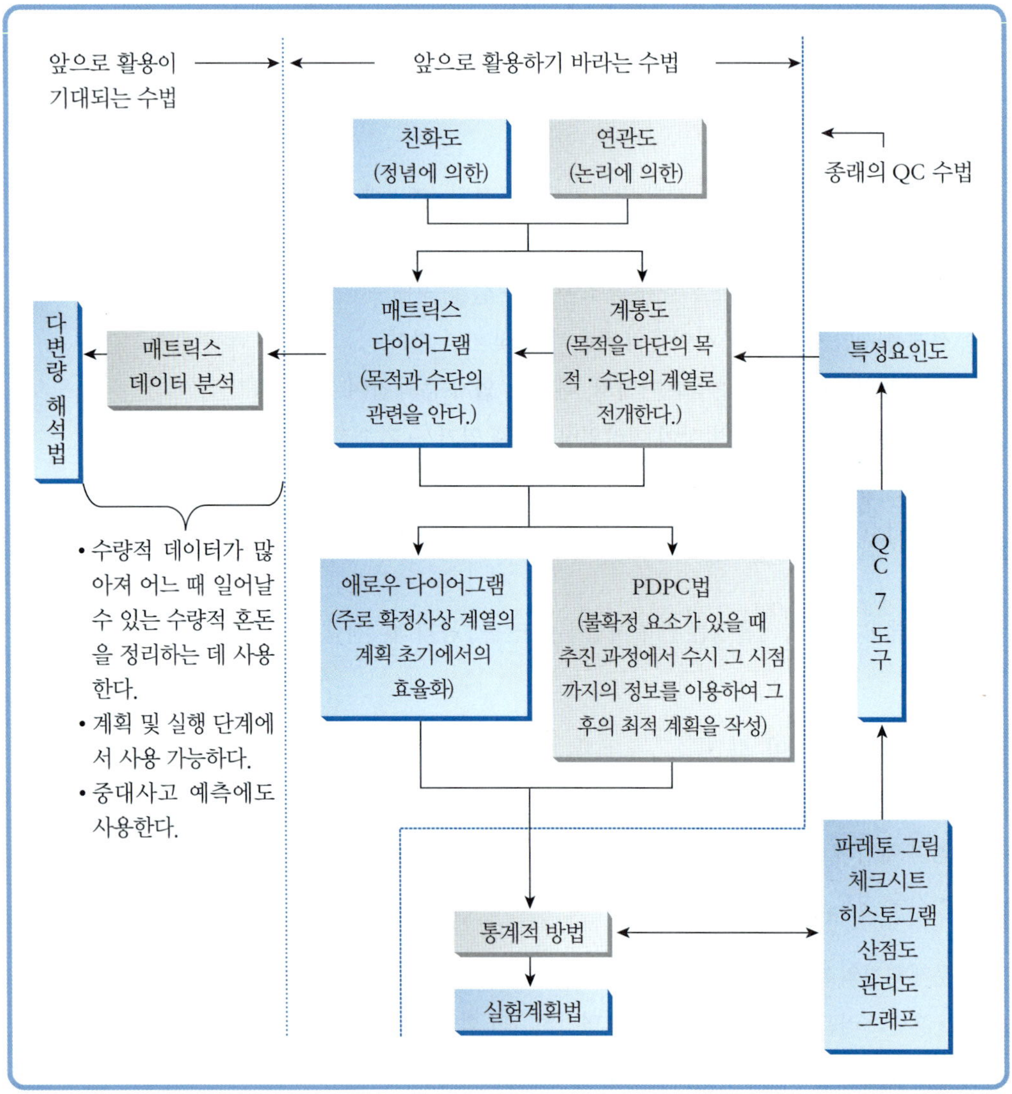

◉ 그림 A-6 '신 QC 7 도구'의 수법상 위치

3. 신 QC 7 도구의 분류

1) 예비계획용(혼돈의 정리)

① 친화도(유사성 다이어그램) : 아이디어들을 상호관계에 따라 정리

- 언어 데이터 수집 → 문제 명확화(구조적 유사성, 그루핑)

② 연관도(관련성 다이어그램) : 복잡한 상황 속에서 문제점과 아이디어들 간의 관련성 제시

- 인과관계를 (→)로 연결 → 근본(핵심) 아이디어

2) 중간계획 도구

① 계통도 : 문제해결, 목표 달성에 필요한 작업 및 방법 제시

- 수단 · 방법 전개 → 최적수단 · 방책 추구

② 매트릭스 다이어그램 : 관련된 주제에 대한 작업과 방법 요소들의 관계와 중요성에 대한 정보 제공

- 문제의 소재, 형태 탐색 → 문제해결

③ 매트릭스 데이터 분석 : 모든 핵심 데이터를 명확히 표현

- 상관도의 형태, 요소 간 관련 정량화
- 상이한 제품/시장 특성에 대한 전체적 윤곽 파악

3) 상세 분석 도구

① 과정결정 프로그램 차트(process decision program chart, PDPC) : 바람직한 결과에 이르는 과정 탐색

- 문제해결 계획의 개발 단계에서 미래 예측

② 애로우 다이어그램(PERT, CPM) : 문제해결에 요구되는 활동들 간의 관계 → 최적 일정계획, 진도관리

4. 신 QC 7 도구

1) 친화도

친화도(유사성 그림, affinity diagram)는 많은 양의 언어 자료(language data, 의견 · 아이디어)를 수집하여 자료들 간의 관계에 따라 그룹으로 나누는 방법이다. 자료 그루핑 과정을 친화 과정(affinity process)이라 한다. 미지, 미경험의 분야나 장래 문제를 취급하는 데 사용된다.

① 용도

- 많은 양의 데이터를 그룹화하기 위해(분류되지 않은 많은 데이터로부터 고객의 욕구를 알아내야 하는 경우)
- 규모가 크고 복잡한 이슈를 구조화하기 위해
- 새로운 사고 패턴을 장려하기 위해[친화 과정은 사람들이 지적으로 궁리하기보다 본능적 수준(gut level)에서 반응하도록 하는 탁월한 방법이다. 친화도를 만들기 위한 첫 단계가 브레인스토밍이다. 비평 없이 아이디어를 생각하게 하므로 이는 종종 전통적 · 고정적 사고를 깨기에 충분한 자극이 되고 팀이 창의적인 아이디어를 개발하게 한다.]
- 이슈나 상황에 대한 합의를 얻기 위해(그룹화할 아이템의 수가 15개 이하일 경우는 친화 과정을 사용하지 않고 대신에 의사결정 도구를 사용할 수도 있다.)

② 절차

- 1단계 : 주제를 설정한다.
- 2단계 : 브레인스토밍으로 아이디어(언어 데이터)를 수집한다. 참가자는 각기 자신의 아이디어를 접착 카드(post-it card)에 기록한다.
- 3단계 : 아이디어를 공개한다(데이터 카드 전개). 칠판이나 벽에 아이디어 카드를 무작위로 배열하여 부착한다.
- 4단계 : 아이디어를 관련된 것끼리 그룹화한다. 참가자들은 이야기를 하지 않고 다음과 같은 방식으로 부착된 아이디어 카드를 옮겨 부착하여 카드를 분류한다.
  - 관련되어 보이는 아이디어를 떼어 내어 한쪽에 열(column)로 배열하고 부착하여 하나의 아이디어 그룹을 만든다.
  - 만들어진 아이디어 그룹과 관계된 아이디어를 찾고, 발견된 아이디어는 해당 아이디어 그룹에 추가한다(이동 부착한다).

– 분류되지 않은 다른 아이디어들 중에서 상호 관련된 아이디어를 찾고, 동일한 방법으로 새로운 그룹을 만든다.

– 모든 아이디어가 그룹으로 분류될 때까지 동일 과정을 반복한다.

• 5단계 : 아이디어 그룹별로 표제 카드를 만든다. 표제는 그룹 내 아이디어들 사이의 본질적 연결관계를 표현한다. 친화 과정에 참여하지 않은 사람에게도 의미가 잘 전달되는 것으로 한다.

– 그룹에 속한 카드 중에서 그룹 표제로 사용될 수 있는 카드를 찾고 이를 그룹 열 맨 위에 이동 부착하거나 참가자들이 표제로 사용될 문구를 토의, 합의하여 표제를 만든다.

– 둘 이상 그룹 간의 관련성을 찾아 그 관련성을 표현하는 상위 표제를 만들어 붙이고, 상위 표제 밑으로 관련 그룹 표제를 이동 배치하고 표제 밑에 관련 그룹의 카드를 배치한다. 동일한 방법으로 최상위 표제 카드를 만든다.

– 최종 1장의 표제 카드를 구성할 때까지 4단계와 5단계를 반복 수행한다.

• 6단계 : 도표의 맨 위에 문제(problem statement)를 적는다.

– 표제 카드와 상위 표제 카드들을 아이디어 그룹 위에 위치시킨다.

– 아이디어들과 분류 그룹을 검토하여 명확화한다.

– 최종적인 친화도를 완성한다.

• 7단계 : 발표하고 보고서를 정리한다.

③ 유의사항

• 상호 대화 없이 아이디어를 마음대로 표현하게 한다. 이는 대부분의 사람들에게는 새로운 경험일 것이며, 두 가지의 긍정적 결과를 갖는다. 즉, 유용한 사고는 촉진하고 무의미한 논쟁은 지양하게 하며, 어느 특정한 사람의 영향력을 방지한다.

• 자료를 분류하는 데 애쓰지 말고 단지 자신이 본 것에 대한 빠른 반응을 하도록 팀원들을 장려하다. 신중한 생각보다는 스피드를 주문하여 친화 과정이 진행되도록 한다.

• 특정 아이디어가 특정 그룹으로 분류되는 것이 내키지 않는 팀원은 스스로 해당 아이디어를 다른 그룹으로 이전하게 함으로써 다른 사람과 의견을 달리해도 괜찮다는 환경을 만들어 준다. 만일 일치된 의견으로 모아지지 않는다면 별도의 칠판을 복제해 준다.

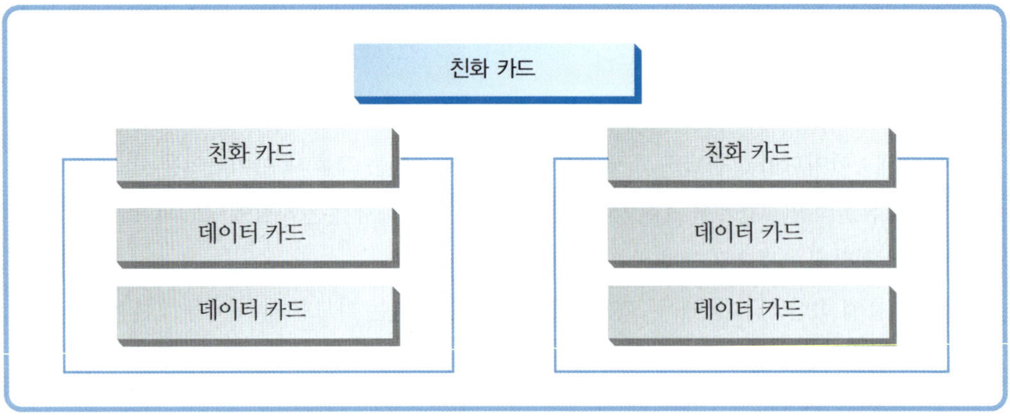

◉ 그림 A-7 친화도의 개념

친화도 사례

- 최고경영자의 지적사항을 정리하는 문제 → 사장의 인간관, 기업관 등을 정리
- 장래의 상황 예견 → 앞으로의 품질보증은 어떻게 될까?
- 바람직한 모습을 분명히 하는 사례 → 좋은 사무실 환경은?

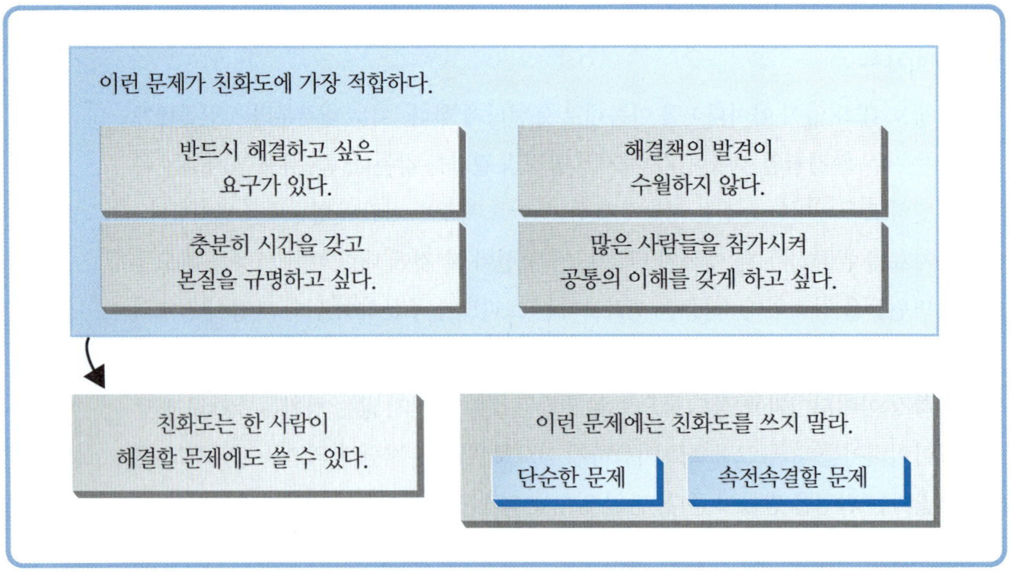

◉ 그림 A-8 친화도를 적용해야 할 문제

◉ 그림 A-9 '앞으로의 QA는 어떻게 될까?'의 친화도(일부)

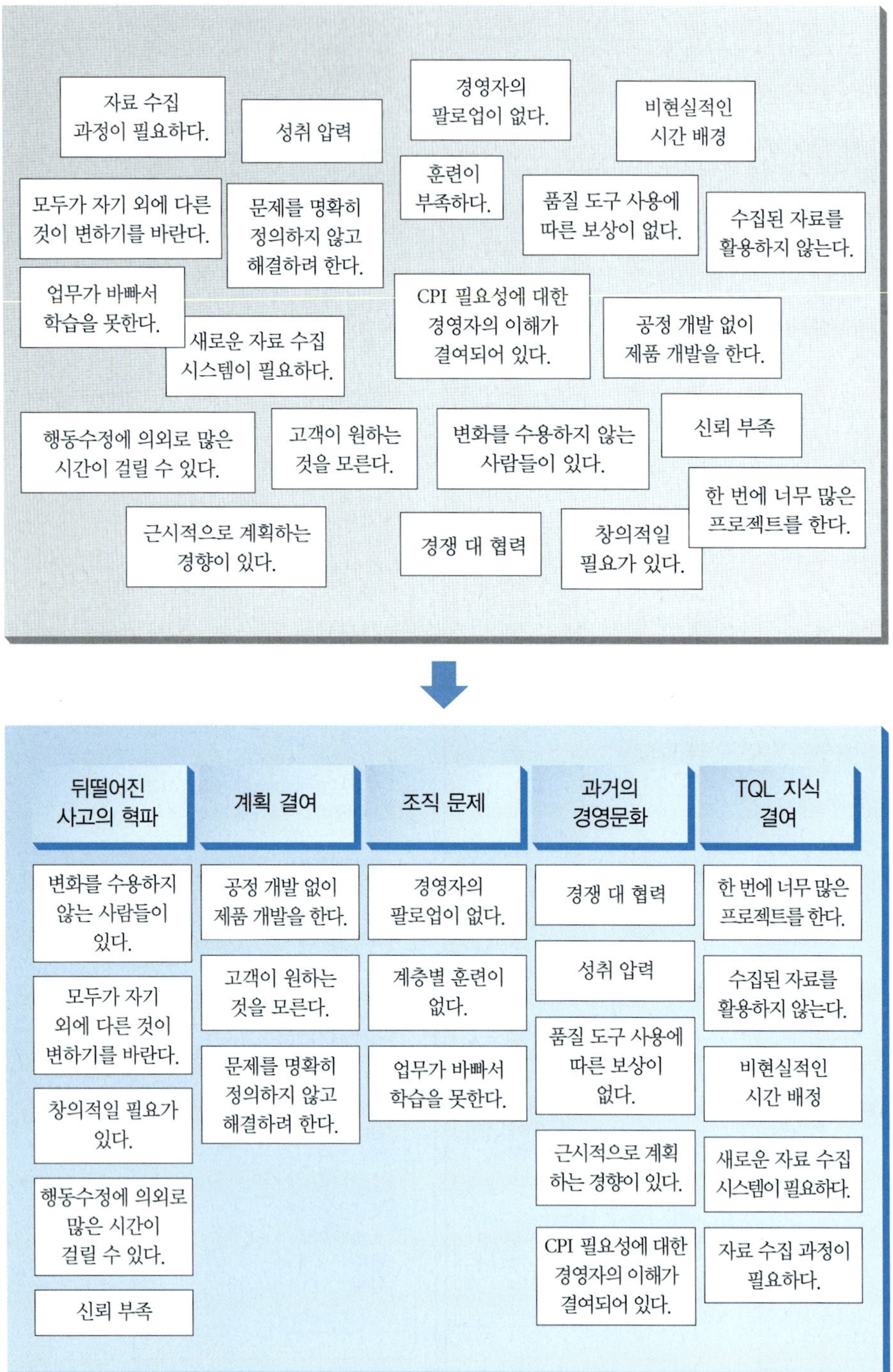

◉ 그림 A-10 지속적 프로세스 개선(CPI) 실행상의 문제

2) 연관도

연관도(interrelations diagram)는 문제에 영향을 미치는 다수 원인이 복잡하게 얽혀 있는 경우, 복잡한 원인을 언어 데이터로 포착하여 그 인과관계나 원인의 상호관계를 밝힘으로써 주요 원인을 발굴하고 문제해결을 도모하는 방법이다. 이는 특성요인도를 폭넓게 개선한 것인데, 형식에 구애받지 않으므로 복잡한 원인 사이의 인과관계를 밝히기 쉽고, 새로운 발상의 전환이나 참가자의 의견 일치를 도모할 수 있다.

① 용도

- 복잡한 이슈 중에서 핵심 이슈, 근원적 원인을 식별하기 위해
- 정보가 불충분한 경우, 의사결정에 포함시켜야 할 핵심 요인을 식별하기 위해

② 절차

- 1단계 : 문제 기술 카드를 만든다. 원인을 데이터 카드에 기입(주어+술어)
- 2단계 : 1차 원인, 2차 원인으로 전개한다. 사전에 수행한 친화도나 브레인스토밍 결과를 가지고 문제 관련 이슈로 삼을 수도 있고, 팀원들이 새로운 관련 이슈

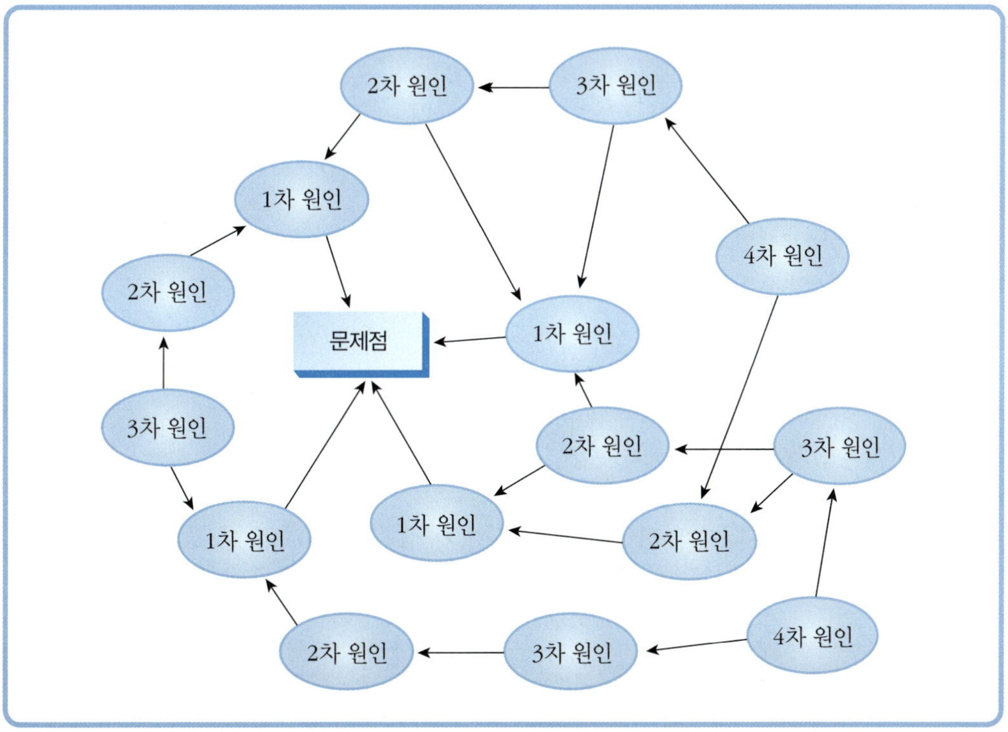

◉ 그림 A-11 연관도의 작성

를 제창해서 만들 수도 있다.

- 3단계 : 문제 관련 이슈들을 카드에 기록하여 칠판에 부착한다. 각 이슈를 짝으로 하여 친화관계가 있는지를 판정한다. 비친화관계, 약한 친화관계, 강한 친화관계로 구분한다. 친화관계가 있다면 원인 카드에서 결과 카드로 화살표를 그리되 강한 친화관계는 굵은 화살표, 약한 친화관계는 점선 화살표로 그린다. 같은 방식으로 모든 이슈쌍(paired issues)에 대해 관계를 그린다.
- 4단계 : 화살표를 집계한다. 점선 화살표는 0.5, 보통 화살표는 1, 굵은 화살표는 1.5로 하여 이슈 카드별로 들어오는 화살표 집계 값과 발원하는 화살표 집계 값을 계산한다. 나가는 화살표가 많다는 것은 그 이슈가 근원 원인(root cause)임을 나타내고, 들어오는 화살표가 많다는 것은 그 이슈가 결과(outcome)임을 나타낸다.

연관도 사례

- ■ 공정 지연의 원인 분석
- ■ 시장 클레임의 원인 분석
- ■ 수주목표 미달 원인 분석
- ■ 제품가격의 결정 요인
- ■ 매력과 신뢰가 있는 회사란?

■ 내년의 수주목표 달성을 위한 실시계획
→ 금년도 수주목표의 미달 원인 분석
→ 지난 1년간의 수주 활동에 대한 실적 조사

■ 문제점 : "수주목표가 달성되지 않는다."
■ 원인
- 상담에는 참가했지만 수주하지 못함
- 구입 정보를 갖고도 상담에 참가하지 못함
- 구입 정보를 입수하지 못함

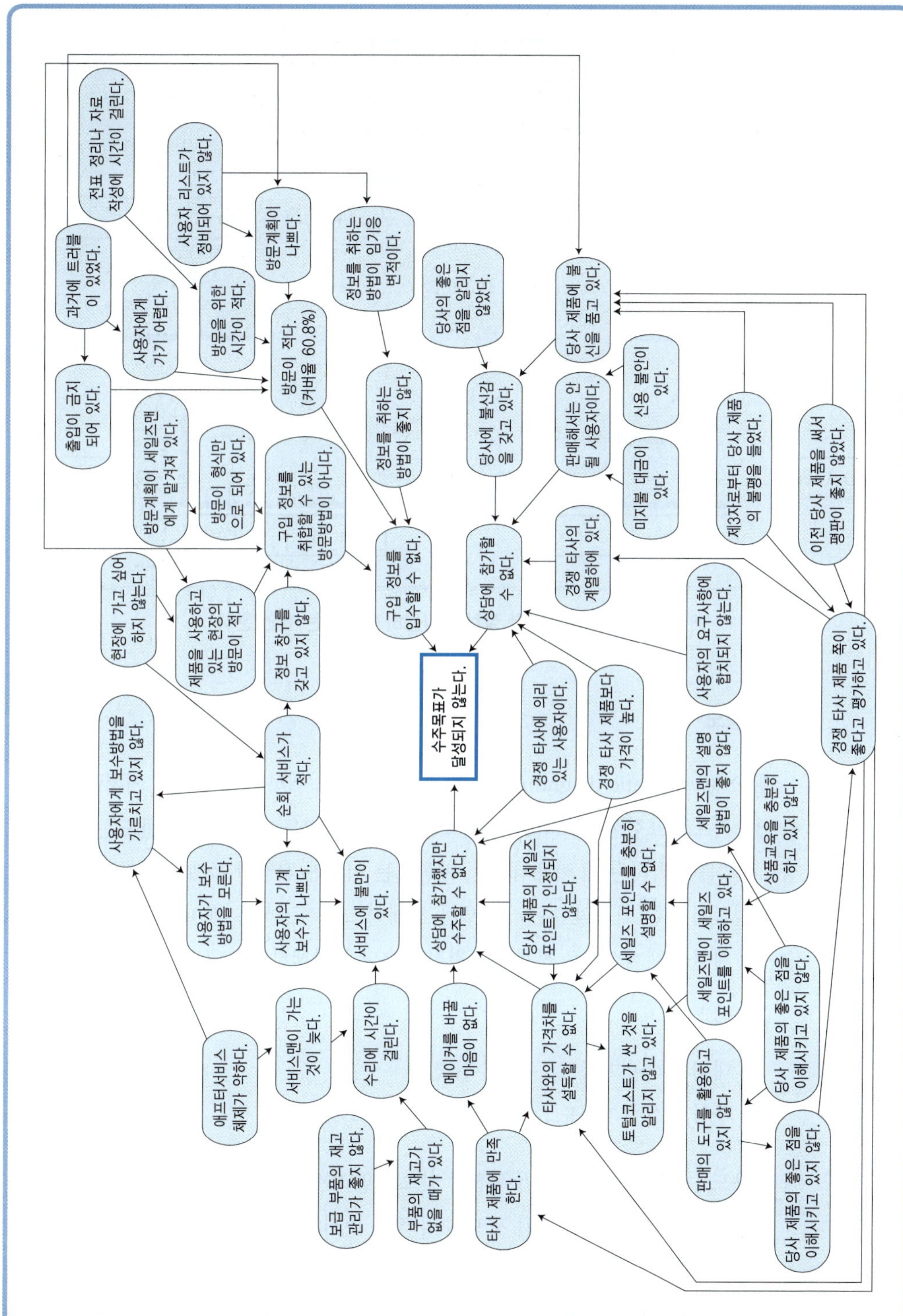

◉ **그림 A-12** 연관도(수주목표가 달성되지 않는다)

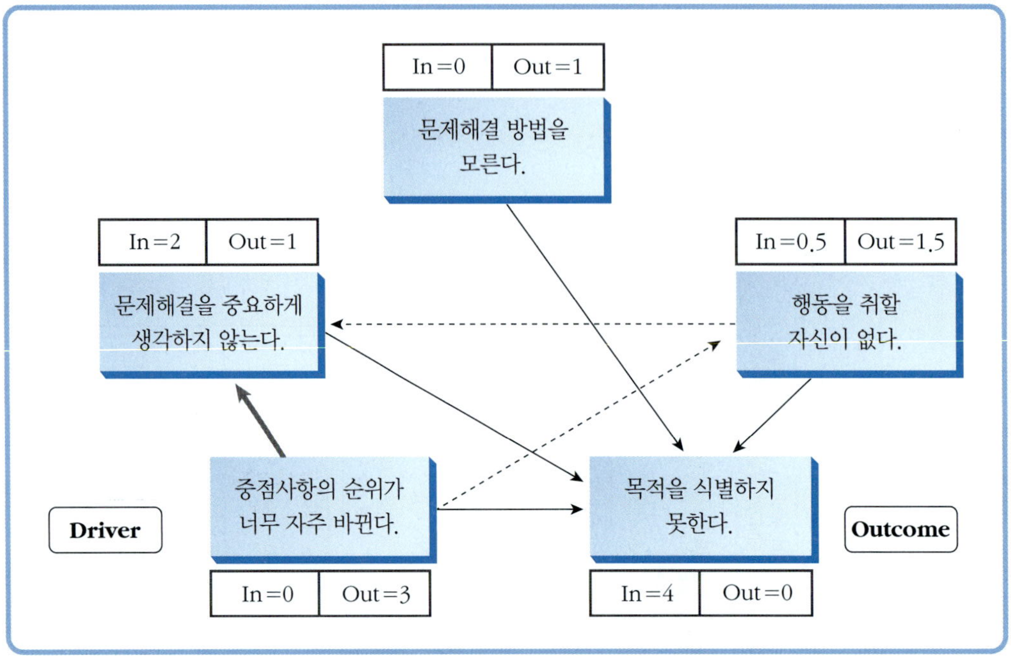

◉ 그림 A-13 문제해결 절차를 사용하지 못하는 원인 분석

3) 계통도

계통도(systematic diagram)는 목적이나 과업을 성취하는 데 반드시 거쳐야 할 단계를 계층적으로 표현한 도표이다. 친화도는 문제의 성격을 파악하고, 연관도는 그것들의 상호관계를 파악하는 데 이용되지만, 계통도는 이렇게 결정된 문제를 해결하거나 목표를 달성하기 위한 최적의 수단과 방법을 체계적으로 추구하는 데 사용된다. 즉, 목적 · 수단의 계열을 체계적으로 전개하여 최적의 수단을 탐색하는 도구라고 할 수 있다.

① 종류

- 대책 전개형 계통도 : 해결수단 전개
- 구성 요소형 계통도 : 요구 품질을 구성 요소로 전개

② 용도 : 과업의 실행 순서가 복잡할 것으로 알려져 있거나, 핵심 단계가 누락되면 그 결과가 심각할 때, 연관된 제 단계의 적용 순서(sequence)를 개발하는 도구이다. 즉, 문제해결 수단이 누락되는 것을 방지하고, 새로운 수단의 발상을 도모하는 데 유용하다. 또한 관계자 설득, 합의에 도움이 된다. 계통도는 생산목표 달성, 효율적 유통구조의 구축, 연구 · 개발의 효율성 증대, 고품질 달성 등의 목표를 위한 구

체적 수단의 전개에 이용된다.

③ 절차

- 1단계 : 문제 설정 → 이슈/문제/목표를 적은 카드를 칠판에 부착한다.
- 2단계 : 1차 수단 선정 → 이슈/문제/목표를 해결하기 위해 반드시 완료해야 할 과업을 카드에 기록하고 칠판에 계층적으로 배치한다.
- 3단계 : 1차 수단을 목적으로 2차, 3차, 4차 수단 선정 → 카드를 계층별로 왼쪽에서 오른쪽으로 배열하며, 오른쪽으로 갈수록 계층적으로 세부화된다. 오른쪽에 배열된 하위 계층 과업은 왼쪽 상위 계층 과업을 위해 반드시 완료되어야 하는 것들이다.
- 4단계 : 목적-수단 관계의 모순 검토 → 카드 위치 확정 → 선으로 연결한다. 계층 사이의 모순을 점검하고, 프로젝트가 완료될 수 있도록 제 과업을 할당한다.
- 5단계 : 최고차 수단 평가, 실행수단 선정

계통도 사례

■ 신 QC 도구(N7)를 사내에 보급, 실행 대책을 계통도로 전개
- 품질분임조 활동을 유효하게 지원하기 위해서는 …
- 수주목표를 달성하기 위해서는 …
- 연구 · 개발의 효율을 향상시키기 위해서는 …

■ 각종 제품의 요구 품질, 설계 품질, 관리 특성의 전개(품질표)

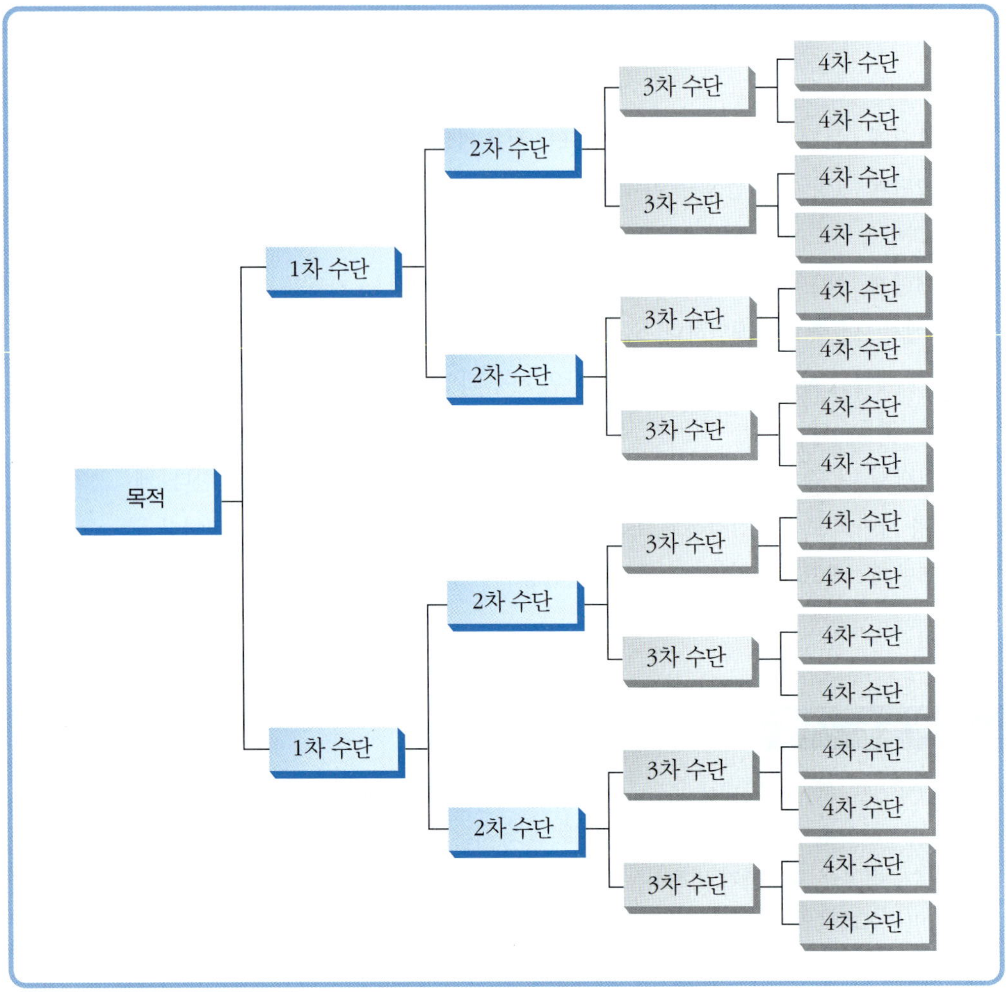

◉ 그림 A-14 계통도의 작성

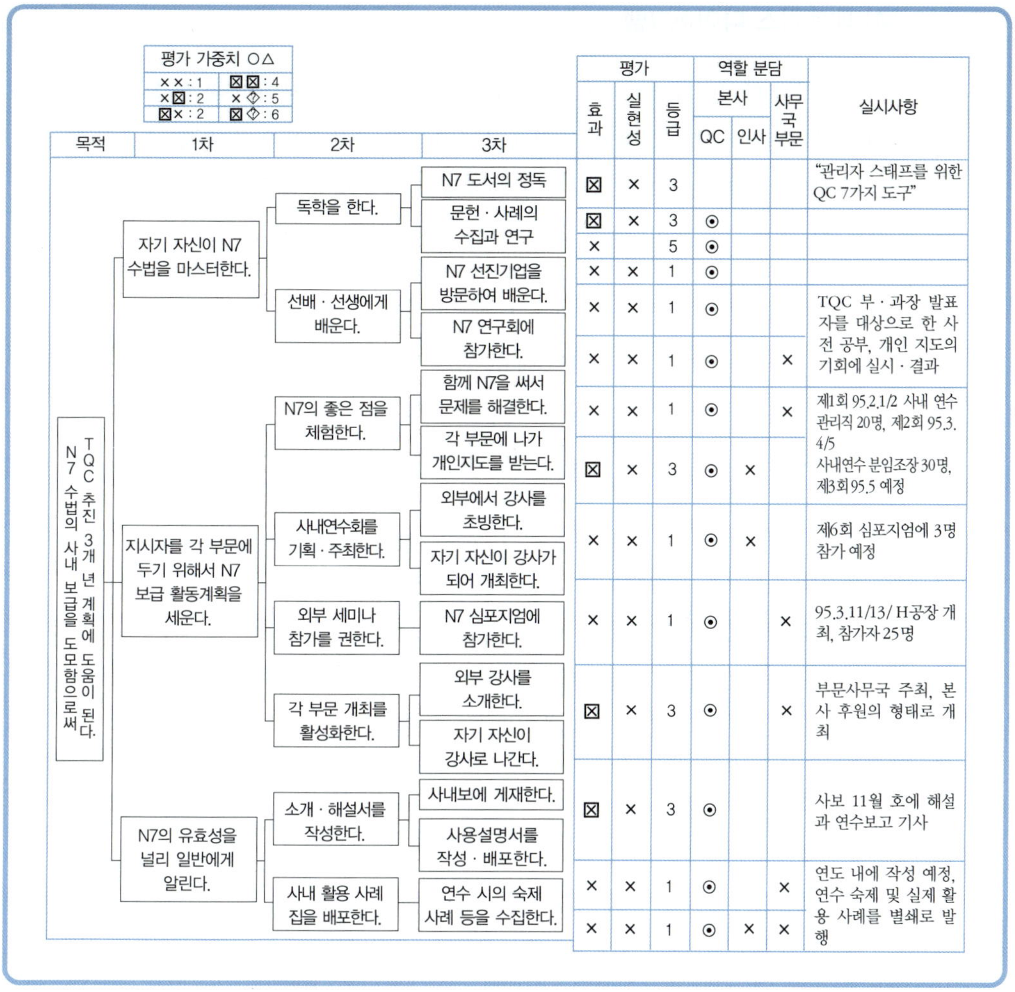

◉ 그림 A-15 'N7 수법'의 사내 보급을 도모하기 위한 계통도

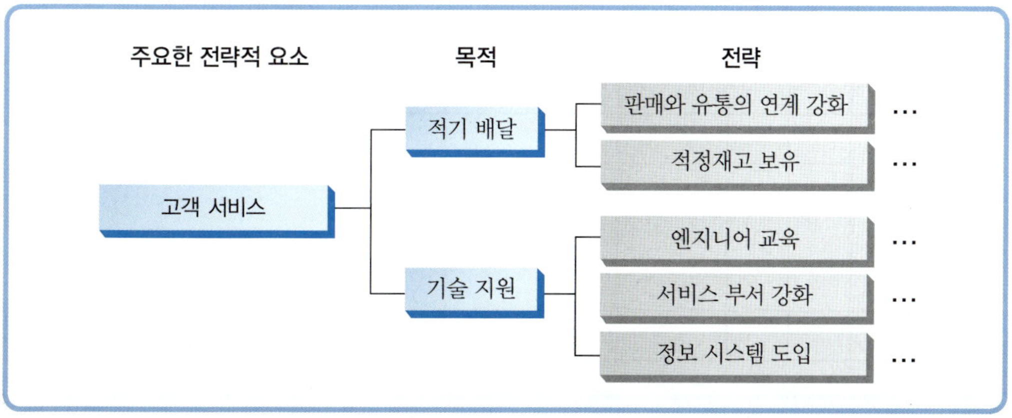

◉ 그림 A-16 계통도의 예

4) 매트릭스 다이어그램

매트릭스 다이어그램(matrix diagram)은 원인과 결과 사이의 관계, 목표와 방법 사이의 관계를 밝히고 이들 사이의 상대적 중요도를 나타내기 위하여, 행 요소와 열 요소로 구성되는 매트릭스의 교점에 착안하여 문제의 소재나 형태를 탐색하고 문제해결의 수단을 검토하는 방법이다.

① 유용 분야

- 다수의 목적과 해결수단이 대응, 양자가 서로 복잡하게 얽혀 있는 문제의 정리, 전체의 구성을 한눈에 파악
- 현상, 원인, 대책 등 세 종류 이상 항목의 요소 정리 → 문제 소재

② 용도

- 프로젝트를 완료하도록 과업을 할당하기 위해
- 다중 특성을 가지고 있는 여러 대안을 비교하기 위해
- 원인과 결과 사이의 관계, 목표와 방법 사이의 관계를 밝히고 이들 관계의 상대적 중요도를 나타내기 위해

③ 절차

- 1단계 : 올바른 선택, 할당을 위해 중요한 요소들을 결정한다.
- 2단계 : 사용할 매트릭스 유형을 선정한다.
  - L형 매트릭스 : 2개 요인으로 비교
  - T형 매트릭스 : 3개 요인으로 비교, 직간접적 관계를 보여 준다.

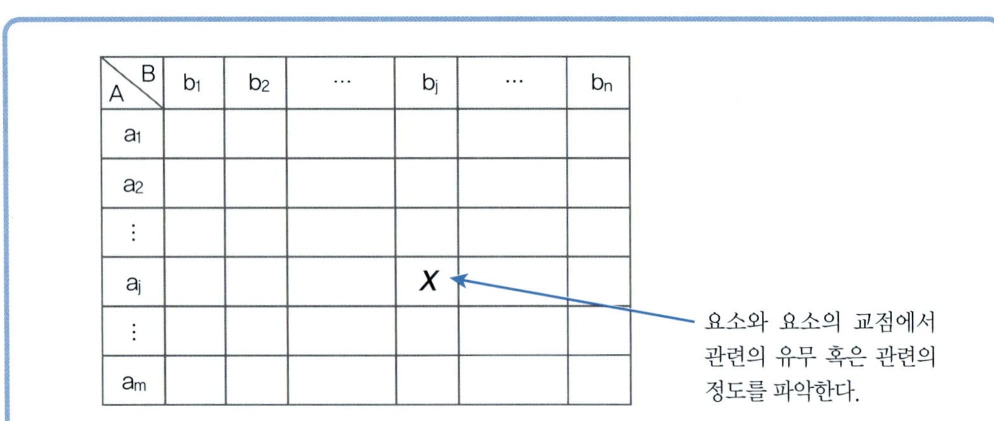

◉ 그림 A-17 매트릭스 다이어그램의 개념

– Y형 매트릭스 : 3개 요인으로 비교, 직접적 관계만을 보여 준다.

- 3단계 : 사용할 관계 심벌(relationship symbols)을 선정한다.
- 4단계 : 적절한 요인과 심벌로 매트릭스를 만든다.
- 5단계 : 매트릭스를 검토하여 적절한 결론은 끌어낸다.

④ 작성 순서 예(신제품 개발, 설계)

1. 제품 콘셉트 설정
2. 사용자 요구 카드에 기입
3. 카드 분류
4. 추상도가 높은 순으로 카드 나열
5. 대용 특성 결정
6. 사용자 요구와 대용 특성을 매트릭스 다이어그램에 정리
7. 대응 강도의 순으로 ◎, ○, △의 기호를 붙임(◎ 강한 관계, ○ 중간관계, △ 약한 관계)
8. 대용 특성의 각 항목 내용 설정 → 설계

⑤ 주의점

- 연관도, 계통도 → 매트릭스 다이어그램
- 목적에 따라 적절한 매트릭스 다이어그램의 축 요소와 형식 선택

매트릭스 다이어그램 사례

- 요구 품질 ↔ 대용 특성
- 보증 특성 ↔ 시험측정 항목
- 불량 원인 ↔ 공정
- 제품 기능 ↔ 공정 기능
- 상위 방침 ↔ 실시 결과의 반성사항
- 보증 특성 ↔ 공정관리 항목
- 특성 ↔ 요인
- 관리 기능 ↔ 업무 기능
- 하드웨어 기능 ↔ 소프트웨어 기능

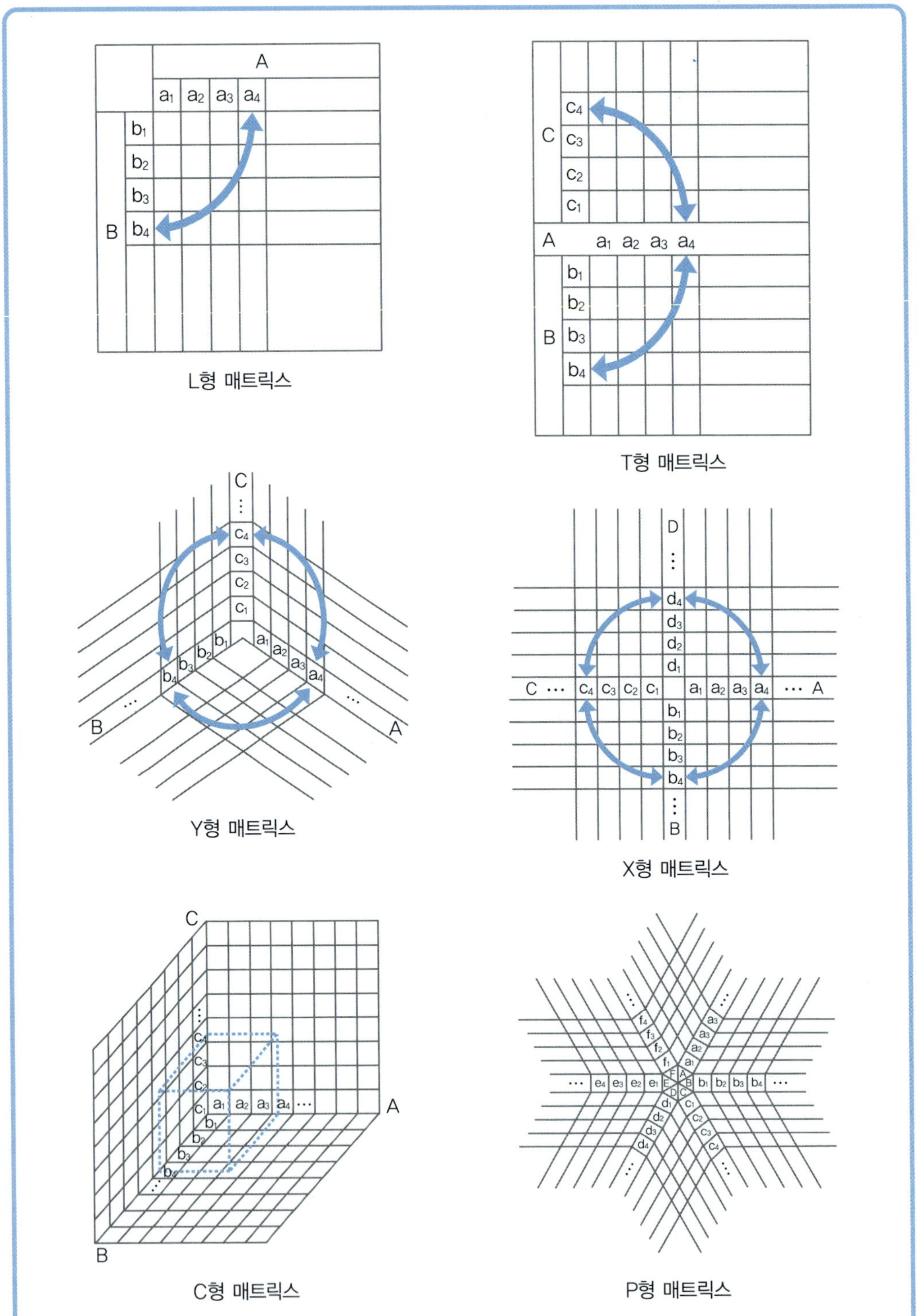

◉ 그림 A-18 매트릭스 유형

◉ 표 A-1 예 : 품질분임조 활동 활성화의 현상, 원인, 대책

테마 달성 건수 연 1건	◎	○	◎	○	△
쉬는 분임조가 50% 있다.	○	△	◎	◎	◎
현상 / 원인 / 대책	QC 스토리를 직접 체험하고 있지 않다.	상사가 개선에 연결된 조언을 하지 않는다.	리더가 QC 수법을 익숙하게 쓸 수 없다.	상사가 업무 최우선에 지나치다.	사무국이 지도방법을 알지 못한다.
대학에서 조언을 얻는다.	○		◎		○
각사 사무국을 방문한다.	△		○	△	◎
부지런히 물어보러 간다.			△		○
각종 데이터를 N7로 해석한다.		△			○
품질분임조의 관리자 교육을 받는다.		◎		◎	
관리자 품질분임조를 행한다.		○	△	○	
담당하는 분임조와 간담회를 갖는다.	○	◎		○	
다른 분임조 활동을 관찰한다.	◎	○	△	○	○

→ '다른 분임조 활동 관찰'이 효과적

5) 매트릭스 데이터 분석

매트릭스 다이어그램에 배열된 많은 수치 데이터를 보기 좋게 정리하는 방법이다. 즉, 매트릭스 다이어그램에 나타난 여러 요인 간에 존재하는 관계 정도를 수치화하는 데 이용된다. 각 요인에 대한 가중치와 우선순위를 결정할 점수체계를 사용한다. 하나의 개체에 대한 다수의 관측치를 이용하여 상관관계를 해석하고, 전체 변동을 소수의 합성 변수에 의한 변동으로 설명하는 다변량 해석 수법이다.

여러 요인을 행렬에 나열하며 각각의 평가에 따라 수치를 기입한 후 요인, 성능, 수단의 평균과 표준편차를 구하고 표준화하여 각 요인별 상관관계도를 작성한다. 이를 통해 관련성이 가장 큰 요인 간의 관계를 파악하고, 고유치와 고유벡터의 계산을 통해 각 요인이 전체 정보량에서 차지하는 비율을 계산한다. 즉, 주성분 분석법으로 품질 특성에 영향을 미치는 주원인을 밝혀낸다.

매트릭스 데이터 분석법은 신 QC 도구 중 유일한 수치적 방법이며, 계산 과정에서 컴퓨터 이용이 필수적이다.

① 절차

- 1단계 : 데이터를 매트릭스로 정리
- 2단계 : 행간, 열간의 상관행렬(또는 분산–공분산 행렬) 계산
- 3단계 : 고유치, 기여율, 누적기여율 계산 → 주성분 결정
- 4단계 : 주성분 득점 결정
- 5단계 : 주성분 득점의 산포 상태를 그래프화

② 주의사항

- 표본의 수는 평가 항목의 수보다 커야 한다.
- 평가 항목은 해석 결과를 근거로 여러 번 바꾸어 반복해야 만족스러운 결과를 얻을 수 있다.

매트릭스 데이터 분석 사례

■ 오토바이 35대, 10개 특성 → n=350

오토바이	가격	전장	전폭	높이	중량	연비	출력	토크	시동방식	탱크 용량

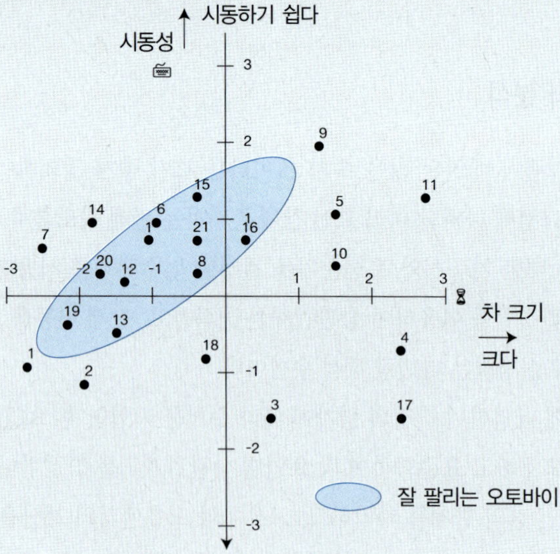

6) 과정결정 프로그램 차트

과정결정 프로그램 차트(process decision program chart, PDPC)는 하나의 프로젝트를 실행하면서 발생할 수 있는 모든 사건과 그 대안들을 사전에 결정할 수 있도록 도표로 나타내는 기법이다. 즉, 프로젝트 수행에 있어서 발생할 수 있는 모든 가능한 사건과 중대사태에 대해 바람직한 결과에 이르는 프로세스를 정하는 방법이다.

① 용도

- 실행되지 않았던 위험이 내포된 계획을 실행하는 데 발생할지도 모를 모든 우발사건을 탐색하기 위해
- 복잡하고 실패 결과가 심대한 계획을 실행하기 위해
- 일반적으로 시간이 제약되어 우발적으로 발생하는 문제를 다루기에는 시간이 부족한 계획을 실행하기 위해
- 불확정 요소를 포함하는 경우의 일정 진척 관리

② 절차

1. 해당 프로세스와 발생할 수 있는 우발사건을 잘 알고 있는 팀을 선정한다.
2. 계획에서의 활동 흐름을 결정하고 활동을 흐름도로 나타내거나 순서적으로 배열한다.
3. 시간적으로 반드시 앞서 수행되어야 하는 활동을 나타낸 나무도표(tree diagram)를 만든다.
4. 나무도표의 각 계층마다 "무엇이 잘못될 수 있는가?"를 질의하고 우발사건을 도표에 표기한다.
5. 위 단계에서 식별된 문제별로 그럴듯한 문제 설명과 해를 결정하고 나무도표에 해를 표기한다.

③ 작성방법

1. 주제(실시목표) 결정
2. 일련의 수단, 예상 상태를 데이터 카드에 기입
3. 데이터 카드를 시계열 배열, 목표 달성 가능 경로 연결
4. 실행의 곤란, 실패 예상 → 데이터 카드 추가
5. 이상 상태, 새로운 사태 → 2차 계획
6. 5번 단계 반복

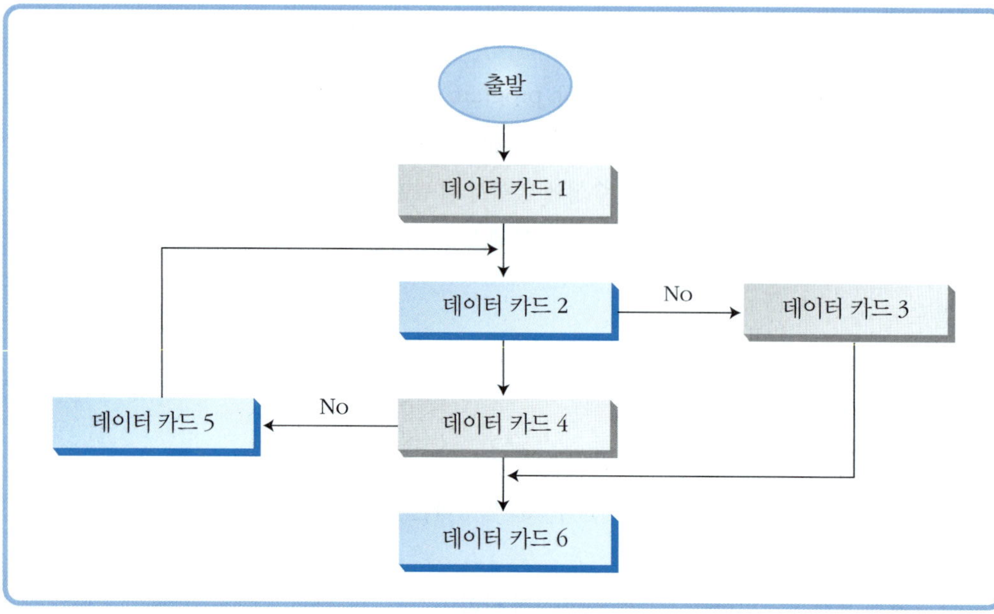

◉ **그림 A-19** PDPC의 작성

7) 애로우 다이어그램

애로우 다이어그램(arrow diagram)은 PERT(program evaluation and review technique)/CPM(critical path method) 차트의 또 다른 표현이며, 프로젝트 종료 이전에 반드시 순서적으로 완료되어야 하는 단계들을 그래프로 표현한 것이다. 목표 달성을 위해 필요한 실시사항(activity)을 시간적 순서에 따라 네트워크로 나타낸 화살표 그림으로서, 최적의 일정계획을 수립하고 효율적으로 진척을 관리하는 기법이다.

① 용도

- 복잡한 프로젝트나 과업을 이해하고 관리하기 위해
- 조직에서 매우 중요하거나 완료 지연이 심대한 결과를 낳는 프로젝트를 이해하고 관리하기 위해
- 여러 활동이 동시에 실행되어야 하고 따라서 동시에 프로젝트를 이해하고 관리하기 위해
- 프로젝트의 진행 상황을 타인에게 설명하기 위해
- 상세하고 치밀한 계획을 수립하기 위해
- 납기를 고려한 최적 일정계획을 수립하기 위해

- 계획의 전모를 파악하기 위해
- 계획 변경, 작업 지연이 전체 계획에 미치는 영향을 파악하기 위해
- 진척 관리상 주 공정을 파악하기 위해

② 절차

- 1단계 : 프로젝트, 프로젝트에 포함된 과업 및 그 하위 과업에 대한 지식을 가지고 있는 팀을 선정한다.
- 2단계 : 프로젝트를 종료하는 데 수행되어야 할 모든 과업과 하위 과업을 기록한다.
- 3단계 : 과업을 순서적으로 나열한다.
- 4단계 : 각 과업별로 실행 기간(time duration)을 할당한다.
- 5단계 : 결정경로 기법(critical path method)을 사용해 최단기 종료 스케줄을 계산한다.
- 6단계 : 과업별로 가장 빠른 시작 시기와 종료 시기를 계산한다.
- 7단계 : 과업별로 여유시간을 기록하고 총여유시간을 계산한다.
- 8단계 : 프로젝트를 실행해 가면서 스케줄을 갱신한다.

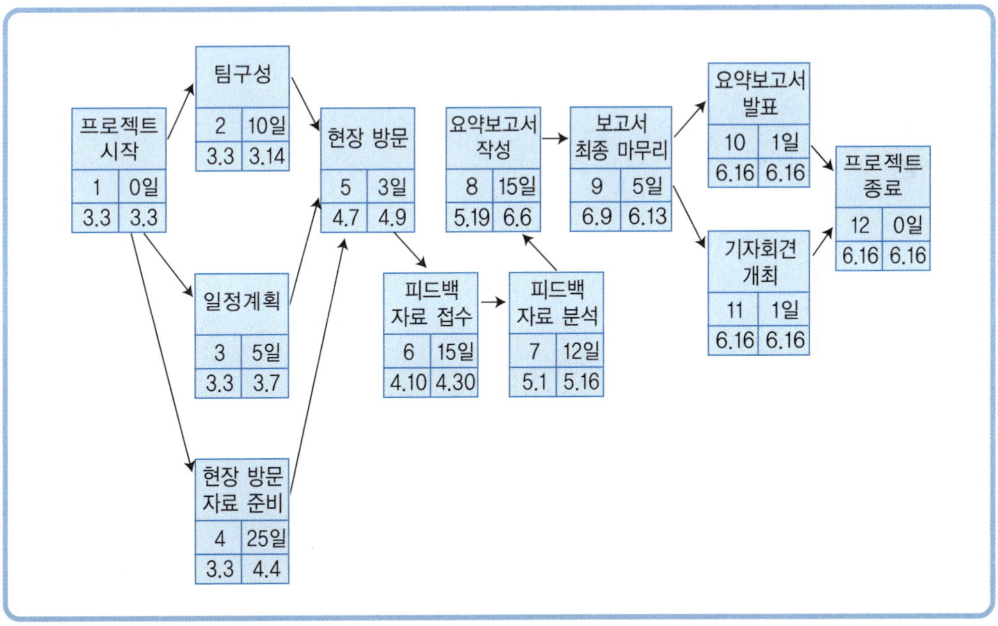

◉ 그림 A-20 프로젝트 종료까지의 애로우 다이어그램

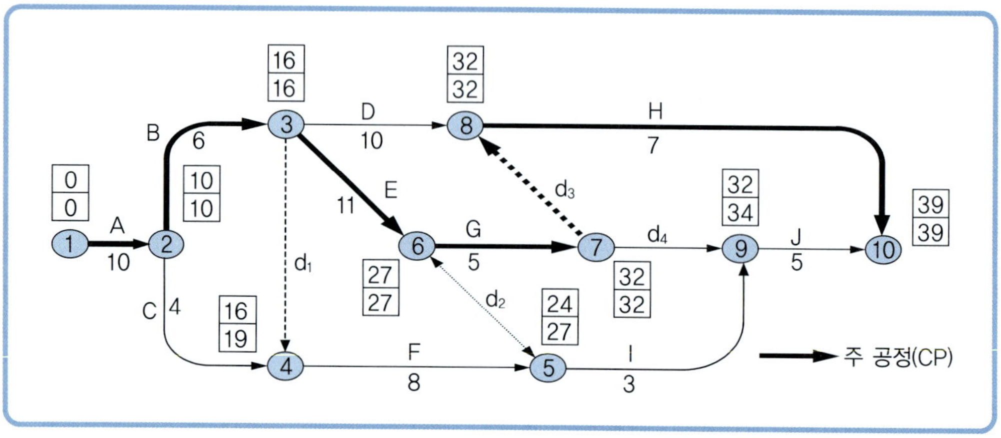

◉ 그림 A-21 프로젝트 완성까지의 애로우 다이어그램

찾/아/보/기/

ㅎ

기타